머리말

4차 산업혁명 시대를 맞아 오늘날의 투자자는 미래 성장의 원천을 제공하는 금융 환경의 변화에 능동적으로 대처하고 수없이 쏟아지는 새로운 금융상품들을 신속하게 인지하여야 한다. 이를 위한 올바른 투자관의 확립 및 투자의사결정과정에 대한 이해 능력 제고의 중요성은 아무리 강조해도 지나치지 않다. 더구나 세계적으로 저금리와 고령화가 동시에 진행되면서 글로벌 투자 동향은 저축에서 포트폴리오 투자로 급격히 옮겨가고 있는 상황이다. 이에 투자이론을 처음 접하는 초심자부터 실무전문가까지 모든 독자들이 보다 수월하게 금융 및 투자에 관한 종합적이고 체계적인 지식을 습득 하고 위험관리 능력을 함양하는 것을 목적으로 최신 금융 트렌드를 새롭게 반영하여 제3판을 출판하게 되었다.

본서는 우리나라 금융시스템과 포트폴리오이론 및 자본시장균형이론에 대해서 전반적으로 다룬 후 금융시장의 세 축인 주식시장, 채권시장, 외환시장 그리고 이를 기초자산으로 하여 파생된 선물, 옵션, 스왑의 파생금융상품에 대해서 상세히 다루었 다. 또한 ETF, ETN, ELS, ELW 등의 신종금융상품, 최근의 투자분야에서 화두인 ESG 투자, 대체투자의 중요한 영역인 부동산금융과 핀테크로 알려진 디지털금융에 대해서 설명하였으며, 금융업계의 위험관리 측정도구로 자리 잡은 VaR에 대해서 다루었다. 이와 같은 내용을 총 여섯 개의 주제를 통하여 독자들이 쉽게 이해하고 실무에 적용 할 수 있도록 하였다. 각 주제별 구체적인 구성내용은 다음과 같다.

제1편 금융시스템

투자의 기초개념을 다지기 위해 제1장 금융시장과 증권시장, 제2장 금융상품으로 구성하여 설명한다. 돈이 융통되는 금융시장과 장기금융시장인 증권시장이 어떻게 이

제3판

핵심투자론

이재하 & 한덕희

Stocks
Bonds
Derivatives

박영사

루어지고 있고 어떠한 역할을 하는지, 그리고 금융시장에서 거래되는 금융상품이 어떠한 특징을 갖는지에 대해서 살펴봄으로써 금융시스템에 대한 이해를 도모한다.

제2편 자산배분

투자자들에게 가장 중요한 관심사인 자산배분에 대해서 4개의 장으로 구성하여 차례로 설명한다. 제3장에서는 다양한 수익률과 위험 개념을 익힘으로써 자산배분전략에 필요한 기초지식을 습득한다. 제4장에서는 투자의사결정의 핵심 두 단계인 자본배분결정과 자산배분결정에 대해서 다룬다. 제5장은 Markowitz모형의 실용적 대안인 Sharpe의 단일지수모형을 배운다. 제6장에서는 포트폴리오 운용성과를 측정하는 데 사용되는 성과측정지표와 운영성과에 미치는 기여요인의 분석에 대해서 설명한다.

제3편 자본시장균형이론

자본시장에서 자산의 균형가격이 어떻게 결정되는지에 대한 이해를 도모하기 위하여 현대 금융경제의 중심이론인 자본시장균형이론에 대해서 학습한다. 제7장에서 자산의 위험과 기대수익률 간의 관계를 설명하는 가장 중요한 이론모형 중 하나인 자본자산가격결정모형(CAPM)을 상세히 다루고, 제8장에서 CAPM의 대안으로 제시된 차익거래가격결정모형(APT)을 설명한다. 제9장에서는 효율적 시장가설에 대해서 배우고, 효율적 시장가설로 설명되지 않는 여러 시장이상 현상들을 살펴본다.

제4편 기초자산: 주식 · 채권 · 외환

금융시장을 이루고 있는 주식시장, 채권시장, 외환시장에 대해서 5개의 장으로 구성하여 설명한다. 제10장에서는 주가 움직임에 대해서 실무에서 많이 다루는 차트분석 중심으로 기술적 분석방법을 살펴본다. 제11장에서는 주식의 내재가치를 찾기 위해 이론적으로나 실무적으로 중요한 다양한 주식가치평가방법에 대해서 학습한다. 제12장에서는 채권가격을 계산하는 채권평가모형, 여러 종류의 채권수익률 개념, 채권수익률의 기간구조에 대해서 학습한다. 제13장에서는 채권의 위험 측정치인 듀레이션과 볼록성의 개념과 적극적 및 소극적 채권투자전략들에 대해서 배운다. 제14장에서는 외환시장에 대한 이해를 위해 환율표시방법, 환율제도, 현물환시장과 선물환시장에 대해서 살펴본 후, 환율·물가·이자율 간의 평형관계에 관한 이론과 선물환을 이용한 헷지전략 등에 대해서 다룬다.

제5편 파생금융상품: 선물·옵션·스왑

주식·채권·외환을 기초자산으로 하는 파생상품인 선물·옵션·스왑은 금융시장 혁신의 중요한 원동력이 되었고 이를 활용한 각종 투자전략 및 위험관리전략이 개발됨에 따라 파생금융상품에 대한 이해는 매우 중요하게 되었다. 제15장에서 선물의 개념과 특징, 선물이론가격을 결정하는 보유비용모형과 이를 이용한 차익거래전략, 그리고 위험관리를 위한 헷지전략에 대해서 학습한다. 제16장은 옵션의 개념과 다양한 옵션거래전략, 옵션이론가격을 결정하는 이항옵션가격결정모형과 블랙-숄즈옵션가격결정모형을 다룬다. 제17장에서 장외파생상품인 이자율스왑과 통화스왑에 대해서 스왑의 개념 및 거래동기, 스왑의 가격결정모형 등에 초점을 두고 살펴본다.

제6편 기타금융 및 위험관리

전통적인 금융영역인 주식·채권·외환과 선물·옵션·스왑 외에 금융투자의 기타분야를 다루기 위해 제18장에서는 펀드 및 최근 도입된 ETF, ETN, ELS, ELW와 금융투자 분야의 새로운 화두인 ESG투자에 대해서 살펴보고, 제19장에서는 대표적인 대체투자자산인 부동산금융과 4차 산업혁명 시대에 금융과 IT기술이 접목되어 발전하고 있는 디지털금융에 대해서 설명한다. 마지막으로 제20장에서는 위험관리지표로서 실무적으로 매우 유용한 VaR에 대해서 투자대상 자산 포지션별로 구분하여 주식 VaR, 채권 VaR, 선물 VaR, 옵션 VaR 중심으로 학습한다.

이번 3판에서는 투자영역 전반에 걸친 모든 것을 담으려는 노력과 동시에 최신 금융 트렌드까지 반영하고자 하였으며, 투자이론에 대한 심도 있는 이해를 기반으로 실무적 적용가능성을 더욱 높이는 방향으로 개정하였다. 특히 독자들이 딱딱한 내용을 쉬어가며 읽을 수 있도록 각 장의 주제와 관련된 흥미로운 읽을거리를 첨부함으로써 투자이론에 대한 이해를 높이고자 하였고, 각 장의 마지막에는 핵심내용정리를 배치하여 각 장이 끝날 때마다 독자들이 요약정리를 할 수 있는 기회를 가지도록 하였다. 또한 독자들의 실력 향상을 위해 각 장마다 KICPA기출문제를 포함한 연습문제 및 해답을 제공하였다. 끝으로 사랑하는 가족들의 성원에 항상 감사하며, 본서의 출판을 위해 많은 도움을 주신 박영사의 안종만 회장, 안상준 대표, 조성호 이사, 전채린 과장 및 임직원 여러분에게 감사의 뜻을 표한다.

2021년 8월
이재하 · 한덕희

차례

PART 02   자산배분

CHAPTER 03   수익률과 위험

CHAPTER 06   성과평가

PART 03   자본시장균형이론

CHAPTER 07   자본자산가격결정모형(CAPM)

CHAPTER 08   차익거래가격결정모형(APT)

CHAPTER 09   증권시장 효율성

PART 05 파생금융상품: 선물 · 옵션 · 스왑

CHAPTER 15 선물

CHAPTER 16 옵션

PART 06 기타금융 및 위험관리

CHAPTER 18   신종금융상품과 ESG 투자

CHAPTER 19 부동산금융 및 디지털금융

CHAPTER 20 위험관리

THE CORE OF
INVESTMENTS
핵심 투자론

01

금융시스템

01 금융시장과 증권시장

학습개요

본 장에서는 현재의 자원을 운용하여 미래의 이익을 획득하는 투자의 기초개념을 다지기 위해 돈이 융통되는 금융시장을 간접금융시장과 직접금융시장으로 나누어서 간접금융시장인 예대시장과 직접금융시장인 주식시장, 채권시장, 파생금융상품시장에 대해서 전반적인 개념을 다룬 후에 금융시장이 어떠한 경제적 기능을 하는지에 대해서 배운다. 또한 장기금융시장인 증권시장에 대해서 주식과 채권의 발행시장과 주식유통시장인 유가증권시장, 코스닥시장, 코넥스시장, K-OTC시장 및 채권유통시장인 국채전문유통시장, 환매조건부채권시장, 일반채권시장, 소액채권시장에 대해서 학습한다.

학습목표

- 금융시장의 개념
- 직접금융시장
- 증권시장의 개념
- 유통시장
- 간접금융시장
- 금융시장의 기능
- 발행시장

1. 금융시장의 개요

금융은 금전(=돈)의 융통, 즉 돈을 빌려주고 빌려오는 활동을 말한다. 돈을 융통할 때 돈과 교환되는 주식이나 채권을 금융상품이라고 하고, 자금수요자와 자금공급자 간에 금융상품과 교환되어 돈이 융통되는 추상적인 장소를 금융시장이라 한다. 금융시장은 자금공급자와 자금수요자가 직접 돈을 융통하느냐 혹은 은행이나 보험회사와 같은 금융회사를 통해 융통하느냐에 따라 〈그림 1-1〉에서 나타낸 것과 같이 직접

그림 1-1 금융시장

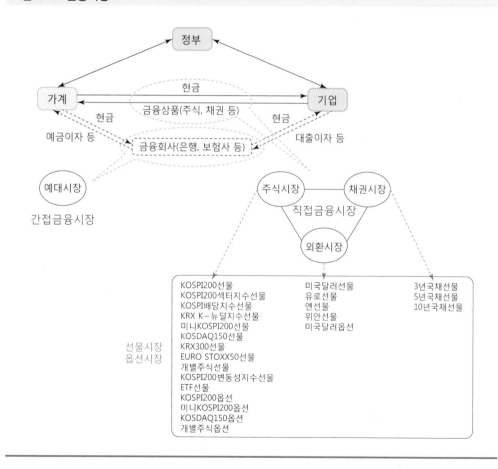

금융시장과 간접금융시장으로 구분할 수 있다.

직접금융시장은 거래되는 금융상품이 무엇이냐에 따라 주식시장, 채권시장, 외환시장으로 구분하고 여기에 주식, 채권, 외환의 가치가 하락할 경우의 손실을 상쇄하기 위해서 주식, 채권, 외환을 기초자산으로 하여 만든 파생금융상품인 선물과 옵션이 거래되는 선물시장과 옵션시장이 포함된다.

또한, 금융시장에서 거래되는 금융상품의 만기에 따라 단기금융시장인 화폐시장 (money market)과 장기금융시장인 자본시장(capital market)으로 나눌 수도 있다. 만기에 따라 거래되는 금융상품에 대해서는 2장에서 설명하기로 한다.

우리나라는 1960년대 이후 경제개발과정에서 은행 등 금융회사들이 국민들로부터 저축자금을 모아서 자금수요자인 기업에게 대출해 주는 간접금융이 보편적이었다. 하지만 간접금융을 통한 산업자금조달은 효율성이나 규모에 있어 실물경제를 지원하는 데 한계가 있었기 때문에 양질의 산업자본조달을 위한 직접금융의 확충이 절실히 요구되었다.

이에 한국거래소(KRX: Korea Exchange) 내에 주식시장인 유가증권시장(KOSPI market)이 1956년에 개장된 이래 코스닥시장(KOSDAQ market), 코넥스시장(KONEX market)이 차례로 개설되었고, 채권시장인 국채전문유통시장(Korean treasury bond market), 환매조건부채권시장(repo market), 일반채권시장(general bond market), 소액채권시장(small-lot government and municipal bond market)도 한국거래소 내에 개설되어 이 시장들이 직접금융의 중심을 담당하고 있다.

(1) 간접금융시장

돈의 융통과정에서 중간매개체로 은행이나 보험회사와 같은 금융회사가 존재하면 간접금융이며, 금융회사는 예금·적금, 보험상품 등을 통하여 돈을 모아서 자금수요자인 기업에게 빌려주게 된다. 대표적인 간접금융시장은 예대시장이다. 예대시장은 자금수요자와 자금공급자 사이에 은행이 개입하여 은행이 자금공급자에게 이자를 주고 돈을 빌려와서 모은 큰 규모의 돈을 이자를 받고 기업에게 대출해주는 시장을 말한다.

간접금융에서 돈을 공급하는 자금공급자는 은행 등의 금융회사에 자신의 돈을 맡기는 것으로 역할을 다하는 것이고, 자금수요자에게 돈을 빌려주는 주체는 은행과 같은 금융회사이다. 자금공급자가 금융회사에 돈을 맡길 때 은행은 그 보상으로 예금이자를 주고, 은행이 자금수요자에게 돈을 빌려줄 때는 대출이자를 받는다. 통상 은행은 낮은 예금이자로 돈을 빌려와서 높은 대출이자를 받고 돈을 빌려주어 대출이자에서 예금이자를 뺀 나머진 부분인 예대마진을 획득하게 된다.

이와 같이 간접금융의 경우 자금공급자의 입장에서 볼 때 만약 자금수요자가 도산할 경우에는 금융회사가 손해를 보게 되며 자금공급자와는 관계가 없다. 하지만 금융회사가 도산을 하게 되면 자금공급자가 원금을 떼일 수 있다. 자금수요자인 기업입장에서는 기업의 지배구조에 영향을 주지 않고 돈을 차입하거나 상환할 수 있는 장점이 있다. 하지만 이 경우에도 신용이 낮을 때에는 담보로 제공할 자산을 따로 마련해야 하거나 은행으로부터 경영에 대한 간섭을 받을 수도 있다.

(2) 직접금융시장

자본주의 경제체제하에서 자신의 의지와 판단에 의해 경제활동을 하는 경제주체는 가계, 기업, 정부가 있다. 가계는 기업이나 정부에 노동을 제공한 대가로 획득하는 소득으로 재화와 서비스의 구매 및 소비활동을 하는 경제주체이다. 기업은 낮은 비용으로 생산하여 이윤을 추구하는 기업 활동을 지속하기 위해서 항상 돈을 필요로 하는 자금수요자이다. 정부는 사회 전체의 후생극대화를 목표로 가계와 기업의 경제활동에 개입하여 시장경제가 제 기능을 하도록 가계 및 기업과 상호작용을 한다.

이와 같은 경제주체들 중 가계는 벌어들인 돈에서 소비하고 남은 부분을 금융회사에 저축하거나, 기업이 발행한 주식이나 채권과 같은 금융상품에 직접 투자한다. 이때 금융상품에 대한 투자대가로 기업에 흘러들어간 가계의 돈은 기업운영자금이 된다. 이처럼 자금수요자와 자금공급자가 금융기관을 개입시키지 않고 직접 돈을 융통하는 시장을 직접금융시장이라 한다.

1) 주식시장

주식시장은 소유지분을 나타내는 주식이 거래되는 시장이다. 우리나라 주식시장은 한국거래소 내에 개설된 장내시장인 유가증권시장과 코스닥시장, 코넥스시장과 한국금융투자협회가 운영하는 장외시장인 K-OTC시장이 있다.

기업이 소유지분인 주식을 팔아서 돈을 조달한다고 해보자. 예를 들어, A가 L기업의 자본금 100억원을 전액 납입하여 100% 소유하고 있고, 기업의 운영이 성공적이어서 100억원이 더 필요하게 되었다고 하자. B가 100억원을 납입하는 대가로 이 기업의 소유주라는 주주권을 표시하는 증표인 주식을 받게 되면, 총자본 200억원짜리 기업을 A와 B가 각각 50%씩을 소유하게 된다. 기업입장에서는 B로부터 받은 돈은 결국 B에게 소유지분을 나타내는 주식을 팔아서 받은 것과 마찬가지이므로 이를 주식매도 혹은 주식발행이라고 표현한다.

기업이 주식을 발행하여 조달한 돈은 재무상태표 상의 자기자본으로 전환되어 기업 활동의 기초가 된다. 주식소유자 입장에서는 기업의 주인인 주주로서 지분만큼 소유권을 갖는다. 주식소유자는 주식을 계속 보유하여 매년 기업이 벌어들인 이익을 소유지분 비율대로 배당이라는 명목으로 현금을 분배받을 수도 있고, 주식시장에서 주식을 팔아서 현금화할 수도 있다.

기업이 소유지분을 매각하여 직접금융으로 조달해온 기업운영자금은 자기자본이 되어 이 자금을 비유동자산 등 장기적으로 운용하는 자산에 투자함으로써 기업의 장기 안정성 측면에서 효과적으로 이용할 수 있다. 하지만 기업의 소유지분을 매각(주식발행)하여 돈을 조달해올 때는 기업의 주인이 여러 명으로 많아져 기업의 지배구조에 영향을 미칠 수도 있다.

자금공급자의 입장에서는 회사가 도산하거나 부실화되어 주식이 가치가 없어지면 원금을 날리거나 큰 손해를 볼 수 있다. 하지만 주식시장에서 운용을 잘할 경우에는 저축상품 이상의 높은 수익을 얻을 수도 있다.

2) 채권시장

채권시장은 자금수요자가 자금공급자로부터 직접 돈을 빌리기 위해 발행하는 차용증서의 일종인 채권이 거래되는 시장이다. 우리나라 채권시장은 한국거래소 내에 개설된 장내시장인 국채전문유통시장, 환매조건부채권시장, 일반채권시장, 소액채권시장이 있고 거래소 밖에서 개별적인 상대매매¹를 통해 거래가 이루어지는 장외시장이 있다.

기업이 채권을 발행하여 돈을 조달한다고 해보자. 자금수요자가 돈을 빌려오게 되면 돈을 갚는 시점(만기), 만기가 되기까지 정기적으로 지급하는 이자(액면이자율), 만기일에 지급되는 금액(액면금액) 등이 적혀 있는 차용증서를 주는데, 이 증서를 채권이라고 한다.

예를 들어, H기업이 C로부터 100억원을 빌리면서 액면금액 100억원, 만기 5년, 1년 단위로 이자율 3%인 채권을 C한테 준다고 하자. 채권을 받은 C는 매년 이자를 3억원(＝100억×3%)씩 5년간 받고 5년 후에는 원금 100억원을 돌려받는다. 기업입장에서는 C로부터 빌린 돈은 결국 C에게 채권을 팔아서 받은 것과 마찬가지이므로 이를 채권매도 혹은 채권발행이라고 표현한다.

기업이 채권을 팔아서 직접금융으로 조달해온 돈은 재무상태표상의 타인자본으로 전환되어 기업 활동의 기초가 된다. 하지만 기업의 신용상황이 좋지 않을 때는 돈을 직접 빌려오기 힘들(채권발행 실패) 수도 있다. 자금공급자인 채권소유자는 채권을 만기까지 보유하여 이자 및 원금을 받을 수 있고, 만기 이전에 채권시장에서 운용을 잘 할 경우에는 주식과 마찬가지로 저축상품 이상의 높은 수익을 얻을 수도 있다. 하지만 회사가 도산하거나 부실화되어 채권이 가치가 없어질 경우 원금을 날리거나 큰 손해를 볼 수 있다.

3) 외환시장

외환시장은 거래기간에 따라 현물환(spot)시장과 선물환(forward)시장으로 구분한다. 현물환거래는 외환거래 계약일(거래당사자간 거래금액, 만기, 계약통화 등 거래조건이 결정되는 날)부터 2영업일 이내에 외환의 인수도와 결제(결제일)가 이루어지는 거래이며 이때 적용되는 환율이 현물환율이다. 현물환거래는 결제일에 따라서 계약일이 결제

---

1   상대매매는 거래 쌍방이 일대일로 협의하여 종목, 수량, 가격을 정하는 매매거래로서, 매도호가와 매수호가의 가격이 일치하는 경우에는 일치하는 수량 범위 내에서 매매가 체결되지만 가격이 일치하지 않은 경우 체결을 원하는 투자자는 상대호가를 탐색하여 자신의 호가를 정정해야 한다. 반면, 거래소시장에서의 거래는 다수의 매매 당사자 간에 미리 정해진 통일된 조건에 따라 집단적으로 거래가 이루어지는 경쟁매매방식으로 이루어진다.

일인 당일물(value today), 계약일 익영업일이 결제일인 익영업일물(value tom(morrow)), 계약일 제2영업일 후가 결제일인 제2영업일물(value spot) 거래로 구분된다.

예를 들어, 10월 2일(월)에 A은행이 B은행으로부터 1억달러를 현물환율 $1＝ ₩1,100에 거래발생일로부터 2영업일 결제기준으로 매입하기로 하였다고 하자. 그러면 B은행은 2영업일 후인 10월 4일(수)에 A은행에 1억달러 이체하고 A은행으로부터 1,100억원(＝$1억×1,100)을 받으면 현물환거래가 종결된다.

선물환거래는 계약일로부터 통상 2영업일 경과 후 미래의 특정일에 외환의 인수도와 결제가 이루어지는 거래이며 이때 적용되는 환율이 선물환율이다. 선물환거래는 현재시점에서 미래의 특정일에 이행할 환율을 미리 약정하고 미래시점에 결제가 이루어지므로 약정된 미래 결제일까지 결제가 이연되는 점이 현물환거래와의 차이다. 선물환거래는 만기시점에 실물의 인수도가 일어나는 일반선물환거래와 만기시점에 실물의 인수도 없이 차액만 정산하는 차액결제선물환(NDF: non-deliverable forward)거래로 나눌 수 있다.

4) 파생금융상품시장

파생상품은 현물이 기초자산(underlying asset)이며 이로부터 파생된 상품을 의미한다. 기초자산에는 주식, 채권, 통화 등의 금융자산이나 쌀, 밀, 금, 석유 등의 상품자산이 포함된다. 특히 금융자산을 기초자산으로 하는 파생상품을 파생금융상품이라 한다. 파생상품은 기본적으로 기초자산의 가격변동으로 인한 위험을 헷지하기 위한 수단으로 설계되었으나, 최근에는 이와 같은 위험회피기능 외에도 고수익 투자수단으로도 많이 이용되고 있다.

① 우리나라의 파생상품시장

석유파동으로 인한 국내업자들의 원자재가격변동위험을 헷지하기 위해 정부는 1975년부터 해외선물거래를 허용하였다. 하지만 해외선물거래만으로는 급변하는 세계 금융환경에 적응할 수 없는 상황 하에서 국내 파생상품거래의 필요성이 대두되었다. 당시 경제기획원과 재무부(1994년 12월에 경제기획원과 재무부는 재정경제원으로 통합된 후 현재는 기획재정부)에서 각각 선물시장 개설 필요성에 대해서 공감을 하면서도 선물시장의 개설 방법에 관한 의견이 달라 각자 선물거래소 설립을 따로 추진하였다.

당시 경제기획원 산하의 조달청은 1986년 상품선물과 금융선물을 모두 취급하는 선물거래소 설립의 필요성을 제기하여 상품선물과 금융선물을 모두 규제하는 선물거래법이 1995년 12월 29일 제정되었다. 이후 1999년 4월 23일 선물거래소(KOFEX: Korea Futures Exchange)가 개장되면서 CD선물, 미국달러선물, 미국달러옵션, 금선물이 거래되기 시작하였고, 중장기 금리에 대한 헷지수단의 필요성으로 1999년 9월 29일에 3년국채선물을 선물거래소에 추가로 상장하였다.

한편, 당시 재무부는 유가증권선물시장을 한국증권거래소(KSE: Korea Stock Exchange)가 개설할 수 있도록 증권거래법령을 정비하였다. 이에 한국증권거래소가 지수선물·옵션시장 개설을 본격적으로 추진하여 1996년 5월 3일에 KOSPI200선물시장을 개설하였고 이후 1997년 7월 7일에 KOSPI200옵션시장을 한국증권거래소 안에 개설하였다.

2004년 1월 29일에는 한국증권선물거래소법이 국회를 통과하였다. 이 법이 공표된 날로부터 1년 내에 선물거래소(KOFEX)와 한국증권거래소(KSE)의 통합에 필요한 절차를 완료하도록 되어 있어, 통합거래소인 한국증권선물거래소(KRX: Korea Exchange)가 2005년 1월 29일에 출범하였다. 통합거래소는 자본금 1,000억원 이상의 주식회사로 본사는 부산에 두기로 하였다. 이후 금융투자산업의 발전을 위하여 기존의 증권거래법 등 자본시장 관련 법률을 통합하여 2009년 2월 4일부터 시행한 자본시장과 금융투자업에 관한 법률(이하 자본시장법)에 의하여 한국증권선물거래소의 명칭을 한국거래소(KRX)로 변경하였다.

② 주식 관련 파생금융상품시장

주식시장의 주가변동에 대한 헷지수단 및 새로운 투자기회의 제공, 주식거래 활성화, 미래가격예측에 대한 유용한 자료 제공 등의 이유로 유가증권시장의 KOSPI200을 거래대상으로 하는 KOSPI200선물이 1996년 5월 3일에, KOSPI200옵션이 1997년 7월 7일에 각각 상장되었다.

코스닥시장에서도 2001년 1월 3일 KOSDAQ50선물을 도입한 이후 KOSDAQ50옵션시장, 스타지수선물을 차례로 도입하였으나 모두 거래부진 및 대표성 부족으로 상장폐지하고, 기술주 중심의 코스닥시장의 특성을 반영한 KOSDAQ150선물을 2015년

11월 23일에 상장하였다. 이후 2018년 3월 26일에 KOSDAQ150옵션과 함께 유가증권시장과 코스닥시장에 상장된 300개 우량기업을 구성종목으로 산출되는 KRX300지수를 기초자산으로 하는 KRX300선물도 상장하였다.

2014년 11월 17일에는 정교한 위험관리를 위해서 KOSPI200섹터지수선물을 도입하였고, KOSPI200선물과 KOSPI200옵션의 1계약금액을 1/5로 축소한 미니KOSPI200선물과 미니KOSPI200옵션도 2015년 7월 20일에 상장하였으며, KOSPI고배당50과 KOSPI배당성장50을 각각 기초자산으로 하는 KOSPI배당지수선물도 2015년 10월에 상장하였다.

2016년 6월 27일에는 최초로 해외주가지수를 기초자산으로 하는 선물인 EURO STOXX50선물이 상장되었다. EURO STOXX50선물의 기초자산은 유로존 12개 국가의 증권시장에 상장된 주권 중 50종목에 대하여 지수산출전문기관인 STOXX가 산출하는 EURO STOXX50지수이다. 2021년 7월에는 최고 우리나라 주식시장을 선도하는 주도산업인 2차전지, 바이오, 인터넷, 게임 등 4개 산업군의 대표기업으로 구성된 KRX BBIG K-뉴딜지수를 기초자산으로 하는 KRX K-뉴딜지수선물을 상장하였다.

이와 같은 주가지수를 기초자산으로 하는 선물과 옵션 외에도 주식시장에 상장되어 있고 유통주식수가 200만주 이상, 소액주주수가 2,000명 이상, 1년간 총거래대금이 5,000억원 이상인 보통주식 중에서 시가총액과 재무상태 등을 감안하여 선정한 기업이 발행한 주식을 기초자산으로 하는 개별주식옵션이 2002년 1월 28일에 도입되었고, 개별주식선물도 2008년 5월 6일에 도입되었다.

한편, KOSPI200변동성을 기초자산으로 하는 KOSPI200변동성지수선물이 2014년 11월 17일에 상장되었다. 또한 지수의 움직임을 추종하는 지수연동형 펀드인 ETF 중 ARIRANG 고배당, KODEX 삼성그룹, TIGER 헬스케어 등을 기초자산으로 하는 ETF선물도 2017년 6월 26일 상장되었다.

③ 채권 관련 파생금융상품시장

우리나라 금리선물시장은 한국선물거래소 개장과 더불어 단기자금시장의 금리변동위험을 관리하기 위해 은행간의 단기금리로서 지표역할을 하고 있는 CD(액면5억, 잔존만기91일)를 기초자산으로 하는 CD금리선물이 상장(1999년 4월 23일)되면서 시작되었다.

이후 국고채권 발행물량이 늘어나고 유통시장에서 거래가 활발해지면서 중장기 금리에 대한 헷지를 위하여 1999년 9월 23일에 3년국채선물이 추가로 상장되었다. 2002년 5월 10일에는 3년국채선물 투자자에게 새로운 헷지기회와 다양한 투자전략을 제공하기 위한 국채선물옵션을 도입하고, 2002년 12월 6일에는 CD금리선물을 보완하는 단기금리선물로 통화안정증권금리선물을 상장하였다. 하지만, 거래 부진으로 2007년 12월 26일 CD금리선물과 3년국채선물옵션을 상장폐지하고 이어 통화안정증권금리선물도 2011년 2월 4일에 상장폐지하였다.

대신 만기 5년 이상인 국고채권의 장기물 발행물량이 늘어나면서 5년국채선물을 2003년 8월 22일에 상장하였고 2008년 2월 25일에는 10년국채선물이 상장되어 현재 3년국채선물과 더불어 활발히 거래되고 있다.

④ 외환 관련 파생금융상품시장

1997년 11월 외환시장이 완전변동환율제로 전환됨에 따라 국내 미국달러시장의 변동성이 급격히 증가하여 헷지 필요성이 대두되어, 선물거래소(KOFEX) 개장과 더불어 1999년 4월 23일에 미국달러선물, 미국달러옵션을 상장하였다.

이후 수출입 및 외국인 투자 확대에 따른 엔화와 유로화의 거래 증가, 환율의 변동성 증가 등으로 이들 외화에 대한 적극적인 환위험헷지의 필요성이 대두되면서 2006년 5월 26일에 엔선물, 유로선물을 상장하였고, 2015년 10월 5일에는 위안선물을 추가로 상장하였다.

⑤ 상품 관련 파생금융상품시장

1999년 4월 23일 선물거래소(KOFEX) 개장 시 순도 99.99% 이상의 금막대 1kg을 기초자산으로 하는 금선물이 우리나라 최초의 상품선물로 상장되었으나, 도입당시의 기대와 달리 금선물 거래가 미미하였다.[2] 이후 국제금시세 변동성 확대로 인한 헷지 수요가 지속적으로 증가해 왔고, 골드뱅킹[3] 등 국내 금 관련 시장의 성장으로 인한 금

---

[2] 우리나라 금가격이 투명하고 공정하게 형성되지 못한 것이 주된 부진 이유 중 하나이다.
[3] 2003년 7월부터 도입된 골드뱅킹은 일반 시중은행이 금화나 금괴 등 금을 직접 사고팔기도 하고 금을 직접 사고팔지 않고 대신 금통장·금증서 등 증서로만 거래한 후 투자의 이익과 원금을 현금

투자상품에 대한 관심이 커짐에 따라 2010년 9월 13일 금선물의 거래단위를 1/10로 축소한 미니금선물도 도입하였다.

하지만 금선물과 미니금선물 모두 거래 부진으로 2015년 11월 19일에 상장폐지하고 기존의 미니금선물을 개선하여 2015년 11월 23일에 한국거래소의 유일한 금선물로 새롭게 상장하였다. 2015년 11월 23부터 새롭게 상장한 금선물은 과거 금선물의 실물인수도 결제방식과 달리 현금결제방식을 취하고 있다.

한편 우리나라 농축산물 중 쌀에 이어 2위의 생산규모를 차지하고 있는 양돈산업의 돈육가격변동위험을 헷지하기 위하여 2008년 7월 21일에 돈육선물을 상장하였다. 돈육선물은 1계약당 1,000kg에 해당하는 돈육대표가격을 사거나 팔 것을 약정하기 때문에 실제로 돼지를 사고파는 것이 아니고 돈육의 가격을 거래하는 선물거래로서 현금결제로 최종결제한다.

2. 금융시장의 기능

(1) 자본자원 배분

금융시장은 자금공급자와 자금수요자를 연결시켜줌으로써 자본의 효율을 높이고 기업설립을 가능케 하여 국민경제의 생산성 향상에 기여하게 된다. 만약 금융시장 중 주식시장의 투자자들이 어떤 기업에 대해서 미래 수익성이 좋다는 전망을 가지고 있다면 투자자들은 이 기업의 주식에 투자하게 될 것이며 이 투자자금은 기업에서 연구개발에 투자되거나 새로운 생산시설을 건설하고 사업을 확장하는 데 사용될 것이다. 반대로 투자자들이 기업의 미래 수익성에 대해 좋지 않게 전망한다면 이 기업의 주가는 하락하게 될 것이고 기업은 사업을 축소하게 되어 궁극적으로 사라져버릴 수도 있다. 이와 같이 금융시장은 투자자들에게 자금을 운용할 수 있는 금융자산을 제공하고 투자수익성이 높은 기업에게로 자본이 효율적으로 배분되도록 하여 국민경제의 생산력을 향상시킨다.

으로 지급하는 제도이다. 골드뱅킹이 도입됨으로써 부동산·주식·현금 외에 금도 주요한 부의 축적 수단 및 재테크의 대상이 되었다.

(2) 투자자의 소비시점 결정

금융시장은 투자자가 소비시점을 조정할 수 있게 해준다. 어떤 사람들은 현재의 소비수준보다 더 높은 소득을 얻는 반면 다른 사람들은 현재의 소득수준보다 지출이 더 많을 수 있다. 소득이 높은 시기에는 주식이나 채권과 같은 금융자산에 투자하고 소득이 낮은 시점에는 이들 증권을 매각함으로써 일생 동안에 걸쳐 가장 큰 효용을 주는 시점으로 소비를 배분할 수 있다. 따라서 금융시장은 소비가 현재의 소득에 한정되는 제약으로부터 벗어나 투자자가 원하는 시점에 소비결정을 할 수 있도록 한다.

(3) 위험배분

금융시장은 다양한 금융상품을 제공함으로써 투자자에게 위험을 배분하도록 해준다. 예를 들어 현대자동차가 투자자들에게 주식과 채권을 매각하여 자동차 공장건설을 위한 자금을 마련한다면, 보다 낙관적이거나 위험에 덜 민감한 투자자들은 주식을 매입하는 반면 더 보수적인 투자자들은 고정된 원리금의 지급을 약속하는 채권에 투자할 것이다. 이와 같이 금융시장은 투자자가 위험선호도에 맞춰 금융자산을 선택할 수 있게 한다.

▶ 02 증권시장

1. 증권시장의 개요

증권은 유가증권의 준말로 증권표면에 일정한 권리나 금액이 기재되어 있어 자유롭게 매매나 양도, 증여가 가능한 종잇조각을 말한다. 주식은 지분증권, 채권은 채무증권이라고도 하며 유가증권에 해당한다. 금융시장에서 돈을 융통하기 위하여 자금수요자인 기업이 발행하는 주식과 채권이 거래되는 시장을 증권시장이라고 한다. 또한 주식과 채권으로 조달된 돈은 기업의 자기자본이나 장기 타인자본으로 전환되어 기업의 장기운영자금으로 사용되기 때문에 증권시장을 자본시장 혹은 장기금융시장이라고도 한다.

증권시장은 경제성장의 원동력인 자본이 생산적인 방향으로 선순환되어 경제가 지속적으로 발전하는 데 핵심 역할을 한다. 왜냐하면 증권시장은 기업에게는 증권발행을 통한 장기 안정적인 산업자금 조달의 핵심적 기능을 수행하고, 투자자에게는 금융자산운용을 통한 재산증식의 투자기회를 제공하며, 정부에게는 통화정책을 실현하는 효과적 수단을 제공하는 등 국가경제발전에 기여하기 때문이다.

증권시장의 역할은 경제규모가 커질수록 그 중요성이 더욱 커진다. 우리나라는 1960년대 이후 경제개발과정에서 은행대출과 차관도입 등 이른바 간접금융에 의존하여 왔다. 하지만 간접금융을 통한 산업자금조달로는 실물경제 지원에 한계가 있었기 때문에 대규모의 효율적인 산업자본조달을 위한 직접금융이 발전하게 되었다.

주식이 거래되는 장내시장으로 현재 한국거래소(KRX: Korea Exchange)[4] 내에 있는 유가증권시장이 1956년 3월에 최초로 개장된 이래로 정부의 지속적인 증권시장제도 정비와 자본시장육성정책이 시행됨으로써 비약적으로 발전하여, 1996년 7월에는 코스닥시장이, 2013년 7월에는 코넥스시장이 개설되었다. 이외에도 장외시장으로 2000년 3월에 금융투자협회(당시 증권업협회)가 장외주식호가중개시장(제3시장 혹은 프리보드시장[5])을 개설하였고 2014년 8월에 프리보드시장을 확대 개편하여 K-OTC(Korea Over-The-Counter)를 개설하여 경제에 활력을 불어넣고 있다.

한편 채권은 잔존만기, 채권수익률, 액면이자율 등 채권가격에 영향을 미치는 요인들이 다양하기 때문에 거래소 밖의 장외시장에서 증권회사(브로커나 딜러)의 단순중개를 통해 대부분 거래해 왔다. 하지만 2008년 전후의 글로벌 금융위기 이후 금융기관에 대한 자본건전성 규제의 강화로 브로커나 딜러의 역할이 축소되었고, 대신 전자시스템을 통한 주문집중 및 매매체결정보의 실시간 제공 등으로 최근에는 장내거래가 크게 확대되고 있다. 장내시장으로는 한국거래소(KRX) 안에 국채전문유통시장, 환매

---

4 2005년 1월에 증권시장 운영효율성 및 거래비용절감, 현·선물거래에 대한 일원화된 서비스제공, 현·선물연계감시로 인한 공정성증대, 거래소위상 및 국제경쟁력 제고 등을 통한 자본시장선진화를 위하여 종전의 증권거래소, 코스닥시장, 선물거래소가 통합한 한국거래소가 출범하였다.

5 유가증권시장 및 코스닥시장에서 거래되지 않는 주식을 대상으로 하는 장외주식호가중개시장으로 2000년 3월 개설된 제3시장을 모태로 하여 2005년 7월 개장하였다.

조건부채권시장, 일반채권시장, 소액채권시장이 개설되어 있다.[6]

2. 증권시장의 분류

증권시장은 금융거래의 단계에 따라 발행시장과 유통시장으로 구분된다. 발행시장은 기업 또는 금융기관이 자금을 조달하기 위해 주식이나 채권을 발행하며, 이러한 증권이 최초로 투자자에게 매도되는 시장이다. 유통시장은 이미 발행된 증권이 투자자들 사이에서 매매되는 시장이다. 유통시장은 발행된 증권의 시장성과 유동성을 높임으로써 거래를 활발하게 하여 발행시장이 제 기능을 하도록 돕는 역할을 한다.

(1) 발행시장

발행시장은 자금수요자인 기업, 공공단체 등의 발행주체가 자금공급자인 투자자에게 새로 발행되는 증권 취득의 청약을 권유(모집)하거나, 이미 발행된 증권의 취득 청약을 권유(매출)하여 자금을 조달하는 시장을 말한다. 발행시장은 새로운 증권이 최초로 출시되는 시장이라는 점에서 1차시장이라고도 한다.

1) 발행시장구조

발행시장은 자금수요자인 발행인, 자금공급자인 투자자, 주식·채권 등의 증권을 발행하는 사무를 대행하고 발행위험을 부담하는 인수인으로 구성된다.

그림 1-2 발행시장

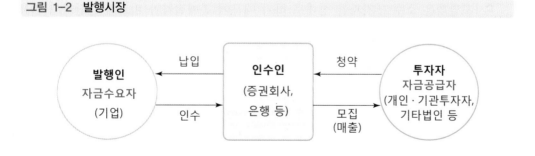

---

6   한국거래소(www.krx.co.kr): 채권시장 참조

발행인은 증권을 발행하여 자금을 조달하는 주체인 기업 등이 있다. 투자자는 발행시장에서 모집 또는 매출에 의하여 증권을 취득하여 발행인에게 자금을 공급하는 자를 말하며, 개인투자자, 기관투자자, 기타법인으로 구분된다.

인수인은 증권의 발행인과 투자자 사이에서 자금을 중개하는 자를 말한다. 발행인은 증권발행과 금융·자본시장에 대한 전문지식 및 경험을 가지고 있는 인수인의 서비스를 이용하고 이에 대한 비용을 지급하는데 인수인의 역할은 일반적으로 증권회사가 담당한다.[7]

2) 발행방식

증권의 발행방식은 증권의 수요자가 누군가에 따라 사모발행과 공모발행으로 구분되며, 발행에 따른 위험부담과 발행모집사무를 담당하는 방식에 따라 직접발행과 간접발행으로 구분된다.

사모발행은 발행인이 특정 개인 및 법인 등 50인 미만의 소수 투자자를 대상으로 증권을 발행하는 것이다. 공모발행은 50인 이상의 다수 투자자에게 증권을 발행하는 것이다. 채권 공모발행의 경우 발행가격, 이자율, 상환기간 등 일정한 조건을 제시하여 투자자를 모집하며 자금을 납입하면 채권을 교부한다.

직접발행은 발행인이 스스로 발행위험을 부담하고 직접 발행사무를 처리하여 증권을 발행하는 방식이다. 간접발행은 직접발행에 따른 복잡한 사무처리 및 증권발행에 따른 위험부담 해소를 위하여 발행자가 인수인의 도움을 받아 간접적으로 발행하는 방식이다.

사모발행은 소수 투자자를 상대로 하기 때문에 판매절차가 비교적 간단하고 비용을 줄일 수 있어 대부분 직접발행의 형태를 취한다. 공모발행은 다수의 투자자를 상대로 복잡한 업무처리를 하여야 하기 때문에 비용이 증가함에도 불구하고 간접발행의 형태를 취한다.

간접발행은 인수인의 인수방법에 따라 총액인수, 잔액인수, 모집주선으로 구분된다. 총액인수는 인수인이 발행예정인 증권의 전량을 자기명의로 인수하여 인수된 증

---

[7] 인수는 증권을 발행인으로부터 매입하는 것이며, 청약은 증권의 모집 및 매출 시 인수인에게 해당 증권의 매입을 요청하는 행위를 말한다.

권을 자기책임 하에 투자자에게 매각하는 방법이다. 인수인은 인수를 위하여 많은 자금을 필요로 할 뿐만 아니라 매각실패에 따른 위험을 지게 된다. 또한 투자자에게 매도하기까지 증권을 보유해야 하므로 증권가격이 발행가격 이하로 떨어질 경우 초래되는 증권가격의 가격변동손실을 전적으로 부담하게 된다. 즉, 인수인이 증권발행에 대한 모든 위험을 부담한다.

잔액인수는 공모에 따른 사무처리와 인수에 따른 위험이 분리된다. 인수인이 발행인을 대신하여 발행예정인 증권을 일정기간 동안 위탁판매한 후, 매각되지 않고 남은 증권에 대해서는 사전에 정해진 가격으로 발행인으로부터 인수하여 자기책임 하에 투자자에게 매각하는 방법이다.

모집주선은 증권의 모집·매출에 대한 사무처리 및 투자자에 대한 권유 등을 인수인에게 위탁하되 발행예정증권의 전량에 대해 투자자를 모집할 수 없는 경우에 발생하는 위험에 대해서 발행인이 책임진다. 투자자를 모집할 수 없는 부분에 대해 모집주선의 경우 그만큼 자금조달을 하지 못하게 되지만, 총액인수 또는 잔액인수의 경우에는 인수인이 증권을 전량 매수하므로 그만큼 자금조달을 할 수 있다는 차이가 있다.

(2) 유통시장

유통시장은 이미 발행된 증권이 투자자간에 매매되는 시장으로 2차시장이라고도 한다. 투자자는 유통시장에서 소유하고 있는 주식이나 채권을 매각하여 투자자금을 회수하거나 이미 발행된 증권을 취득하여 금융자산을 운용한다.

유통시장에서의 거래는 투자자 상호간의 거래이므로 기업의 자금조달과 직접적인 관련은 없지만 유통시장은 발행된 주식이나 채권의 시장성과 유동성을 높여 일반투자자의 투자를 촉진시킴으로써 발행시장에서의 장기자본조달을 원활하게 해준다. 또한 유통시장은 다수의 투자자가 참여하는 자유경쟁시장이므로 주식이나 채권의 공정한 가격을 형성하며 유통시장에서 형성되는 가격은 앞으로 발행할 새로운 증권가격의 지침이 되기도 한다.

유통시장은 거래대상에 따라 주식유통시장과 채권유통시장으로 나누어진다. 증권의 유통은 투자자 상호간의 매매거래에 의해 이루어지지만 현실적으로는 투자자의 매매주문이 위탁회사인 증권회사를 거쳐 한국거래소에서 체결된다.

1) 주식유통시장

우리나라의 주식유통시장은 장내시장인 유가증권시장, 코스닥시장, 코넥스시장과 장외시장인 K-OTC시장으로 나누어진다. 장내시장의 매매체결은 원칙적으로 거래소가 투자자별 호가를 접수하여 일정한 매매체결원칙에 의거하여 일치되는 호가[8]끼리 거래를 체결하는 개별경쟁매매 방식에 의해 이루어진다.

매매체결원칙에는 가격우선의 원칙, 시간우선의 원칙, 수량우선의 원칙, 위탁매매우선의 원칙이 있다. 가격우선의 원칙은 저가매도호가가 고가매도호가에 우선하고 고가매수호가가 저가매수호가에 우선한다는 원칙이다. 시간우선의 원칙은 동일 가격 호가에 대하여는 먼저 접수된 호가가 우선하는 원칙이다. 만일 동시호가나 동일가격 호가가 되어 가격우선의 원칙과 시간우선의 원칙을 적용하기 어려울 경우에는 수량이 많은 호가가 우선하는 수량우선의 원칙과 고객의 위탁매매호가가 증권회사의 자기매매호가보다 우선하는 위탁매매우선의 원칙을 적용한다.

시가와 종가의 경우에는 시간우선의 원칙이 적용되지 않는 동시호가를 적용하고 있다. 개장 1시간 전인 오전 8시부터 장이 개시되기 전까지 주문을 받아서 여기서 제시된 가격을 모아 오전 9시에 단일가격으로 매매를 체결하여 시가가 결정된다.

마찬가지로 장이 끝나기 10분 전인 오후 3시 20분부터 매매체결 없이 주문만 받다가 오후 3시 30분에 단일가격으로 매매를 체결하여 종가를 결정하고 있다. 그리고 장이 마감된 오후 3시 30분부터 오후 6시까지, 그리고 장이 개시되기 전인 오전 7시 30분부터 오전 9시까지에도 시간외거래가 가능하다.

한편, 결제는 T(당일)+2일, 즉 매매거래가 발생한 날로부터 이틀 후인 3일째 되는 날에 이루어지는데, 장내시장에서는 당일 매수한 후 2일 후에 도래하는 결제일 전인 당일에 다시 매도하거나 당일 매도한 후 당일에 다시 매수하는 결제전매매가 가능하지만, 장외시장인 K-OTC시장에서는 결제전매매가 불가하다.

---

8 호가라 함은 회원이 매매거래를 하기 위하여 시장에 제출하는 상장유가증권의 종목, 수량, 가격 등의 매매요건 또는 그의 제출행위를 말한다(유가증권상장규정 제2조 1호). 매도를 위해 제시하는 증권가격을 매노호가, 매수를 위해 제시히는 증권가격을 매수호가라고 한다.

① 유가증권시장

1956년 3월에 개설된 유가증권시장에서는 유통시장 중 기업규모가 큰 우량주식이 거래된다. 유가증권시장에 상장하고자 하는 일반기업은 자기자본 300억원 이상, 상장주식수 100만주 이상 되어야 하고, 일반주주가 700명 이상이 되어야 하는 등 한국거래소에서 정한 상장요건을 충족해야 한다. 유가증권시장에서는 상장된 주식을 대상으로 개별경쟁매매로 거래가 이루어진다. 또한 한국거래소는 상장기업의 상장요건 충족여부와 기업내용 적시공시 실시여부에 따라 상장을 폐지할 수 있다. 상장폐지되기 전에 일정기간 동안 관리종목으로 지정하여 상장폐지를 유예할 수 있다.

② 코스닥시장

1996년 7월에 개설된 코스닥시장은 IT(information technology), BT(bio technology), CT(culture technology) 기업과 벤처기업의 자금조달 목적으로 개설된 시장이다. 코스닥시장의 모태는 1986년 12월 재무부가 발표한「중소기업 등의 주식거래 활성화를 위한 시장조직화 방안」에 따라 1987년 4월 증권업협회(현 금융투자협회) 내에 개설된 별도의 주식장외시장이었다.

하지만 이 장외시장은 상대매매방식으로 거래가 이루어지는 등 문제점이 많았다. 이에 낙후된 거래방식인 상대매매방식을 경쟁매매방식으로 전환하기 위하여 1996년 5월에 (주)코스닥증권시장이 설립되고 7월부터 경쟁매매방식으로 거래되는 독립된 시장으로 금융투자협회(당시 증권업협회)에 의해 운영되어 오다가 2005년 1월에 증권거래소, 선물거래소와 함께 통합되어 현재는 한국거래소내의 사업본부제 형식인 코스닥시장으로 구분되어 운용되고 있다.

③ 코넥스시장

코넥스(KONEX: Korea New Exchange)시장은 중소기업기본법상의 중소기업이 발행하는 주식만 상장하는 중소기업 전용 주식시장으로 2013년 7월에 개장하였다. 코넥스시장은 성장가능성은 있지만 기존의 유가증권시장이나 코스닥시장에 상장하기에는 규모 등이 작은 창업 초반기 중소·벤처기업의 원활한 자금조달을 위해 유가증권시장

---

9 한국거래소가 정한 요건을 충족한 기업이 발행한 주권을 증권시장에서 거래할 수 있도록 허용하는 것.

및 코스닥시장에 비해 진입요건을 완화한 시장이다.

이 시장의 상장기업이 창업 초반의 중소기업이고 공시의무가 완화된 점 등을 고려하여 투자자는 벤처캐피탈, 기관투자자, 3억원 이상 예탁한 개인 등으로 제한되며, 일반 개인투자자는 자산운용사들이 출시하는 코넥스 상장주식 투자펀드에 가입하는 방식(간접투자방식)으로 투자할 수 있다.

④ K-OTC시장

장외주식시장인 K-OTC시장은 2000년 3월 27일 금융투자협회(당시 증권업협회)가 개설한 장외주식호가중개시장으로 출발하였으며, 유가증권시장과 코스닥시장에 이어 세 번째로 문을 열었다는 뜻에서 이를 제3시장이라고 하였다. 이 시장에서는 유가증권시장이나 코스닥시장에 상장되지 않은 기업이 주권의 매매거래를 위하여 지정신청을 하면 금융투자협회(당시 증권업협회)가 주권의 매매거래 지정을 결정하여 호가중개 시스템을 통해 거래할 수 있었다.

이후 정부의 벤처활성화 방안의 일환으로 제3시장을 개편하여 2005년 7월 13일 제3시장을 프리보드로 새롭게 출범시켰다. 프리보드시장은 유가증권시장이나 코스닥 시장에 비해 진입요건과 진입절차가 간단하고, 공시사항 등 유지요건을 최소화하고 있다. 프리보드의 종목을 매매하기 위해서는 증권회사에 계좌를 개설하여야 하며 유가증권시장 및 코스닥시장 종목의 매매를 위해 개설한 계좌로도 가능하다.

여기서는 일정 요건을 갖춘 비상장주식을 대상으로 유가증권시장, 코스닥시장, 코넥스시장에서 거래되지 못하는 주식을 대상으로 개별경쟁매매가 아닌 상대매매로 거래가 이루어진다. 한국금융투자협회는 2014년 8월에 프리보드를 확대 개편한 K-OTC(Korea Over-The-Counter)를 운영하고 있다.

주식시장의 역사

주식시장의 역사는 국가별로 최초의 증권거래소를 설립하여 운영함으로써 시작된다. 세계 최초의 주식거래는 1602년에 설립된 네덜란드 동인도회사의 주식이 거래되면서 시작되었다. 당시에는 무역회사 주식이 주로 거래되었으며, 이 주식은 투기성이 높았고 회사설립 직후 바로 매매가 이루어졌다. 이후 1613년 세계 최초의 증권거래소인 암스테르담거래소가 설립되면서 공식적인 시장에서 주식이 거래되기 시작하였다.

영국의 경우 16세기경 상업이 크게 발전하면서 중개인들이 런던에 설립된 왕립거래소(The Royal Exchange)에 모여 상품 및 신용장, 증권 등의 거래를 중개하였는데 이것이 영국에서 거래소의 기원이다. 이후 주식중개인들은 증권거래소(The Stock Exchange)라는 간판을 걸고 자치규약을 만들고 입장료를 징수하는 등 거래소를 증권업자의 자치적 관리조직으로 유지시켜 오다가 1802년에 독립된 건물을 가진 런던증권거래소가 공식적으로 발족하게 되었다.

미국의 뉴욕증권거래소도 영국과 마찬가지로 최초에는 각종 상품의 경매시장으로 출발하였다. 1792년에 증권브로커들에 의해 경매시장으로부터의 독립을 의미하는 협정이 만들어졌고, 이를 계기로 증권브로커들만의 시장이 월가의 노상에 생겨나게 되었다. 이것이 발전하여 1817년 뉴욕주식거래소(New York Stock and Exchange Board)가 설립되었다.

우리나라에는 1956년 3월 한국증권거래소가 설립된 이후 유가증권의 유통시장이 계속 유지 발전되어 왔다. 2005년 1월 과거 한국증권거래소, 한국선물거래소, (주)코스닥증권시장, 코스닥위원회 등 4개 기관이 통합하여 주식회사 형태의 한국증권선물거래소가 설립되었다. 이후, 2009년 2월 자본시장법이 시행되면서 그 명칭을 한국거래소(KRX: Korea Exchange)로 바꾸게 되었다. 이로써 한국거래소는 현물과 파생상품을 동시에 취급하는 종합거래소가 되었다.

[출처: 한국거래소(www.krx.co.kr), 살아있는 동영상강좌]

2) 채권유통시장

우리나라 채권유통시장은 상장종목채권에 대한 다수의 매도, 매수주문이 한 곳에 집중되어 경쟁매매를 통해 거래가 이루어지는 장내시장이 있다. 또한 주로 증권회사 창구에서 증권회사 상호 간, 증권회사와 고객 간 또는 고객 상호 간에 비상장채권을 포함한 전 종목이 개별적인 상대매매를 통해 이루어지는 장외시장이 있다. 한국거래소의 장내시장은 국채전문유통시장과 환매조건부채권시장으로 구성된 도매시장과 일반채권시장과 소액채권시장으로 구성된 소매시장이 있다.[10]

① 국채전문유통시장

1999년 3월에 국고채시장 활성화 및 거래투명성 제고를 위해 개설한 국채 전자거래시장이다. 국채전문유통시장에서는 국고채권, 통화안정증권, 예금보험기금채권이 거래대상채권으로 거래되고 있고, 이 중에서 국고채권이 거래의 대부분을 차지하고 있다. 채권들의 매매수량단위는 10억원의 정수배로서, 거래소의 채무증권회원인가를 취득한 은행과 금융회사가 주요 시장참가자이고, 연금 및 기금, 보험 등의 기타 금융회사 및 일반투자자도 위탁참여가 가능하다.

② 환매조건부채권시장

환매조건부채권(repo)시장에서는 미상환액면총액이 2,000억원 이상인 채권 중에서 국고채권, 외국환평형기금채권, 통화안정증권, 예금보험공사채권, 발행인(또는 보증기관)의 신용등급이 AA 이상인 회사채, 기타 특수채가 거래된다.

이 시장에서는 국채전문유통시장의 시장참가자와 마찬가지로 거래소의 채무증권회원인가를 취득한 은행과 금융회사가 주요 시장참가자이고, 연금 및 기금, 보험 등의 기타 금융회사 및 일반투자자도 위탁참여가 가능하다.

③ 일반채권시장

국채전문유통시장에서 거래되는 국고채를 제외한 한국거래소에 상장된 모든 종목의 채권을 거래할 수 있는 시장이다. 일반채권시장에서 거래되는 채권들 중 회사채, 주식관련 사채인 전환사채와 신주인수권부사채, 국민주택채권 등이 자주 거래되고 있다.

일반채권시장의 참여자는 제한이 없기 때문에 누구나 참여할 수 있다. 이 시장에서 거래되는 채권의 매매수량단위는 액면 1,000원이다. 이는 주식 1주의 개념에 해당하는 채권의 액면 1단위가 10,000원이므로 액면의 1/10 단위로 채권을 매매할 수 있

---

10 한국거래소(www.krx.co.kr): 채권시장 참조

다는 의미이다.

일반채권시장은 주식처럼 가격우선의 원칙과 시간우선의 원칙에 의해 개별경쟁매매로 거래된다. 또한 장외시장에서 거래가 이루어질 때 보통 거래일의 다음날에 결제가 이루어지는 것과 달리 일반채권시장에서는 매매체결이 이뤄진 당일에 즉시 대금과 채권이 결제되어 필요한 돈을 신속하게 환금할 수 있다.

④ 소액채권시장

일반 국민들은 부동산, 자동차 등을 구입하여 등기하거나 등록할 때 의무적으로 채권을 매입해야 한다. 국민주택채권, 서울도시철도채권, 지역개발채권, 지방도시철도채권 등이 여기에 해당하며 각종 인·허가 시에 의무적으로 매입한 이러한 국공채를 첨가소화채권이라고 부른다. 이 첨가소화채권의 환금성을 위해 개설된 시장이 소액채권시장이다.

일반적으로 첨가소화채권을 매입한 채권매입자는 채권을 보유하기보다는 매출은행의 창구나 금융투자회사를 통해 매입한 첨가소화채권을 할인하여 즉시 매도한다. 즉시 매도할 경우에는 거래일을 기준으로 당월 및 전월에 발행된 채권에 한하여 소액채권시장에서 거래할 수 있으며, 발행일이 경과한 채권은 일반채권시장에서 거래할 수 있다.

핵심정리

1. 금융시장

① 간접금융시장: 예대시장

② 직접금융시장

- 주식시장
  - 장내시장: 유가증권시장, 코스닥시장, 코넥스시장
  - 장외시장: K-OTC시장

- 채권시장
  - 장내시장: 국채전문유통시장, 환매조건부채권시장, 일반채권시장, 소액채권시장
  - 장외시장

- 외환시장
  - 현물환시장
  - 선물환시장: 일반선물환시장, 차액결제선물환(NDF)시장

- 파생금융상품시장
  - 주식관련 파생금융상품: KOSPI200선물, KOSPI200섹터지수선물, KOSPI배당지수선물, KRX K-뉴딜지수선물, 미니KOSPI200선물, KOSDAQ150선물, KRX300선물, EURO STOXX50선물, 개별주식선물, KOSPI200변동성지수선물, ETF선물, KOSPI200옵션, 미니KOSPI200옵션, KOSDAQ150옵션, 개별주식옵션
  - 채권관련 파생금융상품: 3년국채선물, 5년국채선물, 10년국채선물
  - 외환관련 파생금융상품: 미국달러선물, 엔선물, 유로선물, 위안선물, 미국달러옵션
  - 상품관련 파생금융상품: 금선물, 돈육선물

2. 금융시장의 기능

- 자본자원 배분

- 투자자의 소비시점 결정

- 위험배분

3. 증권시장

① 발행시장

- 발행인: 증권을 발행하여 자금을 조달하는 주체

- 인수인: 주식·채권 등의 증권을 발행하는 사무를 대행하고 발행위험을 부담

- 투자자: 자금공급자
  - 증권수요자에 따른 구분
    → 사모발행, 공모발행
  - 발행에 따른 위험부담과 발행모집사무를 담당하는 방식에 따른 구분
    → 직접발행
       간접발행: 총액인수, 잔액인수, 모집주선

② 유통시장

- 주식유통시장
  - 유가증권시장
  - 코스닥시장
  - 코넥스시장
  - K-OTC

- 채권유통시장
  - 국채전문유통시장
  - 환매조건부채권시장
  - 일반채권시장
  - 소액채권시장

※ 장내시장: 개별경쟁매매 → 가격우선의 원칙, 시간우선의 원칙, 수량우선의 원칙, 위탁매
                                   매우선의 원칙
   장외시장: 개별상대매매

연습문제

문1. 다음 중 금융시장의 기능이 아닌 것은? (   )

① 자본자원배분　　　　　　　　② 위험배분
③ 투자자의 소비시점 배분　　　　④ 기업생산량 결정

문2. 다음 증권시장에 관한 설명으로 맞는 것은? (   )

① 발행주체는 증권발행에 관한 사무처리를 하고 유가증권의 인수, 매출, 자기매매 등의 업무를 수행하며 관련 위험을 부담하는 기관이다.
② 간접발행은 일반적으로 발행규모가 작거나 발행예정인 주식이 시장에서 쉽게 소화될 경우에 적절하다.
③ 공모발행은 소수의 특정인(50인 미만)을 대상으로 주식을 발행하는 방식이다.
④ 발행 시 발행기관의 개입여부에 따라 직접발행과 간접발행으로 구분한다.

문3. 다음 간접발행 방식 중 발행주체의 위험이 가장 작은 것에서 큰 순서대로 나열된 것은? (   )

① 총액인수, 잔액인수, 모집주선
② 잔액인수, 모집주선, 총액인수
③ 모집주선, 잔액인수, 총액인수
④ 총액인수, 모집주선, 잔액인수

문4. 주식시장과 관련된 설명으로 틀린 것은? (   )

① 주주권을 표시하는 유가증권인 주식이 거래되는 시장이다.
② 기업에게는 채권시장과 더불어 자금조달시장의 역할을 수행하고 투자자에게는 자금운용시장으로서의 기능을 수행한다.
③ 유통시장은 기업공개 및 유상증자를 통해 주식이 새로이 공급되는 시장이다.
④ 코넥스시장은 장내시장이지만 K-OTC는 장외시장이다.

문5. 다음 주식시장에 관한 설명 중 틀린 것은? (   )

① 유가증권시장과 코스닥시장의 거래시간은 같다.

② 유가증권시장은 상대매매이나 K-OTC시장은 경쟁매매이다.

③ 유가증권시장과 코스닥시장은 모두 가격제한폭제도를 두고 있다.

④ 유가증권시장과 코스닥시장은 모두 결제전매매가 가능하다.

문6. 다음 설명 중 틀린 것은? (   )

① 가격우선의 원칙은 매수주문에는 고가의 호가가 우선하고 매도주문에는 저가의 호가가 우선한다.

② 시간우선의 원칙은 동일가격호가에 대하여 먼저 접수된 호가가 우선한다.

③ 수량우선의 원칙은 동시호가나 동일가격호가에 대하여 수량이 많은 호가가 우선한다.

④ 위탁매매우선의 원칙은 고객의 호가보다 증권회사의 자기매매호가가 우선한다.

문7. 다음 중 한국거래소에 개설된 채권시장이 아닌 것은? (   )

① 회사채전문유통시장   ② 일반채권시장

③ 소액채권시장   ④ 환매조건부채권시장

연습문제 해답

문1. ④

문2. ④

문3. ①

문4. ③

문5. ②

문6. ④

문7. ①

02 금융상품

학습개요

본 장에서는 금융시장에서 거래되는 금융상품에 대해서 살펴본다. 금융시장에서 거래되는 금융상품을 만기에 따라 구분하여 만기 1년 이내의 단기금융상품인 콜, 환매조건부채권(repo), 양도성예금증서(CD), 기업어음(CP), 전자단기채와 만기 1년 이상의 장기금융상품인 주식 및 채권, 그리고 금융상품의 특성을 고려하여 별도의 시장으로 보기도 하는 파생금융상품에 대해서 설명한다.

학습목표

- 콜
- 양도성예금증서(CD)
- 전자단기채
- 채권
- 환매조건부채권(repo)
- 기업어음(CP)
- 주식
- 파생금융상품

금융시장은 금융상품의 만기에 따라 단기금융시장인 화폐시장(money market)과 장기금융시장인 자본시장(capital market)으로 구분할 수 있다. 단기금융시장은 만기 1년 이내의 금융자산이 거래되는 시장으로서 금융기관, 기업, 개인 등이 일시적으로 여유자금을 운용하거나 부족한 자금을 조달하는 시장이다.

단기금융시장에서 거래되는 단기금융상품은 장기금융상품에 비하여 금리변동에 따른 가격변동폭이 크지 않아 원금손실의 위험이 적으며 유통시장에서 해당 상품을 팔아 쉽게 자금을 회수할 수 있기 때문에 유동성위험이 크지 않다. 대표적인 단기금융상품은 콜, 환매조건부채권(repo), 양도성예금증서(CD), 기업어음(CP), 전자단기채 등이 있다.

1. 콜

콜(call)은 전화 한 통화로 자금거래가 이루어진다는 의미에서 콜이라고 부르며, 금융기관 상호간에 일시적인 자금과부족을 조절하기 위하여 초단기로 자금을 차입하거나 대여하는 금융상품을 말한다. 차입하는 입장에서는 콜머니(call money), 대출해주는 입장에서는 콜론(call loan)이라고 부르고, 콜머니에 대한 금리는 콜금리(call rate)라고 한다. 콜거래의 만기는 최장 90일 이내에서 일별로 정할 수 있으나 일반적으로 콜거래는 금융기관의 일시적인 자금과부족을 조절하는 거래이기 때문에 실제 거래에서는 1일물 거래가 대부분이다.

콜거래 금액은 최저 1억원이고 억원 단위로 거래되며, 콜금리는 콜시장에서의 자금수급사정에 따라 결정되기 때문에 수시로 변동한다. 금융회사의 단기유동성이 호전되면 콜자금의 공급이 증가하여 콜금리가 하락하고 반대로 금융회사의 단기유동성 사정이 악화되면 콜자금의 공급이 축소되어 콜금리가 상승한다.

2. 환매조건부채권

환매조건부채권(repo 또는 RP: repurchase agreement)은 채권매도자가 일정기간이
경과한 후 정해진 가격으로 동일한 채권을 재매입하는 조건이 붙어 있는 채권거래이
다. 채권매매가 처음 이루어지는 매입일에 매입가를 주고 채권을 매입하는 것을 환
매조건부채권 매수라고 한다.

예를 들어, 한국은행이 일정기간이 지난 후에 정해진 가격으로 다시 사들인다는
조건으로 시중은행들에게 파는 채권을 환매조건부채권(repo)이라고 한다. 이 경우 시
중은행은 채권을 사들이는 대가로 한국은행에 돈을 지불하기 때문에 시중의 유동성이
줄어든다. 이와 정반대로 한국은행이 일정기간이 지난 후에 정해진 가격으로 다시 판
다는 조건으로 시중은행들로부터 채권을 사들이는 것을 역RP(reverse RP)라고 한다.

환매조건부채권거래를 경제적으로 보면 채권을 담보로 자금을 빌린 것과 마찬가
지이다. 즉, 일정기간 동안 채권의 매도자가 매수자에게 채권을 넘겨주고 돈을 빌린
후 일정기간이 지나면 채권을 도로 회수하면서 빌린 돈을 갚는 구조이기 때문에 채권
이 담보의 역할을 하는 것이다. 따라서 환매조건부채권 매도자 입장에서는 무담보 차
입에 비해 저렴한 자금조달 수단이 되고, 환매조건부채권 매입자에게는 단기 여유자
금을 안전하게 운용할 수 있는 수단이 된다.

그림 2-1 환매조건부채권거래의 개념

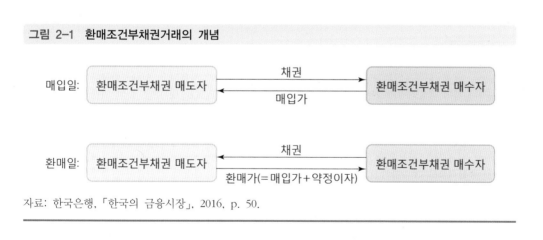

자료: 한국은행, 「한국의 금융시장」, 2016, p. 50.

---

1 증권의 환매매가 이루어지는 시점을 환매일(repurchase date)이라 하고, 환매일의 매매가격은 환매
가(repurchase price)라고 한다.

일반적으로 환매조건부채권거래는 1개월물 및 3개월물 위주로 이루어지고 있으며 만기 이전에 중도환매가 가능하다. 거래금액에 대한 제한은 없으나 기관 및 법인과의 거래 시 10억원 이상, 개인과의 거래 시 1천만원 이상이 일반적이다. 다만, 우체국에서는 개인위주의 소액거래가 대부분이기 때문에 최소거래금액을 5만원으로 설정하고 있다.

환매조건부채권거래는 거래주체가 누군가에 따라 금융기관과 일반고객 간에 이루어지는 대고객 RP, 금융기관 간에 이루어지는 기관간 RP, 한국은행의 공개시장운영 수단[2]으로서 한국은행과 금융기관 간에 이루어지는 한국은행 RP로 구분할 수 있다.

대고객 RP거래의 대상채권은 금융채, 통화안정증권, 회사채, 국채 등으로 다양하며, 만기는 6일 이내가 대부분을 차지하고 있다. 기관간 RP거래의 대상증권으로는 국채, 통화안정증권 및 특수채 등 안전자산이 주로 활용되고 있고, 만기별로는 익일물 거래가 대부분을 차지하고 있다.[3]

한국은행 RP는 한국은행이 일시적인 유동성 과부족을 조절하기 위하여 환매조건부채권 매매를 활용하는 것을 말한다. 시장에 자금이 풍부할 때 한국은행은 시중의 유동성을 흡수하기 위하여 환매조건부채권을 매도한다. 즉, 한국은행이 보유채권[4]을 금융기관에 매도하면서 일정기간 후에 그 채권을 도로 되사기로 하는 계약을 체결하는 것이다. 따라서 환매조건부채권을 매도하는 시점에는 시중의 돈이 한국은행으로 들어가게 되고 환매조건부채권을 환매하는 시점에는 이 채권을 되사면서 시중에 돈이

---

2 2008년 3월 이전까지는 한국은행의 정책금리로 익일물 콜금리가 사용되었으나, 2008년 3월 7일부터는 7일물 환매조건부채권 금리가 한국은행의 정책금리로 사용되고 있다. 한국은행 기준금리는 한국은행이 금융기관과 환매조건부증권(RP) 매매, 자금조정 예금 및 대출 등의 거래를 할 때 기준이 되는 정책금리로서 간단히 기준금리(base rate)라고도 한다. 한국은행은 기준금리를 7일물 환매조건부채권 매각 시 고정입찰금리로, 7일물 환매조건부채 매입 시 최저입찰금리(minimum bid rate)로 사용한다. 그리고 자금조정 예금 및 대출 금리를 기준금리에서 각각 −100bp 및 +100bp 가감하여 운용한다. 한국은행 금융통화위원회는 매월 물가 동향, 국내외 경제 상황, 금융시장 여건 등을 종합적으로 고려하여 기준금리를 결정하고 있다. 이렇게 결정된 기준금리는 초단기금리인 콜금리에 즉시 영향을 미치고, 장단기 시장금리, 예금 및 대출 금리 등의 변동으로 이어져 궁극적으로는 실물경제 활동에 영향을 미치게 된다. (www.bok.or.kr)
3 2010년 7월 이후 진행되어 온 단기금융시장 개편으로 비은행금융기관의 콜시장 참가가 제한되었다. 이에 환매조건부채권시장에서의 자금조달 및 운용수요 증대와 더불어 거래 인프라 개선 등으로 기관간 RP시장이 활성화됨에 따라 단기금융시장이 무담보거래인 콜거래 중심에서 담보부거래인 환매조건부채권거래 중심으로 재편되었다.
4 한국은행 RP 매매 대상증권은 국채, 정부보증채, 통화안정증권, 주택금융공사 MBS이다.

풀려 유동성을 공급하게 된다.

예를 들어, 우리나라의 경상수지 흑자 지속으로 시중의 유동성이 풍부할 경우 환매조건부채권 매도를 통해 시중의 돈을 회수할 수 있다. 또는 글로벌 금융위기 시와 같은 경우에는 한국은행이 금융기관이 보유한 채권을 매입하면서 일정기간 후에 그 채권을 되파는 계약을 하는 환매조건부채권 매입을 할 수 있다. 이 경우 한국은행이 환매조건부채권을 매입하는 시점에서는 채권매입대금을 지급하므로 시중에 돈이 풀리게 되고 매도시점에 가서 채권매도를 통해 시중의 돈을 회수한다.

3. 양도성예금증서

양도성예금증서(CD: negotiable certificate of deposit)는 은행의 정기예금증서에 양도성을 부여한 것이다. 예금증서를 주고 예금을 받는다는 점에서 일반예금과 동일하지만, 권리의 이전과 행사에는 CD의 소지가 필요하다는 점에서 유가증권에 해당한다. 권리를 이전할 수 있는 CD는 무기명식으로 발행되며 CD의 보유자는 매각을 통해 현금화할 수 있으므로 중도해지는 금지된다.

CD는 할인방식으로 발생되므로 투자자가 CD를 매수할 경우 CD 매수 시에 액면금액에서 예치기간 동안의 이자를 뺀 금액으로 사서 만기에 액면금액을 받는다. 예를 들어, 1,000만원을 91일 동안 예치하면 이자를 10만원 주는 CD를 살 때 CD매수자는 990만원을 주고 CD를 사서 91일 후에 1,000만원을 돌려받는다.

CD발행 시 최단만기만 30일로 제한하고 있고 최장만기는 제한하지 않지만 실제

그림 2-2 양도성예금증서

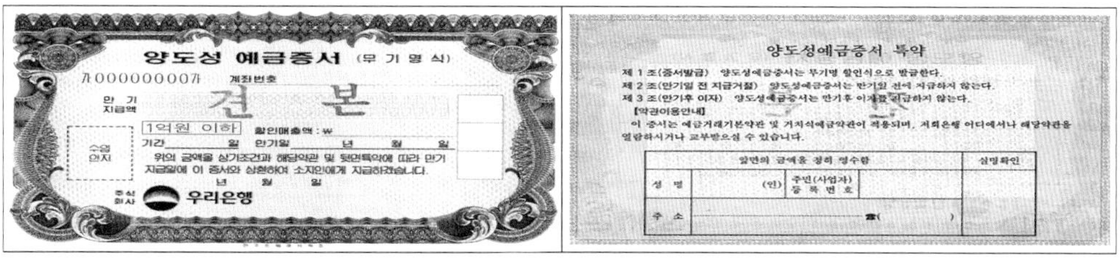

자료: 한국은행, 「우리나라의 금융시장」, 2009, p. 115.

거래에서는 대부분 1년 이내로 발행되고 있다. 최저액면금액의 제한도 없으나 은행들은 500만원 또는 1,000만원으로 설정하여 운영하고 있다.

4. 기업어음

기업어음(CP: commercial paper)은 기업이나 금융기관이 단기자금을 조달할 목적으로 상거래와는 상관없이 발행하는 만기 1년 이내의 융통어음으로서 법률적으로는 약속어음으로 분류된다. 기업어음시장은 어음의 발행기업, 딜러인 할인·매출기관, 투자자인 매수기관으로 구성된다. 돈이 필요한 발행기업 입장에서는 기업어음의 발행절차가 간편하고 일반적으로 무담보로 발행할 수 있을 뿐만 아니라 은행대출을 이용할 때보다 이자가 저렴하여 유리하므로 기업어음을 발행한다. 할인·매출기관은 발행기업으로부터 기업어음을 할인하여 매입한 후 이를 매수기관에 매도하여 매매차익을 얻는다. 매수기관은 주로 단기자금의 운용수단으로 기업어음을 활용한다.

기업어음 발행기업의 요건과 발행조건은 할인기관에 따라 다소 다르다. 기업어음의 발행기업이 상장법인, 협회등록법인 또는 정부투자기관일 경우 할인기관은 증권회사여야 하며, 발행기업은 2개 이상의 신용평가기관으로부터 B등급 이상의 신용등급을 받아야 한다. 이 경우 기업어음의 발행조건은 최장만기가 1년 이내이고 최소액면금액은 1억원 이상이다.

그림 2-3 기업어음

자료: 한국은행, 「우리나라의 금융시장」, 2009, p. 136.

만약 할인기관이 증권회사가 아니고 종합금융회사[5]인 경우, 기업어음의 발행조건
은 최소액면금액에 대하여 증권회사의 경우처럼 명백한 제한이 있는 것은 아니지만
보통 100억원 이상으로 발행되고 있으며 만기는 증권회사의 경우와 마찬가지로 1년
이내로 제한된다.

그림 2-4 **기업어음 발행 및 매출**

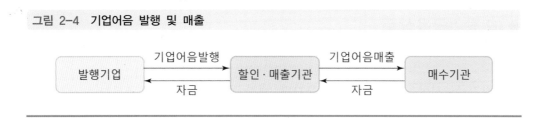

5. 전자단기채

전자단기채는 사채권으로 실물이 아닌 전자적으로 발행·유통되는 단기금융상품
으로 정의된다. 전자단기채는 콜시장에서 은행보다 신용도가 낮은 비은행금융기관의
단기자금조달수요 집중에 따라 전체 금융시장의 위험증가라는 문제점과 공시의무가
없어 시장투명성이 부족한 기업어음시장에서 1일물 기업어음과 같은 초단기 기업어
음 발행이 어렵다는 문제점을 해소하고 단기자금조달이라는 본연의 목적을 달성하기
위해 2013년 1월 15일 도입되었다.

전자단기채는 법적으로는 어음이 아닌 사채권이지만 경제적으로는 기업어음과
동일하다. 다만, 기업어음은 실물로 발행 및 유통되지만 전자단기사채는 실물 없이
중앙등록기관의 전자장부에 등록되는 방식으로 발행 및 유통되는 점이 다르다.

전자단기사채는 발행과 유통이 전자장부에 등록됨으로써 거래의 투명성이 제고

---

5 종합금융회사는 보험과 일반예금만 제외하고 그 외의 종합적인 금융업무를 취급하는 회사이다. 국
　내 종합금융회사는 영국 머천트뱅크(merchant bank)와 같은 종합금융서비스 제공, 외자지원과 중
　장기설비금융 원활화, 금융국제화 촉진과 선진금융기법 도입을 위하여 1975년 12월에 제정된 「종
　합금융회사에 관한 법률」에 의거하여 1976년 4월에 처음 한국종합금융주식회사가 설립되었다. 저
　금리 단기자금을 들여와서 고금리 장기대출을 통한 무모한 자산 확장으로 1997년 외환위기 시 대
　부분 정리되고 현재는 전업종금사로 우리종합금융, 종금업 겸업 증권사로 메리츠종합금융증권, 종
　금업 겸업 은행으로 신한은행, KEB하나은행만 있다.

되고 증권과 대금의 실시간 동시결제가 가능해짐에 따라 발행기업은 발행 당일에 자금을 사용할 수 있으며, 투자자 입장에서는 만기 시 어음교환소(clearing house) 회부[6] 등이 필요치 않아 투자대금 회수과정에서 발생할 수 있는 신용위험이 축소되었다.

▶ 02 장기금융상품

장기금융시장은 주로 기업, 금융기관, 정부 등이 장기자금을 조달하는 시장으로, 만기 1년 이상의 채권이나 만기가 없는 주식이 거래되는 시장을 의미한다.

1. 주식

주식은 소유지분을 표시하는 증권으로 보통주와 우선주로 구분된다. 주식은 기업에게는 채권과 더불어 자금조달을 위한 대표적인 직접금융수단이고 투자자에게는 자금운용을 위한 투자대상으로서의 기능을 수행한다.

(1) 보통주

소유지분을 표시하는 증서로서, 기업의 성공과 실패에 직접 관련되기 때문에 채권보다 투자위험이 더 크다. 보통주는 발행기업 입장에서는 안정적인 자기자본 조달의 수단이 되고 투자자 입장에서는 일정 지분의 소유권을 나타내는 소유증서이기 때문에 보통주(common stock)를 소유한 주주는 회사의 경영에 참여할 수 있는 권리와 경제적 이익을 얻을 수 있는 권리를 가진다.

경영에 참여할 수 있는 권리는 주주총회에서의 의결권, 이사·감사의 선임과 해임청구권, 주주총회소집청구권 등이 있으며 이 권리를 행사함으로써 기업경영에 관여하게 된다. 경영참여 권리는 경영자들이 주주들의 이익을 위해서 회사를 경영하도록

---

[6] 일반적으로 채권의 원리금지급은 어음교환소(금융결제원)가 원리금지급 대행 은행에 교환확인을 하여 결제금액이 확정된 후 지급이 이루어진다.

하고 부실한 경영을 예방하는 최소한의 장치이다.

경제적 이익을 얻을 수 있는 권리는 기업이 벌어들인 이익에 대해 보유하고 있는 지분비율에 따라 배당으로 이익을 분배받을 수 있는 권리인 이익배당청구권, 기업이 청산될 경우 부채를 제외한 나머지 잔여 재산에 대해서 지분비율만큼 분배를 받을 수 있는 권리인 잔여재산분배청구권, 기업이 유상 혹은 무상으로 새로운 주식을 발행할 경우 우선적으로 신주를 인수할 수 있는 신주인수권, 채권을 주식으로 전환청구할 수 있는 전환청구권 등이 있다.

(2) 우선주

우선주(preferred stock)는 이익배당청구권과 잔여재산분배청구권에 있어 채권의 소유자보다는 우선순위가 낮으나 보통주주보다는 우선적인 지위가 있는 주식이다. 기업은 주식 투자자에게 1년 동안 영업하여 얻은 이익을 배당이라는 명목으로 나눠주는데, 우선주를 가지고 있는 주주는 배당을 보통주주보다 먼저 받게 된다. 하지만 기업이 이익이 없다면 보통주처럼 배당을 받지 못한다.

기업입장에서 우선주의 발행은 기존 주주들의 경영권을 보호하면서도 자금조달을 쉽게 할 수 있는 이점이 있고, 배당금을 규칙적으로 확실하게 받기를 원하는 투자자를 끌어들일 수 있다는 장점이 있다. 하지만 우선주는 주주총회에서 의결권이 부여되지 않아 회사경영에는 참여할 수 없기 때문에 보통주에 비해 싼 가격으로 거래된다.

우선주의 종류로는 일정률의 우선배당을 받고 잔여 이익에 대해서도 보통주와 같이 배당에 참가하는 참가적 우선주와 잔여이익 배당에는 참가할 수 없는 비참가적 우선주가 있다. 또 당해 연도의 배당이 이미 정해진 우선배당률에 미치지 못했을 때 그 부족액을 다음연도 이후의 이익에서 배당받을 수 있는 누적적 우선주와 그렇지 못한 비누적적 우선주의 형태로 분류된다.

〈표 2-1〉을 보면, 현대차, 현대차우, 현대차2우B, 현대차3우B라는 종목이 있는데, 이 네 가지 종목은 모두 현대차의 주식이며 이중 현대차는 보통주를 의미하고 나머지는 우선주를 의미한다. 우선주 중에서도 현대차우는 1995년 10월 이전에 발행된 우선주이다. 이는 1995년 10월 상법에서 우선주 규정을 개정하기 전에 발행된 우선주

표 2-1 주식시세표(20XX년 X월 X일)

종목명 (코드번호)	종가	등락	시가	고가	저가	거래량
			KOSPI: 3020.84(▲ 13.41)			
삼성전자 (005930)	81,200	▲ 200	81,000	82,100	80,800	14,758,826
현대차 (005380)	218,000	▼ 3,000	218,500	220,500	216,000	1,087,519
현대차우 (005385)	98,800	▼ 1,200	99,300	100,500	98,400	119,213
현대차2우B (005387)	97,300	▼ 1,000	98,300	98,800	96,800	86,487
현대차3우B (005389)	93,500	▼ 700	93,800	94,300	92,600	15,598
대웅제약 (069620 E)	128,000	▼ 1,500	129,500	130,500	127,000	43,652

로서 우선주에 대한 배당을 보통주보다 1% 정도 더 배당하는 비참가적·비누적적 무의결권주식이었다.

하지만, 우선주는 유통주식수가 적기 때문에 급히 팔 때 팔리지 않을 수도 있는 등 투자에 불리한 점이 있는데, 1% 정도를 보통주보다 더 배당해도 의결권이 없고 신속한 매도의 제한 등의 단점을 고려할 때 투자자들 입장에서는 우선주에 대한 투자매력을 못 느끼게 된다.

이러한 이유로 1995년 10월 상법개정을 통해 우선주에 대한 배당을 훨씬 더 높이고 일정기간이 지나면 보통주로도 전환할 수 있으며 그 해에 배당을 실시하지 못하면 다음 해로 배당의무가 누적되는 신형우선주를 발행하게 되었다. 현재 우리나라에서 발행하는 우선주는 신형우선주로서 대부분 일정기간이 지나면 보통주로 전환할 수 있는 전환우선주이다.[7]

신형우선주는 정관에 최저배당률(보통 정기예금 금리임) 규정을 두는데, 마치 몇 %

---

7 1995년 10월 상법 개정 시에 우선주를 발행할 경우 정관에 최저배당률을 정하고 주총의 결의에 따라 보통주로의 전환과 주식배당시 같은 종류의 주식을 우선주에 대해 배당이 가능하도록 하였다.

의 이자를 약속하는 채권(bond) 같다는 뜻에서, 우선주 종목 뒤에 'B'자를 붙여서 종전의 우선주와 구분한다. 또한 현대차2우B, 현대차3우B와 같이 종목명 뒤에 붙어 있는 숫자는 각각 현재차가 두 번째, 세 번째 발행한 우선주로서 현대차우는 최우선으로 배당을 받을 수 있는 우선주라는 뜻이고 2우는 첫 번째 우선주에 배당을 하고도 남는 배당이 있다면 그 다음으로 배당을 받을 수 있다는 의미이다.

(3) 주식시세표

주식시장의 거래현황을 보여주는 주식시세표는 거래소의 모든 상장기업의 거래현황이 담겨 있다. 주식시세표에서 종목명은 주식을 발행한 회사의 이름을 말하며 편리한 거래를 위해 종목별로 고유한 코드번호를 부여하고 있다. 보통주의 코드번호 끝자리는 0으로 끝나고 우선주의 코드번호 끝자리는 5, 7, 9로 끝난다.

〈표 2-1〉의 주식시세표에서 삼성전자, 현대차, 동방과 같은 종목은 코드번호의 끝자리가 0으로 끝나 모두 보통주임을 알 수 있다. 현대차우는 5로, 현대차2우B는 7로, 현대차3우B는 9로 끝나 모두 우선주임을 알 수 있다. 주식의 코드번호 옆의 알파벳'E'는 주식의 액면가를 구분하는 기호이다. A는 액면가 100원, B는 액면가 200원, C는 액면가 500원, D는 액면가 1,000원, E는 액면가 2,500원, 무표시는 액면가 5,000원을 의미한다.

주식가격은 주식시세표에서 가장 중요한 정보이다. 시가는 당일 중에 처음 형성된 거래시작가격, 고가는 당일 중에 체결되었던 가격 중 가장 높은 가격, 저가는 당일 중에 체결되었던 가격 중 가장 낮은 가격을 말한다. 거래량은 당일 거래가 체결된 주식수량을 의미한다. 거래량은 주식시장의 판단지표로 중요한 의미가 있으나 개별 주식간의 거래량을 비교할 때는 액면가가 100원에서부터 5,000원까지 다양하므로 비교하는 주식들의 액면가가 얼마인지 우선 살펴봐야 한다.

최고액권은 5만원 … 최고액 주권은 얼마짜리?

우리나라 지폐가 1,000원, 5,000원, 1만원, 5만원의 4종 체제로 이루어져 있듯이 국내증시에 상장되는 주권은 1주, 5주, 10주, 50주, 100주, 500주, 1,000주, 1만주의 8가지를 발행할 수 있다. 액면가 5,000원짜리 주식이라면 1주에 5,000만원이 액면가 기준 최고가 주권이되는 것이다. 1970년까지는 주식을 발행하는 기업이 직접 인쇄를 도맡았지만, 가짜 주권에따른 유통이 사회문제로 대두되면서 1980년대 들어 8가지 권종으로 규격화했다.

각 권종마다 색상만 다를 뿐 규격은 가로 20cm, 세로 11cm로 통일돼 있다. 1주짜리는 연두색 바탕이 기본이다. 국내에서 시가총액 110조원을 자랑하는 삼성전자 1주도 이 같은 규격을지키고 있다. 권종별 색상에 따른 주권의 밑바탕은 한국조폐공사에서 찍어내지만, 기업의 이름과 발행일 등 주요 사항은 한국예탁결제원에서 인쇄한다. 국내 실물주권은 경기도 일산에있는 예탁결제원 보관소에 대부분 예치돼 철통방어를 자랑하며 보관돼 있다.

국내 주권은 규격화돼 있지만, 미국과 벨기에 등 대다수 해외국가에서는 기업별 특징을 살린주권을 발행하는 경우가 많다. 1992년 발행된 액면가 25센트짜리 미국 월트디즈니사의 주권은 자사의 대표적인 만화 미키마우스와 백설공주, 도널드 덕 등을 넣어 기업 이미지를 명확히드러내고 있다. 세계에서 가장 아름다운 증권 가운데 하나로 찬사 받는 1895년 설립된 벨기에 '마리타임 인스톨레이션사'의 주권은 아름다운 천사가 벨기에 브루헤 운하와 도시들을 비추는 모습이 인쇄됐다.

국내 주권의 보관도 서서히 역사의 뒤안길로 사라질 전망이다. 현재 진행 중인 전자주권법안
이 국회를 통과하면 증권거래 측면에서 실물주권은 자취를 감추게 된다. 전자주권화가 진행되
면 실물주권은 등록해야 가치와 시세를 인정받을 수 있다. 전자화하지 않으면 일정 기간이 지
나면 주권으로 효력을 잃게 된다.

혹시 알까. 실물 우량 주식을 한 장씩 지금부터 사 모은 뒤 대대손손 내려가면 몇 백 년 뒤
고문서로 가치를 인정받을 지. 주식을 실물로 갖고 싶다면 HTS 등으로 매매하며 소유한 주식
을 예탁결제원에서 실물로 교환하면 된다.

[출처: 머니투데이(news.mt.co.kr), 2010. 10. 30.]

(4) 주가지수

1) 주가지수의 개요

주가지수는 금융자산에 대한 특정시장의 투자성과를 반영하기 위한 주식들의 평
균화된 가격을 말한다. 주가지수를 산출하는 방법은 모든 주가들을 합한 다음 이를
종목수로 나누어 지수를 구하는 가격가중평균지수(price-weighted average index)법과
모든 주식의 시가총액(주식수×현재가)을 합산한 금액과 기준년도의 시가총액을 합산
한 금액을 비교하여 지수를 산출하는 가치가중평균지수(value-weighted average index)
법이 있다. 지수를 산출할 때 가중치를 쓰는 이유는 지수에 각 주식의 상대적인 중요

성을 적절한 방법으로 반영하기 위함이다.

　가격가중평균지수법은 1884년에 Charles H. Dow가 최초로 단순평균방식으로 11종목(철도주 9종목과 공업주 2종목)을 대상으로 지수를 산출한 이래, 1896년에 Dow와 월스트리트저널 설립자인 Edward Jones에 의해 12종목(철도회사 11개사, GE 1개사)으로 개편되었다. 이후 1928년에 30종목으로 확대하여 현행 계산방식인 주식분할과 같은 인위적인 주가변경의 영향을 제거한 방식으로 수정하여 산출한 Dow-Jones30지수를 발표하였다.

　가치가중평균지수법은 1923년 Standard & Poor's(S&P)에 의해 최초로 도입된 이래 국내외의 대다수 주가지수가 이 방법으로 산출되고 있다. KOSPI, KOSPI200, KOSDAQ150, KRX100, S&P500,[8] TOPIX,[9] FTSE100,[10] DAX30,[11] CAC40[12] 등이 여기에 해당한다.

2) 우리나라의 주가지수

　한국거래소에서 발표하는 주가지수는 네 가지 종류가 있다. 첫째, 2005년 한국거래소의 통합출범을 계기로 유가증권시장과 코스닥시장의 보통주를 대상으로 하는 KRX시리즈(KRX100과 KRX섹터지수 등), 둘째, 유가증권시장의 상장 종목을 대상으로 하는 KOSPI시리즈(KOSPI, KOSPI200 등), 셋째, 코스닥시장의 상장 종목을 대상으로 하는 KOSDAQ시리즈(KOSDAQ, KOSDAQ150 등), 넷째, 특정한 주제의 구성종목을 선

8　1923년 233종목을 대상으로 가격가중평균방식으로 주가지수 최초로 도입한 이래, 1957년에 1941~1943년 주가수준을 10포인트로 설정하여 S&P500주가지수를 발표하였다. NYSE, AMEX, NASDAQ에 상장된 대형우량주 500종목으로 구성되어 있다.

9　동경증권거래소에 상장된 전 종목(약 1,700종목)을 대상으로 1968년 1월 4일 100포인트를 기준으로 하여 1967년 7월 1일부터 발표하였다.

10　파이낸셜타임즈와 런던증권거래소(LSE)의 합작법인인 FTSE(Financial Times Stock Exchange) 그룹에서 런던증권거래소에 상장된 시가총액 순서대로 우량주 100종목을 대상으로 1983년 12월 31일 1,000포인트를 기준으로 하여 시작하였다.

11　DAX30(Deutscher Aktien IndeX = German stock index)은 프랑크푸르트 증권거래소에 상장된 주식 중 시가총액이 가장 큰 30개 기업을 대상으로 1987년 12월 30일 1,000포인트를 기준으로 하여 시작하였다.

12　CAC40(Cotation Assistée en Continu = continuous assisted quotation)은 파리증권거래소에 상장된 금융·산업·소비재·건설·자본재 등의 상위 100개 기업 중에서 각 분야를 대표하는 우량주 40개 기업을 내상으로 1987년 12월 31일 1,000포인트를 기준으로 하여 시작하였다.

별하여 산출하는 테마지수시리즈(KOSPI고배당50, KOSPI배당성장50 등)이다.

이러한 주가지수시리즈 중에서 특히 KOSPI(기준시점 1980.1.4., 기준지수 100)는 가장 대표적인 주가지수로서 한국주식시장의 주식가격변동을 종합적으로 보여준다. KOSPI는 유가증권시장에 상장된 모든 종목을 대상으로 기준시점에 비해 유가증권시장이 얼마나 더 커졌는지를 나타낸다. 예를 들어, 오늘 현재 KOSPI가 3017.86이라고 하면, 이것은 오늘 우리나라 유가증권시장의 규모가 기준시점인 1980년 1월 4일에 비해 약 30.18배 커졌다는 것을 의미한다. 이 외에도 KOSPI는 시황파악 및 투자판단을 위한 지표(indicator)나 자산운용실적의 평가지표(benchmark)로도 이용되고 있다.

한편, 선물, 옵션, ETF(exchange traded fund)[13], ELS(equity linked securities)[14] 등 다양한 금융상품의 기초자산으로도 이용되는 KOSPI200(기준시점 1990.1.3., 기준지수 100)은 1994년 6월에 개발되었다. KOSPI200은 KOSPI의 구성종목 중에서 시장대표성(산업군 시가총액의 70% 이내), 유동성(산업내 거래대금 순위 85% 이내), 산업대표성을 고려하여 200종목을 선정하여 KOSPI처럼 가치가중평균지수법으로 산출한다.

$$KOSPI = \frac{비교시점(산출시점)의\ 시가총액}{기준시점(1980.1.4)의\ 시가총액} \times 100(포인트) \qquad (2\text{-}1)$$

$$KOSPI200 = \frac{비교시점(산출시점)의\ 시가총액}{기준시점(1990.1.3)의\ 시가총액} \times 100(포인트) \qquad (2\text{-}2)$$

예제 | 주가지수

1월 4일 X, Y, Z 세 주식이 전체 주식시장의 상장종목이라고 가정하자. 1월 4일에 Y 주식이 2:1로 주식분할이 있었으며, 각 주식의 주가와 상장주식수는 아래와 같다. 가격가중평균지수법과 가치가중평균지수법으로 주가지수를 계산하시오. 단, 가치가중평균지수법의 1월 4일 기준지수는 100이라고 가정한다.

---

13 ETF(상장지수펀드)는 주식처럼 거래되는 펀드(집합투자증권)이다. 즉, 특정지수 및 특정자산의 가격움직임과 수익률을 그대로 추종하도록 설계된 일종의 인덱스 펀드이다. ETF는 본질은 펀드지만 주식처럼 거래되기 때문에 매수, 매도, 현재가 등과 같은 주식시장 용어로 사용한다.

14 주가움직임에 따라 일정한 수익률을 받게 되는 파생결합증권을 말한다.

종목	1월 4일 주가	1월 4일 상장주식수	1월 5일 주가	1월 5일 상장주식수
X	40,000원	600주	42,000원	600주
Y	50,000원	400주	28,000원	800주
Z	80,000원	500주	84,000원	500주

● 답 ●

(1) 가격가중평균지수법

$$1월\ 4일\ 지수: \frac{40,000원 + 50,000원 + 80,000원}{3} = 56,666.67$$

시장에서 가격수준을 반영하는 지수가 단순하게 주식분할로 인해서 주식분할 전이나 후에 달라져서는 안 된다. 다시 말하면, 가격변화에 의한 지수의 등락 이외에 주식분할, 증자 및 감자, 배당 등의 기업재무활동과 신규상장 및 상장폐지 등의 구성종목변경에 의한 인위적인 영향이 주가지수에 영향을 미쳐서는 안 된다. 이러한 기업활동이 있을 경우 이 기업활동 전과 후의 주가지수가 동일하도록 분모에 해당하는 상장종목수를 조정해야 한다. 주식분할 전의 주식가격의 전체 합 170,000원(=40,000원+50,000원+80,000원)이 주식분할 후에는 145,000원(=40,000원+25,000원+80,000원)으로 감소되므로 상장종목수를 아래와 같이 조정해야 한다.

$$\frac{40,000원 + 25,000원 + 80,000원}{x(\text{divisor})} = 56,666.67 \rightarrow 제수(\text{divisor}) = 2.5588$$

$$1월\ 5일\ 지수: \frac{42,000원 + 28,000원 + 84,000원}{2.5588} = 60,184.46$$

(2) 가치가중평균지수법

1월 4일 지수: 40,000원×600주 + 50,000원×400주 + 80,000원×500주 = 84,000,000원

1월 4일 시가총액이 84,000,000원일 때 기준지수를 100이라고 가정한다.

1월 5일 지수:

$$\frac{42,000원 \times 600주 + 28,000원 \times 800주 + 84,000원 \times 500주}{84,000,000} \times 100 = 106.67$$

소(bull)와 곰(bear)의 유래

증권시장의 상징인 소와 곰의 유래에 대해 여러 가지 설이 있다. 가장 널리 알려진 설은 소와 곰이 다른 동물을 공격하는 방법에서 유래되었다는 것이다. 즉, 곰은 발을 아래쪽으로 내려치는 방법으로 상대를 공격하는 반면에 소는 뿔을 위쪽으로 쳐들어 상대를 공격하는 데서 유래한 것이라고 한다. 그러나 이것은 사실이 아니다.

bear라는 말은 18세기 영국에서 곰가죽 중개상(bear skin jobber)들이 잡지도 않은 곰가죽을 미리 판 데서 유래하여 공매자(short seller)를 의미하는 말로 쓰이기 시작하였다고 한다. 소와 곰이 반대적 의미를 가지게 된 것은 미국에서 한때 유행했던 소와 곰을 서로 싸우도록 부추기는 스포츠(baiting)에서 곰의 상대방이 소라는 데서 유래한 것이라고 한다.

MetaMarkets.com의 CEO로서 월가의 사료수집에 관심을 가지고 있는 Don Luskin이라는 사람이 조사한 바에 의하면 "bull"과 "bear"라는 말이 처음으로 설명된 영어책자는 Thomas Mortimer가 쓴 "Every Man His Own Broker; or, A Guide to Exchange-Alley"라고 한다. (Don Luskin은 1785년에 인쇄된 이 책의 10판을 소장하고 있음)

Mortimer에 의하면 1785년 당시에는 "bull"과 "bear"라는 말이 오늘날 사용되는 것보다는 한정된 의미로 사용되었다. Bulls는 주가가 오를 것이라고 생각하거나 희망하는 사람을 지칭하기보다는 오늘날의 신용거래를 하는 투자자와 같은 의미로 사용되었다. 즉, 돈 없이 주식을 사서 결제일 전에 주식을 팔아 차익을 남기려고 했던 사람을 가리켰다. 마찬가지로 Bears도 그 시대에는 장세를 비관적으로 보는 사람을 지칭하는 것이 아니라 공매를 하는 사람을 표현하는 말이었다. 마지막으로 소와 곰의 상징을 유행시킨 사람은 만화가 Thomas Nast라고 한다.

[출처: 한국거래소(www.krx.co.kr), 종합자료실]

2. 채권

(1) 채권의 특징

채권은 정부, 지방자치단체, 특별법에 의해 설립된 법인, 상법상의 주식회사가 불특정다수인으로부터 거액의 자금을 조달하기 위하여 발행하는 채무증서이다. 채권의 특징으로 일반적으로 안전성, 수익성, 환금성을 꼽는다.

안전성의 경우, 정부나 기업 등 신용도가 높은 기관이 채권을 발행하고 있고 만약 채권의 발행자가 파산하지 않으면 이자와 원금을 안정적으로 돌려받을 수 있으므로 안전성이 높다고 평가받는다. 특히, 정부가 발행한 국채의 경우 우리나라에서 가장 안전성이 높다. 더구나 채권은 채권발행자가 파산하더라도 주주보다 채권자가 청산 순위가 높으므로 주식보다 안전한 투자상품이라고 할 수 있다.

수익성의 경우, 채권보유 시 투자자는 정해진 이자율에 따라 이자를 받는 이자소득과 채권가격 상승으로 인한 자본소득을 얻을 수 있다. 일반적으로 채권가격의 변동성은 주식에 비해 낮기 때문에 주식에 비해 위험이 상대적으로 낮다. 따라서 채권의 기대수익률은 주식에 비해 낮다고 할 수 있다.

환금성의 경우, 투자자가 현금이 필요할 경우 채권을 유통시장에서 팔 수 있어 투자자금의 즉각적인 현금화가 가능할 뿐 아니라 주식과 달리 당일 결제 처리로 채권을 매도한 당일에 채권매도금액의 출금이 가능하기 때문에 투자자 입장에서 환금성이 높다는 특징을 가진다.

(2) 채권의 종류

우리나라에서 발행되는 채권의 종류는 매우 다양하며 금융이 발달하면서 채권의 종류가 더욱 늘어나고 있다. 일반적으로 채권은 발행주체나 이자지급방식 또는 담보나 보증여부 그리고 일반채권에 옵션이 내재되어 있는지의 여부에 따라 분류해 볼 수 있다.

1) 발행주체에 따른 분류

채권은 오직 정부, 지방자치단체, 특별법에 의해 설립된 법인인 공공기관, 상법상의 주식회사만이 발행할 수 있다. 따라서 발행주체가 누구인가에 따라 정부가 발행하는 국채, 한국은행이 발행하는 통화안정증권, 지방자치단체가 발행하는 지방채, 한국전력공사·예금보험공사 등 법률에 의해 직접 설립된 법인이 발행하는 특수채, 상법상의 주식회사가 발행하는 회사채, 금융회사가 발행하는 금융채로 구분할 수 있다.

① 국채

국채는 정부가 공공목적을 달성하기 위하여 발행하는 국고채권, 재정증권, 국민주택채권, 보상채권을 말한다. 4가지 종류의 국채는 자금용도에 따라 나누어지는데 종목에 따라 발행방식 및 이자지급방식 등이 다르다.

그림 2-5 국채(국민주택채권)

자료: 한국예탁결제원 증권박물관(museum.ksd.or.kr)

국고채권은 국채법에 의해 국채발행 및 상환업무를 종합적으로 관리하는 공공자금관리기금의 부담으로 경쟁입찰 방식으로 발행한다. 국고채권은 6개월마다 이자가 지급되는 이표채로서 만기 3년, 5년, 10년, 20년, 50년이다.[15]

재정증권은 국고금관리법에 의해 재정부족자금 일시 보전을 위해 경쟁입찰 방식

---

15 재정자금의 안정적 조달과 장기투자수요의 충족을 위해 2000년 10월에는 만기 10년, 2006년 1월에는 만기 20년, 2012년 9월에는 만기 30년, 2016년 10월에는 만기 50년 국채를 발행하였다.

으로 발행한다. 재정증권은 1년 이내(통상 3개월 이내)로 발행하는 할인채이다.

국민주택채권은 주택도시기금법에 의해 국민주택건설 재원조달을 목적으로 부동산 등기 및 각종 인허가와 관련하여 의무적으로 매입해야 하는 첨가소화 방식[16]으로 발행된다. 국민주택채권은 연단위 복리채로 만기 5년이다.

보상채권은 국가나 지방단체 등의 사업시행자가 공익사업을 하면서 보상하는 토지의 보상금(용지보상비)을 지급하기 위해 현금 대신 채권으로 지급하는 국채를 말한다. 보상채권은 당사자 앞 교부방식으로 발행하며, 만기 5년 이내(실제로는 3년 만기)의 연단위 복리채이다. 2003년 1월 공익사업을 위한 토지 등의 취득 및 보상에 관한 법률에 의해서 공공용지보상채권의 명칭을 보상채권으로 변경하였다.

② 통화안정증권

통화안정증권은 한국은행 통화안정증권법에 의해 한국은행이 유동성을 조절하기 위해 금융통화위원회가 정하는 한도 내에서 발행한다. 한국은행은 경상수지 흑자(적자)나 외국인투자자금 유입(유출) 등이 발생하여 시중 유동성이 증가(감소)할 경우 통화안정증권을 발행(상환)하여 시중 유동성을 회수(공급)하는 주요 공개시장운영수단으로 활용한다.

③ 지방채

지방채는 서울도시철도채권, 지방도시철도공채, 서울특별시지역개발채권, 지역개발공채 등과 같이 지방공공기관인 특별시, 도, 시, 군 등의 지방자치단체가 지방재정의 건전한 운영과 공공의 목적을 위해 재정상의 필요에 따라 발행하는 채권이다.

④ 특수채

특수채는 한국전력공사, 예금보험공사 등과 같이 특별법에 의하여 설립된 법인이 발행한 한국전력채권, 예금보험기금채권, 부실채권정리기금채권 등을 말한다. 통상적으로 국채, 지방채, 특수채를 합하여 국공채로 부른다.

---

16 부동산이나 자동차 등을 구입할 때 의무적으로 매입해야 하는 채권을 첨가소화채권이라고 하는데, 정부 또는 지방자치단체가 공공사업을 추진하기 위한 자금을 조달할 목적으로 발행한다. 국채인 국민주택채권과 지방채인 지역개발공채, 도시철도채권 등이 여기에 해당한다.

⑤ 회사채

회사채는 주식회사가 일반대중으로부터 자금을 조달하기 위해 발행하는 채권이다. 일반적으로 1년, 2년, 3년, 5년, 10년 등의 만기로 발행되는데 대체로 3년 이하가 주로 발행되고 있고, 액면이자율은 발행기업과 인수기관 간 협의에 의해 자율적으로 결정하여 발행한다.

⑥ 금융채

금융채는 은행, 증권회사, 리스회사, 신용카드회사 등 금융회사가 발행하는 채권이다. 금융회사는 금융채를 발행하여 조달한 자금을 장기 산업자금으로 대출한다. KDB산업은행이 발행하는 산업금융채권, 중소기업을 지원하기 위해 IBK기업은행이 발행하는 중소기업금융채권 등이 여기에 해당한다.

만기 50년 국채

국채는 국가가 빌린 빚으로 세금을 담보로 발행하는 것이나 마찬가지다. 국채는 채권의 한 종류다. 채권은 돈을 빌릴 경우 언제까지 갚고, 빌린 돈에 매년 얼마의 이자를 내겠다고 약속하는 일종의 증표다. 채권은 돈을 빌리는 주체에 따라 이름이 달라진다. 개인이 빌리면 사채, 기업이 빌리면 회사채, 은행이 발행하면 은행채가 된다.

우리나라 국채시장의 역사는 60년이 훌쩍 넘는다. 대한민국 정부 수립 이듬해인 1949년 발행된 건국채가 최초다. 이후 산업부흥국채와 도로국채 등 지금과는 다른 형태의 다양한 국채가 발행됐다. 1999년 현재의 '국고채'로 통합됐다. 발행 목적과 만기 등에 따라 국고채권, 재정증권, 국민주택채권 등으로 나뉜다. 2000년대 들어서는 국채 만기의 장기화가 이뤄졌다. 2006년 1월에는 국고채권 20년물이, 2012년 9월에는 30년 만기 국고채권이 나왔고 2016년 10월에는 50년 만기 국고채권이 나왔다.

역사적으로 유례가 없는 초저금리가 이어지면서 세계적으로도 초장기 채권 발행이 늘어나는 추세다. 지난해 초 영국은 최장기 채권 중 하나인 2068년 만기 53년물 국채를 발행했다. 2014년엔 멕시코와 프랑스전기공사(EDF)가 100년 만기 채권을 발행했고 캐나다와 스페인도

2) 이자지급방법에 따른 분류

채권을 이자지급방법에 따라 이표채(coupon bond), 할인채(discount bond, zero-coupon bond), 복리채(compound interest bond)로 분류할 수 있다.

① 이표채

이표채는 매 기간마다 미리 약정한 이자를 지급하고 만기가 도래하면 채권의 액면가를 상환하여야 하는 채권을 말하며 우리나라의 경우 대부분의 회사채는 이자가 3개월 후급발행이고 국채는 6개월 후급발행이다.

② 할인채

할인채는 액면금액에서 상환일까지의 이자를 단리로 미리 할인한 금액으로 발행하는 채권을 말한다. 만기까지의 총이자를 채권발행할 때 미리 공제하는 이자 선지급 형태의 채권이며 만기 시에는 채권의 투자원금에 해당하는 액면금액만을 지급한다.

예를 들어, 액면가액이 10,000원, 액면이자율이 연3%, 만기가 1년인 할인채의 발행가격은 9,700원이 된다. 이 채권의 투자자는 300원의 이자를 받는 것이 아니라 채권 보유기간 동안의 이자 300원(=10,000원×3%×1년)을 액면가액 10,000원에서 할인한 금액인 9,700원을 주고 채권을 매수한 후, 채권보유기간 동안 이자를 받지 않는 대신 만기 시에 액면가액인 10,000원을 받게 되는 것이다. 만약 이 채권이 이표채일 경우에는 액면가액 10,000원에 사서 1년 후에 이자 300원과 10,000원을 합한 10,300원을 받는다.

③ 복리채

복리채는 채권발행 후 만기까지 이자지급 단위기간의 수만큼 복리로 이자가 재투자되어 만기 시에 원금과 이자가 일시에 지급되는 채권으로 이자지급횟수가 커질수록 채권의 만기상환금액이 증가하는 채권이다. 예를 들어, 액면가액 10,000원, 만기 5년, 액면이자율 5%, 연단위 복리채인 국민주택채권의 경우 5년 후의 만기상환원리금은 12,762원($=10,000$원$\times(1.05)^5$)이 된다. 원금 10,000원이 1년도 말에는 10,000원$\times(1+0.05)^1=10,500$원이 되고, 2년도 말에는 10,500원$\times(1+0.05)^1=11,025$원이 된다. 이와 같이 이자에 이자가 붙는 복리이자 계산방식으로 5년 동안 재투자되어 원금에 대한 이자와 이자에 대한 이자가 발생하여 5년도 말에는 12,762원의 만기상환금액이 발생된다.

3) 원리금에 대한 제3자의 지급보증 여부에 따른 분류

채권은 원리금의 상환을 확실하게 하기 위하여 원리금에 대한 제3자의 지급보증에 따라 보증채와 무보증채로 분류된다. 보증채는 신용보증기금, 보증보험회사, 은행 등이 지급을 보증하는 일반보증채와 정부가 지급을 보증하는 정부보증채로 구분할 수 있다. 무보증채는 원리금에 대해 제3자의 지급보증 없이 발행자의 자기신용만으로 발행하는 채권이다.

기업이 무보증채를 발행하려면 2개 이상의 신용평가회사로부터 기업의 사업성, 수익성, 현금흐름, 재무안정성 등에 대해서 신용평가를 받아야 한다. 우리나라의 경우 1997년 금융위기 이전에는 보증사채의 발행이 대부분이었으나, 금융위기로 보증금융기관의 신뢰에 문제가 발생하면서 금융위기 이후에는 회사의 대부분이 무보증사채로 발행되고 있다.

4) 채권발행자의 담보제공 여부에 따른 분류

채권을 채권발행자의 담보제공 여부에 따라서 담보부채권과 무담보부채권으로 나눌 수 있다. 담보부채권은 채권발행자가 채권을 발행할 때 신용을 보강하기 위해 담보를 제공하는 채권을 말하며 무담보부채권은 담보가 설정되어 있지 않은 채권으로서 발행자의 자기신용으로 발행한다.

5) 옵션이 내재된 채권

① 전환사채(CB: convertible bond)

전환사채는 채권을 보유한 투자자가 발행 시 정해진 전환가격에 의하여 채권을 발행회사의 주식으로 전환할 수 있는 권리가 부여된 채권이다. 전환권의 행사이전에는 이자를 받을 수 있는 채권으로 존재하고, 전환권을 행사하면 채권이 소멸되고 발행회사의 영업실적에 따라 배당을 받는 주식으로만 존재하게 된다.

예를 들어, 액면가액이 100,000원, 액면이자율이 4%, 만기가 5년인 전환사채가 있다. 이 전화사채의 시장가는 98,000원이다. 또한 이 전화사채는 40주의 보통주로 전환될 수 있으며 전환사채를 발행한 회사의 현재 주가는 1주당 2,000원이라고 하자.

이 전환사채를 전환한다면 액면가 100,000원인 전환사채를 회사에 제출하고 그 대가로 40주의 주식을 받게 된다. 즉, 주식 40주를 받는 대가로 액면가액 100,000원인 전환사채를 주었기 때문에 주식 1주를 받기 위해서 1주당 액면가액 2,500원(= 100,000원/40주)을 제출한 셈이 된다.

이와 같이 전환사채 액면당 주식으로 전환을 청구할 수 있는 비율, 즉 전환사채를 전환할 때 받게 되는 주식 수인 40주를 전환비율이라 하고, 전환에 의해서 발행되는 주식 1주에 요구되는 사채액면금액인 2,500원을 전환가격이라고 하며, 전환사채를 주식으로 전환할 경우의 가치 80,000원(=40주×2,000원)을 전환가치라고 한다.

만일 전환사채의 투자자가 시가 98,000원인 전환사채를 회사에 제출한 대가로 주식 80,000원어치를 받는다면 이는 전환사채의 투자자들이 향후 주가상승을 기대하고 주식의 가치보다 18,000원 더 높은 전환사채를 포기하고 전환권을 행사한 것이다. 이 18,000원을 전환프리미엄이라 한다. 이처럼 전환사채는 법적으로 사채이나 경제적인 의미로는 잠재적 주식의 성격을 동시에 지니게 되어 채권의 안정성과 주식의 수익성을 겸비한 투자수단이 된다.

② 신주인수권부사채(BW: bond with warrants)

신주인수권부사채는 신주인수권부사채 보유자에게 채권을 발행한 회사의 신주인수권, 즉 신주의 발행을 청구할 수 있는 권리가 부여된 채권을 말한다. 여기서 신주인수권이란 특정한 일정기간(행사기간)에 미리 정해진 일정가격(행사가격)으로 일정한 수의 보통주를 인수할 수 있는 선택권(option)을 의미한다.

신주인수권부사채의 투자자는 발행회사의 주식을 일정한 가격으로 취득할 수 있는 권리를 가진다는 점에서 전환사채와 같다. 다만, 전환권 행사 후 사채가 소멸되는 전환사채와 달리 신주인수권부사채는 신주인수권을 행사한 후에도 사채가 존속하기 때문에 신주인수권을 행사하여 주식을 인수하기 위해서는 별도의 주식납입대금이 필요하다.

표 2-2 전환사채와 신주인수권부 사채의 비교

구분	전환사채	신주인수권부사채
내재된 옵션	전환권	신주인수권
권리행사 후 사채존속 여부	사채 소멸	사채 존속
권리행사 시 자금소요 여부	별도의 자금 필요 없음	별도의 자금 필요
신주취득가격	전환가격	행사가격
권리의 분리 양도	전환권만 양도 불가	신주인수권만 양도 가능

③ 교환사채(exchangeable bond)

채권발행 후 일정한 기간이 경과하면 일정한 가격(교환가격)으로 채권을 발행한 회사가 보유하고 있는 제3자 발행 유가증권과의 교환을 청구할 수 있는 권리가 부여된 채권이다. 전환사채와 다른 점은 교환권이 행사될 때 발행회사의 주식으로 교환해 주는 것이 아니라 발행회사가 보유하고 있는 다른 회사의 주식이나 유가증권과 교환이 되고 발행회사의 자본금 증가가 수반되지 않는다는 것이다.

④ 수의상환채권(callable bond)

일정한 기간이 경과한 후 채권만기일 이전에 채권투자자의 의사와 상관없이 발행자가 일방적으로 해당 채권을 상환할 수 있는 권리를 갖는 채권으로, 채권발행자에게 원리금에 대한 수의상환권(call option)을 부여한 채권이다. 예를 들어, 시중의 이자율이 너무 높은 상황임에도 불구하고 채권으로 자금을 조달해야 하는 발행자가 어쩔 수 없이 높은 이자율인 10%, 만기 10년인 채권을 발행할 경우, 만약 수의상환권이 없다면 3년 후에 시중의 이자율이 7%로 하락하더라도 만기까지 계속 10%라는 높은 이자를 지급하게 될 것이다.

하지만 이 채권에 수의상환권이 첨부된다면 채권발행자는 만기 이전에 이 채권을 상환하고 7%로 다시 자금을 조달하여 나머지 기간 동안에 대해 자금조달비용을 절감할 것이다. 수의상환권이 행사될 경우 채권보유자 입장에서는 채권만기까지 계속 높은 10%의 이자를 받을 수 있는 기회를 박탈당하게 된다. 따라서 수의상환채권은 일반채권보다 불리하므로 수의상환채권의 수익률이 일반채권보다 높다.

⑤ 수의상환청구채권(puttable bond)

발행회사에게 액면가액으로 채권을 되사도록 상환을 청구할 수 있는 수의상환청구권(put option)이 부여된 채권이다. 수의상환청구채권의 보유자는 만기일 이전에 채권발행자에게 해당 채권을 매도할 수 있는 권리를 가지게 되어 채권 원리금의 상환을 청구할 수 있게 된다. 수의상환청구채권은 수의상환채권과 비교해 볼 때 옵션이 첨부되어 있다는 점에서는 동일하지만 이 옵션들이 서로 상반된 양상을 가지고 있다는 점이 다르다.

메자닌(Mezzanine) 펀드

메자닌이란 건물 1층과 2층 사이에 있는 라운지 같은 공간을 뜻하는 이탈리아어이다. 이를 빗대어 전환사채(CB)나 신주인수권부사채(BW) 등을 메자닌이라 부르기도 한다. 채권이지만 일정 기간이 지나면 주식으로 바뀌거나 주식을 받을 수 있어 주식과 채권의 중간 성격을 가지기 때문이다. 메자닌 펀드는 주로 전환사채, 신주인수권부사채, 교환사채 등 채권과 주식의 중간 성격을 갖는 '주식관련 채권'에 주로 투자하는 펀드인데 2010년 상반기에 수익률이 높아 눈길을 끌기도 했다.

국내 메자닌 펀드가 2010년 연초부터 4월말까지 기록한 평균 수익률은 10.24%였다. 국내주식형 공모펀드의 평균수익률인 1.26% 및 주식형 사모펀드 수익률 3.24%보다 훨씬 높았으며, 일부 펀드의 경우 설정 후 50%가 넘는 수익률을 기록하기도 했다. 그동안 국내 메자닌 펀드는 50인 미만의 투자자를 모아 투자하는 사모 형태가 대부분이었지만 최근에는 공모 형태도 만들어지고 있다. 하지만 공모의 경우에는 한 투자처에 10% 이상의 자금을 투자할 수 없는 '10% 룰'이 적용되기도 해 상대적으로 안전한 대신 수익률도 제한이 있는 경우가 있다.

[출처: 한국거래소(www.krx.co.kr), 알기 쉬운 증권파생상품지표 해설, p. 183.]

▶ 03 파생금융상품

파생상품은 현물로부터 파생된 상품으로서, 현물에 해당되는 기초자산(underlying asset)으로 주식, 채권, 통화 등의 금융자산이나 쌀, 밀, 금, 석유 등의 상품자산을 들 수 있다. 파생금융상품은 금융자산을 기초자산으로 삼으며, 기초자산의 가격변동으로 인한 위험을 헷지하기 위한 수단으로 개발되었다.

1. 선물

선물(futures)은 오늘 합의된 가격으로 미래에 물건을 사거나 팔기로 약속하는 계약이다. 즉, 미래의 거래를 지금 약속하는 것이다. 사람들이 필요한 물건이 있을 경우 지금 당장 돈을 주고 물건을 사오는 거래를 현물거래라고 한다. 반면 지금은 미래 물건가격을 미리 확정하여 계약만 하고 미래시점에 가서 이전에 확정한 가격을 주고 물건을 받는 것을 선물거래라고 한다.

예를 들어, A가 피자가게에 가서 지금 당장 피자값을 주고 피자를 사오는 것은 현물거래인 반면, A가 피자가게에 전화를 해서 2시간 후에 피자를 사겠다고 하는 것은 선물거래에 해당한다. 왜냐하면, A와 피자가게주인은 지금 당장은 피자가격을 미리 확정하여 계약만 하고 2시간 후인 미래시점에 가서 이전에 확정한 피자가격을 주고 피자를 받는 거래이기 때문이다.

우리나라에서는 한국거래소(KRX, 당시 한국증권거래소(KSE))가 1996년 5월에 KOSPI200선물을 상장하면서 최초로 선물거래를 시작하였다. 현재 한국거래소에 상장된 금융선물로는 KOSPI200선물, KOSPI200섹터지수선물, KOSPI200배당지수선물, KRX K-뉴딜지수선물, 미니KOSPI20선물, KOSDAQ150선물, KRX300선물, EURO STOXX50선물, 개별주식선물, KOSPI200변동성지수선물, ETF선물, 3년국채선물, 5년국채선물, 10년국채선물, 미국달러선물, 엔선물, 유로선물, 위안선물 등이 있고, 상품선물로는 금선물, 돈육선물이 상장되어 거래되고 있다.

2. 옵션

옵션(option)이란 특정일에 거래당사자가 서로 약속한 가격(행사가격)으로 특정자산(기초자산)을 사거나 팔 수 있는 권리이다. 특정자산을 행사가격에 매수할 수 있는 권리를 콜옵션(call option)이라 하고 매도할 수 있는 권리를 풋옵션(put option)이라 한다. 옵션매수자는 권리를 행사할 수 있는 권한이 있으며 이에 대한 대가를 옵션매도자에게 지불하는데 이를 옵션가격 혹은 옵션프리미엄이라고 한다.

예를 들어, 오늘 옵션매수자는 한 달 후인 옵션만기일에 커피(기초자산) 10kg(거래단위)을 5만원(행사가격)에 살 수 있는 권리(콜옵션)를 옵션매도자로부터 5천원(옵션프리미엄)을 주고 매수했다고 하자. 만일 옵션만기일에 커피 10kg이 시중에서 7만원으로 거래되고 있다면 옵션매수자는 권리를 행사하여 옵션매도자에게 5만원을 주고 커피 10kg을 받게 된다. 따라서 옵션매수자는 7만원에 거래되는 커피 10kg을 5만원에 산 셈이 되어 2만원의 돈을 벌게 되는 것이다. 다시 말하면 5천원을 투자하여 콜옵션을 매수하여 2만원의 돈을 벌게 되는 것이다.

이러한 옵션은 선물과 마찬가지로 위험을 관리하는 수단으로 이용된다. 위의 예에서 커피가격 하락이 우려되면 3천원을 주고 커피 10kg을 5만원에 팔 수 있는 권리인 풋옵션을 매수할 수 있다. 만기 시에 실제로 커피 10kg가격이 4만원으로 내려가면 풋옵션을 행사하여 풋옵션을 매도한 사람에게 시중의 4만원짜리 커피 10kg을 5만원을 받고 팔아서 1만원을 벌게 되어 커피가격하락의 손실을 옵션시장에서 만회할 수 있게 된다.

우리나라는 한국거래소(KRX, 당시 한국증권거래소(KSE))가 1997년 7월에 KOSPI200옵션을 상장하면서 옵션거래가 시작된 이래 현재 미니KOSPI200옵션, KOSDAQ150옵션, 개별주식옵션, 미국달러옵션이 상장되어 거래되고 있다.

3. 스왑

스왑(swap)은 장내파생상품인 선물 및 옵션과 달리 장외에서 거래가 이루어지는 장외파생상품이며, 대표적으로 이자율스왑(interest rate swap)과 통화스왑(currency swap)이 있다. 이자율스왑은 원금의 교환 없이 각 거래당사자가 한쪽은 고정이자를, 다른 한쪽은 변동이자를 지급하여 고정이자와 변동이자를 서로 교환하는 거래를 말한다. 통화스왑은 각 거래당사자가 비교우위가 있는 통화로 차입하여 실제로 서로 다른 통화로 표시된 원금의 교환이 이루어지고 스왑기간동안 이자를 주고받으며 스왑종료 시점에 원금을 다시 회수하는 거래이다.

이러한 스왑의 원형은 환율의 변동성 확대에 따른 환위험 헷지의 필요성으로 등장한 상호융자(parallel loan)와 직접상호융자(back-to-back loan)이다. 상호융자는 국적이 다른 두 기업이 서로 상대방 국가에 설립한 자회사를 통하여 동일한 액수를 각자 자국통화로 동일한 기간 동안 상호간에 빌려주는 것이다.

예를 들어, 상호융자는 미국의 모회사가 미국에 있는 한국 자회사에게 달러를 대출해 주는 동시에 한국의 모회사가 한국에 있는 미국 자회사에게 원화를 대출해 주는 계약을 말한다. 이때 자회사에 대출하는 달러와 원화의 원금은 계약 시의 현물환율로 하고, 이자율은 시장금리로 이루어진다. 이 상호융자는 실제로 2개의 별개의 대출계약으로 본다.

직접상호융자는 국적이 다른 두 모기업이 직접 서로에게 대출을 해 주는 계약이

그림 2-6 상호융자

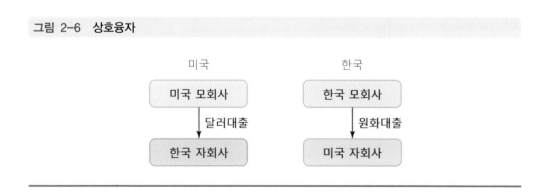

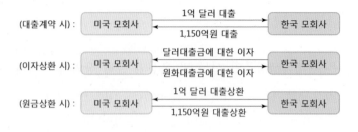

그림 2-7 직접상호융자

(대출계약 시) : 미국 모회사 ← 1억 달러 대출 / 1,150억원 대출 → 한국 모회사

(이자상환 시) : 미국 모회사 ← 달러대출금에 대한 이자 / 원화대출금에 대한 이자 → 한국 모회사

(원금상환 시) : 미국 모회사 ← 1억 달러 대출상환 / 1,150억원 대출상환 → 한국 모회사

다. 예를 들어, 미국의 모회사가 한국의 모회사에게 5년 동안 1억 달러를 대출하고 한국의 모회사는 미국의 모회사에게 1,150억원($1＝₩1,150일 경우)을 대출한 다음, 5년의 계약기간 동안 서로 이자를 주고받고 계약 만료시점에 원금을 되돌려 받는다.

직접상호융자가 생성된 이유는 비교우위 때문이다. 즉, 한국의 모회사는 미국시장보다 상대적으로 싼 비용으로 한국시장에서 원화를 조달할 수 있고, 미국의 모회사도 한국시장보다 상대적으로 싼 비용으로 미국시장에서 달러를 조달할 수 있기 때문에 서로 상대적으로 싼 비용으로 자국통화를 자국내에서 조달하여 서로 교환하는 거래를 하면 이익이 된다.

통화스왑은 이러한 직접상호융자에서부터 발전되었다. 실제로 처음으로 공개된 스왑거래는 1981년 Salomon Brothers사의 주선으로 이루어진 세계은행(World Bank)과 IBM간의 통화스왑이었으며, 이후 이 개념을 활용하여 이자율스왑도 거래되기 시작하였고, 스왑시장이 비약적으로 성장하게 되었다.

핵심정리

1. 단기금융상품

- 콜

- 환매조건부채권

- 양도성예금증서

- 기업어음

- 전자단기채

2. 장기금융상품

① 주식

- 보통주
    - 경영에 참여할 수 있는 권리
    - 경제적 이익을 얻을 수 있는 권리

- 우선주
    - 경제적 이익을 얻을 수 있는 권리 → 신형우선주: 최저배당률 규정, 보통주로 전환 가
          능, 누적적 우선주
    - 참가적 우선주
    - 비참가적 우선주
    - 누적적 우선주
    - 비누적적 우선주

- 주가지수: 주식들의 평균화된 가격 → 가격가중평균지수법, 가치가중평균지수법

② 채권

- 특징: 안전성, 수익성, 환금성

- 발행주체에 따른 분류: 국채, 통화안정증권, 지방채, 특수채, 회사채, 금융채

- 이자지급방법에 따른 분류: 이표채, 할인채, 복리채

- 원리금에 대한 제3자의 지급보증여부에 따른 분류: 보증채, 무보증채

- 채권발행자의 담보제공여부에 따른 분류: 담보부채권, 무담보부채권

- 옵션이 내재된 채권
  - 전환사채 → 전환비율, 전환가격, 전환가치, 전환프리미엄
  - 신주인수권부사채

- 교환사채

- 수의상환채권

- 수의상환청구채권

3. 파생금융상품

- 선물

- 옵션

- 스왑: 상호융자, 직접상호융자 → 통화스왑, 이자율스왑

연습문제

문1. 금융상품과 관련한 설명으로 맞는 것은? (   )

① 단기금융시장은 단기자금 과부족을 조절하기 위해 만기 1년 이상의 금융상품이 거래되는 시장이다.

② 콜시장에서 차입을 콜론, 대여를 콜머니라고 한다.

③ 수익성이 높으나 유동성이 낮아 팔기 어려운 채권도 환매조건부채권의 매매거래를 통해 유동화가 가능하다.

④ 금융기관이 보유한 상업어음을 다시 여러 장으로 쪼개거나 한데 묶어 액면금액과 이자율을 새로이 설정해 발행하는 어음을 기업어음이라 한다.

문2. 양도성예금증서에 관한 설명 중 맞는 것은? (   )

① 양도성예금증사의 최장만기는 제한이 없고 최단만기만 30일 이상으로 제한되고 있다.

② 만기이전의 중도환매가 자유롭다.

③ 최소액면금액에 대해 엄격한 제한이 있다.

④ 고객은 만기에 액면금액에서 이자를 뺀 금액만 받는다.

문3. 다음 채권과 주식에 대한 설명 중 틀린 것은? (   )

① 채권은 원리금상환청구권, 이익배당청구권을 가지고 주식은 경영참가권 등을 가진다.

② 채권은 경영과 관계없이 확정된 이자를 받고 주식은 회사의 경영성과에 따라 지급하는 배당금을 받는다.

③ 채권은 회사 해산 시에 주주에 우선하여 변제받을 권리가 있고 주식은 회사 해산 시 채권자보다 후순위로 잔여재산을 배분 받는다.

④ 채권은 타인자본조달, 주식은 자기자본조달로 자금을 조달한다.

문4. 다음 채권의 발행주체에 의한 분류에 대한 설명 중 틀린 것은? (   )

① 국채는 정부가 공공목적을 달성하기 위하여 국회의 의결을 얻은 후에 발행하는

채권이다.

② 특수채는 특별법에 의하여 설립된 법인이 발행한 채권으로 신용도가 가장 높다.

③ 지방채는 지방자치단체에서 발행하는 채권으로 지하철공채, 지역개발공채 등이 있다.

④ 통상적으로 국채, 지방채, 특수채를 포괄하여 국공채로 부르기도 한다.

문5. 다음 채권에 관한 설명 중 틀린 것은? (　　)

① 이표채는 매 기간마다 미리 약정한 이자를 지급한다.

② 복리채는 복리로 재투자될 이자와 원금을 만기상환 시에 동시에 지급한다.

③ 담보채권은 원리금상환에 대하여 담보공여 없이 발행회사가 자기신용에 의하여 발행하는 채권이다.

④ 수의상환채권은 발행회사가 만기 이전에 임의적으로 상환할 수 있는 사채를 말한다.

문6. 다음 옵션이 내재된 채권에 대한 설명 중 잘못된 것은? (　　)

① 신주인수권부사채는 권리를 행사하면 사채가 소멸하지만 전환사채는 소멸하지 않는다.

② 수의상환청구채권은 채권보유자에게 유리한 채권이다.

③ 우리나라 신주인수권부사채의 경우 사채와는 별도로 신주인수권만 유통 가능하다.

④ 전환사채는 사채의 안정성과 주식투자의 고수익성이라는 특징을 모두 가지고 있다.

문7. 신주인수권부사채와 전환사채의 차이점을 설명한 것 중 틀린 것은? (　　)

① 전환사채는 권리행사 시 부채감소, 자본금 증가효과가 나타난다.

② 둘 다 일반사채보다 수익률이 낮다.

③ 둘 다 권리를 행사하여 신주를 발행할 때 그 대금을 신규로 납입해야 한다.

④ 전환사채는 권리행사 시 동 사채금액과 동일한 금액의 신주를 취득하게 된다.

문8. (CFA 수정) 아래의 조건을 가진 전환사채의 전환가치와 전환프리미엄은 각각 얼마인가? (　　)

> 전환사채: 액면가 1,000원, 액면이자율 6.5%, 시장가 1,050원, 전환비율 22주
> 주식: 시장가 40원, 연간 배당 1.2원

① 880원, 170원　　② 900원, 190원　　③ 920원, 210원　　④ 950원, 230원

연습문제 해답

문1. ③

문2. ①

문3. ①

문4. ②

문5. ③

문6. ①

문7. ③

문8. ①

[답]

전환가치 = 22주 × 40원 = 880원

전환프리미엄 = 1,050원 − 880원 = 170원

PART

02 자산배분

03 수익률과 위험

본 장에서는 투자의사결정 시에 고려해야 하는 수익률과 위험을 다룬다. 사용 목적에 따라 적합하게 사용할 수 있는 다양한 수익률의 개념에 대해서 구체적으로 배우고, 수익을 얻기 위해 투자자가 부담하는 위험을 어떻게 계량화 하는지에 대해서 다룬다. 또한 위험에 대한 태도에 따라 분류되는 위험회피형 투자자, 위험중립형 투자자, 위험회피형 투자자의 특징과 효용함수 및 무차별곡선에 대해서 학습한다.

학습목표

- 명목이자율과 실질이자율
- 산술평균수익률과 기하평균수익률
- 기대수익률
- 포트폴리오의 기대수익률과 위험
- 보유기간수익률
- 이산복리수익률과 연속복리수익률
- 투자자 유형과 효용함수

▶ 01 수익률

  금융거래에서 저축은 절약하여 모아 둔다는 사전적인 의미로 사용되며 정기예금과 같이 원금이 확실하게 회수되는 상품은 저축에 해당한다. 이에 비해 투자는 이익을 얻기 위해 가능성을 믿고 돈을 투하하는 것을 의미한다. 주식, 채권, 선물, 옵션 등 금융상품이 대표적인 투자대상이다. 이들 상품의 가격상승 가능성을 믿고 여기에 돈을 투자할 경우 기대대로 가격이 오른다면 이익을 낼 수 있다. 하지만 기대대로 되지 않고 가격이 하락한다면 원금손실을 볼 수도 있다.

  금융에서는 자산가격의 상승 혹은 하락이라는 변동성을 위험(risk)이라고 정의하는데 투자에는 항상 미래수익에 대한 위험이 따른다. 정기예금처럼 미래의 기대현금흐름이 확정된 저축은 확정된 이자율을 보장받는다. 반면, 투자는 미래라는 시간과 불확실이라는 위험을 떠안는 대가가 있어야 하므로 투자자가 기대하는 수익률(=요구수익률)은 시차보상인 무위험수익률과 위험보상인 위험보상률이 합쳐진 수익률이 된다.

  원칙적으로 저축은 확실한 이자율, 투자는 불확실한 수익률로 사용하지만 이자율은 무위험수익률이므로 모두 수익률로 사용하기도 한다. 또한 저축의 수익률은 돈을 투하하는 시점에 예상하는 기대수익률인 사전적 수익률로, 투자의 수익률은 돈이 투하된 후에 결과를 나타내는 사후적 수익률로 구분하기도 한다.

  금융시장에서 일반적으로 사용하는 이자율(금리)은 수익률 개념이다. 수익률은 투자한 금액 대비 얼마나 벌었는지를 나타내는 투자수익의 의미이다. 예를 들어, 만기 1년인 100만원짜리 채권을 사서 1년 후에 이자 10만원과 원금 100만원을 받았다면 수익률은 10%(=10만원/100만원)이다. 만약 만기 1년, 원금 100만원인 채권을 현재 90만원에 사서 만기 시에 100만원을 받았다면 할인된 10만원은 이자를 미리 받은 것이고, 수익률은 11.1%(=10만원(이자)/90만원)이다. 그리고 100만원짜리를 10만원 할인받아서 90만원에 샀으므로 할인율이 10%(=10만원(할인금액)/100만원)이다.

  한편, 수익률은 %로 표시되는 상대가격변화를 나타낸다. 투자를 하였을 때 얼마의 돈을 벌었는가는 수익률 외에 금액으로 표시하는 절대가격변화로도 나타낼 수 있다. 하지만 금액으로 표시하면 어떤 가격변화가 더 우수한지에 대한 구별이 어렵다.

예를 들면, 10,000원을 투자하여 12,000을 벌 경우와 50,000원을 투자하여 52,000원을 벌 경우 절대가격변화인 금액은 2,000원으로 동일한 돈을 번 것으로 판정된다. 하지만 수익률로 보면 20%(=(12,000−10,000)/10,000)와 4%(=(52,000−50,000)/50,000)로 크게 차이가 나며 수익률로 비교해야 어느 것이 더 매력적인지 정확히 판단할 수 있다.

1. 명목이자율과 실질이자율

명목이자율은 화폐단위로 표시한 이자율을 말하며, 실질이자율은 재화단위로 표시한 이자율을 말한다. 명목이자율과 실질이자율은 어떠한 관계가 성립하는지 생각해 보자. 예를 들어, 명목이자율을 10%라고 할 경우 100만원을 차입했다면 1년 후에 110만원(=100(1+0.1))을 상환해야 한다. 일반적으로 투자자는 실질적인 구매력에 관심이 있다. 110만원을 상환해야 하는 재화의 개수로 바꾸기 위해 1년 후의 컴퓨터 가격인 107만원으로 나누면 1.028(=(100(1+0.1))/107)이 된다. 즉, 현재 100만원으로 100만원짜리 컴퓨터를 1개 구매할 수 있고, 1년 후에 상환해야 하는 110만원을 재화의 개수로 표현하면 1.028개가 된다. 이처럼 재화단위로 표시한 이자율인 2.8%를 실질이자율이라고 한다.

한편, 연초의 100만원짜리 컴퓨터가 시간이 지남에 따라 가격이 올라서 107만원이 되면 물가상승률이 7%(=(107만원−100만원)/100만원))가 된다. 107=100(1+0.07)이므로 (1+0.028)=(100(1+0.1))/107의 분모 107대신에 100(1+0.07)을 대입하여 정리하면 (1+0.028)=(1+0.1)/(1+0.07) → (1+0.1)=(1+0.028)(0+0.07)이다. 따라서 명목이자율과 실질이자율은 다음과 같은 관계가 성립한다.

$$1+명목이자율=(1+실질이자율)(1+물가상승률) \tag{3-1}$$

그런데, 실질이자율에 물가상승률을 곱한 값은 현실적으로 매우 작은 값을 가지므로 0이라고 가정하여 식(3-1)을 다음과 같이 간략하게 나타낼 수 있다.

$$명목이자율 \approx 실질이자율 + 물가상승률 \tag{3-2}$$

Irving Fisher(1930)[1]는 명목이자율은 실질이자율과 향후 예상되는 물가상승률의 합과 같다고 주장하였으며, 이를 피셔효과라고 한다. 확실한 원금을 확보할 수 있는 저축의 경우에는 물가상승률을 고려한다면 실질적으로는 원금확보도 어려울 수 있다. 예를 들어, 명목이자율이 3%인데 물가상승률이 4%라면 실질이자율은 -1%가 되어, 실질적으로는 원금보다 적은 돈을 받게 됨으로써 저축의 혜택이 없게 된다.

2. 보유기간수익률

보유기간수익률(HPR: holding period return)은 투자자가 투자하여 보유한 기간 동안 벌어들인 모든 금액을 고려한 총수익률로 다음과 같이 정의된다.

$$보유기간수익률 = \frac{미래 현금흐름 - 초기투자금액}{초기투자금액} \qquad (3-3)$$

주당 10,000원(P_t)인 주식을 매입하였는데 1년 후에 12,000원(P_{t+1})으로 상승하였고 배당금 500원(D_{t+1})을 받았다고 할 때, 보유기간수익률(25%)은 다음과 같이 자본이득수익률(20%)과 배당수익률(5%)의 합으로 산출할 수 있다.

$$보유기간수익률 = \frac{(P_{t+1} - P_t) + D_{t+1}}{P_t} = \frac{12,000 - 10,000}{10,000} + \frac{500}{10,000} = 25\%$$

3. 산술평균수익률과 기하평균수익률

투자기간 동안 자산을 보유하여 매 기간 발생한 보유기간수익률의 평균수익률은 산술평균과 기하평균으로 계산할 수 있다. 산술평균수익률은 과거에 투자하여 현재시점까지 발생한 수익률들이 나타날 가능성이 동일한 것으로 보고 계산한다. 따라서 n

---

[1] Irving Fisher, *The Theory of Interest: As Determined by Impatience to Spend Income and Opportunity to Invest It*, Augustus M. Kelley, Publishers, New York, 1965; originally published in 1930.

개의 관측치가 있을 경우 각 개수가 나타날 확률이 $1/n$로 동일하다고 가정하여 이를 n개의 관측치의 합에 곱하여 계산한다. 반면, 기하평균수익률은 투자기간에 걸쳐 복리로 계산했을 때 실제수익률과 동일한 최종가치가 되도록 해 주는 연간 보유기간수익률이다.

예를 들어, 4년 동안 X주식의 수익률은 10%, 15%, 8%, 12%이고, Y주식의 수익률은 20%, 40%, 10%, 25%라고 가정하자. 산술평균수익률과 기하평균수익률[2]은 다음과 같이 계산된다.

$$\text{산술평균수익률: X주식} \quad \frac{10\% + 15\% + 8\% + 12\%}{4} = 11.25\%$$

$$\text{Y주식} \quad \frac{20\% + 40\% + 10\% + 25\%}{4} = 23.75\%$$

$$\text{기하평균수익률[3]: X주식} \quad \sqrt[4]{(1+0.10)(1+0.15)(1+0.08)(1+0.12)} - 1 = 11.22\%$$

$$\text{Y주식} \quad \sqrt[4]{(1+0.20)(1+0.40)(1+0.10)(1+0.25)} - 1 = 23.28\%$$

산술평균수익률의 경우, 과거 4년 동안 발생한 수익률 4개가 모두 $1/4(=25\%)$의 확률로 동일하게 나타난다고 보아 이를 4개 수익률의 합에 곱하여 계산한다. 만약 과거에 발생한 역사적 수익률이 향후 투자할 경우 얻게 되는 수익률인 미래수익률을 대표한다고 본다면 미래의 기대수익률은 산술평균으로 측정하는 것이 적절하다.

기하평균수익률의 경우, 과거 투자기간 동안의 성과척도를 측정하는 데 적절하다.

---

2 기하평균은 주어진 n개의 양수의 곱의 n제곱근의 값을 말한다. 기하평균은 넓이, 부피, 비율 등 곱으로 이루어지는 값들의 평균을 구하는 데 주로 사용된다. 예를 들어, 직사각형의 넓이 $16(=2\times8)$의 기하평균은 동일한 넓이의 정사각형의 넓이 $16(=4\times4)$ 계산 시의 한 변의 길이와 같음$(4^2=2\times8 \rightarrow 4=\sqrt{2\times8})$을 의미한다.

3 기하평균은 항상 산술평균보다 낮고, 변동성(표준편차)이 클수록 두 평균의 차이는 커진다. 다음과 같이 Y주식이 X주식보다 변동성이 크다.

$$\sigma_x = \sqrt{\frac{\sum(r_x - \overline{r}_x)^2}{n-1}} = \sqrt{\frac{(0.10-0.1125)^2 + (0.15-0.1125)^2 + (0.08-0.1125)^2 + (0.12-0.1125)^2}{3}} = 0.0299$$

$$\sigma_y = \sqrt{\frac{\sum(r_y - \overline{r}_y)^2}{n-1}} = \sqrt{\frac{(0.20-0.2375)^2 + (0.40-0.2375)^2 + (0.10-0.2375)^2 + (0.25-0.2375)^2}{3}} = 0.1250$$

예를 들어, 현재 10,000원인 주가가 1년 후에 5,000원으로 떨어지고 2년 후에는 10,000원으로 다시 회복될 경우 2년 동안의 실제수익률은 0%이다. 2년 동안의 평균 수익률을 산술평균으로 계산할 경우 $(-50\%+100\%)/2=25\%$의 수익을 올린 것으로 계산되는 반면, 기하평균으로 계산하면 $[(1-0.5)(1+1)]^{1/2}-1=0\%$의 수익률로 계산되어 과거의 성과를 제대로 나타낸다. 따라서 기하평균수익률은 투자기간 동안의 최종 수익률과 동일하게 해주는 연간 보유기간수익률 $r=[(1+r_1)(1+r_2)\ ...\ (1+r_n)]^{1/n}-1$ 이 된다.[4]

4. 이산복리수익률과 연속복리수익률

투자수익률은 식(3-4)의 이산복리수익률과 식(3-5)의 연속복리수익률로 계산할 수 있는데, 두 수익률 중 어떠한 상황에서 이산복리수익률 혹은 연속복리수익률을 사용하는 것이 적합할까?

$$\text{이산복리수익률}\quad r_t=\frac{P_t-P_{t-1}}{P_{t-1}} \tag{3-4}$$

$$\text{연속복리수익률}^5\quad r_t=\ln\left(\frac{P_t}{P_{t-1}}\right) \tag{3-5}$$

---

4 실무자들은 기하평균으로 계산되는 이 값을 시간가중평균수익률(time-weighted return)이라고 부른다. 이는 기하평균을 계산하는 과정에서 각각의 과거수익률은 금액의 크기는 배제하고 오직 수익률만을 고려하여 동일한 입장(가중치)으로 계산하는 점을 강조하기 위한 것이다.

5 연간 복리계산횟수 m을 점점 늘려 m이 무한에 가깝도록, 즉 연속복리계산을 하면 FV_n은 다음과 같이 나타낼 수 있다.

$$FV_n=\lim_{m\to\infty}PV\left(1+\frac{r_n}{m}\right)^{m\times n}=PV\lim_{m\to\infty}\left(1+\frac{r_n}{m}\right)^{m\times n}=PV\lim_{m\to\infty}\left(1+\frac{1}{(m/r_n)}\right)^{(m/r_n)(r_n\times n)}\quad \text{여기서,}\quad m/r_n=x$$

로 치환하고 자연지수 $e=\lim_{x\to\infty}\left(1+\frac{1}{x}\right)^x$ 를 이용하여 정리하면, FV_n을 다음과 같이 나타낼 수 있다.

$$FV_n=PV\left[\lim_{x\to\infty}\left(1+\frac{1}{x}\right)^x\right]^{r_n\times n}=PVe^{r_n\times n}\ \to\ n=1(\text{한 기간})\text{로 가정하면,}\ FV_1=PVe^{r_1}\to\ e^{r_1}=\frac{FV_1}{PV}\ \to$$

$$\log_e(e^{r_1})=\log_e\left(\frac{FV_1}{PV}\right)\ \to\ r_1\log_e e=\log_e\left(\frac{FV_1}{PV}\right)\ \to\ r_1=\log_e\left(\frac{FV_1}{PV}\right)\ \to\ r_t=\ln\left(\frac{P_t}{P_{t-1}}\right)$$

첫째, 시간이 흐름에 따른 수익률들을 단순히 합산하는 경우에는 연속복리수익률을 사용하는 것이 정확하다. 현재 10,000원인 주가가 1년 후에 5,000원, 2년 후에 10,000원으로 회복되는 앞의 예에서 보면, 실제로 2년 동안 가격변화가 0이므로 실제수익률은 0%이다. 연속복리수익률은 각각 $\ln(5{,}000원/10{,}000원) = -69.31\%$, $\ln(10{,}000원/5{,}000원) = 69.31\%$이므로 연속복리수익률로 합산할 경우 $-69.31\% + 69.31\% = 0\%$가 되어 실제수익률을 바로 나타낼 수 있다.

하지만 1년 후와 2년 후의 이산복리수익률은 각각 $(5{,}000원 - 10{,}000원)/10{,}000원 = -50\%$, $(10{,}000원 - 5{,}000원)/5{,}000원 = 100\%$이므로 이산복리수익률로 수익률을 합산할 경우 $-50\% + 100\% = 50\%$가 되어 실제수익률을 나타내지 못한다. 이 경우에는 기하평균수익률 계산방식인 $[(1 - 0.5)(1 + 1)]^{1/2} - 1 = 0\%$으로 다시 계산해야 하는 불편함이 있다.

둘째, 주어진 시점에서 서로 다른 자산 수익률들을 합산하는 경우에는 이산복리수익률이 보다 편리하다. 예를 들어, 2개의 자산으로 구성된 포트폴리오를 생각해보자. 이 포트폴리오의 초기가치는 P_0, 수익률을 계산하는 미래시점의 가치는 P_1이라고 하자. 포트폴리오의 가치는 각 개별자산의 가치를 투자비중으로 가중평균하여 구하기 때문에, 이산복리수익률의 경우, $P_1 = w_1 P_0 (1 + r_1) + w_2 P_0 (1 + r_2)$이므로 포트폴리오의 수익률은 다음의 관계가 성립되어 개별자산의 수익률을 단순하게 합산하여 구할 수 있다.[6]

$$r_P = \left(\frac{P_1 - P_0}{P_0} \right) = \left(\frac{[w_1 P_0 (1 + r_1) + w_2 P_0 (1 + r_2)] - P_0}{P_0} \right)$$
$$= (w_1 + w_2) + w_1 r_1 + w_2 r_2 - 1 \quad (\text{투자비중의 합 } w_1 + w_2 = 1)$$
$$= w_1 r_1 + w_2 r_2 = \sum_{i=1}^{N} w_i r_i \tag{3-6}$$

6　연속복리수익률의 경우 $r_t = \ln(P_t/P_{t-1}) \rightarrow P_t = P_{t-1} e^{r_t}$이므로 $P_1 = w_1 P_0 e^{r_1} + w_2 P_0 e^{r_2}$가 된다. 따라서 포트폴리오의 수익률 $r_P = \ln(P_1/P_0) = \ln(w_1 e^{r_1} + w_2 e^{r_2}) = \ln\left(\sum_{i=1}^{N} w_i e^{r_i} \right)$이 되어 다른 자산들의 개별수익률을 합산하는 경우 사용하기 불편하므로 자산배분전략을 실행할 때는 이산복리수익률을 적용한다.

5. 기대수익률

기대수익률(expected rate of return) $E(r_i)$는 미래에 평균적으로 예상되는 수익률이며 각 상황별로 발생 가능한 수익률에 그 상황이 발생할 확률을 곱한 다음 이를 모두 합하여 구한다.

$$E(r_i) = \mu = \sum r_i p_i \tag{3-7}$$

예를 들어, r_i라는 주머니 안에 10%, 15%, 8%, 12%가 들어있다고 하고, 이 중에 하나를 꺼낼 경우 기댓값은 얼마일까? 평균 혹은 기댓값은 관측치를 모두 합하여 이를 관측치의 개수로 나누어 얻을 수 있다. 즉, 기댓값 $E(r_i)$은 (10%+15%+8%+12%)/4=11.25%가 된다.

이때 관측치의 개수 4로 나누어준다는 것은 주머니 안에 들어 있는 10%, 15%, 8%, 12% 중에서 10%가 꺼내질 가능성(확률)이 4개 중 1개라는 의미이다. 마찬가지로 15%, 8%, 12%도 각각 4개 중에 1개가 꺼내질 가능성(확률)을 갖는다. 따라서 10%, 15%, 8%, 12% 각각 발생할 확률은 1/4(=0.25)이므로 평균은 (10%+15%+8%+12%)(1/4)=11.25%=$\sum r_i p_i$로 계산된다.

예제 | 평균수익률

액면가액 1,000원, 연 8% 액면이자율 20년 만기 국채투자의 경우 1년 후에 경제가 호황, 정상, 불황일 확률이 30%, 50%, 20%이다. (1) 1년 후 각 경제상황에 따라 채권가격이 아래 표와 같을 경우 각 경제상황 시의 보유기간수익률을 구하고 (2) 보유기간수익률의 기대수익률을 계산하시오.

상황	확률	1년 후 가격	보유기간수익률
호황	0.30	832.70원	
정상	0.50	1,000.00원	
불황	0.20	1,223.16원	

• 답 •

(1) 호황 시 보유기간수익률 $= \dfrac{832.70 - 1{,}000 + 80}{1{,}000} = -8.73\%$

정상 시 보유기간수익률 $= \dfrac{1{,}000 - 1{,}000 + 80}{1{,}000} = 8\%$

불황 시 보유기간수익률 $= \dfrac{1{,}223.16 - 1{,}000 + 80}{1{,}000} = 30.32\%$

(2) $E(r) = (-0.0873)(0.3) + (0.08)(0.5) + (0.3032)(0.2) = 7.45\%$

▶ 02 위험

1. 위험의 정의와 측정

(1) 분산과 표준편차

위험이란 미래의 불확실성으로 인해 실제수익률이 기대수익률로부터 얼마나 벗어나는지를 나타내는 변동성(volatility)으로 정의한다. 변동성으로 정의되는 위험의 특성을 계량화할 수 있는 척도는 식(3-8)과 식(3-9)로 정의되는 분산(σ_i^2)과 표준편차(σ_i)가 있다.

$$Var(r_i) = \sigma_i^2 = \sum [r_i - E(r_i)]^2 p_i = E[r_i - E(r_i)^2] \tag{3-8}$$

$$\sigma_i = \sqrt{\sigma_i^2} \tag{3-9}$$

예를 들어, r_i라는 주머니 안에 10%, 15%, 8%, 12%가 들어 있고 이 중에서 하나를 꺼낼 기댓값이 11.25%일 경우 편차제곱승의 평균으로 정의되는 분산은 편차제곱승의 합을 편차의 개수 4로 나눠주면 된다. 이때 1/4은 각 관측치의 편차가 발생할 확률이 1/4이라는 의미이므로 분산 σ_i^2은 $[(10\% - 11.25\%)^2 + (15\% - 11.25\%)^2 + (8\% -$

$11.25\%)^2 + (12\% - 11.25\%)^2](1/4) = 6.69\% = \sum [r_i - E(r_i)]^2 p_i$로 계산한다.

분산은 각 편차의 제곱으로 계산하기 때문에 원자료의 단위보다 큰 단위로 표시되지만 분산의 제곱근으로 구하게 되면 원자료의 단위로 환원되어 평균이나 다른 통계척도와 쉽게 비교할 수 있다. 분산의 제곱근을 표준편차라고 부른다.

투자의 위험과 관련해서 미래에 발생할 실제수익률과 기대수익률과의 차이가 크면 클수록 위험(표준편차)이 더 크다고 할 수 있다. 또한 동일한 기대수익률 하에서는 표준편차가 높을수록 투자기회가 더 위험하다.

(2) 변동계수

두 개 이상의 자산에 대한 상대성과를 비교하는 데에는 변동계수(CV: coefficient of variation)가 주로 사용된다. 변동계수란 기대수익률 한 단위당 부담하는 위험의 정도를 나타내는 것으로 다음과 같이 정의된다.

$$CV = \frac{\sigma_i}{E(r_i)} \tag{3-10}$$

예를 들어, 〈표 3-1〉과 같이 기대수익률이 7.45%, 표준편차가 13.54%인 A투자안, 기대수익률이 7.45%, 표준편차가 16%인 B투자안, 기대수익률이 9%, 표준편차가 16%인 C투자안을 생각해보자. 세 투자안 중에서 어느 투자안이 가장 좋은 투자안인가?

A투자안과 B투자안을 비교해보면 기대수익률은 동일하지만 A투자안의 위험이 낮아 A투자안이 선택될 것이다. 또 B투자안과 C투자안을 비교해보면 위험은 동일하지만 C투자안의 기대수익률이 높아 C투자안이 선택될 것이다.

그러면 A투자안과 C투자안 중 어느 것을 선택해야 하는가? A투자안의 변동계수

표 3-1 변동계수에 의한 투자안 비교

투자안	$E(r)$	σ	$\sigma/E(r)$
A	7.45%	13.54%	1.82
B	7.45%	16.00%	2.15
C	9.00%	16.00%	1.78

는 13.54%/7.45%=1.82이고 C투자안의 변동계수는 16%/9%=1.78이다. 기대수익률 한 단위당 부담하는 위험은 A투자안의 경우 1.82이고 C투자안의 경우 1.78로 C투자 안이 A투자안보다 부담하는 위험이 낮아서 더 좋은 투자안이라는 것을 알 수 있다.

2. 투자자 유형

투자자가 투자의사결정을 할 때 투자안의 기대성과뿐만 아니라 위험도 함께 고려 하는데, 기대수익률과 위험을 기준으로 투자를 하는 투자자는 공정한 게임에 참여하 는지에 대한 위험에 대한 태도에 따라 위험회피형, 위험중립형, 위험선호형으로 구분 한다.

(1) 공정한 게임

공정한 게임(fair game)은 기대부(expected wealth)와 확실한 부가 동일한 게임을 말한다.[7] 예를 들어, 〈표 3-2〉와 같이 확실한 부가 1,000원이고, 동전 던지기를 하여 앞면이 나오면 100원을 얻고 뒷면이면 100원을 잃는 게임이 바로 공정한 게임이다.

불확실한 게임의 기대부 $E(W)=(1,100)(0.5)+(900)(0.5)=1,000$으로 이 게임에 참가하지 전에 가지고 있는 확실한 부 1,000원과 동일하다. 하지만 이 게임의 분산 $\sigma^2(W)=(1,100-1,000)^2(0.5)+(900-1,000)^2(0.5)=10,000$이 되어 위험이 매우 큼을 알 수 있다.

표 3-2 동전던지기 게임

상황	부(W)	확률
앞 면	1,000원+100원	0.5
뒷 면	1,000원-100원	0.5

---

7 현재 부가 없는 상황에서 동전 던지기를 하여 앞면이 나오면 h원을 따고 뒷면이 나오면 h원을 잃 는 경우는 기대부가 0이 된다. 따라서 공정한 게임을 기대부가 0인 게임이라고도 한다.

(2) 위험회피형 투자자

위험회피형 투자자(risk averse investor)는 동일한 수익률을 가진 두 투자안 중에서 위험이 더 낮은 투자안을 선택하며, 투자안의 위험이 높을수록 더 높은 수익률을 요구한다. 위험회피형 투자자는 위험을 부담하면 이에 상응하는 보상인 양(+)의 위험프리미엄을 요구하기 때문에 이와 같이 기대부의 증가 없이 위험만 발생하는 공정한 게임에 참가하지 않는다.

위험회피형 투자자는 게임에 참가하지 않을 경우 얻게 되는 확실한 현재 부(W_0)의 효용 $U(W_0)$이 공정한 게임에 참가할 경우 얻을 수 있는 불확실한 부(W)의 기대효용 $E[U(W)]$[8]보다 더 크기 때문에 효용함수는 〈그림 3-1〉의 왼쪽과 같이 원점에 대해 오목한 형태(concave)를 가지게 된다. 효용함수가 우상향의 형태이므로 부가 증가할수록 효용이 증가($U' > 0$)한다. 하지만 효용함수가 원점에 대해서 오목한 형태로서 부가 한 단위 증가함에 따른 부의 증가분에 대한 만족도는 점점 작아지므로 한계효용은 체감($U'' < 0$)한다.

그림 3-1 위험회피형 투자자의 효용함수와 무차별곡선

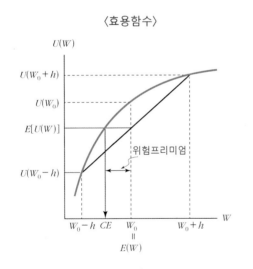
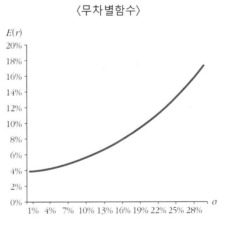

---

8 $U(W_0+h)$와 $U(W_0-h)$로부터 계산한다.

〈그림 3-1〉에서 확실성등가(CE: certainty equivalent)는 투자자가 게임에 참가함으로써 얻을 수 있는 불확실한 부(W)의 기대효용 $E[U(W)]$와 동일한 효용을 제공하는 확실한 부를 나타낸다.[9] 또한 기대부 $E(W)$와 확실성등가(CE)의 차이를 위험프리미엄(risk premium)이라고 하는데 이것은 투자자가 게임에 의해서 발생하게 되는 위험을 제거하기 위해 기꺼이 지불(포기)하고자 하는 금액을 의미한다.

한편, 일반적으로 위험회피형 투자자의 경우 기대수익률이 높아지면 효용이 올라가고 위험이 높아지면 효용이 낮아지는 속성을 가지며 이러한 속성과 일관성을 갖는 효용함수로 $U = E(r) - 0.5A\sigma^2$을 고려할 수 있다. 여기에서 U는 효용가치(utility value), A는 위험회피계수로서 투자자의 위험회피의 정도를 나타낸다. A값이 클수록 U가 낮아지므로 위험회피도가 더 큰 투자자임을 의미한다. 계수 0.5는 단지 척도를 적절한 비율로 조정하기 위한 것이다.

예를 들어, 어느 위험회피형 투자자가 3정도의 위험회피도를 갖고 효용가치를 4%로 가진다면 이 투자자 효용함수는 $0.04 = E(r) - 0.5(3)\sigma^2$, 즉 $E(r) = 0.04 + 1.5\sigma^2$으로 나타낼 수 있다. 이 경우 만약 이 투자자가 표준편차를 10%로 갖는다면 이에 상응하는 기대수익률은 5.5%가 되어야 하고 위험이 20%와 30%로 증가하면 기대수익률도 각각 10%, 17.5%로 커져야 한다. 이들 점들을 평균-표준편차 평면에 나타낸 것이 〈그림 3-1〉의 오른쪽 그림이다. 〈그림 3-1〉 오른쪽 그림의 우상향 곡선상의 점들의 집합은 동일한 효용가치(4%)를 가지는 모든 포트폴리오들을 연결한 선으로 무차별곡선(indifference curve)이라고 한다.

예제 | 위험회피형 투자자

동전던지기를 하여 앞면이 나오면 100만원을 따고 뒷면이 나오면 100만원을 잃는 게임이 있다. 효용함수 $U(W) = 2\sqrt{W}$인 투자자 A는 현재 200만원을 가지고 이 게임에 참여여부를 고려하고 있다. 다음 물음에 답하시오.

(1) 게임에 참가했을 경우 기대부는 얼마인가?

---

9 확실성등가는 게임에 참가함으로써 기대되는 불확실한 부(W)라는 위험포트폴리오의 수익과 동일한 효용을 가지기 위해 무위험투자가 제공해야 하는 수익이라고 해석할 수도 있다.

(2) 현재 부의 효용 $U(W_0)$과 기대효용 $E[U(W)]$를 구하고 게임에 대한 참가 여부를 결정하시오.

(3) 만약 게임에 참가해야 할 경우 발생하게 되는 위험을 제거하기 위해 보험을 들 경우 투자자 A가 기꺼이 지불하고자 하는 최대금액은 얼마인지 계산하시오.

● 답 ●

(1) 기대부 $E(W) = (0.5)(200 + 100) + (0.5)(200 - 100) = 200$

(2) 현재 부의 효용 $U(W_0) = 2\sqrt{200} = 28.28$

　　기대효용 $E[U(W)] = (0.5)[U(300)] + (0.5)[U(100)]$
$$= (0.5)(2\sqrt{300}) + (0.5)(2\sqrt{100}) = 27.32$$

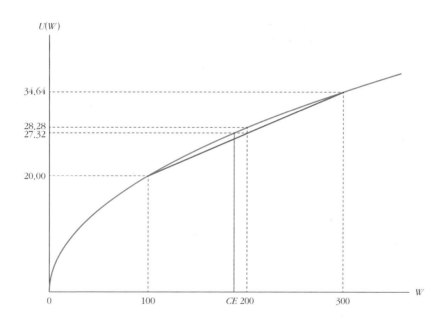

확실한 현재 부(W_0)의 효용 $U(W_0)$이 28.28로 공정한 게임에 참가할 경우 얻을 수 있는 불확실한 부(W)의 기대효용 $E[U(W)] = 27.32$보다 더 크기 때문에 효용함수는 원점에 대해 오목한 형태(concave)를 가지는 위험회피형 투자자인 A는 이 게임에 참가하지 않는다.

(3) $2\sqrt{CE} = 27.32 \;\rightarrow\; \mathrm{CE} = (27.32/2)^2 = 186.60$ 이므로

　　위험프리미엄 = 기대부 E(W) − 확실성등가(CE) → 위험프리미엄 = 200 − 186.60 = 13.4
따라서 게임에 의해서 발생하게 되는 위험을 제거하기 위해 기꺼이 지불(포기)하고자 하는 최대금액은 13.4만원이다.

(3) 위험중립형 투자자

위험중립형 투자자(risk neutral investor)는 위험의 수준과는 무관하게 기대수익률만으로 투자안을 선택한다. 이들은 기대부의 증가 없이 위험만 발생하는 공정한 게임에도 개의치 않고 참가한다.

따라서 공정한 게임에 참가하지 않을 경우 얻게 되는 확실한 현재 부(W_0)의 효용 $U(W_0)$와 공정한 게임에 참가할 경우 얻을 수 있는 불확실한 부(W)의 기대효용 $E[U(W)]$가 일치하게 된다. 즉, $U(W_0) = E[U(W)]$가 되어 위험중립형 투자자의 효용함수는 원점에 대해 직선형태를 가지게 된다. 위험중립형 투자자의 경우, 부가 증가할수록 효용도 증가($U' > 0$)하지만, 한계효용은 일정($U'' = 0$)하다. 이 투자자에 있어서 확실성등가수익률은 단순히 기대수익률과 같다.

한편, 위험중립형 투자자의 무차별곡선은 〈그림 3-2〉의 오른쪽과 같이 수평선의 형태를 가진다. 이들의 의사결정은 오직 기대수익률만으로 이루어지고 위험은 전혀 고려대상이 아니므로 σ^2은 0이라고 할 수 있기 때문에 효용함수는 $U = E(r)$을 사용할 수 있다. 즉, 이 투자자의 효용은 기대수익률과 비례한다고 할 수 있다. 예를 들어, 어느 위험중립형 투자자의 효용가치가 4%라면 이 투자자 효용함수는 $0.04 = E(r)$로 나타낼 수 있기 때문에 위험 수준에 상관없이 효용은 기대수익률과 항상 일치하게 된다.

그림 3-2 위험중립형 투자자의 효용함수와 무차별곡선

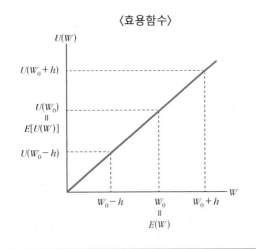
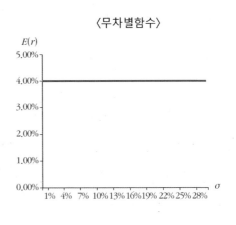

(4) 위험선호형 투자자

위험선호형 투자자(risk loving investor)는 동일한 수익률을 가지는 투자안 중에서 더 높은 위험을 가지는 투자안을 선택한다. 이들은 높은 수익률을 획득할 기회를 얻기 위하여 보다 큰 위험을 기꺼이 부담하려고 하는 투자자이기 때문에 공정한 게임에 참가한다.

게임에 참가하지 않을 경우 얻게 되는 확실한 현재 부(W_0)의 효용 $U(W_0)$보다 게임에 참가할 경우 얻을 수 있는 불확실한 부(W)의 기대효용 $E[U(W)]$가 더 크다. 즉, $U(W_0) < E[U(W)]$가 되므로 위험선호형 투자자의 효용함수는 〈그림 3-3〉의 왼쪽과 같이 원점에 대해 볼록한 형태(convex)를 가지게 된다. 위험선호형 투자자의 경우, 부가 증가할수록 효용도 증가($U' > 0$)하고 한계효용도 체증($U'' > 0$)한다.

한편, 위험선호형 투자자는 높은 수준의 수익을 획득하기 위해서 큰 위험도 기꺼이 부담하는 투자결정을 하기 때문에 이들의 효용함수는 $U = E(r) + 0.5A\sigma^2$으로 나타낼 수 있다. 예를 들어, 어느 위험선호형 투자자의 효용가치가 4%이고 위험회피계수가 1이라면 이 투자자 효용함수는 $0.04 = E(r) + 0.5(1)\sigma^2$ 즉, $E(r) = 0.04 - 0.5\sigma^2$으로 나타낼 수 있다. 이 효용함수의 기대수익률과 표준편차의 조합인 무차별곡선이 〈그림 3-3〉의 오른쪽에 나타나 있다.

그림 3-3 위험선호형 투자자의 효용함수와 무차별곡선

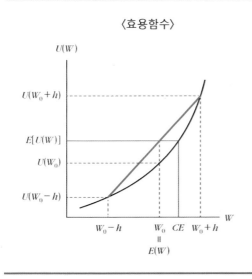

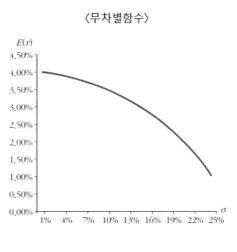

투자자는 오직 하나의 자산에 투자하기보다 여러 개의 자산에 분산투자하는 것이 보다 일반적이다. 투자자가 여러 자산에 투자할 때 두 개 이상의 자산들로 구성된 조합을 포트폴리오(portfolio)라고 한다.

예를 들어, 100만원을 가지고 40만원은 10%의 수익률을 얻는 1자산에 투자하고 60만원은 20%의 수익률을 얻는 2자산에 투자하여 두 자산으로 구성된 포트폴리오를 가지고 있다고 하자. 100만원 중 40만원을 1자산에 투자했으므로 1자산의 투자비중은 0.4이고 2자산에는 60만원을 투자했으므로 2자산의 투자비중은 0.6이 된다. 두 자산을 모두 갖고 있는 사람은 얼마의 수익률을 얻을까? 단순히 30%(=10%+20%)라고 할 수 있을까?

두 자산에 투자된 자금의 크기가 다르기 때문에 개별자산의 수익률을 단순히 더하면 안 되고 개별자산의 투자비중으로 가중치를 주어서 더해야 한다. 투자자금 중 0.4는 10%의 수익률을 얻는 1자산에 투자하였고 0.6은 20%의 수익률을 얻는 2자산에 투자하였으므로 1자산과 2자산으로 구성된 포트폴리오의 수익률은 $(0.4)(10\%)+(0.6)(20\%)=16\%$가 된다. 이를 일반적인 식으로 나타내면 $r_p = w_1 r_1 + w_2 r_2$가 된다.

1. 포트폴리오 기대수익률

포트폴리오 기대수익률 $E(r_p)$는 개별자산의 기대수익률을 투자비중(1자산 w_1, 2자산 w_2)으로 가중평균하여 식(3-11)과 같이 계산할 수 있다.[10]

$$E(r_p) = w_1 E(r_1) + w_2 E(r_2) \tag{3-11}$$

N개의 자산으로 확장하여 포트폴리오를 구성할 경우 포트폴리오의 기대수익률은

---

10 $r_p = w_1 r_1 + w_2 r_2$에서 $E(r_p) = E(w_1 r_1 + w_2 r_2) = E(w_1 r_1) + E(w_2 r_2) = w_1 E(r_1) + w_2 E(r_2)$

식(3-12)와 같다.

$$E(r_p) = w_1 E(r_1) + w_2 E(r_2) + \cdots + w_N E(r_N) = \sum_{i=1}^{N} w_i E(r_i) \qquad (3\text{-}12)$$

2. 포트폴리오 위험

두 개의 자산으로 포트폴리오를 구성할 경우 포트폴리오 위험은 식(3-13) 및 식 (3-14)로 계산한다.[11]

$$
\begin{aligned}
Var(r_p) &= Var(w_1 r_1 + w_2 r_2) \\
&= Var(w_1 r_1) + Var(w_2 r_2) + 2Cov(w_1 r_1,\ w_2 r_2) \\
&= w_1^2 \sigma_1^2 + w_2^2 \sigma_2^2 + 2w_1 w_2 \sigma_{12} \qquad (3\text{-}13) \\
&= w_1 w_1 \sigma_{11} + w_1 w_2 \sigma_{12} + w_2 w_1 \sigma_{21} + w_2 w_2 \sigma_{22} \\
&= w_1 (w_1 \sigma_{11} + w_2 \sigma_{12}) + w_2 (w_1 \sigma_{21} + w_2 \sigma_{22})
\end{aligned}
$$

---

11 포트폴리오의 위험을 분산의 정의에 따라 다음과 같이 유도할 수도 있다.

$$
\begin{aligned}
Var(r_p) &= E[r_p - E(r_p)]^2 \\
&= E[(w_1 r_1 + w_2 r_2) - E(w_1 r_1 + w_2 r_2)]^2 \\
&= E[(w_1 r_1 + w_2 r_2)^2 - 2(w_1 r_1 + w_2 r_2)E(w_1 r_1 + w_2 r_2) + \{E(w_1 r_1) + E(w_2 r_2)\}^2] \\
&= E[w_1 r_1 + w_2 r_2]^2 - 2[E(w_1 r_1 + w_2 r_2)]^2 + [E(w_1 r_1) + E(w_2 r_2)]^2 \\
&= E[w_1 r_1 + w_2 r_2]^2 - 2[E(w_1 r_1) + E(w_2 r_2)]^2 + [E(w_1 r_1) + E(w_2 r_2)]^2 \\
&= E[w_1 r_1 + w_2 r_2]^2 - [E(w_1 r_1) + E(w_2 r_2)]^2 \\
&= E[w_1^2 r_1^2 + 2w_1 r_1 w_2 r_2 + w_2^2 r_2^2] - [\{E(w_1 r_1)\}^2 + 2E(w_1 r_1)E(w_2 r_2) + \{E(w_2 r_2)\}^2] \\
&= [E(w_1^2 r_1^2) - \{E(w_1 r_1)\}^2] + [E(w_2^2 r_2^2) - \{E(w_2 r_2)\}^2] + 2[E\{(w_1 r_1)(w_2 r_2)\} - E(w_1 r_1)E(w_2 r_2)] \\
&= Var(w_1 r_1) + Var(w_2 r_2) + 2w_1 w_2 Cov(r_1,\ r_2) \\
&= w_1^2 \sigma_1^2 + w_2^2 \sigma_2^2 + 2w_1 w_2 \sigma_{12}
\end{aligned}
$$

참고로, 분산과 공분산에 관한 수학적 기호는 다음과 같이 여러 가지 형태로 사용될 수 있다.

$$Var(r_p) = \sigma_p^2$$

$$Var(r_1) = \sigma_1^2 = E[r_1 - E(r_1)]^2 = E[(r_1 - E(r_1))(r_1 - E(r_1))] = Cov(r_1,\ r_1) = Cov_{11} = \sigma_{11}$$

$$
\begin{aligned}
\sigma_{12} = Cov_{12} &= Cov(r_1,\ r_2) = E[(r_1 - E(r_1))(r_2 - E(r_2))] = E[(r_2 - E(r_2))(r_1 - E(r_1))] = Cov(r_2,\ r_1) \\
&= Cov_{21} = \sigma_{21}
\end{aligned}
$$

$$= w_1 \sum_{j=1}^{2} w_j \sigma_{1j} + w_2 \sum_{j=1}^{2} w_j \sigma_{2j}$$

$$= \sum_{i=1}^{2} \sum_{j=1}^{2} w_i w_j \sigma_{ij} \qquad (3\text{-}14)$$

N개의 자산으로 확장하여 포트폴리오를 구성할 경우 포트폴리오 위험은 식(3-15)와 같다.

$$Var(r_p) = \sum_{i=1}^{N} \sum_{j=1}^{N} w_i w_j \sigma_{ij} = \sum_{i=1}^{N} w_i^2 \sigma_i^2 + \sum_{\substack{i=1 \\ (i \neq j)}}^{N} \sum_{j=1}^{N} w_i w_j \sigma_{ij} \qquad (3\text{-}15)$$

포트폴리오 위험은 두 자산의 수익률이 함께 움직이는 정도를 나타내는 식(3-16)의 공분산(covariance)에 의해 영향을 받는다. $Cov(r_1, r_2)$가 양(+)의 값을 가지면 두 자산수익률이 서로 같은 방향으로 움직이고 음(−)의 값을 가지면 두 자산수익률이 서로 다른 방향으로 움직이고 있음을 의미한다.[12]

$$Cov(r_1, r_2) = \sum [r_1 - E(r_1)][r_2 - E(r_2)]p_i$$

$$= E[(r_1 - E(r_1))(r_2 - E(r_2))] \qquad (3\text{-}16)$$

식(3-16)의 공분산은 두 자산수익률 간의 같은 방향 혹은 다른 방향으로의 움직임만을 말하고 두 자산수익률이 얼마나 밀접하게 움직이는지에 대한 강도(strength)는 말하지 않는다. 따라서 공분산을 각 개별자산의 표준편차의 곱으로 나누어 두 자산수익률 간의 강도를 측정한 것이 식(3-17)의 상관계수이다.

$$\rho_{12} = \frac{Cov(r_1, r_2)}{\sigma_1 \sigma_2} \qquad (3\text{-}17)$$

---

12 APPENDIX 2 참조.

그림 3-4 상관관계 예시

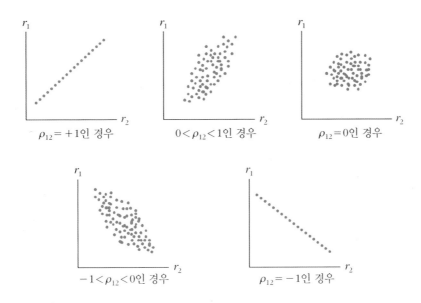

상관계수는 -1과 1 사이의 범위에서 값이 계산되는데, 상관계수가 1일 경우는 두 자산수익률이 완전 정비례하는 직선관계를 가지며, -1일 경우는 완전 반비례하는 직선관계를 나타내고 선형적인 관계가 없는 경우는 상관계수가 0이 된다.

예제 | 포트폴리오 기대수익률과 위험

경제가 호황, 정상, 불황일 확률이 각각 20%, 50%, 30%이다. 각 경제상황에 따라 1자산과 2자산의 수익률이 아래 표와 같다. 1자산과 2자산에 각각 40%, 60%를 투자하여 포트폴리오를 구성한다고 가정한다.

	호황	정상	불황
확률	0.20	0.50	0.30
1자산: 수익률	0.12	0.08	-0.02
2자산: 수익률	0.07	0.03	0.01

(1) 자산1과 자산2의 기대수익률과 표준편차를 구하시오.

(2) 호황, 정상, 불황일 경우의 포트폴리오 수익률을 각각 구하시오.

(3) 포트폴리오의 기대수익률과 표준편차를 구하시오.

(4) 1자산과 2자산의 공분산과 상관계수를 구하시오.

● 답 ●

(1) 개별자산의 기대수익률 $E(r_i) = \sum r_i p_i$, 분산 $\sigma_i^2 = \sum [r_i - E(r_i)]^2 p_i$ 계산

$$E(r_1) = (0.2)(0.12) + (0.5)(0.08) + (0.3)(-0.02) = 0.058$$

$$\sigma_1 = \sqrt{[(0.2)(0.12 - 0.058)^2 + (0.5)(0.08 - 0.058)^2 + (0.3)(-0.02 - 0.058)^2]} = 0.0533$$

$$E(r_2) = (0.2)(0.07) + (0.5)(0.03) + (0.3)(0.01) = 0.032$$

$$\sigma_2 = \sqrt{[(0.2)(0.07 - 0.032)^2 + (0.5)(0.03 - 0.032)^2 + (0.3)(0.01 - 0.032)^2]} = 0.0209$$

(2) 포트폴리오의 수익률은 $r_p = w_1 r_1 + w_2 r_2$로 구한다.

호황: $r_p = (0.4)(0.12) + (0.6)(0.07) = 0.09$

정상: $r_p = (0.4)(0.08) + (0.6)(0.03) = 0.05$

불황: $r_p = (0.4)(-0.02) + (0.6)(0.03) = -0.002$

(3) 포트폴리오의 기대수익률 $E(r_p) = w_1 E(r_1) + w_2 E(r_2)$ 혹은 평균의 정의식으로 계산할 수 있고, 포트폴리오의 표준편차 $\sigma_p = \sqrt{w_1^2 \sigma_1^2 + w_2^2 \sigma_2^2 + 2 w_1 w_2 Cov(r_1, r_2)}$ 혹은 표준편차의 정의식을 이용하여 구할 수 있다.

$$E(r_p) = (0.4)(0.058) + (0.6)(0.032) = 0.0424 \quad \text{또는}$$

$$= (0.2)(0.09) + (0.5)(0.05) + (0.3)(-0.002) = 0.0424$$

$$\sigma_p = \sqrt{(0.4)^2 (0.0533)^2 + (0.6)^2 (0.0209)^2 + 2(0.4)(0.6)(0.000964)} = 0.0327 \quad \text{또는}$$

$$= \sqrt{(0.2)(0.09 - 0.0424)^2 + (0.5)(0.05 - 0.0424)^2 + (0.3)(-0.002 - 0.0424)^2} = 0.0327$$

(4) $Cov(r_1, r_2) = \sum [r_1 - E(r_1)][r_2 - E(r_2)] p_i$

$$= (0.2)(0.12 - 0.058)(0.07 - 0.032) + (0.5)(0.08 - 0.058)(0.03 - 0.032)$$

$$+ (0.3)(-0.02 - 0.058)(0.01 - 0.032)$$

$$= 0.000964$$

$$\rho_{12} = \frac{Cov(r_1, r_2)}{\sigma_1 \sigma_2} = \frac{0.000964}{(0.0533)(0.0209)} = 0.8669$$

① $E(r_i) = \mu = \sum r_i p_i$

② $Var(r_i) = \sigma_i^2 = \sum [r_i - E(r_i)]^2 p_i = E[r_i - E(r_i)^2] = E(r_i^2) - [E(r_i)]^2$

$\rightarrow Var(r_i) = \sum [r_i - E(r_i)]^2 p_i$

$\qquad = \sum [r_i^2 - 2r_i E(r_i) + E(r_i)^2] p_i$

$\qquad = \sum r_i^2 p_i - 2E(r_i) \sum r_i p_i + E(r_i)^2 \sum p_i$

$\qquad = E(r_i^2) - 2E(r_i)^2 + E(r_i)^2$

$\qquad = E(r_i^2) - E(r_i)^2$

③ $E(a) = a$

④ $E(ar_i) = aE(r_i)$

$\rightarrow E(ar_i) = \sum ar_i p_i = a \sum r_i p_i = aE(r_i)$

⑤ $E(a + br_i) = a + bE(r_i)$

⑥ $Var(a) = 0$

⑦ $Var(ar_i) = a^2 Var(r_i)$

$\rightarrow Var(ar_i) = E\left[\{ar_i - E(ar_i)\}^2 \right]$

$\qquad = E\left[a^2 r_i^2 - 2ar_i E(ar_i) + E(ar_i)^2 \right]$

$\qquad = E\left[a^2 r_i^2 - 2a^2 r_i E(r_i) + a^2 E(r_i)^2 \right]$

$\qquad = a^2 E\left[r_i^2 - 2r_i E(r_i) + E(r_i)^2 \right]$

$\qquad = a^2 E\left[\{r_i - E(r_i)\}^2 \right]$

$\qquad = a^2 Var(r_i)$

⑧ $Var(a+br_i)=b^2Var(r_i)$

⑨ $Cov(r_i,\ r_j)= \sum [r_i-E(r_i)][r_j-E(r_j)]p_i$

$$= E\big[(r_i-E(r_i))(r_j-E(r_j))\big]$$

$$= E\big[r_ir_j-r_iE(r_j)-E(r_i)r_j+E(r_i)E(r_j)\big]$$

$$= E(r_ir_j)-E(r_i)E(r_j)-E(r_i)E(r_j)+E(r_i)E(r_j)$$

$$= E(r_ir_j)-E(r_i)E(r_j)$$

→ 분산은 변수 하나의 값이 산포되어 있는 정도를 측정하는 대표치로서, $Var(r_i)$ $=E\big[(r-E(r_i))^2\big]$으로 정의되는데 이는 r의 각 값이 그 평균으로부터 어느 정도 떨어져 있느냐를 측정하는 방안이다. 반면, 두 변수 r_i, r_j의 공분산의 경우에는 각 변수의 편차 $r_i-E(r_i)$와 $r_j-E(r_j)$를 서로 곱한 다음 그 값의 평균치를 구함으로써 두 변수가 각각의 평균으로부터 괴리되는 정도가 어느 정도 관련성을 갖는지를 평가한다.

⑩ $Var(r_i+r_j)=Var(r_i)+Var(r_j)+2Cov(r_i,\ r_j)$

→ $Var(r_i+r_j)=E\big[\{(r_i+r_j)-E(r_i+r_j)\}^2\big]$

$$= E\big[(r_i+r_j)^2-2(r_i+r_j)E(r_i+r_j)+((r_i)+E(r_j))^2\big]$$

$$= E(r_i+r_j)^2-2[E(r_i+r_j)]^2+[E(r_i)+E(r_j)]^2$$

$$= E(r_i+r_j)^2-2[E(r_i)+E(r_j)]^2+[E(r_i)+E(r_j)]^2$$

$$= E(r_i+r_j)^2-[E(r_i)+E(r_j)]^2$$

$$= E(r_i^2+2r_ir_j+r_j^2)-\big[E(r_i)^2+2E(r_i)E(r_j)+E(r_j)^2\big]$$

$$= [E(r_i^2)-E(r_i)^2]+[E(r_j^2)-E(r_j)^2]+2[E(r_ir_j)-E(r_i)E(r_j)]$$

$$= Var(r_i)+Var(r_j)+2Cov(r_i,\ r_j)$$

X주식수익률과 Y주식수익률이 다음과 같다고 하자.

날짜	Y주식수익률	X주식수익률
1일	−5.10%	−0.49%
2일	9.95%	6.16%
3일	3.79%	2.88%
4일	−8.60%	−5.76%
5일	4.65%	3.59%
6일	−6.67%	−0.94%
7일	13.56%	6.76%

X주식수익률과 Y주식수익률을 〈그림 A3-1〉과 같이 나타내면 두 변수(X주식수익률과 Y주식수익률)가 양(+)의 선형관계를 보이고 있음을 알 수 있다. 다시 말하면, 한 변수가 증가(감소)하는 방향으로 움직이면 다른 변수도 증가(감소)하는 방향으로 움직

그림 A3-1 두 변수 간의 선형관계

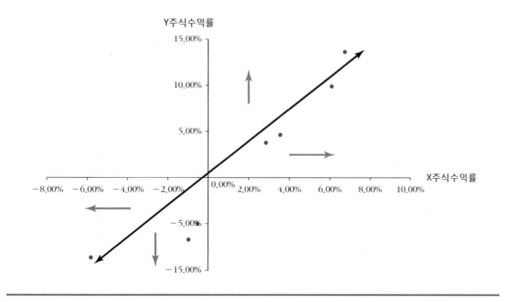

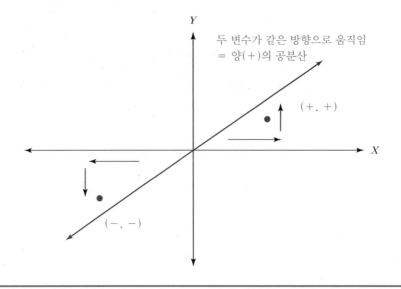

이고 있다. 이와 같이 두 변수간의 함께 움직임(co-vary)을 의미하는 통계측정치를 공분산(covariance)이라고 한다.

양(+)의 공분산 값은 〈그림 A3-2〉에서 나타낸 바와 같이 두 변수가 같은 방향으로 움직임, 즉 한 변수가 증가(감소)하면 다른 변수도 증가(감소)한다는 선형관계를 의미한다. 반면, 〈그림 A3-3〉에서 나타낸 바와 같이 음(−)의 공분산 값은 두 변수가 다른 방향으로 움직임, 즉 한 변수가 증가(감소)하면 다른 변수는 감소(증가)한다는 선형관계를 의미한다.

따라서 아래와 같이 정의된 공분산은 두 변수가 같은 방향으로 움직이는지 혹은 다른 방향으로 움직이는지를 측정할 수 있다.

$$Cov(r_X, r_Y) = \sum [r_X - E(r_X)][r_Y - E(r_Y)]p_i = E[(r_X - E(r_X))(r_Y - E(r_Y))]$$

$r_X > E(r_X)$, $r_Y > E(r_Y)$일 경우, $[r_X - E(r_X)] > 0$이고 $[r_Y - E(r_Y)] > 0$이므로 두 양수의 곱인 공분산은 양수($E[(r_X - E(r_X))(r_Y - E(r_Y))] > 0$)가 되어, 두 변수가 같은 방향인 증가하는 방향으로 움직이고 있다는 것을 알 수 있다. 이는 X주식수익률과 Y

그림 A3-3 두 변수 간의 음(−)의 공분산

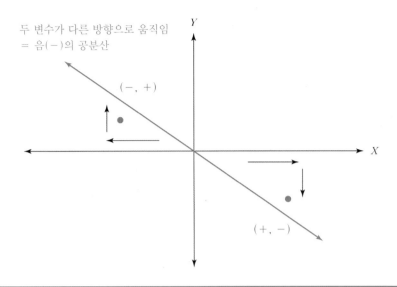

두 변수가 다른 방향으로 움직임
= 음(−)의 공분산

주식수익률 모두 자신의 평균수익률보다 크므로 두 주식 모두 수익률이 상승하고 있다는 사실과 일치한다.

$r_X < E(r_X)$, $r_Y < E(r_Y)$일 경우, $[r_X - E(r_X)] < 0$이고 $[r_Y - E(r_Y)] < 0$이므로 두 음수의 곱인 공분산은 양수($E[(r_X - E(r_X))(r_Y - E(r_Y))] > 0$)가 되어, 두 변수가 같은 방향인 하락하는 방향으로 움직이고 있다는 것을 알 수 있다. 이는 X주식수익률과 Y주식수익률 모두 자신의 평균수익률보다 작으므로 두 주식 모두 수익률이 모두 하락하고 있다는 사실과 일치한다.

$r_X > E(r_X)$, $r_Y < E(r_Y)$일 경우, $[r_X - E(r_X)] > 0$이고 $[r_Y - E(r_Y)] < 0$이므로 공분산은 음수($E[(r_X - E(r_X))(r_Y - E(r_Y))] < 0$)가 되어, 두 변수가 서로 다른 방향, 즉 X주식수익률은 상승하고 Y주식수익률은 하락하는 방향으로 움직이고 있다는 것을 알 수 있다.

$r_X < E(r_X)$, $r_Y > E(r_Y)$일 경우, $[r_X - E(r_X)] < 0$이고 $[r_Y - E(r_Y)] > 0$이므로 공분산은 음수($E[(r_X - E(r_X))(r_Y - E(r_Y))] < 0$)가 되어, 두 변수가 서로 다른 방향, 즉 X주식수익률은 하락하고 Y주식수익률은 상승하는 방향으로 움직이고 있다는 것을 알

수 있다.

이처럼 공분산은 단지 두 변수간의 움직임의 방향(direction), 즉 양(+) 혹은 음(−)의 관계만 의미하고 두 변수가 서로 얼마나 밀접하게 움직이는지에 대한 강도(strength)는 말하지 않는다. 두 변수가 얼마나 밀접하게 붙어서 움직이는가는 공분산을 표준화시킨 상관계수를 통하여 알 수 있다.

핵심정리

1. 수익률

① 명목이자율과 실질이자율

- 피셔효과: $1 + 명목이자율 = (1 + 실질이자율)(1 + 물가상승률)$

  명목이자율 $\approx$ 실질이자율 + 물가상승률

② 보유기간수익률

- 보유기간수익률 $= \dfrac{\text{미래 현금흐름} - \text{초기투자금액}}{\text{초기투자금액}}$

③ 산술평균수익률과 기하평균수익률

- 산술평균수익률: 미래의 기대수익률 측정에 적절

- 기하평균수익률: 과거성과 측정에 적절

④ 이산복리수익률과 연속복리수익률

- 이산복리수익률: $r_t = \dfrac{P_t - P_{t-1}}{P_{t-1}}$

- 연속복리수익률: $r_t = \ln\left(\dfrac{P_t}{P_{t-1}}\right)$

⑤ 기대수익률

- $E(r_i) = \mu = \sum r_i p_i$

2. 위험

① 위험: 변동성(volatility)

- 분산: $Var(r_i) = \sigma_i^2 = \sum [r_i - E(r_i)]^2 p_i = E[r_i - E(r_i)^2]$

- 표준편차: $\sigma_i = \sqrt{\sigma_i^2}$

- 변동계수: $CV = \dfrac{\sigma_i}{E(r_i)}$

② 투자자 유형

- 공정한 게임: 기대부와 확실한 부가 동일한 게임

- 위험회피형 투자자: 공정한 게임에 참여 안함. 원점에 대해서 오목한 형태의 효용함수를 가짐. $U' > 0$, $U'' < 0$

- 위험중립형 투자자: 공정한 게임에 참여 함. 원점에 대해서 우상향의 직선형태의 효용함수를 가짐. $U' > 0$, $U'' = 0$

- 위험선호형 투자자: 공정한 게임에 참여 함. 원점에 대해 볼록한 형태의 효용함수를 가짐. $U' > 0$, $U'' > 0$

3. 포트폴리오의 기대수익률과 위험

① 포트폴리오의 기대수익률

- $E(r_p) = w_1 E(r_1) + w_2 E(r_2) + \cdots + w_N E(r_N) = \sum\limits_{i=1}^{N} w_i E(r_i)$

② 포트폴리오의 위험

- 위험: 자산 2개: $Var(r_p) = w_1^2 \sigma_1^2 + w_2^2 \sigma_2^2 + 2 w_1 w_2 \sigma_{12}$

  자산 N개: $Var(r_p) = \sum\limits_{i=1}^{N}\sum\limits_{j=1}^{N} w_i w_j \sigma_{ij} = \sum\limits_{i=1}^{N} w_i^2 \sigma_i^2 + \sum\limits_{\substack{i=1 \\ (i \neq j)}}^{N}\sum\limits_{j=1}^{N} w_i w_j \sigma_{ij}$

- 공분산: $Cov(r_1,\ r_2) = \sum [r_1 - E(r_1)][r_2 - E(r_2)] p_i$
  $$= E[(r_1 - E(r_1))(r_2 - E(r_2))]$$

- 상관계수: $\rho_{12} = \dfrac{Cov(r_1,\ r_2)}{\sigma_1 \sigma_2}$

연습문제

문1. 1년 전에 1,000만원을 연 10%의 이자율이 되는 저축성예금에 입금하였다. 만약 1년 동안 물가상승률이 6%이라면 실질이자율은 대략 얼마인가? (   )

① 4%　　　　　　　② 6%　　　　　　　③ 10%

④ 12%　　　　　　　⑤ 16%

문2. A주식에 대한 1년 후 주가의 확률분포가 다음과 같다.

상황	확률	주가
호황	30%	120원
정상	50%	110원
불황	20%	80원

현재 100원으로 A주식을 매수하였고, 5원의 배당을 받을 예정이다. 기대보유기간수익률(expected holding period return)은 얼마인가? (   )

① 10%　　　　　　　② 12%　　　　　　　③ 14%

④ 16%　　　　　　　⑤ 18%

문3. (CFA) 산술평균수익률과 기하평균수익률간의 차이는 _____ (   )

① 수익률의 변동성이 증가할 때 증가한다.
② 수익률이 변동성이 감소할 때 증가한다.
③ 항상 음($-$)의 값이다.
④ 평균을 계산하는 특정수익률에 의존하며, 반드시 변동성에 민감한 것이 아니다.

문4. (CFA) 2년 동안 투자하여 첫해에는 15%의 수익을 얻었으나 둘째 해에는 10%의 손실을 보았다. 연간 기하평균수익률은 얼마인가? (   )

① 1.35%　　　　② 1.73%　　　　③ 2.25%　　　　④ 3.14%

문5. (CFA) 다음 시장상황에서 X주식과 Y주식의 수익률이 아래와 같을 때 X주식과 Y주식의 기대수익률과 표준편차는 각각 얼마인가? (   )

	약세시장	정상시장	강세시장
확률	0.2	0.5	0.3
X주식	−20%	18%	50%
Y주식	−15%	20%	10%

	X 및 Y 기대수익률	X 및 Y 표준편차
①	20%, 10%	24.33%, 13.23%
②	10%, 20%	13.23%, 24.33%
③	12%, 22%	25.67%, 22.52%
④	22%, 12%	22.52%, 25.67%

문6. 다음 설명 중 옳은 것은? (   )

① 위험회피형 투자자는 공정한 게임에 참가한다.

② 위험중립형 투자자는 오직 위험에 의해서만 위험투자안을 판단한다.

③ 위험회피형 투자자의 무차별곡선은 부(−)의 기울기를 갖는다.

④ 위험회피형 투자자의 무차별곡선은 교차할 수 있다.

⑤ 두 명의 위험회피형 투자자의 무차별곡선은 교차할 수 있다.

문7. A투자자는 무위험자산에 투자할 경우 6%의 투자수익률을 얻는다. 또한 위험자산에 투자할 경우에는 70%의 확률로 20%의 수익률을 얻거나 30%의 확률로 10%의 수익률을 얻는다. 위험프리미엄은 얼마인가? (   )

① 11%   ② 10%   ③ 9%

④ 8%   ⑤ 7%

문8. 문제7에서 위험자산에 30,000원을 투자할 경우 기대수익은 얼마인가? (   )

① 5,000원   ② 5,100원   ③ 4,000원

④ 3,300원   ⑤ 1,500원

문9. (2012 CPA) 다음 그림에서 가로축은 투자안의 위험을 나타내고 세로축은 투자안의 기대수익을 나타낸다. 이 그림 중에서 위험중립형 투자자의 등기대효용곡선은 어느 것인가? (   )

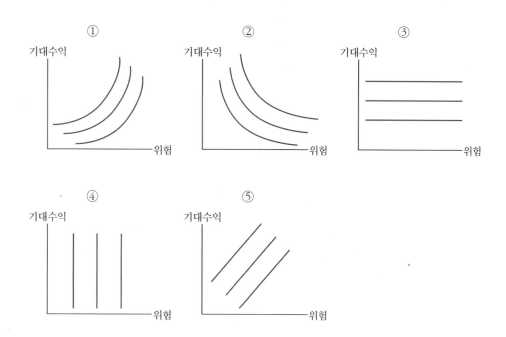

문10. (CFA) 투자전략의 기대수익률과 확률이 아래 표와 같을 경우 100,000원을 투자할 때
주식과 무위험채권의 차이인 위험프리미엄은 얼마인가? (   )

투자전략	확률	기대수익
주식	0.6	50,000원
	0.4	−30,000원
무위험채권	1.0	5,000원

① 10,000원　　　② 12,000원　　　③ 13,000원　　　④ 15,000원

문11. (2004 CPA) 아래 표에서와 같이 A, B, C 및 D 투자안의 호경기와 불경기 때의 수익
률이 주어져 있다. 세 투자안 가운데 하나를 선택하는 경우, 다음의 설명 중 옳은 것
을 모두 모아 놓은 것은? (   )

투자안	호경기	불경기
A	10%	10%
B	13%	7%
C	14%	6%
D	15%	9%

단, 호경기와 불경기가 발생할 확률은 각각 1/2로 동일하다.

a. 위험회피적 투자자들 가운데에서도 D 투자안을 선택하는 투자자가 있다.

b. 위험중립적 투자자는 A 투자안, B 투자안 및 C 투자안을 동일하게 평가한다.

c. 위험추구적 투자자는 A 투자안과 B 투자안 중에서는 B 투자안을 선택한다.

① a, b, c   ② b, c   ③ a, c

④ a, b   ⑤ c

문12. 어느 투자자의 효용함수가 $U = E(r) - 1.5\sigma^2$이다. 다음 보기에서 투자자의 기대효용을 극대화하는 기대수익률과 표준편차는 어느 것인가? (　)

① 10%, 15%   ② 12%, 18%   ③ 8%, 10%

④ 6%, ˙10%   ⑤ 20%, 32%

문13. 위험자산의 기대수익률은 10%이고 표준편차는 20%이다. 무위험자산의 수익률은 5%이다. 투자자의 효용함수가 $U = E(r) - A\sigma^2$일 경우, 투자자가 무위험자산과 위험자산 중 어느 하나를 달리 선호하지 않게 만드는 위험회피계수 A는 얼마인가? (　)

① 1   ② 1.25   ③ 1.5

④ 2   ⑤ 2.5

[문14–문16] (CFA) 효용함수가 $U = E(r) - A\sigma^2$일 경우 질문에 답하시오.

투자	기대수익률	표준편차
1	0.12	0.30
2	0.15	0.50
3	0.21	0.16
4	0.24	0.21

문14. A가 4일 경우 어느 투자안을 선택해야 하는가? (　)

① 1   ② 2   ③ 3   ④ 4

문15. 위험중립투자자라면 어느 투자안을 선택하는가? (　)

① 1   ② 2   ③ 3   ④ 4

문16. 효용함수에서 A는 무엇을 나타내는가? (   )

① 투자자의 요구수익률

② 투자자의 위험회피도

③ 포트폴리오의 확실성등가수익

④ 위험 4단위당 수익률 1단위에 대한 선호

문17. (2006 CPA) 자산 세 개(A, B, C)의 1년 후 시장상황에 따른 예상수익(단위: 원)은 다음과 같다. 단, 1년 후 호황과 불황의 확률은 각각 50%이다.

	A자산	B자산	C자산
1년 후 수익(호황)	110	120	160
1년 후 수익(불황)	110	100	80

A자산의 현재가격은 100원이다. 다음 중 자산의 균형가격으로 성립될 수 없는 것은? (   )

① 위험회피형 투자자만 있는 세계에서 B자산의 현재가격이 97원이다.

② 위험회피형 투자자만 있는 세계에서 C자산의 현재가격이 105원이다.

③ 위험선호형 투자자만 있는 세계에서 C자산의 현재가격이 115원이다.

④ 위험중립형 투자자만 있는 세계에서 B자산의 현재가격이 100원이다.

⑤ 위험중립형 투자자만 있는 세계에서 C자산의 현재가격이 107원이다.

문18. (2005 CPA) A, B 두 주식에 대한 기대수익률, 수익률의 표준편차, 수익률의 공분산이다.

$E(R_A) = 8\%$ $E(R_B) = 10\%$

$\sigma(R_A) = 10\%$ $\sigma(R_B) = 15\%$ $\mathrm{Cov}(R_A, R_B) = -0.006$

포트폴리오	A주식	B주식
I	1억원	–
II	5천만원	5천만원
III	–	1억원

총 1억원의 투자자금으로 위의 주식들을 활용하여 I, II, III 세 가지의 포트폴리오를 구축하였다고 하면 위험회피형 투자자의 투자행태에 대한 설명으로 가장 적절한 것은? (   )

① 포트폴리오I은 적절한 투자안이 될 수 있다.

② 포트폴리오II는 적절한 투자안이 될 수 있다.

③ 지배원리에 의하면 포트폴리오III은 포트폴리오II보다 효율적인 투자안이므로 II를 지배한다.

④ 위험회피도가 낮은 투자자는 포트폴리오III에 비하여 포트폴리오I을 선택할 가능성이 높다.

⑤ 위험회피도가 높은 투자자는 포트폴리오II에 비하여 포트폴리오III을 선택할 가능성이 높다.

문19. (2009 CPA) A주식수익률의 평균(기대값)과 표준편차는 각각 9%와 20%이고, B주식수익률의 평균과 표준편차는 각각 5%와 10%이다. 이 두 주식에 분산투자하는 포트폴리오 C의 수익률의 평균과 분산에 관한 주장 중 맞는 것을 모두 골라라. 단, 주식의 공매도(short sale)가 가능하며, 두 주식의 수익률의 공분산은 0이다. (   )

a. 포트폴리오 C의 수익률의 평균이 29%가 될 수 있다.

b. 포트폴리오 C의 수익률의 평균이 0%가 될 수 있다.

c. 포트폴리오 C의 수익률의 평균이 −5%가 될 수 있다.

d. 포트폴리오 C의 분산이 0이 될 수 있다.

① a, b, c, d   ② a, b, c   ③ b, c

④ a, c   ⑤ b, c, d

문20. (2019 CPA) 만기가 1년 후이고 만기일 이전에는 현금흐름이 발생하지 않는 위험자산 A가 있다. 이 자산은 만기일에 경기가 호황인 경우 140원, 불황인 경우 80원을 투자자에게 지급한다. 위험자산 A의 현재 적정 가격이 100원이라면, 위험자산 A의 적정 할인율에 가장 가까운 것은? 단, 경기가 호황과 불황이 될 확률은 각각 50%이다. (   )

① 연 8%   ② 연 10%   ③ 연 14%

④ 연 20%   ⑤ 연 30%

연습문제 해답

문1. ①

[답]

실질이자율 = 명목이자율 − 물가상승률 = 10% − 6% = 4%

문2. ②

[답]

$(0.3)[(120-100+5)/100]+(0.5)[(110-100+5)/100]+(0.2)[(80-100+5)/100]=12\%$

문3. ①

문4. ②

[답]

기하평균수익률 $=[(1+0.15)\times(1-0.1)]^{1/2}-1=1.73\%$

문5. ①

[답]

$E(r_x)=(0.2)(-0.20)+(0.5)(0.18)+(0.3)(0.50)=20\%$

$E(r_y)=(0.2)(-0.15)+(0.5)(0.20)+(0.3)(0.10)=10\%$

$\sigma_X^2=(0.2)(-0.20-0.20)^2+(0.5)(0.18-0.20)^2+(0.3)(0.50-0.20)^2=0.0592$

$\sigma_X=24.33\%$

$\sigma_Y^2=(0.2)(-0.15-0.10)^2+(0.5)(0.20-0.10)^2+(0.3)(0.10-0.10)^2=0.0175$

$\sigma_Y=13.23\%$

문6. ⑤

문7. ①

[답]

$(0.7)(0.2)+(0.3)(0.1)=17\%$; 따라서 위험프리미엄 = 17% − 6% = 11%

문8. ②

[답]

$(30,000원)(0.17) = 5,100원$

문9. ③

[답]

등기대효용곡선은 효용이 같아지는 점들을 모아 놓은 곡선으로 이는 동일한 효용가치를 가지는 모든 포트폴리오를 연결한 선인 무차별곡선을 의미한다. 위험중립형 투자자는 위험의 수준과 상관없이 기대수익률에 의해서 의사결정을 내리기 때문에 이들의 무차별곡선은 수평선의 형태를 지닌다.

문10. ③

[답]

$[(0.6)(50,000) + (0.4)(-30,000)] - 5,000 = 13,000$

문11. ①

[답]

	기대수익률	분산
A:	0.10	0.0000
B:	0.10	0.0009
C:	0.10	0.0016
D:	0.12	0.0009

문12. ②

[답]

$U = 0.1 - (1.5)(0.15)^2 = 6.6625\%$

$U = 0.12 - (1.5)(0.18)^2 = 7.14\%$

$U = 0.08 - (1.5)(0.1)^2 = 6.5\%$

$U = 0.06 - (1.5)(0.1)^2 = 4.5\%$

$U = 0.2 - (1.5)(0.32)^2 = 4.64\%$

문13. ②

[답]

무위험자산의 기대효용: $U = E(r) - A\sigma^2 \rightarrow U = 0.05 - A(0)^2 = 0.05$

위험자산의 기대효용: $U = E(r) - A\sigma^2 \rightarrow U = 0.1 - A(0.2)^2$

따라서 $0.05 = 0.1 - A(0.2)^2 \rightarrow A = 1.25$

문14. ③

[답]

효용함수가 $U = E(r) - 4\sigma^2$이므로, 가장 높은 효용을 갖는 것을 택해야 한다.

투자	기대수익률 $E(r)$	표준편차 σ	효용 U
1	0.12	0.30	−0.24
2	0.15	0.50	−0.85
3	0.21	0.16	0.1076
4	0.24	0.21	0.0636

문15. ④

[답]

투자자가 위험중립형이라면 위험회피계수 $A = 0$이다. 즉, 위험중립형 투자자는 위험은 상관없고 가장 높은 기대수익률을 주는 투자안을 선택하고 이때 가장 높은 효용을 가진다. 따라서 투자4가 가장 높은 기대수익을 주기 때문에 투자4를 택한다.

문16. ②

문17. ⑤

[답]

A자산의 현재가격이 100원이므로 시장이자율이 10%임을 알 수 있다. 따라서 위험중립형 투자자를 가정할 경우 각 자산에 대한 균형가격은 아래와 같다.

A자산: 100

B자산: $\dfrac{120}{1.1} \times 0.5 + \dfrac{100}{1.1} \times 0.5 = 100$

C자산: $\dfrac{160}{1.1} \times 0.5 + \dfrac{80}{1.1} \times 0.5 = 109.09$

위험회피형 투자자만 있는 세계에서는 이 가격보다 낮은 가격이, 위험선호형 투자자만 있는 세계에서는 이 가격보다 높은 가격이 균형가격으로 성립될 수 있다.

문18. ②

[답]

포트폴리오 Ⅰ의 기대수익률: 8%

　　　　　　　표준편차: 10%

포트폴리오 Ⅱ의 기대수익률: $(0.5)(0.08) + (0.5)(0.1) = 9\%$

　　　　　　　표준편차: $\sqrt{(0.5)^2(0.1)^2 + (0.5)^2(0.15)^2 + 2(0.5)(0.5)(-0.006)} = 7.1589\%$

포트폴리오 Ⅲ의 기대수익률: 10%

표준편차: 15%

포트폴리오 Ⅰ의 변동계수＝표준편차/기대수익률＝10%/8%＝1.25

포트폴리오 Ⅱ의 변동계수＝표준편차/기대수익률＝7.1589%/9%＝0.7954

포트폴리오 Ⅲ의 변동계수＝표준편차/기대수익률＝15%/10%＝1.5

따라서, 포트폴리오 Ⅱ가 기대수익률 1단위당 위험을 가장 적게 부담한다.

효용함수가 $U = E(r) - 0.5A\sigma^2$이라고 하면 A가 낮은 투자자의 경우 A가 거의 0에 가깝다면 U는 E(r)에 의해 결정될 것이므로 포트폴리오 I에 비해 포트폴리오 Ⅲ을 선호한다.

A가 높은 투자자의 경우 위험이 클수록 U가 크게 줄어들기 때문에 포트폴리오 Ⅲ에 비해 포트폴리오 Ⅱ를 선호한다.

문19. ②

[답]

공분산이 0, 즉 상관계수가 0이므로 포트폴리오의 분산이 0(위험이 전혀 없음)일 수 없다.

문20. ②

[답]

$$100 = \frac{(140)(0.5) + (80)(0.5)}{1+r} \rightarrow r = 0.1$$

04 자본 및 자산배분결정

학습개요

본 장에서는 기대수익률과 위험에 대한 기본개념을 바탕으로 포트폴리오 투자이론의 틀에 해당하는 자본배분결정과 자산배분결정에 대해서 배운다. 투자자금을 위험자산포트폴리오와 무위험자산포트폴리오에 각각 얼마씩 투자할 것인가에 대한 의사결정인 자본배분결정과 위험자산포트폴리오를 구성하기 위해 다수의 위험자산들에 각각 얼마씩 투자할 것인가에 대한 의사결정인 자산배분결정의 두 단계에 걸친 투자의사결정에 대해서 학습한다.

학습목표

- 자본 및 자산배분결정의 개념
- 최적위험포트폴리오
- Markowitz의 포트폴리오선택이론
- 분산투자와 위험감소효과
- 자본배분선
- 최적완전포트폴리오
- Tobin의 분리정리

투자의사결정은 (1) 위험자산(위험포트폴리오)과 무위험자산(무위험포트폴리오)에 각각 얼마나 투자할 것인가를 결정하는 자본배분결정(capital allocation decision)과 (2) 위험자산(위험포트폴리오)을 구성하기 위해 다수의 위험자산들에 대해 각각 얼마나 투자할 것인가를 결정하는 자산배분결정(asset allocation decision)의 두 단계를 거친다. 본 절에서는 우선 위험자산은 이미 구성되었다고 가정하고 이 위험자산과 무위험자산 간의 자본배분결정에 대해서 설명한다.

1. 위험자산과 무위험자산의 투자기회집합: 자본배분선

자본배분결정은 위험자산(위험포트폴리오)과 무위험자산(무위험포트폴리오)에 각각 얼마나 투자할 것인가를 정하는 것을 말한다. 투자자가 자신의 투자금액을 위험자산과 무위험자산에 일정 비율로 나누어 투자하는 경우를 생각해보자.

예를 들어, 투자금액의 40%는 무위험자산에 투자하고 나머지 60%는 위험자산(A주식, B주식, C주식으로 구성되는 주식포트폴리오)에 투자한다. 그리고 무위험자산의 수익률은 5%이고, 위험자산은 A주식 25%, B주식 35%, C주식 40%로 구성되며, 위험자산의 기대수익률 $E(r_p)$는 14%,[1] 표준편차 σ_p는 25%[2]라고 가정하자.

이 경우 만약 투자자의 투자금액이 100만원이라면 무위험자산에 40만원(=100만원×40%), A주식에 15만원(=100만원×15%(=0.6×0.25)), B주식에 21만원(=100만원×21%(=0.6×0.35)), C주식에 24만원(=100만원×24%(=0.6×0.40))이 투자된다.

이와 같이 투자금액을 위험자산과 무위험자산에 투자할 경우 위험자산과 무위험자산으로 구성되는 포트폴리오를 완전포트폴리오(complete portfolio)라고 부른다. 그렇다면 완전포트폴리오의 기대수익률과 위험(표준편차)은 어떻게 계산할 수 있는가?

---

[1] 위험자산의 기대수익률은 식(3-12) $E(r_p) = w_A E(r_A) + w_B E(r_B) + w_C E(r_C) = 14\%$로 계산한 것이다.

[2] 위험자산의 표준편차는 식(3-15) $\sigma_p = \sqrt{\sum_{i=1}^{3}\sum_{j=1}^{3} w_i w_j \sigma_{ij}} = [w_A^2 \sigma_A^2 + w_B^2 \sigma_B^2 + w_C^2 \sigma_C^2 + 2w_A w_B \sigma_{AB} + 2w_A w_C \sigma_{AC} + 2w_B w_C \sigma_{BC}]^{1/2} = 25\%$로 계산한 것이다.

완전포트폴리오는 위험자산(자산 1)과 무위험자산(자산 2)이라는 두 자산으로 구성된 포트폴리오이기 때문에 제2장에서 다룬 두 자산으로 구성된 포트폴리오의 기대수익률 식(3-11), 분산 식(3-13)을 이용하여 계산할 수 있다. 다만 본장에서는 식(3-11), 식(3-13)과 구별하기 위해서 위험자산의 투자비중을 y로 표시하고 무위험자산의 투자비중을 $1-y$로 표시하기로 한다.

따라서 위험자산과 무위험자산으로 구성되는 완전포트폴리오의 기대수익률 $E(r_c)$는 식(4-1)과 같이 계산할 수 있다. 위의 예에서 투자자가 투자금액을 위험자산에 60%, 무위험자산에 40%로 나눠서 투자할 경우 완전포트폴리오의 기대수익률은 다음과 같이 10.4%로 계산된다.

$$E(r_p) = w_1 E(r_1) + w_2 E(r_2)$$
$$\downarrow \qquad\quad \downarrow \qquad\quad \downarrow$$
$$E(r_c) = y E(r_p) + (1-y)r_f = r_f + [E(r_p) - r_f]y \qquad\qquad (4\text{-}1)$$
$$= 0.05 + (0.14 - 0.05)(0.6) = 10.4\%$$

완전포트폴리오의 표준편차 σ_c는 무위험자산의 표준편차 $\sigma_f = 0$인 것을 고려하면 식(4-2)가 되며, $\sigma_c = 15\%$로 계산된다.[3]

$$\sigma_p = \sqrt{w_1^2 \sigma_1^2 + w_2^2 \sigma_2^2 + 2w_1 w_2 \sigma_{12}}$$
$$\downarrow \qquad\qquad\qquad \downarrow$$
$$\sigma_c = \sqrt{y^2 \sigma_p^2 + (1-y)^2 \sigma_f^2 + 2y(1-y)\rho_{pf}\sigma_p\sigma_f}$$
$$= y\sigma_p \qquad\qquad\qquad\qquad\qquad\qquad (4\text{-}2)$$
$$= (0.6)(0.25) = 15\%$$

완전포트폴리오의 기대수익률 $E(r_c)$와 표준편차 σ_c는 위험자산과 무위험자산에

---

3 $\rho_{pf} = \dfrac{\sigma_{pf}}{\sigma_p \sigma_f} \;\rightarrow\; \sigma_{pf} = \rho_{pf}\sigma_p\sigma_f$

각각 얼마씩 투자했는지, 즉 위험자산의 투자비율 y에 따라 달라진다. 위의 예와 같이 투자금액의 60%를 위험자산에 투자할 경우 $E(r_c) = 10.4\%$, $\sigma_c = 15\%$가 된다. 만약, 투자자가 위험자산과 무위험자산에의 투자비중을 달리하여 위험자산에 70%, 무위험자산에 30% 투자한다고 하자. 이 완전포트폴리오를 X라고 할 때 X의 기대수익률과 표준편차는 다음과 같이 구한다.

$$E(r_x) = r_f + y[E(r_p) - r_f] = 0.05 + (0.14 - 0.05)(0.7) = 11.3\%$$

$$\sigma_x = y\sigma_p = (0.7)(0.25) = 17.5\%$$

투자자가 원래 가지고 있는 투자금액 100%에 30%를 더 차입[4]하여 총 130%를 위험자산에 투자한다면, 위험자산의 투자비중은 130%이고 무위험자산의 투자비중은 0%가 된다. 이 완전포트폴리오를 Y라고 할 때 Y의 기대수익률과 표준편차는 다음과 같이 구한다.

$$E(r_y) = r_f + y[E(r_p) - r_f] = 0.05 + (0.14 - 0.05)(1.3) = 16.7\%$$

$$\sigma_y = y\sigma_p = (1.3)(0.25) = 32.5\%$$

투자금액을 위험자산에 모두 투자할 경우에는 $y = 1$이고 이 완전포트폴리오를 P라고 할 때 P의 $E(r_c) = 14\%$, $\sigma_c = 25\%$가 된다. 반면, 투자금액을 무위험자산에 모두 투자하면 $y = 0$이므로 $E(r_c) = r_f = 5\%$, $\sigma_c = 0$이 된다. 위험자산과 무위험자산의 투자비중을 달리하면서 구해지는 완전포트폴리오의 기대수익률 $E(r_c)$와 표준편차 σ_c를 〈표 4-1〉에 정리하였다.

이처럼 위험자산 투자비중 y값이 달라짐에 따라 얻어질 수 있는 모든 실현가능한 완전포트폴리오들을 연결한 선은 식(4-2)에서 $y = \sigma_c/\sigma_p$를 식(4-1)에 대입하여 식(4-3)으로 나타낼 수 있다. 이 선을 자본배분선(CAL: capital allocation line)이라고 하

---

4 자금을 차입한다는 것은 무위험자산을 공매한다는 의미이다.

표 4-1	완전포트폴리오의 기대수익률과 표준편차		
위험자산의 투자비중(y)	무위험자산의 투자비중($1-y$)	$E(r_c)$	σ_c
0.0	1.0	0.05	0
0.6	0.4	0.104	0.15
0.7	0.3	0.113	0.175
1.0	0.0	0.14	0.25
1.3	0.0	0.167	0.325

그림 4-1 자본배분선(CAL)

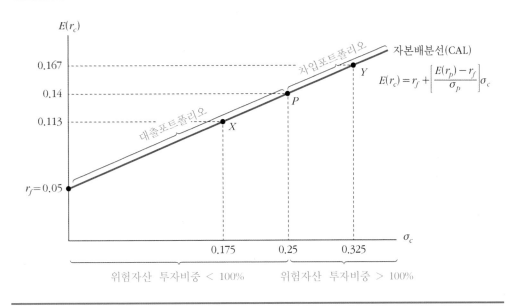

며 투자금액을 위험자산과 무위험자산에 나눠서 투자할 경우 얻을 수 있는 투자기회
집합이 된다.

$$E(r_c) = r_f + \left[\frac{E(r_p) - r_f}{\sigma_p} \right] \sigma_c \tag{4-3}$$

〈그림 4-1〉에서 완전포트폴리오 X는 완전포트폴리오 P 왼쪽의 직선위에 존재하

고, 완전포트폴리오 Y는 완전포트폴리오 P 오른쪽의 직선위에 존재한다. X처럼 투자
금액의 일부를 무위험자산(=국채투자=대출)에 투자하여 P 왼쪽의 자본배분선상에 위
치하게 되는 모든 완전포트폴리오를 대출포트폴리오라고 부른다. 반면, Y처럼 원래의
투자금액에 차입하여 더한 금액을 위험자산에 투자하여 P 오른쪽의 자본배분선상에
위치하게 되는 모든 완전포트폴리오를 차입포트폴리오라고 부른다.

한편, 자본배분선의 기울기 $[E(r_p)-r_f]/\sigma_p$는 위험 한 단위에 대한 보상을 나타
내며, 투자보상대변동성비율(reward-to-variability ratio) 혹은 샤프비율(Sharpe ratio)이
라고 한다. 위의 예에서 샤프비율은 $0.36(=(0.14-0.05)/0.25)$으로 계산되는데, 이는
위험 1단위를 추가로 부담할 때 투자자들이 얻게 되는 초과수익은 0.36단위 증가한다
는 의미이다.

2. 최적완전포트폴리오

투자자는 위험자산의 투자비중 y를 변화시킴에 따라 자본배분선상의 무수히 많
은 완전포트폴리오들을 취할 수 있다. 이 수많은 완전포트폴리오들 중에서 투자자에
게 최적인 최적완전포트폴리오(optimal complete portfolio)는 어느 것일까?

투자자는 자신의 투자만족도, 즉 효용함수가 극대화되는 완전포트폴리오를 찾으
면 된다. 자본배분선상에 위치하는 완전포트폴리오는 위험자산의 투자비중 y에 따라
달라지므로 결국 효용함수를 극대화하는 y를 찾으면 될 것이다. 위험회피형 투자자의
효용함수를 $U=E(r_c)-0.5A\sigma_c^2$라고 가정할 경우 식(4-1)과 식(4-2)를 이용하여 U를
극대화하는 y를 구하면 된다.

$$\underset{y}{Max}\, U = E(r_c)-0.5A\sigma_c^2 = r_f + [E(r_p)-r_f]y - 0.5A(y\,\sigma_p)^2$$

$$\frac{dU}{dy}=0 \;\rightarrow\; y^* = \frac{E(r_p)-r_f}{A\sigma_p^2} \tag{4-4}$$

식(4-4)를 보면 투자자의 위험회피계수 A가 클수록 효용을 극대화시키는 최적투

자비중 y^*가 작아진다. 위험회피도가 높을수록 위험자산에 적게 투자한다는 의미이다. 위험회피계수 A가 4인 투자자는 다음과 같이 위험자산 최적투자비중 y^*가 0.36이고 이 최적투자비중대로 투자하여 얻어지는 최적완전포트폴리오의 기대수익률과 표준편차는 각각 8.24%와 9%가 된다.

$$y^* = \frac{0.14 - 0.05}{(4)(0.25)^2} = 0.36$$

$$E(r_c) = 0.05 + (0.14 - 0.05)(0.36) = 8.24\%$$

$$\sigma_c = (0.36)(0.25) = 9\%$$

또한 위험회피계수가 1인 투자자의 경우는 다음과 같이 위험자산 최적투자비중 y^*가 1.44이고 이 최적투자비중대로 투자하여 얻어지는 최적완전포트폴리오의 기대수익률과 표준편차는 각각 17.96%와 36%가 된다.

$$y^* = \frac{0.14 - 0.05}{(1)(0.25)^2} = 1.44$$

$$E(r_c) = 0.05 + (0.14 - 0.05)(1.44) = 17.96\%$$

$$\sigma_c = (1.44)(0.25) = 36\%$$

이러한 자본배분결정을 요약하여 그림으로 나타낸 것이 〈그림 4-2〉이다. 위험회피형 투자자의 무차별곡선은 원점에 대해서 볼록한 형태를 가지며, 무차별곡선의 기울기는 위험 한 단위 증가분에 대한 수익률의 증가분이다. 따라서 위험회피도가 4인 투자자의 경우 위험회피도가 1인 투자자에 비해서 위험회피도가 높기 때문에 위험 한 단위 증가에 대해서 수익률의 증가분이 더 커야 한다. 그러므로 위험회피도가 1로 낮은 투자자에 비해 무차별곡선의 형태가 더 급격하게 원점에 대해서 볼록한 형태를 가진다.

그림 4-2 최적완전포트폴리오

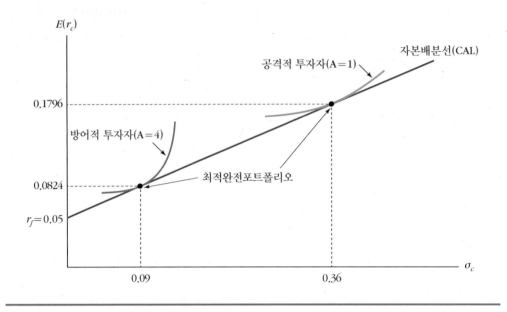

이와 같이 위험회피도가 상대적으로 높은 투자자를 방어적 투자자라고 하고 위험회피도가 낮은 투자자를 공격적 투자자라고 한다. 어느 형태의 투자자든 간에 각 투자자의 기대효용을 극대화시키는 비율로 무위험자산과 위험자산을 구성한 포트폴리오를 최적완전포트폴리오라고 하며, 각 투자자의 위험회피도에 따라 최적완전포트폴리오가 결정되므로 실제로 최적완전포트폴리오는 무수히 많이 존재하게 된다.

▶ 02 자산배분결정

제1절에서는 무위험자산(무위험포트폴리오)과 위험자산(위험포트폴리오) 간의 투자비율을 결정하는 자본배분결정에 대해서 설명하였다. 본 절에서는 위험포트폴리오를 최적으로 구성하기 위해 다수의 위험자산들에 대한 투자비율을 결정하는 자산배분결정에 대해 설명한다.

1. 위험자산의 투자기회집합

X주식 기대수익률 10%, 표준편차 20%, Y주식 기대수익률 18%, 표준편차 28%, 두 주식의 상관계수는 25%라고 하자.[5] X주식에 w_x, Y주식에 $w_y(=1-w_y)$ 투자할 경우 두 개 주식으로 구성되는 위험포트폴리오(위험자산)의 기대수익률과 분산은 식 (3-11)과 식(3-13)으로 다음과 같이 구할 수 있다.

$$E(r_p) = w_x E(r_x) + w_y E(r_y) \tag{4-5}$$

$$\sigma_p^2 = w_x^2 \sigma_x^2 + w_y^2 \sigma_y^2 + 2 w_x w_y \rho_{xy} \sigma_x \sigma_y \tag{4-6}$$

위험자산(위험포트폴리오)에 투자할 때의 투자비중 w_x, w_y에 따라 위험자산(위험 포트폴리오)의 기대수익률 $E(r_p)$와 표준편차 σ_p가 달라지며, 이를 〈표 4-2〉에 나타내었다. 〈그림 4-3〉은 투자비중이 다른 6개 경우의 위험자산(위험포트폴리오)의 기대수익률 $E(r_p)$와 표준편차 σ_p의 조합을 나타내고 있다. 만약 투자비중을 연속적으로 변화시킨다면 기대수익률 $E(r_p)$와 표준편차 σ_p의 조합이 연속적으로 나타나 〈그림 4-3〉의 포물선 모양의 투자기회집합(investment opportunity set)이 그려진다.[6]

표 4-2 투자비중에 따른 위험자산(위험포트폴리오)의 기대수익률과 표준편차

w_X	w_Y	$\rho_{XY} = 0.25$일 경우	
		$E(r_p)$	σ_p
0.0	1.0	0.18	0.28
0.2	0.8	0.164	0.2372
0.4	0.6	0.148	0.2033
0.6	0.4	0.132	0.1835
0.8	0.2	0.116	0.1822
1.0	0.0	0.10	0.20

---

5   $\sigma_{xy} = \rho_{xy} \sigma_x \sigma_y$이므로 상관계수가 0.25이면 공분산은 $(0.25)(0.20)(0.28) = 0.014$이다.

6   APPENDIX 참조.

그림 4-3 위험자산(위험포트폴리오)의 투자기회집합

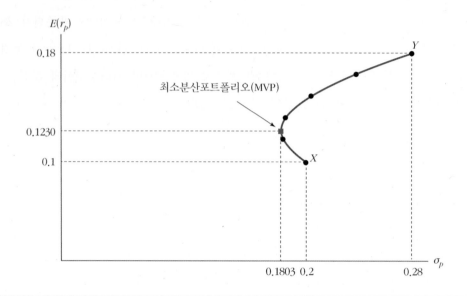

투자기회집합에서 위험(σ_p)이 최소가 되는 포트폴리오를 최소분산포트폴리오 (MVP: minimum variance portfolio)라고 한다. 그러면, 최소분산포트폴리오의 투자비중은 얼마인가? 이것은 식(4-7)과 같이 위험이 최소가 되는 투자비중을 찾아서 이 비중대로 투자하여 구할 수 있다.

$$\frac{d\sigma_p^2}{dw_x} = 0^7 \;\rightarrow\; w_x = \frac{\sigma_y^2 - \sigma_{xy}}{\sigma_x^2 + \sigma_y^2 - 2\sigma_{xy}} \tag{4-7}$$

$$= \frac{(0.28)^2 - 0.014}{(0.20)^2 + (0.28)^2 - 2(0.014)} = 0.7124$$

---

7 $\sigma_p^2 = w_x^2\sigma_x^2 + w_y^2\sigma_y^2 + 2w_x w_y \sigma_{xy} \;\rightarrow\; \sigma_p^2 = w_x^2\sigma_x^2 + (1-w_x)^2\sigma_y^2 + 2w_x(1-w_x)\sigma_{xy}$

$\rightarrow\; \sigma_p^2 = w_x^2\sigma_x^2 + \sigma_y^2 - 2w_x\sigma_y^2 + w_x^2\sigma_y^2 + 2w_x\sigma_{xy} - 2w_x^2\sigma_{xy}$

$\dfrac{d\sigma_p^2}{dw_x} = 0 \;\rightarrow\; 2w_x\sigma_x^2 - 2\sigma_y^2 + 2w_x\sigma_y^2 + 2\sigma_{xy} - 4w_x\sigma_{xy} = 0 \;\rightarrow\; 2w_x\sigma_x^2 + 2w_x\sigma_y^2 - 4w_x\sigma_{xy} = 2\sigma_y^2 - 2\sigma_{xy}$

$\rightarrow\; 2(\sigma_x^2 + \sigma_y^2 - 2\sigma_{xy})w_x = 2(\sigma_y^2 - \sigma_{xy}) \;\rightarrow\; w_x = \dfrac{\sigma_y^2 - \sigma_{xy}}{\sigma_x^2 + \sigma_y^2 - 2\sigma_{xy}}$

$$w_y = 1 - w_x = 1 - 0.7124 = 0.2876$$

따라서 투자자금의 71.24%를 X주식에 투자하고, 28.76%를 Y주식에 투자하면 위험자산(위험포트폴리오) 중에서 위험이 가장 낮은 포트폴리오인 최소분산포트폴리오를 취할 수 있다. 최소분산포트폴리오의 기대수익률 $E(r_p)$와 표준편차 σ_p는 다음과 같다.

$$E(r_p) = (0.7124)(0.10) + (0.2876)(0.18) = 0.1230$$

$$\sigma_p = \sqrt{(0.7124)^2(0.20)^2 + (0.2876)^2(0.28)^2 + 2(0.7124)(0.2876)(0.014)} = 0.1803$$

2. 최적위험포트폴리오

만약 X주식과 Y주식에 투자하는 것에 더하여 수익률이 6%인 무위험자산(무위험포트폴리오)에도 투자할 수 있다면 어떻게 될까? 〈표 4-2〉에서 보듯이 투자자가 X주식에 60%($w_x = 0.6$), Y주식에 40%($w_y = 0.4$) 투자하여 위험자산(위험포트폴리오)을 구성하면 기대수익률 $E(r_p)$와 표준편차 σ_p는 각각 13.2%, 18.35%가 되어 〈그림 4-4〉에서 A점이 된다. 투자자가 A점의 위험자산(위험포트폴리오 A)에 투자금액의 y만큼 투자하고, $1-y$만큼 무위험자산(무위험포트폴리오)에 투자할 경우 투자기회집합 CAL_A를 얻는다.

투자자가 위험자산의 투자기회집합 XY곡선상에 위치하게 되는 수많은 위험자산(위험포트폴리오)들 중 하나에 y만큼 투자하고 무위험자산에 $1-y$만큼 투자하면 그에 해당하는 자본배분선이 도출되므로 실제로 무수히 많은 자본배분선들이 존재하게 된다.

그렇다면 이러한 수많은 자본배분선 중에서 어떤 자본배분선이 가장 우월한 자본배분선인가? 〈그림 4-4〉에서 가장 기울기가 큰 자본배분선이 여러 자본배분선 중에서 가장 우월한 자본배분선이 된다. 기울기가 가장 큰 자본배분선은 무위험자산과 XY곡선상의 접점 B를 연결하는 접선이 될 것이며, 이 접점 B를 최적위험포트폴리오(optimal risky portfolio)라고 한다.

그림 4-4 최적위험포트폴리오

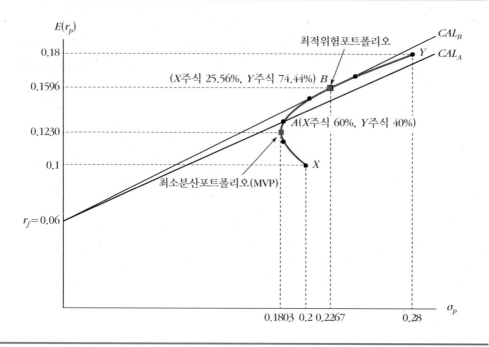

자본배분선 B(CAL$_B$)와 자본배분선 A(CAL$_A$)를 비교해보면, 동일한 기대수익률 하에서는 자본배분선 B(CAL$_B$)가 위험이 더 낮고 동일한 위험하에서는 자본배분선 B(CAL$_B$)가 수익률이 더 높기 때문에 자본배분선 B(CAL$_B$)가 자본배분선 A(CAL$_A$)를 지배하게 된다.

그러면 가장 우월한 자본배분선이 도출되도록 하는 최적위험포트폴리오는 어떻게 찾는가? 최적위험포트폴리오를 찾기 위해서는 CAL의 기울기 $[E(r_p) - r_f]/\sigma_p$를 극대화하는 투자비중 w_x와 w_y를 찾은 후, 이 투자비중대로 투자하여 구한다.

$$\underset{w_x}{Max} S_p = \frac{E(r_p) - r_f}{\sigma_p} \tag{4-8}$$

$$\frac{dS_p}{dw_x} = 0$$

$$\rightarrow w_x = \frac{[E(r_x) - r_f]\sigma_y^2 - [E(r_y) - r_f]\sigma_{xy}}{[E(r_x) - r_f]\sigma_y^2 + [E(r_y) - r_f]\sigma_x^2 - [E(r_x) - r_f + E(r_y) - r_f]\sigma_{xy}} \qquad (4\text{-}9)$$

$$= \frac{(0.10 - 0.06)(0.28)^2 - (0.18 - 0.06)(0.014)}{(0.1 - 0.06)(0.28)^2 + (0.18 - 0.06)(0.2)^2 - (0.10 - 0.06 + 0.18 - 0.06)(0.014)}$$

$$= 0.2556$$

$$w_y = 1 - w_x = 1 - 0.2556 = 0.7444$$

X주식에 25.56%, Y주식에 74.44%의 투자비중으로 구성되는 위험포트폴리오(위험자산) B가 최적위험포트폴리오가 되고, 최적위험포트폴리오의 기대수익률 $E(r_p)$와 표준편차 σ_p는 다음과 같다.

$$E(r_p) = (0.2556)(0.10) + (0.7444)(0.18) = 0.1596$$

$$\sigma_p = \sqrt{(0.2556)^2(0.20)^2 + (0.7444)^2(0.28)^2 + 2(0.2556)(0.7444)(0.014)} = 0.2267$$

다시 말하면, 투자자는 투자금액의 y만큼을 최적위험포트폴리오(위험자산) B(X주식에 $w_x = 25.56\%$, Y주식에 $w_y = 74.44\%$ 투자)에 투자하고 나머지 $1 - y$만큼을 무위험자산에 투자하면 자본배분선 B(CAL$_B$)를 얻는다.

3. 최적완전포트폴리오

이제, 투자자는 제1절의 자본배분결정에서 설명한 바와 같이 최적위험포트폴리오에 대한 최적투자비중 y를 자신의 위험선호도에 따라 선택함으로써 자신의 효용을 극대화하는 최적완전포트폴리오를 최종적으로 찾게 된다.

예를 들어, 위험회피도가 4인 투자자는 어떠한 과정으로 자신의 최적완전포트폴리오를 취할 수 있을까? 이 투자자는 우선 무수히 많은 자본배분선(CAL)들 중에서 가장 우월한 자본배분선 B(CAL$_B$)상에서 최적완전포트폴리오를 취하려 할 것이다. 이를 위해서는 최적위험포트폴리오 B와 무위험자산에 투자하면 된다. 이때 B에 투자하는 비중 y는 식(4-4)로부터 48.45%가 되고, 무위험자산 투자비중 $1-y$는 51.55%가 된다.

$$y = \frac{E(r_p) - r_f}{A\sigma_p^2} = \frac{0.1596 - 0.06}{(4)(0.2267)^2} = 0.4845$$

따라서 위험회피계수가 4인 투자자인 경우 투자금액의 48.45%를 X주식에 12.38% ($=0.4845 \times 0.2556$)만큼 투자하고 Y주식에 36.07%($=0.4845 \times 0.7444$)만큼 투자하여 최적위험포트폴리오를 구성하고, 51.55%($=1-y=1-0.4845$)는 무위험자산에 투자함으로써 최적완전포트폴리오를 취할 수 있게 된다. 이와 같이 투자하게 될 경우 식(4-1)과 식(4-2)로부터 최적완전포트폴리오의 기대수익률은 10.83%, 위험은 10.98%로 계산된다. 지금까지 설명한 내용을 모두 그림으로 나타낸 것이 〈그림 4-5〉이다.

그림 4-5 최적완전포트폴리오

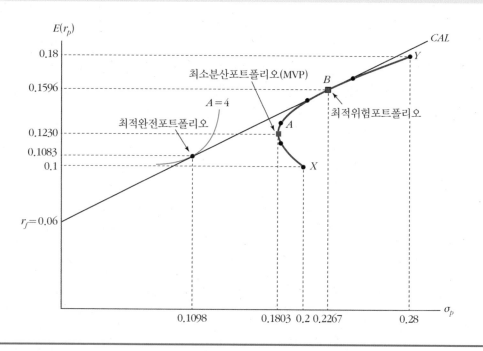

$$E(r_c) = r_f + y\left[E(r_p) - r_f\right] = 0.06 + 0.4845(0.1596 - 0.06) = 0.1083$$

$$\sigma_c = y\sigma_p = (0.4845)(0.2267) = 0.1098$$

〈그림 4-5〉를 보면, 자본배분선(CAL)은 투자자의 위험회피도와 상관없이 모든 투자자들에게 동일하게 제시된다. 따라서 ① 모든 투자자들은 XY곡선상의 무수한 위험자산(위험포트폴리오)들 중에서 접점인 B를 최적위험포트폴리오로 누구나 동일하게 선택한다. ② 그 다음 각 투자자는 자본배분선상의 대출포트폴리오와 차입포트폴리오 중에서 각자의 위험회피도에 따라 자신들의 최적완전포트폴리오를 선택한다. 이처럼 포트폴리오 선택 시 ①단계와 ②단계가 서로 독립적으로 분리되어 이루어지는 것을 Tobin의 분리정리(separation theorem)라고 한다.[8]

예제 | 최적완전포트폴리오

투자자 A는 X주식에 25.56%, Y주식에 74.44%를 투자하여 기대수익률 15.96%, 표준편차 22.67%인 최적위험포트폴리오를 구성하였다. 투자자 A는 자신의 효용을 극대화시키는 최적완전포트폴리오를 구성하여 투자하고자 하는데, 이 포트폴리오의 기대수익률이 12%가 되기를 원한다. 이 경우 무위험자산과 최적위험포트폴리오를 구성하는 X주식과 Y주식에 각각 얼마나 투자하여야 하는가? 또한 최적완전포트폴리오의 표준편차는 얼마인가? 무위험자산의 수익률은 6%로 가정한다.

• 답 •

$$E(r_c) = r_f + \left[E(r_p) - r_f\right]y \; \rightarrow \; 0.12 = 0.06 + (0.1596 - 0.06)y$$

$\rightarrow \; y = 0.6024$: 최적위험포트폴리오의 투자비중

$\quad (0.6024)(0.2556) = 0.1540$: X주식에 투자

$\quad (0.6024)(0.7444) = 0.4484$: Y주식에 투자

$\quad 1 - y = 1 - 0.6024 = 0.3976$: 무위험자산에 투자

$\sigma_c = y\sigma_p = (0.6024)(0.2267) = 0.1366$

8   James Tobin, "Liquidity Preference as Behavior Toward Risk," *Review of Economic Statistics* 25, February 1958.

4. Markowitz의 포트폴리오선택이론

1952년에 발표된 Markowitz의 포트폴리오선택이론(portfolio selection theory)은 일정한 위험하에서 최대의 기대수익률을 제공하는 포트폴리오를 선택하거나 일정한 기대수익률하에서 위험을 최소화하는 효율적 포트폴리오들의 집합, 즉 효율적 투자선 (efficient frontier)을 찾아내는 것이다.[9] 〈그림 4-6〉에서 포트폴리오 A, B, C, D 모두 주어진 일정한 기대수익률하에서 위험이 최소인 점 혹은 주어진 일정한 위험하에서 기대수익률이 최대인 효율적 포트폴리오들이다.

〈그림 4-6〉에서 아래쪽의 점선부분으로 나타낸 비효율적 부분을 제외하고 이 점들을 연결한 선, 즉 MVP와 D를 이어주는 곡선이 효율적 투자선이 된다. 예를 들어, B와 W는 동일한 기대수익률을 갖지만 B가 W보다 위험이 작기 때문에 B가 W를 지배한다. 또한 C와 W는 동일한 위험을 갖지만 C가 W보다 기대수익률이 높기 때문에 C가 W를 지배한다. 이와 같이 효율적 투자선은 동일한 위험수준에서 가장 높은 기대수익률을 갖는 자산이 선택되고, 동일한 기대수익률에서 가장 낮은 위험을 갖는 자

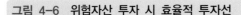

그림 4-6 위험자산 투자 시 효율적 투자선

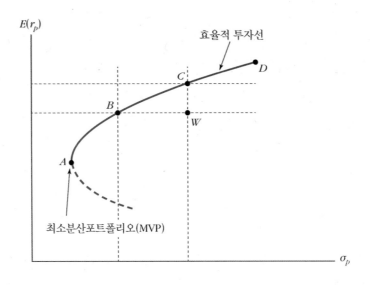

---

[9] Harry Markowitz, "Portfolio Selection," *Journal of Finance*, March 1952.

산이 선택되는 지배원리(dominance principle)에 의해서 결정되며, 이 선상의 포트폴리오들은 모두 효율적이다.

증시 대중화 이끈 Markowitz

"Harry, 수학적 논리 전개는 아무 문제없어 보이지만 한 가지 결함이 있어. 이건 경제학 논문도, 수학 논문도, 경영학 논문도 아닐세." 박사학위 심사회에서 시카고 대학의 Milton Friedman 교수는 Harry Markowitz에게 이렇게 쏘아붙였다. 이 문제로 학위수여 여부에 대해 심사위원들 간에 논쟁이 벌어졌고 Markowitz는 밖에 나가 초조히 결과를 기다려야 했다. 마침내 문이 열리고 지도교수인 Marschak 교수가 그에게 다가와 이렇게 말했다. "축하하네. Markowitz 박사."

Harry Markowitz, 그의 논문은 박사 학위조차 받지 못할 뻔했을 정도로 어려움을 겪었다. 하지만 38년이 지난 1990년, 그는 이 논문의 내용으로 당당히 노벨경제학상을 받았다. 그가 완성시켰다는 '포트폴리오 이론'을 한마디로 말하면 "계란을 한 바구니에 담지 말라"라는 것이다. 바구니를 떨어뜨렸을 때 모든 계란이 깨지는 위험을 피하기 위해서 달걀을 여러 바구니에 나눠 담아놓으라는 것이다. 양계장 주인이라면 흔히 알고 있는 평범한 진실이었지만 Markowitz는 이것을 주식투자에 적용시킨 것이다.

그런데 경제 전문 편집인 Peter J. Dougherty는 '세상을 구한 경제학자들'이라는 책에서 투자자에게 Markowitz의 '포트폴리오 선택'은 마르크스주의자에게 '공산당 선언'이 지닌 의미와도 같다고 극찬했다. 이는 교과서이자 선동서로서, 그의 "일어서라, 그리고 분산투자하라"는 메시지가 월스트리트와 세계경제를 완전히 변화시켰다고 평가한 것이다. 왜 Markowitz에 대한 평가가 이처럼 극적인 반전을 보게 된 것일까? 그 이유는 다음 세 가지로 요약될 것이다.

첫째, Markowitz는 남이 거들떠보지 않던 시기에 주식시장을 연구하기 시작했다. 그가 주식투자를 주제로 논문을 쓰던 1952년 당시, 학계는 증권시장을 학문의 대상으로 보지 않았다. 그저 주식은 도박을 좋아하는 사람들이 하는 투기 대상 정도로 치부하던 때였다.

둘째, 1970년대 이전까지 주식에 대한 투자자의 관심은 오직 수익률이었다. 주가가 상승할 때는 괜찮지만 주가가 폭락할 때면, 수익률에 실망한 수많은 투자자는 시장을 떠났다. 그런데

Markowitz는 주식거래를 위험관리 측면에서 보아야 한다고 주장한 것이다. 이 주식투자의 새로운 접근법이 주가가 오르건 떨어지건 주식시장에 항상 관심을 기울이도록 만들었다.

셋째, 분산투자 이론은 수많은 신상품을 낳았고 시장 분위기를 대역전시키는 기폭제 역할을 했다. 위험관리를 위한 분산투자 기법으로 주가지수에 투자하는 상품, 채권과 주식을 혼합한 상품 등 다양한 펀드상품이 속속 등장했다. 이 발명품에 힘입어 자본시장은 지금까지 들어본 적이 없을 정도의 경쟁과 효율성을 경험하게 되었다.

1950년대 중반 미 증시는 대공황 이전의 최고치를 비로소 경신하지만 그 후 몇 차례 약세장을 거듭하면서 오랜 기간 약진의 발판을 찾지 못했다. 그러던 주식장세는 1980년대와 1990년대 들어 역사상 최장의 강세장을 기록했다. 미국인들은 주식과 펀드투자에 열광하며 '1가구 1펀드'라는 펀드의 대중화시대를 연 것이다. Markowitz의 위험관리를 위한 포트폴리오 투자 기법은 일종의 사회적 발명품이다. 양계 업계의 평범한 격언을 주식투자에 적용시킨 경제학자의 작은 아이디어 하나가 세계 증권시장의 모습을 완전히 바꿔 놓은 것이다.

[출처: 파이낸셜뉴스(www.fnnews.com), 2013. 2. 13]

한편, 〈그림 4-7〉과 같이 위험자산(최적위험포트폴리오)에 무위험자산을 투자대상

그림 4-7 **위험자산과 무위험자산에 투자 시 효율적 투자선**

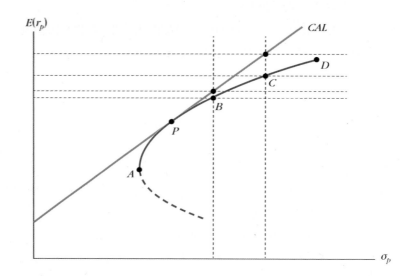

으로 포함하게 되면 무위험자산과 효율적 투자선의 접점을 연결하는 접선인 자본배분선(CAL)이 새로운 효율적 투자선이 되며, 접점을 제외한 원래의 효율적 포트폴리오들은 자본배분선(CAL)상의 포트폴리오들에 의해 지배되어 더 이상 효율적이지 않게 된다. 예를 들어, A, B, C, D를 자본배분선(CAL)과 비교하면 동일한 위험하에서 자본배분선(CAL)이 더 높은 기대수익률을 가지며, 동일한 기대수익률하에서 자본배분선(CAL)의 위험이 더 낮은 것을 알 수 있다.

5. 분산투자와 위험감소효과

앞에서 다룬 N개 자산 포트폴리오의 분산을 계산하는 공식은 다음과 같다.

$$Var(r_p) \equiv \sum_{i=1}^{N} w_i^2 \sigma_i^2 + \sum_{\substack{i=1 \\ (i \neq j)}}^{N} \sum_{j=1}^{N} w_i w_j \sigma_{ij} \tag{4-10}$$

개별자산에 대해서 투자비중이 $w_1 = w_2 = \cdots = w_N = 1/N$로 모두 동일한 포트폴리오를 구성할 경우 그 분산은 다음과 같이 변형된다.

$$
\begin{aligned}
Var(r_p) &= \left(\frac{1}{N}\right)^2 \sum_{i=1}^{N} \sigma_i^2 + \left(\frac{1}{N}\right)^2 \sum_{\substack{i=1 \\ (i \neq j)}}^{N} \sum_{j=1}^{N} \sigma_{ij} \\
&= \left(\frac{1}{N}\right) \sum_{i=1}^{N} \frac{\sigma_i^2}{N} + \left(\frac{N-1}{N}\right) \sum_{\substack{i=1 \\ (i \neq j)}}^{N} \sum_{j=1}^{N} \frac{\sigma_{ij}}{N(N-1)} \\
&= \left(\frac{1}{N}\right) \overline{Var} + \left(\frac{N-1}{N}\right) \overline{Cov} \\
&= \left(\frac{1}{N}\right) (\overline{Var} - \overline{Cov}) + \overline{Cov}
\end{aligned}
$$

여기서, $\overline{Var}$: 분산의 평균 $\overline{Cov}$: 공분산의 평균

따라서 $N \to \infty$일 때, 즉 포트폴리오의 자산구성수를 무한히 크게 할 때 포트폴리오의 위험 $Var(r_p)$는 점점 감소하여 $\overline{Cov}$에 수렴하게 된다. 이와 같이 포트폴리오

그림 4-8 포트폴리오 위험

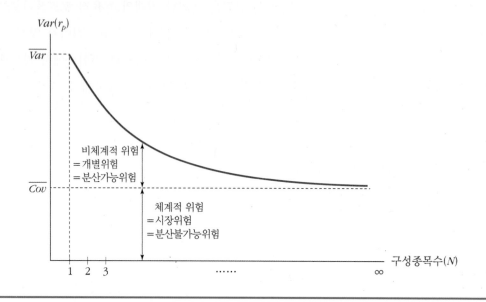

를 구성하는 종목 수를 무한히 확장하여 분산투자를 하여도 완전히 위험을 제거하지 못한다.

　〈그림 4-8〉에서 아무리 광범위하게 분산투자하여도 시장 전반에 기인하여 제거할 수 없는 위험을 시장위험(market risk)이라고 한다. 이 시장위험은 체계적 위험(systematic risk) 혹은 분산불가능위험(nondiversifiable risk)이라고도 부른다. 반면, 분산투자에 의해 제거 가능한 위험을 개별위험(firm-specific risk), 비체계적 위험(nonsystematic risk) 혹은 분산가능위험(diversifiable risk)이라고 한다. 분산투자를 함으로써 포트폴리오의 위험은 낮아지지만 분산투자의 효과는 시장위험 수준으로 제한된다.

Tobin

법학을 공부하며 아버지와 같은 언론인이 되기를 꿈꿔왔던 Tobin은 하버드 대학에서 만난 은사 Joseph Alois Schumpeter 교수와 Wassily Leontief 교수, 그리고 대학원생 Samuelson의 영향을 받아 경제학으로 그의 항로를 돌렸다.

Tobin은 1940년경 Keynes의 「일반이론」에 흥미를 느끼고 Keynes의 이론을 구체화하고 발전시켜 케인즈 경제학이 뿌리 내리는 데 결정적인 기여를 하였다. Keynes의 사상을 이어받아 정부의 제한된 시장 개입이 필요하다고 주장한 그는 통화론자의 대표자인 Friedman과 오랫동안 학문적 대립을 보이며 '케인지언 대 통화론자' 논쟁을 벌인 주역으로 유명하다.

"계란을 한 바구니에 담지 말라"라는 유명한 말은 남긴 Tobin은 특히 가계와 기업의 자산구성 방식을 분석하여 투자행위에 관한 이론을 공식화한 공로를 인정받아 1981년 노벨 경제학상을 수상하였다. 다른 대부분의 학자들이 합리적인 투자결정에 관한 특정 규칙만을 제시하는데 그친 반면 Tobin은 각 주체가 '위험'과 '기대수익률'에 두는 '가중치'에 따라 서로 다른 형태의 포트폴리오를 구성하고 있음을 밝혔다.

후에 많은 경제학자들이 국제수지, 환율, 경제성장에 관해서도 Tobin의 모형을 이용해 연구하고 있으며 그의 이론은 처음에 생각하지 않았던 분야에까지 확대되고 있다. 또한 국제 투기자본(핫머니)의 급격한 자금 유출입으로 각국의 통화가 급등락하여 통화위기가 촉발되는 것을 막기 위한 규제방안의 하나로 단기성 외환거래에 부과하는 세금인 토빈세(Tobin's Tax)를 주장하였다.

[출처: 한국은행(www.bok.or.kr), 역사속의 경제]

$\rho_{xy}=1$인 경우 포트폴리오의 기대수익률과 위험은 다음과 같다.

$$E(r_p) = w_x E(r_x) + (1-w_x) E(r_y) \tag{A4-1}$$

$$\begin{aligned}\sigma_p^2 &= w_x^2 \sigma_x^2 + (1-w_x)^2 \sigma_y^2 + 2w_x(1-w_x)\rho_{xy}\sigma_x\sigma_y \\ &= w_x^2 \sigma_x^2 + (1-w_x)^2 \sigma_y^2 + 2w_x(1-w_x)\sigma_x\sigma_y \quad (\because \rho_{xy}=1) \\ &= [w_x\sigma_x + (1-w_x)\sigma_y]^2 \tag{A4-2}\end{aligned}$$

$$\rightarrow \sigma_p = w_x\sigma_x + (1-w_x)\sigma_y \tag{A4-3}$$

따라서 식(A4-1)과 식(A4-3)으로 기울기(slope)를 구하면 다음과 같다.

$$\frac{dE(r_p)}{d\sigma(r_p)} = \frac{dE(r_p)/dw_x}{d\sigma(r_p)/dw_x} = \frac{E(r_x)-E(r_y)}{\sigma_x-\sigma_y} \tag{A4-4}$$

여기서 기울기는 w_x가 변하더라도 일정하다. 따라서 〈그림 A4-1〉에서 A와 B를 잇는 직선이 된다.

한편, $\rho_{xy}=-1$인 경우 포트폴리오의 기대수익률과 위험은 다음과 같다.

$$E(r_p) = w_x E(r_x) + (1-w_x) E(r_y) \tag{A4-5}$$

$$\begin{aligned}\sigma_p^2 &= w_x^2 \sigma_x^2 + (1-w_x)^2 \sigma_y^2 + 2w_x(1-w_x)\rho_{xy}\sigma_x\sigma_y \\ &= w_x^2 \sigma_x^2 + (1-w_x)^2 \sigma_y^2 - 2w_x(1-w_x)\sigma_x\sigma_y \quad (\because \rho_{xy}=-1) \\ &= [w_x\sigma_x - (1-w_x)\sigma_y]^2 \tag{A4-6}\end{aligned}$$

$$\rightarrow \sigma_p = \pm[w_x\sigma_x - (1-w_x)\sigma_y] \tag{A4-7}$$

여기서, 위험이 최소가 되는 포트폴리오의 투자비중은 다음과 같다.

$$\frac{d\sigma_p^2}{dw_x} = 0 \rightarrow w_x = \frac{\sigma_y^2 - \rho_{xy}\sigma_x\sigma_y}{\sigma_x^2 + \sigma_y^2 - 2\rho_{xy}\sigma_x\sigma_y} = \frac{\sigma_y^2 + \sigma_x\sigma_y}{\sigma_x^2 + \sigma_y^2 + 2\sigma_x\sigma_y} = \frac{\sigma_y}{\sigma_x + \sigma_y} \quad \text{(A4-8)}$$

따라서, (A4-8)을 (A4-7)에 대입하여 정리하면 0이 되므로 $\rho_{xy} = -1$인 경우에는 위험이 0인 포트폴리오(무위험포트폴리오)의 구성이 가능하다.

$$\sigma_p = \pm \left[\frac{\sigma_y}{\sigma_x + \sigma_y}\sigma_x - \left(1 - \frac{\sigma_y}{\sigma_x + \sigma_y} \right)\sigma_y \right] = 0 \quad \text{(A4-9)}$$

또한, (A4-7)에서 $w_x \geq \dfrac{\sigma_y}{\sigma_x + \sigma_y}$이면, $\sigma_p = w_x\sigma_x - (1-w_x)\sigma_y$이고, $w_x < \dfrac{\sigma_y}{\sigma_x + \sigma_y}$ 이면, $\sigma_p = -w_x\sigma_x + (1-w_x)\sigma_y$이므로 기울기(slope)는 〈그림 A4-1〉에서 A와 C를 잇고 B와 C를 잇는 두 개의 직선이 도출된다.

그림 A4-1 위험포트폴리오의 투자기회집합

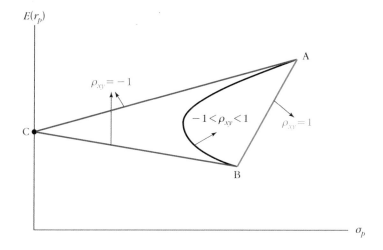

$$w_x \geq \frac{\sigma_y}{\sigma_x + \sigma_y} \text{일 경우,} \quad \frac{dE(r_p)}{d\sigma(r_p)} = \frac{dE(r_p)/dw_x}{d\sigma(r_p)/dw_x} = \frac{E(r_x) - E(r_y)}{\sigma_x + \sigma_y} \qquad \text{(A4-10)}$$

$$w_x < \frac{\sigma_y}{\sigma_x + \sigma_y} \text{일 경우,} \quad \frac{dE(r_p)}{d\sigma(r_p)} = \frac{dE(r_p)/dw_x}{d\sigma(r_p)/dw_x} = \frac{E(r_x) - E(r_y)}{-(\sigma_x + \sigma_y)} \qquad \text{(A4-11)}$$

핵심정리

1. 자본배분결정

- 완전포트폴리오(complete portfolio)

$$E(r_c) = r_f + [E(r_p) - r_f]y$$

$$\sigma_c = y\sigma_p$$

$\rightarrow$ 자본배분선(CAL): $E(r_c) = r_f + \left[\dfrac{E(r_p) - r_f}{\sigma_p}\right]\sigma_c$

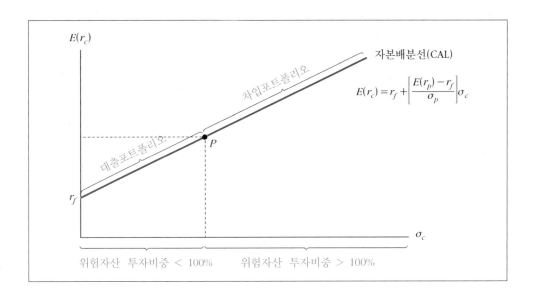

- 대출포트폴리오: 위험자산 투자비중 < 100%일 경우의 완전포트폴리오
- 차입포트폴리오: 위험자산 투자비중 > 100%일 경우의 완전포트폴리오
- 투자보상대변동성비율(샤프비율) $= \dfrac{E(r_p) - r_f}{\sigma_p}$

2. 자산배분결정

- 최소분산포트폴리오(MVP: minimum variance portfolio)

$$w_x = \frac{\sigma_y^2 - \sigma_{xy}}{\sigma_x^2 + \sigma_y^2 - 2\sigma_{xy}} \quad w_y = 1 - w_x$$

$$\rightarrow E(r_p) = w_x E(r_x) + w_y E(r_y)$$

$$\sigma_p^2 = w_x^2 \sigma_x^2 + w_y^2 \sigma_y^2 + 2w_x w_y \rho_{xy} \sigma_x \sigma_y$$

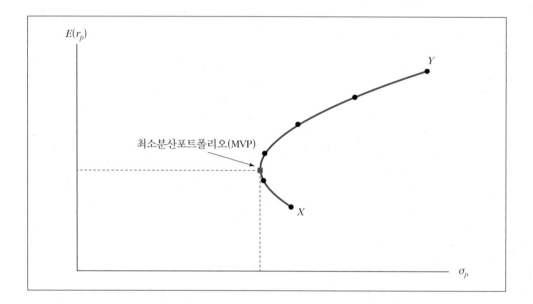

- 최적위험포트폴리오(optimal risky portfolio)

$$w_x = \frac{[E(r_x) - r_f]\sigma_y^2 - [E(r_y) - r_f]\sigma_{xy}}{[E(r_x) - r_f]\sigma_y^2 + [E(r_y) - r_f]\sigma_x^2 - [E(r_x) - r_f + E(r_y) - r_f]\sigma_{xy}}$$

$$w_y = 1 - w_x$$

$$\rightarrow E(r_p) = w_x E(r_x) + w_y E(r_y)$$

$$\sigma_p^2 = w_x^2 \sigma_x^2 + w_y^2 \sigma_y^2 + 2w_x w_y \rho_{xy} \sigma_x \sigma_y$$

- 최적완전포트폴리오(optimal complete portfolio)

$$y^* = \frac{E(r_p) - r_f}{A\sigma_p^2}$$

$$\rightarrow E(r_c) = r_f + [E(r_p) - r_f]y^*$$

$$\sigma_c = y^* \sigma_p$$

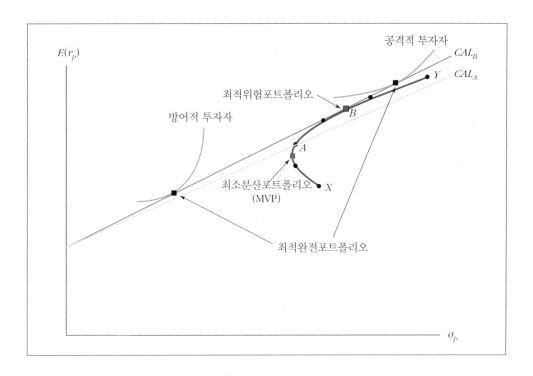

- Tobin의 분리정리(separation theorem): ①단계와 ②단계가 서로 독립적
  - ①단계: 모든 투자자들은 XY곡선상의 무수한 위험자산(위험포트폴리오)들 중에서 접점인 B를 최적위험포트폴리오로 누구나 동일하게 선택
  - ②단계: 각 투자자는 자본배분선상의 대출포트폴리오와 차입포트폴리오 중에서 각자의 위험회피도에 따라 자신들의 최적완전포트폴리오를 선택

3. Markowitz의 포트폴리오선택이론

- 일정한 위험 하에서 최대의 기대수익률을 제공하는 포트폴리오를 선택하거나 일정한 기대수익률 하에서 위험을 최소화하는 효율적 포트폴리오들의 집합 즉, 효율적 투자선(efficient frontier)을 찾아내는 이론 → 지배원리

4. 분산투자와 위험감소효과

• 동일가중포트폴리오 $Var(r_p) = \left(\dfrac{1}{N}\right)(\overline{Var} - \overline{Cov}) + \overline{Cov}$: N $\rightarrow$ ∞일 때 $\overline{Cov}$에 수렴

⇒ 시장위험＝체계적 위험＝분산불가능위험

개별위험＝비체계적 위험＝분산가능위험

연습문제

문1. (CFA) 포트폴리오의 분산에 대한 설명으로 옳은 것은? (   )

① 적절한 분산투자는 체계적 위험을 줄이거나 제거할 수 있다.

② 분산투자는 포트폴리오의 총위험을 줄이기 때문에 포트폴리오 기대수익률을 줄일 수 있다.

③ 주식이 포트폴리오에 더 많이 포함될수록 총위험은 줄어들 것으로 기대된다.

④ 분산투자의 위험감소효과는 최소한 30개의 증권이 포트폴리오에 포함될 때까지 의미 있게 발생하지 않는다.

문2. 어느 투자자가 자신의 투자자금 중 30%를 기대수익률 10%, 표준편차가 4%인 위험 자산에 투자하였고, 투자자금의 70%는 5%의 수익률을 얻을 수 있는 무위험채권에 투자하였다. 이 투자자의 기대수익률과 표준편차는 각각 얼마인가? (   )

① 5.4%, 6%
② 6.5%, 6%
③ 7.5%, 9%

④ 8.7%, 10.6%
⑤ 9%, 12%

문3. (CFA) 분산투자된 포트폴리오에서 위험척도로써 적절한 것은? (   )

① 비체계적 위험
② 수익률의 표준편차

③ 투자자위험
④ 공분산

문4. (CFA 수정) H주식을 소유하고 있는 위험회피형 투자자가 S주식이나 P주식을 자신의 포트폴리오에 포함할 것을 고려중이다. 세 주식은 모두 동일한 기대수익률과 총위험을 갖고 있다. H주식과 S주식의 공분산은 −0.5이고 H주식과 P주식의 공분산은 +0.5 이다. 포트폴리오위험은 어떻게 될 것으로 예상되는가? (   )

① 투자자가 S주식을 매수할 때 더 감소한다.

② 투자자가 P주식을 매수할 때 더 감소한다.

③ S주식이나 P주식을 매수할 때 증가한다.

④ 다른 요인들에 의해 증가하거나 감소한다.

문5. (CFA) A주식, B주식, C주식은 동일한 기대수익률과 표준편차를 가지며, 주식수익률 간의 상관계수는 다음과 같다.

	A주식	B주식	C주식
A주식	+1.0		
B주식	+0.9	+1.0	
C주식	+0.1	-0.4	+1.0

다음 보기에 구성된 포트폴리오 중 가장 위험이 낮은 것은? (   )

① A주식과 B주식에 동일한 비율로 투자된 포트폴리오
② A주식과 C주식에 동일한 비율로 투자된 포트폴리오
③ B주식과 C주식에 동일한 비율로 투자된 포트폴리오
④ C주식에 모두 투자된 포트폴리오

문6. (2012 CPA) 주식시장이 A주식과 B주식만으로 이루어져 있다고 가정한다. A주식 45%와 B주식 55%로 구성된 시장포트폴리오의 샤프비율(Sharpe ratio)이 0.2라고 할 때, 무위험수익률(risk-free rate) 값으로 가장 가까운 것은? (   )

	주식시장	
	A주식의 수익률	B주식의 수익률
평균	6.50%	8.50%
분산	0.10	0.15
공분산	0.06	

① 1.39% ② 1.43% ③ 1.47%
④ 1.51% ⑤ 1.55%

문7. (CFA) 세 주식 A, B, C에 대한 표준편차와 상관계수가 다음과 같다.

주식	A	B	C
표준편차	40%	20%	40%

	상관계수		
주식	A	B	C
A	1.00	0.90	0.50
B		1.00	0.10
C			1.00

위의 표에 주어진 정보만을 근거하여 A와 B에 동일한 비율로 된 포트폴리오 K와 B와 C에 동일한 비율로 포함된 포트폴리오 P를 선택할 수 있는 경우 어느 것이 가장 낮은 위험을 가지는가? (   )

① A   ② B   ③ C
④ K   ⑤ P

※ [문8~문11] (CFA 수정) L투자자는 900,000원의 잘 분산된 포트폴리오를 가지고 있는 상황에서 100,000원의 H주식을 상속받았다. L투자자의 재무상담사는 다음과 같은 정보를 제공하였다. 단, 원래 잘 분산된 포트폴리오와 H주식 간의 상관계수는 0.4이다.

	기대수익률	표준편차
원래 잘 분산된 포트폴리오	0.67%	2.37%
H주식	1.25%	2.95%

문8. 상속으로 L투자자의 전체 포트폴리오가 변화하였다. 이에 L투자자는 H주식을 계속 보유해야 하는가를 결정하려고 한다. H주식을 포함하는 새로운 포트폴리오의 기대수익률은 얼마인가? 또한, H주식과 원래 잘 분산된 포트폴리오의 공분산과 H주식이 포함된 새로운 포트폴리오의 표준편차는 각각 얼마인가? (   )

	기대수익률	공분산	표준편차
①	0.728%	0.028%	2.267%
②	0.881%	0.030%	2.597%
③	0.927%	0.032%	2.645%
④	0.109%	0.034%	3.257%

문9. L투자자가 H주식을 매도하고 대신 0.42%의 수익률을 얻을 수 있는 무위험채권에 투자한다고 하자. 무위험채권을 포함하는 새로운 포트폴리오의 기대수익률과 표준편차는 각각 얼마인가? (   )

	기대수익률	표준편차
①	0.528%	1.74%
②	0.645%	2.13%
③	0.728%	2.65%
④	0.829%	3.21%

문10. 무위험채권을 포함하는 새로운 포트폴리오의 베타는 원래 포트폴리오의 베타에 비해
_____. 단, 원래 포트폴리오의 베타는 양수이다. (   )

① 낮다.   ② 높다.

③ 변함없다.   ④ 위의 정보로는 알 수 없다.

문11. 만약 H주식과 기대수익률 및 표준편차가 동일한 S주식으로 H주식의 교체를 권유받
았을 경우 다음 중 옳은 설명은? (   )

① H주식 보유와 S주식 보유는 동일하여 교체해도 상관없다.

② H주식 보유와 S주식 보유는 주관적인 판단에 의해서 결정해야 한다.

③ H주식 보유와 S주식 보유는 동일하지 않다.

④ 위의 정보로는 알 수 없다.

문12. (2006 CPA) 두개의 자산으로 포트폴리오를 구성하고자 한다. 각 자산의 수익률의 표
준편차와 구성비율은 다음과 같다. 단, $\sigma_1 < \sigma_2$, $w_1 + w_2 = 1$, $w_1 \geqq 0$, $w_2 \geqq 0$이다.

	표준편차	구성비율
I 자산	σ_1	w_1
II 자산	σ_2	w_2

아래에서 옳은 기술만을 모두 모은 것은? (   )

> a. 상관계수가 −1일 경우 무위험포트폴리오를 만들기 위한 구성비율은
> $w_1 = \dfrac{\sigma_1}{\sigma_1 + \sigma_2}$, $w_2 = \dfrac{\sigma_2}{\sigma_1 + \sigma_2}$이다.
> b. 만약 $\sigma_1 = 0$이고, $w_1 = w_2 = 0.5$이면 포트폴리오의 표준편차는 $0.5\sigma_2$이다.
> c. 상관계수가 양수이면 포트폴리오의 표준편차는 항상 σ_1보다 크거나 같다.

① a   ② b   ③ a, b

④ b, c   ⑤ a, b, c

문13. A주식과 B주식은 완전 부(−)의 상관계수를 갖는다. A주식의 기대수익률은 8%, 표준
편차는 10%이고 B주식의 기대수익률은 10%, 표준편차는 20%이다. 최소분산포트폴
리오를 구성하기 위한 주식 A와 주식 B의 투자비중은 각각 얼마인기? (   )

① 33%, 67%   ② 58%, 22%   ③ 62%, 35%

④ 67%, 33%   ⑤ 70%, 25%

문14. 문13에서 A주식과 B주식으로 구성되는 무위험포트폴리오의 기대수익률은 얼마인가? (   )

① 8.66%   ② 9.74%   ③ 10.24%

④ 11.96%   ⑤ 12.35%

문15. (CFA) 다음 중 Markowitz의 효율적 투자선에 놓일 수 없는 것은? (   )

	포트폴리오	기대수익률(%)	표준편차(%)
①	A	15	36
②	B	12	15
③	C	5	7
④	D	9	21

문16. 무위험수익률이 5%이고, 최적위험포트폴리오의 기대수익률이 15%, 표준편차가 20%이다. 다음 중 자본배분선의 기울기는? (   )

① 0.4   ② 0.5   ③ 0.6

④ 0.7   ⑤ 0.8

문17. (2019 CPA) 두 개의 주식(A와 B)으로 포트폴리오를 구성하고자 한다. 공매도(short sale)가 허용된다고 가정할 때, 다음 중 수익률의 표준편차가 0인 포트폴리오를 구성할 수 있는 경우만을 모두 선택한 것은? 단, 두 주식 수익률의 표준편차는 모두 0보다 크다고 가정한다. (   )

> a. 주식 A와 B 수익률의 상관계수가 −1인 경우
> b. 주식 A와 B 수익률의 상관계수가 0인 경우
> c. 주식 A와 B 수익률의 상관계수가 1인 경우

① a   ② a, b   ③ a, c

④ b, c   ⑤ a, b, c

문18. (2020 CPA) 다음의 조건을 만족하는 위험자산 A와 위험자산 B로 구성된 포트폴리오 p에 관한 설명으로 적절한 항목만을 모두 선택한 것은? 단, $E(R_A)$, $E(R_B)$ 그리고 $E(R_p)$는 각각 위험자산 A, 위험자산 B 그리고 포트폴리오 p의 기대수익률을 나타내고, σ_A와 σ_B는 각각 위험자산 A와 위험자산 B 수익률의 표준편차를 나타낸다. (   )

〈 조 건 〉

- 위험자산 A 수익률과 위험자산 B 수익률 간의 상관계수(ρ)는 -1보다 크고 1보다 작다.
- 공매도(short sale)는 허용되지 않는다.

a. $0 < E(R_A) \leq E(R_B)$의 관계가 성립한다면, 상관계수(ρ)의 크기에 관계없이 $E(R_A) \leq E(R_p) \leq E(R_B)$이다.

b. $\sigma_A = \sigma_B$인 경우, 상관계수(ρ)의 크기에 관계없이 두 위험자산에 투자자금의 50%씩을 투자하면 최소분산포트폴리오를 구성할 수 있다.

c. 위험자산 A와 위험자산 B에 대한 투자비율이 일정할 때, 상관계수(ρ)가 작아질수록 포트폴리오 p 수익률의 표준편차는 작아진다.

① a   ② a, b   ③ a, c
④ b, c   ⑤ a, b, c

문19. (2020 CPA) 시장포트폴리오와 무위험자산에 대한 투자비율이 각각 80%와 20%인 최적포트폴리오 A가 있다. CAPM이 성립한다고 가정할 때, 시장포트폴리오의 샤프비율과 최적포트폴리오 A의 샤프비율 사이의 차이($\frac{E(r_M) - r_f}{\sigma_M} - \frac{E(r_A) - r_f}{\sigma_A}$)는 얼마인가? 단, 시장포트폴리오의 기대수익률($E(r_M)$)과 무위험수익률(r_f)은 각각 20%와 5%이며, 시장포트폴리오 수익률의 표준편차(σ_M)는 15%이다. $E(r_A)$와 σ_A는 각각 최적포트폴리오 A의 기대수익률과 수익률의 표준편차를 나타낸다. (   )

① -1.0 ② -0.5 ③ 0
④ 0.5   ⑤ 1.0

문20. (2020 CPA) 다음 표는 1개의 공통요인만 존재하는 시장에서 포트폴리오 A와 포트폴리오 B의 기대수익률과 공통요인에 대한 베타를 나타낸다. 차익거래의 기회가 존재하지 않는다고 할 때, 포트폴리오 B의 기대수익률은 얼마인가? 단, 무위험수익률은

5%이고, 포트폴리오 A와 포트폴리오 B는 모두 잘 분산투자된 포트폴리오이며 비체계적 위험이 없다고 가정한다. (   )

포트폴리오	기대수익률	베타
A	15%	0.8
B	( )	1.2

① 15% ② 20% ③ 25%

④ 27.5% ⑤ 30%

연습문제 해답

문1. ③

문2. ②

[답]

$E(r_c) = (0.3)(0.1) + (0.7)(0.05) = 0.05 + (0.1 - 0.05)(0.3) = 6.5\%$

$\sigma_c = (0.3)(0.04) = 1.2\%$

문3. ④

문4. ①

문5. ③

[답]

B주식과 C주식 사이의 상관계수가 -0.4로 가장 낮기 때문에 B주식과 C주식으로 구성된 포트폴리오의 총위험이 가장 낮을 것이다.

문6. ②

[답]

$E(r_p) = (0.45)(0.065) + (0.55)(0.085) = 0.076$

$$\sigma_p = \sqrt{w_A^2 \sigma_A^2 + w_B^2 \sigma_B^2 + 2w_A w_B \sigma_{AB}}$$
$$= \sqrt{(0.45)^2(0.1) + (0.55)^2(0.15) + 2(0.45)(0.55)(0.06)}$$
$$= 0.3087$$

샤프비율: $\dfrac{E(r_p) - r_f}{\sigma_p} = 0.2 \ \rightarrow \ \dfrac{0.076 - r_f}{0.3087} = 0.2 \ \rightarrow \ r_f = 1.43\%$

문7. ②

[답]

$$\sigma_K^2 = w_A^2 \sigma_A^2 + w_B^2 \sigma_B^2 + 2w_A w_B \rho_{AB} \sigma_A \sigma_B$$
$$= (0.5)^2(0.4)^2 + (0.5)^2(0.2)^2 + 2(0.5)(0.5)(0.9)(0.4)(0.2) = 0.086$$

$$\sigma_P^2 = w_B^2 \sigma_B^2 + w_C^2 \sigma_C^2 + 2w_B w_C \rho_{BC} \sigma_B \sigma_C$$

$$= (0.5)^2 (0.2)^2 + (0.5)^2 (0.4)^2 + 2(0.5)(0.5)(0.1)(0.2)(0.4) = 0.054$$

$$\sigma_A^2 = \sigma_C^2 = (0.4)^2 = 0.16$$

$$\sigma_B^2 = (0.2)^2 = 0.04$$

따라서, B주식이 가장 위험이 낮다.

문8. ①

[답]

$$E(r_p) = w_1 E(r_1) + w_2 E(r_2) = (0.9)(0.0067) + (0.1)(0.0125) = 0.728\%$$

$$Cov_{12} = \rho_{12} \sigma_1 \sigma_2 = (0.4)(0.0237)(0.0295) = 0.028\%$$

$$\sigma_p^2 = \sqrt{w_1^2 \sigma_1^2 + w_2^2 \sigma_2^2 + 2w_1 w_2 Cov_{12}}$$

$$= \sqrt{(0.9)^2 (0.0237)^2 + (0.1)^2 (0.0295)^2 + 2(0.9)(0.1)(0.00028)} = 2.267\%$$

문9. ②

[답]

$$E(r_p) = w_1 E(r_1) + w_2 E(r_2) = (0.9)(0.0067) + (0.1)(0.0042) = 0.645\%$$

$$\sigma_p^2 = \sqrt{w_1^2 \sigma_1^2 + w_2^2 \sigma_2^2 + 2w_1 w_2 Cov_{12}}$$

$$= \sqrt{(0.9)^2 (0.0237)^2 + (0.1)^2 (0)^2 + 2(0.9)(0.1)(0)} = 2.13\%$$

문10. ①

[답]

무위험채권을 포함한 새로운 포트폴리오의 베타는 원래 포트폴리오의 베타보다 낮다. 왜냐하면 새로운 포트폴리오의 베타는 포트폴리오에 포함된 개별증권의 베타를 가중평균한 것이기 때문에 위험이 없는 무위험채권을 포트폴리오에 포함함으로써 새로운 포트폴리오의 베타는 보다 낮아질 것이기 때문이다.

문11. ③

[답]

기대수익률 및 표준편차가 동일한 주식이라고 하더라도 H주식과 원래 잘 분산된 포트폴리오와의 공분산과 S주식과 원래 잘 분산된 포트폴리오와의 공분산은 알려지지 않았기 때문에 H주식 보유와 S주식 보유는 동일하지 않다. 포트폴리오의 전체위험을 구하기 위해서는 공분산까지 고려해야 한다.

문12. ②

[답]

① 두 자산으로 구성된 포트폴리오의 위험은 다음과 같다.

$$\sigma_p^2 = w_1^2\sigma_1^2 + (1-w_1)^2\sigma_2^2 + 2w_1(1-w_1)\rho_{12}\sigma_1\sigma_2$$

$$= w_1^2\sigma_1^2 + (1-w_1)^2\sigma_2^2 - 2w_1(1-w_1)\sigma_1\sigma_2 \quad (\because \ \rho_{12} = -1)$$

$$= [w_1\sigma_1 - (1-w_1)\sigma_2]^2 = 0$$

$$\rightarrow w_1\sigma_1 - (1-w_1)\sigma_2 = 0 \rightarrow w_1 = \frac{\sigma_2}{\sigma_1+\sigma_2}, \ w_2 = \frac{\sigma_1}{\sigma_1+\sigma_2}$$

② $\sigma_p^2 = w_1^2\sigma_1^2 + (1-w_1)^2\sigma_2^2 + 2w_1(1-w_1)\rho_{12}\sigma_1\sigma_2$에서 $\sigma_p = \sqrt{(0.5)^2\sigma_2^2} = 0.5\sigma_2$

③ 상관계수가 양수더라도 분산투자를 하게 되면 포트폴리오의 위험(표준편차)은 개별자산의 위험보다는 작아진다.

문13. ④

[답]

$$w_A = \frac{\sigma_B^2 - \rho_{AB}\sigma_A\sigma_B}{\sigma_A^2 + \sigma_B^2 - 2\rho_{AB}\sigma_A\sigma_B} = \frac{(0.20)^2 - (-1)(0.10)(0.20)}{(0.10)^2 + (0.20)^2 - 2(-1)(0.10)(0.20)} = 0.6667$$

$$w_B = 1 - w_A = 1 - 0.6667 = 0.3333$$

문14. ①

[답]

$$w_A = \frac{\sigma_B}{\sigma_A + \sigma_B} = \frac{0.2}{0.1 + 0.2} = 0.6667, \ w_B = 1 - w_A = 1 - 0.6667 = 0.3333$$

$$E(r_p) = w_A E(r_A) + w_B E(r_B) = (0.6667)(0.08) + (0.3333)(0.1) = 8.66\%$$

문15. ④

[답]

포트폴리오 D는 포트폴리오 B에 의해 지배받기 때문에 효율적 포트폴리오가 아니다. 즉, B는 D보다 수익률이 높은데 위험이 낮으므로 B가 D를 지배한다.

문16. ②

[답]

기울기 $= (15\% - 5\%)/20\% = 0.5$

문17. ③

문18. ⑤

[답]

b. $w_A = \dfrac{\sigma_B^2 - \sigma_{AB}}{\sigma_A^2 + \sigma_B^2 - 2\sigma_{AB}} = \dfrac{\sigma_A^2 - \sigma_A\sigma_A\rho_{AB}}{2\sigma_A^2 - 2\sigma_A\sigma_A\rho_{AB}} = \dfrac{\sigma_A^2 - \sigma_A\sigma_A\rho_{AB}}{2(\sigma_A^2 - \sigma_A\sigma_A\rho_{AB})} = \dfrac{1}{2}$ 따라서 두 위험자산에

투자자금의 50%씩을 투자하면 최소분산포트폴리오를 구성할 수 있다.

c. $\sigma_p^2 = w_A^2\sigma_A^2 + w_B^2\sigma_B^2 + 2w_Aw_B\sigma_A\sigma_B\rho_{AB}$ $\therefore$ ρ_{AB}가 작아질수록 σ_p^2이 작아진다.

문19. ③

[답]

③ CAPM 성립 시 시장 내의 모든 주식이 동일한 체계적 위험 대비 초과수익률을 가진다. 이는 모든 주식이 동일한 선(SML)상에 위치한다는 것을 의미하므로 $\dfrac{E(r_M) - r_f}{\sigma_M} = \dfrac{E(r_A) - r_f}{\sigma_A}$ 이다.

문20. ②

[답]

② $E(r_A) = r_f + [E(r_M) - r_f]\beta_A \rightarrow 0.15 = 0.05 + (E(r_M) - 0.05)(0.8) \rightarrow E(r_M) = 0.175$

$\therefore$ $E(r_B) = 0.05 + (0.175 - 0.05)(1.2) = 0.2$

학습개요

본 장에서는 Markowitz모형의 계산량을 현격히 줄여주는 Sharpe의 단일지수모형에 대해서 설명한다. 이 모형은 개별주식간의 공분산을 계산하는 방법을 단순화시킴으로써 현실적으로 효율적 투자선을 수월하게 찾을 수 있도록 해준다. 구체적으로 단일지수모형의 기본개념과 가정에 대해서 설명한 후에 단일지수모형에서의 개별주식의 기대수익률, 분산, 공분산과 포트폴리오의 기대수익률과 분산에 대해서 다룬다. 또한 실제 데이터를 사용하여 단일지수모형을 추정해 본다.

학습목표

- 단일지수모형의 개념과 가정
- 단일지수모형에서의 개별주식의 기대수익률과 위험
- 단일지수모형에서의 포트폴리오의 기대수익률과 위험
- 단일지수모형의 추정

어느 투자자가 2개 종목의 주식을 면밀히 분석하여 Markowitz(1952)의 포트폴리오선택이론에 의해 효율적 투자선상의 포트폴리오를 위험포트폴리오로 취한다고 하자. 이 경우 Markowitz의 효율적 투자선을 구하기 위해서는 개별주식의 기대수익률 2개, 개별주식의 분산 2개, 그리고 개별주식 간의 공분산 1개가 필요하다.

일반적으로 n개의 종목으로 효율적 투자선을 구성할 때 계산에 필요한 정보량은 개별주식의 기대수익률 n개, 개별주식의 분산 n개, 개별주식 간의 공분산 $(n^2-n)/2$개이다.[1] 예를 들어, 200개의 종목으로 포트폴리오를 구성할 경우에는 개별주식의 기대수익률 200개, 개별주식의 분산 200개, 그리고 개별주식 간의 공분산 19,900개(= $(200^2-200)/2$)로 총 20,300개의 많은 정보량이 필요하게 된다.

이에 Markowitz의 포트폴리오이론에 대한 실용적 대안으로 Sharpe는 1963년에 시장지수에 의해 주식수익률이 결정되는 단일지수모형(single index model)[2]을 제시함으로써 Markowitz모형에 비해 계산량을 대폭 줄여 효율적 투자선을 현실적으로 수월하게 유도할 수 있게 하였다.

위험의 수학적 정의

1952년 시카고 대학의 대학원생 Harry Markowitz의 논문 '포트폴리오 선택이론(Portfolio Selection)'은 4쪽만 텍스트이고 나머지는 온통 그래프와 수식으로 되어 있는 15쪽짜리 짧은

---

1 2개 종목의 경우 공분산 σ_{ij}의 개수가 총 4개(σ_{11}, σ_{12}, σ_{21}, σ_{22})이지만 이 중에서 분산 2개(σ_{11}, σ_{22})를 제외하면 2개가 되고 $\sigma_{12}=\sigma_{21}$이므로 실제로 2개가 아니라 1개만 필요하게 된다. 즉, $(n^2-n)/2=(2^2-2)/2=1$이 된다. n종목의 경우 공분산이 총 n^2개이지만 분산 n개 제외하면 (n^2-n)개가 되며 $\sigma_{ij}=\sigma_{ji}$이므로 실제로는 (n^2-n)개가 아니라 $(n^2-n)/2$개만 필요하다.

2 William F. Sharpe, "A Simplified Model of Portfolio Analysis," *Management Science*, January 1963.

논문이었다. 하지만 이 짧은 논문은 오늘날 현대 재무금융이론의 효시로 인정받고 있다.

Markowitz의 혁신적인 논문이 발표된 지 10여 년이 지난 뒤 젊은 박사과정 대학원생인 William Sharpe가 Markowitz를 찾아오게 된다. Sharpe는 UCLA대학교에서 박사논문을 준비 중이었고 그의 지도교수가 Markowitz의 논문을 좀 더 연구해 볼 것을 제안했다. Markowitz는 Sharpe에게 포트폴리오 이론에 대한 자신의 연구에 대해 설명해 주었고 무수히 많은 공분산을 추정하는 것이 필수적임을 강조했다. Sharpe는 Markowitz의 말을 주의 깊게 경청한 후 UCLA로 돌아왔다.

다음 해인 1963년 Sharpe는 '단순화된 포트폴리오 분석모형(A Simplified Model of Portfolio Analysis)'이라는 박사논문을 발표했다. 그는 논문에서 자신의 이론이 Markowitz의 이론에 전적으로 근거했음을 밝히면서 Markowitz의 무수히 많은 공분산을 계산했던 방식과 다른 간편한 위험계산 방법을 제시했다.

Sharpe의 논점은 모든 증권은 가격변동에 영향을 미치는 공통적인 기본요소(base factor)가 있다는 것이다. 이 기본요소는 증권의 움직임에 유일하고 중대한 영향을 주는 것으로 경우에 따라 주가지수가 될 수도 있고, 국민총생산(GNP)이 될 수도 있으며, 이 밖의 다른 어떤 지표가 될 수도 있다. Sharpe의 이론대로라면 증권분석가는 지배적인 기본요소와 증권과의 상관관계만 측정하면 되는 것이다. 이것은 Markowitz의 이론을 획기적으로 단순화한 것이다.

주식시장의 경우 Sharpe에 의하면 주가에 영향을 미치는 유일하고 중대한 요소는 주식시장 그 자체이다. 만일 개별주식의 가격변동폭이 주식시장 전체의 변동폭보다 크다면 이 주식은 포트폴리오의 변동성을 증가시킬 것이고 따라서 포트폴리오의 위험도 증가하게 된다. Sharpe는 변동성을 측정하는 지표를 베타계수라고 이름 붙였다. 베타계수는 주식시장과 개별주식의 가격 움직임의 상관관계를 수치화한 것이다. 만약 시장과 똑같은 비율로 오르고 내리는 주식이 있다면 이 주식의 베타는 1이 된다. 따라서 베타가 1보다 큰 포트폴리오는 시장전체의 위험보다 더 위험하다고 할 수 있으며 베타가 1보다 작으면 시장전체보다 덜 위험한 포트폴리오라고 할 수 있다.

[출처: 「워렌 버핏·집중투자」, 로버트 핵스트롬 지음/최용훈 옮김, pp. 52-54 요약]

1. 단일지수모형의 가정

단일지수모형의 기본개념은 개별주식의 주가에 영향을 미치는 어떤 공통요인(single index)이 존재하며, 그 요인이 시장지수라는 것이다. 따라서 단일지수모형에 의하면 개별주식의 초과수익률($r_i - r_f$)은 공통요인인 시장전체의 움직임에 의한 초과수익률($r_M - r_f$)과 개별기업 고유요인에 의한 수익률(e_i)로 분해할 수 있으며, 이를 다음의 단순회귀모형으로 나타낼 수 있다.[3]

$$r_i - r_f = \alpha_i + \beta_i(r_M - r_f) + e_i \rightarrow R_i = \alpha_i + \beta_i R_M + e_i \qquad (5\text{-}1)$$

이 식의 절편은 시장초과수익률이 0일 때의 주식의 기대초과수익률을 의미한다. 기울기 계수 β_i는 지수수익률 1% 상승 혹은 하락에 대해 개별주식의 수익률이 얼마나 상승하거나 하락하는지를 나타낸다. e_i는 주식수익률에 있어서 시장수익률과 상관없는 기업고유의 요인에 의한 것으로 잔차(residual)라고 부른다. 이와 같이 단순회귀모형으로 나타나는 단일지수모형은 다음 세 가지 가정을 기초로 한다.

첫째, $E(e_i) = 0$이라고 가정한다. 이 가정은 개별기업의 고유한 요인에 의하여 발생하는 수익률변동부분인 잔차는 양($+$)이거나 음($-$)일 수 있지만 장기적으로 볼 때 잔차의 평균은 0이라는 의미이다.

둘째, $Cov(e_i, R_M) = 0$이라고 가정한다. 이 가정은 개별기업 고유의 요인에 의하여 발생하는 수익률변동부분과 시장전체의 요인에 의해서 발생하는 수익률변동부분은 서로 무관하다는 의미이다.

셋째, $Cov(e_i, e_j) = 0$이라고 가정한다. 이는 어떤 개별기업의 수익률 변동을 가져오는 노사분규나 신제품개발과 같은 개별기업 고유요인의 영향이 다른 개별기업의 수익률에는 영향을 주지 않는다는 가정이다. 따라서 개별기업 고유의 요인에 의해서는 다른 개별기업의 수익률이 영향을 받지 않고 오직 시장수익률에 의해서만 영향을 받는다고 본다.

---

[3] 실무자들은 종종 초과수익률 대신 총수익률을 사용하는 '수정된' 단일지수모형을 사용한다. 이 관행은 일별데이터를 사용할 때 가장 흔히 볼 수 있다. 초과수익률 기준으로 단일지수모형을 설명할 경우 제7장에서 설명하는 CAPM과 유사한 모형이 되며 CAPM에서 예측되는 기대수익률과 실제수익률의 차이인 초과수익률(α)을 동시에 구할 수 있는 장점이 있다.

2. 단일지수모형의 기대수익률과 분산

(1) 개별주식의 기대수익률과 분산

개별주식의 수익률이 식(5-1)처럼 시장전체의 공통요인과 개별기업 고유요인에 의해서 영향을 받는다고 가정하면 기대수익률[4]과 분산[5]은 다음과 같이 계산할 수 있다.

$$E(R_i) = \alpha_i + \beta_i E(R_M) \tag{5-2}$$

$$\sigma_i^2 = \beta_i^2 \sigma_M^2 + \sigma^2(e_i) \tag{5-3}$$

식(5-3)에서 개별주식의 분산 σ_i^2은 $\beta_i^2 \sigma_M^2$과 $\sigma^2(e_i)$으로 구성된다. $\beta_i^2 \sigma_M^2$은 시장전체와 관련된 위험을 나타내는 체계적 위험으로 분산투자를 통하여 제거할 수 없는 위험이고, $\sigma^2(e_i)$은 기업고유의 요인에 의해서 발생하는 위험으로 분산투자를 통해 제거할 수 있는 위험이다.

식(5-3)의 양변을 총위험 σ_i^2으로 나누면 식(5-4)가 된다. 식(5-4)의 $\beta_i^2 \sigma_M^2 / \sigma_i^2$은 총위험에서 체계적 위험이 차지하는 비율을 나타내고 있으며, 이를 결정계수(R^2: coefficient of determination)라고 한다. 결정계수(R^2)는 독립변수 r_M의 변동이 종속변수 r_i의 변동을 얼마나 잘 설명해 주는가를 나타내고 있으며, 시장지수의 수익률과 개별주식 i의 수익률 간의 상관계수를 제곱(ρ_{iM}^2)한 것과 동일하다.[6]

$$1 = \frac{\beta_i^2 \sigma_M^2}{\sigma_i^2} + \frac{\sigma^2(e_i)}{\sigma_i^2} \tag{5-4}$$

---

4   $E(R_i) = E(\alpha_i + \beta_i R_M + e_i) = \alpha_i + \beta_i E(R_M)$

5   $\sigma_i^2 = Var(R_i) = Var(\alpha_i + \beta_i R_M + e_i) = \beta_i^2 Var(R_M) + Var(e_i) + 2\beta_i Cov(R_M, e_i)$
    $= \beta_i^2 \sigma_M^2 + \sigma^2(e_i)$ $(\because Cov(R_M, e_i) = 0)$

6   원래 회귀분석에서 회귀방정식의 설명력을 보기 위해서 구하는 결정계수는 다음과 같이 정의된다.
    $R^2 = \dfrac{\text{설명되는 변동}}{\text{총변동}} = \dfrac{\beta_i^2 \sigma_M^2}{\sigma_i^2} = \dfrac{\text{체계적 위험}}{\text{총위험}} = \rho_{iM}^2$ $(\because \beta_i = \dfrac{\sigma_{iM}}{\sigma_M^2} = \dfrac{\rho_{iM} \sigma_i \sigma_M}{\sigma_M^2} \rightarrow \rho_{iM} = \dfrac{\beta_i \sigma_M}{\sigma_i})$

한편, 개별주식수익률 간의 공분산은 다음과 같이 계산된다.[7] 식(5-4)를 보면 개별주식의 베타계수와 σ_M^2만 알면 공분산 σ_{ij}를 직접 구하지 않아도 값을 알 수 있다.

$$\sigma_{ij} = \beta_i \beta_j \sigma_M^2 \qquad\qquad\qquad (5\text{-}5)$$

예제 | 단일지수모형

X주식과 Y주식의 기대수익률과 베타 및 잔차표준편차가 다음과 같다. 시장지수의 표준편차가 0.16일 경우 X와 Y의 표준편차는 얼마인가?

주식	기대수익률	베타	잔차표준편차
X	0.10	0.8	0.25
Y	0.20	1.4	0.49

● 답 ●

$$\sigma_i = \sqrt{\beta_i^2 \sigma_M^2 + \sigma^2(e_i)} \;\rightarrow\; \sigma_X = \sqrt{(0.8)^2(0.16)^2 + (0.25)^2} = 0.2809$$

$$\sigma_Y = \sqrt{(1.4)^2(0.16)^2 + (0.49)^2} = 0.5388$$

예제 | 단일지수모형

시장지수의 표준편차가 0.09일 경우 주식 i의 표준편차, 체계적 위험과 비체계적 위험, 주식 i와 시장지수 간의 공분산은 얼마인가? 단, 주식 i의 베타계수는 1.4, 주식 i와 시장지수 간의 상관계수의 제곱이 0.638이라고 가정한다.

---

[7] $\sigma_{ij} = Cov(R_i,\ R_j) = Cov(\alpha_i + \beta_i R_M + e_i,\ \alpha_j + \beta_j R_M + e_j)$

$= Cov(\alpha_i,\ \alpha_j) + Cov(\alpha_i,\ \beta_j R_M) + Cov(\alpha_i,\ e_j) + Cov(\beta_i R_M,\ \alpha_j) + Cov(\beta_i R_M,\ \beta_j R_M)$

$\qquad\qquad\qquad + Cov(\beta_i R_M,\ e_j) + Cov(e_i,\ \alpha_j) + Cov(e_i,\ \beta_j R_M) + Cov(e_i,\ e_j)$

$= Cov(\beta_i R_M,\ \beta_j R_M)$

$= \beta_i \beta_j \sigma_M^2 \quad (\because\ \alpha_i,\ \alpha_j$는 상수, $Cov(e_i,\ R_M) = 0,\ Cov(e_i,\ e_j) = 0)$

• 답 •

$$\rho_{iM}^2 = \frac{\beta_i^2 \sigma_M^2}{\sigma_i^2} \rightarrow \sigma_i = \sqrt{\frac{\beta_i^2 \sigma_M^2}{\rho_{iM}^2}} = \sqrt{\frac{(1.4)^2 (0.09)^2}{0.638}} = 0.1577$$

체계적 위험 $= \beta_i^2 \sigma_M^2 = (1.4)^2 (0.09)^2 = 0.015876$

비체계적 위험 $= \sigma_i^2 - \beta_i^2 \sigma_M^2 = (0.1577)^2 - (1.4)^2 (0.09)^2 = 0.008993$

공분산 $= Cov_{iM} = \rho_{iM} \sigma_i \sigma_M = (\sqrt{0.638})(0.1577)(0.09) = 0.011337$

(2) 포트폴리오의 기대수익률과 분산

단일지수모형의 포트폴리오의 수익률은 식(5-6)과 같이 구할 수 있다.[8]

$$\begin{aligned}
R_p &= \sum_{i=1}^{N} w_i R_i = \sum_{i=1}^{N} w_i (\alpha_i + \beta_i R_M + e_i) \\
&= \sum_{i=1}^{N} w_i \alpha_i + \sum_{i=1}^{N} w_i \beta_i R_M + \sum_{i=1}^{N} w_i e_i \\
&= \alpha_p + \beta_p R_M + e_p
\end{aligned} \tag{5-6}$$

따라서 포트폴리오의 기대수익률과 분산[9]은 다음과 같이 계산된다.

---

8   베타의 가법성: $\beta_p = \dfrac{Cov(R_p, R_M)}{Var(R_M)}$

$$= \frac{Cov(w_1 R_1 + w_2 R_2 + w_3 R_3 + \cdots + w_N R_N, R_M)}{Var(R_M)}$$

$$= \frac{Cov(w_1 R_1, R_M) + Cov(w_2 R_2, R_M) + \cdots + Cov(w_N R_N, R_M)}{Var(R_M)}$$

$$= \frac{w_1 Cov(R_1, R_M) + w_2 Cov(R_2, R_M) + \cdots + w_N Cov(R_N, R_M)}{Var(R_M)}$$

$$= \frac{\sum_{i=1}^{N} w_i Cov(R_i, R_M)}{Var(R_M)}$$

$$= \sum_{i-1}^{N} w_i \beta_i$$

$$E(R_p) = E(\alpha_p + \beta_p R_M + e_p)$$

$$= \alpha_p + \beta_p E(R_M)$$

$$= (\sum_{i=1}^{N} w_i \alpha_i) + (\sum_{i=1}^{N} w_i \beta_i) E(R_M) \qquad (5\text{-}7)$$

$$Var(R_p) = Var(\alpha_p + \beta_p R_M + e_p)$$

$$= \beta_p^2 \sigma_M^2 + \sigma^2(e_p)$$

$$= (\sum_{i=1}^{N} w_i \beta_i)^2 \sigma_M^2 + \sum_{i=1}^{N} w_i^2 \sigma^2(e_i) \qquad (5\text{-}8)$$

단일지수모형의 경우 효율적 투자선을 도출하는데 n종목일 때 계산에 필요한 정보량은 n개의 α_i, n개의 개별주식의 β_i, n개의 개별주식의 잔차분산($\sigma^2(e_i)$), 1개의 $E(R_M)$, 1개의 시장지수의 분산(σ_M^2), 즉 $n + n + n + 1 + 1 = 3n + 2$가 필요하게 된다. 예를 들어, 200개의 주식으로 구성되는 포트폴리오의 경우 Markowitz의 포트폴리오이론에서 계산되는 총 20,300개가 아닌 단지 602개($= 3(200) + 2$)의 정보량만 필요하다. 이와 같이 Markowitz의 포트폴리오이론은 개별주식들 간의 모든 공분산을 고려하는 반면 단일지수모형은 개별주식과 하나의 공통요인과의 공분산만을 고려하여 계산량을 크게 줄이고 있다.

3. 단일지수모형에서의 위험감소효과

Markowitz의 포트폴리오이론에서와 마찬가지로 단일지수모형에서의 포트폴리오의 분산효과를 살펴보기 위하여 N개의 주식에 대해서 동일가중 포트폴리오를 구성한다고 가정할 경우 포트폴리오의 분산은 다음과 같이 변형된다.

---

9   $\sigma^2(e_p) = Var(w_1 e_1 + w_2 e_2 + \cdots + w_N e_N) = \sum_{i=1}^{N} w_i^2 Var(e_i) + \sum_{i=1}^{N}\sum_{\substack{j=1 \\ (i \neq j)}}^{N} w_i w_j Cov(e_i, e_j)$

$\qquad = \sum_{i=1}^{N} w_i^2 Var(e_i) = \sum_{i=1}^{N} w_i^2 \sigma^2(e_i) \quad (\because Cov(e_i, e_j) = 0)$

$$Var(R_p) = Var(\alpha_p + \beta_p R_M + e_p)$$

$$= \beta_p^2 \sigma_M^2 + \sigma^2(e_p)$$

$$= (\sum_{i=1}^{N} w_i \beta_i)^2 \sigma_M^2 + \sum_{i=1}^{N} w_i^2 \sigma^2(e_i)$$

$$= \left(\frac{1}{N}\sum_{i=1}^{N} \beta_i\right)^2 \sigma_M^2 + \frac{1}{N^2}\sum_{i=1}^{N} \sigma^2(e_i)$$

$$= \beta_p^2 \sigma_M^2 + \frac{1}{N}\overline{\sigma^2(e)}$$

$$= \beta_p^2 \sigma_M^2 + \sigma^2(e_p) \tag{5-9}$$

여기서, $\beta_p = \frac{1}{N}\sum_{i=1}^{N}\beta_i$, 즉 베타의 평균 또는 포트폴리오 베타

$\sigma^2(e_p) = \frac{1}{N}\overline{\sigma^2(e)}$, 즉 잔차분산(기업고유분산)의 평균

포트폴리오의 자산구성수 N을 무한대로 할 때 $\sigma^2(e_p)$은 무시할 정도로 작아지므로, 포트폴리오의 위험 $Var(r_p)$는 점점 감소하여 체계적 위험 $\beta_p^2 \sigma_M^2$에 수렴하게 된다. 따라서 다수의 주식으로 포트폴리오를 구성할 때 비체계적 위험인 기업고유의 분산은 제거되어 포트폴리오의 분산효과를 얻을 수 있다. Markowitz모형과 단일지수모형을 비교하면 〈표 5-1〉과 같이 정리된다.

표 5-1 Markowitz모형과 단일지수모형의 비교

		Markowitz모형	단일지수모형
개별증권	기대수익률	$E(r) = \sum r_i p_i$	$E(R_i) = \alpha_i + \beta_i E(R_M)$
	분산	$\sigma^2 = \sum [r_i - E(r)]^2 p_i$	$\sigma_i^2 = \beta_i^2 \sigma_M^2 + \sigma^2(e_i)$
	공분산	$\sigma_{ij} = \rho_{ij}\sigma_i\sigma_j$	$\sigma_{ij} = \beta_i\beta_j\sigma_M^2$
포트폴리오	기대수익률	$E(r_p) = \sum w_i E(r_i)$	$E(R_p) = (\sum w_i\alpha_i) + (\sum w_i\beta_i)E(R_M)$
	분산	$Var(r_p) = \sum\sum w_i w_j \sigma_{ij}$	$Var(R_p) = (\sum w_i\beta_i)^2\sigma_M^2 + \sum w_i^2\sigma^2(e_i)$
동일가중포트폴리오		$Var(r_p) = \left(\frac{1}{N}\right)(\overline{Var} - \overline{Cov}) + \overline{Cov}$ $N \to \infty: Var(r_p) \cong \overline{Cov}$	$Var(R_p) = \beta_p^2\sigma_M^2 + \frac{1}{N}\overline{\sigma^2(e)}$ $N \to \infty: Var(R_p) \cong \beta_p^2\sigma_M^2$

▶ 02 단일지수모형의 추정

본 절에서는 S주식과 KOSPI의 20XX년 월별자료를 가지고 〈그림 5-1〉의 이산복리수익률을 계산한 후, 단일지수모형을 엑셀을 이용하여 추정한다. 이산복리수익률로 S주식과 KOSPI의 식(5-10)의 단일지수모형 회귀방정식 혹은 증권특성선(SCL: security characteristic line)을 다음과 같이 표현할 수 있다.

$$R_s = \alpha_s + \beta_s R_{KOSPI} + e_s \tag{5-10}$$

회귀분석은 엑셀을 이용하여 간단히 분석할 수 있다. 〈그림 5-1〉에서 보듯이 엑셀에서 데이터의 하위메뉴인 데이터분석을 누르면 '통계 데이터 분석'창이 뜬다. 여기에서 회귀분석을 클릭하면 〈그림 5-2〉와 같은 '회귀분석'창이 나타난다. '회귀분석'창에서 Y축의 입력범위에 S주식수익률 '$D$3:$D$14'를 입력하고, X축의 입력범위에는 KOSPI수익률 '$E$3:$E$14'을 입력한 후, 확인을 누르면 회귀분석결과가 〈그림 5-3〉

그림 5-1 S주식수익률과 KOSPI수익률

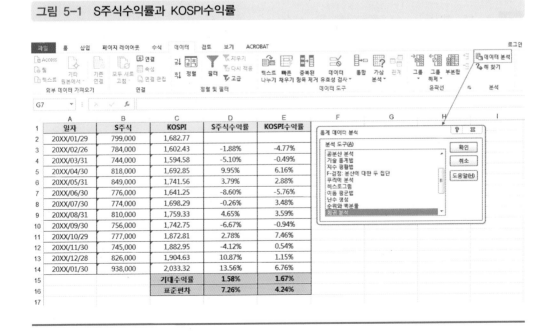

그림 5-2 회귀분석

일자	S주식	KOSPI	S주식수익률	KOSPI수익률
20XX/01/29	799,000	1,682.77		
20XX/02/26	784,000	1,602.43	-1.88%	-4.77%
20XX/03/31	744,000	1,594.58	-5.10%	-0.49%
20XX/04/30	818,000	1,692.85	9.95%	6.16%
20XX/05/31	849,000	1,741.56	3.79%	2.88%
20XX/06/30	776,000	1,641.25	-8.60%	-5.76%
20XX/07/30	774,000	1,698.29	-0.26%	3.48%
20XX/08/31	810,000	1,759.33	4.65%	3.59%
20XX/09/30	756,000	1,742.75	-6.67%	-0.94%
20XX/10/29	777,000	1,872.81	2.78%	7.46%
20XX/11/30	745,000	1,882.95	-4.12%	0.54%
20XX/12/28	826,000	1,904.63	10.87%	1.15%
20XX/01/30	938,000	2,033.32	13.56%	6.76%
		기대수익률	1.58%	1.67%
		표준편차	7.26%	4.24%

회귀 분석

입력
Y축 입력 범위(Y): $D$3:$D$14
X축 입력 범위(X): $E$3:$E$14
□ 이름표(L)   □ 상수에 0을 사용(Z)
□ 신뢰 수준(F)   95 %

출력 옵션
○ 출력 범위(O):
● 새로운 워크시트(P):
○ 새로운 통합 문서(W)

잔차
□ 잔차(R)   □ 잔차도(D)
□ 표준 잔차(T)   □ 선적합도(I)

정규 확률
□ 정규 확률도(N)

확인 / 취소 / 도움말(H)

그림 5-3 회귀분석 결과

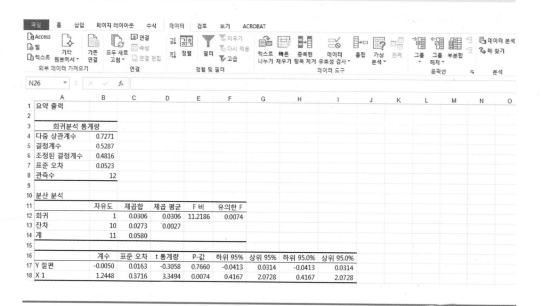

그림 5-4 S주식의 증권특성선

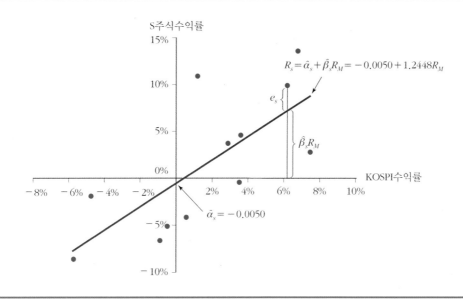

과 같이 나타난다.

〈그림 5-3〉의 회귀분석 결과에 의하면 결정계수(R^2)는 0.5287이며, 이는 KOSPI 수익률의 변동이 S주식수익률 변동의 52.87%를 설명해 준다는 의미이다.[10] 잔차 e_s 는 실제 S주식수익률과 증권특성선의 편차(deviation)이다. 이들 잔차는 S주식수익률 중에서 예상 밖의 기업고유 부분의 추정치를 나타내며, 기업고유의 분산은 0.0027 ($= \sigma^2(e_s) = (1/10)\sum_{i=1}^{12} e_i^2$)로 추정된다.[11] 잔차의 표준편차인 표준오차(standard error)는 $0.0523(= \sqrt{0.0027}\,)$으로 계산되며, 이는 주식과 지수간의 평균적인 관계에 있어서 기업고유요인의 영향에 의한 편차 정도를 재는 척도가 된다.

한편, 회귀식의 추정치는 절편 α_s가 -0.0050이고 기울기 β_s가 1.2448이므로 $R_s = -0.0050 + 1.2448R_{KOSPI}$인 직선관계를 나타내는데, 이 식을 S주식의 증권특성선이

---

10 결정계수$(R^2) = \rho_{iM}^2 = \dfrac{\text{설명되는 변동}}{\text{총변동}} = \dfrac{\beta_i^2 \sigma_M^2}{\sigma_i^2} = \dfrac{\text{체계적 위험}}{\text{총위험}} = \dfrac{\beta_s^2 \sigma_{KOSPI}^2}{\beta_s^2 \sigma_{KOSPI}^2 + \sigma^2(e_i)} = \dfrac{0.0306}{0.0580} = 0.5287$

11 e_s의 평균치는 0이므로 e_s^2는 평균으로부터의 편차의 제곱이다. $\sigma^2(e_s)$의 불편추정치를 얻기 위해 잔차제곱의 합계를 자유도 $n - 2 = 12 - 2 = 10$으로 나눈다.

라고 부른다. 절편 α_s는 예측된 공정한 기대수익률을 상회하거나 혹은 하회하는 초과수익률을 나타낸다. 주식가격이 적정하게 결정되었다면 α_s는 0이 된다. 증권특성선의 기울기 β_s, 즉 베타계수가 1.2448이라는 것은 시장수익률이 10% 변동할 때 S주식수익률은 12.448% 변동함을 의미한다. 이러한 증권특성선을 그림으로 나타낸 것이 〈그림 5-4〉이다.

핵심정리

1. 단일지수모형의 가정

- $E(e_i) = 0$

- $Cov(e_i,\ r_M) = 0$

- $Cov(e_i,\ e_j) = 0$

2. 단일지수모형의 기대수익률과 분산

- 개별주식의 기대수익률과 분산

  - 기대수익률: $E(R_i) = \alpha_i + \beta_i E(R_M)$

  - 분산: $\sigma_i^2 = \beta_i^2 \sigma_M^2 + \sigma^2(e_i) \ \rightarrow \ $ 결정계수$(R^2) = \rho_{iM}^2 = \dfrac{\beta_i^2 \sigma_M^2}{\sigma_i^2}$

  - 공분산: $\sigma_{ij} = \beta_i \beta_j \sigma_M^2$

- 포트폴리오의 기대수익률과 분산

  - 기대수익률: $E(R_p) = \alpha_p + \beta_p E(R_M) = (\sum\limits_{i=1}^{N} w_i \alpha_i) + (\sum\limits_{i=1}^{N} w_i \beta_i) E(R_M)$

  - 분산: $Var(R_p) = \beta_p^2 \sigma_M^2 + \sigma^2(e_p) = (\sum\limits_{i=1}^{N} w_i \beta_i)^2 \sigma_M^2 + \sum\limits_{i=1}^{N} w_i^2 \sigma^2(e_i)$

  ※ 단일지수모형의 계산량: $3n + 2$
    마코위츠모형의 계산량: $2n + (n^2 - n)/2$

3. 단일지수모형에서의 위험감소효과

- 동일가중포트폴리오 $Var(R_p) = \beta_p^2 \sigma_M^2 + \dfrac{1}{N}\overline{\sigma^2(e)}$: $N \rightarrow \infty$일 때 $\beta_p^2 \sigma_M^2$에 수렴

연습문제

문1. (CFA 수정) A주식과 KOSPI200 간의 상관계수가 0.7이라고 할 때 A주식의 전체 위험 중 기업고유의 위험인 비체계적 위험은 얼마인가? (　　)

① 50%　　　　　② 51%　　　　　③ 52%　　　　　④ 53%

문2. (CFA) 위험척도로 사용되는 베타와 표준편차의 차이에 대한 설명으로 맞는 것은? (　　)

① 표준편차는 총위험의 척도인 반면 베타는 비체계적 위험의 척도이다.

② 표준편차는 총위험의 척도인 반면 베타는 체계적 위험의 척도이다.

③ 표준편차가 단지 비체계적 위험의 척도인 반면 베타는 체계적 위험과 비체계적 위험 모두의 척도이다.

④ 표준편차가 단지 체계적 위험의 척도인 반면 베타는 체계적 위험과 비체계적 위험 모두의 척도이다.

문3. (2000 CPA) 시장모형이 성립한다고 가정하자. A주식($\beta_A = 1.4$)과 B주식($\beta_B = 0.6$)에 투자액의 3/4과 1/4을 각각 투자한 포트폴리오수익률의 표준편차가 0.04이다. 시장 포트폴리오수익률의 표준편차는 0.02로 알려져 있다. 이 포트폴리오의 총위험에 대한 체계적 위험의 비율은? (　　)

① 32%　　　　　② 34%　　　　　③ 36%

④ 38%　　　　　⑤ 40%

문4. (2003 CPA) 시장가치 1억원 규모의 A펀드를 운용하고 있는 펀드매니저는 펀드의 위험을 표준편차로 추정하려 한다. 과거 5년간 A펀드와 KOSPI의 월간수익률 평균은 각각 1.8%, 1.4%였다. KOSPI수익률 표준편차는 1.6%, A펀드수익률과 KOSPI수익률의 상관계수는 0.835로 나타났다. 이어 A펀드수익률과 KOSPI수익률을 이용한 회귀분석 결과는 다음과 같다. 이때 A펀드의 표준편차는 얼마인가? (　　)

	계수	표준오차	t 통계량	P-값
상수	-0.178	0.635	-0.281	0.779
KOSPI	1.670	0.098	16.901	$5.62\text{E}-32$

① 2.8% ② 3.2% ③ 3.6%

④ 3.9% ⑤ 4.2%

문5. (2007 CPA) 몇 개의 주식으로 이루어진 어느 포트폴리오는 시장포트폴리오와 0.8의 상관계수를 갖는다. 포트폴리오의 수익률과 위험이 시장모형에 의해 설명된다고 가정하고 이 포트폴리오의 총위험 중 비체계적 위험의 비율은 얼마인가? (   )

① 80% ② 64% ③ 36%

④ 20% ⑤ 16%

문6. 어떤 투자자가 잘 분산된 포트폴리오(well-diversified portfolio)를 보유하고 있다. 단일지수모형이 성립한다는 가정 하에서, 잘 분산된 포트폴리오의 σ_p가 0.15이고 σ_M이 0.25일 경우 잘 분산된 포트폴리오의 베타는 얼마인가? (   )

① 0.42 ② 0.55 ③ 0.60

④ 1.26 ⑤ 2.00

문7. (2011 CPA) K펀드를 운용하고 있는 펀드매니저는 펀드의 위험을 표준편차로 추정하고 월간 수익률자료를 이용해 분석한다. 과거 5년간 K펀드와 KOSPI(주가지수)의 평균 수익률은 각각 3.0%, 2.0%이다. 또한 KOSPI수익률의 표준편차는 3.0%, K펀드수익률과 KOSPI수익률의 상관계수는 0.80이다. K펀드수익률을 종속변수로, KOSPI수익률을 독립변수로 한 단순회귀분석의 결과는 다음과 같다. K펀드의 표준편차로 가장 적절한 것은? (   )

변수	추정계수	표준오차	t-통계량	p-값
상수	0.15	0.50	0.26	0.75
KOSPI수익률	1.60	0.08	15.4	0.0001

① 5.2% ② 5.8% ③ 6.0%

④ 7.5% ⑤ 8.0%

문8. 주식A와 주식B의 회귀분석결과가 다음과 같다.

$$R_A = 0.04 + 1.5R_M + e_A$$
$$R_B = 0.01 + 0.8R_M + e_B$$
$$\sigma_M = 0.20 \qquad \sigma(e_A) = 0.10 \qquad \sigma(e_B) = 0.12$$

A주식과 B주식의 공분산과 B주식의 표준편차는 각각 얼마인가? (　)

① 0.034, 0.1762　　　② 0.048, 0.2000　　　③ 0.052, 0.1950

④ 0.059, 0.1967　　　⑤ 0.065, 0.2144

연습문제 해답

문1. ②

[답]

$$R^2 = \frac{설명되는 변동}{총변동} = \frac{\beta_i^2 \sigma_M^2}{\sigma_i^2} = \frac{체계적 위험}{총위험} = \rho_{iM}^2 = 0.7^2 = 0.49$$ 이므로 총위험 중에서 체계적 위험은 49%, 비체계적 위험은 51%($= 1 - 49\%$)를 차지하고 있다.

문2. ②

문3. ③

[답]

$\beta_A = 1.4$, $\beta_B = 0.6$, $w_A = \dfrac{3}{4}$, $w_B = \dfrac{1}{4}$, $\sigma_P = 0.04$, $\sigma_M = 0.02$에서

$$\frac{체계적 위험}{총위험} = \frac{(\beta_P)^2 Var(r_M)}{Var(r_p)} = \frac{(1.2)^2 (0.02)^2}{0.04^2} = 0.36$$

단, $\beta_P = \displaystyle\sum_{i=1}^{N} w_i \beta_i = (1.4)(\dfrac{3}{4}) + (0.6)(\dfrac{1}{4}) = 1.2$

문4. ②

[답]

$E(r_A) = 1.8\%$, $E(r_M) = 1.4\%$, $\sigma_M = 1.6\%$, $\rho_{AM} = 0.835$일 때, 증권특성선을 구해본 결과 $\beta_A = 1.670$이었다.

$$\beta_A = \frac{\sigma_{AM}}{\sigma_M^2} = \frac{\rho_{AM} \sigma_A \sigma_M}{\sigma_M^2} = \frac{\rho_{AM} \sigma_A}{\sigma_M} \rightarrow \sigma_A = \frac{\beta_A \sigma_M}{\rho_{AM}} = \frac{(1.670)(1.6\%)}{0.835} = 3.2\%$$

문5. ③

[답]

$$\rho_{iM}^2 = \frac{체계적 위험}{총위험} = (0.8)^2 = 0.64, \quad 따라서 \quad \frac{비체계적 위험}{총위험} = 0.36$$

문6. ③

[답]

$$\beta_i = \frac{\sigma_{iM}}{\sigma_M^2} = \frac{\rho_{iM}\sigma_i\sigma_M}{\sigma_M^2} = \frac{\rho_{iM}\sigma_i}{\sigma_M} \rightarrow \beta_i^2 = \frac{\rho_{iM}^2\sigma_i^2}{\sigma_M^2} \rightarrow \beta_p^2 = \frac{\rho_{pM}^2\sigma_p^2}{\sigma_M^2}$$

잘 분산된 포트폴리오와 시장포트폴리오간의 상관계수는 거의 1이므로,

$$\beta_p^2 = \frac{1 \times \sigma_p^2}{\sigma_M^2} = \frac{0.15^2}{0.25^2} = 0.36 \quad \text{따라서} \quad \beta_p = \sqrt{0.36} = 0.6$$

문7. ③

[답]

$$\beta_K = \frac{\rho_{KM}\sigma_K}{\sigma_M} \rightarrow 1.6 = \frac{0.8\sigma_K}{0.03} \rightarrow \sigma_K = 0.06$$

문8. ②

[답]

$$Cov\,(r_A, r_B) = \beta_A\beta_B\sigma_M^2 = (1.5)(0.8)(0.20)^2 = 0.048$$

$$\sigma_B = \sqrt{\beta_B^2\sigma_M^2 + \sigma^2(e_B)} = \sqrt{(0.8)^2(0.2)^2 + (0.12)^2} = 0.2$$

06 성과평가

본 장에서는 전 장의 포트폴리오이론에 따라 투자를 한 후 투자결과에 대한 성과평가를 어떻게 하는지 설명한다. 포트폴리오의 운용성과를 측정하는데 사용되는 성과측정지표인 샤프지수, 트레이너지수, 젠센지수, 정보비율에 대해서 다룬다. 또한 투자 시 자금을 어떻게 배분할 것인가를 결정하는 자산배분결정과 투자자산군 내에서 어떤 특정종목을 선택하여 투자할 것인가를 결정하는 종목선정결정이 투자성과에서 얼마나 큰 비중을 차지하는지 학습한다.

- 샤프지수
- 젠센지수
- 성과요인분석

- 트레이너지수
- 정보비율

일반적으로 포트폴리오 운용 시에 위험을 감수하기 때문에 성과평가 시 평균수익률만으로 평가하는 것은 의미가 없다. 위험에 대해 조정된 수익률로 비교해야 실제로 의미 있는 비교가 된다. 위험조정 성과평가방식은 자본자산결정모형(CAPM)의 출현과 함께 고안되었다.[1] 구체적으로 Treynor(1966),[2] Sharpe(1966),[3] Jensen(1968, 1969)[4]이 자본자산가격결정모형(CAPM)과 관련하여 포트폴리오 운용실적 평가에 대한 척도를 제시하였으며, 이러한 수익률은 투자위험 중에서 어떤 성격의 위험을 기준으로 투자성과를 평가하느냐에 따라서 차이가 있다.

1. 샤프척도

샤프척도(Sharpe's measure)는 실현된 평균초과수익률을 총위험으로 나눈 것이다. 이 척도는 투자보상대변동성비율(reward-to-variability ratio)이라고도 하는데, 한 단위의 총위험을 감수함으로써 얻는 초과수익률의 크기를 보여준다.

$$S_p = \frac{\overline{r_p} - \overline{r_f}}{\sigma_p} \tag{6-1}$$

식(6-1)에서 포트폴리오 P의 수익률과 무위험수익률 r_f의 윗줄표시는 표본평균을 의미하는데, 이처럼 표본의 평균치로 계산하는 이유는 측정기간 중에 무위험수익률이 일정하지 않기 때문이다. 샤프척도는 평가대상 포트폴리오 이외의 다른 운용자

---

1 자본자산가격결정모형(CAPM)은 제7장에서 자세히 다룬다.

2 Jack Treynor, "How to Rate Management of Investment Funds," *Harvard Business Review* 43, January-February 1966.

3 William Sharpe, "Mutual Fund Performance," *Journal of business* 39, January 1966.

4 Michael C. Jensen, "The Performance of Mutual Funds in the Period 1945-1964," *Journal of Finance*, May 1968; and "Risk, the Pricing of Capital Assets, and the Evaluation of Investment Portfolios," *Journal of Business*, April 1969.

그림 6-1 샤프척도

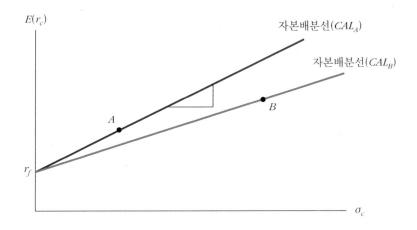

산이 없고, 평가대상 포트폴리오가 전체 투자펀드일 경우에 적절한 평가척도가 된다.

투자자가 투자금액의 일부는 위험자산에 투자하고 나머지 일부는 무위험자산에 투자하여 완전포트폴리오를 구성하여 얻을 수 있는 자본배분선을 제4장의 〈그림 4-1〉에서 설명하였다. 이 자본배분선의 기울기를 샤프비율이라 한다. 샤프척도의 의미는 〈그림 6-1〉에서 보듯이 투자자가 위험자산(위험포트폴리오)을 A로 구성하여 투자할 경우와 B로 구성하여 투자할 경우를 비교해 보면 알 수 있다.

투자자가 위험자산(위험포트폴리오)을 A로 구성하여 투자금액을 위험자산(위험포트폴리오)과 무위험자산에 투자할 경우 자본배분선 CAL$_A$가 나오고 이 자본배분선 위에서 자신의 효용을 극대화하는 최적완전포트폴리오를 취할 것이다. 이는 위험자산(위험포트폴리오)을 B로 구성하여 투자할 경우보다 우월한 성과를 가져온다. 다시 말하면 자본배분선의 기울기인 샤프척도의 기울기가 클수록 성과가 우수해짐을 의미한다.

2. 트레이너척도

트레이너척도(Treynor's measure)는 실현된 평균초과수익률을 체계적 위험으로 나눈 것이다. 이 척도는 포트폴리오의 체계적 위험 한 단위당 실현된 초과수익률의 비율을 나타낸다.

$$T_p = \frac{\overline{r_p} - \overline{r_f}}{\beta_p}$$ (6-2)

트레이너척도는 평가대상인 펀드나 포트폴리오가 매우 큰 투자포트폴리오의 일부분일 경우에 적절한 방법이다. 예를 들어, 연기금을 분할하여 다수의 포트폴리오 매니저에게 분담하여 운용할 경우 트레이너지수는 개별포트폴리오의 운용성과를 상대적으로 평가할 때 적절하다. 왜냐하면 투자금액을 분할하여 여러 포트폴리오로 운용할 경우 비체계적 위험은 대부분 제거할 수 있어서 총위험보다는 체계적 위험을 나타내는 베타가 적정한 위험척도가 되기 때문이다.

3. 젠센척도

젠센척도(Jensen's measure)는 포트폴리오 알파(α)값이다. 포트폴리오 수익률이 CAPM에 의해 계산되는 균형수익률을 얼마나 초과하여 성과를 내는지 식(6-3)과 같이 측정한다.

$$\alpha_p = \overline{r_p} - [\overline{r_f} + (\overline{r_M} - \overline{r_f})\beta_p]$$ (6-3)

젠센척도도 트레이너척도처럼 체계적 위험을 기준으로 평가하지만 특정 포트폴리오 수익률 $\overline{r_p}$와 증권시장선[5] $[\overline{r_f} + (\overline{r_M} - \overline{r_f})\beta_p]$ 사이의 차이로 성과를 측정한다는 점에서 다르다. 트레이너척도는 비율로 나타나는 상대적인 차이인 반면 젠센척도는 운용한 포트폴리오의 실제수익률과 체계적 위험에 기초하여 예측되는 기대수익률(적정수익률)과의 절대적인 차이인 크기로 나타난다.

---

5 제7장 자본자산가격결정모형(CAPM) 참조.

4. 정보비율

정보비율(information ratio)은 평가비율(appraisal ratio)이라고도 부르며 식(6-4)와 같이 측정한다. 식(6-4)에서 분자는 예를 들면, KOSPI200수익률과 같은 벤치마크 포트폴리오와 특정 포트폴리오의 차이인 초과수익률을 나타내고, 분모는 초과수익률의 표준편차를 나타낸다. 따라서 분자의 초과수익률은 벤치마크수익률과 차이를 발생시키는 투자자의 능력을 나타내고, 분모의 초과수익률의 표준편차는 투자자가 초과수익률을 추구하는 과정에서 발생하는 비체계적 위험(잔여 위험)의 양을 나타낸다. 이 비율이 높을수록 비체계적 위험을 감수하는 것에 대한 대가로 얻는 초과수익의 정도가 높음을 의미한다.

$$IR_p = \frac{\overline{r_p - r_B}}{\sigma_{ER}} \tag{6-4}$$

Goodwin[6]은 벤치마크수익률을 무위험수익률로 할 경우 샤프척도는 정보비율의 특별한 경우라고 보았으며, 젠센척도를 계산하기 위한 단순회귀식으로 초과수익률을 계산할 경우 정보비율은 포트폴리오 알파를 비체계적 위험으로 나누어 식(6-5)로 나타낼 수 있음을 보였다. 식(6-5)에서 $\sigma(e_p)$은 단순회귀식의 잔차의 표준편차이다.

$$IR_p = \frac{\alpha_p}{\sigma(e_p)} \tag{6-5}$$

투자자의 포트폴리오가 적극적(active) 포트폴리오이며 시장포트폴리오(소극적(passive) 포트폴리오)와 혼합되는 경우에는 정보비율로 평가하는 것이 적절하다.[7] 왜냐하면 시장포트폴리오와 적극적 포트폴리오가 혼합된 포트폴리오의 성과는 시장포트폴리오의 위험 대비 성과에 적극적 포트폴리오의 위험 대비 성과를 더한 것으로 볼 수 있다.

---

6 Thomas H. Goodwin, "The Information Ratio," *Financial Analysts Journal 54*, Jul.-Aug. 1998.
7 적극적(active) 포트폴리오는 보다 높은 수익을 얻기 위하여 젠센척도, 즉 알파가 0이 아닌 주식을 혼합하여 구성한 포트폴리오를 말하며, 소극적(passive) 포트폴리오는 시장포트폴리오를 말한다.

즉, 시장포트폴리오에 추가하여 적극적 포트폴리오를 보유함에 따라 발생하는 비체계적 위험 $\sigma(e_p)$에 대한 보상으로 α_p라는 초과수익을 얻게 된다는 의미이므로 정보비율은 적극적 포트폴리오의 적절한 성과측정척도가 된다.

	$E(r)$	σ	β
포트폴리오 X	0.20	0.36	2.1
포트폴리오 Y	0.09	0.17	0.5
시장포트폴리오	0.10	0.25	1.0
무위험자산	0.05	0	0

포트폴리오 X와 포트폴리오 Y의 샤프척도, 트레이너척도, 젠센척도를 계산하시오.

• 답 •

샤프척도: $S_X = \dfrac{0.20 - 0.05}{0.36} = 0.4167$ $\quad\quad$ $S_Y = \dfrac{0.09 - 0.05}{0.17} = 0.2353$

트레이너척도: $T_X = \dfrac{0.20 - 0.05}{2.1} = 0.0714$ $\quad\quad$ $T_Y = \dfrac{0.09 - 0.05}{0.5} = 0.0800$

젠센척도: $\alpha_X = 0.20 - [0.05 + (0.10 - 0.05)(2.1)] = 0.0450$

$\quad\quad\quad\quad\;\, \alpha_Y = 0.09 - [0.05 + (0.10 - 0.05)(0.5)] = 0.0150$

시장수익률 r_M이 12%, 무위험수익률 r_f가 5%일 경우 포트폴리오 X와 포트폴리오 Y의 회귀분석 결과가 다음과 같다.

회귀분석 결과:	
$r_X - r_f = 2\% + 0.7(r_M - r_f)$	$r_Y - r_f = 2.3\% + 1.6(r_M - r_f)$
R-SQR=0.461	R-SQR=0.594
Residual standard deviation, $\sigma(e_X) = 18\%$	Residual standard deviation, $\sigma(e_Y) = 21\%$
Standard deviation of $r_X - r_f = 23\%$	Standard deviation of $r_Y - r_f = 28\%$

포트폴리오 X와 포트폴리오 Y의 샤프척도, 트레이너척도, 젠센척도, 평가비율을 계

산하시오.

● 답 ●

샤프척도:
$$S_X = \frac{0.02 + 0.7(0.12 - 0.05)}{0.23} = 0.3$$

$$S_Y = \frac{0.023 + 1.6(0.12 - 0.05)}{0.28} = 0.4821$$

트레이너척도:
$$T_X = \frac{0.02 + 0.7(0.12 - 0.05)}{0.7} = 0.0986$$

$$T_Y = \frac{0.023 + 1.6(0.12 - 0.05)}{1.6} = 0.0844$$

젠센척도:
$$\alpha_X = 0.02$$

$$\alpha_Y = 0.023$$

평가비율:
$$AR_X = \frac{0.02}{0.18} = 0.1111$$

$$AR_Y = \frac{0.023}{0.21} = 0.1095$$

만일 X나 Y가 전체 투자펀드를 구성한다면 샤프척도에 근거하여 Y가 선호된다.

만일 X나 Y가 시장포트폴리오와 합쳐진다면 평가비율에 근거하여 X가 선호된다.

만일 X나 Y가 비슷한 크기의 여러 다른 포트폴리오들 중의 하나라면 트레이너척도에 근거하여 X가 선호된다.

▶ 02 성과요인분석

포트폴리오 관리자는 주식이나 채권 등 질적으로 위험이 다른 각 자산군에 어떻게 자금을 배분할 것인가의 자산배분결정(asset allocation decision), 투자자산군 내에서 어떤 특정종목을 선택하여 투자할 것인가의 종목선정결정(security selection decision)을 내려야 한다. 따라서 포트폴리오 성과의 기여요인분석은 광범위한 자산 간의 자금 배분 문제에서 시작하여 점차 세부적인 종목선정의 문제로 좁혀 나가게 되며, 포트폴리오 관리자의 성과는 자산배분능력과 종목선정능력에 의해 결정된다.

성과요인분석의 기본적인 방법은 운용대상 포트폴리오 P와 기준이 되는 벤치마크 포트폴리오 B의 수익률 차이의 원인을 분석하는 것이다. 벤치마크 포트폴리오의 수익률은 식(6-6)으로 나타낼 수 있다. 식(6-6)에서 w_{B_i}는 벤치마크 포트폴리오에 포함된 자산군(asset class) i에 대한 투자비중이고 r_{B_i}는 벤치마크 자산군의 수익률이다.

$$r_B = \sum_{i=1}^{n} w_{B_i} r_{B_i} \tag{6-6}$$

포트폴리오 관리자는 자본시장에 대한 전망을 바탕으로 각 자산군별 투자비중을 결정하고 증권분석 결과를 근거로 각 자산군 내에서 종목을 선정한다. 포트폴리오 관리자가 실제로 운용한 포트폴리오 P의 수익률은 실제투자비중으로 포트폴리오 내의 개별자산의 수익률을 가중평균하여 다음과 같이 나타낼 수 있다.

$$r_P = \sum_{i=1}^{n} w_{P_i} r_{P_i} \tag{6-7}$$

따라서 실제 운용한 포트폴리오 P와 벤치마크 포트폴리오 B의 수익률 차이인 식(6-8)을 통해 기준 대비 포트폴리오 관리자의 성과가 얼마나 되는지 알 수 있다.

$$r_P - r_B = \sum_{i=1}^{n} w_{P_i} r_{P_i} - \sum_{i=1}^{n} w_{B_i} r_{B_i} = \sum_{i=1}^{n} (w_{P_i} r_{P_i} - w_{B_i} r_{B_i}) \tag{6-8}$$

식(6-8)을 다음과 같이 분해하면 전체 포트폴리오 성과에 미친 기여도를 자산배분기여도와 종목선정기여도로 구분할 수 있다.

$$\text{자산군의 총기여분} = \text{자산배분의 기여분} + \text{종목선정의 기여분} \tag{6-9}$$

$$\downarrow \qquad\qquad \downarrow \qquad\qquad \downarrow$$

$$\sum_{i=1}^{n} (w_{P_i} r_{P_i} - w_{B_i} r_{B_i}) = \sum_{i=1}^{n} (w_{P_i} - w_{B_i}) r_{B_i} + \sum_{i=1}^{n} (r_{P_i} - r_{B_i}) w_{P_i}$$

식(6-9)에서 $\sum_{i=1}^{n}(w_{P_i}-w_{B_i})r_{B_i}$는 자산배분의 효과를 나타낸다. 포트폴리오 P 내의 특정 자산군의 비중과 벤치마크 포트폴리오 내의 특정 자산군의 비중의 차이 $(w_{P_i}-w_{B_i})$를 그 자산군의 벤치마크 수익률 r_{B_i}로 곱한 것이다. 벤치마크 B에 비해 포트폴리오 P의 자산배분이 뛰어나다면, r_{B_i}가 클수록 $(w_{P_i}-w_{B_i})$가 큰 값을 가지게 될 것이다.

$\sum_{i=1}^{n}(r_{P_i}-r_{B_i})w_{P_i}$는 종목선정의 효과를 나타낸다. 포트폴리오 관리자가 선택한 포트폴리오 P 내의 특정 자산군의 수익률과 벤치마크 포트폴리오 내의 특정 자산군의 수익률의 차이 $(r_{P_i}-r_{B_i})$에 자산의 실제투자비중 w_{P_i}를 곱한 것이다. 벤치마크 B에 비해 포트폴리오 P의 종목선정이 뛰어날수록 $(r_{P_i}-r_{B_i})$가 더 큰 양(+)의 값을 가지게 될 것이다.

예를 들어, 주식, 채권, 현금성자산에 각각 75%, 15%, 10% 투자하여 포트폴리오 P를 운영하였고, 각 자산의 실제수익률과 벤치마크의 투자비중 및 수익률이 〈표 6-1〉과 같다고 하자.

표 6-1 포트폴리오 P와 벤치마크 B

	실제수익률	실제투자비중	벤치마크 수익률	벤치마크 투자비중
주식	2.3%	0.75	1.5%	0.60
채권	1.1%	0.15	0.8%	0.30
현금성자산	0.4%	0.10	0.4%	0.10

포트폴리오 P의 실제수익률은 $0.0193[=(0.75)(0.023)+(0.15)(0.011)+(0.10)(0.004)]$으로 벤치마크수익률 $0.0118[=(0.60)(0.015)+(0.30)(0.008)+(0.10)(0.004)]$보다 0.0075(0.75%)만큼 초과성과(over performance)를 보이고 있다. 이러한 초과성과는 벤치마크에 비해 자산배분과 종목선정이 얼마나 더 우수한가에 따라 결정된다.

벤치마크는 주식, 채권, 현금성자산에 60%, 30%, 10% 투자한 반면, 포트폴리오 P는 75%, 15%, 10% 투자하여, 주식에 15% 더 투자하고 채권에 15% 덜 투자한 셈이다. 과연 벤치마크의 자산배분에 비해 P의 자산배분이 얼마나 더 좋은 성과를 냈는지 다음과 같이 분석할 수 있다. 이때 종목선정 성과를 배제하기 위해 벤치마크 대비 초과 투자비중에 포트폴리오 P의 수익률 대신 벤치마크 수익률을 곱하여 성과기여도를 측정한다.

포트폴리오 P의 초과성과 0.0075(0.75%)중에서 자산배분에 의한 기여도가 0.00105 (0.105%)임을 〈표 6-2〉에서 보여준다. 이것은 벤치마크 대비 주식은 0.8%(=2.3%-1.5%), 채권은 0.3%(=1.1%-0.8%) 초과수익을 냈는데 포트폴리오 P는 주식에 15% 더 투자하고 채권에 15% 덜 투자하였기 때문이다.

표 6-2 자산배분의 성과분석

	벤치마크 대비 초과 투자비중 (1)	벤치마크 수익률 (2)	성과에 대한 기여도 (1)×(2)
주식	0.15(=0.75-0.60)	0.015	0.00225
채권	-0.15(=0.15-0.30)	0.008	-0.0012
현금성자산	0 (=0.10-0.10)	0.004	0

자산배분기여도: 0.00105

한편, 0.75% 중 나머지 초과성과인 0.645%(=0.75%-0.105%)는 종목선정에 의해 발생한 것이며 〈표 6-3〉에서 이러한 종목선정의 기여도를 상세히 보여준다. 포트폴리오 P의 주식과 채권 모두 벤치마크 대비 초과 수익률을 내었으며, 이는 포트폴리오 관리자가 그만큼 주식과 채권 모두 종목선정을 잘 하였기 때문이다. 주식과 채권의 우월한 초과 운용성과를 각 자산의 투자비중으로 가중평균하면 종목선정에 의한 성과 기여분이 0.645%가 된다.

표 6-3 종목선정의 성과분석

	벤치마크 대비 초과수익률 (1)	포트폴리오 투자비중 (2)	성과에 대한 기여도 (1)×(2)
주식	0.008(=0.023-0.015)	0.75	0.006
채권	0.003(=0.011-0.008)	0.15	0.00045
현금성자산	0 (=0.004-0.004)	0.10	0

종목선정기여도: 0.00645

자산배분이냐 종목이냐 시장타이밍이냐

흔히 주식투자의 성공 요체하면 떠오르는 것은 대박 종목과 절묘한 매수 및 매도 타이밍이다. 투자실패를 했을 경우에도 잘못된 종목선정과 타이밍 탓이라 여긴다. 하지만 이런 생각에 많은 반론이 있는데, 그 중 대표적인 것이 자산배분을 강조하는 것이다.

종목선정, 매매타이밍 그리고 자산배분 중 투자성과에 결정적 역할을 하는 변수가 자산배분이라는 연구는 1980년대부터 쭉 있어 왔다. 가장 많이 인용되는 연구는 1986년 Gary Brinson 등이 함께 발표한 「포트폴리오의 실적을 결정하는 요소」이다. Brinson 등은 90개가 넘는 연금 기금의 1974-1983년 실적을 분석한 후, '분기 수익률 변동성의 약93.6%를 자산배분으로 설명할 수 있다.'는 결론을 내렸다. 즉, 수익에 영향을 미치는 가장 큰 변수가 자산배분이라는 주장을 펼친 것이다. 이후 많은 논쟁이 있었고 이 연구에 대한 비판도 있었다. 하지만 자산배분이 미치는 영향력의 비율에만 차이가 있었지 그 중요성을 부정하는 것은 아직도 발표되지 않았다.

예일대 기금 CIO(최고투자책임자)인 David Swensen은 자산배분을 통해 예일대 기금을 세계 최고의 기금으로 만든 인물이다. 그는 '기부금 펀드계의 Babe Ruth'라는 별명을 얻을 정도로 기부금 운용의 혁신을 가져온 인물이다. 그가 1985년에 예일대 기금을 맡기 전만 해도 예일대를 비롯한 대부분의 기부금 펀드들은 안정한 채권에 돈을 넣어두는 게 일반적이었다. 원금을 깨먹으면 안 되고 기부금 특성상 필요할 때 언제든지 현금화할 수 있어야 한다는 통념에 따라 주식 등 위험자산에 투자하면, 큰일이라도 날 것처럼 여겼던 게 시대적 분위기였다. Swensen은 이런 통념에 도전장을 내 놓았다. 자산배분의 관점에서 채권 비중을 줄이고, 다양한 투자처로 포트폴리오를 구성하기 시작한 것이다.

Swensen은 포트폴리오 구성에 있어서 '주식 편향'을 강조한다. 장기적으로 채권에만 투자할 경우 물가상승률 위험에 대비해 구매력을 증진시킬 수 없고 더 나아가 수익률도 낮아질 수밖에 없기 때문이다. "주식 편향 소유와 분산의 원리는 신중한 장기 투자자의 자산배분과정의 기초가 된다"고 지적한다. 주식 편향 포트폴리오를 구성한다고 해서 그가 주식에 직접 투자하는 것은 아니다. 예일대 기금은 주식에 직접 투자를 하지 않는다. 자산배분을 할 따름이다. 인덱스 펀드, 헤지 펀드, 사모 펀드 등 다양한 투자 수단을 통해 주식에 투자를 한다.

자산배분은 종목선택처럼 결코 쉬운 일이 아니다. Swensen은 자산배분은 과학이자 예술이라고 한다. Warren Buffett이 기업의 가치분석이 과학이자 예술이라고 말했듯이. Swensen의 경험과 이론에서 우리가 생각해 봐야 할 것은 종목선택이나 마켓타이밍이 투자의 전부가 아니라는 사실이다. 자산배분과 배분을 조절하는 리밸런싱에 집중하는 것도 중요한 투자전략이다.

[출처: 「왜? 자산관리를 해야 하나」, 안능섭, 이상건, 최태희, 황성룡 저, pp. 109-111.]

핵심정리

1. 성과측정지표

- 샤프척도: $S_p = \dfrac{\overline{r_p} - \overline{r_f}}{\sigma_p}$

- 트레이너척도: $T_p = \dfrac{\overline{r_p} - \overline{r_f}}{\beta_p}$

- 젠센척도: $\alpha_p = \overline{r_p} - [\,\overline{r_f} + (\overline{r_M} - \overline{r_f})\beta_p\,]$

- 정보비율: $IR_p = \dfrac{\overline{r_p} - \overline{r_B}}{\sigma_{ER}} \;\rightarrow\; IR_p = \dfrac{\alpha_p}{\sigma(e_p)}$

2. 성과요인분석

- 자산군의 총기여분 = 자산배분의 기여분 + 종목선정의 기여분

$$\sum_{i=1}^{n}(w_{P_i}r_{P_i} - w_{B_i}r_{B_i}) = \sum_{i=1}^{n}(w_{P_i} - w_{B_i})r_{B_i} + \sum_{i=1}^{n}(r_{P_i} - r_{B_i})w_{P_i}$$

연습문제

문1. (2010 CPA) 다음 표는 지난 36개월간 월별 시장초과수익률에 대한 (주)한국의 월별 주식초과수익률의 회귀분석 결과이다.

	계수	표준오차	t 통계량	p-값
Y 절편	0.0047	0.0044	1.0790	0.2882
X_1	0.8362	0.1996	4.1892	0.0002

주) X_1 변수는 시장초과수익률을 나타낸다.

이 기간 중 (주)한국의 월별 주식수익률의 평균은 1.65%, 표준편차는 2.55%였고, 월별 시장수익률의 평균은 1.40%, 표준편차는 1.77%였다. 또한 무위험자산 수익률은 연 1.20%였고 36개월간 변동이 없었다. 주어진 정보를 이용하여 샤프척도, 트레이너척도, 젠센의 알파를 올바르게 계산한 것은? (   )

	샤프지수	트레이너지수(%)	젠센의 알파(%)
①	0.18	1.96	1.20
②	0.61	1.85	0.47
③	0.61	1.96	0.47
④	0.65	1.85	0.47
⑤	0.65	1.96	1.20

문2. A는 다음 자산군에 투자하여 20% 수익률을 얻었다.

	투자비중	수익률
주식	80%	20%
채권	20%	8%

다음과 같은 벤치마크 포트폴리오의 수익률은 15.6%였다.

	투자비중	수익률
주식(주가지수)	60%	18%
채권(채권지수)	40%	6%

A의 초과수익률 중 자산배분 및 종목선정에 의한 기여도는 각각 얼마인가? (　　)

① 1.2%, 3.2%　　　　② 1.5%, 2.9%　　　　③ 1.9%, 2.5%

④ 2.4%, 2.0%　　　　⑤ 2.8%, 1.6%

문3.　(2021 CPA) 다음 표는 자산 A, B, C, D의 젠센(Jensen)지수를 나타낸다. 공매도가 허용된다고 가정할 때, 다음 중 가능한 경우만을 모두 선택한 것은? (　　)

자산	A	B	C	D
젠센지수(%)	−2	−1	1	2

> a. 자산 A와 자산 B로만 구성된 포트폴리오의 젠센지수가 1%인 경우
> b. 자산 C의 샤프(Sharpe)지수가 자산 D의 샤프지수보다 큰 경우
> c. 자산 C의 트레이너(Treynor)지수가 자산 D의 트레이너지수보다 큰 경우

① a　　　　　　　② c　　　　　　　③ a, b

④ a, c　　　　　　⑤ a, b, c

연습문제 해답

문1. ②

[답]

무위험자산의 연수익률＝1.2% → 월수익률＝1.2%/12＝0.1%

샤프척도: $S_p = \dfrac{\overline{r_p} - \overline{r_f}}{\sigma_p} = \dfrac{1.65\% - 0.1\%}{2.55\%} = 0.61\%$

트레이너척도: $T_p = \dfrac{\overline{r_p} - \overline{r_f}}{\beta_p} = \dfrac{1.65\% - 0.1\%}{0.8362} = 1.85\%$

젠센의 알파: α_p ＝회귀식의 절편＝0.47%

문2. ④

[답]

	벤치마크 대비 초과 투자비중 (1)	벤치마크 수익률 (2)	성과에 대한 기여도 (1)×(2)
주식	0.2(＝0.8−0.6)	0.18	0.036
채권	−0.2(＝0.2−0.4)	0.06	−0.012
자산배분기여도:			0.024

	벤치마크 대비 초과수익률 (1)	포트폴리오 투자비중 (2)	성과에 대한 기여도 (1)×(2)
주식	0.02(＝0.20−0.18)	0.8	0.016
채권	0.02(＝0.08−0.06)	0.2	0.004
종목선정기여도:			0.020

문3. ⑤

PART

03 자본시장균형이론

07 자본자산가격결정모형 (CAPM)

학습개요

본 장에서는 현대 금융경제의 중심이론인 자본자산가격결정모형(CAPM)에 대해서 다룬다. 자산의 위험과 기대수익률 간의 관계를 설명하는 모형인 CAPM은 현대 재무금융학계에서 다루는 가장 중요한 모형 중의 하나로서 실무적으로도 투자성과평가, 증권가치평가, 자본비용측정 등에 널리 이용되고 있다. 본 장에서는 CAPM의 가정과 위험의 측정 방법 그리고 CAPM 도출과정에 대해서 설명한 후, CAPM의 활용 측면에서의 균형기대수익률, 투자예산결정에의 적용에 대해서 학습한다.

학습목표

- CAPM의 가정
- 균형기대수익률
- 위험의 측정 및 CAPM 도출
- 투자예산결정에의 적용

1. CAPM의 가정

1952년 Markowitz는 현대 포트폴리오 이론의 기초를 마련하였다. 이후 개별증권을 비롯한 모든 자산의 체계적 위험과 기대수익률 사이에 존재하는 균형관계를 설명하는 모형이 Sharpe(1964),[1] Lintner(1965),[2] Mossin(1966)[3]에 의해 개발되었으며, 이를 자본자산가격결정모형(CAPM: Capital Asset Pricing Model)이라고 한다. 먼저 CAPM의 가정을 요약하면 다음과 같다.

① 투자자들은 평균-분산기준[4]인 Markowitz모형의 선택이론에 의해서 효율적 투자선상의 포트폴리오를 위험포트폴리오로 취한다.
② 투자대상은 주식, 채권 등 공개시장에서 거래되는 모든 금융자산과 무위험자산으로 한정하며, 투자자들은 무위험수익률로 얼마든지 자금을 차입하거나 대출할 수 있다.
③ 투자자들은 각 증권의 기대수익률과 분산-공분산에 대하여 모두 동일한 예측을 한다.[5] 따라서 효율적 투자선을 구하는 데 필요한 자료가 동일하다.
④ 투자자들의 투자기간은 1기간(one period)으로 동일하다.
⑤ 완전(perfect)시장의 가정 하에 투자자는 자신의 거래가 가격에 영향을 미치지 못하는 가격순응자이고, 거래비용과 세금 등이 없으며, 공매에 대한 제한도 없다.

---

[1] William Sharpe, "Capital Asset Prices: A Theory of Market Equilibrium," *Journal of Finance,* September 1964.
[2] John Lintner, "The Valuation of Risk Assets and the Selection of Risky investments in Stock Portfolios and Capital Budgets," *Review of Economics and Statistics*, February 1965.
[3] Jan Mossin, "Equilibrium in an Capital Asset Market," *Econometrica*, October 1966.
[4] 평균-분산 기준은 불확실성하에서 투자자들이 미래 자산수익률의 확률분포에 대한 평균과 분산이라는 두 모수에 근거하여 투자안을 선택하는 투자원리이다.
[5] 투자자들은 미래증권수익률의 확률분포에 대하여 동일한 예측을 한다.

이와 같은 가정에 따르면, 모든 투자자는 동일한 최적위험포트폴리오를 보유하게 된다. 모든 투자자가 완전시장 하에서(가정⑤) 동일한 증권모집단에 대해서(가정②) 동일한 데이터를 사용하여(가정③) 동일한 투자기간(가정④)에 대해 동일한 분석기법(평균-분산기준; 가정①)을 적용하면 모두 동일한 효율적 투자선을 가지게 될 것이고, 무위험자산과 이어지는 효율적 투자선상의 접점을 최적위험포트폴리오로 모두 동일하게 취하게 될 것이다. 이 최적위험포트폴리오는 시장에 존재하는 모든 위험자산을 포함하는 시장포트폴리오(M)가 된다.[6] 이때 무위험자산과 시장포트폴리오(M)를 연결하는 선을 자본시장선(CML: capital market line)이라 한다.

예제 | 시장포트폴리오(M)

주식시장이 세 개의 주식과 두 명의 투자자로 구성되어 있고, 시가총액과 구성비율이 아래 표와 같다고 할 때, 1조원을 가진 A투자자와 99조원을 가진 B투자자 모두 시장포트폴리오를 보유하려면 어떻게 투자해야 하는가?

	시가총액	구성비율
X주식	30조원	30%
Y주식	45조원	45%
Z주식	25조원	25%
시장포트폴리오	100조원	100%

• 답 •

시장의 구성비율대로 투자금액을 투자하여 시장을 복제하면 시장포트폴리오(M)가 구성된다.

투자자 A: 3,000억(=1조×30%) X주식에 투자

4,500억(=1조×45%) Y주식에 투자

2,500억(=1조×25%) Z주식에 투자

투자자 B: 29조 7,000억(=99조×30%) X주식에 투자

44조 5,500억(=99조×45%) Y주식에 투자

24조 7,500억(=99조×25%) Z주식에 투자

---

[6] 만일 어떤 위험자산이 시장포트폴리오(M)에서 누락되면 아무도 그 자산을 보유하지 않게 된다는 의미이다. 따라서 가격이 급격히 내려갈 것이며, 충분히 내려가면 낮은 가격 때문에 투자자들이 다시 보유하게 되어 시장포트폴리오(M)에 다시 포함될 것이다.

→ X주식에 투자한 총금액은 30조원(=1조×30%+99조×30%), Y주식에 투자한 총금액은 45조원(=1조×45%+99조×45%), Z주식에 투자한 총금액은 25조원(=1조×25%+99조×25%)이 된다. 이와 같이 투자금액에 상관없이 모든 투자자는 시장포트폴리오를 취할 수 있다.

CAPM의 세계에서는 모든 투자자들이 공통적으로 시장포트폴리오(M)를 최적위험포트폴리오로 취하고, 시장포트폴리오(M)가 바로 효율적 투자선상의 접점이 된다. 무위험자산과 시장포트폴리오(M)를 연결하는 선이 자본시장선(CML)이라고 정의되고, 또한 무위험자산과 최적위험포트폴리오를 연결하는 선이 최적 자본배분선(CAL)이라고 정의되므로, CAPM 세계에서는 〈그림 7-1〉과 같이 최적 CAL이 CML과 일치하게 된다.

그림 7-1 **자본배분선(CAL)과 자본시장선(CML)**

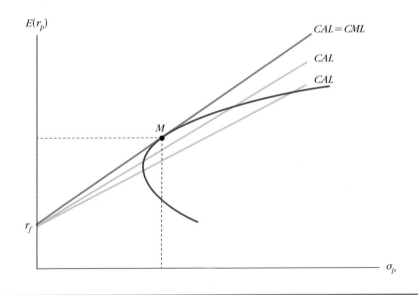

2. 증권시장선(SML)

(1) 위험의 측정

CAPM의 세계에서는 모든 투자자들이 시장포트폴리오(M)를 최적위험포트폴리오로 취한다. 그러면 시장포트폴리오(M)를 구성하는 개별자산의 기대수익률과 위험의 크기는 얼마나 될까?

일반적으로 투자자가 어떤 자산에 투자할 경우 미래라는 시간과 불확실이라는 위험을 떠안는 대가가 있어야 한다. 따라서 투자자는 시차보상인 무위험수익률에 위험보상인 위험프리미엄(위험보상율)이 합쳐진 수익률을 기대한다. 이는 개별자산의 위험에 근거하여 개별자산의 수익률이 기대됨을 의미하므로, 개별자산의 기대수익률을 알기 위해서 먼저 개별자산의 위험을 측정해야 한다.

시장포트폴리오(M)를 구성하는 모든 개별자산의 위험을 합하면 시장포트폴리오(M)의 위험이 되므로, 개별자산의 위험은 개별자산이 시장포트폴리오의 총위험을 구성하는데 얼마나 기여하고 있는지의 공헌도(contribution)에 의해서 측정할 수 있다. 설명의 편의상 시장에 존재하는 모든 자산이 3개라고 가정하자. 3개의 자산으로 구성된 시장포트폴리오(M)의 총위험[7]에 대한 각 개별자산의 공헌을 측정하기 위하여 시장포트폴리오(M)의 총위험 σ_M^2을 분해하면 〈그림 7-2〉와 같이 나타낼 수 있다.

〈그림 7-2〉의 총위험 $\sigma_M^2 = \sum w_i \sigma_{iM}$을 형성하는데 1주식이 공헌(기여)하고 있는 부분은 $w_1 w_1 \sigma_{11} + w_1 w_2 \sigma_{12} + w_1 w_3 \sigma_{13}$이며, 이를 정리하면 $w_1 \sigma_{1M}$이 된다.[8]

$$\text{1주식의 공헌(기여)부분} = w_1 w_1 \sigma_{11} + w_1 w_2 \sigma_{12} + w_1 w_3 \sigma_{13} = w_1 \sigma_{1M} \qquad (7\text{-}1)$$

---

[7] 시장에 존재하는 모든 자산으로 구성된 시장포트폴리오(M)는 비체계적 위험은 모두 사라지고 체계적 위험만 존재하게 되므로 시장포트폴리오(M)의 총위험은 체계적 위험이 된다.

[8]
$$\begin{aligned} w_1 w_1 \sigma_{11} + w_1 w_2 \sigma_{12} + w_1 w_3 \sigma_{13} &= w_1 [w_1 Cov(r_1,\ r_1) + w_2 Cov(r_1,\ r_2) + w_3 Cov(r_1,\ r_3)] \\ &= w_1 [Cov(r_1,\ w_1 r_1) + Cov(r_1,\ w_2 r_2) + Cov(r_1,\ w_3 r_3)] \\ &= w_1 Cov(r_1,\ w_1 r_1 + w_2 r_2 + w_3 r_3) \\ &= w_1 Cov(r_1,\ r_M) \\ &= w_1 \sigma_{1M} \end{aligned}$$

그림 7-2 시장포트폴리오(M)의 위험분해

주식	1	2	3	
1	$w_1 w_1 \sigma_{11}$ $(= w_1^2 \sigma_1^2)$	$w_1 w_2 \sigma_{12}$	$w_1 w_3 \sigma_{13}$	$\rightarrow w_1 \sigma_{1M} = 1$주식의 공헌
2	$w_2 w_1 \sigma_{21}$	$w_2 w_2 \sigma_{22}$ $(= w_2^2 \sigma_2^2)$	$w_2 w_3 \sigma_{23}$	$\rightarrow w_2 \sigma_{2M} = 2$주식의 공헌
3	$w_3 w_1 \sigma_{31}$	$w_3 w_2 \sigma_{32}$	$w_3 w_3 \sigma_{33}$ $(= w_3^2 \sigma_3^2)$	$\rightarrow w_3 \sigma_{3M} = 3$주식의 공헌

$$\sigma_M^2 = \sum_{i=1}^{N} w_i \sigma_{iM}$$

식(7-1)은 개별자산의 위험이 개별주식과 시장포트폴리오와의 공분산 σ_{iM}에 의해서 측정될 수 있음을 보여준다.

(2) 증권시장선(SML)

개별자산의 위험이 공분산(σ_{iM})에 의해서 측정될 경우, 이 위험에 근거한 개별자산의 기대수익률은 무위험수익률(r_f)에 위험프리미엄(=위험의 균형가격×위험의 크기)을 더하여 다음과 같이 나타낼 수 있다.

$$E(r_i) \quad = \quad r_f \quad + \quad x \quad \times \quad \sigma_{iM} \tag{7-2}$$

$$\downarrow \qquad\qquad \downarrow \qquad\qquad \downarrow \qquad\qquad \downarrow$$

기대수익률=무위험수익률+위험의 균형가격×위험의 크기

식(7-2)를 시장포트폴리오에 적용하면 다음과 같이 시장에서의 위험의 균형가격을 알 수 있다.

$$E(r_M) = r_f + x \cdot \sigma_M^2 \rightarrow x = \frac{E(r_M) - r_f}{\sigma_M^2} \tag{7-3}$$

이제, 식(7-3)을 식(7-2)에 대입하면 식(7-4)가 도출된다.

$$E(r_i) = r_f + \left[\frac{E(r_M) - r_f}{\sigma_M^2} \right] \sigma_{iM} = r_f + [E(r_M) - r_f] \frac{\sigma_{iM}}{\sigma_M^2} \tag{7-4}$$

식(7-4)에서 σ_{iM}/σ_M^2을 β_i로 놓으면[9] 식(7-5)와 같이 표시되며, 이 식을 증권시장선(SML: security market line)이라고 한다.[10]

$$E(r_i) = r_f + [E(r_M) - r_f]\beta_i \tag{7-5}$$

이제, 위험과 기대수익률 사이의 균형관계를 나타내는 직선으로 자본시장선(CML) $E(r_i) = r_f + [(E(r_M) - r_f)/\sigma_M]\sigma_i$와 증권시장선(SML) $E(r_i) = r_f + [(E(r_M) - r_f)]\beta_i$ 두 개가 있는데, 이 두 직선이 어떤 차이가 있는지 비교해 보자.

〈그림 7-3〉의 왼쪽 그림은 CML을 나타낸 것이다. CML상에 있는 포트폴리오는 효율적 포트폴리오이고, 투자자가 CML상에 있는 시장포트폴리오(M)를 최적위험포트폴리오로 취하기 때문에 완전분산투자 되어 비체계적 위험이 모두 사라지고 체계적 위험만이 남아 있으므로 표준편차를 위험측정치로 사용하여도 무방하다.

하지만 〈그림 7-3〉의 왼쪽 그림과 같이 효율적 투자선 안쪽에 위치하여 총위험(＝체계적 위험＋비체계적 위험) σ_A를 갖는 개별주식(혹은 비효율적 포트폴리오) A의 위험과 기대수익률 간의 관계는 CML로 설명하지 못한다. 왜냐하면, CML상에는 비체계적 위험이 없는 효율적 포트폴리오만이 위치하게 되고, 개별증권이나 비체계적 위험이 완전히 사라지지 않은 개별증권(혹은 비효율적 포트폴리오)은 CML의 아래에 위치하게 된다. 따라서 CML로는 개별증권(혹은 비효율적 포트폴리오)의 위험과 기대수익률 간의 관계를 설명할 수 없고 오직 효율적 포트폴리오의 위험과 기대수익률 간의 관계만

---

9 단순회귀모형 $Y = \alpha + \beta X + \epsilon$에서 최소자승법으로 β를 추정하면 $\beta = \sigma_{XY}/\sigma_X^2$으로 계산된다.

10 식(7-5)에서 β_i는 σ_{iM}을 σ_M^2으로 나누어 표준화시킨 것이고, σ_M^2은 모든 주식에 동일하게 주어지므로 개별주식 위험은 σ_{iM} 또는 β_i로 측정될 수 있다. 실제로 σ_{iM}보다도 β_i가 직관적으로 쉽게 이해할 수 있으므로 많은 경우 β_i를 체계적 위험의 척도로 이용하고 있다.

그림 7-3 자본시장선(CML)과 증권시장선(SML)

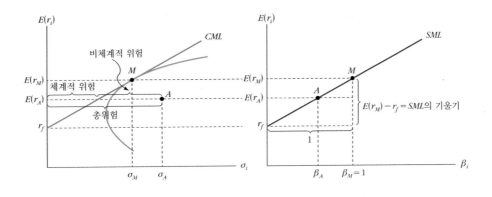

설명할 수 있다.

한편, 〈그림 7-3〉의 오른쪽 그림은 기대수익률과 베타의 관계를 나타낸 증권시장선(SML)을 나타낸 것으로, 시장포트폴리오의 베타는 1이기[11] 때문에 증권시장선(SML)의 기울기는 시장포트폴리오의 위험프리미엄 $E(r_M) - r_f$와 같다.

시장포트폴리오를 구성하는 개별주식의 위험은 총위험에 대한 공헌도(기여도)를 나타낼 수 있는 공분산 혹은 베타(β_i)가 표준편차(σ_i)에 비해 보다 적절한 위험측정치이다. 따라서 SML상에는 효율적 포트폴리오, 비효율적 포트폴리오, 개별주식의 위험과 기대수익률이 모두 표시되어 CML에 비해 시장포트폴리오(M)와 같은 효율적 포트폴리오뿐만 아니라 A와 같은 개별주식(혹은 비효율적 포트폴리오)의 위험과 기대수익률 간의 균형관계까지도 설명한다.

---

11 시장베타 $\beta_M = \sigma_{MM}/\sigma_M^2 = \sigma_M^2/\sigma_M^2 = 1$. 만약 A라는 개별주식의 베타($\beta_A$)가 0.8일 경우 시장수익률이 10% 상승하거나 하락할 때 A주식 수익률은 8% 상승하거나 하락한다는 의미이다. 따라서 베타는 시장수익률 변동에 대한 개별주식의 민감도를 나타내고, 1보다 큰 베타를 갖는 주식을 공격적 주식, 1보다 작은 베타를 갖는 주식을 방어적 주식이라고 한다.

죽은 이론 '베타'

20세기 후반 30년간 미국 경제학계의 주류를 형성한 세력은 효율적 시장가설(EMH) 학파이고 베타는 이 학파의 대표적 산출물 중 하나다. 베타는 지수 대비 개별종목의 변동성을 수치화한 지표다. 이 학파의 상징적 인물인 MIT의 Paul Samuelson은 1970년 미국 최초로 노벨경제학상을 수상했다. 효율적 시장이란 가격이 모든 정보를 즉시, 충분하게 반영하는 시장을 말한다.

이 학파는 한발 더 나아가 시장이 실제로 효율적이라고 주장하였다. 이렇게 되면 실력으로 시장을 이길 수 있는 방법이 없어진다. 시장은 항상 가치를 정당하게 반영하고 고평가주와 저평가주도 존재할 수 없다. 효율적 시장가설을 이론적 배경으로 해서 탄생한 투자기법이 인덱스펀드다. 이들의 주장에 의하면 수익은 변동폭에 전적으로 연동돼 베타가 높은 종목은 시장이 상승하면 더 높은 수익을 얻고, 시장이 하락하면 더 많은 손해를 본다. 이를 일차함수로 나타낸 것이 '자본자산가격결정모형(CAPM)'이다.

1960년대 중반부터 CAPM의 타당성을 의심하게 하는 연구결과들이 발표됐지만, 이 이론의 대표인 스탠퍼드대의 William Sharpe는 1990년 노벨경제학상을 받았다. 시카고대의 Eugene Fama는 1970년, 1972년, 1973년 CAPM의 핵심인 베타의 타당성을 지원하는 유명한 논문들과 함께 이 학파를 미국의 주류 경제학파로 만드는 데 기여해 효율적 시장가설(EMH) 학파의 산파로 불린다.

이로부터 2년 후 Fama가 또 하나의 유명한 베타 관련 논문을 발표한다. 요지는 검증 결과 CAPM의 핵심인 베타가 의미 없어 보인다는 것이다. 자신이 산파 역할을 한 이론에 스스로 사망선고를 내린 것이다. 언론에서 이 사건을 '베타의 죽음' '베타의 패배' 등의 제목으로 대서특필했다.

[출처: 한국경제(www.hankyung.com), 2011. 12. 1.]

▶ 02 CAPM의 실증분석

1. 균형기대수익률

　SML은 기대수익률과 체계적 위험의 균형관계를 나타내는 식이기 때문에 적정가격(fair price)이 형성된 자산은 정확히 SML상에 위치한다. 또한 SML상의 기대수익률은 균형상태에서 투자위험을 감안한 적정수익률이 되므로 위험자산에 대한 요구수익률(required rate of return)을 추정할 때 SML로 계산되는 기대수익률을 이용할 수 있다. 예를 들어, 어떤 주식이 과소평가 되었다면 이것은 SML이 제시하는 적정 기대수익률을 상회하는 기대수익률을 가져오게 된다는 의미이므로 〈그림 7-4〉에서 보듯이 SML보다 위에 위치하게 된다. 반대로 과대평가된 주식은 SML의 아래에 위치한다.

　적정 기대수익률과 예상된 수익률의 차이를 알파(α)라고 한다.[12] 예를 들어, 시장

그림 7-4　증권시장선과 알파(α)

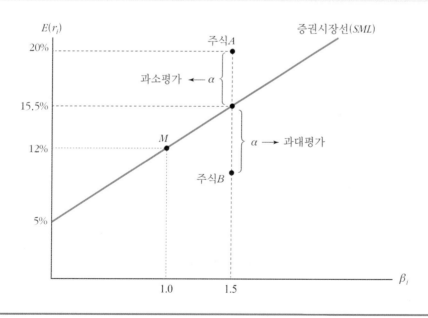

12　제6장 성과평가에서 다룬 젠센척도에 해당한다.

수익률이 12%, 주식 A의 베타가 1.5, 무위험수익률이 5%라고 한다면 SML에 의하여 제시되는 주식 A의 적정 기대수익률은 5%+(12%−5%)(1.5)=15.5%가 된다. 이 경우 어떤 투자자가 주식 A의 수익률을 20%라고 예상하는 경우 이 주식의 알파(α)값은 4.5%(=20%−15.5%)이다.

예제 | 균형기대수익률

$r_f = 7\%$, $E(r_M) = 12\%$, $\beta_i = 1.2$, 예상된 기대수익률=16%일 경우 주식의 알파값을 구하시오. 만일 주식의 시장포트폴리오와의 공분산이 2배가 되면, 적정수익률은 얼마가 되는지 계산하시오.

● 답 ●

$E(r_i) = r_f + [E(r_M) - r_f]\beta_i = 0.07 + (0.12 - 0.07)(1.2) = 13\%$

$\alpha = 0.16 - 0.13 = 3\%$

$\beta_i = \dfrac{Cov_{iM}}{\sigma_M^2}$: Cov_{iM}이 2배가 되면 β_i도 2배가 된다. 즉, $\beta_i = 2.4$

$E(r_i) = r_f + [E(r_M) - r_f]\beta_i = 0.07 + (0.12 - 0.07)(2.4) = 19\%$

2. 투자예산결정

SML은 투자예산결정에 적용할 수 있다. 새로운 투자안을 검토하는 기업은 투자자의 요구수익률(required rate of return)을 베타를 이용하여 계산할 수 있다. 예를 들어, 현재 500만원을 투자할 경우 향후 10년 동안 매년 160만원의 세후 현금흐름이 예상되는 투자안을 고려하고 있다고 하자. 이 투자안의 베타는 2이다. 무위험수익률이 6%이고 시장의 기대수익률은 12%라고 할 때 이 투자안의 순현가(NPV: net present value)는 다음과 같이 구할 수 있다.

$$NPV = -500 + \sum_{t=1}^{10} \frac{160}{(1 + \text{요구수익률})^t}$$

이 투자안의 베타(위험)에 상응하여 기대되는 수익률인 요구수익률은 SML을 이용하여 구할 수 있다. 따라서 요구수익률로 $E(r_i) = r_f + [E(r_M) - r_f]\beta_i = 0.06 + (0.12 - 0.06)(2) = 18\%$를 적용하면 투자안의 순현가는 219만원이 된다.

(1) 불확실성하의 단일기간의 투자안 평가

SML은 개별자산의 위험척도를 제공하기 때문에 위험자산을 평가하는 데 매우 유용한 도구이다. 단일기간을 가정한 CAPM인 SML을 이용하여 단일기간 가정 하에 위험자산을 평가하는 방법은 위험조정할인율법(risk adjusted discount rate method)과 확실성등가법(certainty equivalent method)이 있다.

1) 위험조정할인율법

위험자산을 평가할 경우 그 위험을 적절히 반영하여 평가해야 하는데, 위험조정할인율법은 할인율에 위험을 반영하는 방법이다. 위험자산 i의 기대수익률 $[E(P_t) - P_0]/P_0$을 식(7-2)의 균형기대수익률과 같게 놓음으로써 위험을 반영한 위험조정할인율식을 다음과 같이 구할 수 있다.

$$\frac{E(P_t) - P_0}{P_0} = r_f + \lambda Cov(r_i, \ r_M) \ \rightarrow \ P_0 = \frac{E(P_t)}{1 + r_f + \lambda Cov(r_i, \ r_M)} \tag{7-6}$$

식(7-6)에서 무위험자산을 가정할 경우 무위험수익률과 시장포트폴리오수익률 간의 공분산은 0이므로 분모는 $1 + r_f$가 되며, 위험자산일 경우 $1 + r_f$에 위험프리미엄 $\lambda Cov(r_i, \ r_M)$이 가산되어 위험이 조정된 할인율로 전환된다.

2) 확실성등가법

위험자산을 평가할 때 그 위험을 적절히 반영하여 평가하는 또 다른 방법은 미래의 기대현금흐름에 위험을 직접 반영하는 방법인 확실성등가법이다. 이 방법은 현금흐름의 위험도에 따라 현금흐름 자체를 확실성등가로 전환시켜서 위험자산을 평가하는 방법이다. 이를 구체적으로 살펴보면, 먼저 식(7-6)에서 $Cov(r_i, \ r_M)$는 식(7-7)로 나타낼 수 있다.

$$Cov(r_i, \ r_M) = Cov\left(\frac{P_t - P_0}{P_0}, \ r_M\right)$$

$$= E\left[\left(\frac{P_t - P_0}{P_0} - \frac{E(P_t) - P_0}{P_0}\right), \ (r_M - E(r_M))\right]$$

$$= \frac{1}{P_0}Cov(P_t, \ r_M) \tag{7-7}$$

식(7-7)을 식(7-6)에 대입하면 식(7-8)이 된다.[13]

$$P_0 = \frac{E(P_t)}{1 + r_f + \lambda\dfrac{1}{P_0}Cov(P_t, \ r_M)} = \frac{E(P_t) - \lambda Cov(P_t, \ r_M)}{1 + r_f} \tag{7-8}$$

식(7-8)의 분자는 $E(P_t)$에서 위험프리미엄을 차감한 값으로 불확실한 현금흐름과 동일한 효용을 제공하는 확실한 현금의 크기인 확실성등가를 의미한다. 확실성등가법은 확설성등가를 위험이 없는 할인율인 $1 + r_f$로 할인하는 방법이다. 결국, 단일기간에서 위험조정할인율법과 확실성등가법은 동일한 결과를 가지며, 두 방법 모두 위험자산의 가격결정에서 개인들의 효용함수와는 무관함을 보이고 있다.

(2) 불확실성하의 다기간의 투자안 평가

이제, 단기간을 확장하여 자본비용이 일정하다는 가정하에서 다기간에 걸쳐 투자

---

13 $P_0 = \dfrac{E(P_t)}{1 + r_f + \lambda\dfrac{1}{P_0}Cov(P_t, \ r_M)} = P_0\left[\dfrac{E(P_t)}{P_0(1 + r_f) + \lambda Cov(P_t, \ r_M)}\right]$

$\rightarrow P_0 = P_0\left[\dfrac{E(P_t)}{P_0(1 + r_f) + \lambda Cov(P_t, \ r_M)}\right] \rightarrow 1 = \left[\dfrac{E(P_t)}{P_0(1 + r_f) + \lambda Cov(P_t, \ r_M)}\right]$

$\rightarrow P_0(1 + r_f) + \lambda Cov(P_t, \ r_M) = E(P_t) \rightarrow P_0 = \dfrac{E(P_t) - \lambda Cov(P_t, \ r_M)}{1 + r_f}$

할 경우를 살펴보자. 위험 투자안 k를 평가할 경우 기본적으로 위험을 고려하여 투자안을 평가해야 한다.

위험조정할인율법의 경우, 체계적 위험을 나타내는 자산베타를 추정한 후 SML을 이용하여 $E(r_k) = r_f + [E(r_M) - r_f)]\beta_k$로 위험이 조정된 할인율을 계산한다. 아래 그림과 같이 다기간에 걸쳐 불확실성이 존재할 때 매 기간마다 기대되는 현금흐름이 발생할 경우, 이 투자안의 NPV는 매 기간마다 기대되는 현금흐름을 위험이 고려된 할인율로 할인하여 식(7-9)와 같이 계산할 수 있다.

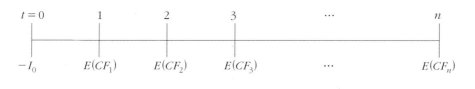

$$NPV = \sum_{t=1}^{n} \frac{E(CF_t)}{[1 + E(r_k)]^t} - I_0 \qquad (7\text{-}9)$$

한편, 확실성등가법의 경우, 미래의 기대현금흐름에 직접 위험을 반영해야 한다. 따라서 아래 그림과 같이 현금흐름의 위험도에 따라 현금흐름 자체를 확실성등가로 전환시켜 투자안을 평가한다. 여기서 확실성등가는 기대현금흐름에 확실성등가계수를 곱한 것과 같다. 이 경우 확실성등가계수는 기대현금흐름 1원과 동일한 효용을 제공하는 확실한 현금의 크기를 나타내는 것으로서 일반적으로 1보다 작은 양(+)의 값을 가진다.

$$CEQ_t = \alpha_t E(CF_t) \quad \text{여기서, } \alpha_t : t\text{시점의 확실성등가계수} \qquad (7\text{-}10)$$

확실성등가는 위험이 없는 확실한 현금흐름이기 때문에 무위험수익률 r_f에 의해

서 할인되어야 한다. 따라서 투자안의 NPV는 (7-11)과 같이 나타낼 수 있다.

$$NPV = \sum_{t=1}^{n} \frac{CEQ_t}{(1+r_f)^t} - I_0 = \sum_{t=1}^{n} \frac{\alpha_t E(CF_t)}{(1+r_f)^t} - I_0 \tag{7-11}$$

위험조정할인율법과 확실성등가법에 의해서 구한 NPV는 항상 같아야 하므로 식 (7-9)와 식(7-11)을 같게 놓으면 다음과 같이 확실성등가계수 α_t를 구할 수 있다. 식 (7-12)의 확실성등가계수는 위험조정할인율이 매 기간 일정한 경우에만 성립한다.

$$\alpha_t = \left[\frac{1+r_f}{1+E(r_k)} \right]^t = (\alpha_1)^t \tag{7-12}$$

예제 | 위험조정할인율법과 확실성등가법

현재 100만원을 투자하면 1년도 말에 80만원, 2년도 말에 80만원씩 벌어들이는 K투자안이 있다. 이 투자안의 $\beta_k = 1$이며, $r_f = 5\%$, $E(r_M) = 10\%$이다. 위험조정할인율법과 확실성등가법으로 투자안을 평가하시오.

● 답 ●

(1) 위험조정할인율법

$E(r_k) = r_f + [E(r_M) - r_f]\beta_k = 0.05 + (0.1 - 0.05)(1) = 10\%$

$NPV = -100 + \dfrac{80}{(1+0.1)^1} + \dfrac{80}{(1+0.1)^2} = 38.84 > 0$이므로 투자안 채택

(2) 확실성등가법

확실성등가계수 $\alpha_t = \left[\dfrac{1+r_f}{1+E(r_k)} \right]^t = (\alpha_1)^t$이므로,

$\alpha_1 = \left[\dfrac{1+0.05}{1+0.1} \right]^1 = 0.9545, \quad \alpha_2 = (\alpha_1)^2 = (0.9545)^2 = 0.9111$

따라서 기대현금흐름에 대한 확실성등가는 현재 100만원, 1년도 말에 76.36만원(=80만원×0.9545), 2년도 말에 72.888만원(=80만원×0.9111)이 된다.

$$NPV = -100 + \frac{76.36}{(1+0.05)^1} + \frac{72.888}{(1+0.05)^2} = 38.84 > 0이므로 \text{ 투자안 채택}$$

위의 결과를 통해 위험조정할인율법과 확실성등가법이 일치함을 알 수 있다.

3. CAPM의 실증검증

기대수익률과 위험과의 균형관계를 나타내는 CAPM이 실제 자본시장에서 성립하는가에 대해서 시행되어 온 많은 실증연구 중 Black, Jensen, Scholes[14]와 Fama, MacBeth[15]의 연구가 가장 대표적이다.

Black, Jensen, Scholes는 1931년부터 1965년까지의 기간 동안 과거 5년마다의 기간 동안 간의 월별수익률 자료를 사용하여 개별 주식들의 β계수를 추정한 후, β계수의 크기순으로 10개의 포트폴리오를 구성하여, 1931년 1월부터 1965년 12월까지 420개월 동안 10개 포트폴리오의 월별수익률과 체계적 위험을 변수로 하는 식(7-13)의 회귀식을 이용하여 CAPM이 현실적으로 성립하는가를 검증하여, 위험과 기대수익률 사이의 선형관계가 실증적으로 뒷받침되므로 CAPM을 지지하였다.

$$(\bar{r}_p - \bar{r}_f) = \gamma_0 + \gamma_1 \hat{\beta}_p \quad (p = 1, 2, \cdots, 10) \tag{7-13}$$

여기서, $\bar{r}_p - \bar{r}_f$: 포트폴리오 p의 35년 동안의 평균월별초과수익률

$\hat{\beta}_p$: p번째 포트폴리오의 β계수 추정치

또한 Fama, MacBeth도 CAPM검증을 위하여 식(7-14)의 회귀모형을 설정하였다. 식(7-14)에서는 첫째, 체계적 위험과 수익률과의 관계는 선형이 되어야 하고 위험이 증가함에 따라 기대수익률도 증가해야 한다는 점을 검증하기 위해 회귀계수 γ_{1t}는 장기적으로 0보다 큰 지, 즉 $E(\gamma_{1t}) = 0$인지를 검증한다. 둘째, 체계적 위험과 기대수익

---

14 Black, F., M. Jensen, and M. Scholes, "The Capital Asset Pricing Model: Some Empirical Tests," in *Studies in the Theory of Capital Markets*, edited by M. Jensen, New York: Praeger Publishers, Inc., 1972.

15 Fama, E. F., and J. MacBeth, "Risk, Return, and Equilibrium: Empirical Tests," *Journal of Political Economy*, May, 1973.

률과의 관계가 선형이 되어야 하기 때문에 비선형관계를 나타내는 회귀계수 γ_{2t}는 0이 되는지, 즉 $E(\gamma_{2t}) = 0$인지를 검증한다. 셋째, 기대수익률에 영향을 주는 위험은 오직 체계적 위험이 되어야 하기 때문에 비체계적 위험을 나타내는 회귀계수 γ_{3t}가 0이 되는지, 즉 $E(\gamma_{3t}) = 0$인지를 검증한다.

$$r_{pt} = \gamma_{0t} + \gamma_{1t}\hat{\beta}_{pt-1} + \gamma_{2t}\hat{\beta}_{pt-1} + \gamma_{3t}\hat{S}_{pt-1} + e_{pt} \tag{7-14}$$

여기서, r_{pt}: t시점에서의 포트폴리오 p의 수익률

$\hat{\beta}_{pt-1}$: $t-1$시점에서의 포트폴리오 p의 β계수

$\hat{S}_{pt-1}$: $t-1$시점에서의 시장모형을 이용하여 추정한 오차의 표준편차

식(7-14)의 회귀분석 결과, 회귀계수 γ_{2t}와 γ_{3t}가 모두 0과 유의하게 다르지 않게 나타남에 따라 체계적 위험과 기대수익률은 선형관계를 가지며 베타가 위험의 유일한 측정치인 것으로 나타났다. 또한 γ_{1t}는 유의하게 0보다 큼을 나타내어 위험이 높을수록 기대수익률도 커짐을 보였다. 하지만, $E(\gamma_{0t}) = r_f$에 대해서는 유의한 양(+)의 값이 나옴에 따라 전통적인 CAPM을 지지하지는 않는 것으로 나타났다. 이처럼 CAPM이 실증적으로 완전하게 지지를 받지는 못하였지만, 위험의 적절한 척도는 체계적 위험이며, 기대수익률과 체계적 위험은 선형적이라는 CAPM의 주요한 관계는 실증적으로 뒷받침됨을 보였다.

4. CAPM검증의 문제: Roll의 비판

CAPM은 증권투자성과에 대한 기준(벤치마크)으로 사용할 수 있다는 점에서 유용하지만, 이론적으로 CAPM은 위험과 기대수익률 사이의 선형관계를 나타내는 사전적(ex-ante)인 모형이다. Roll(1977)[16]은 CAPM의 일반적인 실증적 검증에 다음과 같은 문제점을 제기하였다.

첫째, 실증적으로 CAPM을 검증하는 유일한 방법은 시장포트폴리오가 평균-분산

---

16 Ricard Roll, "A critique of the asset pricing theory's tests Part I: On past and potential testability of the theory," *Journal of Financial Economics*, March 1977.

기준에 의해 효율적 포트폴리오인지를 검증하는 것이다. 왜냐하면, 모든 자산을 포함하는 시장포트폴리오가 효율적이라면 기대수익률과 위험 사이의 선형관계는 단순히 수학적 절차에 의해 도출되기 때문에 만약 시장포트폴리오가 효율적인데도 불구하고 기대수익률과 위험 사이의 선형관계를 통해 CAPM이 현실적으로 성립하는지를 검증하는 것은 쓸데없는 노력이라는 것이다.

그런데 Roll은 이론적으로 시장포트폴리오는 화폐, 귀금속, 부동산, 채권, 주식, 인간자본 등과 같은 모든 자산을 포함하기 때문에 현실적으로 시장포트폴리오를 구성하는 것이 거의 불가능하고, 따라서 시장포트폴리오가 평균-분산기준에 의해 효율적인지 아닌지를 검증하는 것은 불가능하다고 주장하였다.

둘째, 일반적으로 CAPM 검증 시에 단순히 시장포트폴리오의 대용치(proxy)로 KOSPI와 같은 종합주가지수의 수익률을 사용하는데, 이것은 부분균형분석에 불과할 뿐 아니라 진정한 시장포트폴리오가 효율적이 아님에도 불구하고 종합주가지수수익률이 평균-분산기준에 의해 효율적이라면, 이는 CAPM이 진실로 성립되지 않음에도 불구하고 CAPM이 성립된다는 검증결과를 도출하는 모순이 있다. 반대로 진정한 시장포트폴리오가 효율적임에도 불구하고 종합주가지수수익률이 평균-분산기준에 의해 비효율적이라면, 이는 CAPM이 진실로 성립됨에도 불구하고 검증결과는 CAPM이 성립되지 않는다는 모순을 갖게 된다고 주장하고 있다.

핵심정리

1. CAPM의 가정

- 평균-분산기준에 의해 효율적 투자선상의 포트폴리오를 위험포트폴리오로 취함

- 무위험수익률로 얼마든지 차입(대출)하여 모든 금융자산과 무위험자산에 투자함

- 각 증권의 기대수익률과 분산-공분산에 대하여 모두 동일한 예측을 함

- 투자기간은 1기간으로 동일함

- 거래비용, 세금, 공매의 제한이 없는 완전시장에서 투자자는 가격순응자임

2. 증권시장선(SML)

- 위험의 측정: σ_{iM}, β_i

- 기대수익률 = 무위험수익률 + 위험의 균형가격 × 위험의 크기
  $\downarrow$ $\downarrow$ $\downarrow$ $\downarrow$

$$E(r_i) = r_f + \left[\frac{E(r_M) - r_f}{\sigma_M^2}\right] \times \sigma_{iM}$$

- 기대수익률 = 무위험수익률 + 위험의 균형가격 × 위험의 크기
  $\downarrow$ $\downarrow$ $\downarrow$ $\downarrow$

$$E(r_i) = r_f + [E(r_M) - r_f] \times \beta_i \quad : \text{증권시장선(SML)}$$

- CML과 SML의 비교
  - CML: 위험측정치는 총위험(표준편차 σ_i)임. 효율적 포트폴리오의 위험과 기대수익률 사이의 균형관계만 설명
  - SML: 위험측정치는 체계적 위험(β_i)임. 효율적 포트폴리오, 비효율적 포트폴리오, 개별주식 모두의 위험과 기대수익률 사이의 균형관계를 설명

3. CAPM의 활용

① 균형기대수익률＝증권시장선(SML) $E(r_i) = r_f + [E(r_M) - r_f]\beta_i$

- 알파(α) = 예상된 기대수익률 − 균형기대수익률 > 0 : 과소평가

- 알파(α) = 예상된 기대수익률 − 균형기대수익률 < 0 : 과대평가

② 투자예산결정

- 단일기간일 경우

  − 위험조정할인율법: $P_0 = \dfrac{E(P_t)}{1 + r_f + \lambda Cov(r_i,\ r_M)}$

  − 확실성등가법: $P_0 = \dfrac{E(P_t) - \lambda Cov(P_t,\ r_M)}{1 + r_f}$

- 다기간일 경우

  − 위험조정할인율법: $NPV = \displaystyle\sum_{t=1}^{n} \dfrac{E(CF_t)}{[1 + E(r_k)]^t} - I_0$

  − 확실성등가법: $NPV = \displaystyle\sum_{t=1}^{n} \dfrac{CEQ_t}{(1 + r_f)^t} - I_0 = \sum_{t=1}^{n} \dfrac{\alpha_t E(CF_t)}{(1 + r_f)^t} - I_0$

  → 확실성등가계수 $\alpha_t = \left[\dfrac{1 + r_f}{1 + E(r_k)} \right]^t = (\alpha_1)^t$

4. CAPM의 실증검증

- CAPM의 실증검증: 전통적 CAPM을 완전하게 지지하지는 않지만 체계적 위험과 기대수익률 사이의 선형관계가 실증적으로 뒷받침되므로 CAPM을 지지함

- Roll의 비판: 시장포트폴리오가 평균-분산기준에 의해 효율적인지에 대한 검증은 불가능

연습문제

문1. (2001 CPA) 주식과 채권 반반으로 구성된 뮤추얼펀드가 있다고 하자. 뮤추얼펀드를 구성하고 있는 주식과 채권의 분산이 각각 0.16과 0.04이고, 주식과 채권과의 공분산은 −0.10이다. 뮤추얼펀드의 분산을 $\sigma_p^2 = w_s S_s + w_b S_b$라고 할 때 ($w_s = w_b = 1/2$, S_s =주식으로 인한 뮤추얼펀드의 분산 기여도, S_b =채권으로 인한 뮤추얼펀드의 분산 기여도), S_s는 얼마인가? (   )

① 0.02   ② 0.03   ③ 0.05

④ 0.08   ⑤ 0.16

문2. (2004 CPA) 다음의 위험(risk)에 관한 여러 설명 중 옳은 것은? (   )

① 총위험이 큰 주식의 기대수익률은 총위험이 낮은 주식의 기대수익률보다 항상 크다.

② 증권시장선(SML)보다 위쪽에 위치하는 주식의 기대수익률은 과대평가되어 있으므로 매각하는 것이 바람직하다.

③ 시장포트폴리오의 베타는 항상 1로서 비체계적 위험은 모두 제거되어 있다.

④ 상관관계가 1인 두 주식으로 포트폴리오를 구성하는 경우에도 미미하지만 분산투자의 효과를 볼 수 있다.

⑤ 베타로 추정한 주식의 위험과 표준편차로 추정한 주식의 위험 사이에는 일정한 관계가 있다.

문3. (CFA 수정) CAPM에 의하면 베타가 1이고 알파가 0인 포트폴리오의 기대수익률은 얼마인가? (   )

① $E(r_M)$과 r_f 사이   ② r_f

③ $[E(r_M) - r_f]\beta_i$ ④ $E(r_M)$

문4. (2006 CPA) CAPM에 대한 설명으로 틀린 것은? (   )

① 시장위험프리미엄(market risk premium)은 항상 0보다 커야 한다.

② 시장포트폴리오와 무위험자산 간의 상관계수는 정확히 0이다.

③ SML에 위치한다고 해서 반드시 CML에 위치하는 것은 아니다.

④ 위험자산의 기대수익률은 무위험자산의 수익률보다 항상 높아야 한다.

⑤ 개별자산의 진정한 위험은 총위험의 크기가 아니라 체계적 위험의 크기만으로 평가되어야 한다.

문5. (1998 CPA) 시장포트폴리오의 기대수익률은 연 20%이고 무위험수익률은 연 10%이다. 당신은 시장포트폴리오에 부(wealth)의 25%를, $\beta = 2$인 자산에 나머지 75%를 투자했다. CAPM이 옳다면 당신의 포트폴리오의 연평균 기대수익률은 얼마인가? (   )

① 20%   ② 22.5%   ③ 25%

④ 27.5%   ⑤ 30%

문6. (2008 CPA) 투자자 갑과 투자자 을이 자본시장선(CML)상에 있는 포트폴리오 중에서 자신의 기대효용을 극대화하기 위해 선택한 최적포트폴리오의 기대수익률과 표준편차는 다음과 같다. 단, 시장포트폴리오의 기대수익률은 18%이며, 무위험수익률은 6%이다.

투자자	기대수익률	표준편차
갑	21%	15%
을	15%	9%

위험회피성향이 갑보다는 높지만 을보다 낮은 투자자가 투자원금 1,000만원을 보유하고 있다면 자신의 기대효용을 극대화하기 위한 다음 포트폴리오 중 가장 적절한 것은? (   )

① 300만원을 무위험자산에, 나머지 금액은 시장포트폴리오에 투자한다.

② 500만원을 무위험자산에, 나머지 금액은 시장포트폴리오에 투자한다.

③ 670만원을 무위험자산에, 나머지 금액은 시장포트폴리오에 투자한다.

④ 80만원을 무위험수익률로 차입해서 원금과 함께 총액인 1,080만원을 모두 시장포트폴리오에 투자한다.

⑤ 500만원을 무위험수익률로 차입해서 원금과 함께 총액인 1,500만원을 모두 시장포트폴리오에 투자한다.

문7. (2002 CPA) CML과 SML과의 관계에 대한 서술 중 옳지 않은 것은? (   )

① 동일한 β를 가지고 있는 자산이면 SML상에서 동일한 위치에 놓이게 된다.

② CML과 SML은 기대수익률과 총위험 간의 선형관계를 설명하고 있다는 점에서 공통점을 가지고 있다.

③ 비체계적 위험을 가진 포트폴리오는 CML상에 놓이지 않는다.

④ 어떤 자산과 시장포트폴리오간의 상관계수가 1이면 CML과 SML은 동일한 표현식이 된다.

⑤ SML상에 있는 자산이라고 하여 모두 다 CM상에 위치하지는 않는다.

문8. (2005 CPA) CAPM에 대한 다음의 설명 중 가장 올바른 것은? ( )

① 증권시장선(SML)에서 다른 조건은 동일하고 시장 포트폴리오의 기대수익률이 커진다면 β가 1보다 매우 큰 주식의 균형수익률은 상승하지만, β가 0보다 크지만 1보다 매우 작은 주식의 균형수익률은 하락한다.

② 자본시장선(CML)에서 무위험자산과 시장포트폴리오에 대한 투자가중치는 객관적이지만, 시장포트폴리오에 대한 투자비율은 주관적이다.

③ 증권시장선(SML)의 기울기는 β값에 상관없이 항상 일정한 값을 가진다.

④ 자본시장선(CML)상에 있는 포트폴리오는 효율적이므로 베타는 0이다.

⑤ 자본시장선(CML)상에 있는 포트폴리오와 시장포트폴리오의 상관계수는 0이다.

문9. (2008 CPA) CAPM이 성립하는 시장에서 시장포트폴리오의 수익률의 표준편차는 0.04이며 세 자산의 베타와 수익률의 표준편차가 다음과 같다. 틀린 설명은 어느 것인가? ( )

자산	베타	표준편차
A	0.8	0.10
B	0.8	0.05
C	0.4	0.10

① B자산과 시장포트폴리오의 상관계수는 A자산과 시장포트폴리오의 상관계수의 2배수이다.

② B자산과 시장포트폴리오의 상관계수는 C자산과 시장포트폴리오의 상관계수의 2배수이다.

③ A자산과 B자산의 체계적 위험 1단위당 위험프리미엄은 동일하다.

④ A자산의 분산 가능한 위험은 C자산의 분산 가능한 위험보다 낮다.

⑤ 투자원금 50만원을 보유한 투자자가 무위험수익률로 25만원을 차입하여 총액인 75만원을 A자산에 투자할 경우의 기대수익률은 시장포트폴리오의 기대수익률보다 높다.

문10. (2010 CPA) 증권시장선(SML)과 자본시장선(CML)에 대한 다음의 설명 중 옳은 항목만을 모두 모은 것은? (   )

> a. SML은 초과이익이 발생한다는 가격결정모형으로부터 도출된다.
>
> b. 인플레이션율이 상승하는 경우 SML의 절편이 상승한다.
>
> c. 개별증권수익률과 시장수익률간의 상관계수가 1인 경우 SML은 CML과 일치하게 된다.
>
> d. CML을 이용하여 비효율적 개별자산의 균형수익률을 구할 수 있다.
>
> e. 수동적(passive) 투자포트폴리오를 구성하기 위해서는 CML을 이용할 수 있다.

① a, d   ② b, e   ③ a, b, c

④ a, c, e   ⑤ b, c, e

문11. (2010 CPA) CAPM이 성립한다는 가정 하에서 다음 중 가장 적절하지 않은 것은? (단, r_f는 무위험수익률이고 m은 시장포트폴리오이며 시장은 균형에 있다고 가정한다.) (   )

① 모든 주식의 $[E(r_j) - r_f]/cov(r_j, r_m)$이 일정하다.

② 시장포트폴리오는 어떤 비효율적 포트폴리오보다 큰 변동보상률(reward to variability ratio)을 갖는다.

③ 개별 j주식이 시장포트폴리오의 위험에 공헌하는 정도를 상대적인 비율로 전환하면 $[w_j cov(r_j, r_m)]/\sigma_m^2$이다. (여기서 w_j는 j주식이 시장포트폴리오에서 차지하는 비중임.)

④ 1년 후부터 매년 300원의 일정한 배당금을 영원히 지급할 것으로 예상되는 주식의 체계적 위험이 2배가 되면 주가는 40% 하락한다. (단, 위험이 증가하기 전 주식의 가격은 3,000원이고 무위험수익률은 4%임.)

⑤ 무위험수익률보다 낮은 기대수익률을 제공하는 위험자산이 존재한다.

문12. (2011 CPA) (주)대한은 투자자금 1,000,000원으로 베타가 1.5인 위험자산포트폴리오를 구성하려고 한다. (주)대한의 투자정보는 다음 표와 같다. 무위험자산수익률은 5.0%이다. 자산 C의 기대수익률과 가장 가까운 것은? (   )

투자자산	베타	기대수익률(%)	투자금액(원)
A자산	1.0	13.0	280,000
B자산	2.0	21.0	240,000
C자산	?	?	?
포트폴리오	1.5	?	1,000,000

① 16.90% ② 17.33% ③ 17.54%

④ 17.76% ⑤ 18.03%

문13. (2011 CPA) (주)대한은 총 5억원의 기금을 3개 프로젝트에 투자하고 있으며, 투자금액과 베타계수는 다음과 같다.

프로젝트	투자금액	베타계수
A	1.4억원	0.5
B	2.0억원	1.6
C	1.6억원	2.0

무위험수익률은 5%이며, 내년도 시장수익률의 추정확률분포는 다음과 같다.

확 률	시장수익률
0.2	9%
0.6	12%
0.2	15%

주어진 자료에 근거하여 추정된 증권시장선(SML)으로부터 산출한 기금의 기대수익률로 가장 적절한 것은? (   )

① 12.95% ② 13.52% ③ 13.95%

④ 14.52% ⑤ 14.94%

문14. (2011 CPA) 자본시장에서 CAPM이 성립한다고 가정한다. 무위험자산의 수익률은 연 5.0%, 시장포트폴리오의 기대수익률은 연 15.0%, 시장포트폴리오 연 수익률의 표준편차는 5.0%, A주식의 베타계수는 2.0, A주식 연수익률의 표준편차는 12.5%이다. 이들 자료에 근거하여 CML과 SML을 도출할 때 다음 설명 중 적절하지 않은 항목만으로 구성된 것은? (   )

a. CML과 SML은 기대수익률과 총위험의 상충관계(trade-off)를 공통적으로 설

명한다.

b. A주식의 베타계수가 2.0으로 일정할 때 잔차의 분산이 감소하면 균형 하에서 A주식의 기대수익률은 감소한다.

c. A주식의 수익률과 시장포트폴리오의 수익률간의 상관계수가 1.0이므로 SML은 CML과 일치한다.

d. CML상의 시장포트폴리오는 어떤 비효율적 포트폴리오보다 위험보상비율 (reward to variability ratio)이 크다.

e. SML을 이용하여 비효율적 개별자산의 균형수익률을 구할 수 있다.

① a, b, c   ② a, b, d   ③ a, c, e

④ b, c, e   ⑤ b, d, e

문15. (2005 CPA) 무위험수익률은 3%, 시장포트폴리오의 기대수익률은 13%이다. 아래 두 자산 가격의 균형/저평가/고평가 여부에 대하여 가장 적절한 것은? ( )

자산	β 계수	기대수익률
A	0.5	9%
B	1.5	17%

① 두 자산의 가격은 모두 균형상태이다.

② 두 자산의 가격은 모두 저평가되어 있다.

③ 두 자산의 가격은 모두 고평가되어 있다.

④ A자산은 저평가되어 있고 B자산은 고평가되어 있다.

⑤ A자산은 고평가되어 있고 B자산은 저평가되어 있다.

문16. (CFA 수정) 무위험수익률 5%, 시장포트폴리오의 기대수익률 11.5%, A주식의 베타 1.5, 주식 B의 베타 0.8이다. A주식의 수익률이 13.25%이고 B주식의 수익률이 11.25%로 예상될 경우 다음 중 A주식과 B주식의 요구수익률과 평가여부에 대해서 옳은 것은? ( )

	A주식	B주식	A주식	B주식
①	12.35%	13.20%	과대평가	과소평가
②	13.63%	12.55%	과소평가	과대평가
③	14.75%	10.20%	과대평가	과소평가
④	15.18%	9.78%	과소평가	과대평가

문17. A주식의 기말주가는 100원으로 기대된다. A주식과 시장포트폴리오와의 공분산은 0.030이고 무위험수익률은 6%이다. 시장포트폴리오의 기대수익률은 10%이고 표준편차는 14%라고 할 때 아래 설명 중 옳지 않은 것은? ( )

① A주식의 베타는 1.53이고 위험의 단위당 시장가격인 λ는 2.04이다.

② A주식의 위험조정할인율은 12.12%이고 현재주가는 89.19이다.

③ 위험조정할인율법과 확실성등가법은 위험자산가격결정에서 개인들의 효용함수에 의해 결정된다.

④ 시장포트폴리오와 기말주가와의 공분산 $Cov\,(P_t, r_M)$는 2.6757이고, A주식에 대한 확실성등가는 94.54이다.

⑤ 확실성등가란 불확실한 현금흐름과 동일한 효용을 제공하는 확실한 현금의 크기를 말한다.

문18. 현재 1,000만원을 투자하면 1년도 말에 100만원, 2년도 말에 90만원씩 벌어들이는 투자안이 있다. 이 투자안의 $\beta = 2$이며, $r_f = 5\%$, $E(r_M) = 10\%$이다. 1년도와 2년도의 확실성등가현금흐름의 현재가치는 각각 얼마인가? ( )

① 79.81, 64.49 ② 80.74, 65.28 ③ 84.52, 67.44

④ 86.70, 68.05 ⑤ 89.95, 70.36

문19. (2019 CPA) 두 투자자 각각의 최적 포트폴리오 A와 B의 베타는 0.8과 0.4이다. 다음 설명 중 가장 적절하지 않은 것은? 단, CAPM이 성립하고, 모든 투자자들은 CAPM에 따라 최적 포트폴리오를 구성하고 있다. ( )

① 포트폴리오 A의 베타 1단위당 위험프리미엄($\dfrac{E(r_A) - r_f}{\beta_A}$)은 시장포트폴리오의 위험프리미엄과 같다. 단, $E(r_A)$와 β_A는 포트폴리오 A의 기대수익률과 베타이고, r_f는 무위험수익률이다.

② 포트폴리오 B의 위험프리미엄이 4%이면, 포트폴리오 A의 위험프리미엄은 8%이다.

③ 포트폴리오 A 수익률의 표준편차는 포트폴리오 B 수익률의 표준편차의 2배이다.

④ 포트폴리오 A와 B의 기대수익률이 각각 6%와 4%가 되기 위해서는 무위험수익률은 3%이어야 한다.

⑤ 무위험수익률이 5%이고 시장포트폴리오의 위험프리미엄이 5%이면, 포트폴리오 A의 기대수익률은 9%이다.

문20. (2019 CPA) 투자자 갑은 시장포트폴리오에 1,000만원을 투자하고 있으며, 그 가운데 주식 A와 B에 각각 100만원과 200만원을 투자하고 있다. 다음 문장의 빈칸 (a)와 (b)에 들어갈 내용으로 적절한 것은? 단, CAPM이 성립하고, 두 투자자(갑과 을)를 포함한 모든 투자자들은 CAPM에 따라 최적 포트폴리오를 구성한다고 가정한다. (   )

> 투자자 을은 1,000만원을 시장포트폴리오와 무위험자산에 나누어 투자하고 있다. 전체 투자금액 가운데 300만원을 시장포트폴리오에 투자한다면, 투자자 을의 시장포트폴리오에 대한 투자금액 가운데 주식 A에 투자하는 비중은 (a)이다. 그리고 시장 전체에서 볼 때, 주식 A의 시가총액은 주식 B의 시가총액의 (b)이다.

	(a)	(b)
①	3%	$\frac{1}{2}$ 배
②	3%	2배
③	10%	$\frac{1}{2}$ 배
④	10%	2배
⑤	30%	$\frac{1}{2}$ 배

문21. (2020 CPA) CAPM이 성립한다는 가정 하에 다음 문장의 (a)와 (b)에 들어갈 값으로 적절한 것은? (   )

> 주식 A 수익률과 주식 B 수익률의 표준편차는 각각 10%와 20%이며, 시장포트폴리오 수익률의 표준편차는 10%이다. 시장포트폴리오 수익률은 주식 A 수익률과 상관계수가 0.4이고, 주식 B 수익률과는 상관계수가 0.8이다. 주식 A와 주식 B의 베타는 각각 0.4와 (a)이며, 주식 A와 주식 B로 구성된 포트폴리오의 베타가 0.76이기 위해서는 주식 B에 대한 투자비율이 (b)이어야 한다.

	(a)	(b)
①	0.8	30%
②	0.8	70%
③	1.0	30%
④	1.6	30%
⑤	1.6	70%

문22. (2021 CPA) 자본자산가격결정모형(CAPM)이 성립할 때, 다음 중 가장 적절한 것은? (   )

① 공매도가 허용될 때, 기대수익률이 서로 다른 두 개의 효율적 포트폴리오를 조합하여 시장포트폴리오를 복제할 수 있다.

② 시장포트폴리오의 위험프리미엄이 음(−)의 값을 가지는 경우가 발생할 수 있다.

③ 수익률의 표준편차가 서로 다른 두 포트폴리오 중에서 더 높은 표준편차를 가진 포트폴리오는 더 높은 기대수익률을 갖는다.

④ 비체계적 위험을 가진 자산이 자본시장선 상에 존재할 수 있다.

⑤ 베타가 0인 위험자산 Z와 시장포트폴리오를 조합하여 위험자산 Z보다 기대수익률이 높고 수익률의 표준편차가 작은 포트폴리오를 구성할 수 없다.

연습문제 해답

문1. ②

[답]

$$\sigma_p^2 = w_1^2\sigma_1^2 + w_2^2\sigma_2^2 + 2w_1w_2\sigma_{12} = w_1w_1\sigma_{11} + w_1w_2\sigma_{12} + w_2w_1\sigma_{21} + w_2w_2\sigma_{22}$$
$$= w_1(w_1\sigma_{11} + w_2\sigma_{12}) + w_2(w_1\sigma_{21} + w_2\sigma_{22})$$
$$\rightarrow S_s = (w_1\sigma_{11} + w_2\sigma_{12}) = (1/2)(0.16) + (1/2)(-0.1) = 0.03$$

문2. ③

[답]

① 총위험이 큰 주식의 기대수익률은 총위험이 낮은 주식의 기대수익률보다 항상 큰 것은 아니다.

② 증권시장선(SML)보다 위쪽에 위치하는 주식의 기대수익률은 과소평가되어 있으므로 매수하는 것이 바람직하다.

④ 상관관계가 1인 두 주식으로 포트폴리오를 구성하는 경우에는 분산투자의 효과가 없다.

⑤ 베타로 추정한 주식의 위험과 표준편차로 추정한 주식의 위험 사이에는 일정한 관계가 없다. 즉, 총위험인 표준편차는 체계적 위험 척도인 베타뿐만 아니라 비체계적 위험에 의해서도 영향을 받기 때문에 베타와 일정한 관계를 갖지는 않는다.

문3. ④

문4. ④

[답]

위험자산의 기대수익률 $E(r_i) = r_f + [E(r_M) - r_f]\beta_i$에서 위험의 단위당가격인 위험프리미엄 $[E(r_M) - r_f]$은 항상 양(+)이다. 하지만 $\beta_i = Cov_{iM}/\sigma_M^2$에서 상관계수가 음(-)의 값을 가질 수 있기 때문에 β값도 음(-)의 값을 가질 수 있다. 만약, β값이 음(-)의 값을 가진다면 위험자산의 수익률은 무위험자산의 수익률보다 낮다.

문5. ④

[답]

$$E(r_i) = r_f + [E(r_M) - r_f]\beta_i \rightarrow 0.1 + [0.2 - 0.1](2) = 0.3$$

따라서 $E(r_p) = w_i E(r_i) + (1 - w_i)E(r_M) = (0.75)(0.3) + (0.25)(0.2) = 0.275$

문6. ④

[답]

위험회피성향이 갑보다는 높지만 을보다 낮은 투자자이므로 이러한 투자자의 무차별곡선은 자본시장선상에서 갑과 을의 사이에서 위치할 것이다. 따라서 이 투자자의 기대수익률은 15%와 21% 사이에서 결정되도록 포트폴리오를 구성할 것이다.

① $E(r_c) = (0.3)(0.06) + (0.7)(0.18) = 0.06 + (0.18 - 0.06)(0.7) = 14.4\%$

② $E(r_c) = (0.5)(0.06) + (0.5)(0.18) = 0.06 + (0.18 - 0.06)(0.5) = 12\%$

③ $E(r_c) = (0.67)(0.06) + (0.33)(0.18) = 0.06 + (0.18 - 0.06)(0.33) = 9.96\%$

④ $E(r_c) = (-0.08)(0.06) + (1.08)(0.18) = 0.06 + (0.18 - 0.06)(1.08) = 18.96\%$

⑤ $E(r_c) = (-0.5)(0.06) + (1.5)(0.18) = 0.06 + (0.18 - 0.06)(1.5) = 24\%$

문7. ②

[답]

SML은 기대수익률과 체계적 위험 간의 선형관계를 설명하고 있다.

문8. ③

[답]

① 증권시장선(SML)에서 다른 조건은 동일하고 시장포트폴리오의 기대수익률이 커진다면 β가 1보다 매우 큰 주식의 균형수익률과 β가 0보다 크지만 1보다 매우 작은 주식의 균형수익률 모두 상승한다.

② 자본시장선(CML)에서 무위험자산과 시장포트폴리오에 대한 투자가중치는 주관적이지만, 시장포트폴리오에 대한 투자비율은 객관적이다.

④ 자본시장선(CML)상에 있는 포트폴리오는 효율적이지만, 베타는 0인 포트폴리오는 무위험 자산에 전부를 투자한 포트폴리오뿐이다.

⑤ 자본시장선(CML)상에 있는 포트폴리오와 시장포트폴리오의 상관계수는 1이다.

문9. ②

[답]

① ② $\beta = \dfrac{\sigma_{iM}}{\sigma_M^2} = \dfrac{\rho_{iM}\sigma_i\sigma_M}{\sigma_M^2} = \dfrac{\rho_{iM}\sigma_i}{\sigma_M}$

A자산: $0.8 = \dfrac{\rho_{AM}(0.1)}{0.04}$ → $\rho_{AM} = 0.32$

B자산: $0.8 = \dfrac{\rho_{BM}(0.05)}{0.04}$ → $\rho_{BM} = 0.64$

C자산: $0.4 = \dfrac{\rho_{CM}(0.1)}{0.04} \quad \rightarrow \quad \rho_{CM} = 0.16$

③ A자산과 B자산의 체계적 위험 1단위당 위험프리미엄은 $[E(r_M) - r_f]$로 동일하다.

④ 동일 표준편차에 베타가 더 큰 자산 A의 비체계적 위험(분산가능위험)이 더 작다. 즉, $\sigma_i^2 = \beta_i^2 \sigma_M^2 + \sigma^2(e_i)$에서 자산 A는 $(0.1) = (0.8)^2(0.04)^2 + \sigma^2(e_A) \;\rightarrow\; \sigma^2(e_A) = 0.009$이고, 자산 C는 $(0.1) = (0.4)^2(0.04)^2 + \sigma^2(e_C) \rightarrow \sigma^2(e_C) = 0.0097$이다.

⑤ 투자원금 50만원에 대해서 25만원을 차입(=국채매도)하여 A자산에 투자하였으므로, 포트폴리오는 A자산과 채권으로 구성되며, 이 경우 A자산의 투자비중은 1.5(=75만원/50만원)이고 국채매도(차입)의 투자비중은 0.5(=25만원/50만원)이 된다. 따라서 포트폴리오의 베타 $\beta_p = 1.5 \times 0.8 + (-0.5) \times 0 = 1.2$가 된다. 포트폴리오 베타가 시장포트폴리오 베타인 1보다 크므로 기대수익률은 시장포트폴리오의 기대수익률보다 높다.

문10. ⑤

[답]

a. 증권시장선은 균형상태 하에서 도출되는 가격결정모형이다.

b. SML의 절편은 명목 무위험이자율이다. 거시경제의 변수에 따라 움직이는 명목이자율은 실질이자율과 인플레이션의 합이므로 명목 무위험이자율은 실질 무위험이자율과 예상 인플레이션에 의해서 결정된다. 따라서 인플레이션율이 상승하면 SML의 절편이 상승한다.

c. $E(r_i) = r_f + [E(r_M) - r_f]\beta_i = r_f + [E(r_M) - r_f]\dfrac{Cov_{iM}}{\sigma_M^2} = r_f + [E(r_M) - r_f]\dfrac{\rho_{iM}\sigma_i}{\sigma_M}$에서 만약, $\rho_{iM} = 1$이라면 $E(r_i) = r_f + [E(r_M) - r_f]\dfrac{\sigma_i}{\sigma_M} = r_f + [\dfrac{E(r_M) - r_f}{\sigma_M}]\sigma_i$이 되어 SML=CML이 된다.

d. CML은 효율적 포트폴리오, 즉 무위험자산과 시장포트폴리오(M)로 구성되는 포트폴리오들의 위험프리미엄을 포트폴리오의 표준편차의 함수로 나타낸 것이다. CML은 투자자가 시장포트폴리오로 최적위험포트폴리오를 구성하기 때문에 비체계적 위험이 모두 사라지고 체계적 위험만이 남아 있게 되어 위험지표로 표준편차를 사용하는 것이 적절한 측정수단이 된다. 따라서 CML을 이용하면 효율적 자산의 균형수익률만 구할 수 있다.

e. 수동적(passive) 투자전략은 시장을 초과하여 수익을 낼 수 없는 전략이다. 따라서 수동적 투자전략을 택하는 투자자는 시장지수를 효율적 위험포트폴리오를 대표하는 가장 합리적인 대안으로 생각한다. CML은 시장포트폴리오로 위험포트폴리오를 구성하기 때문에 수동적 투자포트폴리오 구성에 CML을 이용할 수 있다.

문11. ④

[답]

① $E(r_j) = r_f + xCov_{jm} \;\rightarrow\; x = [E(r_j) - r_f]/Cov_{jm} =$ 일정

④ 제로성장모형으로부터 $3{,}000 = 300/r \;\rightarrow\; r = 10\%$

따라서 $r = E(r_i) = r_f + [E(r_M) - r_f]\beta_i \rightarrow 10\% = 4\% + [E(r_M) - r_f]\beta_i$

$$\rightarrow [E(r_M) - r_f]\beta_i = 6\%.$$

체계적 위험이 2배가 될 경우 $r = E(r_i) = 4\% + 6\% \times 2 = 16\%$가 되므로 새로운 주가는 $300/0.16 = 1,875$원이 되어 최초의 주가보다 37.5% 하락하게 된다.

⑤ 예외적으로 $\beta < 0$인 자산의 경우 기대수익률이 무위험이자율보다 낮을 수 있다.

문12. ②

[답]

A자산의 베타가 1이므로 시장포트폴리오이다. 따라서 $E(r_M) = 13\%$이다. SML식을 이용하여 $E(r_p)$ $= 0.05 + (0.13 - 0.05)(1.5) = 0.17$이다. 따라서 $0.17 = (0.13)(0.28) + (0.21)(0.24) + E(r_C)(0.48)$ $\rightarrow E(r_C) = 0.1733$

문13. ⑤

[답]

포트폴리오 베타: $\beta_p = (0.5)(0.28) + (1.6)(0.4) + (2)(0.32) = 1.42$

시장수익률: $E(r_M) = (0.2)(0.09) + (0.6)(0.12) + (0.2)(0.15) = 0.12$

따라서 기금의 기대수익률 $= 0.05 + (0.12 - 0.05)(1.42) = 14.94\%$

문14. ①

[답]

a. SML은 기대수익률과 체계적 위험의 상충관계를 설명한다.

b. CAPM이 성립하는 세계에서 균형 하의 기대수익률은 체계적 위험(베타)에 의해서 결정되는 것이지 비체계적 위험(잔차)과는 무관하다.

c. 주식 A와 시장포트폴리오수익률간의 상관계수는 1이 아니다. 즉,

$$\beta_A = \frac{\rho_{AM}\sigma_A}{\sigma_M} \rightarrow 2.0 = \frac{\rho_{AM}(0.125)}{0.05} \rightarrow \rho_{AM} = 0.8$$

문15. ④

[답]

A자산의 균형수익률은 $0.03 + (0.13 - 0.03)(0.5) = 8\%$이고, B자산의 균형수익률은 $0.03 + (0.13 - 0.03)(1.5) = 18\%$이다. 따라서 A자산은 저평가되어 있고 B자산은 고평가되어 있다.

문16. ③

[답]

$E(r_i) = r_f + [E(r_M) - r_f]\beta_i$이므로

A주식: $E(r) = 0.05 + (0.115 - 0.05)(1.5) = 14.75\%$

$$\rightarrow \text{예상수익률} - \text{요구수익률} = 13.25\% - 14.75\% = -1.50\%$$

B주식: $E(r) = 0.05 + (0.115 - 0.05)(0.8) = 10.20\%$

$$\rightarrow \text{예상수익률} - \text{요구수익률} = 11.25\% - 10.20\% = 1.05\%$$

그러므로 A주식은 과대평가, B주식은 과소평가되었다.

문17. ③

[답]

① $\beta_A = \dfrac{Cov_{AM}}{\sigma_M^2} = \dfrac{0.03}{0.14^2} = 1.53, \quad \lambda = \dfrac{E(r_M) - r_f}{\sigma_M^2} = \dfrac{0.1 - 0.06}{0.14^2} = 2.04$

② $P_0 = \dfrac{E(P_t)}{1 + r_f + \lambda Cov(r_i, r_M)}$

$\rightarrow$ 위험조정할인율 $= r_f + \lambda Cov(r_i, r_M) = 0.06 + (2.04)(0.03) = 12.12\%$

$P_0 = \dfrac{E(P_t)}{1 + r_f + \lambda Cov(r_i, r_M)} = \dfrac{100}{1 + 0.1212} = 89.19$

③ 위험조정할인율법과 확실성등가법은 위험자산가격결정에서 개인들의 효용함수와 무관하다.

④ $Cov(r_i, r_M) = \dfrac{1}{P_0} Cov(P_t, r_M) \rightarrow Cov(P_t, r_M) = P_0 \times Cov(r_i, r_M)$

$\rightarrow (89.19)(0.03) = 2.6757$

$P_0 = \dfrac{E(P_t) - \lambda Cov(P_t, r_M)}{1 + r_f}$

$\rightarrow$ 확실성등가 $= E(P_t) - \lambda Cov(P_t, r_M) = 100 - (2.04)(2.6757) = 94.54$

문18. ④

[답]

$E(r_k) = r_f + [E(r_M) - r_f]\beta_k = 0.05 + (0.1 - 0.05)(2) = 15\%$

확실성등가계수$(\alpha_t) = \left[\dfrac{1 + r_f}{1 + E(r_k)}\right]^t = (\alpha_1)^t$ 이므로,

$\alpha_1 = \left[\dfrac{1 + 0.05}{1 + 0.15}\right]^1 = 0.9130, \quad \alpha_2 = (\alpha_1)^2 = (0.9130)^2 = 0.8336$

따라서 기대현금흐름에 대한 확실성등가는 현재 1,000만원, 1년도 말에 91.30만원(= 100만원 × 0.9130), 2년도 말에 75.024만원(= 90만원 × 0.8336)이 되므로,

1년도의 확실성등가현금흐름의 현재가치: $\dfrac{91.03}{(1 + 0.05)^1} = 86.70$

2년도의 확실성등가현금흐름의 현재가치: $\dfrac{75.024}{(1 + 0.05)^2} = 68.05$

문19. ④

[답]

① CAPM 성립 시 시장 내의 모든 주식이 동일한 체계적 위험 대비 초과수익률을 가진다. 이는 모든 주식이 동일한 선(SML)상에 위치한다는 것을 의미한다.

② $\dfrac{E(r_A) - r_f}{\beta_A} = \dfrac{E(r_B) - r_f}{\beta_B}$ → $\dfrac{0.08}{0.8} = \dfrac{0.04}{0.4}$

③ 총위험(σ_i^2) = 체계적 위험 + 비체계적위험 → A와 B는 최적 포트폴리오이므로 체계적 위험만 존재하며, 체계적 위험의 척도인 β_A가 β_B 보다 2배이므로 총위험(σ_i^2)도 2배이다.

④ $\dfrac{E(r_A) - r_f}{\beta_A} = \dfrac{E(r_B) - r_f}{\beta_B}$ → $\dfrac{0.06 - 0.03}{0.8} \neq \dfrac{0.04 - 0.03}{0.4}$

⑤ $E(r_A) = r_f + [E(r_M) - r_f]\beta_A = 0.05 + (0.05)(0.8) = 0.09$

문20. ③

[답]

③ 시장포트폴리오에서 A의 투자비중은 10%이고 B의 투자비중은 20%이다. 따라서 투자자 을이 주식 A에 투자하는 비중은 10%로 30만원(=300만원×10%)이고 주식 B에 투자하는 비중은 20%로 60만원(=300만원×20%)이다.

문21. ④

[답]

$\beta_A = \dfrac{\sigma_{AM}}{\sigma_M^2} = \dfrac{\sigma_A \sigma_M \rho_{AM}}{\sigma_M^2} = \dfrac{\sigma_A \rho_{AM}}{\sigma_M}$ → $0.4 = \dfrac{0.1 \times 0.4}{\sigma_M}$ → $\sigma_M = 0.1$

$\beta_B = \dfrac{\sigma_B \rho_{BM}}{\sigma_M} = \dfrac{0.2 \times 0.8}{0.1} = 1.6$

$\beta_p = w_A \beta_A + w_B \beta_B = (1 - w_B)\beta_A + w_B \beta_B = (1 - w_B)(0.4) + w_B(1.6)$ → $w_B = 0.3$

문22. ①

08 차익거래가격결정모형 (APT)

학습개요

본 장에서는 CAPM에 대한 대안으로 제시된 모형인 차익거래가격결정모형(APT)에 대해서 학습한다. 동등한 자산 사이에 가격괴리가 존재할 때 저평가된 자산을 사고 동시에 고평가된 자산을 팔아서 이익을 내는 것을 차익거래라고 한다. 본 장에서는 균형시장에서 차익거래기회가 없으려면, 무투자 무위험 포트폴리오의 수익률이 제로가 되어야 한다는 개념에 근거한 차익거래가격결정모형(APT)의 도출 과정을 다룬 후, CAPM과의 차이점에 대해서 비교 설명한다.

학습목표

• APT 도출
• CAPM과 APT의 비교

1. APT의 수익률생성과정

1976년 Ross는 차익거래가격결정모형(APT: Arbitrage Pricing Theory)을 개발하였다.[1] 차익거래(arbitrage)란 서로 등가관계에 있는 두 개의 증권 간의 가격 차이로부터 이익을 내기 위해 고평가 증권을 매도하고 동시에 저평가 증권을 매수하는 거래를 말한다. 만일 차익거래 기회가 존재하면 고평가 증권 매도, 저평가 증권 매수, 따라서 고평가 증권가격 하락, 저평가 증권가격 상승하여 차익거래 기회가 사라지게 되므로, 균형시장에서 차익거래기회가 주어지지 않는다.

Ross의 APT는 다음 세 개의 명제에 의존한다. (i) 주식의 수익률은 요인모형에 의해 설명된다. (ii) 고유위험을 분산시킬 수 있는 충분한 수의 증권이 존재한다. (iii) 증권시장이 효율적으로 작동하기 때문에 차익거래기회가 존속하지 못한다. 이러한 APT는 증권수익률이 시장포트폴리오수익률이라는 단일요인과 선형관계를 가진다는 CAPM에 비해 식(8-1)과 같이 k개의 공통요인에 의해 생성된다고 가정하고 있어 CAPM보다 더 일반성을 갖는다.

$$r_i = \alpha_i + \beta_{i1}F_1 + \beta_{i2}F_2 + \cdots + \beta_{ik}F_k + \epsilon_i \tag{8-1}$$

여기서, F_k = 모든 자산에 영향을 미치는 k번째 요인
β_{ik} = k요인에 대한 i번째 자산수익률의 민감도
ϵ_i = i번째 자산의 오차항

식(8-1)의 기댓값을 구하면 식(8-2)가 된다.

$$E(r_i) = \alpha_i + \beta_{i1}E(F_1) + \beta_{i2}E(F_2) + \cdots + \beta_{ik}E(F_k) \tag{8-2}$$

---

1 Stephen A. Ross, "The Arbitrage Theory of Capital Asset Pricing," *Journal of Economic Theory*, December 1976.

식(8-1)에서 식(8-2)를 차감하여 정리하면 식(8-3)의 수익률생성과정이 도출된다.

$$r_i = E(r_i) + \beta_{i1}[F_1 - E(F_1)] + \beta_{i2}[F_2 - E(F_2)] + \cdots + \beta_{ik}[F_k - E(F_k)] + \epsilon_i \qquad (8\text{-}3)$$

예제 | 2요인모형

GNP성장률과 물가상승률이 각각 5%와 8%로 기대되며, GNP성장률과 물가상승률에 대한 베타계수가 각각 1과 0.8인 A기업 주식의 기대수익률이 15%이다. 만일 GNP성장률이 6%, 물가상승률이 10%라면 주식의 기대수익률 수정추정치(revised estimate)는 얼마인가? 단, A기업 고유의(firm-specific) 요인에 의한 수익률 변동은 0이라고 가정한다.

• 답 •

$$r_i = E(r_i) + \beta_{i1}[F_1 - E(F_1)] + \beta_{i2}[F_2 - E(F_2)] + \epsilon_i$$
$$= 0.15 + 1(0.06 - 0.05) + 0.8(0.1 - 0.08) + 0 = 17.6\%$$

2. APT 도출

(1) 무투자 무위험 포트폴리오

APT를 도출하기 위해서 균형시장에서 고평가된 자산을 팔고 동시에 저평가된 자산을 사서 이익을 내는 차익거래기회가 없는 경우를 생각해보자. 먼저, 설명의 편의상, 공통요인이 1개라고 가정하면 수익률은 식(8-4)와 같이 계산할 수 있다.

$$r_i = E(r_i) + \beta_i[F - E(F)] + \epsilon_i \qquad (8\text{-}4)$$

그리고 균형상태에서 차익거래기회가 없으려면 추가적인 부(wealth)의 투자가 없어야 하고 위험도 부담하지 않는 무투자(zero-investment) 무위험(zero-beta, risk-free) 포트폴리오의 기대수익률이 0이 되어야 할 것이다.

첫째, 무투자 포트폴리오는 기존 자산을 매각한 자금으로 추가적으로 자산을 매입하여 구성할 수 있다. 이를 식으로 표시하면 다음과 같으며, 투자비중 중 w_i는 자산 매입의 경우 양(+), 매도의 경우 음(−)의 값을 가진다.

$$\sum_{i=1}^{N} w_i = 0 \quad \text{여기서, } w_i = \frac{\text{증권}i\text{의 매입(또는매각)대금}}{\text{기존의 총투자액}} \tag{8-5}$$

둘째, 무위험 포트폴리오는 각 증권의 체계적 위험 계수들의 가중평균을 0으로 하여 구성할 수 있으며, 고유위험을 분산시킬 수 있는 충분한 수의 증권들이 포함된다는 가정하에 비체계적 위험의 가중평균값은 0에 수렴한다. 이를 식으로 나타내면 다음과 같다.

$$\sum_{i=1}^{N} w_i \beta_i = 0 \tag{8-6}$$

$$\sum_{i=1}^{N} w_i \epsilon_i \approx 0 \tag{8-7}$$

식(8-4)의 양변에 w_i를 곱한 후 모든 증권들에 대해 합해주면 포트폴리오 수익률을 구할 수 있다.

$$\sum_{i=1}^{N} w_i r_i = \sum_{i=1}^{N} w_i E(r_i) + [F - E(F)]\sum_{i=1}^{N} w_i \beta_i + \sum_{i=1}^{N} w_i \epsilon_i \tag{8-8}$$

$$\downarrow \qquad\qquad \downarrow \qquad\qquad\qquad \downarrow$$

$$r_p \quad = \quad E(r_p) \quad + [F - E(F)]\sum_{i=1}^{N} w_i \beta_i + \sum_{i=1}^{N} w_i \epsilon_i \tag{8-9}$$

식(8-6)과 식(8-7)을 식(8-9)에 대입하면,

$$r_p = E(r_p) \tag{8-10}$$

무투자($\sum_{i=1}^{N} w_i = 0$) 무위험($\sum_{i=1}^{N} w_i \beta_i = 0$) 포트폴리오의 수익률 r_p는 균형상태에서 차익거래기회가 없으려면 0, 즉 $r_p = 0$이 되어야 하므로 식(8-10)에서 $E(r_p) = 0$이 되어야만 한다. 이를 다시 정리하면,

$$\sum_{i=1}^{N} w_i \times 1 = 0 \quad \sum_{i=1}^{N} w_i \beta_i = 0 \quad \rightarrow \quad \sum_{i=1}^{N} w_i E(r_i) = 0$$

선형대수(linear algebra)의 표준정리(standard theorem)에 의하면 위의 세 식이 만족될 경우 $E(r_i)$는 다음과 같이 1과 β_i의 선형결합(linear combination)으로 표시될 수 있다.[2]

$$E(r_i) = a_0 + a_1 \beta_i \tag{8-11}$$

이제, 식(8-11)의 a_0와 a_1이 무엇인지 찾기 위하여 베타가 0일 경우와 베타가 1일 경우의 포트폴리오를 생각해보자. 첫째, $\sum_{i=1}^{N} w_i = 1$이고 $\sum_{i=1}^{N} w_i \beta_i = 0 (\text{beta}=0)$인 포트폴리오 Z가 있다고 하자. 식(8-11)에 w_i를 곱하여 모든 i에 대해 더해주고, $r_p = r_z$인 점을 생각하면,

$$\sum_{i=1}^{N} w_i E(r_i) = a_0 \sum_{i=1}^{N} w_i + a_1 \sum_{i=1}^{N} w_i \beta_i = a_0 \times 1 + a_1 \times 0 \quad \rightarrow \quad a_0 = E(r_z) \tag{8-12}$$

여기서, 위험이 제로(0)인 포트폴리오(=포트폴리오 Z)의 기대수익률 $a_0 = E(r_z)$는 무위험수익률 r_f를 의미하며, 식(8-12)를 식(8-11)에 대입하면 식(8-13)이 도출된다.

---

2 예를 들어, 2개의 증권으로 구성된 포트폴리오의 경우,

$$\begin{array}{l} w_1 + w_2 = 0 \qquad\qquad a_0(w_1 + w_2) = 0 \\ w_1 \beta_1 + w_2 \beta_2 = 0 \;\rightarrow\; \underline{+) \, a_1(w_1 \beta_1 + w_2 \beta_2) = 0} \qquad \Rightarrow E(r_1)w_1 + E(r_2)w_2 = 0 \\ \qquad\qquad\qquad\qquad (a_0 + a_1 \beta_1)w_1 + (a_0 + a_1 \beta_2)w_2 \end{array}$$

따라서 $E(r_1) = a_0 + a_1 \beta_1 \quad E(r_2) = a_0 + a_1 \beta_2$

$$E(r_i) = E(r_z) + a_1\beta_i \tag{8-13}$$

둘째, $\sum_{i=1}^{N} w_i = 1$이고 $\sum_{i=1}^{N} w_i\beta_i = 1$(beta = 1)인 포트폴리오를 고려해 보자. 식(8-13)
에 w_i를 곱하여 모든 i에 대해 더해주면,

$$\sum_{i=1}^{N} w_i E(r_i) = E(r_z) \sum_{i=1}^{N} w_i + a_1 \sum_{i=1}^{N} w_i\beta_i = E(r_z) + a_1 \rightarrow a_1 = E(r_p) - E(r_z) \tag{8-14}$$

식(8-14)를 식(8-13)에 대입하면, 식(8-15)가 된다.

$$E(r_i) = E(r_z) + [E(r_p) - E(r_z)]\beta_i \tag{8-15}$$

식(8-15)에서 베타가 1인 포트폴리오의 기대수익률 $E(r_p)$가 어떤 공통요인 $E(F)$
라면 식(8-15)는 식(8-16)으로 변형된다.

$$E(r_i) = E(r_z) + [E(F) - E(r_z)]\beta_i \tag{8-16}$$

식(8-16)에서 어떤 공통요인을 k개로 확장하여 일반적으로 표현하면 기대수익률
은 식(8-17)이 되고 이를 차익거래가격결정모형(APT)이라고 한다.

$$E(r_i) = E(r_z) + [E(F_1) - E(r_z)]\beta_{i1} + \cdots + [E(F_k) - E(r_z)]\beta_{ik} \tag{8-17}$$

한편, APT의 식(8-16)에서 만일 F가 시장포트폴리오 수익률이라면 $E(r_i) = r_f + [E(r_M) - r_f]\beta_i$가 되어 APT는 CAPM과 같게 된다. 따라서 CAPM은 APT에서 자산의
수익률을 설명하는 공통요인이 시장포트폴리오 하나뿐인 특수한 경우에 해당한다. 하
지만 CAPM과 달리 일반적인 식(8-17)의 APT에서는 요인의 수가 몇 개인지 그리고
그 요인이 무엇을 의미하는지 명확하게 알려져 있지 않다.

▶ 02 CAPM과 APT의 비교

APT는 CAPM에 비해 전반적으로 다음과 같은 장점이 있다.

첫째, CAPM은 자산수익률이 정규분포를 이루고 투자자의 효용함수가 2차효용함수라고 가정하지만 APT는 자산수익률의 분포와 개인의 효용함수에 대해 어떠한 가정도 하지 않는다. 즉, 위험회피도나 평균-분산효율성(mean-variance efficiency)에 대한 가정이 필요 없다.

둘째, CAPM은 시장포트폴리오가 효율적이어야 함을 요구하는 데 반해 APT에서는 시장포트폴리오에 국한시켜 수익률을 결정할 필요가 없으며 어떠한 요인도 수익률 생성과정에 포함될 수 있다.

셋째, CAPM에서 자산의 균형수익률은 단 하나의 요인에 의해 결정되지만 APT에서는 많은 요인들에 의해 자산의 균형수익률이 결정되는 것을 인정하고 있다.

넷째, CAPM은 단일기간을 가정하고 있지만, APT는 단일기간을 가정하고 있지 않으므로 다기간으로 쉽게 확장할 수 있다.

예제 | 2요인 APT

포트폴리오 A와 포트폴리오 B의 기대수익률은 각각 20%, 15%이다. 포트폴리오 A의 요인1의 민감도(베타계수)는 1.5, 요인2의 민감도는 2.4이다. 포트폴리오 B의 요인1의 민감도는 1.8, 요인2의 민감도는 0.4이다. 무위험수익률이 3%일 경우 균형기대수익률과 민감도 간의 관계식을 구하시오.

• 답 •

$E(r_i) = r_f + \beta_{i1}[E(F_1) - r_f] + \beta_{i2}[E(F_2) - r_f]$에서

$0.2 = 0.03 + 1.5x_1 + 2.4x_2 \qquad \cdots ①$

$0.15 = 0.03 + 1.8x_1 + 0.4x_2 \qquad \cdots ②$

①과 ②를 연립하여 풀면, $x_1 = 0.056 \quad x_2 = 0.036$

$E(r_i) = 0.03 + 0.056\beta_{i1} + 0.036\beta_{i2}$

A투자자는 충분히 분산투자된 포트폴리오를 보유하고 있으며, 이 포트폴리오의 베타는 1이고 CAPM의 위험프리미엄 $[E(r_M) - r_f]$이 8%였다. APT 측면에서 볼 때 이 포트폴리오의 기대수익률은 산업생산성장률과 물가상승률 두 가지 요인에 의해 형성되며, 산업생산성장률(요인1)과 물가상승률(요인2)에 대한 위험프리미엄이 각각 5%, 12%라고 할 때 다음 물음에 답하시오. 단, 무위험수익률은 6%이다.

(1) 첫 번째 요인에 대한 민감도 계수가 −0.4일 경우 요인2(물가상승률)에 대한 민감도 계수는 얼마인가?

(2) 물가상승률 위험을 제거시켰다고 가정할 경우 동일한 기대수익률을 얻기 위해서 첫 번째 요인에 대한 민감도 계수는 어떻게 되는가?

● 답 ●

(1) $E(r_i) = r_f + [E(r_M) - r_f]\beta_i$ → $0.06 + 0.08 \times 1 = 0.14$

따라서, $E(r_i) = E(r_z) + \beta_{i1}[E(F_1) - E(r_z)] + \beta_{i2}[E(F_2) - E(r_z)]$ 에서

$0.14 = 0.06 + \beta_{i1}[0.05] + \beta_{i2}[0.12]$ → $0.14 = 0.06 + (-0.4)[0.05] + \beta_{i2}[0.12]$

→ $\beta_{i2} = 0.8333$

(2) $0.14 = 0.06 + \beta_{i1}[0.05] + \beta_{i2}[0.12]$ → $0.14 = 0.06 + \beta_{i1}[0.05] + (0)[0.12]$

→ $\beta_{i1} = 1.6$

핵심정리

1. APT

- 명제
  - 주식의 수익률은 요인모형에 의해 설명됨
  - 고유위험을 분산시킬 수 있는 충분한 수의 증권이 존재함
  - 증권시장이 효율적으로 작동하기 때문에 차익거래기회가 존속하지 못함

- 수익률생성과정:
$$r_i = E(r_i) + \beta_{i1}[F_1 - E(F_1)] + \beta_{i2}[F_2 - E(F_2)] + \cdots + \beta_{ik}[F_k - E(F_k)] + \epsilon_i$$

- 균형상태에서 무투자($\sum_{i=1}^{N} w_i = 0$) 무위험($\sum_{i=1}^{N} w_i\beta_i = 0$) 포트폴리오의 수익률

$$\sum_{i=1}^{N} w_i \times 1 = 0, \quad \sum_{i=1}^{N} w_i\beta_i = 0 \ \rightarrow \ \sum_{i=1}^{N} w_i E(r_i) = 0 \ \Rightarrow \ E(r_i) = a_0 + a_1\beta_i$$

  - beta = 1인 포트폴리오: $a_0 = E(r_z)$
  - beta = 0인 포트폴리오: $a_1 = E(r_p) - E(r_z)$

- APT: $E(r_i) = E(r_z) + [E(r_p) - E(r_z)]\beta_i$
  - $\rightarrow E(r_i) = E(r_z) + [E(F) - E(r_z)]\beta_i$: $E(r_p)$가 어떤 공통요인 $E(F)$일 경우
    $$E(r_i) = E(r_z) + [E(F_1) - E(r_z)]\beta_{i1} + \cdots + [E(F_k) - E(r_z)]\beta_{ik}$$

2. CAPM과 APT

- CAPM은 APT의 특수한 경우에 해당(공통요인이 시장포트폴리오일 경우)

- APT의 장점
  - 자산수익률의 분포와 개인의 효용함수에 대해 어떠한 가정도 하지 않음
  - 어떠한 요인도 수익률생성과정에 포함될 수 있음

- 많은 요인들에 의해 자산의 균형수익률이 결정되는 것을 인정함
- 단일기간을 가정하고 있지 않으므로 다기간으로 쉽게 확장할 수 있음

- APT 단점
  - 요인의 수가 몇 개인지 그리고 그 요인이 무엇을 의미하는지 명확하게 모름

연습문제

문1. (CFA 수정) CAPM과 APT를 비교 설명한 것으로 옳은 것은? (   )

① CAPM과 APT는 모두 평균-분산 효율적인 시장포트폴리오를 필요로 한다.

② CAPM이나 APT 어느 것도 증권수익률이 정규분포를 따른다고 가정하지 않는다.

③ CAPM은 하나의 특정한 요인이 증권수익률을 설명하지만 APT는 그렇지 않다.

④ CAPM과 APT 모두 투자자의 효용함수가 2차효용함수라고 가정한다.

문2. (CFA) X와 Y는 잘 분산된 포트폴리오이고 무위험수익률은 8%이다.

포트폴리오	기대수익률	베타
X	16%	1.00
Y	12%	0.25

포트폴리오 X, Y에 대해서 옳은 설명은? (   )

① 균형상태이다.　　　　　　　　　② 차익거래 기회를 제공한다.

③ 모두 과소평가되어 있다.　　　　　④ 모두 공정하게 평가되어 있다.

문3. (CFA) APT가 CAPM에 비해 더욱 큰 잠재적 이점을 제공하는 특징은 무엇인가? (   )

① 위험-수익률 관계를 설명하는 주요 요인으로 생산, 인플레이션, 이자율기간구조에 있어서 기대변화율을 확인할 수 있다.

② 과거 역사적 기간에 대한 우월한 무위험수익률을 측정한다.

③ 주어진 자산에 대해 일정한 기간 동안 APT 요인에 대한 민감도 계수의 변동성을 고려한다.

④ 위험-수익률 관계를 설명할 때 단일시장지수 대신 여러 요인을 사용한다.

문4. (CFA) APT와 관련하여 다음 중 맞는 것은? (   )

① APT에 의하면, 높은 베타 주식은 일관되게 과대평가된다.

② APT에 의하면, 낮은 베타 주식은 일관되게 과대평가된다.

③ APT에 의하면, 양의 알파를 가진 주식은 빠르게 사라질 것이다.

④ APT에 의하면, 합리적인 투자자는 자신들의 위험인내한도와 일관되는 차익거래를 추구할 것이다.

문5. (2011 CPA) 증권 또는 포트폴리오의 수익률이 다음의 2요인모형에 의하여 설명된다고 가정하자.

$$R_i = E(R_i) + \beta_{i1}F_1 + \beta_{i2}F_2 + e_i$$

R_i = 포트폴리오 i의 수익률

$E(R_i)$ = 포트폴리오 i의 기대수익률

F_1 = 공통요인 1

F_2 = 공통요인 2

β_{i1} = 포트폴리오 i의 공통요인 1에 대한 체계적 위험

β_{i2} = 포트폴리오 i의 공통요인 2에 대한 체계적 위험

e_i = 잔차항(비체계적 위험)

위 2요인 차익거래가격결정모형(Arbitrage Pricing Theory)이 성립하는 자본시장에서 다음과 같은 3가지 충분히 분산된 포트폴리오가 존재한다. 요인1 포트폴리오와 요인2 포트폴리오 위험프리미엄(risk premium)의 조합으로 가장 적절한 것은? (   )

포트폴리오	기대수익률	베타1	베타2
A	16%	1.0	1.0
B	17%	0.5	1.5
C	18%	−1.5	3.0

	요인1 포트폴리오	요인2 포트폴리오
①	4%	4%
②	4%	6%
③	6%	4%
④	6%	6%
⑤	8%	8%

문6. 포트폴리오 A의 1요인에 대한 베타는 0.8이고 위험프리미엄은 2%이다. 2요인에 대한 베타는 1.5이고 위험프리미엄은 5%이다. 무위험수익률이 6%일 때 차익거래기회가 존재하지 않으려면 포트폴리오 A의 기대수익률이 얼마여야 하는가? (   )

① 12.7%   ② 15.1%   ③ 17.5%

④ 19.0%   ⑤ 21.5%

문7. (2021 CPA) 다음 표는 2개의 공통요인만이 존재하는 시장에서, 비체계적위험이 모두 제거된 포트폴리오 A, B, C, D의 기대수익률과 각 요인에 대한 민감도를 나타낸다. 차익거래가격결정이론(APT)이 성립할 때, 포트폴리오 D의 요인 1에 대한 민감도에 가장 가까운 것은? (   )

포트폴리오	요인 1에 대한 민감도	요인 2에 대한 민감도	기대수익률
A	1	1	7%
B	2	1	10%
C	2	2	12%
D	( )	3	20%

① 2   ② 3   ③ 4
④ 5   ⑤ 6

연습문제 해답

문1. ③

[답]

① CAPM은 평균-분산 효율적인 시장포트폴리오를 필요로 하지만, APT는 그렇지 않다.

② CAPM은 증권수익률이 정규분포를 따른다고 가정하지만, APT는 그렇지 않다.

④ CAPM은 투자자의 효용함수가 2차효용함수라고 가정하지만, APT는 그렇지 않다.

문2. ②

[답]

포트폴리오 X의 베타＝1 → X는 시장포트폴리오. 따라서 $E(R_M) = 16\%$. 포트폴리오 Y의 기대수익률이 12%이고 균형기대수익률은 10%가 되므로 과소평가되어 있다.

문3. ④

문4. ③

문5. ②

[답]

$$E(r_i) = E(r_z) + [E(F_1) - E(r_z)]\beta_{i1} + [E(F_2) - E(r_z)]\beta_{i2} = E(r_z) + \lambda_1\beta_{i1} + \lambda_2\beta_{i2}$$

여기서, λ_k는 요인 포트폴리오의 기대수익률과 무위험수익률의 차액을 의미하는 위험프리미엄이다.

$$E(r_A) = 0.16 = \lambda_0 + \lambda_1(1) + \lambda_2(1)$$

$$E(r_B) = 0.17 = \lambda_0 + \lambda_1(0.5) + \lambda_2(1.5)$$

$$E(r_C) = 0.18 = \lambda_0 + \lambda_1(-1.5) + \lambda_2(3)$$

따라서, $\lambda_1 = 0.04 \quad \lambda_2 = 0.06$

문6. ②

[답]

$$0.06 + (0.02)(0.8) + (0.05)(1.5) = 0.151$$

문7. ③

[답]

$E(r_i) = r_f + \beta_{i1}[E(F_1) - r_f] + \beta_{i2}[E(F_2) - r_f]$ 에서

$E(r_A) = 0.07 = \lambda_0 + \lambda_1(1) + \lambda_2(1)$ $\cdots$ ①

$E(r_B) = 0.1 = \lambda_0 + \lambda_1(2) + \lambda_2(1)$ $\cdots$ ②

$E(r_C) = 0.12 = \lambda_0 + \lambda_1(2) + \lambda_2(2)$ $\cdots$ ③

①과 ②, ②와 ③을 연립하여 풀면, $\lambda_1 = 0.03$ $\lambda_2 = 0.02$ $\lambda_0 = 0.02$

$E(r_D) = 0.2 = 0.02 + (0.03)(x) + (0.02)(3) \rightarrow x = 4$

09 증권시장 효율성

본 장에서는 시장의 모든 이용가능한 정보가 주식가격에 반영되어 있어 초과수익을 얻을 수 없다는 효율적 시장가설에 대해서 배운다. 효율적 시장가설의 의미와 약형 효율적 시장가설, 준강형 효율적 시장가설, 강형 효율적 시정가설에 대해서 살펴보고 시장효율성을 검증하는 실증분석방법론인 시계열자기상관검증, 연의 검증, 필터기법, 사건연구에 대해서 설명한다. 마지막으로 효율적 시장가설로 설명되지 않는 시장이상 현상들에 대해서 학습한다.

- 효율적 시장가설
- 효율적 시장의 검증방법
- 시장이상 현상

▶ 01 효율적 시장가설

1953년 Maurice Kendall은 경제변수의 시간적 변화를 추적하면 경기순환과정을 예측할 수 있을 것이라는 경제학자들의 주장을 주가에도 적용하여 주가 변동에서 반복적인 패턴을 찾아내려는 시도를 하였다. 하지만 Kendall은 주가의 움직임에서 어떠한 예측 가능한 패턴을 찾아낼 수 없다는 것을 확인하고 매우 놀랐다.

주가의 움직임을 예측할 수 없다는 것은 주가가 무작위적(random walk)으로 움직인다는 의미로서 주식시장이 비합리적인 시장이 아니라 매우 합리적인 시장이라는 것을 뜻한다. 만약 주가의 움직임이 예측가능하다면 정부의 재정 및 통화정책이나 그 기업이 속한 산업에 관한 정보, 영업성과 및 경영상태에 대한 정보 등 주가를 예측하는데 사용할 수 있는 이용가능한 모든 정보가 아직 주가에 다 반영되지 않았다는 것이고, 이는 주식시장이 비효율성을 가지고 있다는 증거가 된다.

효율적 시장가설(EMH: efficient market hypotheses)은 이용가능한 모든 정보(information)가 이미 주가에 모두 반영되어 있다는 주장이다. 이 가설에 의하면 주가는 오직 새로운(new), 예측할 수 없는(unpredictable) 정보에 대해서만 반응하기 때문에 주가변동이 무작위적이고 예측불가능(unpredictable)하게 된다.

1. 약형 효율적 시장가설

약형(weak-form) 효율적 시장가설은 현재 주가에는 과거 주가변동의 양상, 거래량의 추세, 과거 이자율의 동향에 관한 정보 등 역사적 정보가 이미 완전히 반영되어 있다는 주장이다. 따라서 이 가설은 어떠한 투자자도 과거 주가변동의 형태와 시장과 관련된 자료(market-related data)를 근거로 세운 투자전략인 기술적 분석(technical analysis)으로 초과수익을 얻을 수 없다고 주장한다.

기술적 분석은 주가가 일정한 패턴을 가진다고 보고 초과수익을 얻기 위하여 과거 주가의 움직임을 파악함으로써 미래 주가의 변동추이를 예측한다든지 혹은 시장에서 나타나는 거래량 변화 등을 살펴보고 향후 가격을 예측하여 초과수익을 획득하려는 것이다. 하지만 약형 효율적 시장에서는 이러한 과거 주가나 거래량 등의 과거 정보가 이미 현재 주가에 모두 반영되어 있기 때문에 과거 정보를 분석하여서는 초과수익을 얻을 수 없다고 본다.

2. 준강형 효율적 시장가설

준강형(semistrong-form) 효율적 시장가설은 현재의 주가는 역사적 정보뿐만 아니라 공개적으로 이용가능한 모든 정보를 완전히 반영하고 있다는 주장이다. 따라서 이 가설은 과거의 주가와 거래량뿐만 아니라 기업의 회계정보 발표, 회계처리방법의 변경, 취급제품관련 공시사항, 공표된 정부의 경제정책, 경쟁업체의 공지사항, 기업의 배당이나 유·무상증자 또는 합병계획, 신문 등에 발표된 모든 공시된 정보 등과 같은 공개정보에 바탕을 둔 투자전략인 기본적 분석(fundamental analysis)으로는 초과수익을 얻을 수 없다고 주장한다.

3. 강형 효율적 시장가설

강형(strong-form) 효율적 시장가설은 현재 주가는 역사적 정보, 공개된 정보뿐만 아니라 공개되지 않은 사적인 정보(private information)까지 모두 반영되어 있으므로 투자자는 어떠한 정보에 의해서도 초과수익을 얻을 수 없다는 주장이다. 따라서 이 가설은 내부정보를 갖고 있는 정부관료(government officials)나 기업 내부자(corporate insiders: 임원, 이사회, 대주주)들조차도 강형 효율적 시장에서는 초과수익을 얻을 수 없다고 주장한다.

효율적 시장가설

현대 재무금융이론의 효시로 인정받는 Markowitz의 포트폴리오 선택이론에서 Markowitz는 분산투자를 통해 수익과 위험이 적절한 균형을 이룰 수 있다는 사실을 규정했고 이후 Markowitz

의 이론에 근거하여 위험을 간편하게 계산하는 Sharpe의 단일지수모형과 CAPM에서는 포트폴리오의 위험에 대한 규정을 내렸다.

한편, 현대 포트폴리오 이론의 또 다른 중요한 요소인 효율적 시장이론은 시카고 대학의 Eugene Fama에 의해서 탄생하게 된다. MIT대학의 경제학자인 Paul Samuelson 교수를 비롯한 여러 저명한 학자들이 효율적인 시장에 대한 훌륭한 이론을 발표했지만 그중에서도 Fama는 주식시장의 움직임에 대한 종합적 이론을 발전시킨 학자로 최고의 인정을 받는다. 1960년대 초부터 주가의 변동성을 연구하기 시작한 Fama는 특히 프랑스의 수학자인 Benoît B. Mandelbrot의 이론에 크게 영향을 받았다. Mandelbrot는 프랙탈 기하학의 창시자로 주가는 너무나 불규칙하게 움직이기 때문에 어떠한 근본적인 통계적인 조사도 적용할 수 없다고 주장했다. 더 나아가 주가의 불규칙한 움직임은 저절로 강력해지는 경향이 있기 때문에 예상치 못한 주식시장의 급등락을 초래한다고 주장했다.

Fama의 박사논문인 '주가 움직임(The Behavior of Stock Price)'은 1963년 The Journal of Business에 실리면서 비교적 젊은 학자였던 Fama는 단번에 금융계의 주목을 받게 되었다. Fama의 주장은 단순하다. 주식시장이 너무나 효율적이기 때문에 주가를 예측할 수 없다는 것이다.

이처럼 현대 재무금융이론이 학계에서 발전하고 있는 동안 1950년대와 1960년대 월스트리트 실무자들은 이것에 전혀 관심을 보이지 않았다. 하지만 1973년부터 1974년 동안 2년간에 걸쳐 서서히 주가가 하락한 약세주식시장은 1929년 대공황에 비유될 정도로 미국 역사상 두 번째로 참담한 금융시장의 재난이었다. 당시 주식시장이나 채권시장 모두 60% 이상 하락하였으며, 이자율과 물가상승률이 두 자리 숫자를 기록하였고 유가는 폭등하였다.

결국 금융시장에서 엄청난 손실을 본 실무자들은 지난 20년간 무시하고 있었던 학자들의 연구결과를 따르는 쪽으로 입장을 바꾸었다. 이에 역사상 처음으로 금융시장의 운명은 월스트리트의 실무자들과 워싱턴의 정치가들 그리고 기업을 소유하고 있는 주주들의 손을 벗어나게 되었고 더 나아가 금융시장 및 금융환경이 대학 교수들의 견해에 의해 규정되기에 이르렀다.

[출처:「워렌 버핏·집중투자」, 로버트 핵스트롬 지음/최용훈 옮김, pp. 54-57. 요약]

1. 효율적 시장가설의 검증 방법

(1) 약형 효율적 시장가설의 검증 방법

1) 시계열자기상관검증

시계열자기상관검증(serial correlation test)은 주식수익률이 시계열 상관관계를 가지는지 검증하는 것이다. 양(+)의 시계열 상관관계는 양(+)의 수익률 다음에 다시 양(+)의 수익률이 관측되는 경향이 있고, 음(−)의 상관관계는 양(+)의 수익률 다음에 음(−)의 수익률이 관측되는 경향이 있음을 의미한다.

시장이 효율적이라면 과거의 정보는 이미 현재의 주가에 모두 반영되어 있어서 현재의 주가 변동이 과거에 발생했던 주가변동과 상관관계가 없을 것이다. 만약 시장이 비효율적이어서 주식수익률이 양(+)의 상관관계를 보일 경우 현재 수익률이 양(+)이라면 다음 수익률도 양(+)이라고 보고 투자하며, 현재 수익률이 음(−)이라면 다음 수익률도 음(−)이라고 보고 투자하여 초과수익을 얻을 수 있을 것이다.

2) 연의 검증

연의 검증(run test)은 동일한 부호를 갖는 가격변동들의 연속인 연(run)을 이용하여 이익(+)과 손실(−)의 연속된 부호(sign)를 검증하는 방법이다. 만약 부호가 ++ −−++−−로 규칙적으로 나타난다면 이는 네 개의 연을 갖는 주가변동으로 과거 주가변동이 미래 주가변동에 반복되어 나타남을 의미하므로 과거정보를 이용하여 초과수익을 얻을 수 있어 시장이 비효율적이라는 것을 의미한다.

반면에 부호가 섞여 ++−+−−+−와 같이 무작위로 나타난다면 미래 주가변동과 과거 주가변동은 상관성이 없고 주가는 무작위적으로 움직이며 시장은 효율적이라는 것을 의미한다.

3) 필터기법

필터는 사전에 정해 놓은 일정 가격폭을 말한다. 필터기법(filter test)은 주가가 저점으로부터 일정비율(x%: 필터)만큼 상승하면 주식을 매수하고 고점으로부터 일정비율(x%: 필터)만큼 하락하면 매도하는 투자기법이다. 만약 시장이 효율적이어서 주가가 무작위적으로 움직일 경우에는 필터기법의 성과가 단순한 매입보유전략(buy-and-hold strategy)의 성과보다 더 나은 초과수익을 실현할 수 없다.

(2) 준강형 효율적 시장가설의 검증 방법

시장이 준강형 효율적이라면 공개적으로 이용가능한 정보를 이용해서 초과수익을 얻을 수 없다. 따라서 시장이 준강형 효율적인가를 검증하기 위해서는 기업의 이익, 배당, 합병 등 공개적으로 이용가능한 공시정보의 발표가 있을 때 이를 전후하여 초과수익이 존재하는지를 검증하면 된다.

사건연구(event study)는 어떤 특정사건(기업의 이익, 배당, 주식분할 등)이 기업의 주가에 미치는 영향을 분석하는 실증적 재무연구 방법으로 특정사건이 없었을 경우의 주식수익률인 정상적인 기대수익률과 특정사건의 발생으로 인한 발생한 실제 주식수익률간의 차이인 비정상수익률을 측정하여 평가한다.

이와 같은 사건연구는 Fama, Fisher, Jensen, and Roll(FFJR, 1969)이 처음 제시한 것으로 이들은 주식분할이라는 사건이 발생하기 전의 29개월부터 주식분할 후의 30개월의 각각에 대하여 평균비정상수익률과 누적비정상수익률을 산출하였다.[1] 일반적으로 주식분할이라는 것은 주식분할비율에 따라 발행주식수를 증가시키고 주가는 감소하는 사건으로 이론적으로 볼 때 주식분할 그 자체는 경제적 가치가 없다. 그럼에도 불구하고 〈그림 9-1〉에서 보듯이 주식분할 공표일(announcement, 사건일, $t=0$시점) 이전 5개월 전부터 비정상수익률이 급격히 증가함을 보였다.

이러한 현상에 대해서 FFJR은 주식분할이 미래의 이익증대를 의미하는 배당증가와 관련된 정보를 포함하고 있기 때문이라고 주장하였다. 주식분할 공표일 이전 5개

---

1 Eugene F. Fama, Lawrence Fisher, Michael C. Jensen, and Richard Roll, "The Adjustment of Stock Prices to New Information," *International Economic Review*, February 1969.

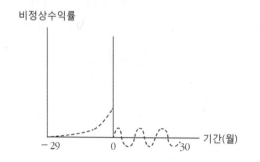

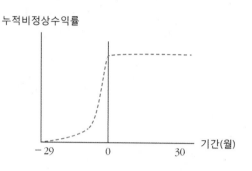

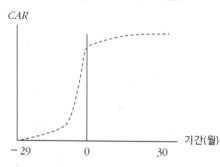

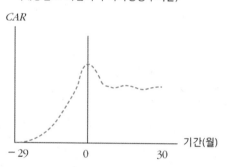

월부터 시장이 미래이익을 기대하면서 주가를 상향조정하여 왔기 때문에 실제로 주식 분할 시점인 사건일에는 주가가 더 이상 오르는 조정이 일어나지 않는다고 하였다. 따라서 회사의 미래 배당과 관련된 주식분할 안에 포함된 정보가 이미 사건이 발생한 월(event month)까지 모두 반영되어 현재 주가에는 공개적으로 이용가능한 모든 정보 가 완전히 반영되었다는 점에서 주식시장은 준강형 효율적 시장이라고 하였다.

또한, FFJR은 주식분할이 미래 배당증가(더 높은 미래수익)에 대한 정보를 가지고 있다는 가설을 추가적으로 분석하기 위해 〈그림 9-2〉와 같이 주식분할일 이후에 배 당증가가 있었던 기업들과 배당감소가 있었던 기업들을 구분하여 분석하였다.

〈그림 9-2〉의 분석결과를 보면 배당증가가 있었던 기업의 주가는 주식분할공표

에 기인하여 미래배당이 증가하리라는 기대로 주가를 조정하여 왔기 때문에 주식분할 공표 이후에는 약간의 추가조정을 보였다. 하지만 배당감소가 있었던 주식분할기업의 주가는 비록 미래배당이 증가하리라는 기대감으로 인하여 주식분할 전 몇 개월 동안 누적비정상수익률이 올라가지만, 기대된 배당증가가 일어나지 않았을 때 주식분할 이후에는 사건일 이전 5개월 전 수준으로 누적비정상수익률이 다시 떨어짐을 보였다. 따라서 FFJR은 주식분할이 배당증가에 대한 정보를 가지고 있다고 하였다.

2. 시장이상 현상

효율적 시장에서는 이용 가능한 모든 정보가 이미 주가에 반영되어 있기 때문에 기술적 분석과 기본적 분석을 통해서는 초과수익을 얻을 수 없다. 이에 대해서 현실의 시장이 과연 정말로 효율적인가에 대해서 많은 실증연구들이 이루어졌다. 이 연구들 중에는 현실의 시장은 효율적이라는 주장도 많은 반면 효율적 시장가설을 지지하지 않는 이상 현상(anomaly)이 존재함을 보여주는 주장도 있다.

(1) 주말효과

Cross(1973)[2]는 일별수익률 중에서 월요일의 평균수익률이 낮고, 금요일의 수익률이 이례적으로 높게 나타난다는 주말효과(day-of-the-week effect)를 주장하였다. 주말효과에 대한 정보는 월요일에 주식을 매수하여 금요일에 매도하는 투자를 유발하게 되는데, 이러한 정보가 이미 가격에 반영되어 있는 효율적 시장에서는 어느 요일이든 관계없이 다른 요일보다 높은 초과수익을 얻을 수 없게 될 것이다. 그럼에도 불구하고 지속적으로 관찰되는 주말효과는 약형 효율적 시장가설을 지지하지 않는 시장이상 현상이다.

2　Frank Cross, "The Behavior of Stock Prices on Friday and Monday," *Financial Analysts Journal* 19, 1973.

(2) 1월효과

Rozeff and Kinney(1976)[3]는 1월의 평균투자수익률이 다른 달보다 높게 나타나는 현상인 1월효과(January effect)가 존재함을 보였다. 주말효과와 마찬가지로 1월효과에 의하면 더 높은 투자수익률을 얻기 위해 12월에 매수하여 1월에 매도하게 되는데, 이러한 정보가 이미 가격에 반영되어 있는 효율적 시장에서는 1년 중 어느 월이든 관계없이 다른 월보다 높은 초과수익을 얻을 수 없게 될 것이다. 그럼에도 불구하고 지속적으로 관찰되는 1월효과는 약형 효율적 시장가설을 지지하지 않는 시장이상 현상이다.

(3) PER효과

Basu(1977)[4]는 저PER(price-earnings ratio)기업의 수익률이 고PER기업의 수익률보다 높게 나타난다는 PER효과(P/E effect)를 주장하였다. Basu는 PER의 크기에 따라 주식군을 다섯 그룹(A, B, C, D, E)으로 나누어 매년 초 포트폴리오를 재구성하면서 투자수익률을 비교하여 저PER주식의 수익률이 고PER주식의 수익률보다 높음을 보였다. 이것은 공개적으로 이용가능한 재무비율인 저PER투자전략을 구성할 경우 주식시장에서 체계적으로 수익을 낼 수 있다는 의미로 준강형 효율적 시장가설을 지지하지 않는 시장이상 현상이 된다.

(4) 기업규모효과

Banz(1981)[5]는 소형주의 수익률이 대형주의 수익률보다 높게 나타난다는 기업규모효과(size effect)를 주장하였다. 특히 Keim(1983),[6] Reinganum(1983),[7] Blume and

---

3   Michael S. Rozeff and William R. Kinney, "Capital Market Seasonality: The Case of Stock Returns," *Journal of Financial Economics*, November 1976.

4   S. Basu, "The Investment Performance of Common Stocks in Relation to Their Price-Earning Ratios," *Journal of Finance*, June 1977.

5   Rolf Banz, "The Relationship between Return and Market Value of common Stocks," *Journal of Financial Economics* 9, March 1981.

6   Donald B. Keim, "Size Related Anomalies and Stock Return Seasonality: Further Empirical Evidence," *Journal of Financial Economics* 12, June 1983.

Stambaugh(1983)[8] 등은 기업규모효과의 대부분이 1월의 첫 2주 동안 발생한다는 소형주 1월효과(small-firm-in-January effect)를 보고하고 있다. 기업규모효과가 존재한다는 것은 준강형 시장에서 초과수익을 얻을 수 있는 현상으로 이러한 현상의 존재는 준강형 효율적 시장가설을 지지하지 않음을 나타내고 있다.

그렇다면 왜 이런 기업규모효과가 발생하는가? 이에 대해서 Arbel and Strebel (1983)[9]은 대규모 기관투자자들이 대규모 기업에 대해서는 항상 면밀히 관찰하므로 정보가 풍부한 반면 소규모 기업에 대한 정보는 대규모 기업에 대한 정보보다 상대적으로 부족하기 때문에 소형주들이 보다 위험한 투자대상이 되고, 따라서 소규모 기업에 투자할 때 높은 수익률을 실현한다는 소외기업효과(neglected-firm effect) 때문이라고 주장하였다.

이외에도 Amihud and Mendelson(1986, 1991)[10]은 유동성효과(liquidity effect) 때문에 기업규모효과가 발생한다고 하였다. 유동성이 부족한 소형주나 소외기업주식은 유동성이 풍부한 대형주보다도 높은 거래비용을 수반하므로 투자자들은 높은 수익률을 요구한다는 것이다.

(5) PBR효과

Fama and French(1992)[11]는 PBR(price-to-book ratio)효과를 주장하였다. 이들은 저PBR 주식이 고PBR 주식보다 높은 투자수익을 보임에 따라 주식의 시장가격을 장부가격으로 나눈 PBR이 증권별 수익률의 강력한 예측지표라고 보고하고 있다. PBR효과도 공개적으로 이용가능한 재무비율인 PBR을 이용하여 투자전략을 구성할 경우

7 Marc R. Reinganum, "The Anomalous Stock Market Behavior of Small Firms in January: Empirical Tests for Tax-Loss Effects," *Journal of Financial Economics* 12, June 1983.
8 Marshall E. Blume and Robert F. Stambaugh, "Biases in Computed Returns: An Application to the Size Effect," *Journal of Financial Economics*, 1983.
9 Avner Arbel and Paul J. Strebel, "Pay Attention to Neglected Firms," *Journal of Portfolio Management*, winter 1983.
10 Yakov Amihud and Haim Mendelson, "Asset Pricing and the Bid-Ask Spread," *Journal of Financila Economics* 17, December 1986;"Liquidity, Asset Prices, and Financial Policy,"*Financial Analysts Journal* 47, November/December 1991.
11 Eugene F. Fama and Kenneth R. French, "The Cross Section of Expected Stock Returns," *Journal of Finance* 47, 1992.

주식시장에서 체계적으로 수익을 낼 수 있다는 의미로 준강형 효율적 시장가설을 지지하지 않는 시장이상 현상이 된다.

(6) 역전효과

DeBondt and Thaler(1985)[12]와 Chopra, Lakonishok and Ritter(1992)[13]는 한 기간에 성과가 좋지 못했던 주식은 다음 기간에는 반전되어 상당한 성과를 보이는 반면 어느 한 기간에 최상의 성과를 보인 주식은 다음 기간에 나쁜 성과를 나타내는 역전효과(reversal effect)가 있음을 발견하였다. 역전효과가 존재한다는 것은 초과수익을 얻을 수 있는 기회가 되므로 준강형 효율적 시장의 비효율성을 암시하는 증거가 된다.

(7) 강형 효율적 시장가설에 대한 검증

Seyhun(1986)[14]은 증권거래위원회(SEC: Securities and Exchange Commission)의 'Official Summary of Insider Trading'이라는 정기간행물에서 대주주나 임원 등 내부자들의 대량거래 공표일자를 추적한 결과 내부자의 주식매수가 보고된 후에 어느 정도 수익률이 오르긴 하지만 거래비용을 넘어설 만큼 충분히 크지는 않다고 밝히고 있다. 따라서 Seyhun(1986)의 연구는 내부정보를 이용해서도 초과수익을 얻을 수 없다는 강형 효율적 시장가설을 지지한다.

---

12 Werner F. M. DeBondt and Richard Thaler, "Does the Stock Market Overreact?," *Journal of Finance* 40, 1985.

13 Navin Chopra, Josef Lakonishok, and Jay Ritter, "Measuring Abnormal Performances: Do Stocks Overreact?," *Journal of Financial Economics* 31, 1992.

14 H. Nejat Seyhun, "Insiders' Profits, Costs of Trading, and Market Efficiency," *Journal of Financial Economics* 16, 1986.

핵심정리

1. 효율적 시장가설

- 약형 효율적 시장가설: 현재 주가에 과거정보가 모두 반영 → 기술적 분석으로 초과수익을 얻을 수 없음

- 준강형 효율적 시장가설: 현재 주가에 과거정보와 공개적으로 이용 가능한 정보가 모두 반영 → 기본적 분석으로 초과수익을 얻을 수 없음

- 강형 효율적 시장가설: 현재 주가에 과거정보, 공개적으로 이용 가능한 정보, 사적정보가 모두 반영 → 누구도 초과수익을 얻을 수 없음

2. 효율적 시장가설의 검증방법

- 약형 효율적 시장가설 검증 방법
  - 시계열자기상관검증
  - 연의 검증
  - 필터기법
- 준강형 효율적 시장가설 검증 방법
  - 사건연구

3. 시장이상 현상

- 주말효과: 금요일의 수익률이 이례적으로 높음

- 1월효과: 1월달의 평균투자수익률이 다른 달보다 높음

- PER효과: 저PER주 수익률이 고PER주 수익률보다 높음

- 기업규모효과: 소형주의 수익률이 대형주의 수익률보다 높음

- PBR효과: 저PBR 주식이 고PBR 주식보다 투자수익률이 높음

- 역전효과: 한 기간에 좋은(나쁜) 성과를 보인 주식은 다음 기간에 나쁜(좋은) 성과를 보임

연습문제

문1. (CFA) 효율적 시장가설에 대한 설명으로 옳은 것은? (　　)

① 베타가 높은 주식은 지속적으로 과대평가된다.

② 베타가 낮은 주식은 지속적으로 과소평가된다.

③ 주식의 양(+)의 알파는 곧 사라질 것이다.

④ 주식의 음(−)의 알파는 차익거래자들에게 지속적으로 낮은 수익을 낸다.

문2. (CFA) 다음 중 준강형 효율적 시장가설에 반대되는 증거는 어느 것인가? (　　)

① 연기금의 50%는 해마다 시장수익률을 상회한다.

② 모든 투자자들은 미래수익률에 대한 신호를 이용하기 위해 학습한다.

③ 추세분석은 주식가격을 결정하는 데 가치가 없다.

④ 주가수익비율(P/E)이 낮은 주식은 장기적으로 양(+)의 비정상초과수익률을 내는 경향이 있다.

문3. (CFA) 어떤 기업이 주주들에게 예상치 않게 많은 현금배당 지급을 공표했다. 정보가 누출되지 않는 효율적 시장에서 예상되는 것은? (　　)

① 공표 시점에서 가격이 비정상적으로 변동한다.

② 공표 이전에 비정상적으로 가격이 오른다.

③ 공표 이후에 가격이 비정상적으로 내린다.

④ 공표 전이나 후에 비정상적인 가격변동이 발생하지 않는다.

문4. (2004 CPA) 최소한 준강형(semi-strong form)의 효율적 시장이 성립할 때 다음 중 가장 적절하지 못한 주장은? (　　)

① 내부정보가 없는 상태에서 증권에 투자해 몇 년 사이 1,000%의 수익을 올린 투자자가 있을 수 있다.

② 최근 몇 년간 경영상의 어려움을 겪어 적자누적으로 주당 장부가치가 액면가를 밑도는 데도 불구하고 주가는 액면가보다 높게 형성될 수 있다.

③ 펀드매니저가 증권분석을 통해 구성한 포트폴리오가 침팬지가 무작위로 구성한

포트폴리오보다 위험 대비 수익률이 더 높을 것으로 예상된다.

④ A회사는 환경단체와의 재판에서 패소해 추가로 부담해야 할 비용이 확정되었으므로 A회사의 주식은 당분간 매입하지 말아야 한다.

⑤ 은행장이 그 동안 불법대출을 주선하여 은행에 막대한 손실을 입혀왔다는 사실이 일주일 전 밝혀져 해당 은행의 주가가 급락했다. 그리고 오늘 아침 그 은행장이 사표를 제출했다는 사실이 알려지면서 해당 은행의 주가는 상승했다.

문5. (2005 CPA) 효율적 시장가설에 관한 다음의 설명 중 가장 옳지 않은 것은? (   )

① 시장의 준강형 효율성 가설을 검증하는 한 방법으로 사건연구를 활용할 수 있다.

② 미국 증권시장의 일일 주가 수익률을 분석해 보면 소형주의 수익률은 전날 대형주 수익률을 추종하나, 대형주의 수익률은 전날 소형주 수익률을 추종하지 않는 것으로 나타난다. 이는 시장이 약형으로 효율적이지 않다는 증거로 볼 수 있다.

③ 시장이 강형으로 효율적이라면 베타계수가 작은 주식에 투자한 경우 베타계수가 큰 주식에 투자했을 때보다 더 높은 수익률을 올릴 수 없다.

④ 미국 주식을 가치주와 성장주로 나누어 그 수익률을 분석해 보면 양 그룹간에 확연한 차이가 발견된다. 이는 시장이 준강형으로 효율적이지 않다는 증거로 볼 수 있다.

⑤ 기업의 인수·합병 발표 직후 피인수·합병 기업의 주가가 상승하는 것으로 나타난다. 이는 시장이 강형으로 효율적이지 않다는 증거로 볼 수 있다.

문6. (2007 CPA) 다음 중 가장 옳지 않은 것은? (   )

① 날씨가 맑은 날에는 주가지수가 상승하고, 그렇지 않은 날에는 주가지수가 하락하는 경향이 전 세계적으로 관찰되고 있음을 보인 연구결과가 있다. 만일 이 연구결과가 사실이라면 이는 시장이 약형으로 효율적이지 않다는 증거이다. (매일 다음 날의 일기예보가 발표되며 일기예보는 50%보다 높은 정확도를 갖는다고 가정)

② 시장이 약형으로 효율적이라면 기술적 분석을 이용해서 초과수익률을 얻을 수 없다.

③ 국내 주식시장에서 개인투자자들의 투자성과가 외국인투자자들이나 국내 기관투자자들에 비해 지속적으로 나쁘다는 연구결과가 있다. 모든 투자자들이 공개된 정보만을 이용하여 투자한다는 가정 하에, 이는 시장이 준강형으로 효율적이지 않다는 증거로 볼 수 있다.

④ 시장이 효율적이고 CAPM이 맞다고 해도 베타가 같은 두 주식의 실현수익률이

다를 수 있다.

⑤ 시장이 약형으로 효율적일 때, 과거 6개월간 매달 주가가 오른 주식이 다음 달에도 주가가 또 오를 수 있다.

문7. 효율적 시장가설에 대한 설명으로 틀린 것은? (   )

① 효율적 시장가설 지지자들은 인덱스 펀드 투자 및 소극적인 투자전략을 지지한다.

② 효율적 시장가설에서 시장가격은 내재가치의 불편추정치로 정의된다.

③ 기술적 분석은 주가 조정에 대해서 주가는 새로운 정보에 서서히 조정되고 수요와 공급에 의해서 주가가 결정된다고 가정한다.

④ 기본적 분석은 이익, 배당전망, 미래 이자율의 기대 등을 이용한다.

⑤ 답 없다.

연습문제 해답

문1. ③

[답]

효율적 시장에서 어떤 주식도 지속적으로 과대평가되거나 과소평가될 수 없다.

문2. ④

문3. ①

[답]

완전한 가격조정은 배당에 대한 정보가 공개적으로 이용가능하게 되자마자 발생한다.

문4. ④

[답]

공식적으로 이용가능한 정보를 이용하여 투자한다고 해도 초과수익을 실현할 수 없는 시장을 준강형 효율적 시장이라고 한다. 재판으로 인해 비용이 확정되었고 공식적인 정보가 이미 다 반영되었으므로 당분간 매입하지 말아야 한다는 주장은 최소한 준강형 효율적 시장이 전제될 때 주장하기 힘들다.

문5. ③

[답]

시장이 강형으로 효율적이면 내부정보를 이용하여도 초과수익률을 올릴 수 없다. 여기서, 베타계수는 내부정보가 아니므로 강형 효율성을 거론할 수 없다.

문6. ①

[답]

약형 효율적 시장가설은 현재의 주가는 과거 주가변동의 양상, 거래량의 추세, 과거 이자율의 동향에 관한 정보 등 과거의 역사적 정보를 완전히 반영하고 있으므로 어떤 투자자도 과거 주가 변동의 형태와 시장과 관련된 자료를 바탕으로 한 투자전략, 즉 기술적 분석으로는 초과수익을 얻을 수 없다는 주장이다. 따라서 보기①에서 제시한 날씨는 과거의 정보가 아닌 미래의 정보이므로 날씨와 주가지수의 상관관계는 약형 효율적 시장가설에 대한 반대 근거가 될 수 없다.

문7. ⑤

[답]가격은 오차를 포함하고 있지만 이 오차는 무작위적이어서 투자자들이 이용할 수 없다는 의미이다.

04 기초자산: 주식 · 채권 · 외환

10 기술적 분석

학습개요

본 장에서는 실무에서 주가의 반복적이고 예측 가능한 패턴을 찾아내어 주가의 예측을 시도하는 기술적 분석에 대해서 다룬다. 주가추세를 분석하는 다우이론과 엘리어트 파동 이론에 대해서 설명하고, 기술적 분석의 대표적인 캔들차트와 이동평균선 분석을 비롯하여 보조지표에 해당하는 상대강도지수, 볼린저밴드. 스토캐스틱, 트린통계량, 신뢰지수, 풋-콜비율 등 실무에서 많이 이용되는 기술적 분석 방법론에 대해서 알아본다.

학습목표

- 다우이론과 엘리어트 파동이론
- 이동평균선 분석
- 볼린저밴드
- 트린통계량
- 풋-콜비율
- 캔들차트 분석
- 상대강도지수
- 스토캐스틱
- 신뢰지수

▶ 01 기술적 분석의 개요

기술적 분석(technical analysis)은 주식의 내재가치를 결정짓는 기본요인들을 고려하지 않고 과거의 주가나 거래량 등의 움직임을 살펴봄으로써 미래의 주가를 찾는 기법이다. 대부분의 기술적 분석은 주식의 시장가격에 내재하는 어떤 추세를 찾으려고 노력한다. 최초의 추세 분석은 다우이론이며, 다우이론의 최신 변형이론으로 엘리어트(Elliott) 파동이론이 있다.

1. 다우이론

월스트리트저널(Wall Street Journal)의 편집장인 Charles H. Dow는 1900년 12월 19일자 월스트리트저널 사설에서 주가의 추세를 분석하는 자신의 이론을 최초로 소개하였다. Dow 사후에 차기 편집장이었던 William Hamilton이 다우이론을 체계화시켰고 1929년 미국 증권시장 붕괴를 예언하여 유명해졌다.

다우이론에 의하면 주가변동을 몇 개월에서 수년에 걸친 주가의 장기추세인 주추세(primary trend), 보통 2주 내지 수개월에 걸친 중기추세(intermediate trend), 매일 매일의 주가 움직임인 소추세(minor trend)로 구분하였다. 또한 장기추세인 주추세의 진행과정을 시장상황과 관련하여 국면별로 강세국면과 약세국면으로 구분하였다.

강세국면은 강세1국면, 강세2국면, 강세3국면으로 구분되는데, 강세1국면에서 일반투자자는 약세시장에 지쳐 보유주식을 매도하는 반면, 전문투자자들은 주식시장의 호전을 확신하여 매수를 함으로써 전반적으로 거래량이 점차 증가하게 되는 강세시장 초기단계이다. 강세2국면은 주가상승 및 거래량이 증가하는 상승국면으로 기술적 분석가들이 가장 많은 투자수익을 가능케 하는 국면이다. 강세3국면은 경기가 최고조에 달하여 증권시장이 과열되는 국면이다. 일반적으로 이 국면에서 일반투자자나 주식투자의 경험이 없는 사람들은 계속 망설이다가 확신을 가지고 적극 매입에 나선다.

약세국면도 약세1국면, 약세2국면, 약세3국면으로 구분된다. 약세1국면에서는 전문투자자들이 시장과열을 감지하고 투자수익을 취한 후 빠져나가기 때문에 주가가 조금만 하락하여도 거래량이 증가하는 양상을 보이는 분산국면이다. 약세2국면은 기업의 수익성이 나빠지고 주가가 거의 수직적으로 하락하며 거래량도 급격히 감소하는 공황국면이다. 약세3국면에서는 투매양상이 나타나고 주가는 계속 하락하지만, 시간이 경과할수록 주가의 낙폭은 작아지는 침체국면이다.

2. 엘리어트 파동이론

1930년대에 발표된 엘리어트 파동이론은 미국의 Ralph Elliott가 과거 75년 동안의 모든 주가 데이터를 분석한 결과, 주가의 변동에는 일정한 움직임이 있으며 이러한 일정한 주가움직임을 파동이라는 개념으로 설명한 이론이다. Elliott 생전에 이 이론은 널리 알려지지 않았지만, Elliott 사후 Hamilton Bolton이 1953년에 '은행신용분석'이라는 잡지에 부록으로 소개하면서 대중에게 공개되었고, 특히 1987년 미국의 주가 대폭락을 예측함으로써 대표적인 기술적 분석 이론으로 받아들여졌다.

엘리어트 파동이론에 의하면 주가움직임은 장기파동주기와 단기파동주기가 포개져서 복합적인 패턴이 되며, 이 패턴을 분석하면 주가의 포괄적인 움직임을 예측할 수 있다고 주장한다. 엘리어트 파동이론에 따르면 한 번의 주가 움직임에는 모두 여덟 번의 상하파동이 존재하는데, 여덟 번의 파동은 상승국면에서의 다섯 번의 파동과 하락국면에서의 세 번의 파동으로 구성된다.

상승국면과 하락국면에서의 파동은 전체적인 시장의 움직임과 같은 방향으로 형성되는 충격파동(impulse wave)과 충격파동과 반대의 방향으로 나타나는 조정파동(corrective wave)으로 구성된다. 〈그림 10-1〉에서 다섯 번의 상승국면 파동에서 1번, 3번, 5번은 충격파동(상승파동)이며, 2번, 4번은 조정파동이다. 또한 세 번의 하락국면 파동에서 a번, c번은 충격파동(하락파동)이고 b번은 조정파동이다.

상승국면에서 1번 파동은 추세가 전환되는 시점으로 다섯 번의 상승국면의 파동 중 가장 짧으며 반드시 5개의 파동으로 구성되어야 한다. 2번 파동은 1번 파동을 100% 이상 되돌리는 경우는 없으며 반드시 3개의 파동으로 구성되어야 한다. 또한 2번 파동의 저점은 반드시 1번 파동의 저점보다 높아야 한고, 만약 그렇지 않으면 상승세가 아니고 기존의 추세가 계속되는 것으로 본다.

3번 파동은 상승국면의 5개의 파동 중 가장 길고 강력하며 가격변동이 활발하게

그림 10-1 엘리어트 파동이론

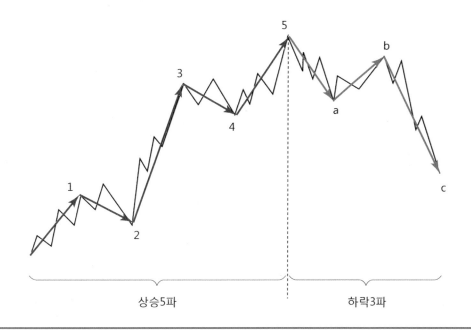

일어나는 파동이다. 4번 파동은 3번 파동을 38.2% 되돌리는 경우가 많으며, 2번 파동의 저점보다 높아야 한다. 5번 파동은 추세가 막바지에 이르는 국면으로 거래량이 3번 파동의 거래량보다 적다.

　　하락국면에서 a파동은 하락국면으로 시작되는 새로운 추세의 충격파동이다. b파동은 하락추세에 반발하여 나타나는 조정기로 매도의 마지막 기회이다. c파동은 투매의 영향으로 하락폭이 빨라지게 된다. 이러한 엘리어트 파동이론은 파동의 해석이 분석가에 따라 달라질 수 있다는 점에 주의해야 한다.

1. 캔들차트의 개요

기술적 분석에서 캔들차트와 이동평균선은 추세를 이해한다는 의미에서 매우 중요하고 기본이 되는 분석기법이다. 차트는 기본적으로 선차트(line chart)와 캔들차트(candle chart)가 있는데, 선차트는 매일의 종가를 직선으로 연결하여 시장추세를 나타낸다. 캔들차트는 시가, 고가, 저가, 종가를 하나의 캔들(봉)에 모두 표시하고, 시가와 종가를 비교하여 그 결과에 따라 색깔로 구분하고 있다.

시가에 비해 종가가 하락한 경우(주가가 하락한 날)를 파란색 혹은 검은색의 음선(black candle)으로 음봉이라고 하고, 시가에 비해 종가가 상승한 경우(주가가 상승한 날)는 빨간색 혹은 흰색의 양선(white candle)으로 양봉이라고 한다. 시가와 종가가 표시된 캔들을 몸통이라고 부르고, 고가가 표시되는 위의 꼬리를 윗수염, 저가가 표시되는 아래 꼬리를 아랫수염이라고 한다.

캔들차트는 하나의 캔들이나 여러 개의 캔들을 결합하여 패턴을 판독한다. 기본적으로 상승장에서는 양봉이 많아지게 되고 하락장에서는 음봉이 많아지게 된다. 또한 몸통의 길이가 길수록 시장의 방향성을 알 수 있다. 예를 들어, 양봉이면서 큰 몸통을 가진다면 상승세가 강하다는 의미이고, 반대로 음봉이면서 큰 몸통을 나타낸다

그림 10-2 양봉과 음봉

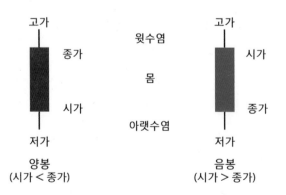

면 하락세가 강하다는 의미이다.

2. 캔들차트의 전환시점 분석

주식 투자자들이 항상 관심을 가지는 것은 상승국면에서 언제 하락국면으로 전환할지 혹은 하락국면에서 언제 상승국면으로 반전될지 하는 전환시점을 파악하는 것인데 전환시점 파악에 신뢰도가 높은 캔들차트로 대표적으로 우산형, 샅바형, 장악형, 잉태형, 별형 등이 있다.

(1) 우산형

우산형(umbrella) 캔들차트는 망치형(hammer)과 교수형(hanging man)이 있다. 우산형 캔들차트의 경우 추세의 천정권이나 바닥권에서 아랫수염이 몸통의 두 배 이상 되는 모양의 봉이 나타나면 추세전환의 신호로 본다. 우산형 캔들차트는 일반적으로 꼬리가 길수록, 몸통이 짧을수록 신뢰도가 높다.

망치형은 윗수염이 거의 없고 몸통이 장중 거래범위의 약 30~50% 이하이고 아랫수염이 매우 긴 형태이다. 바닥권에서 양봉형태의 망치형이 출현할 경우 더 이상 주가가 하락 하지 않고 상승추세로 돌아설 가능성이 높다. 상승추세에서 천정권에서 아랫수염이 긴 음봉형태의 교수형이 나타날 경우 향후 주가가 하락추세로 반전될 가능성이 높다.

그림 10-3 우산형 캔들차트

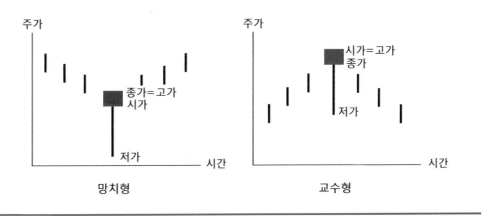

(2) 샅바형

샅바형(belt-hold line) 캔들차트는 상승샅바형과 하락샅바형이 있다. 상승샅바형은 시가와 저가가 동일한 긴 양봉을 갖는다. 상승샅바형은 시가가 당일중의 저가를 기록한 후 지속적인 상승을 보여 긴 몸체의 양봉을 나타낸 것이므로 바닥권에서 길게 나타나면 추세가 반전되어 강한 상승장을 예고한다. 몸통의 길이가 길수록 신뢰도는 증가한다. 주가가 고가권일 때 상승샅바형이 나타났을 경우 장중 고가권에서 매도세가 출현하기 때문에 하락반전 가능성도 있다.

하락샅바형은 시가와 고가가 동일한 긴 음봉을 갖는다. 하락샅바형은 시가가 당일중의 고가를 기록한 후 계속 하락을 보여 긴 몸통의 음봉을 갖기 때문에 천정권에서 길게 나타나면 강한 하락장을 예고하는 것으로 본다. 몸통의 길이가 길수록 신뢰도는 증가하며 잘 나타나지 않다가 발생하면 더욱 의미가 있다.

그림 10-4 샅바형 캔들차트

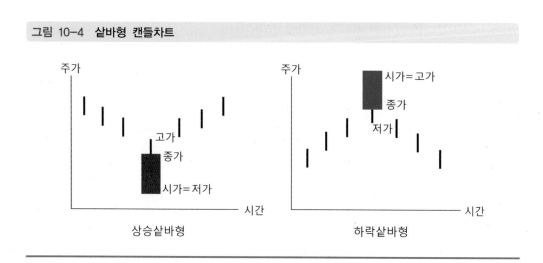

상승샅바형   하락샅바형

(3) 장악형

장악형(engulfing) 캔들차트는 상승장악형과 하락장악형이 있다. 장악형 캔들차트는 두 개의 캔들로 구성되고 차트의 파악에 꼬리보다는 몸통의 길이가 더 중요하다. 상승장악형은 하락추세에서 전일보다 몸통이 큰 양봉이 발생하는 것으로 상승추세로

의 전환신호로 본다. 하락장악형은 상승추세에서 전일보다 몸통이 큰 음봉이 발생하는 것으로 하락추세로의 전환신호로 본다.

장악형 캔들차트는 첫 번째 봉의 크기가 작고 두 번째 봉의 크기가 클수록, 거래범위가 두 번째 봉에 의해 완전히 감싸일수록 신뢰도는 증가한다. 만약 두 번째 봉에 대량거래가 수반되었다면 더욱 의미가 있으며, 실제로도 장악형 캔들차트는 비교적 빈번하게 발생하며 신뢰도도 높은 편이다.

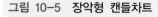

그림 10-5 장악형 캔들차트

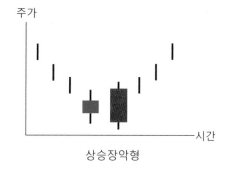
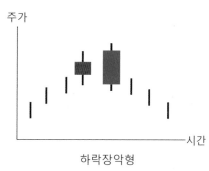

상승장악형　　　　　　　　　　　하락장악형

(4) 잉태형

잉태형(harami) 캔들차트는 몸통이 긴 봉과 몸통이 짧은 봉이 계속 나오는 모양으로 장악형 캔들차트와 반대되는 형태를 나타낸다. 잉태형 캔들차트도 상승잉태형과 하락잉태형이 있다. 잉태형 캔들차트는 기존의 추세가 급격하게 반전한다기보다는 기존의 추세가 일단락된 후 향후 움직임을 모색하는 단계에서 발생하며, 잉태된 봉이 십자형인 경우 신뢰도가 높다.

상승잉태형은 직전의 긴 봉에 완전히 감싸이는 작은 봉이 출현하였을 때를 말하며, 하라미(일본 고어로 잉태라는 뜻임)라고 한다. 주가의 하락추세에서 긴 음봉 다음에 짧은 양봉이 나타났을 때 상승추세로 반전되는 신호로 간주한다.

하락잉태형은 상승잉태형의 반대패턴으로 전일의 긴 양봉이 그 다음날의 짧은 음

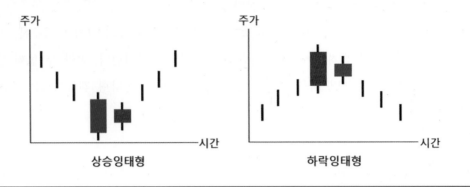

그림 10-6 잉태형 캔들차트

상승잉태형

하락잉태형

봉을 감싸는 형태로 나타난다. 상승추세가 진행 중에 하락잉태형이 나타나면 일반적으로 하락추세로 반전될 신호로 간주한다.

(5) 별형

별형(star) 캔들차트는 상승 혹은 하락추세에서 첫째 날에 몸통이 긴 캔들차트가 나타난 후 갭(gap)[1]이 발행하면서 둘째 날에 작은 몸통을 가진 캔들차트가 나타날 때 둘째 날의 캔들차트를 별형(star)이라고 한다. 별형에는 샛별형(morning star)과 석별형(evening star)이 있다.

샛별형은 하락추세에서 몸통이 긴 음봉이 나타난 후 다음날 하락 갭을 두고 작은 몸통(스타)이 출현하고, 셋째 날에 첫 번째 음봉 정도의 몸통이 긴 양봉이 발생하는 형태이다. 스타가 양봉이든 음봉이든 상관없으나 양봉이면 신뢰도가 높아지고, 스타가 십자형이면 신뢰도가 더욱 높아진다. 샛별형은 대표적인 상승반전형으로 발생빈도가 매우 높다.

석별형은 샛별형와 대조되는 형태로 상승추세에서 몸통이 긴 양봉이 발생한 후 다음날 상승 갭을 두고 작은 몸통(스타)이 나타나고, 셋째 날 첫 번째 양봉 정도의 몸통이 긴 음봉이 발생하는 형태다. 스타가 양봉이든 음봉이든 상관없으나 음봉이면 신

---

1 갭(gap)은 갑자기 주가가 폭등하거나 폭락하여 주가와 주가 사이에 나타나는 빈 공간을 말한다.

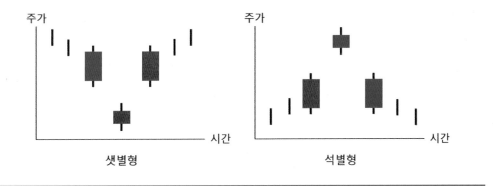

그림 10-7 별형 캔들차트

샛별형

석별형

뢰도가 높아지고, 스타가 십자형이면 신뢰도가 더욱 높아진다. 석별형은 대표적인 하락반전형으로 발생빈도가 매우 높다.

▶ 03 이동평균선 분석

이동평균선은 일정기간 동안의 주가를 단순히 산술평균한 평균치를 나타낸 것으로 주식시장의 전반적인 주가흐름을 판단하고 향후 주가추이를 전망하는 데 사용되는 대표적인 기술지표이다. 이동평균선은 단기이동평균선으로 5일과 20일 이동평균선, 중기이동평균선으로 60일과 120일 이동평균선, 장기이동평균선으로 200일 이동평균선이 활용된다.

일반적으로 상승추세에서는 주가가 이동평균선 위에서 움직이고 하락추세에서는 주가가 이동평균선 아래에서 움직이며 횡보세(보합세)에서는 주가가 이동평균선에 수렴해 가는 특징이 있다. 이동평균선 분석으로 일반적으로 많이 사용하는 것은 지지선·저항선 분석, 배열도 분석, 교차 분석, 이격도 분석, MACD 분석 등이 있다.

1. 지지선·저항선 분석

주가를 이동평균한 값은 일정기간 동안의 평균적인 거래가격이라고 볼 수 있는데, 이동평균선은 주가가 더 이상 하락하지 못하는 선인 지지선과 주가가 더 이상 상승하지 못하는 선인 저항선의 역할을 한다.

예를 들어, 20일 이동평균선은 20일 동안 주식의 평균적인 거래가격이라고 볼 수 있으므로, K전자 이동평균주가가 10만원이라는 것은 K전자 주식의 평균매매단가가 10만원임을 의미한다. 만약 12만원인 K전자 주가가 계속 내려가면 10만원에 K전자 주식을 매수한 사람들은 자신들이 매수한 가격대를 지키려고 할 것이므로 매물이 줄어들게 되어 20일 이동평균선이 주가하락을 막는 가격선인 지지선의 역할을 한다. 반대로, K전자 주가가 8만원이었다가 10만원으로 계속 올라가면 평균매매단가 10만원보다 싸게 산 투자자들의 매물이 증가하여 20일 이동평균선은 가격의 상승을 멈추는 가격선인 저항선의 역할을 한다.

이동평균선은 이동평균을 계산하는 기간이 길수록 지지와 저항의 강도가 높기 때문에 단기이동평균선보다 중기이동평균선이, 중기이동평균선보다 장기이동평균선의 지지와 저항의 강도가 높다고 할 수 있다. 따라서 주가가 상승할 경우에는 단기이동평균선, 중기이동평균선, 장기이동평균선이 차례로 저항선의 역할을 하고 주가가 하락할 경우에는 단기이동평균선, 중기이동평균선, 장기이동평균선이 차례로 지지선의 역할을 한다.

2. 배열도 분석

이동평균선은 평균하는 기간이 다르기 때문에 장단기 이동평균선 간에 움직이는 시차가 존재한다. 즉, 주가가 상승추세에 있을 때 단기이동평균선, 중기이동평균선, 장기이동평균선 순서로 상승한다. 반대로 주가가 하락추세에 있을 때는 단기이동평균선, 중기이동평균선, 장기이동평균선 순서로 하락한다.

따라서 주가가 상승추세일 경우 맨 위에서부터 주가, 단기이동평균선, 중기이동평균선, 장기이동평균선의 순서를 이루는 정배열 상태가 되고, 하락추세에서는 상승추세에서의 경우와 반대로 맨 위에서부터 장기이동평균선, 중기이동평균선, 단기이동평균선, 주가의 순서를 이루는 역배열 상태가 된다. 따라서 정배열로의 전환은 매수신호로 역배열로의 전환은 매도신호로 간주할 수 있다.

3. 교차 분석

교차 분석은 이동평균선들이 서로 교차하는 시점을 매매시점으로 하는 분석법이다. 주가는 계속 변하기 때문에 이동평균선도 주가의 변화에 따라 움직이게 됨에 따라 이동평균선들이 서로 교차하기도 한다. 일반적으로 돌파가 발생할 때 대규모 거래가 수반될수록 그 강도가 강해지며, 장기이동평균선이 돌파될 때 중기이동평균선이 돌파될 때보다 더 큰 의미가 있다.

단기이동평균선이 장기이동평균선을 상향돌파할 때를 골든크로스(golden cross)라고 하며 강세장으로의 전환신호로 보아 매수신호로 간주한다. 반대로 단기이동평균선이 장기이동평균선을 하향돌파할 경우는 데드크로스(dead cross)라고 하고 약세장으로의 전환신호로 보아 매도신호로 간주한다.

4. 이격도 분석

이격도는 주가와 이동평균선 간의 간격을 말한다. 이동평균선은 과거의 주가를 평균한 값이므로 후행성지표이다. 따라서 실제로 투자를 할 시점에서 시간적으로 다소 늦다는 결함을 가지고 있다. 이를 극복하기 위한 현실적인 투자기법인 이격도 분석은 당일의 주가를 당일의 이동평균으로 나누어 백분율로 구한다.

$$이격도 = \frac{당일\ 주가(혹은\ 지수)}{당일\ 이동평균주가(혹은\ 지수)} \times 100$$

이격도가 100%를 초과하면 당일주가가 이동평균선보다 높은 가격에 형성되어 있다는 의미이므로 이익실현을 위해 매도시점이라는 의미를 갖는다. 반대로 100% 미만이면 당일주가가 이동평균선보다 낮게 형성되어 있어, 저평가된 것으로 보아 매수신호로 받아들인다.

표 10-1 이격도와 매매신호

	20일 이격도	60일 이격도	신호
상승국면	98% 이하	98% 이하	매수
	106% 이상	110% 이상	매도
하락국면	92% 이하	88% 이하	매수
	102% 이상	104% 이상	매도
보합국면	95% 이하	90% 이하	매수
	105% 이상	110% 이상	매도

그림 10-8 이동평균선 및 이격도 분석

비교하는 이동평균선에 따라 20일 이격도, 60일 이격도 등으로 구분되며 20일 이격도가 주로 활용된다. 예를 들어, 해당일 종가가 11,000원인 종목의 20일 이동평균 가격이 10,000원인 경우에 20일 이격도는 110%가 된다. 이론적인 근거는 없지만 경험적으로 알려져 실무에서 일반적으로 많이 사용하는 기준은 〈표 10-1〉과 같다. 20일 이격도의 경우 보합세일 때 이격도가 105% 이상이면 주가가 이동평균선으로 복귀하는 경향이 많아 매도시점으로 간주하고 95% 이하이면 매수시점으로 간주한다.

〈그림 10-8〉에는 H주식의 이동평균선과 이격도 분석을 나타내었다. 주가의 추세를 보면 골든크로스가 나타난 이후 이동평균선이 정배열 되어 상승국면을 나타내었고, 상승국면에서 20일 이격도가 98% 이하로 나타나 매수신호를 나타내었다.

상승국면 이후 5일 이동평균선이 20일 이동평균선을 하향돌파 하여 하락세를 보이면서 데드크로스가 나타났고 이동평균선이 역배열 되어 하락국면이 되었음을 보였으며, 하락국면에서의 20일 이격도는 102% 이상으로 나타나 매도신호를 나타내었다.

5. MACD 분석

MACD 분석은 시세추종기법이다. MACD는 주가가 한번 형성되면 일정기간 동안 한 방향으로 진행된다는 특성을 고려하여 만든 지표로 추세에 대한 중기적 흐름의 파악에 용이하다. 일반적인 장·단기 이동평균선의 골든크로스와 데드크로스 매매전략의 경우 항상 장·단기이동평균선의 교차가 발생하고 난 후에 알 수 있다는 시차문제가 존재한다.

이처럼 주가는 이미 상승추세인데 골든크로스는 한참 후에 나타나고 반대로 주가는 이미 하락추세인데 데드크로스가 주가 하락 이후 시점에 나타난다는 단점을 개선하기 위해 1979년 미국 뉴욕의 기술적 분석가인 Gerald Appel이 MACD(moving average convergence and divergence; 이동평균수렴확산)를 개발하였다. MACD곡선[2]은 단기 지수이동평균선과 장기 지수이동평균선의 괴리로 작성하며, MACD곡선의 이동평균으로 시그널(signal)곡선을 산출한다.

---

2 실무에서는 일반적으로 12일 지수 이동평균선에서 26일 지수이동평균선을 뺀 값으로 MACD를 산출하고 이 MACD값에 대한 9일 이동평균선을 구하여 시그널곡선으로 삼고 있다. 한편, 지수이동평균(EMA; exponential weighted moving average)=전일지수이동평균$+\alpha\times$(오늘종가$-$전일지수이동평균) $\rightarrow$ 지수이동평균$=\alpha\times$오늘종가$+(1-\alpha)\times$전일지수이동평균. 여기서, $0<\alpha(=2/(n+1))<1$이며, 지수평활계수(가중치)α가 작을수록 과거자료에 더 큰 비중을 두고 있다. 일반적으로 현재에 가까운 관측치에 높은 가중치를 주기 위하여 0.05에서 0.3 사이의 값을 준다. 단순이동평균법과 지수이동평균법의 예측오차(forecast error)의 분포가 $\alpha=2/(n+1)$일 때 거의 같아지기 때문에 실무에서는 9일의 경우 0.2, 12일의 경우 0.15, 26일의 경우에는 0.075를 사용하고 있다.

MACD곡선: 단기(12일) 지수이동평균선(EMA) − 장기(26일) 지수이동평균선(EMA)

시그널곡선: $n(9)$일간의 MACD 지수이동평균

　　MACD곡선은 단기이동평균선의 역할을, 시그널곡선은 장기이동평균선의 역할을 하기 때문에 MACD곡선이 시그널곡선을 상향돌파하면 매수신호로 간주하고 MACD곡선이 시그널곡선을 하향돌파하면 매도신호로 간주한다.

　　〈그림 10-9〉에서 골든크로스 이전부터 H주식의 주가가 상승추세를 보이고 있어 골든크로스를 이용한 매매전략 시에 시차문제가 존재함을 알 수 있다. 이러한 단점을 보완한 MACD는 장·단기이동평균선이 주가의 변화에 따라 서로 멀어졌다가(divergence) 다시 가까워짐(convergence)을 반복하는 점을 이용하여 매매시점을 포착한다. 즉, MACD는 장·단기 이동평균의 차이인 이격이 최대로 벌어졌다가 다시 좁아지기 시작하는 지점에서 매매신호가 나오기 때문에 이동평균을 이용한 교차 분석보다 빨리 저점이나

그림 10-9　MACD 분석

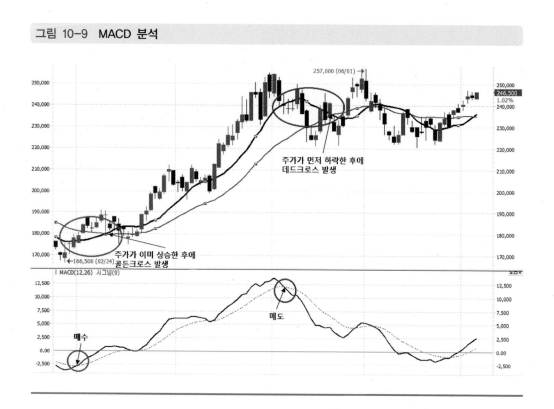

고점 근처에서 매매를 할 수 있게 된다.

〈그림 10-9〉에서 골든크로스가 발생하기 전에 MACD가 시그널곡선을 상향돌파하면서 매수시점임을 나타내고 있고 데드크로스가 발생하기 전에도 MACD가 시그널곡선을 하향돌파하면서 매도시점임을 나타냄으로써 단순한 교차 분석을 이용한 경우보다 훨씬 시차문제를 개선한 지표임을 알 수 있다. 하지만 MACD도 후행성 지표이기 때문에 시차문제를 전부 해결하지는 못하기 때문에 매매시점을 포착하기에 실제로 한계가 있다는 점에 주의해야 한다.

▶ 04 기타 보조지표 분석

기술적 분석에서 가장 일반적이고 널리 사용되는 중요한 분석이 캔들차트 및 이동평균선 분석이며, 이를 통하여 주가흐름의 패턴을 찾아내고 주가의 방향성을 짐작하는 추세를 파악할 수 있다. 하지만 이외에도 실무에서는 많은 다양한 지표들이 개발되어 사용되고 있는데, 대표적으로 추세의 강도가 과도한지 여부를 판단하는 상대강도지수(RSI: relative strength index)와 추세 분석과 변동성 분석을 동시에 수행하는 볼린저밴드(bollinger band), 그리고 MACD의 보조지표로 많이 사용하는 스토캐스틱(stochastic) 등이 있다.

1. 상대강도지수

상대강도지수(RSI: relative strength index)는 일정기간 동안 주식시장 전체에 비해 상대적으로 상승하는 정도를 나타낸 것이다. 아래의 상대강도지수를 계산하는 식에서 분모의 일정기간(일반적으로 n = 14일) 동안의 상승폭과 하락폭을 합한 주식시장 전체 중에서 분자의 상승폭이 얼마나 차지하고 있는지를 보여준다.

$$\text{상대강도지수} = \frac{n\text{일 동안의 상승폭 합계}}{n\text{일 동안의 상승폭 합계} + n\text{일 동안의 하락폭 합계}}$$

상대강도지수는 0과 100 사이의 값으로 나타나는데, 상대강도지수가 100이라는 것은 n일 동안 매일 상승했다는 의미이며, 0이라는 것은 n일 동안 매일 하락했다는 의미이다. 따라서 상대강도지수가 100에 근접할수록 n일 동안 주가가 거의 매일 상승하여 과열수준에 있다는 것이고 0에 근접할수록 n일 동안 주가가 거의 매일 하락하여 주가가 바닥권에서 침체되어 있다는 의미이다.

일반적으로 상대강도지수가 70이라면 상한선을 나타내는 경계신호로 간주하고, 30은 하한선을 나타내는 경계신호로 간주한다. 따라서 상대강도지수가 70을 초과하면 시장이 과열되어 있어서 곧 하락할 것이므로 매도신호로 받아들이고, 30 이하이면 시장이 과도하게 침체되어 있어서 곧 상승할 것이므로 매수신호로 받아들인다.

〈그림 10-10〉에서 H주식의 상대강도지수를 보면, 20XX년 4월 25일의 상대강도지수가 78.01로 계산되어 상한경계선을 넘었는데, 이날의 주가는 246,000원으로 고점을 나타내고 있다. 또한 상대강도지수가 30 이하에서는 주가가 저점을 나타내고 있는 것을 확인할 수 있다.

그림 10-10　상대강도지수

2. 볼린저밴드

볼린저밴드는 일정기간 동안의 이동평균선에 표준편차(가격변동성)의 일정배수를 상·하로 고려하여 상·하의 밴드를 만든다. 따라서 이동평균선에 표준편차(가격변동성)를 고려하기 때문에 추세 분석과 변동성 분석을 동시에 수행한다고 볼 수 있다. 추세의 중심선으로 사용되는 이동평균선은 보통 20일 이동평균선을 사용하며, 상한밴드와 하한밴드의 경계치는 표준편차의 2배를 적용한다.

일상적인 주가의 변동은 밴드 안에서 이루어지는데 만약 주가가 밴드의 상한선 근처에서 움직이면 과도한 매수로 판단하여 매도신호로 인식한다. 하지만 주가가 밴드의 상한선을 상향돌파하여 밴드 밖으로 움직일 경우에는 상승추세의 지속을 의미하여 적극 매수시점으로 간주한다. 반대로 주가가 밴드의 하한선 근처에서 움직이면 과도한 매도로 판단하여 매수신호로 인식한다. 주가가 밴드의 하한선을 하향돌파하여 밴드 밖으로 움직일 경우에는 하락추세의 지속으로 보아 적극 매도시점으로 간주한다.

〈그림 10-11〉에 H주식의 볼린저밴드를 나타내었는데, 주가가 20XX년 3월 23일은 주가가 볼린저밴드의 상한선을 뚫고 올라가는 시점으로 향후 주가의 상승추세가

그림 10-11 볼린저밴드

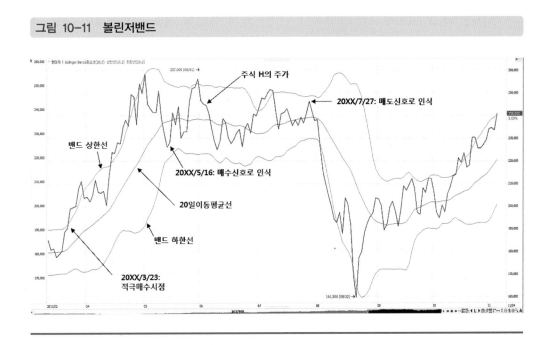

지속된다고 보아 적극 매수시점으로 본다. 5월 16일 주가가 볼린저밴드의 하한선에 가까이 접근한 시점은 과매도로 판단하여 매수신호로 인식하며, 7월 27일 주가가 볼린저밴드의 상한선에 가까이 접근한 시점은 과매수로 판단하여 매도신호로 인식한다.

3. 스토캐스틱

추세반전형 지표인 스토캐스틱은 1950년대 말 Gorge C. Lane에 의해 개발되었다. 이 지표는 〈그림 10-12〉에서 나타냈듯이 일정기간 동안의 주가 변동폭(=최고값 −최저값) 중에서 오늘 종가의 위치를 백분율(%K)로 나타내어 현재의 주가가 과열인지 침체인지 등을 알려준다. 특히 이 지표는 당일거래(day-trading)에 있어서 활용도가 매우 높은 초단기 지표이다. 스토캐스틱에서 사용되는 지표는 %K와 %D이다.

$$\%K = \frac{\text{당일종가} - \text{최근 } n\text{일 동안의 최저가}}{\text{최근 } n\text{일 동안의 최고가} - \text{최근 } n\text{일 동안의 최저가}} \times 100$$

$$\%D = \%K\text{의 } n\text{일 동안의 지수이동평균}$$

%D는 %K를 이동평균한 것으로서 단기지표의 특성상 지표의 변동성이 너무 크다는 문제점을 해결하기 위하여 %D를 만든다. 이때 주의할 점은 %K의 n일과 %D의 n일은 일반적으로 같지 않다는 점이다. 실무에서는 %K의 최근 n일은 과거 5일로 계산하고, %D는 %K의 3일간의 이동평균선으로 계산한다. %K와 %D는 추세의 변동을 너무 빠르게 파악하는 FAST개념이다. 따라서 너무 급하게 신호가 발생하는 것을 보완하여 다음과 같은 SLOW개념도 정의하고 있다.

$$\text{SLOW } \%K = \%K\text{의 } n\text{일간 지수이동평균}$$

$$\text{SLOW } \%D = \text{SLOW } \%K\text{의 } n'\text{일간 지수이동평균}$$

%D와 SLOW %K는 동일하게 보이지만 일반적으로 일정기간(n일)이 다르다는 점에서 차이가 난다. 일반적으로 %K가 70% 이상을 나타내면 상승추세인데, 만약 %K값

그림 10-12 스토캐스틱

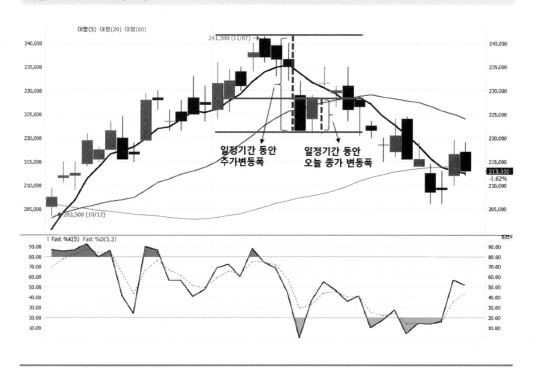

이 80% 이상이 되면 시장이 과열되었다고 보고 이 상태에서 %K가 %D를 하향돌파할 때 매도신호로 인식한다. 반대로 %K가 30% 이하를 나타내면 하락추세인데, 만약 %K 값이 20% 이하가 되면 시장이 과도하게 침체되었다고 보고 이 상태에서 %K가 %D를 상향돌파할 때 매수신호로 인식한다.

〈그림 10-13〉은 H주식의 스토캐스틱을 나타내었다. 20XX년 3월 30일에 %K가 %D를 80% 이상의 수준에서 하향돌파하므로 단기적으로 가격이 하락하는 것으로 보아 이때를 강력한 매도시점으로 본다. 반대로 20XX년 6월 13일에는 %K가 %D를 20% 이하의 수준에서 상향돌파하므로 이때를 강력한 매수시점으로 인식한다. 스토캐스틱 분석 시에 %K와 %D가 매우 자주 발생하기 때문에 이 지표에만 집착을 할 경우 큰 시세를 놓치게 되는 경우가 많으므로 주의해야 한다.

그림 10-13 스토캐스틱 거래신호

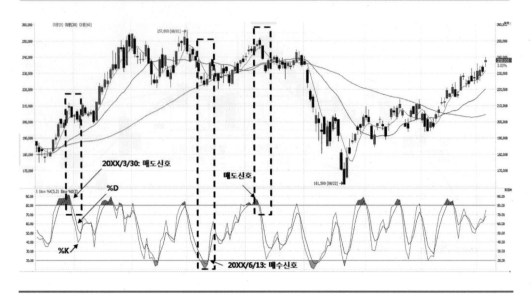

4. 트린 통계량

주식의 거래량은 주식시장의 판단지표로 중요한 역할을 한다. 기술적 분석가들은 많은 거래량을 수반한 주가하락이 발생하면 매도압력이 광범위하게 확산되고 있다고 보아 약세시장이 계속될 것이라고 생각한다. 반대로 주가상승이 많은 거래량을 동반하면 강세시장이 이어질 것으로 생각한다.

이 같은 측면을 판단할 수 있는 지표가 하락종목평균거래량 대 상승종목평균거래량의 비율로 계산되는 트린 통계량(TRIN statistic)[3]이다. 이 비율이 1.0 이상이면 하락종목의 거래량이 평균적으로 많음을 뜻하므로 매도압력의 우세로서 약세시장을 암시한다. 예를 들어, 하루 동안 거래소 전체 종목중 상승종목수가 100개, 하락종목수가 200개, 상승종목의 총거래량이 5천만주, 하락종목의 총거래량이 8천만주라고 하면, 트린통계량은 0.8이 되어 강세장을 의미하고 있다.[4]

---

3 트린 통계량(TRIN statistic)은 1967년 Richard Arms가 만든 지표로 Arms Index, Short-term Trading Index, TRIN, Traders Index, Trading Index 등의 이름으로 다양하게 불리고 있다.
4 Richard Arms는 TRIN의 10일 이동평균을 구하여 값이 0.8 이하일 때는 과매수, 1.2 이상일 때는 과매도로 판단하였다.

$$트린 = \frac{하락종목의\ 거래량\ 합/하락종목수}{상승종목의\ 거래량\ 합/상승종목수}$$

5. 신뢰지수

Barron사는 채권거래자들의 행동이 주식시장에 나타날 추세를 보여준다고 보고 채권시장 자료를 이용하여 다음과 같은 신뢰지수(CI: confidence index)를 산출한다.

$$CI = \frac{10개\ 최상위등급\ 회사채의\ 수익률}{10개\ 중간등급\ 회사채의\ 수익률}$$

분자의 10개 최상위등급 회사채 수익률은 우량채권의 수익률을 의미하고 분모에서 10개 중간등급회사채의 수익률은 평균적인 채권의 수익률을 의미한다. 채권거래자들이 경제에 대해서 낙관적이 되면 이들은 우량등급채권을 처분하고 비우량등급채권을 매수하게 되어 우량등급채권 가격이 하락(수익률상승)하고 비우량등급채권 가격이 상승(수익률하락)상승하여 신뢰지수가 높아지게 된다. 신뢰지수가 높아지는 것은 강세장의 신호로 해석된다.

6. 풋-콜비율

일반적으로 옵션이 활발히 거래되는 옵션시장의 거래는 주식시장에 대한 방향지표로서의 역할을 할 수 있다. 풋-콜비율(PCR: put-call ratio)은 풋옵션 거래량(거래대금 또는 미결제약정수량) 대비 콜옵션 거래량(거래대금 또는 미결제약정수량)의 비율을 말한다.

거래량 기준으로 보면, 풋옵션거래량이 콜옵션거래량보다 클 경우 이 비율은 1보다 크게 되는데, 이는 기초자산의 가격하락, 즉 약세장을 예상하여 풋옵션의 거래가 많아지는 것으로 해석할 수 있다. 반대로 풋-콜비율의 하락은 기초자산의 가격상승, 즉 강세장이 예상될 경우에 콜의 거래가 많아지는 것으로 해석할 수 있다.

하지만 이러한 일반적인 견해를 반대로 해석하는 투자자들도 있다. 예를 들어, 풋-콜비율이 높으면 주가가 과도하게 하락한 것으로 간주하여 오히려 주식매수의 신

호로 받아들이고, 반대로 풋-콜비율이 낮으면 주가가 과도하게 과열되어 있어 오히려
주식매도의 신호로 받아들인다.

투자의 귀재-Peter Lynch

Peter Lynch는 Warren Buffett과 더불어 살아 있는 월스트리트의 신화로 통하는 투자가다.
Peter Lynch는 1977년 5월 말 초대형 투자회사인 피델리티의 마젤란 펀드를 2천만 달러에
인수하여 13년 동안 운용하여 1990년 5월 31일 은퇴하는 날까지 660배에 달하는 140억
달러의 규모(누적 기준 2,703%의 수익률)를 올린 후, 한창 전성기인 47세에 은퇴하였으며,
서민적이며 이해하기 쉬운 투자전략을 내놓았다.

그가 '레깅스'라는 팬티스타킹을 만드는 헤인스에 투자한 사례는 대표적인 Peter Lynch식 투
자전략으로 알려져 있다. 당시 헤인스는 고급 팬티스타킹을 생산해 백화점 등에 공급했지만,
싸구려 제품을 주로 팔던 슈퍼마켓에도 비교적 저렴한 가격에 고급제품을 공급하는 결단을
내렸다. 여성들의 출입이 빈번한 슈퍼마켓에서 이 상품을 우연히 접하고 매우 만족스러워한
아내 캐롤린의 말을 피터 린치는 놓치지 않았다. 그는 바로 제조회사를 알아본 후 곧바로 이
회사의 주식을 매수했고 6배의 수익을 남겼다. 그의 용어를 빌리자면 6루타를 친 것이다.

그렇다고 그가 펀더멘털을 무시하지는 않는다. Lynch는 "자기가 잘 아는 종목을 사라"는 자
신의 조언이 시장에서 잘못 해석되고 있다며, 자신의 저서인 '전설로 떠나는 월가의 영웅,
Peter Lynch' 2000년 2판 때 서문을 이렇게 다시 썼다. "저는 여러분에게 쇼핑하기 좋다거
나 좋아하는 제품을 만든다는 이유로 또는 음식이 맛있다는 이유로 주식을 사라고 권하지는
않습니다. 상점이나 제품 혹은 식당을 좋아한다는 사실은 분명 그 종목에 관심을 가지고 분석
할 이유가 되지만, 그것만으로는 주식을 매수할 수 없습니다. 회사의 수익전망, 재무상태, 경
쟁력, 향후 계획 등에 대해 스스로 충분히 공부하기 전에는 절대로 투자하지 마십시오."

Peter Lynch는 급성장주, 대형우량주, 저성장주, 경기순환주, 회생주, 자산주 등 모두 6가지
의 범주로 투자대상 종목들을 구분했다. Lynch가 이야기하는 급성장주란 매년 수익이 20~
25% 이상 늘어나는 기업, 그리고 재무구조가 양호하여 상대적으로 투자 위험이 낮은 기업을
말한다. 대형우량주는 연매출이 수백억 달러이고, 수익성장률이 10~19%에 달하는 기업과
경기의 움직임에 실적이 큰 영향을 받지 않는 기업이다. 저성장주는 대형기업이면서 한 자리

수의 이익성장률이 기대되는 기업이다. 경기순환주는 경기 흐름에 따라 일정한 형태로 매출과 수익이 오르고 내리는 기업이다. 회생주는 구제금융 등 어려움에 처해 있지만 회생하려고 노력하는 기업을 말하며, 마지막으로 자산주는 재무상태표상에는 나타나지 않지만 자산가치가 큰 기업을 뜻한다.

[출처: 세계일보(www.segye.com), 2012. 5. 29.]

핵심정리

1. 기술적 분석

- 다우이론
  - 주추세: 장기추세
  - 중기추세: 2주 내지 수개월의 주가움직임
  - 소추세: 매일 매일의 주가움직임

- 엘리어트 파동이론
  - 한 번의 주가움직임: 여덟 번의 상하파동 → 상승 5파, 하락 3파

2. 캔들차트 분석

- 음봉: 종가 < 시가 → 파란색 혹은 검은색

- 양봉: 종가 > 시가 → 빨간색 혹은 흰색

- 캔들차트의 전환시점 분석
  - 우산형
    → 망치형: 바닥권에서 양봉형태의 망치형 출현: 상승추세로 전환
    교수형: 천정권에서 음봉형태의 교수형 출현: 하락추세로 전환
  - 샅바형
    → 상승샅바형: 바닥권에서 긴 몸통의 양봉 출현: 강한 상승장 예고
    하락샅바형: 천정권에서 긴 몸통의 음봉 출현: 강한 하락장 예고
  - 장악형
    → 상승장악형: 하락추세에서 전일보다 큰 몸통의 양봉 발생: 상승추세로 전환
    하락장악형: 상승추세에서 전일보다 큰 몸통의 음봉 발생: 하락추세로 전환
  - 잉태형
    → 상승잉태형: 하락추세에서 긴 음봉 다음에 짧은 양봉 출현: 상승추세로 전환
    하락잉태형: 상승추세에서 긴 양봉 다음에 짧은 음봉 출현: 하락추세로 전환

- 별형
  → 샛별형: 대표적인 상승반전형으로 발생빈도가 매우 높음
    석별형: 대표적인 하락반전형으로 발생빈도가 매우 높음

3. 이동평균선 분석

- 저항선

- 지지선

- 배열도 분석: 정(역)배열로의 전환 → 매수(매도)신호

- 교차 분석: 골든(데드)크로스 → 매수(매도)신호

- 이격도 분석: 주가와 이동평균선 간의 간격 분석

- MACD 분석
  - MACD곡선＝단기(12일) 지수이동평균선 － 장기(26일) 지수이동평균선
    시그널곡선＝n(9)일간의 MACD 지수이동평균
  - MACD곡선이 시그널곡선을 상향(하향)돌파 → 매수(매도)신호

4. 기타 보조지표 분석

- 상대강도지수
  - $$상대강도지수 = \frac{n일\ 동안의\ 상승폭\ 합계}{n일\ 동안의\ 상승폭\ 합계 + n일\ 동안의\ 하락폭\ 합계}$$
  - 상대강도지수 > 70: 매도신호
  - 상대강도지수 ≦ 30: 매수신호

- 볼린저밴드
  - 주가가 상(하)한선 근처에서 움직임: 매도(수)신호
  - 주가가 상(하)한선을 상(하)향돌파: 적극 매수(도)시점

- 스토캐스틱
  - $$\%K = \frac{당일종가 - 최근\ n일동안의최저가}{최근\ n일동안의최고가 - 최근\ n일동안의최저가} \times 100$$
  - $\%D$ ＝ $\%K$의 n일 동안의 지수이동평균

- %K가 80% 이상에서 %K가 %D를 하향돌파: 매도신호
- %K가 20% 이하에서 %K가 %D를 상향돌파: 매수신호

- 트린통계량
  - 트린 $= \dfrac{\text{하락종목의 거래량 합/하락종목수}}{\text{상승종목의 거래량 합/상승종목수}}$
  - 트린통계량이 1.0 이상: 약세시장 암시

- 신뢰지수
  - $CI = \dfrac{\text{10개 최상위등급 회사채의 수익률}}{\text{10개 중간등급 회사채의 수익률}}$
  - 경제에 대해서 낙관적: 신뢰지수가 높아짐 → 강세장의 신호

- 풋-콜비율
  - 풋-콜비율 $>$ 1: 약세장 예상 → 반대로 해석: 주식매수 신호
  - 풋-콜비율 $<$ 1: 강세장 예상 → 반대로 해석: 주식매도 신호

연습문제

문1. 엘리어트 파동이론에 관한 설명으로 옳은 것은? (   )

① 1번 파동은 상승국면에서의 다섯 번의 파동 중 가장 길다.

② 2번 파동의 저점은 반드시 1번 파동의 저점보다 낮아야 된다.

③ a파동은 하락추세에 반발하여 나타나는 조정기로 매도의 마지막 기회다.

④ 4번 파동은 2번 파동의 저점보다 높아야 한다.

문2. 캔들차트에 관한 설명으로 틀린 것은? (   )

① 우산형의 경우 상승추세에서 천정권에서 아랫수염이 긴 음봉형태의 교수형이 나타나면 향후 주가가 하락 추세로 반전될 가능성이 높다.

② 상승살바형이 바닥권에서 길게 나타나면 추세가 반전되어 강한 상승장을 예고한다.

③ 장악형 캔들차트는 세 개의 캔들로 구성되고 차트의 파악에 꼬리보다는 몸통의 길이가 더 중요시한다.

④ 별형 캔들차트에서 석별형은 대표적인 하락반전형으로 발생빈도가 매우 높다.

문3. 이동평균선 분석과 관련한 설명으로 옳은 것은? (   )

① 단기이동평균선이 장기이동평균선을 상향돌파할 때 약세장으로의 전환신호로 보아 매도신호로 간주한다.

② 이격도가 100% 미만이면 고평가된 것으로 보아 매수신호로 받아들인다.

③ MACD곡선과 시그널곡선이 교차하는 시점이 장기이동평균과 단기이동평균의 차이가 가장 큰 시점이다.

④ 정배열로의 전환은 매도신호로, 역배열로의 전환은 매수신호로 간주할 수 있다.

문4. 다음 보조지표와 관련한 설명으로 틀린 것은? (   )

① 상대강도지수는 0과 100 사이의 값으로 나타난다.

② 볼린저밴드는 추세 분석과 변동성 분석을 동시에 수행하는 지표이다.

③ 스토캐스틱은 장기거래에서 활용도가 높은 지표이다.

④ 스토캐스틱 분석 시에 %K와 %D는 자주 발생한다.

문5. (CFA) 기술적 분석에서 어떤 주식의 상대강도가 양호하다는 것의 의미는 무엇인가? (   )

① 시장지수나 업종지수에 대한 주가의 상승정도가 높다.

② 최근 주식거래량이 정상적인 거래량을 초과한다.

③ 주식의 수익률이 무위험채권의 수익률을 초과한다.

④ 최근 주식성과가 과거에 비해 좋은 성과를 낸다.

연습문제 해답

문1. ④

문2. ③

문3. ③

문4. ③

문5. ①

11

주식가치평가

본 장에서는 앞에서 배운 자산배분전략 및 시장균형이론을 바탕으로 개별 투자자산인 주식에 어떻게 투자하는지 배운다. 특히 주식의 적정가격을 찾기 위한 노력으로 이론적으로나 실무적으로 중요한 주식가치평가방법에 대해서 배운다. 주식의 내재가치를 찾는 대표적인 배당할인모형, 잉여현금흐름할인모형, EVA할인모형의 절대가치평가방법과 주가수익비율(PER)평가모형, 주가장부가비율(PBR)평가모형의 상대가치평가방법에 대해서 다룬다.

학습목표

- 배당할인모형
- EVA할인모형
- 주가장부가비율(PBR)평가모형
- 잉여현금흐름할인모형
- 주가수익비율(PER)평가모형

▶ 01 절대가치평가모형

주식투자를 위한 종목의 분석방법에는 크게 전장에서 설명한 기술적 분석과 본장에서 설명할 기본적 분석(fundamental analysis)이 있다. 기본적 분석은 기업의 진정한 가치인 내재가치(intrinsic value), 즉 본질가치(fundamental value)를 분석하여 미래주가를 예측하는 방법이다. 기본적 분석을 위한 주식의 가치평가모형에는 절대가치평가모형(absolute valuation model)과 상대가치평가모형(relative valuation model)이 있다.

절대가치평가모형은 미래현금흐름을 현금흐름의 시차와 불확실성이 반영된 요구수익률로 할인한 현재가치인 내재가치를 구하는 것이다. 미래현금흐름을 각각 배당, 잉여현금흐름(free cash flow), EVA(economic value added)로 보고 이것을 할인하여 내재가치를 구하는 것을 배당할인모형, 잉여현금흐름할인모형, EVA할인모형이라 한다.

상대가치평가모형은 주식의 가치를 평가할 때 비교대상 즉 주당순이익이나 주당순자산 등에 비해 주가가 상대적으로 어느 수준인지를 평가하는 방법으로서 주가수익비율(PER)을 이용하는 모형과 주가장부가비율(PBR)을 이용하는 모형이 있다.

1. 배당할인모형

배당할인모형은 가장 단순하고 가장 오래된 주식가치평가모형이다. 배당할인모형은 주식으로부터 발생하는 배당을 미래현금흐름으로 보고 이를 할인하여 주식가치를 평가한다.

주식을 보유할 경우 얻을 수 있는 현금흐름은 배당과 주식매도 시의 매도금액이다. 예를 들어, 현재 주가는 P_0, 첫해 말에 받는 배당은 D_1, 첫해 말의 주가는 P_1이라고 하자. 투자자가 첫해 말에 주식을 매도할 경우 첫해 말의 주식매도금액은 P_1이며, P_1은 〈그림 11-1〉처럼 둘째 해의 배당 D_2와 주가 P_2를 한 기간 할인한 값이 된다. 이처럼 주식매도시점에서의 주식의 가치는 매도시점 이후의 배당에 의해서 결정된다. 결국 주식의 가치는 미래 배당에 의해서 결정되는 것이며 이러한 관계를 식으로 나타내면 식(11-1)이 된다.

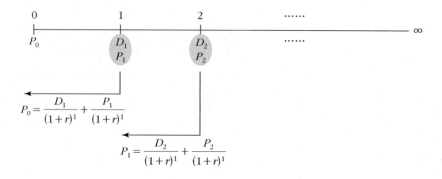

그림 11-1 주식의 가치평가

식(11-1)은 Williams(1938)[1]가 처음으로 제안하였으며, 주가가 미래에 영원히 지급되는 배당의 현재가치에 해당된다는 배당할인모형(DDM: dividend discount model)의 일반적인 형태이다.

$$P_0 = \frac{D_1}{(1+r)^1} + \frac{P_1}{(1+r)^1}$$

$$= \frac{D_1}{(1+r)^1} + \frac{1}{(1+r)^1}\left[\frac{D_2}{(1+r)^1} + \frac{P_2}{(1+r)^1}\right]$$

$$= \frac{D_1}{(1+r)^1} + \frac{D_2}{(1+r)^2} + \frac{P_2}{(1+r)^2}$$

$$\vdots$$

$$= \frac{D_1}{(1+r)^1} + \frac{D_2}{(1+r)^2} + \frac{D_3}{(1+r)^3} + \cdots$$

$$= \sum_{t=1}^{\infty} \frac{D_t}{(1+r)^t} \tag{11-1}$$

1   John Burr Williams, *The Theory of Investment Value*, Cambridge, MA: Harvard University Press, 1938.

(1) 항상성장모형

식(11-1)의 일반적인 배당할인모형은 무한히 배당을 추정해야 하기 때문에 실제로 사용하기 어려운 한계점이 있다. 이에 Gordon and Shapiro(1956)[2]와 Gordon(1962)[3]은 항상성장모형(constant growth model)을 제시하였다. 항상성장모형은 식(11-1)의 일반적인 배당할인모형에 대해서 배당이 매년 일정한 비율로 무한히 성장한다고 가정하여 미래의 모든 배당을 추정하는 문제를 단순화시킴으로서 일반적인 배당할인모형의 실제 적용가능성을 크게 향상시켰다. 항상성장모형에서는 배당이 항상 일정한 g(성장률)만큼 성장한다고 가정함에 따라 미래시점의 배당을 아래와 같이 계산한다.

$$D_1 = D_0(1+g)^1$$

$$D_2 = D_1(1+g)^1 = D_0(1+g)^1(1+g)^1 = D_0(1+g)^2$$

$$D_3 = D_2(1+g)^1 = D_0(1+g)^2(1+g)^1 = D_0(1+g)^3 \qquad (11-2)$$

그림 11-2 항상성장모형

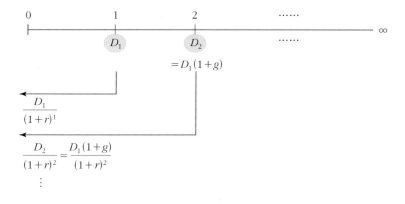

---

2   Myron Gordon and Eli Shapiro, "Capital Equipment Analysis: The required Rate of Profit," *Management Science* 3, 1956.

3   Myron Gordon, *The Investment, Financing, and Valuation of Corporation*, Homewood, IL: Richard D, Irwin, 1962.

이 배당 계산식을 일반적인 배당할인모형인 식(11-1)에 대입하면 식(11-3)이 되고, 이 식의 좌변과 우변에 $(1+g)/(1+r)$를 곱하여 식(11-3)에서 차감하여 정리하면 식(11-4)의 항상성장모형이 도출된다.

$$P_0 = \frac{D_1}{(1+r)^1} + \frac{D_1(1+g)}{(1+r)^2} + \frac{D_1(1+g)^2}{(1+r)^3} + \cdots \qquad (11\text{-}3)$$

$$\rightarrow \left(\frac{1+g}{1+r}\right)P_0 = \frac{D_1(1+g)}{(1+r)^2} + \frac{D_1(1+g)^2}{(1+r)^3} + \cdots$$

$$\rightarrow \left[1 - \left(\frac{1+g}{1+r}\right)\right]P_0 = \frac{D_1}{1+r}$$

$$\rightarrow P_0 = \frac{\dfrac{D_1}{1+r}}{1 - \dfrac{1+g}{1+r}}$$

$$\rightarrow P_0 = \frac{D_1}{r-g} = \frac{D_0(1+g)}{r-g} \quad (\text{여기서, } r > g) \qquad (11\text{-}4)$$

예제 | 항상성장모형

A기업은 금년 초에 배당금(D_0) 5,000원을 지급하였으며 이 기업의 배당금은 매년 10%로 일정하게 증가하고 있다. 요구수익률이 15%라고 할 경우 이 주식의 현재가치는 얼마인가?

● 답 ●

$$P_0 = \frac{D_1}{r-g} = \frac{D_0(1+g)}{r-g} = \frac{5,000(1+0.1)}{0.15-0.1} = 110,000\text{원}$$

(2) 제로성장모형

항상성장모형에서 만약 첫해 말에 받는 배당은 D_1이고 영원히 같은 금액이 배당으로 지급된다면 이러한 주식의 현금흐름형태는 영구연금(perpetuity)과 동일하게 된다. 매년 일정한 고정된 배당을 받는 경우는 실제로 우선주에서 찾아볼 수 있다. 따라서 이 경우의 항성성장모형은 g가 0(제로)이 되어 매년 배당이 일정한 식(11-5)의 제로성장모형(zero growth model)이 된다. 식(11-5)의 좌변과 우변에 $1/(1+r)$을 곱하여 식(11-5)에서 차감하여 정리하면 식(11-6)으로 정리된다.

$$P_0 = \frac{D_1}{(1+r)^1} + \frac{D_1}{(1+r)^2} + \frac{D_1}{(1+r)^3} + \cdots \qquad (11\text{-}5)$$

$$\rightarrow \left(\frac{1}{1+r}\right)P_0 = \frac{D_1}{(1+r)^2} + \frac{D_1}{(1+r)^3} + \cdots$$

$$\rightarrow \left[1 - \left(\frac{1}{1+r}\right)\right]P_0 = \frac{D_1}{1+r}$$

$$\rightarrow P_0 = \frac{\dfrac{D_1}{1+r}}{1 - \dfrac{1}{1+r}}$$

$$\rightarrow P_0 = \frac{D_1}{r} \qquad (11\text{-}6)$$

그림 11-3 제로성장모형

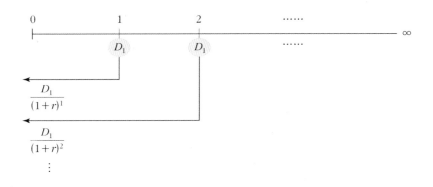

예제 | 제로성장모형

A기업은 작년 말에 배당금(D_0)으로 2,000원을 지급하였다. 이 회사의 배당금은 매년 2,000원으로 일정하게 유지될 것으로 기대된다. 이 기업의 주식에 대한 요구수익률이 8%일 경우 이 주식의 현재가치는 얼마인가?

• 답 •

$$P_0 = \frac{D_1}{r} = \frac{2,000}{0.08} = 25,000원$$

(3) 2단계배당할인모형

기업은 통상 성장단계를 거치기 때문에 영원히 일정한 성장률을 가정한 항상성장모형을 실제 투자분석에 적용하는 데에는 한계가 있다. 따라서 단계별로 성장률이 다른 2단계배당할인모형은 2단계의 성장단계를 고려한 모형으로서, 기업이 처음 n년 동안에는 고속성장을 하지만 이후에는 영원히 안정적으로 성장할 것이라고 가정한다.

먼저 n년도까지의 고속성장단계인 1단계의 경우 개별 배당을 추정하여 그 현재가치를 계산하고, n년도 이후의 안정적인 성장단계인 2단계의 가치는 항상성장모형을 적용하여 n년 시점에서의 가치를 현재가치로 할인한 다음, 1단계와 2단계의 가치를 모두 합하여 주식가치를 계산한다.

예제 | 2단계배당할인모형

급속한 성장을 하고 있는 A기업은 앞으로 3년도 말까지는 10%, 그 이후부터는 5%의 성장률이 기대된다. 이 회사의 올해의 배당금(D_0)은 2,000원이고 요구수익률(r)은 8%이다. 이 기업 주식의 현재가치를 구하시오.

• 답 •

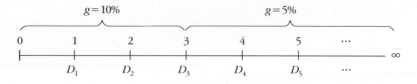

1단계(g＝10%): 초기의 고속성장기간에는 개별배당을 먼저 계산한다.

$D_1 = 2,000(1.10) = 2,200$

$D_2 = 2,200(1.10) = 2,420$

$D_3 = 2,420(1.10) = 2,662$

2단계(g＝5%): 성장률이 5%인 경우에는 항상성장모형을 적용하여 3년 이후의 배당을 3년도의 가치로 계산한다.

$$P_3 = \frac{D_3(1+g)}{r-g} = \frac{2,662(1+0.05)}{0.08-0.05} = 93,170$$

끝으로, 1단계와 2단계의 가치를 모두 현재시점의 가치로 할인하여 더한다.

$$P_0 = \frac{2,200}{(1+0.08)} + \frac{2,420}{(1+0.08)^2} + \frac{2,662+93,170}{(1+0.08)^3} = 80,186.33원$$

Warren Buffett의 가치투자

Buffett은 "어떤 기업을 분석할 때 향후 100년 내지 그 기업이 존속할 때까지 그 기업과 주주 사이의 미래 현금유입 및 현금유출을 알 수 있고 적절한 할인율로 현금흐름을 할인할 수 있다면 우리는 그 기업의 내재가치를 구할 수 있습니다"라고 말한다. 이러한 개념은 John Burr Williams가 '투자가치이론(The Theory of Investment Value)'이란 책에서 처음 언급한 이후 오늘날에도 여전히 진리로 받아들여지고 있다.

Buffett은 11세에 처음으로 주당 38.5달러를 주고 산 주식을 얼마 후 40달러에 팔았다. 그 주식은 몇 년 후 200달러까지 값이 올라가 그때 장기투자의 중요성을 확실하게 깨달았다고 Buffett은 말한다. 그는 컬럼비아대 경영대학원에선 '가치투자의 아버지'로 불리는 Benjamin Graham으로부터 내재가치에 관한 투자기법을 배운 후, 이 기법을 적용하여 1988년에 코카콜라를 매수하였다.

1988년 Buffett이 코카콜라를 매수할 당시 장기국채이자율이 9%였고, 코카콜라 성장률은 15%였다. 9%에서 15%를 빼면 마이너스(－)가 되어 할인율로 사용할 수 없게 되므로 이를 극복하기 위하여 2단계배당할인모형을 사용하였다. 코카콜라는 적어도 향후 10년간은 평균

이상의 비율로 이익이 증가할 것이고 이후에는 평균 5%로 성장이 둔화될 것이라고 보았다. 따라서 11년차부터는 9%의 무위험이자율에서 5%의 성장률을 뺀 4%를 할인율로 하여 기업의 미래수익의 현가를 구하였다.

할인율과 관련하여 Buffett은 미국정부가 향후 30년 동안 이자를 확실하게 지급하는 30년 미국국채수익률을 무위험수익률로 보아 이를 할인율로 사용하였다. Buffett은 불확실한 투자의 가치를 평가할 때에도 할인율을 조정하지 않는다. 즉, 위험자산에 대한 CAPM에서 요구하는 자산위험의 프리미엄을 높여 할인율을 높이는 대신 자산가격을 낮게 매입하여 안전을 도모하였다. 따라서 할인율을 조정하지 않고 무위험수익률로 할인율을 사용하였다. 이에 대해 Buffett은 "무위험수익률을 단순히 하나의 항목을 다른 항목과 일치시키기 위한 방정식을 풀기 위해 사용할 뿐입니다."라고 말하고 있다.

Buffett은 이렇게 구한 내재가치를 시장가치와 비교하여 1988년 시점에 시장이 코카콜라를 내재가치의 50%에서 70% 사이에서 평가하고 있다고 보았다. 코카콜라는 당시 실적이 좋지 않은 사업부문을 매각해서 실적이 좋은 시럽제조사업에 재투자하고 있었고 Buffett은 코카콜라의 수익성이 개선되리라는 것을 확신하고 있었다. Buffett은 어떻게 했을까? 1988년부터 1989년 사이에 코카콜라 주식을 10억 달러나 사들였다. 10년 뒤인 1998년 말 투자한 코카콜라의 주식가치는 130억 달러에 달했다.

[출처: 「워렌 버핏·집중투자」, 로버트 핵스트롬 지음/최용훈 옮김, pp. 132-133, 180. 요약]

(4) 성장률과 할인율의 추정

1) 성장률의 추정

배당할인모형에서 주식의 가치는 미래의 현금흐름에 의해서 결정되기 때문에 성장률을 어떻게 추정하는지가 매우 중요한 문제이다. 성장률은 과거성장률에 기초해서 구할 수도 있고 기업분석가가 추정한 값으로 사용할 수도 있다. 과거성장률을 이용할 경우 과거성장률의 평균치를 사용하는데 이때 산술평균으로 계산할 것인가 아니면 기하평균으로 계산할 것인가에 따라 성장률은 차이가 난다. 특히, 매년 순이익성장률이 큰 편차를 가질 때 기하평균은 과거의 순이익성장률을 산술평균보다 훨씬 더 정확하게 추정한다.

또한 과거의 평균성장률을 계산할 때 평균을 계산하는 평가기간을 얼마나 길게 하느냐에 따라 그 결과값은 달라진다. 예를 들어, 5년 동안의 평균성장률과 10년 동안의 평균성장률은 차이가 있다. 이러한 추정기간은 분서가의 자의적인 판단에 따르며, 추정기간의 길이에 따른 성장률의 민감도를 고려하여 신중하게 결정되어야 한다.

일반적으로 기업의 성장률을 측정하는 재무지표로 순이익증가율을 많이 사용한다. 순이익증가율은 정상적인 영업활동의 성과인 경상이익뿐만 아니라 특별손익까지 모두 반영한 총괄적인 경영성과의 변화율을 나타내는 기업의 실질적인 성장세를 보여주는 지표이기 때문에 기업의 성장률 측정지표로 적절한 것으로 받아들여진다. 순이익증가율, 즉 성장률(g)을 결정하는 가장 단순한 관계는 유보비율과 자기자본순이익률(ROE: return on equity)에 기초하여 형성된다. 이를 자세히 설명하면 다음과 같다.

$$순이익증가율(g) = \frac{당기순이익 - 전기순이익}{전기순이익} \qquad (11\text{-}7)$$

식(11-7)에서 당기순이익을 살펴보면,

$$
\begin{aligned}
당기순이익 &= 전기순이익 + 전기순이익 \times 순이익증가율(g) \\
&= 전기순이익 + 순이익증가액 \\
&= 전기순이익 + 전기유보액 \times 투자수익률 \\
&= 전기순이익 + 전기순이익 \times 유보비율(b) \times 투자수익률(ROE) \quad (11\text{-}8)
\end{aligned}
$$

당기순이익은 전기순이익에 순이익증가액(=전기순이익×순이익증가율(g))을 더한 것이다. 이때 순이익증가액은 전기유보액(=전기순이익×유보비율)을 일정한 수익률을 올릴 수 있는 곳에 투자하여 얻은 금액이다. 투자수익률을 정확히 추정하는 것이 쉬운 일이 아니기 때문에 현재 투자하려는 투자안이 과거의 투자안들과 동일한 수익률을 올릴 수 있다고 가정하여 기업이 과거에 자기자본을 투자하여 얻은 수익률인 자기자본순이익률(ROE)을 투자수익률의 대용치로 사용한다. 식(11-8)을 식(11-7)에 대입하면 성장률 g는 다음과 같이 추정될 수 있다.[4]

---

4 기업이 순이익에 대한 배당비율, 즉 배당성향(=1−유보비율)을 항상 일정하게 유지한다면 순이익증가율과 배당성장률은 항상 같아지게 된다.

$$g = b \times \text{ROE} = b\left[i + (i - r_d)\frac{B}{S}\right](1 - t)^5 \qquad (11\text{-}9)$$

여기서, $i =$ 총자산영업이익률, $r_d =$ 타인자본비용, $B =$ 타인자본,
$S =$ 자기자본, $t =$ 법인세율

식(11-9)는 기업이 일정금액의 유보금액을 ROE만큼의 투자수익률을 얻을 수 있
는 곳에 투자하여 이익을 얻어 그만큼 성장한다는 의미다. 투자수익률의 대용치로 사
용하는 ROE는 주주의 자본을 투자하여 얼마만큼의 순이익을 벌어들이는지를 측정하
는 지표이므로 주주의 입장에서 자기자본의 투자효율성을 나타내는 비율이 된다. 따
라서 ROE는 주주들이 요구하는 최소한의 투자수익률이 되며 이는 주주의 요구수익률
또는 기업의 자기자본비용이라고도 한다.

한편, 식(11-9)는 ROE가 시간에 따라 불변이라는 가정 하에 도출된 것이다. ROE
가 시간에 따라 변한다면 금년도의 성장률 g는 기존의 자기자본을 기준으로 ROE의
변화효과를 고려하여 다음과 같이 계산할 수 있다.

$$g = \frac{\text{전기자기자본} \times (ROE_t - ROE_{t-1})}{\text{전기순이익}} + b \times ROE_t \qquad (11\text{-}10)$$

예제 | 성장률

금년 자기자본이 20,000만원인 A기업의 ROE는 20%, 유보비율은 55%이고 순이익은
4,000만원을 달성하였다. 이 기업의 내년 유보비율은 55%, ROE는 19%가 될 것으로
추정되었다. 금년과 내년의 성장률을 추정하시오.

● 답 ●

금년 성장률: $g =$ 유보비율$(b) \times \text{ROE} = 0.55 \times 0.2 = 11.0\%$

---

5 $ROE = \dfrac{\text{당기순이익}}{\text{자기자본}} = \dfrac{(EBIT - r_d \cdot B)(1-t)}{S} = \dfrac{\left[\left(\frac{EBIT}{S+B}\right) \cdot (S+B) - r_d \cdot B\right](1-t)}{S}$

$= \dfrac{[i \cdot (S+B) - r_d \cdot B](1-t)}{S} = \dfrac{[i \cdot S + i \cdot B - r_d \cdot B](1-t)}{S} = \left[i + (i - r_d)\dfrac{B}{S}\right](1-t),$

여기서 EBIT는 영업이익임.

내년 성장률: $\dfrac{20,000만원 \times (0.19 - 0.20)}{4,000만원} + 0.55 \times 0.19 = 5.45\%$

따라서 ROE가 20%에서 19%로 1% 하락함으로써 5.55%(= 11.0% - 5.45%)만큼 성장률이 하락한다.

2) 할인율의 추정

주식의 내재가치는 미래현금흐름을 현금흐름의 시차와 불확실성이 반영된 요구수익률(할인율)로 할인한 현재가치로 계산한다. 할인율(discount rate)이란 미래의 현금흐름을 현재가치로 환산하는 데 사용되는 특정 수익률을 지칭하는 일반용어다. 할인율은 화폐의 시간가치와 주식의 위험을 모두 반영하여야 한다. 주식에서 현금흐름은 주주에게 귀속되는 배당을 의미하기 때문에 이를 할인할 때에는 주주들이 요구하는 최소한의 수익률인 자기자본비용(r_e)을 요구수익률로 사용한다.

일반적으로 자기자본비용(r_e)을 추정할 때 CAPM을 이용한다. CAPM에 의하면 주식의 기대수익률 $E(r_i) = r_f + [E(r_M) - r_f]\beta_i$은 주식베타로 측정한 주식의 위험 수준에 대응하여 기대할 수 있는 수익률 수준을 나타낸다. 주주들은 최소한 그 주식의 위험에 상응하는 기대수익률 정도의 수익률을 얻고자 하므로 이 기대수익률 $E(r_i)$를 주주들이 요구하는 최소한의 요구수익률인 자기자본비용(r_e)으로 사용할 수 있다.

그리고 무위험수익률의 대용치로는 장ㆍ단기국채의 만기수익률을 사용할 수 있지만, 논리적으로 만기가 없는 주식을 매우 긴 장기의 듀레이션을 갖는 자산으로 간주한다면, 이것에 대응하여 무위험자산의 수익률도 장기국채의 만기수익률을 무위험수익률의 대용치로 사용하는 것이 보다 합리적이다. 하지만 많은 시장에서 단기국채가 풍부한 유동성을 가지고 거래되는 경우도 많기 때문에 이 경우에는 단기국채의 채권수익률을 대용치로 사용할 수도 있다.

예제 | 내재가치

금년 초 현재 주가가 32,000원인 A기업은 금년 말에 배당이 5,000원 지급되고, 주가는 35,000원이 될 것으로 기대된다. 이 기업의 주식베타가 1.5일 경우 이 주식의 과대 및 과소평가 여부를 결정하시오. 단, 무위험수익률은 5%이고 시장의 기대수익률은 12%이다.

● 답 ●

$$r_e = r_f + [E(r_M) - r_f]\beta_i = 0.05 + (0.12 - 0.05)(1.5) = 0.155$$

$$P_0 = \frac{D_1 + P_1}{1 + r_e} = \frac{5,000 + 35,000}{1 + 0.155} = 34,632원$$

실제시장가격(32,000원)이 내재가치(34,632원)보다 낮으므로, 이 주식은 과소평가 되어 있다.

(5) 주가와 성장기회

주식의 가치를 평가할 때 만약 어느 기업이 성장기회가 전혀 없다고 해보자. 이 기업은 이익의 전부를 배당으로 지급하여 재투자하지 않으면 자본규모나 생산설비 등이 매년 동일하게 되므로 이익과 배당이 모두 성장하지 않고 매년 동일하게 될 것이다.

예를 들어, A기업의 올해 말 주당순이익은 5,000원으로 기대되고, 요구수익률이 10%라고 할 때, 이익을 전부 배당으로 지급할 경우에는 이 기업의 주가가 50,000원 ($P_0 = E_1/r_e = D_1/r_e = 5,000원/0.1$)으로 평가된다.

하지만 A기업이 매년 이익의 30%를 사내유보하여 ROE가 12%(매년 일정하다고 가정) 되는 곳에 투자하여 성장기회를 갖는다면 A기업의 주가는 성장기회가 없을 경우의 주가 50,000원에 성장기회의 현재가치만큼 더하여 계산하여야 한다.

A기업은 1년도 말에 5,000원의 이익 중 70%(3,500원)는 배당을 하고 나머지 30%(1,500원)를 투자할 경우 1년도 말 시점에서의 투자에 의해 매년 180원(1,500원×0.12)씩 투자수익이 발생하므로 이 성장기회의 순현가(NPVGO: net present value of growth opportunity)는 〈그림 11-4〉에 나타난 것과 같이 300원이 된다.

또한, 〈그림 11-5〉에 나타낸 것과 같이 1년도 말의 투자로 인해 2년도 말에 180원의 이익이 추가로 발생하므로 2년도 말에는 총 5,180원 중 70%(3,620원)를 배당하고 30%(1,554원)를 ROE수준인 12%의 수익을 얻을 수 있는 곳에 투자하면 이 투자로 인해 3년도 말부터 매년 186.48원의 투자수익이 발생한다. 따라서 2년도 말 시점에서의 투자에 의해 매년 발생하는 186.48원의 투자수익의 순현가를 계산하면 310.8원이 된다.

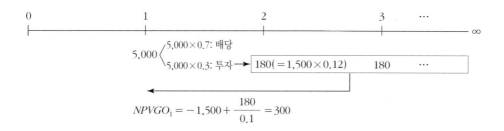

그림 11-4 1년도 말 시점에서의 투자에 의해 발생되는 성장기회의 순현가

2년도 말 시점에서의 투자에 의해 발생되는 성장기회의 순현가 310.8원은 1년도 말 시점에서의 투자에 의해 발생되는 성장기회의 순현가 300원이 $g(=0.3\times0.12=3.6\%)$의 성장률로 증가함을 알 수 있다.

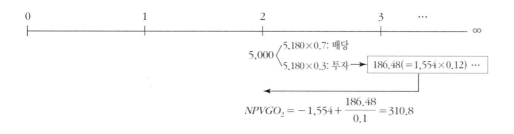

그림 11-5 2년도 말 시점에서의 투자에 의해 발생되는 성장기회의 순현가

이상의 결과에 의해 성장률이 g로 매년 일정할 경우, 성장기회에 의해서 얻을 수 있는 현금흐름은 일반적으로 〈그림 11-6〉과 같이 나타낼 수 있다. 따라서 모든 성장기회의 순현가인 NPVGO는 식(11-11)과 같이 4,687.5원(=300/(0.1-0.036)으로 구할 수 있다.

$$NPVGO = \frac{NPVGO_1}{(1+r)} + \frac{NPVGO_1(1+g)}{(1+r)^2} + \frac{NPVGO_1(1+g)^2}{(1+r)^3} + \cdots$$

$$= \frac{NPVGO_1}{r-g} \qquad\qquad (11\text{-}11)$$

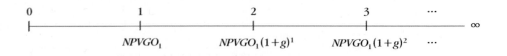

그림 11-6 성장기회의 순현가

따라서 성장기회의 순현가까지 고려한 주식의 현재가치는 다음과 같다.

$$P_0 = \frac{E_1}{r_e} + NPVGO = \frac{5{,}000원}{0.1} + 4{,}687.5원 = 54{,}687.5원 \qquad (11\text{-}12)$$

2. 잉여현금흐름할인모형

본 절에서는 배당 외에 기업에서 공시하지 않는 잉여현금이라는 재무정보를 바탕으로 주식가치를 계산하는 모형에 대해서 살펴본다.

(1) 잉여현금흐름의 추정

잉여현금흐름은 크게 기업잉여현금흐름(FCFF: free cashflows to firm)과 주주잉여현금흐름(FCFE: free cashflows to equity)이 있다. 잉여(free)는 기업활동에 영향을 주지 않으면서 채권자와 주주에게 분배할 수 있다는 의미이다. 따라서 기업잉여현금흐름은 기업의 투자자 전체(주주와 채권자)에게 귀속되는 현금흐름을 말하고, 주주잉여현금흐름은 기업의 주주에게 귀속되는 현금흐름을 말한다.

1) 기업잉여현금흐름
① 손익계산서를 이용한 기업잉여현금흐름 도출
기업잉여현금흐름은 기업 영업활동에 필요한 모든 영업비용과 재고자산 등의 운전자본과 비유동자산에 대한 투자를 한 후에 자본공급자(주주와 채권자)에게 귀속되는 현금흐름이다. 기업잉여현금흐름을 계산하려면 우선 〈그림 11-7〉과 같은 손익계산서의 당기순이익에서 출발한다.

그림 11-7   손익계산서

매 출 액	R (revenue)
매 출 원 가	C (cost of sales)
매 출 총 이 익	G (gross profit)
감 가 상 각 비	D (depreciation)
영 업 이 익	EBIT (earnings before interest and taxes)
이 자 비 용	I (interest)
법인세차감전순이익	EBT (earnings before taxes)
법 인 세	T (taxes)
당 기 순 이 익	NI (net income)

회계상의 발생주의에 의해 산출되는 당기순이익과 현금주의에 의해 계산되는 현금흐름은 일치하지 않는다. 따라서 당기순이익에서 순비현금비용, 순이자비용, 운전자본 및 비유동자산 투자액(자본적 지출)을 고려하여 아래와 같이 기업잉여현금흐름으로 전환할 수 있다.

$$
\begin{aligned}
\text{기업잉여현금흐름(FCFF)} = \text{ } &\text{당기순이익} + \text{순비현금비용(감가상각비)} \\
&+ \text{이자비용}(1 - \text{법인세율}) - \text{운전자본 투자액} \\
&- \text{비유동자산 투자액}
\end{aligned} \tag{11-13}
$$

식(11-13)에서 보듯이 당기순이익을 현금흐름으로 전환하기 위해서는 당기순이익에서 실제로 현금이 지출되지 않는 감가상각비 등의 순비현금비용을 다시 가산해 준다. 왜냐하면, 당기순이익은 감가상각비 등의 순비현금비용이 차감된 후의 수치이기 때문에 실제로 현금유출이 없었음에도 불구하고 그만큼 순이익이 감소했기 때문에 현금흐름을 구하기 위해서는 순이익에 이를 다시 가산해야 한다.

또한 이자비용의 법인세절세효과는 기업입장에서는 비용을 절감한 금액이므로 수익으로 볼 수 있다. 따라서 이자비용에서 법인세절세액을 제외한 순이자비용을 차감하여 당기순이익을 구한다. 하지만 순이자비용은 자본제공자 중 채권자에게 귀속될 현금흐름으로 볼 수 있기 때문에 기업잉여현금흐름을 구할 때에는 당기순이익에서 차감된 순이자비용을 다시 가산해 주어야 한다.[6]

이처럼 순비현금비용과 순이자비용을 조정하여 당기순이익을 현금흐름으로 전환한 값에서 실제로 기업의 본질적인 활동인 영업활동에 필요한 재고자산 등의 운전자본 투자액과 기업의 영업활동을 위한 자산취득에 지출한 현금인 비유동자산에 대한 투자액은 실제로 현금이 유출되어 기업의 잉여현금흐름을 감소시키므로 차감해 준다.

특히 주의할 점은 운전자본(=유동자산-유동부채)을 계산할 때 현금 및 현금등가물, 지급어음, 유동성장기부채는 제외한다. 왜냐하면 현금 및 현금등가물의 변화량 자체가 우리가 구하고자 하는 현금흐름이며, 지급어음과 유동성장기부채는 이자비용을 발생시키는 재무활동이기 때문이다.

② 영업이익(EBIT)을 이용한 기업잉여현금흐름 도출

당기순이익으로부터 기업잉여현금흐름을 도출하는 것이 일반적이지만 손익계산서상의 영업이익(EBIT: earnings before interest and taxes)으로부터도 기업잉여현금흐름을 도출할 수 있다. 손익계산서의 당기순이익은 (영업이익-이자비용)(1-법인세율)로 계산되므로 이를 식(11-13)에 대입하면 기업잉여현금흐름을 식(11-14)로 구할 수 있다.

$$\text{기업잉여현금흐름(FCFF)} = \text{영업이익}(1-\text{법인세율}) + \text{순비현금비용(감가상각비)}$$
$$-\text{운전자본 투자액} - \text{비유동자산 투자액} \qquad (11\text{-}14)$$

---

[6] 예를 들어, 매출총이익이 100이고 감가상각비 10, 이자비용 20, 법인세율이 40%일 경우 당기순이익은 (100-10-20)(1-0.4)=42가 된다. 혹은 (100-10)(1-0.4)-20(1-0.4)=42 즉, 순이자비용은 20(1-0.4)=12가 된다.
한편, 이자비용을 채권자에게 귀속될 현금흐름으로 보고 당기순이익을 구할 때 법인세 절감액이 실제로 현금유입이 아님에도 불구하고 당기순이익에 포함시켰기 때문에 기업잉여현금흐름 계산할 때 다시 차감해준다고 보아도 된다. 즉, 식(11-13)에서 '+이자비용(1-법인세율)'을 '+이자비용-(이자비용)(법인세율)'로 표현할 수도 있다.

2) 주주잉여현금흐름

① 손익계산서를 이용한 주주잉여현금흐름 도출

주주잉여현금흐름은 모든 영업비용을 지급하거나 상환하고 재고자산 등의 운전자본과 비유동자산에 대한 투자를 한 후, 보통주주 이외의 자본공급자(채권자 및 우선주)가 공급한 자본과 이자(우선주배당)를 상환하고 남은 최종 잔여현금흐름으로 보통주주에게만 귀속되는 현금흐름을 말한다. 따라서 주주잉여현금흐름은 식(11-13)의 기업잉여현금흐름에서 채권자에게 지급할 이자비용을 차감하고 차입금의 순증액을 가산하면 얻을 수 있다.[7]

$$\text{주주잉여현금흐름(FCFE)} = \text{기업잉여현금흐름} - \text{이자비용}(1 - \text{법인세율}) + \text{순차입}$$
$$(11\text{-}15)$$

② 영업이익(EBIT)을 이용한 주주잉여현금흐름 도출

영업이익으로부터 주주잉여현금흐름은 식(11-14)에서 구한 기업잉여현금흐름에서 이자비용×(1 − 법인세율)을 차감하고 순차입금을 가산한다.

$$\text{주주잉여현금흐름(FCFE)} = \text{영업이익}(1 - \text{법인세율}) + \text{순비현금비용(감가상각비)}$$
$$- \text{운전자본 투자액} - \text{비유동자산 투자액}$$
$$- \text{이자비용}(1 - \text{법인세율}) + \text{순차입액} \qquad (11\text{-}16)$$

(2) 주식가치의 추정

잉여현금흐름할인모형에서는 기업잉여현금흐름을 적절한 할인율로 할인하여 기업가치를 구한다. 주식가치는 기업가치에서 부채가치를 차감하여 구하거나, 주주잉여현금흐름을 적절한 할인율로 할인하여 구할 수 있다.

기업잉여현금흐름을 할인할 때 적절한 할인율은 무엇인가? 기업잉여현금흐름은 주주와 채권자로 구성된 자본공급자에게 귀속되는 현금흐름이므로 이에 상응하여 할

---

7 순차입액 = 기업이 발행한 채권발행액 − 기업이 상환한 채권발행액

인율로 기업의 가중평균자본비용(WACC: weighted average cost of capital)을 사용하는 것이 적절하다. 기업을 자기자본과 타인자본으로 구성된 하나의 포트폴리오로 생각하면 기업의 자본비용은 자기자본과 타인자본에 대한 비용을 각각의 시장가치로 가중평균한 가중평균자본비용이라 할 수 있으며, 아래와 같이 계산한다.

어떤 기업이 자기자본과 영구사채인 타인자본을 발행하여 매년 일정한 현금흐름 (CF)을 영원히 벌어들인다고 가정하자. 이 기업의 가치는 식(11-17)과 같이 나타낼 수 있다.

$$V = \sum_{t=1}^{\infty} \frac{CF}{(1+r)^t} = \frac{CF}{r} \rightarrow CF = rV \tag{11-17}$$

여기서, r = 현금흐름의 위험정도를 반영한 할인율로서 자본비용임

한편, 기업의 가치(V)는 자기자본가치(S)와 타인자본가치(B)의 합이므로 다음과 같이 나타낼 수 있다.

$$
\begin{aligned}
V &= S + B \\
&= \sum_{t=1}^{\infty} \frac{CF-I}{(1+r_e)^t} + \sum_{t=1}^{\infty} \frac{I}{(1+r_d(1-t))^t} \\
&= \frac{CF-I}{r_e} + \frac{I}{r_d(1-t)} \\
&= \frac{rV}{r_e} + r_d(1-t)B\left(\frac{1}{r_d(1-t)} - \frac{1}{r_e}\right) \quad (\because CF=rV,\ I=r_d(1-t)B) \\
&= \frac{r}{r_e}(S+B) + B - B\left(\frac{r_d(1-t)}{r_e}\right) \tag{11-18}
\end{aligned}
$$

여기서, r_e = 자기자본비용, r_d = 타인자본비용, t = 법인세율, I = 이자

식(11-18)을 r에 대해 정리하면 식(11-19)의 가중평균자본비용을 구할 수 있다.

$$r = WACC = \left(\frac{S}{S+B}\right)r_e + \left(\frac{B}{S+B}\right)r_d(1-t) \tag{11-19}$$

여기서, S와 B는 주식과 채권의 시장가치(market value)이며 장부가치(book value)가 아니라는 점에 주의해야 한다. 따라서 식(11-19)에서 보듯이 기업의 가중평균자본비용은 기업이 발행한 주식과 채권의 세후요구수익률을 계산한 후, 이를 기업이 발행한 주식과 채권의 시장가치를 기준으로 가중평균하면 된다.

이제, 기업잉여현금흐름($FCFF$)을 가중평균자본비용($WACC$)으로 할인하면 식(11-20)의 기업가치(firm value) V를 얻을 수 있다.

$$V = \sum_{t=1}^{\infty} \frac{FCFF}{(1+WACC)^t} \qquad (11\text{-}20)$$

식(11-20)으로 산출된 기업전체의 가치 V에서 부채의 시장가치 B를 차감하면 주식가치 S를 구할 수 있다.

$$S = \sum_{t=1}^{\infty} \frac{FCFF}{(1+WACC)^t} - B \qquad (11\text{-}21)$$

한편, 식(11-22)와 같이 주주에게만 귀속되는 현금흐름인 주주잉여현금흐름($FCFE$)을 주식의 요구수익률로 할인하여 바로 주식의 가치 S를 구할 수도 있다.

$$S = \sum_{t=1}^{\infty} \frac{FCFE}{(1+r_e)^t} \qquad (11\text{-}22)$$

(3) 잉여현금흐름성장모형

잉여현금흐름할인모형에서도 항상성장모형과 같이 잉여현금흐름이 일정한 성장률(g)로 영원히 증가한다는 가정하에 기업가치나 주식가치를 계산할 수 있다. 기업잉여현금흐름이 일정한 성장률 g로 영원히 성장한다고 할 때 기업가치 V는 식(11-23)으로 계산된다. 이렇게 구한 기업가치 V에서 부채의 시장가치 B를 차감하면 주식의 시장가치 S를 계산할 수 있다.

$$V = \frac{FCFF_1}{(WACC - g)} = \frac{FCFF_0(1 + g)}{(WACC - g)} \qquad (11\text{-}23)$$

한편, 주주잉여현금흐름이 일정한 성장률(g)로 영원히 성장한다고 할 때 주식가치 S는 식(11-24)로 계산된다.

$$S = \frac{FCFE_1}{(r_e - g)} = \frac{FCFE_0(1 + g)}{(r_e - g)} \qquad (11\text{-}24)$$

이때 할인율은 자기자본인 주식에 대한 요구수익률이므로 기업의 가중평균자본 비용($WACC$)이 아니라 자기자본할인율 r_e가 되어야 한다. 다만, 기업잉여현금흐름의 성장률과 주주잉여현금흐름의 성장률은 차이가 있을 수 있다는 점에 주의해야 한다.

예제 | 잉여현금흐름할인모형

A기업의 연초 기업잉여현금흐름과 주주잉여현금흐름은 각각 1,000백만원과 800백만 원이다. A기업이 발행한 부채의 세전자본비용은 6%이며 주식에 대한 요구수익률은 12%이다. 현재 A기업의 자본구조는 부채 20%, 자본 80%이다. 법인세율이 30%이고 기업잉여현금흐름은 영원히 5%씩 증가할 것으로 예상된다. 발행된 부채의 시장가치 는 4,500백만원이며 유통주식수는 2백만주이다.

(1) A기업의 가중평균자본비용은 얼마인가?

(2) 기업잉여현금흐름성장모형에 따른 A기업의 전체 주식가치와 1주당 주식가치는 각각 얼마인가?

• 답 •

(1) $WACC = \left(\dfrac{S}{S+B}\right)r_e + \left(\dfrac{B}{S+B}\right)r_d(1-t)$

$\qquad = (0.8)(0.12) + (0.2)(0.06)(1-0.3) = 0.1044$

(2) $V = \dfrac{FCFF_1}{(WACC-g)} = \dfrac{1,000(1+0.05)}{0.1044-0.05} = 19,301.47$백만원

기업가치에서 부채의 시장가치를 차감해주면 주식의 시장가치를 얻게 되므로, 전체 주식 가치 = 19,301.47백만원 − 4,500백만원 = 14,801.47백만원

$$\text{따라서 주식 1주당 가치} = \frac{14,801.47\text{백만원}}{2\text{백만주}} = 7,400.74\text{원}$$

3. EVA할인모형

(1) EVA의 개요

잔여이익(residual income)의 개념은 Alfread Marshall[8]이 1980년에 "기업 소유주나 경영자의 이익에서 자신들이 투자한 자본에 대한 현재 이자율 수준을 반영한 이자를 차감한 나머지가 기업경영으로 인한 이익"이라고 주장하면서 시작되었다. 따라서 잔여이익은 회계상 기록된 명시적인 비용뿐만 아니라 투자된 자본에 대한 기회비용까지도 고려해야 하므로 당기순이익에서 주주의 기회비용(자기자본비용)까지 차감하고 남은 이익으로 정의한다.

손익계산서상의 당기순이익에는 부채 등의 타인자본 사용에 대한 대가인 타인자본비용이 지급이자라는 명목으로 명시적으로 차감되지만 주주의 기회비용인 자기자본비용은 고려되지 않고 있다. 회계적으로 양(+)의 당기순이익이 발생하더라도 이 당기순이익이 자기자본비용보다 작다면 경제적으로는 부가가치를 창출한 것이 아니게 된다. 이러한 잔여이익 개념은 초기에 기업 내부의 사업부분의 성과평가를 위해 도입되었으며, 현재는 주식평가모형으로도 사용되고 있다.

주주가치를 설명하는 대표적인 지표로 잔여이익 개념을 적용한 경제적 부가가치(EVA: economic value added)는 Stern Stewart & Company가 제시하면서 알려지게 되었다. EVA는 기본적으로 세후순영업이익(NOPAT: net operating profit after taxes)과 세후순영업이익을 얻기 위하여 투자된 투자자본인 총자본에 바탕을 두고 있다. EVA는 세후순영업이익에서 자금공급자(주주와 채권자)의 투자자본(IC: invested capital)인 총자본 사용에 대한 기대수익인 자본비용을 차감한 금액으로 다음과 같이 정의한다.

---

8 Alfred Marshall, *Principles of Economics*, New York: MacMillan, 1980, 142.

$$EVA = NOPAT - WACC \times IC \qquad\qquad (11\text{-}25)$$

$$= (ROIC - WACC) \times IC \qquad\qquad (11\text{-}26)$$

식(11-25)로 정의된 EVA는 투자자본수익률(ROIC: return on invested capital)을 이용하여 식(11-26)으로 변형할 수 있다.[9] 기업의 EVA가 양(+)이라는 것은 영업활동을 통해 투자자본을 사용하여 타인자본비용과 자기자본비용을 모두 포함한 자본조달비용을 초과하여 기업의 부가이익이 창출된다는 것을 의미한다. 따라서 EVA는 기업 고유의 영업활동과 관련된 것만을 고려하여 창출된 이익으로 평가한다는 점과 더불어 재무상태표상에 나타나지 않는 주주의 기회비용인 자기자본비용까지 반영하여 실질 주주이익을 나타냄으로써 주주중시 경영, 수익중시 경영 유도를 위한 효율적 지표수단으로 활용된다.

(2) 세후순영업이익과 투자자본의 조정

1) 세후순영업이익

정확한 EVA를 계산하기 위해서는 세후순영업이익과 투자자본을 조정해야 한다. 세후순영업이익은 영업활동으로 인한 영업이익(EBIT)에서 세금까지 납부한 후의 금액이기 때문에 재무활동의 영향이 없어야 하며, 세금조정을 고려해야 하므로 다음과 같은 조정이 필요하다.

세후순영업이익(NOPAT) = 영업이익(EBIT) − 영업이익 × 법인세

+ 당기 연구개발비 − 자산화된 연구개발비상각

+ 자산평가 및 처분이익 − 자산평가 및 처분손실

+ 이연법인세대 증가액

회계상 연구개발비는 비용으로 차감하여 영업이익을 계산하지만, EVA를 계산할

---

9 투자자본수익률(ROIC)은 영업활동에 투자된 투자자본(IC)을 가지고 세후 기준으로 얼마나 많은 세후 순영업이익(NOPAT)를 올렸는지 그 수익성, 즉 이익창출능력을 평가하는 지표로 ROIC = NOPAT/IC 로 구한다. 따라서 NOPAT = ROIC × IC로 전환할 수 있다.

때에는 연구개발비가 실질적인 가치가 있는 자산으로 간주하여 투자자산에 추가하고 연구개발비의 감가상각비용만을 비용으로 인정하여 차감한다. 또한 영업외손익 항목인 자산의 평가 및 처분은 EVA 계산에서는 영업 관련 손익으로 간주하여 더해준다. 이연법인세대는 손익계산서상의 법인세액이 실제 납부한 법인세액보다 작을 경우 부채의 형태로 계상된 것으로서, 이연법인세대 증가분만큼 세금을 덜 낸 것이므로 이연법인세대 증가액만큼 세후영업이익이 증가할 것이므로 이를 영업이익에 더해준다.

2) 투자자본

자금공급자(주주와 채권자)의 투자자본(IC: invested capital)은 타인자본과 자기자본 총액을 합한 금액으로 기업의 영업을 위해서 운용하고 있는 자산을 의미한다. 타인자본은 장·단기 구분 없이 이자가 지불되는 부채를 의미한다. 따라서 이자가 발생하는 비유동부채(장기부채)와 장기차입금뿐만 아니라 유동부채(단기부채) 중에서 이자가 발생하는 단기차입금은 타인자본에 포함한다.[10]

자기자본은 명시적인 자본사용의 대가(이자)가 발생하지 않지만 기회비용이 존재하므로 자기자본(자본금, 자본잉여금, 이익잉여금 등 재무상태표상의 자본총액)을 투자자본에 포함한다. 따라서 투자자본은 다음과 같이 자기자본총액과 이자발생 부채의 총합이 된다.

$$
\begin{aligned}
투자자본(총자본) &= 자기자본 + 이자발생\ 타인자본 \\
&= 자기자본 + 타인자본 - 이자미발생\ 타인자본 \\
&= 조정\ 총자산 - 이자미발생\ 타인자본 \\
&= 영업자산 - 이자미발생\ 타인자본
\end{aligned}
$$

위 식에서 조정 총자산은 기업의 총자산에서 영업활동과 무관한 비영업자산(적정 시재 이상의 예금과 시장성 유가증권과 같은 금융자산, 투자자산(비업무용 부동산에 대한 투자, 출자금, 관계회사주식 등), 건설중인 자산 등)[11]을 제외시킨 영업자산을 말한다. 또한,

---

10 미지급금, 매입채무 등의 유동부채는 이자를 발생하지 않기 때문에 투자자본에서 제외한다.
11 증권거래소 정보통계부, 상장기업 EVA분석

연구개발비는 자산으로 간주되어 영업자산에 포함시킨다.

매출액이 300억원, 영업이익이 200억원인 A기업은 현금 300억, 재고자산 400억, 연구개발비 300억의 자산을 가지고 있으며, 미지급금 100억, 단기차입금 300억, 장기차입금 400억의 부채를 보유하고 있다. 자본금은 200억원이다. 이 기업은 법인세로 50억원을 부담하고 있으며 장기성장률은 영원히 5%로 추정되었고 가중평균자본비용은 12%이다.

(1) A기업의 EVA를 계산하시오.

(2) EVA를 이용하여 이론주가를 추정하시오. 단, 발행주식수는 600만주이다.

● 답 ●

(1) 투자자본 = 자기자본(200억원) + 타인자본(100억원 + 300억원 + 400억원)

   − 이자미발생 타인자본(100억원)

   = 조정 총자산 혹은 영업자산(300억원 + 400억원 + 300억원)

   − 이자미발생 타인자본(100억원)

   = 900억원

$$ROIC = \frac{\text{세후순영업이익}}{\text{투자자본}} = \frac{(200\text{억} - 50\text{억})}{900\text{억}} = 16.67\%$$

→ $EVA = (ROIC - WACC) \times IC = (16.67\% - 12\%) \times 900\text{억원} = 42\text{억원}$

(2) A기업이 장기적으로 영원히 5% 성장한다고 할 경우 매년 EVA도 5%씩 성장할 것이므로,

0	1	2	3	⋯
	42억	42억$(1+0.05)^1$	42억$(1+0.05)^2$	⋯

$$\text{EVA의 현가}(= \text{시장부가가치: MVA}) = \frac{42\text{억원}}{(1+0.12)^1} + \frac{42\text{억원}(1.05)^1}{(1+0.12)^2} + \cdots$$

$$= \frac{42\text{억원}}{0.12 - 0.05} = 600\text{억원}$$

즉, 시장부가가치(MVA: EVA의 현재가치)는 미래 발생가능한 모든 EVA를 가중평균자본비용(WACC)으로 할인한 현재가치이므로 기업가치의 총증가분을 의미한다. 따라서 양(음)

의 MVA는 장부가치에 부가(차감)되는 가치가 있음을 의미하므로 다음과 같이 주가를 추정할 수 있다.

주가 = 주당순자산 + 주당MVA

$$= \frac{200억원}{600만주} + \frac{600억원}{600만주} = 13,333원$$

▶ 02 상대가치평가모형

상대가치평가모형은 주가가 당해 기업의 주당순이익, 주당순자산 등에 비해 상대적으로 몇 배 정도 되는가를 평가하는 방법이다.

1. 주가수익비율(PER)평가모형

P/E비율로 불리는 주가수익비율(PER: price-to-earnings ratio)은 주가와 주당순이익 간의 비율로 기업의 순이익(이익창출능력)에 비해 주가가 어떻게 평가되고 있는가를 판단하는 지표이다.

$$PER = \frac{주가(P_0)}{주당순이익(E_1)} \tag{11-27}$$

식(11-27)의 PER을 이용하여 다음과 같이 미래주가를 추정하는 데 적용할 수 있다.

$$PER = \frac{P_0}{E_1} \rightarrow P_0 = PER \times E_1 \rightarrow 미래주가(P_1) = 정상적 \; PER \times E_1 \tag{11-28}$$

식(11-28)에 의하면 미래주가(P_1)는 정상적 PER에 미래이익(E_1)을 곱하여 계산할 수 있다. 이때 정상적 PER을 어떻게 산정하는지가 중요한데, 정상적 PER을 구하는 방법으로 해당 기업의 과거 수년간(5~10년)의 평균 PER을 이용하는 방법, 동종산업의 평균 PER을 이용하는 방법, 동류위험을 지닌 주식의 PER을 이용하는 방법, 시장전체의 평균 PER을 이용하는 방법, 항상성장모형을 이용하여 정상적 PER을 추정하여 적용하는 방법이 있다.

특히, 항상성장모형을 이용한 정상적 PER의 추정의 경우 $D_1 = E_1(1-b)$, $g = $ 유보비율$\times$ROE이므로 항상성장모형을 식(11-29)로 변형하여 이 식을 식(11-27)에 대입하여 식(11-30)으로 추정한다.

$$P_0 = \frac{D_1}{r-g} = \frac{E_1(1-b)}{r-b\times ROE} \qquad (11\text{-}29)$$

$$\rightarrow PER = \frac{P_0}{E_1} = \frac{\dfrac{E_1(1-b)}{r-b\times ROE}}{E_1} = \frac{1-b}{r-b\times ROE} = \frac{1-b}{r-g} \qquad (11\text{-}30)$$

예제 | 주가수익비율(PER)

A기업의 요구수익률은 14%이고 자기자본순이익률(ROE)은 12%, 주당순이익은 5,000원으로 기대된다. 만약 이 기업의 사내유보율이 60%일 경우 주가수익비율(PER)은 얼마인가?

● 답 ●

$$주가(P_0) = \frac{D_1}{r-g} = \frac{5,000(1-0.6)}{0.14-(0.6\times0.12)} = \frac{2,000}{0.14-0.072} = 29,412원$$

$$따라서, \ PER = \frac{29,412}{5,000} = 5.88배$$

A기업의 현재주가는 10,000원이고 주당순이익은 1,000원이다. A기업은 매년 10%의 성장을 계속하고 40%의 배당성향을 유지할 것으로 전망되며, 투자자들의 요구수익률은 15%이다. 한편 동종산업의 평균 PER는 5배이고 과거 5년간의 평균 PER는 6배였다. A기업의 1년 후 주가를 얼마로 예측할 수 있는가?

● 답 ●

1년 후 주당순이익 $= 1,000 \times 1.1 = 1,100$

산업평균을 이용할 경우: $P_1 = PER \times E_1 = 5 \times 1,100 = 5,500$

과거평균을 이용할 경우: $P_1 = PER \times E_1 = 6 \times 1,100 = 6,600$

항상성장모형을 이용할 경우: $P_1 = \left(\dfrac{1-b}{r-g}\right)E_1 = \left(\dfrac{0.4}{0.15-0.1}\right)(1,100) = 8,800$원

2. 주가장부가비율(PBR)평가모형

주식의 시장가격(market value) 대비 장부가격(book value)의 비율인 주가장부가비율(PBR: price-to-book ratio)도 주가수익비율(PER)과 함께 오랫동안 가치평가지표로 널리 활용되어 왔다. 장부가치라는 지표는 기업가치의 중요한 척도로 받아들여지고 있기 때문에 시장이 얼마나 이 기업을 적극적으로 평가하는지를 보여주는 척도로 주가장부가비율을 이용한다. 이 비율을 이용한 주가는 식(11-31)과 같이 계산할 수 있다.

$$P = 주가(시장가치)$$

$$= \frac{주가(시장가치)}{\left(\dfrac{총자산 - 총부채}{발행주식수}\right)} \times \left(\frac{총자산 - 총부채}{발행주식수}\right)$$

$$= \frac{주가(시장가치)}{주가(장부가치)} \times \left(\frac{총자산 - 총부채}{발행주식수}\right)$$

$$= PBR \times 주당순자산 \qquad\qquad (11\text{-}31)$$

식(11-31)에서 (총자산 − 총부채)/발행주식수＝총자본/발행주식수로 재무상태표에

장부가치로 나타나는 1주당 주가를 의미한다. 또한 총자산에서 총부채를 차감한 값을 순자산이라고도 하는데 이를 발행주식수로 나눠주면 1주당 순자산이 된다.

이제, 식(11-31)을 이용하여 식(11-32)와 같이 미래주가를 추정할 수 있다. 이때 정상적 PBR을 구하는 방법으로 해당 기업의 과거 수년간(5~10년)의 평균 PBR을 이용하는 방법, 동종산업의 평균 PBR을 이용하는 방법, ROE와 PER을 곱하여 PBR을 추정하는 방법이 있다.

$$P = PBR \times 주당순자산 \ \rightarrow \ 미래주가(P_1) = 정상적 \ PBR \times 주당순자산 \qquad (11\text{-}32)$$

특히, ROE와 PER을 곱하여 PBR을 추정하는 방법은 PBR 정의식에서 식(11-33) 과 같이 도출되고 식(11-33)의 PER에 식(11-30)을 대입하면 식(11-34)로 정리된다.

$$
\begin{aligned}
PBR &= \frac{주가(시장가치)}{주가(장부가치)} \\[6pt]
&= \frac{순이익}{주가(장부가치)} \times \frac{주가(시장가격)}{순이익} \\[6pt]
&= ROE \times PER \qquad\qquad\qquad\qquad\qquad\qquad (11\text{-}33) \\[6pt]
&= ROE \times \left(\frac{1-b}{r-g} \right) \\[6pt]
&= \frac{ROE - b \times ROE}{r-g} \\[6pt]
&= \frac{ROE - g}{r-g} \qquad\qquad\qquad\qquad\qquad\qquad (11\text{-}34)
\end{aligned}
$$

예제 | 주가장부가비율(PBR)평가모형

A기업의 현재주가는 24,000원이고 주당순자산은 30,000원이다. 이 기업은 매년 5% 의 성장을 계속하고 40%의 배당성향을 유지할 것으로 전망되며, 투자자들의 요구수익률은 15%이며 자기자본순이익률은 11%이다. A기업의 PBR을 추정하고 이 주식의 과대·과소 여부를 평가하시오.

• 답 •

$$PBR = \frac{ROE - g}{r - g} = \frac{0.11 - 0.05}{0.15 - 0.05} = 0.6$$

$P = PBR \times$ 주당순자산 $= 0.6 \times 30,000 = 18,000$원이므로, 과대평가되어 있다.

월가의 상징, 황소

뉴욕 월스트리트의 보울링 그린 거리 한 가운데에 늠름한 청동 황소상이 있다는 것은 잘 알려진 사실이다. 이 황소상이 월가 한복판에 자리하게 된 사연이 있다. 자유의 여신상과 함께 뉴욕의 상징물이지만 결코 월가의 회사들이 돈을 걷거나 뉴욕시의 예산으로 만들어진 것이 아니다.

1989년 12월의 어느 날 아침의 일이다. 시장이 침체되어 무거운 발걸음으로 출근하던 월가의 증권맨들은 깜짝 놀랐다. 어제 퇴근할 때까지만 해도 없던 거대한 황소가 증권거래소 앞에 떡하니 콧김을 내뿜으며 버티고 섰기 때문이다. 길이가 3m에 달하고 몸무게가 7,000파운드나 되는 거대한 조각상. 누군가 일부러 버리고 간 것인지, 실수로 놓고 간 것인지 알 수가 없었다. 아니면 크리스마스선물? 언론에서도 이 사건을 '깜짝스런 데뷔'라고 보도했다.

일단 경찰은 무단으로 도로를 점거한 황소 조각상을 철거했다. 하지만 시민들의 원성이 이어지자 6일 후 뉴욕시의 공원 책임자에 의해 임시로 현재의 위치에 자리를 잡아 옮기게 되었다. '돌진하는 황소(the charging bull)'라는 이름의 이 동상은 그날 이후 지금까지 굳건하게 뉴욕 월가의 상징으로 통하고 있다.

이런 깜짝쇼를 벌인 사람은 누구이고, 왜 이런 일을 벌였을까? 황소는 Arturo Di Modica라는 이름의 조각가가 36만 달러의 자비를 들여 직접 제작한 것이다. 그 이유는 1987년의 주가 대폭락을 겪으면서 침체된 시장에 활기를 불어넣기 위해서였다고 한다. 그의 엉뚱한 행동으로 뉴욕은 큰 관광 상품을 갖게 되었고 지금도 수많은 관광객들이 황소 앞에서 사진을 찍기 위해 줄을 서서 기다리고 있다.

원래 황소상이 있는 자리는 유명한 뉴욕의 우시장이었다고 한다. 과거에 정기적으로 황소품평회가 열리던 자리였는데 이 중에서 가장 좋은 품종으로 뽑힌 소에게 파란색 천을 둘러주었다

고 한다. 여기서 월가의 강세장을 상징하는 심벌인 황소와 파란색 천을 합쳐서 우량주라는 뜻
의 블루칩이라는 단어가 생겨났다는 설도 있다.

[출처: 한국거래소(www.krx.co.kr), 알기 쉬운 증권파생상품지표 해설, p. 323.]

핵심정리

1. 배당할인모형

- 일반 배당성장모형: $P_0 = \dfrac{D_1}{(1+r)^1} + \dfrac{D_2}{(1+r)^2} + \dfrac{D_3}{(1+r)^3} + \cdots = \displaystyle\sum_{t=1}^{\infty} \dfrac{D_t}{(1+r)^t}$

- 항상성장모형: $P_0 = \dfrac{D_1}{r-g} = \dfrac{D_0(1+g)}{r-g}$

- 제로성장모형: $P_0 = \dfrac{D_1}{r}$

- 2단계배당할인모형
  - 1단계(n시점까지의 고속성장단계): 매 시점 개별 배당의 현재가치 계산
  - 2단계(n시점 이후의 안정적인 성장단계): 항상성장모형을 적용
  - 주식가치 = 1단계의 가치 + 2단계의 가치

- 성장률
  - ROE가 시간에 따라 불변일 경우: $g = b \times \text{ROE} = b\left[i + (i - r_d)\dfrac{B}{S}\right](1-t)$
  - ROE가 시간에 따라 변할 경우: $g = \dfrac{\text{전기자기자본} \times (ROE_t - ROE_{t-1})}{\text{전기순이익}} + b \times ROE_t$

- 할인율: $r_e = r_f + [E(r_M) - r_f]\beta_i$

- 성장기회가 있을 경우: $P_0 = \dfrac{E_1}{r_e} + NPVGO = \dfrac{E_1}{r_e} + \dfrac{NPVGO_1}{r-g}$

2. 잉여현금흐름할인모형

- 기업잉여현금흐름(FCFF) = 당기순이익 + 순비현금비용(감가상각비) + 이자비용

$$(1-\text{법인세율}) - \text{운전자본 투자액} - \text{비유동자산 투자액}$$

$$= \text{영업이익}(1-\text{법인세율}) + \text{순비현금비용}(\text{감가상각비})$$

$$- \text{운전자본 투자액} - \text{비유동자산 투자액}$$

- 주주잉여현금흐름(FCFE) = 기업잉여현금흐름 - 이자비용(1 - 법인세율) + 순차입

$$= \text{영업이익}(1-\text{법인세율}) + \text{순비현금비용}(\text{감가상각비})$$

$$- \text{운전자본 투자액} - \text{고정자산 투자액}$$

$$- \text{이자비용}(1-\text{법인세율}) + \text{순차입액}$$

- 할인율: $r = WACC = \left(\dfrac{S}{S+B}\right)r_e + \left(\dfrac{B}{S+B}\right)r_d(1-t)$

- 기업가치: $V = \sum\limits_{t=1}^{\infty} \dfrac{FCFF}{(1+WACC)^t}$

- 주식가치: $S = \sum\limits_{t=1}^{\infty} \dfrac{FCFF}{(1+WACC)^t} - B$

$$S = \sum\limits_{t=1}^{\infty} \dfrac{FCFE}{(1+r_e)^t}$$

- 잉여현금흐름성장모형

  - 기업가치: $V = \dfrac{FCFF_1}{(WACC-g)} = \dfrac{FCFF_0(1+g)}{(WACC-g)}$

  - 주식가치: $S = \dfrac{FCFE_1}{(r_e-g)} = \dfrac{FCFE_0(1+g)}{(r_e-g)}$

3. EVA할인모형

- $EVA = NOPAT - WACC \times IC$

  $= (ROIC - WACC) \times IC$

- 세후순영업이익(NOPAT) = 영업이익(EBIT) - 영업이익 × 법인세

  $\qquad$ + 당기 연구개발비 - 자산화된 연구개발비상각

  $\qquad$ + 자산평가 및 처분이익 - 자산평가 및 처분손실

  $\qquad$ + 이연법인세대 증가액

- 투자자본(총자본) = 자기자본 + 이자발생 타인자본

  $\qquad$ = 자기자본 + 타인자본 - 이자미발생 타인자본

  $\qquad$ = 조정 총자산 - 이자미발생 타인자본

  $\qquad$ = 영업자산 - 이자미발생 타인자본

- EVA의 현가(= 시장부가가치: MVA) = $\dfrac{EVA_1}{WACC - g}$

- 주가 = 주당순자산 + 주당MVA

4. 주가수익비율(PER)평가모형

- 미래주가(P_1) = 정상적 PER × E_1
  - 정상적 PER → 해당 기업의 과거 수년간(5~10년)의 평균 PER

    $\qquad$ 동종산업의 평균 PER

    $\qquad$ 동류위험을 지닌 주식의 PER

    $\qquad$ 시장전체의 평균 PER

    $\qquad$ 항상성장모형을 이용하여 추정: $PER = \dfrac{1 - b}{r - g}$

5. 주가장부가비율(PBR)평가모형

- 미래주가(P_1) = 정상적 PBR × 주당순자산
  - 정상적 PBR → 해당 기업의 과거 수년간(5~10년)의 평균 PBR

    $\qquad$ 동종산업의 평균 PBR

    $\qquad$ ROE와 PER을 곱하여 PBR 추정: $PBR = ROE \times PER = \dfrac{ROE - g}{r - g}$

연습문제

문1. (2004 CPA) 고정성장배당모형(constant growth dividend discount model)에 관한 다음 설명 중 옳은 것은? (   )

① 고정성장배당모형이 적용되기 위해서는 주식의 요구수익률이 배당의 성장률보다 같거나 낮아야 한다.

② 다른 모든 조건이 동일한 경우, 기본적으로 배당상승에 대한 기대와 주식가치의 변동은 관계가 없다.

③ 고정성장배당모형에 의해 주식가치를 평가하는 경우, 할인율로 무위험이자율을 이용한다.

④ 다른 모든 조건이 동일한 경우, 배당성장률의 상승은 주식가치를 상승시킨다.

⑤ 고정성장배당모형에서 주식의 위험은 기대배당에 반영되어 있다.

문2. (2005 CPA) (주)한국의 발행주식수는 100,000주이고 배당성향이 30%이며 자기자본이익률이 10%이다. (주)한국의 주식베타값은 1.2이고 올해 초 주당배당금으로 2,000원을 지불하였다. 또한 무위험이자율이 5%이고 시장포트폴리오의 기대수익률이 15%이라고 한다. 이러한 현상이 지속된다고 가정할 때, (주)한국의 2년 말 시점의 주가는 약 얼마가 되는가? (   )

① 20,000원   ② 21,400원   ③ 22,898원

④ 24,500원   ⑤ 26,216원

문3. (2007 CPA) A기업의 자기자본비용은 14%이며 방금 배당을 지급하였다. 이 주식의 배당은 앞으로 계속 8%의 성장률을 보일 것으로 예측되고 있으며, A기업의 현재주가는 50,000원이다. 다음 중 옳은 것은? (   )

① 배당수익률이 8%이다.

② 배당수익률이 7%이다.

③ 방금 지급된 주당 배당금은 3,000원이다.

④ 1년 후 예상되는 주가는 54,000원이다.

⑤ 1년 후 예상되는 주가는 57,000원이다.

문4. (2008 CPA) 현재($t=0$) 주당 배당금 2,000원을 지급한 A기업의 배당 후 현재 주가는 30,000원이며, 향후 매년 말 배당금은 매년 5%의 성장률로 증가할 것으로 예상된다. 또한 매년 말 700원을 영구적으로 지급하는 채권은 현재 10,000원에 거래되고 있다. A기업 주식 4주와 채권 4주로 구성된 포트폴리오의 기대수익률은? (　　)

① 8.75%　　　　　② 9.25%　　　　　③ 10.75%

④ 11.25%　　　　　⑤ 12.75%

문5. (2011 CPA) 다음에 주어진 자료에 근거하여 A, B 두 기업의 현재 주당 주식가치를 평가했을 때, 두 기업의 주당 주식가치의 차이와 가장 가까운 것은? (단, 배당금은 연 1회 연말에 지급한다.) (　　)

> A기업: 내년($t=1$)에 주당 2,500원의 배당금을 지급하고 이후 2년간($t=2\sim3$)은 배당금이 매년 25%로 고성장하지만, 4년째($t=4$)부터는 5%로 일정하게 영구히 성장할 것으로 예상된다. 주주의 요구수익률은 고성장기간 동안 연 15%, 이후 일정성장기간 동안 연 10%이다.
>
> B기업: 올해 주당순이익은 3,200원이며, 순이익의 80%를 배당금으로 지급하였다. 순이익과 배당금은 각각 매년 5%씩 성장할 것으로 예상되고, 주식의 베타(β)는 1.20이다. 무위험자산수익률은 2.5%, 위험프리미엄은 6.0%이다.

① 3,477원　　　　　② 3,854원　　　　　③ 4,114원

④ 4,390원　　　　　⑤ 4,677원

문6. (2012 CPA) ㈜대한의 발행주식수는 20만주이고 배당성향은 20%이며 자기자본이익률(return on equity)은 10%이다. 한편 ㈜대한 주식의 베타값은 1.4로 추정되었고 현재 시점의 주당배당금(D_0)은 4,000원이며 무위험수익률이 4%, 시장포트폴리오의 기대수익률은 14%이다. 이러한 현상이 지속된다고 가정하고 배당평가모형을 적용하였을 때 가장 적절한 것은? (　　)

① ㈜대한의 성장률은 10%이다.
② ㈜대한의 성장률은 9%이다.
③ ㈜대한의 요구수익률은 19%이다.
④ ㈜대한의 1년 후 시점의 주가(P_1)는 46,656원이다.
⑤ ㈜대한의 2년 후 시점의 주가(P_2)는 55,388.48원이다.

문7. (2009 CPA) 다음은 A, B, C 세 기업의 주식가치 평가를 위한 자료이다. 이들 자료를 이용하여 산출한 각 기업의 현재 주식가치 중 최고값과 최저값의 차이는 얼마인가? 단, 세 기업의 발행주식수는 100만주로 동일하고, 주가순자산비율과 주가수익비율은 동종산업의 평균을 따른다. (   )

> A기업: 직전 회계년도의 영업이익은 35억원이고, 순투자금액(순운전자본 및 순고정자산 투자금액)은 3억원이다. 이러한 모든 현금흐름은 매년 말 시점으로 발생하고, 영구적으로 매년 5%씩 성장할 것으로 기대된다. 부채가치는 100억원이고, 가중평균자본비용은 12%로 향후에도 일정하다. 법인세율은 30%이다.
> B기업: 현재($t=0$) 자기자본의 장부가치는 145억원이고, 동종 산업의 평균 주가순자산비율(P_0/B_0)은 1.5이다.
> C기업: 올해 말 기대되는 주당순이익은 1,500원이고, 동종 산업의 평균 주가수익비율(P_0/E_1)은 14이다.

① 500원　　　　② 750원　　　　③ 1,035원
④ 1,250원　　　⑤ 1,375원

문8. (2001 CPA) A기업의 영업용 투자자본 2,500백만원, 세전 영업이익 600백만원, 법인세 50백만원, 배당성향 60%, 가중평균자본비용(WACC) 10%, 납입자본금 1,000백만원(발행주식수: 20만주), 자기자본비용 20%이다. A기업의 경제적 부가가치(EVA)는? (   )

① 50백만원　　　② 250백만원　　　③ 300백만원
④ 330백만원　　　⑤ 350백만원

문9. A회사는 20XX년에 주당 5원의 배당금을 지급하였고, 향후 연6%의 성장률로 지속적으로 성장할 것으로 기대된다. 이 기업의 주식베타는 0.8이고 무위험이자율은 연7%, 시장위험프리미엄은 5%이다. 이 기업의 주식이 현재 100원에 거래되고 있다고 할 경우, 이 가격이 정당화되기 위해서는 성장률이 얼마가 되어야 하는가? (   )

① 4.25%　　　　② 4.86%　　　　③ 5.71%
④ 5.94%　　　　⑤ 6.21%

문10. (2019 CPA) ㈜기해의 올해 말($t = 1$) 주당순이익은 1,500원으로 예상된다. 이 기업은 40%의 배당성향을 유지할 예정이며, 자기자본순이익률(ROE)은 20%로 매년 일정하다. 주주들의 요구수익률이 연 15%라면, 현재 시점($t = 0$)에서 이론적 주가에 기초한 주당 성장기회의 순현가(NPVGO)는 얼마인가? 단, 배당은 매년 말 연 1회 지급한다. (   )

① 10,000원   ② 16,000원   ③ 20,000원
④ 24,000원   ⑤ 28,000원

문11. (2020 CPA) S기업 보통주의 현재 내재가치(P_0)는 20,000원이다. 전기말($t = 0$) 주당순이익(EPS0)과 내부유보율은 각각 5,000원과 60%이다. 배당금은 연 1회 매년 말 지급되고 연 2%씩 영구히 성장할 것으로 예상된다. 무위험수익률은 2%이고 시장위험프리미엄은 6%일 때, 다음 중 가장 적절하지 않은 것은? 단, CAPM이 성립하고, 내부유보율, 무위험수익률, 시장위험프리미엄은 변하지 않는다고 가정한다. (   )

① 당기말($t = 1$) 기대배당금은 2,040원이다.
② 자기자본비용은 12.2%이다.
③ 주식의 베타는 1.6이다.
④ 만약 베타가 25% 상승한다면, 자기자본비용은 상승한다.
⑤ 만약 베타가 25% 상승한다면, 내재가치($t = 0$)는 16,000원이 된다.

문12. (2021 CPA) 배당평가모형에 따른 주식가치 평가에 관한 설명으로 적절한 항목만을 모두 선택한 것은? (   )

> a. 전액 배당하는 무성장 영구기업의 주가수익배수(PER)는 요구수익률과 정(+)의 관계를 갖는다.
> b. A기업의 배당성장률(g)은 항상 2%이다. A기업의 현재 이론주가(P_0)가 10,000원, 주식투자자의 요구수익률이 10%일 때, 최근 지급된 배당액(D_0)은 750원보다 적다.
> c. 유보율이 0인 무성장 영구기업의 경우 현재 이론주가(P_0)는 주당순이익(EPS_1)÷자기자본비용(r_e)으로 추정할 수 있다.
> d. 항상(일정)성장모형을 통해 주가 추정 시 주주 요구수익률이 성장률보다 작을 경우에 한해 현재 이론주가(P_0)가 추정된다.
> e. 배당평가모형은 미래배당을 현재가치화한 추정모형이다.

① a, b   ② b, e   ③ c, e

④ a, c, e   ⑤ a, d, e

문13. (2021 CPA) 경제적 부가가치(EVA)에 관한 설명으로 적절한 항목만을 모두 선택한 것은? (　)

---

a. EVA는 투하자본의 효율적 운영 수준을 나타낸다.

b. EVA는 영업 및 영업외 활동에 투자된 자본의 양적, 질적 측면을 동시에 고려한다.

c. EVA는 자기자본이익률과 가중평균자본비용의 차이에 투하자본을 곱해서 산출한다.

d. EVA는 투하자본의 기회비용을 반영해 추정한 경제적 이익의 현재가치의 합이다.

e. EVA는 당기순이익에 반영되지 않는 자기자본비용을 고려하여 산출한다.

---

① a, b   ② b, c   ③ a, e

④ b, c, e   ⑤ b, d, e

연습문제 해답

문1. ④

[답]

배당할인모형 중 항상성장모형은 $P_0 = \dfrac{D_0(1+g)}{r-g}$ (여기서, $r > g$)이다. 할인율은 자기자본비용이며, 주식의 위험은 자기자본비용에 반영되어 있다.

문2. ④

[답]

성장률 = (1 − 배당성향) × 자기자본이익률 = (1 − 0.3) × 10% = 7%

r = 0.05 + (0.15 − 0.05)(1.2) = 17%

항상성장모형을 이용하여 현재의 주가를 구하면 다음과 같다.

$$P_0 = \frac{D_0(1+g)}{r-g} = \frac{2,000(1+0.07)}{0.17-0.07} = 21,400원 \cdots ①$$

한편, 현재주가는 1년도 말의 배당과 주가를 현재가치로 계산한 것이므로,

$$P_0 = \frac{D_1}{(1+r)^1} + \frac{P_1}{(1+r)^1} \cdots ②$$

따라서, ① = ②; $21,400 = \dfrac{D_1}{(1+r)^1} + \dfrac{P_1}{(1+r)^1}$

$$\rightarrow 21,400 = \frac{2,000(1.07)}{(1+0.17)^1} + \frac{P_1}{(1+0.17)^1} \rightarrow P_1 = 22,898원$$

또한, 1년도 말 주가는 2년도 말의 배당과 주가를 1년도 말의 가치로 계산한 것이므로,

$$P_1 = \frac{D_2}{(1+r)^1} + \frac{P_2}{(1+r)^1} \rightarrow 22,898 = \frac{2,000(1.07)^2}{(1+0.17)^1} + \frac{P_2}{(1+0.17)^1} \rightarrow P_2 = 24,500.86원$$

문3. ④

[답]

항상성장모형 $P_0 = \dfrac{D_1}{r-g} \rightarrow 50,000 = \dfrac{D_1}{0.14-0.08} \rightarrow D_1 = 3,000$

따라서 1년 후의 주가 $P_1 = \dfrac{D_2}{r-g} = \dfrac{D_1(1+g)}{r-g} = \dfrac{3,000(1+0.08)}{0.14-0.08} = 54,000$

문4. ③

[답]

항상성장모형(주식): $P_0 = \dfrac{D_0(1+g)}{r-g} \rightarrow 30{,}000 = \dfrac{2{,}000(1+0.05)}{r-0.05} \rightarrow r(=r_e) = 12\%$

제로성장모형(채권): $P_0 = \dfrac{D}{r} \rightarrow 10{,}000 = \dfrac{700}{r} \rightarrow r(=r_d) = 7\%$

따라서 $E(r_p) = 12\% \times \dfrac{120{,}000}{160{,}000} + 7\% \times \dfrac{40{,}000}{160{,}000} = 10.75\%$

문5. ②

[답]

A기업: 2단계배당할인모형

$$P_A = \frac{2{,}500}{(1.15)^1} + \frac{(2{,}500)(1.25)}{(1.15)^2} + \frac{(2{,}500)(1.25^2)}{(1.15)^3} + \frac{\left[\dfrac{(2{,}500)(1.25^2)(1.05)}{0.1-0.05}\right]}{1.15^3}$$

$$= 61{,}042.16원$$

B기업: 항상성장모형

$P_B = \dfrac{(3{,}200)(0.8)(1.05)}{0.097-0.05} = 57{,}191.49원$, 여기서 $r(=r_e) = 0.025 + (0.06)(1.2) = 0.097$

따라서, A기업의 주가 − B기업의 주가 $= 61{,}042.16 - 57{,}191.49 = 3{,}850.67원$

문6. ④

[답]

$g = $ 유보비율$(b) \times$ROE $= (1-0.2)(0.1) = 0.08$

$r_e = r_f + [E(r_M) - r_f]\beta_i = 0.04 + (0.14-0.04)(1.4) = 0.18$

$P_1 = \dfrac{D_2}{r-g} = \dfrac{D_0(1+g)^2}{r-g} = \dfrac{4{,}000(1+0.08)^2}{0.18-0.08} = 46{,}656원$

$P_2 = \dfrac{D_3}{r-g} = \dfrac{D_0(1+g)^3}{r-g} = \dfrac{4{,}000(1+0.08)^3}{0.18-0.08} = 50{,}388.48원$

문7. ③

[답]

A기업: 잉여현금흐름할인모형

기업잉여현금흐름 = 영업이익$(1-$법인세$)$ + 감가상각비 − 운전자본 투자액 − 비유동자산 투자액

$= 35억(1-0.3) - 3억$

$= 21.5억$

$$V(기업가치) = \frac{기업잉여현금흐름_1}{(WACC - g)} = \frac{기업잉여현금흐름_0(1 + g)}{(WACC - g)}$$

$$= \frac{21.5억(1 + 0.05)}{0.12 - 0.05} = 322.5억$$

$$S(주식가치) = V(기업가치) - B(부채의\ 시장가치) = 322.5억 - 100억 = 222.5억$$

1주당 주식가격 = 222.5억/100만주 = 22,250원

B기업: 주가장부가비율(PBR)평가모형

$$PBR = \frac{주가(시장가치)}{주가(장부가치)} \rightarrow 주가(시장가치) = PBR \times 주가(장부가치)$$

$$\rightarrow 주가(시장가치) = 1.5 \times 145억 = 217.5억$$

따라서 1주당 주식가격 = 217.5억/100만주 = 21,750원

C기업: 주가수익비율(PER)평가모형

$$PER = \frac{주가}{주당순이익} \rightarrow 주가 = PER \times 주당순이익 \rightarrow 주가 = 14 \times 1,500원 = 21,000원$$

따라서 주식의 최고값 - 최소값 = 22,500원 - 21,000원 = 1,250원

문8. ③

[답]

$$EVA = IC \times (ROIC - WACC) = NOPAT - IC \times WACC$$

$$= (600백만원 - 50백만원) - 2,500백만원 \times 0.1 = 300백만원$$

문9. ③

[답]

$$r(= r_e) = 0.07 + (0.05)(0.8) = 0.11$$

$$100 = \frac{5(1 + g)}{0.11 - g} \rightarrow g = 5.71\%$$

문10. ①

[답]

$$NPVGO_1 = -1,500 \times 0.6 + \frac{900 \times 0.2}{0.15} = 300$$

$$성장기회의\ 순현가(NPVGO) = \frac{NPVGO_1}{r - g} = \frac{300}{0.15 - 0.6 \times 0.2} = 10,000원$$

문11. ③

[답]

① $D_1 = D_0(1+g) = (5,000 \times (1-0.6))(1+0.02) = 2,040$원

② $P_0 = \dfrac{D_1}{r-g} \rightarrow r = \dfrac{D_1}{P_0} + g \rightarrow \dfrac{2,040}{20,000} + 0.02 = 0.122$

③ $r_e = r_f + [E(r_M) - r_f]\beta_i \rightarrow 0.122 = 0.02 + (0.06)\beta_i \rightarrow \beta_i = 1.7$

⑤ $r_e = r_f + [E(r_M) - r_f]\beta_i \rightarrow 0.122 = 0.02 + (0.06)(1.7 \times 1.25) = 0.1475$

$P_0 = \dfrac{D_1}{r-g} = \dfrac{2,040}{0.1475 - 0.02} = 16,000$원

문12. ③

[답]

a. 무성장 영구기업 $P_0 = \dfrac{E_1}{r_e} = \dfrac{D_1}{r_e}$, $PER = \dfrac{주가(P_0)}{주당순이익(E_1)}$

$\therefore PER = \dfrac{\left(\dfrac{E_1}{r_e} \right)}{E_1} = \dfrac{1}{r_e}$: PER과 요구수익률은 부(−)의 관계

b. $P_0 = \dfrac{D_1}{r-g} \rightarrow r = \dfrac{D_1}{P_0} + g \rightarrow 0.1 = \dfrac{D_1}{10,000} + 0.02 \rightarrow D_1 = 800$

$D_1 = D_0(1+g) \rightarrow 800 = D_0(1+0.02) \rightarrow D_0 = 784$

d. $P_0 = \dfrac{D_1}{r-g} = \dfrac{D_0(1+g)}{r-g}$ (여기서, $r > g$)

문13. ③

12 채권투자분석

학습개요

본 장에서는 채권가격을 계산하는 채권평가모형과 여러 종류의 채권수익률 개념에 대해서 설명하고, 채권가격과 채권수익률 간의 관계에 대해서 다룬다. 또한 채권의 만기와 채권수익률 간의 관계인 기간구조의 개념과 선도이자율에 대해서 이해한 후, 기간구조를 설명하는 이론인 기대이론, 유동성선호이론, 시장분할이론에 대해서 학습한다.

학습목표

- 채권평가모형
- 채권가격정리
- 기대이론
- 시장분할이론
- 채권수익률
- 선도이자율
- 유동성선호이론

▶ 01 채권가격과 채권수익률

1. 채권평가모형

채권을 매입하면 채권보유기간 동안 정기적으로 이자를 받고 만기 시에 원금을 받는다. 따라서 채권의 가치는 이자와 만기에 발생하는 원금을 채권수익률로 할인하여 구한다. 일반적으로 액면이자를 C, 액면가액을 F, 만기 n, 채권수익률 r이라고 할 때 채권의 가치는 식(12-1)로 나타낸다.

$$P_0 = \frac{C}{(1+r)^1} + \frac{C}{(1+r)^2} + \cdots\cdots + \frac{C+F}{(1+r)^n} \tag{12-1}$$

예제 | 채권가격의 결정

액면가액(F) 1,000원, 연 10% 이자후급, 만기(n) 5년, 채권수익률(r)이 8%인 채권이 있다. ① 1년마다 이자가 지급될 경우 ② 반년마다 이자가 지급될 경우의 채권가격을 구하시오.

● 답 ●

① 1년마다 이자를 지급할 경우:

$$P_0 = \frac{100}{(1+0.08)^1} + \frac{100}{(1+0.08)^2} + \cdots + \frac{1,100}{(1+0.08)^5} = 1,079.85$$

② 반년마다 이자를 지급할 경우:

$$P_0 = \frac{50}{(1+0.04)^1} + \frac{50}{(1+0.04)^2} + \cdots + \frac{1,050}{(1+0.04)^{10}} = 1,081.11$$

이와 같은 채권의 가격은 엑셀의〔PV(이자율, 기간, 정기불입액, 미래가치, 지급시점)〕함수를 이용해서 구할 수도 있다. 이자율은 투자기간 단위와 일치해야 한다. 따라서 연 12%의 이자율로 매월 투자되는 경우라면 월단위와 일치하는 이자율 1%(=12%/12)를 사용하고 기간은 12로 해야 하는 점에 주의하면 된다. 정기불입액은 매 기간 발생하는 현금흐름이다.

아래 그림에서 B6와 E6에 PV함수를 이용하여 채권가격을 각각 1,079.85와 1,081.11을 계산하였다. 특히, 일 년에 이자를 두 번 지급할 경우에는 이자율(Rate)은 10%/2(=5%)로 입력하고, 기간(Nper)은 5기간이 아니라 10기간(=5×2)로 입력하며, 정기불입액(Pmt, 액면이자)도 50원으로 입력하여 구한다.

엑셀의 PV함수는 최초에 현금을 빌려주면 만기 시에 원리금이 들어오는 것으로 만들어졌다는 점에 유의해야 한다. 초기에 채권을 사기 위해 채권가격을 투자하면(현금유출: (−)부호) 만기까지 이자와 원금이 회수(현금유입: (+)부호)된다는 개념으로 생각해야 한다.

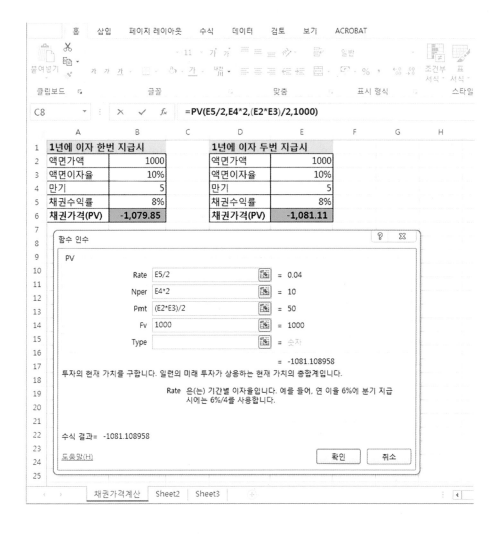

2. 채권수익률

채권수익률은 채권투자로부터 미래에 획득 가능한 모든 투자수익의 현재가치와 채권의 시장가격을 일치시켜주는 할인율이라 할 수 있다. 채권수익률로 주로 만기수익률을 사용하고 있으나, 만기수익률 이외에도 여러 가지 수익률 개념이 있다.

(1) 명목수익률

명목수익률(nominal yield)은 채권의 권면에 기재된 이자율로서 이자지급액을 액면가로 나눈 것이다. 액면이자율, 쿠폰이자율 또는 표면이자율이라고 한다.

(2) 경상수익률

경상수익률(current yield)은 이자지급액을 시장가격(매입가격)으로 나눈 것으로서 직접이율 또는 단순수익률, 직접수익률, 이자수익률이라고 한다. 상환일까지의 기간은 무시하고 투자금액(매입가격)에 대해서 얼마의 이자를 얻을 수 있는지를 계산한 것이다.

(3) 만기수익률

만기수익률(YTM: yield to maturity)은 지금 채권을 사서 만기까지 보유할 때 얻을 수 있는 기간당 평균수익률에 해당되며, 시장의 여건에 따라 형성되는 유통수익률은 모두 만기수익률로 표시된다. 따라서 만기수익률을 유통수익률 혹은 시장수익률이라고 하며 일반적으로 채권수익률은 만기수익률을 의미한다.

만기수익률을 계산하기 위해서는 채권가격을 구하는 식을 이용하면 된다. 예를 들어, 액면가액 10,000원, 액면이자율 10%, 만기 3년인 채권이 10,253원에 거래된다고 하자. 이 채권의 현재가격과 채권의 미래현금흐름의 현재가치를 같게 해주는 할인율은 아래의 식을 풀어서 구한다.

$$10,253원 = \frac{1,000원}{(1+r)^1} + \frac{1,000원}{(1+r)^2} + \frac{11,000원}{(1+r)^3} \rightarrow r = 9\%(만기수익률)$$

그림 12-1   RATE함수를 이용한 만기수익률 계산

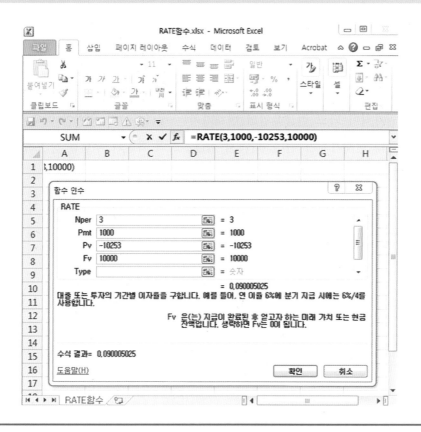

만기수익률은 엑셀에서〔RATE(기간, 정기불입액, 현재가치, 미래가치, 지급시점, 추정값)〕 함수를 이용하여 구할 수 있다. 〈그림 12-1〉 RATE함수에서 기간(nper)은 납입총횟수(만기까지의 기간)이다. 정기불입액(pmt)은 매 기간 납입해야 하는 납입액 혹은 투자금액이다. 현재가치(pv)는 현재 투자되는 금액이며 투자자 입장에서 현금유출이므로 (−)부호를 붙여서 입력한다. 지급시점(type)은 납입하는 시점이 기간 초일 경우 1, 기간 말일경우 0이며, 생략하면 기간 말에 납입하는 것으로 인식한다.

RATE함수의 오른쪽 스크롤바를 아래로 내리면 추정값(guess)이 나타나는데, 이것은 구하고자 하는 이자율의 초기 값을 의미한다. 엑셀은 위 예제의 좌변의 10,253원과 우변의 식을 일치시키는 이자율(r)을 기본적으로 10%(입력을 생략하면 10%부터 시작)부터 넣어봐서 좌변과 우변이 동일하게 되는지를 시행착오법(trial and error)으로

수행하여 동일하게 되는 이자율을 답으로 나타낸다. 〈그림 12-1〉과 같이 RATE함수를 이용하여 미지수인 이자율 r을 찾으면, 9%임을 확인할 수 있다.[1]

한편, 식(12-2)에서 구해지는 만기수익률은 내부수익률(IRR: internal rate of return)과 동일하다. 내부수익률이란 현금유출의 현재가치와 현금유입의 현재가치를 같게 만드는 할인율이다. 채권에서 현금유출의 현재가치는 식(12-2)의 좌변인 지금 당장 투자하는 채권가격이 되고 현금유입의 현재가치는 식(12-2)의 우변인 미래에 발생하는 이자와 원금의 현재가치가 된다. 따라서 식(12-2)의 좌변과 우변을 동일하게 하는 만기수익률이 바로 내부수익률이다.

$$P_0 = \frac{C}{(1+r)^1} + \frac{C}{(1+r)^2} + \cdots\cdots + \frac{C+F}{(1+r)^n} \rightarrow r\,(만기수익률) \qquad (12\text{-}2)$$

식(12-2)의 양변에 $(1+r)^n$을 곱하면 식(12-3)이 된다.

$$P_0(1+r)^n = C(1+r)^{n-1} + C(1+r)^{n-2} + \cdots + (C+F) \qquad (12\text{-}3)$$

식(12-3)의 좌변은 현재 채권가치를 미래시점인 만기시점으로 전환한 금액이 되며, 이 값은 우변과 동일하다. 즉, 미래의 채권금액은 만기까지의 기간 동안에 받는 이자를 만기시점까지 만기수익률 r로 재투자한 금액이라는 것을 의미한다.

또한 식(12-3)의 우변은 만기수익률 r로 복리계산하고 있음을 알 수 있다. 따라서 만기수익률은 채권의 이자가 모두 만기수익률과 동일한 수익률로 재투자된다는 가정 아래 채권의 만기까지의 복리수익률로 해석될 수 있다.

일반적으로 투자수익률을 의미하는 내부수익률과 동일한 만기수익률이 실현되기 위해서는 채권을 만기까지 보유해야 하고, 모든 액면이자가 만기수익률과 동일한 수익률로 재투자되어야 한다.

---

[1] 재무용계산기를 이용할 경우 N=3, PV=-10,253, FV=10,000, PMT=1,000, COMP i를 누르면 이자율이 계산된다.

그림 12-2   채권의 재투자수익률

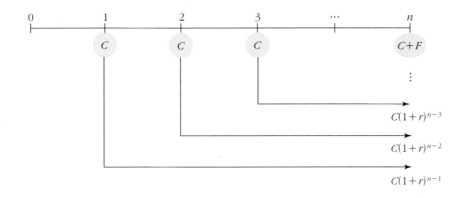

예제 | 채권수익률

액면가 10,000원, 연10% 반년마다 이자후급, 만기 10년인 채권의 현재가격이 12,100 원일 경우 명목수익률, 경상수익률, 만기수익률을 구하시오.

● 답 ●

명목수익률: $\dfrac{1,000}{10,000} = 10\%$

경상수익률: $\dfrac{1,000}{12,100} = 8.26\%$

만기수익률: $12,100 = \dfrac{500}{(1+r)^1} + \dfrac{500}{(1+r)^2} + \cdots + \dfrac{10,500}{(1+r)^{20}}$

$\quad\quad\quad \rightarrow r = 3.52\%$(엑셀의 RATE함수 이용, 또는 N → 20, PV → −12,100,

$\quad\quad\quad\quad$ FV → 10,000, PMT → 500,   COMP I → ?)

참고로, 채권수익률(만기수익률)을 단순히 1년 단위 수익률로 환산한 3.52%×2=7.04%를 연수익률(APR: annual percentage rate) 또는 채권등가수익률(bond equivalent yield)이라고 한다.

(4) 실현복리수익률

만기수익률은 채권을 만기까지 보유하여 이자지급액을 만기수익률로 재투자하는 경우에만 얻을 수 있는 사전적 수익률이므로 만기일 이전에 채권을 매도하려는 투자자에게는 의미 없는 수익률일 수 있다. 더구나 채권의 만기까지 만기수익률과 동일한 수익률로 재투자하는 것이 현실적으로 어렵기 때문에 투자자가 실제로 만기수익률과 일치되는 수익률을 얻는 것은 불가능하다.

예를 들어, 수익률 12%로 채권을 매입하였으나 매입 후 시장이자율이 하락(상승)하면 액면이자의 재투자수익률이 12%보다 작게(크게) 되기 때문에 투자자가 만기일까지 채권을 보유하더라고 투자자가 얻을 수 있는 수익률은 12%보다 작게(크게)된다. 이에 이자를 지급받을 시점의 시장이자율로 이자지급액이 재투자된다는 가정이 보다 현실적이며, 이러한 가정 하에 계산된 수익률을 실현복리수익률(RCY: realized compound yield)이라고 한다.

예제 | 만기수익률과 실현복리수익률

액면이자율 10%, 2년 만기, 연말에 이자지급, 액면가액 10,000원으로 발행한 채권의 만기수익률을 구하시오. 또 이자지급시점의 재투자수익률이 10%일 경우와 8%일 경우의 실현복리수익률을 구하시오.

● 답 ●

(1) 만기수익률: $10,000 = \dfrac{1,000}{(1+r)^1} + \dfrac{11,000}{(1+r)^2}$

엑셀의 RATE함수를 이용하여 r(만기수익률)을 계산하면 10%이다.

(2) 재투자수익률의 10%일 경우의 실현복리수익률

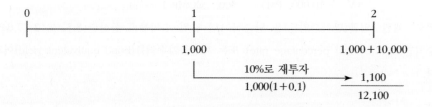

초기에 10,000원을 투자하여 최종 12,100원이 되도록 하는 복리수익률은 다음과 같다.

$10,000(1+r)^2 = 12,100 \rightarrow r = 10\%$ 즉, 이자지급 시의 시장이자율 10%로 재투자하였을

경우의 실현복리수익률(RCY)은 10%이다. 따라서 시장이자율이 만기수익률과 같은 수익률일 경우 채권의 존속기간에 대한 실현복리수익률(RCY)과 만기수익률은 같아진다.

(3) 재투자수익률의 8%일 경우의 실현복리수익률

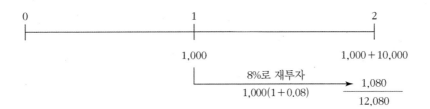

초기에 10,000원을 투자하여 최종 12,080원이 되도록 하는 복리수익률은 다음과 같다. $10,000(1+r)^2 = 12,080 \rightarrow r = 9.91\%$ 즉, 이자지급 시의 시장이자율 8%로 재투자하였을 경우의 실현복리수익률(RCY)은 9.91%이다. 이 경우 만기수익률(10%)보다 낮은 시장이자율(8%)에 재투자되어 실현복리수익률(RCY)이 만기수익률보다 작아진다.

예제 | 실현복리수익률

액면가 1,000원, 연 10% 이자후급, 만기 5년인 채권의 현재가격이 1,180.75원이며 향후 5년 동안 매년 시장금리가 $r_{0,1} = 10\%$, $r_{1,2} = 11\%$, $r_{2,3} = 12\%$, $r_{3,4} = 13\%$, $r_{4,5} = 14\%$로 예상될 경우 실현복리수익률을 구하시오.

• 답 •

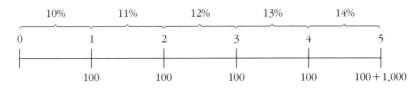

$$FV = 100(1.11)(1.12)(1.13)(1.14) + 100(1.12)(1.13)(1.14) + 100(1.13)(1.14)$$
$$+ 100(1.14) + 1,100 = 1,647.25$$

따라서, $1180.75(1+r)^5 = 1647.25 \rightarrow r(실현복리수익률) = 6.89\%$

(5) 수의상환수익률과 수의상환청구수익률

만기수익률은 채권을 만기까지 보유한다는 가정 하에서 계산된다. 하지만 채권에 수의상환조항이 있을 경우 채권발행회사가 만기 전에 채권을 상환할 수 있다. 이 경우 만기수익률 대신 수의상환수익률(YTC: yield to call)을 계산한다.

수의상환수익률은 채권을 최초 수의상환일(first call date)까지 보유하는 경우 발생하는 현금흐름의 현재가치와 채권의 가격을 일치시키는 수익률이다. 즉, 수의상환수익률은 수의상환할 때까지의 기간을 만기 대신으로 하고 수의상환가격을 만기금액으로 대신하여 만기수익률과 동일한 방식으로 계산한다.

수의상환채권의 투자자는 채권이 지정된 만기 전에 상환되는 경우에는 수의상환수익률을 투자지표로 삼고, 만기수익률과 수의상환수익률 중에서 낮은 수익률을 채권의 기대수익률로 간주한다.

예제 | 만기수익률과 수의상환수익률

액면가액 10,000원인 채권의 현재가격은 11,500원이다. 만기 20년, 액면이자율 5%이다. 이자는 연 1회 연말에 지급하며 최초 수의상환일은 10년 후이고 수의상환가격은 12,000원이다. 만기수익률과 수의상환수익률을 구하시오.

● 답 ●

만기수익률: $11,500 = \dfrac{500}{(1+r)^1} + \dfrac{500}{(1+r)^2} + \cdots + \dfrac{10,500}{(1+r)^{20}}$

→ 엑셀의 RATE함수를 이용(또는 $PMT = 500$, $N = 20$, $PV = -11,500$, $FV = 10,000$, COMP $i = ?$)하여 r(만기수익률)을 계산하면 3.9055%이다.

수의상환수익률: $11,500 = \dfrac{500}{(1+r)^1} + \dfrac{500}{(1+r)^2} + \cdots + \dfrac{12,500}{(1+r)^{10}}$

→ 엑셀의 RATE함수를 이용(또는 $PMT = 500$, $N = 10$, $PV = -11,500$, $FV = 12,000$, COMP $i = ?$)하여 r(수의상환수익률)을 계산하면 4.6984%이다.

한편, 채권발행회사가 투자자로부터 채권을 상환할 수 있는 수의상환채권과 달리 투자자가 회사에게 채권의 상환을 요구할 수 있는 수의상환청구채권의 경우에는 수의

상환청구수익률(YTP: yield to put)을 계산해준다. 수의상환청구수익률은 투자자가 채권의 상환을 요구할 것으로 기대되는 시점을 만기로 하고 수의상환청구가격을 원금으로 하여 계산한다.

예제 | 만기수익률과 수의상환청구수익률

액면가액 10,000원인 채권의 현재가격은 9,500원이다. 만기 10년, 액면이자율 6%이다. 이자는 연 1회 연말에 지급하며 5년 후에 액면가로 수의상환청구가 가능하다. 만기수익률과 수의상환청구수익률을 구하시오.

• 답 •

만기수익률: $9,500 = \dfrac{600}{(1+r)^1} + \dfrac{600}{(1+r)^2} + \cdots + \dfrac{10,600}{(1+r)^{10}}$

→ 엑셀의 RATE함수를 이용(또는 $PMT=600$, $N=10$, $PV=-9,500$, $FV=10,000$, COMP i =?)하여 r(만기수익률)을 계산하면 6.70%이다.

수의상환청구수익률: $9,500 = \dfrac{600}{(1+r)^1} + \dfrac{600}{(1+r)^2} + \cdots + \dfrac{10,600}{(1+r)^5}$

→ 엑셀의 RATE함수를 이용(또는 $PMT=600$, $N=5$, $PV=-9,500$, $FV=10,000$, COMP i =?)하여 r(수의상환청구수익률)을 계산하면 7.23%이다.

(6) 채권수익률과 채권가격

채권발행 시 채권가격은 액면이자율, 만기, 이자지급방법, 채권수익률 등에 따라 결정되며, 채권 발행 이후의 채권가격은 채권수익률에 따라 변동하게 된다. 채권수익률과 채권가격 간에는 다음과 같은 관계가 성립한다.

① 채권가격과 채권수익률은 역의 관계이다.[2]

---

2 예를 들어, 액면가액 10,000원, 액면이자율 7%, 만기 1년인 채권이 있다고 하자. 시중의 채권수익률이 5%라면 7% 이자를 받을 수 있는 이 채권을 서로 사려고 할 것이므로 채권의 수요가 커져서 채권가격이 올라갈 것이다. 반대로 시중의 채권수익률이 9%라면 어느 누구도 7% 이자를 받는 채권을 사려고 하지 않을 것이고 채권의 수요가 줄어들어 채권가격이 하락할 것이다.

예를 들어, 〈표 12-1〉에서 2년 만기 채권의 경우, 채권수익률이 10%일 때 채권의 가격은 10,000원(액면발행)이지만 채권수익률이 8%로 하락하면 채권가격이 원으로 1,036원으로 상승(할증발행)하고 반대로 채권수익률이 12%로 상승하면 채권가격이 966원으로 하락(할인발행)한다.

② 채권수익률 하락으로 인한 채권가격 상승폭은 동일한 크기의 채권수익률 상승으로 인한 채권가격 하락폭보다 크다.

예를 들어, 〈표 12-1〉에서 만기가 2년인 채권의 채권수익률이 10%에서 8%로 하락할 때 채권가격이 36원 올랐는데, 반대로 채권수익률이 10%에서 12%로 상승할 때 채권가격은 34원으로 하락하여 채권가격 상승폭이 채권가격 하락폭보다 크다.

③ 만기가 길수록 일정한 채권수익률 변동에 대해 가격변동률은 커지지만 그 변동률의 증감은 체감한다.

예를 들어, 〈표 12-1〉에서 채권수익률이 10%에서 8%로 하락할 경우, 2년 만기 채권은 3.44%상승하고 4년 만기 채권은 6.21% 상승하여 만기가 길수록 일정한 채권수익률 변동에 대해 가격변동률이 커졌다. 하지만 만기 2년 채권에서 만기 4년 채권으로 갈수록 채권가격상승률의 증가분은 $1.46\%(=4.90\%-3.44\%)$에서 $1.31\%(=6.21\%-4.90\%)$로 점차 체감함을 알 수 있다.

표 12-1 채권수익률과 만기에 따른 채권가격				
		채권수익률 및 채권가격		
		8%	10%	12%
만기	2년	1,036원(3.44%)	1,000원	966원(−3.38%)
	3년	1,052원(4.90%)	1,000원	952원(−4.80%)
	4년	1,066원(6.21%)	1,000원	939원(−6.07%)

주: 액면가액 1,000원, 액면이자율 10%이며, ( )는 변동률임.

④ 액면이자율이 낮은 채권이 액면이자율이 높은 채권보다 채권수익률 변동에 따른 채권가격변동률이 크다.

예를 들어, 〈표 12-2〉에서 채권수익률이 10%에서 8%로 하락할 경우 액면이자율이 3%인 경우에는 채권가격이 3.55% 상승하지만 액면이자율이 7%일 경우에는 채권가격이 3.49% 상승하여 액면이자율이 낮을수록 채권가격의 상승률이 높다는 것을 알 수 있다.

⑤ 채권수익률 변화에 대한 채권가격의 민감도는 채권수익률과 역의 관계에 있다. 즉, 채권가격민감도는 채권수익률이 높을수록 낮아진다는 것을 의미한다. 높은 채권수익률의 경우 채권가치의 많은 부분이 조기지급액에 의한 것이기 때문에 유효만기가 짧아지므로 채권수익률 변화에 대한 채권가격의 민감도가 낮아진다고 볼 수 있다.

예를 들어, 〈표 12-2〉 액면이자율 3%의 경우 채권수익률이 8%에서 10%로 증가하면 채권가격변화율이 −3.55%이 되고, 10%에서 12%로 증가하면 채권가격변화율이 −3.49%가 된다. 따라서 채권수익률이 높을수록 채권가격민감도는 낮아짐을 알 수 있다.

표 12-2 액면이자율에 따른 채권수익률 민감도

액면이자율	채권수익률 및 채권가격		
	8%	10%	12%
3%	911원(3.55%)	879원	848원(−3.49%)
7%	982원(3.49%)	948원	915원(−3.42%)

액면가액 1,000원, 만기 2년인 채권. ( )내는 변동률임.

채권가격과 채권수익률 간의 다섯 가지 속성 중 앞의 네 가지는 Malkiel(1962)[3]이 제시하여 Malkiel의 채권가격정리(Malkiel's bond pricing relationship)라 부르고 다섯 번째 속성은 Homer and Liebowitz(1972)[4]에 의해서 제시되었다. 채권의 다섯 가지 속성을 이용하여 투자자는 앞으로 이자율 하락이 예상된다면 자본이득을 극대화하기 위

---

3 Burton G. Malkiel, "Expectations, Bond Prices, and the Term Structure of Interest Rates," *Quarterly Journal of Economics* 76, May 1962.

4 Sidney Homer and Martin L. Liebowitz, *Inside the Yield Book: New Tools for Bond Market Strategy*, Englewood Cliffs, N. J.: Prentice Hall, 1972.

해 가격변동이 큰 채권, 즉 장기, 저액면이자율, 저만기수익률 채권에 투자해야 할 것이다.

▶ 02 기간구조

1. 수익률곡선과 선도이자율

(1) 채권수익률의 기간구조

어느 일정시점에서 채권의 여러 조건이 모두 동일하고 만기만 다른 채권들의 채권수익률과 만기와의 관계를 채권수익률의 기간구조(term structure)라고 하고, 채권수익률과 만기와의 관계를 그림으로 나타낸 것을 수익률곡선(yield curve)이라고 한다. 수익률곡선은 다양한 형태를 가지고 있는데 대표적으로 상승형, 하강형, 수평형, 그리고 낙타형이 있다.

상승형 수익률곡선은 가장 보편적인 수익률곡선으로서, 장기 채권수익률이 단기 채권수익률보다 높은 수익률 곡선이다. 보통 경기상승이 시작되는 때, 즉 안정적인 경기회복기에는 수익률 곡선이 우상향하는 경향을 보인다.

하강형 수익률곡선은 단기 채권수익률이 장기 채권수익률보다 높은 수익률 곡선이다. 보통 경기상승의 정점 부근, 즉 경기상승이 끝나가는 때에 수익률 곡선이 우하향하는 경향을 보인다.

수평형 수익률곡선은 앞으로 이자율수준이 현재의 수준에 비해 큰 변동이 없을 것이라는 기대가 작용할 때 나타나며, 경기과도기나 경기순환의 중간단계에서 수평에 가까운 수익률곡선 형태를 보인다.

낙타형은 단기 채권수익률이 급격히 상승하고 장기 채권수익률이 서서히 하강하는 곡선의 형태로 금융긴축시기에 시중의 단기자금사정이 어려울 때 관찰된다.

그림 12-3 수익률곡선의 형태

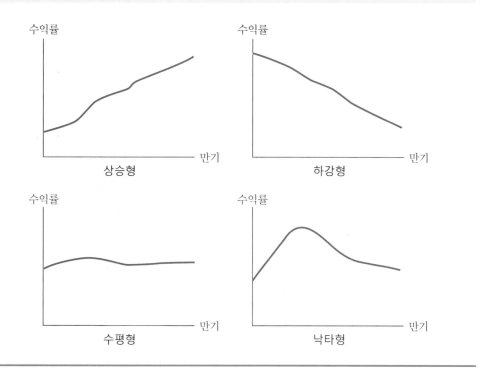

(2) 선도이자율

만기 5년 장기채에 투자하는 전략과 만기 1년 단기채에 투자하여 1년마다 연장하는 전략을 생각해보자. 식(12-4)에서 좌변은 5년 만기 무이표채에 현물이자율 $r_{0,5}$로 5년간 투자하는 전략이고, 우변은 1년 만기 무이표채에 현물이자율 $r_{0,1}$로 1년간 투자하고 1년 뒤에 투자수입금을 다시 $r_{1,2}$로 1년간 재투자하고, 다시 1년 뒤에 $r_{2,3}$, 그 다음 해에 $r_{3,4}$, 마지막 해에 $r_{4,5}$로 1년간 재투자하는 전략이다.

$$(1+r_{0,5})^5 = (1+r_{0,1})(1+r_{1,2})(1+r_{2,3})(1+r_{3,4})(1+r_{4,5}) \tag{12-4}$$

현재 5년 만기와 1년 만기 채권은 시장에 존재하며 이들에 대한 만기수익률도 이미 정해져 있으므로, $r_{0,5}$와 $r_{0,1}$은 현물이자율이 된다. 하지만 1년 후, 2년 후, 3년 후, 4년 후의 1년 만기 이자율은 현재 모르는 상황이다. 식(12-4)와 같이 장기채 투자전략과 단기채 롤오버전략의 투자수익을 같게 만드는 미래의 일정시점부터 더 먼 미래시점까지의 일정기간동안의 미래이자율인 $r_{1,2}$, $r_{2,3}$, $r_{3,4}$, $r_{4,5}$를 선도이자율이라고 정의한다. 식(12-4)를 n기간으로 확장하면 아래와 같다.

$$(1 + r_{0,n})^n = (1 + r_{0,1})(1 + r_{1,2}) \cdots (1 + r_{n-1,n}) \tag{12-5}$$

만일 n년 장기채에 투자하는 전략과 $n-1$년 장기채에 투자하고 1년간 롤오버시키는 전략을 고려하면 식(12-6)이 되며, $r_{0,n}$ 과 $r_{0,n-1}$ 은 현물이자율, $r_{n-1,n}$ 은 선도이자율을 나타낸다.

$$(1 + r_{0,n})^n = (1 + r_{0,n-1})^{n-1}(1 + r_{n-1,n}) \tag{12-6}$$

식(12-6)에서 마지막 기간의 선도이자율을 식(12-7)로 정리할 수 있다.

$$r_{n-1,n} = \frac{(1 + r_{0,n})^n}{(1 + r_{0,n-1})^{n-1}} - 1 \tag{12-7}$$

2. 기간구조이론

(1) 기대이론

기대이론은 기간구조가 미래에 이자율이 어떻게 될지에 대한 투자자들의 기대(expectations)를 반영한다고 주장한다. 예를 들어, 1년 만기 이자율이 6%, 2년 만기 이자율이 8%이면 수익률곡선이 우상향인데 그 원인이 무엇일까?

식(12-5)로부터 $(1.08)^2 = (1.06)(1 + r_{1,2})$에서 $r_{1,2} = 10.04\%$가 되어 1년 만기 이자율이 6%에서 1년 후에 10.4%로 오를 것으로 투자자들이 기대하기 때문이다. 반대로 1년 만기 이자율이 8%, 2년 만기 이자율이 6%인 우하향 수익률곡선은 $(1.06)^2 = (1.08)(1 + r_{1,2})$에서 $r_{1,2} = 4.04\%$가 되어 1년 만기 이자율이 8%에서 4.04%로 내릴 것으로 기대하기 때문이다.

이와 같이 기대이론에 의하면 선도이자율 $r_{1,2}$은 미래 현물이자율의 기댓값 $E(r_{1,2})$과 같다. 따라서 시장에서 다음기간의 미래 현물이자율의 기대치 $E(r_{1,2})$가 올해의 현물이자율 $r_{0,1}$보다 높(낮)으면, 이 두 수익률의 평균수익률(2년 만기수익률)인 $r_{0,2}$는 $r_{0,1}$보다 높(낮)아져 수익률곡선은 우상(하)향한다. 이처럼 수익률곡선은 미래 현물이자율에 대한 시장의 예상을 반영한다. 이를 n기간에 대해 표현하면 식(12-8)로 나타낼 수 있다.

$$(1 + r_{0,n})^n = (1 + r_{0,1})(1 + E(r_{1,2})) \cdots (1 + E(r_{n-1,n})) \tag{12-8}$$

식(12-8)은 장기채권의 만기수익률이 투자자의 미래 기간별 단기수익률에 대한 기대에 의해서 결정됨을 의미하고, 또한 단기채권수익률들의 기하평균과 같음을 의미한다.

예제 | 기대이론

액면가액 10,000원인 다음의 무이표채(순수할인채권)들의 만기수익률을 구하고, 선도이자율을 구하시오.

만기	무이표채가격	만기수익률	선도이자율
1	9,615.38원	_____	
2	9,157.30원	_____	_____

• 답 •

만기수익률은 엑셀의 RATE함수 또는 재무용계산기를 이용하여 구할 수 있다.

1년 만기 채권: (PV = −9,615.38, PMT = 0, N = 1, FV = 10,000, COMP i = ?)
　　　　　→ 만기수익률 = 4.00%

2년 만기 채권: (PV = −9,157.30, PMT = 0, N = 2, FV = 10,000, COMP i = ?)
　　　　　→ 만기수익률 4.50%

2년 만기 채권의 선도이자율: $(1 + 0.045)^2 = (1 + 0.040)^1 (1 + r_{1,2})$ → $r_{1,2} = 5\%$

(2) 유동성선호이론

만기가 길수록 유동성이 낮아지고 채권가격변동률이 커져서 장기채가 단기채에 비해 더 위험하므로 투자자들은 단기채를 선호한다. 유동성선호이론은 투자자들이 장기채를 사게 하려면 고위험에 대한 유동성프리미엄을 지급해야 한다고 주장한다. 따라서 이 이론에서는 선도이자율 $r_{n-1,n}$이 미래의 기간별 기대수익률 $E(r_{n-1,n})$에 유동성프리미엄 L_n만큼 더 한 값이 되어야 한다고 보며, 이러한 관계를 식(12-9)로 나타낼 수 있다.

$$(1 + r_{0,n})^n = (1 + r_{0,1})(1 + E(r_{1,2}) + L_2) \cdots (1 + E(r_{n-1,n}) + L_n) \qquad (12\text{-}9)$$

예를 들어, 1년 만기 이자율이 6%, 2년 만기 이자율이 8%, 유동성프리미엄이 1%라면, 식(12-9)로부터 $(1.08)^2 = (1.06)(1 + E(r_{1,2}) + 0.01)$에서 $E(r_{1,2}) = 9.04\%$가 되어 선도이자율 10.04%는 미래이자율 기댓값 9.04%에 유동성프리미엄 1%가 더해진 값이다.

예제 | 유동성선호이론

1년 만기 무이표채의 만기수익률은 5%이고, 2년 만기 무이표채의 만기수익률은 6%이다. 액면가액 1,000원이고 연7%이자를 지급하는 2년 만기 채권을 발행할 것을 고려하고 있다.

(1) 채권가격과 만기수익률을 구하시오.

(2) 기대이론에 의하면 1년도 말의 채권가격은 얼마인가?

(3) 유동성프리미엄이 1%일 경우 유동성선호이론에 의하면 1년도 말의 채권가격은 얼마인가?

● 답 ●

(1) $P = \dfrac{70}{1.05} + \dfrac{1070}{(1.06)^2} = 1{,}018.96$

엑셀의 RATE함수(또는 (PV = −1,018.96, N = 2, PMT = 70, FV = 1,000, COMP i = ?)

→ 만기수익률 = 5.97%

(2) $(1+0.06)^2 = (1+0.05)(1+r_{1,2}) \ \rightarrow \ r_{1,2} = E(r_{1,2}) = 7.01\%$

$$P = \frac{1,070}{(1+0.0701)} = 999.91$$

(3) $(1+0.06)^2 = (1+0.05)(1+E(r_{1,2})+0.01) \ \rightarrow \ E(r_{1,2}) = 6.01\%$

$$P = \frac{1,070}{(1+0.0601)} = 1,009.34$$

(3) 시장분할이론

시장분할이론은 채권시장이 채권만기에 대한 선호도가 서로 다른 분할된 시장으로 구성되며, 채권수익률은 이들 각 시장에서의 수요공급의 원리에 의해서 결정된다고 주장한다. 단기부채가 많은 금융기관(시중은행)은 단기채에 주로 투자하고 장기부채가 많은 금융기관(연기금, 보험회사 등)은 장기채에 주로 투자하며, 이와 같이 분할된 각 시장의 수급사정에 따라 채권수익률이 결정된다는 주장이다.

예제 | 기간구조이론

액면가액 1,000원, 액면이자율 9%, 만기 3년인 채권이 있다. 1년 만기 현물이자율 $r_{0,1}$은 3%, 1년 후 1년 만기 선도이자율 $r_{1,2}$는 4%, 2년 후 1년 만기 선도이자율 $r_{2,3}$은 5%이다.

(1) 채권가격과 만기수익률을 구하시오.

(2) 기대이론이 성립한다는 가정하에서 실현복리수익률을 구하시오.

(3) 1년 후 수익률곡선이 4%로 수평형이 된다면 향후 1년간의 채권 보유기간수익률은 얼마인가?

● 답 ●

(1) $P_0 = \dfrac{90}{(1+0.03)} + \dfrac{90}{(1+0.03)(1+0.04)} + \dfrac{1,090}{(1+0.03)(1+0.04)(1+0.05)}$

$\quad = 1,140.49$원

만기수익률: $1,140.49 = \dfrac{90}{(1+r)^1} + \dfrac{90}{(1+r)^2} + \dfrac{1,090}{(1+r)^3}$

$$\rightarrow \ (PV = -1,140.49, \ N = 3, \ PMT = 90, \ FV = 1,000, \ COMP \ i = ?)$$

$$\rightarrow \ 만기수익률 = 3.94\%$$

(2) $\ FV = 90(1.04)(1.05) + 90(1.05) + 1,090 = 1,282.78원$

$$1,140.49(1 + RCY)^3 = 1,282.78 \ \rightarrow \ RCY \ = \ 4.00\%$$

(3) $\ P_1 = \dfrac{90}{(1+0.04)^1} + \dfrac{1,090}{(1+0.04)^2} = 1,094.30원$

$$보유기간수익률 = \dfrac{(1,094.30 - 1,140.49 + 90)}{1,140.49} = 3.84\%$$

미국 국채수익률이 뭐길래

1861년 8월 발행된 미국 국채. 40달러짜리 쿠폰이 붙어있으며 이 중 일부는 이자청구용으로 제출한 것으로 보인다. 채권이란 돈을 빌리는 대신 주는 증서다. 돈을 빌리는 사람이 "당신에게 빚을 졌습니다(I owe you, IOU)"라고 증명해주는 것. 따라서 발행자는 채권 보유자에게 정해진 날짜에 정해진 금액을 상환해야 하며 이표채권(coupon bond)은 만기까지 정해진 기간마다 이자를 지급해야 한다. 컴퓨터가 보급되기 전까지는 대부분의 채권에 이표(coupon)가 붙어있어 이표를 떼어서 발행자에게 보내는 방법으로 이자를 청구했다.

미국 재무부가 단기 재정자금을 마련하기 위해 발행하는 미국국채는 만기에 따라 단기, 중기, 장기로 구분된다. 가장 만기가 짧은 국채는 1년 이하로 Treasury bills(T-Bills)라고 부른다. 2년물에서 10년물 사이의 국채는 Treasury notes(T-Notes), 10년물 이상은 Treasury bonds(T-Bonds)로 칭한다. 보통 장기물이라고 하면 10년에서 30년 만기의 국채를 말한다. 만기 1년 미만의 초단기 국채인 T-Bill은 1개월, 3개월, 6개월물로 발행된다. 국채인데다 만기까지 짧아 투자자들에게 가장 위험이 없는 투자자산으로 분류된다. T-Bill은 미국 재정적자를 메우거나 만기가 도래한 국채를 차환발행하는 용도로 사용된다. 보통 '제로 쿠폰'의 할인채로 발행된다. 즉, 이자를 주지 않는 대신 액면금액 보다 낮은 가격으로 발행하는 것이다. 매주 수요일 입찰을 받아 금요일에 발행된다. 최저 거래단위는 1만 달러다.

중기물인 T-Note는 2년, 5년, 10년만기로 구성되며 액면가는 1,000달러에서 100만달러까지 다양하다. 장기물인 T-Bond의 경우 30년물이 주를 이룬다. T-Note와 T-Bond는 이표

(coupon)가 있어 6개월마다 이자를 지급한다.

◇ 10년 만기 미국국채가 '벤치마크'

과거에는 장기금리를 예측할 때 30년 만기 국채수익률을 사용했으나 1990년부터 2000년대 초까지 발생규모가 상당히 줄었고 2001년 10월 31일 미국 재무부가 30년물 발행을 중단하자 10년물 국채가 그 자리를 대신하게 됐다. 그러나 연기금 펀드나 대규모 장기 기관투자자들로부터 장기국채 수요가 늘어나고 있고 단기채와 장기채 간 수익률 차이가 줄어들자 2016년 2월부터 다시 30년물 발행을 재개했다. 현재는 분기별로 발행되고 있다.

현재 30년 만기 국채를 발행하고 있는 나라는 일본과 유럽이며 프랑스나 영국은 50년 만기 국채까지 발행하고 있다. 이처럼 초장기 국채는 창세기에 나오는 인물인 'Methuselah'라는 별명으로 불리기도 한다.

보통 미국국채 가운데 10년물이 기준금리로 인용된다. 한국에서 주택담보금리를 양도성예금증서(CD)를 기준으로 가산금리를 붙이듯 미국 모기지 시장에서는 미국국채 10년물 수익률을 기준으로 금리를 정하는 것. 이 밖에 2년물도 연방준비제도이사회(FRB)의 통화정책에 민감한 만큼 종종 참고금리로 제시된다.

◇ 리스크와 비용·전망의 종합체 '수익률'

채권의 이자 지급이나 원금 상환은 모두 미래의 일정한 시점에서 이뤄지기 때문에 채권가격은 미래 현금흐름의 현재가치에 따라 결정된다. 이 현재가치의 계산은 시장상황에 달려 있다. 다시 말해 채권가격에는 실질적인 무위험수익률과 기대 인플레이션에 대한 보상, 신용 리스크, 유동성, 시간비용에 따른 보상뿐만 아니라 다른 자산에 투자했을 때의 기회비용까지 종합적으로 반영된다.

2차시장에서 유통되는 채권의 시세는 가격 혹은 수익률로 말한다. 수익률은 채권을 만기까지의 보유했을 때 그동안 받은 이자와 매수가격과의 차이에 따른 수익을 연율로 환산한 것이다. 가격은 수익률과 반대의 개념이다. 채권수익률이 올랐다면 가격은 떨어졌다는 의미. 따라서 채권수익률이 급등했다는 것은 채권 시장이 조정세를 보였다는 것을 말한다.

가격은 32분위로 표시된다. 예를 들어, 액면가 1000달러짜리 국채가격이 95:07이라고 표시돼 있으면 이는 952.19달러라는 의미. 7/32가 0.219975이므로 세 자릿수 미만은 버리고 0.219를 95 뒤에 붙여주는 것이다. 액면가의 95.219%는 952.19달러. 표시방법은 95-07, 95'07 등으로 달리할 수 있다.

◇ **수익률 곡선으로 경기예측한다**

일반적으로 채권가격과 주가는 반대방향으로 움직인다. 경기가 침체 기미를 보이면 안전자산 선호 현상이 짙어지면서 채권으로 자금이 몰린다. 이에 따라 채권가격은 오르고 반대로 고위험 자산으로 분류되는 주가는 하락하게 된다. 반대로 경기가 활황세를 보이면 리스크 선호도가 높아져 주가는 오르고 채권은 하락한다.

늘 역의 상관관계가 있다고 볼 수는 없지만 미국 국채 수익률의 움직임은 앞으로의 금리 전망과 경기에 대한 기대감이 종합적으로 반영되기 때문에 금융자산뿐만 아니라 경기 움직임을 예측하는 데 중요한 지표라고 볼 수 있다.

경기를 전망하는데 있어서 채권수익률 자체보다 더 중요한 것은 수익률곡선(yield curve)이다. 만기별 채권수익률을 연결한 곡선을 말하는 것이다. 보통 장기채가 보유기간이 긴 만큼 리스크도 크기 때문에 수익률도 높다. 따라서 수익률 곡선은 우상향하는 모습을 띤다.

그러나 단기채수익률이 장기채를 상회하면서 수익률곡선이 하향추세를 나타낸다면 이는 투자자들이 금리가 떨어질 것으로 전망하고 있다는 것을 의미한다. 이 같은 장단기 금리 역전현상은 보통 경기불황 때 나타난다. 따라서 수익률곡선이 역전되면 리스크를 회피하는 현상이 강해져 자금경색을 유발하게 된다.

[출처: 조선일보(www.chosun.com), 2017. 6. 22.]

핵심정리

1. 채권평가모형

$$P_0 = \frac{C}{(1+r)^1} + \frac{C}{(1+r)^2} + \cdots\cdots + \frac{C+F}{(1+r)^n}$$

2. 채권수익률

- 명목수익률(액면이자율, 쿠폰이자율, 표면이자율) = 이자지급액/액면가격

- 경상수익률(직접이율, 단순수익률, 직접수익률, 이자수익률) = 이자지급액/시장가격

- 만기수익률(유통수익률, 시장수익률, 내부수익률(IRR))
  - 지금 채권을 사서 만기까지 보유할 때 얻을 수 있는 기간당 평균수익률
  $$P_0 = \frac{C}{(1+r)^1} + \frac{C}{(1+r)^2} + \cdots\cdots + \frac{C+F}{(1+r)^n} \;\rightarrow\; r\,(만기수익률)$$

- 실현복리수익률
  - 이자를 지급받을 시점의 시장이자율로 이자지급액이 재투자된다는 가정하에 계산된 수익률

- 수의상환수익률
  - 수의상환일까지 채권을 보유하는 경우 발생하는 현금흐름의 현재가치와 채권의 가격을 일치시키는 수익률

- 수의상환청구수익률
  - 투자자가 채권의 상환을 요구할 것으로 기대되는 시점을 만기로 하고 수의상환청구가격을 원금으로 하여 계산된 수익률

3. 채권수익률과 채권가격

- 채권가격과 채권수익률은 역의 관계

- 채권수익률 하락으로 인한 채권가격 상승폭은 동일한 크기의 채권수익률 상승으로 인한 채권가격 하락폭보다 큼

- 만기가 길수록 일정한 채권수익률 변동에 대해 가격변동률은 커지지만 그 변동률의 증감은 체감

- 액면이자율이 낮은 채권이 액면이자율이 높은 채권보다 채권수익률 변동에 따른 채권가격변동률이 큼

- 채권수익률 변화에 대한 채권가격의 민감도는 채권수익률과 역의 관계

4. 기간구조

- 선도이자율

$$r_{n-1,n} = \frac{(1 + r_{0,n})^n}{(1 + r_{0,n-1})^{n-1}} - 1$$

- 기대이론
  - 기간구조가 미래에 이자율이 어떻게 될지에 대한 투자자들의 기대를 반영
  - 선도이자율 $r_{n-1,n}$ = 미래 현물이자율의 기댓값 $E(r_{n-1,n})$
  - 장기채의 만기수익률 = 단기채권수익률들의 기하평균
  - $(1 + r_{0,n})^n = (1 + r_{0,1})(1 + E(r_{1,2})) \cdots (1 + E(r_{n-1,n}))$

- 유동성선호이론
  - $r_{n-1,n} = E(r_{n-1,n}) + L_n$
  - $(1 + r_{0,n})^n = (1 + r_{0,1})(1 + E(r_{1,2}) + L_2) \cdots (1 + E(r_{n-1,n}) + L_n)$

- 시장분할이론
  - 채권시장이 채권만기에 대한 선호도가 서로 다른 분할된 시장으로 구성되며, 채권수익률은 이들 각 시장에서의 수요공급의 원리에 의해서 결정됨

연습문제

문1. (CFA) 다음 중 이표채에 투자하는 것과 채권매입 시의 만기수익률과 같은 수익률을 제공하는 경우는? (　)

　① 채권의 액면가보다 높은 가격으로 수의상환되지 않을 경우
　② 채권의 존속기간 동안 모든 감채기금 지급금액이 신속하고 적절하게 지급되는 경우
　③ 재투자수익률이 채권의 만기수익률과 같고 채권을 만기까지 보유하는 경우
　④ 위의 모든 경우

문2. (CFA) 수의상환채권에 대한 설명으로 옳은 것은? (　)

　① 수의상환채권은 원금의 즉각적인 상환으로 인해 더 높은 수익이 발생하기 때문에 매력적이다.
　② 수의상환채권은 이자율이 높을 때 이자지급액의 절약이 더 크기 때문에 조기상환될 가능성이 크다.
　③ 수의상환채권은 수의상환 조항이 없는 일반채권에 비해 수익률이 더 높다.
　④ 위의 어느 경우도 아니다.

문3. (CFA) 채권이 할인발행 경우는? (　)

　① 액면이자율이 경상수익률보다 높고, 경상수익률이 만기수익률보다 높을 때
　② 액면이자율, 경상수익률, 만기수익률이 모두 같을 때
　③ 액면이자율이 경상수익률보다 낮고 경상수익률은 만기수익률보다 낮을 때
　④ 액면이자율이 경상수익률보다 낮고 경상수익률은 만기수익률보다 높을 때

문4. (CFA) 액면이자율 10%인 5년 만기 어느 채권의 현재 만기수익률이 8%이다. 이자율이 일정하게 유지될 경우 1년 후 이 채권의 가격은 어떻게 되는가? (　)

　① 더 높아진다.　　　　　　　② 더 낮아진다.
　③ 지금과 같다.　　　　　　　④ 액면가와 같아진다.

문5. 액면가액 1,000원인 순수할인채권이 다음과 같다.

채권	만기	가격
A	1	909.09
B	3	690.54

A채권과 B채권의 만기수익률은 각각 얼마인가? (　)

① 10%, 13%　　　② 12%, 14%　　　③ 13%, 15%

④ 14%, 16%　　　⑤ 15%, 17%

문6. (CFA) 이자율의 기간구조에 관한 설명 중 옳은 것은? (　)

① 기대이론에 의하면 예상되는 미래 단기이자율이 현재 단기이자율을 초과하는 경우 수익률곡선이 수평일 것임을 의미한다.

② 기대이론에서 장기이자율은 예상되는 단기이자율과 동일하다.

③ 유동성선호이론에 의하면 모든 조건이 같을 때 만기가 길수록 낮은 수익률을 나타낸다.

④ 유동성선호이론에 의하면 대출자는 수익률곡선의 단기구간에서 증권매입을 선호한다.

문7. (CFA) 액면가액 1,000원인 채권이 있다. 다음 자료를 이용하여 5년 만기 현물이자율 및 선도이자율은 각각 얼마가 되는가? (　)

만기	액면이자율(%)	현물이자율(%)	선도이자율(%)
1	5.00	5.00	5.00
2	5.20	5.21	5.42
3	6.00	6.05	7.75
4	7.00	7.16	10.56
5	7.00	?	?

① 7.13%, 7.01%　　　② 7.54%, 8.25%

③ 8.14%, 9.86%　　　④ 8.55%, 11.26%

문8. (2001 CPA) 액면금액 10,000원, 3년 만기, 표면이자율 연 16%(이자는 매분기말 지급)로 발행된 회사채가 있다. 만기일까지의 잔존기간이 5개월 남은 현 시점에서 이 회사채의 만기수익률이 연 12%이면, 이 채권의 이론가격은? (가장 근사치) (　)

① 9,890원　　　② 10,000원　　　③ 10,110원

④ 10,290원　　　⑤ 10,390원

문9. (1999 CPA) 시장이자율이 하락할 것으로 예상하는 투자자가 앞으로 1년 동안의 수익률을 극대화하기 위해 취할 수 있는 채권투자전략 중 가장 유리한 것은? (　　)

① 상대적으로 액면이자율이 낮은 만기 1년 이상의 장기채를 매각한다.
② 상대적으로 액면이자율이 높은 만기 1년 미만의 단기채를 매입한다.
③ 상대적으로 액면이자율이 낮은 만기 1년 미만의 단기채를 매입한다.
④ 상대적으로 액면이자율이 높은 만기 1년 이상의 장기채를 매입한다.
⑤ 상대적으로 액면이자율이 낮은 만기 1년 이상의 장기채를 매입한다.

문10. (CFA 수정, 2010 CPA) 정부가 발행한 채권의 만기에 따른 현물이자율(spot rate)과 선도이자율(forward rate)이 다음과 같을 때 3차년도와 4차년도 2년간의 내재선도이자율(implied forward rate)을 연단위로 계산하면 얼마인가? (단, 가장 근사치) (　　)

만기(년)	현물이자율	선도이자율
1	5.0%	−
2	6.5%	?
3	?	10.0%
4	8.5%	?

① 10.2%　　　　② 10.5%　　　　③ 10.8%
④ 11.1%　　　　⑤ 11.3%

문11. (2009 CPA 수정) 만기가 t년(단, $t = 1, 2$)인 무위험 무이표채의 수익률(yield)을 뜻하는 현물이자율(spot rate) $R(t)$가 시장에서 $R(t) = 0.07 + k \times t$로 결정되었다고 가정하자. 예로서 $k = 0.02$이면 $R(1) = 0.09$, $R(2) = 0.11$이다. 단, k값의 범위는 $-0.02 \leq k \leq 0.02$이며 또한 $k \neq 0$이다. 다음 주장 중 맞는 것을 모두 골라라. 현재로부터 1년 후 시점과 2년 후 시점을 연결하는 선도이자율(implied forward rate) $r_{1,2}$는 1년을 단위기간으로 하는 이산복리법에 의하여 결정된다. 시장에는 만기 1년과 만기 2년의 무위험 무이표채만이 존재하며, 이 채권들을 각기 하나씩 포함하는 포트폴리오를 C라고 명명한다. (　　)

a. 선도이자율 $r_{1,2}$가 R(1)과 R(2) 사이의 값을 가질 수 있다.
b. 선도이자율 $r_{1,2}$가 항상 R(1)과 R(2)의 최대값보다 크다.
c. 포트폴리오 C의 만기수익률은 선도이자율 $r_{1,2}$보다 작을 수 있다.
d. 포트폴리오 C의 만기수익률은 선도이자율 $r_{1,2}$보다 클 수 있다.

① a   ② a, c   ③ a, c, d

④ b, c, d   ⑤ c, d

문12. (2012 CPA) 이자율 기간구조이론에 관한 설명으로 가장 적절하지 않은 것은? (　)

① 기대가설에 따르면 미래 이자율이 오를 것으로 예상하면 수익률곡선은 우상향한다.

② 유동성선호가설에 따르면 투자자들이 위험회피형이라고 할 때, 선도이자율은 미래 기대현물이자율(expected spot rate)보다 높다. 따라서 미래 기대현물이자율이 항상 일정한 값을 갖는다고 해도 유동성 프리미엄이 점차 상승한다면 수익률곡선은 우상향한다.

③ 기대가설에 따르면 2년 만기 현물이자율이 1년 만기 현물이자율보다 높으면 현재로부터 1년 후의 선도이자율은 1년 만기 현물이자율보다 높아야만 한다.

④ 기대가설에 따라 계산한 선도이자율은 미래 기대현물이자율과 같지 않다.

⑤ 실질이자율과 이자율위험프리미엄이 일정하다고 가정할 때 투자자들이 미래의 인플레이션율이 더 높아질 것이라고 믿는다면 수익률곡선은 우상향한다.

문13. (2019 CPA) 다음 세 가지 계산결과를 큰 순서대로 가장 적절하게 나열한 것은? (　)

> a. 1년 만기 현물이자율이 8%이고 2년 만기 현물이자율이 10.5%일 때 1년 후부터 2년 후까지의 선도이자율($r_{1,2}$)
>
> b. 연간 실질이자율이 10%이고 연간 인플레이션율이 2%일 때 연간 명목이자율
>
> c. 연간 표시이자율(APR)이 12%이고 매 분기 이자를 지급하는 경우(분기복리) 연간 실효이자율(EAR)

① a＞b＞c   ② a＞c＞b   ③ b＞a＞c

④ c＞a＞b   ⑤ c＞b＞a

문14. (2019 CPA) 이자율기간구조와 관련한 설명으로 가장 적절한 것은? (　)

① 만기와 현물이자율 간의 관계를 그래프로 나타낸 수익률 곡선(yield curve)은 항상 우상향의 형태로 나타난다.

② 불편기대(unbiased expectation)이론에 의하면 투자자는 위험중립형이며 기대 단기이자율(또는 미래 기대 현물이자율)은 선도이자율과 동일하다.

③ 유동성프리미엄(liquidity premium)이론에 의하면 투자자는 위험회피형이며 선도

이자율은 기대 단기이자율에서 유동성프리미엄을 차감한 값과 동일하다.

④ 시장분할(market segmentation)이론에 의하면 투자자는 선호하는 특정한 만기의 영역이 존재하나, 만일 다른 만기의 채권들에 충분한 프리미엄이 존재한다면 자신들이 선호하는 영역을 벗어난 만기를 가진 채권에 언제라도 투자할 수 있다.

⑤ 선호영역(preferred habitat)이론에 의하면 투자자는 선호하는 특정한 만기의 영역이 존재하고, 설령 다른 만기의 채권들에 충분한 프리미엄이 존재한다고 할지라도 자신들이 선호하는 영역을 벗어난 만기를 가진 채권에 투자하지 않는다.

문15. (2020 CPA) 현재시점($t=0$)에서 1년 현물이자율($r_{0,1}$)은 6%, 2년 현물이자율($r_{0,2}$)은 9%, 1년 후 1년 동안의 유동성프리미엄(L_2)은 1.5%이다. 유동성선호이론이 성립할 경우, 1년 후 1년 동안의 기대이자율($E(r_{1,2})$)에 가장 가까운 것은? 소수점 아래 다섯째 자리에서 반올림하여 계산하시오. (   )

① 10.58%   ② 11.50%   ③ 12.08%

④ 13.58%   ⑤ 14.50%

문16. (2021 CPA) 금융시장에서 만기 및 액면금액이 동일한 채권 A와 채권 B가 존재하고 이 채권들의 액면이자율과 현재($t=0$) 시장가격이 다음 표에 제시되어 있다. 다음 표의 자료를 이용하여 $r_{0,4}$가 현재($t=0$) 시점에서 4년 만기 현물이자율일 때 $(1+r_{0,4})^4$은 얼마인가? 액면이자는 연 1회 지급된다. (   )

구분	채권 A	채권 B
만기	4년	4년
액면금액	10,000원	10,000원
액면이자율	10%	20%
현재 시장가격	8,000원	11,000원

① 1.5   ② 1.75   ③ 2.0

④ 2.25   ⑤ 2.5

문17. (2021 CPA) 다음 표는 채권 A, B, C의 액면이자율을 나타낸다. 현재($t=0$) 모든 채권의 만기수익률은 10%이며, 1년 후($t=1$)에도 유지된다고 가정한다. 채권들의 액면금액과 잔존만기(2년 이상)가 동일하며, 액면이자는 연 1회 지급된다. 다음 설명 중 가장 적절하지 않은 것은? (   )

단, t시점 경상수익률$= \dfrac{\text{연간 액면이자}}{t\text{시점 채권가격}}$

채권	액면이자율
A	9%
B	10%
C	11%

① 채권 A의 현재 가격은 채권 B의 현재 가격보다 작다.
② 채권 A의 현재 경상수익률은 채권 B의 현재 경상수익률보다 높다.
③ 채권 A의 1년 후 경상수익률은 현재 경상수익률에 비해 낮다.
④ 채권 C의 1년 후 경상수익률은 현재 경상수익률에 비해 높다.
⑤ 채권 C의 1년 후 듀레이션은 현재 채권 C의 듀레이션에 비해 작다.

연습문제 해답

문1. ③

문2. ③

[답]

채권발행자는 이자율이 낮아지면 채권을 수의상환하기 때문에 수의상환조항은 채권보유자에게 불리한 조항이다. 따라서 채권투자자는 일반채권보다 수익률이 더 높아야 수의상환채권에 투자할 것이다.

문3. ③

문4. ②

문5. ①

[답]

A채권: $\dfrac{1,000}{(1+r)^2} = 909.09 \;\rightarrow\; r = 10\%$

B채권: $\dfrac{1,000}{(1+r)^3} = 693.54 \;\rightarrow\; r = 13\%$

문6. ④

문7. ①

[답]

5년 현물이자율

$$1,000 = \frac{70}{(1+r_{0,1})^1} + \frac{70}{(1+r_{0,2})^2} + \frac{70}{(1+r_{0,3})^3} + \frac{70}{(1+r_{0,4})^4} + \frac{1,070}{(1+r_{0,5})^5}$$

$$\rightarrow\; 1,000 = \frac{70}{(1+0.05)^1} + \frac{70}{(1+0.0521)^2} + \frac{70}{(1+0.0605)^3} + \frac{70}{(1+0.0716)^4} + \frac{1,070}{(1+r_{0,5})^5}$$

$$\rightarrow\; r_{0,5} = 7.13\%$$

5년 선도이자율: $\dfrac{(1+0.0713)^5}{(1+0.0716)^4} - 1 = 7.01\%$

문8. ④

[답]

$$P = \dfrac{400}{\left(1+\dfrac{0.12}{12}\right)^2} + \dfrac{10,400}{\left(1+\dfrac{0.12}{12}\right)^5}$$

문9. ⑤

[답]

앞으로 이자율 하락이 예상되면 장기, 저액면이자율, 저만기수익률 채권을 매입하면 더 큰 자본이득을 가질 수 있다.

문10. ②

[답]

$(1+0.085)^4 = (1+0.065)^2(1+r_{2,4})^2 \to r_{2,4} = 10.5\%$

문11. ⑤

[답]

k	−0.02일 때	−0.01일 때	0.01일 때	0.02일 때
$r_{0,1}$(현물이자율)	0.05	0.06	0.08	0.09
$r_{0,2}$(현물이자율)	0.03	0.05	0.09	0.11
$r_{1,2}$(선도이자율)	$\dfrac{(1+0.03)^2}{(1+0.05)^1}-1$ $=0.01$	$\dfrac{(1+0.05)^2}{(1+0.06)^1}-1$ $=0.04$	$\dfrac{(1+0.09)^2}{(1+0.08)^1}-1$ $=0.10$	$\dfrac{(1+0.11)^2}{(1+0.09)^1}-1$ $=0.13$

따라서, 선도이자율 $r_{1,2}$가 R(1)과 R(2) 사이의 값을 가질 수 없다. 또한 선도이자율 $r_{1,2}$가 R(1)과 R(2)의 최대값보다 클 수도 있고 작을 수도 있다.

한편, 포트폴리오 C는 만기 1년과 만기 2년의 무위험 무이표채 중 하나만을 포함하는 포트폴리오이므로 $(1+r_{0,2})^2 = (1+r_{0,1})(1+r_{1,2})$에서 만기수익률 $r_{0,2}$는 $r_{1,2}$보다 클 수도 있고 작을 수도 있다.

문12. ④

[답]

④ 기대이론에 따라 계산한 선도이자율은 미래 기대현물이자율과 같다.

⑤ 수익률곡선은 명목이자율이다. 피셔효과에 의해 명목이자율은 실질이자율과 인플레이션(물가상승률)의 합이므로 인플레이션(물가상승률)이 높아진다면 명목이자율이 높아져 수익률곡선이 우상향하게 된다.

문13. ②

   [답]

    a. $(1+r_{0,2})^2 = (1+r_{0,1})(1+r_{1,2})$ → $(1+0.105)^2 = (1+0.08)(1+r_{1,2})$

       → $r_{1,2} = 0.1306$

    b. $(1+명목이자율) = (1+실질이자율)(1+물가상승률)$

       → $(1+명목이자율) = (1+0.1)(1+0.02)$ → 명목이자율 $= 0.122$

    c. $r_e = \left(1 + \dfrac{r}{m}\right)^m - 1 = \left(1 + \dfrac{0.12}{4}\right)^4 - 1 = 0.1255$

문14. ②

   [답]

    ⑤ 선호영역이론은 투자자들이 특정만기를 선호하지만, 충분한 대가(위험프리미엄)가 존재한 다면 만기가 다른 채권에도 투자할 수 있다는 이론이다.

문15. ①

   [답]

    $(1+r_{0,2})^2 = (1+r_{0,1})(1+E(r_{1,2})+L_2)$

    → $(1+0.09)^2 = (1+0.06)(1+E(r_{1,2})+0.015)$ → $E(r_{1,2}) = 0.1058$

문16. ③

   [답]

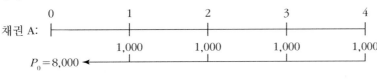

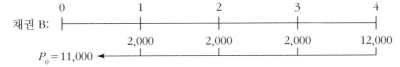

    ∴ $\dfrac{10,000}{(1+r_{0,4})^4} = 5,000$ → $(1+r_{0,4})^4 = 2$

문17. ②

    [답]

    채권 A, 채권 B, 채권 C의 액면가액을 1,000원이라고 가정하여 비교해보면,

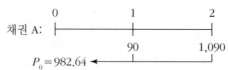

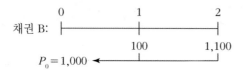

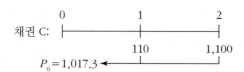

$\therefore$ 채권 A의 경상수익률 $= \dfrac{90}{982.64} = 9.16\%$,   채권 B의 경상수익률 $= \dfrac{100}{1,000} = 10\%$

13

채권투자전략

학습개요

본 장에서는 채권투자의 위험측정치인 듀레이션과 볼록성의 개념과 속성에 대해서 살펴보고, 시장이 효율적이라는 전제하에 채권가격이 공정하게 형성되어 있다고 받아들이고 단지 채권투자위험을 제거하거나 극소화하는 소극적 채권투자전략들과 우월한 정보나 예측을 통해 시장의 평균수익보다 높은 초과수익을 얻을 수 있다는 전제하에 예측을 통해 위험을 감수하더라도 투자수익을 극대화하고자 하는 적극적 채권투자전략들에 대해서 다룬다.

학습목표

- 듀레이션
- 매입보유전략
- 인덱싱전략
- 현금흐름일치전략
- 채권교체전략

- 볼록성
- 사다리형 만기전략과 바벨형 만기전략
- 면역전략
- 수익률곡선타기전략
- 상황별 면역전략

1. 듀레이션

(1) 듀레이션의 개념

채권가격변동에는 만기, 액면이자율, 채권수익률 등이 복합적으로 영향을 미친다. 따라서 다른 조건이 일정하다는 가정 하에 어떤 한 요인이 채권가격에 미치는 영향만을 분석하는 Malkiel의 채권가격정리를 실제 채권투자분석에 적용하는 것은 한계가 있다. 예를 들어, Malkiel의 채권가격정리를 적용하여 액면이자율이 낮은 단기채권과 액면이자율이 높은 장기채권 중 어느 것의 변동성이 더 큰가를 판단하기가 쉽지 않다.

이에 Macaulay(1938)[1]는 만기, 액면이자율, 채권수익률을 동시에 고려하여 채권가격변동을 포괄적으로 측정하는 척도로 듀레이션(duration)이라는 개념을 제시하였다. Macaulay가 제시한 듀레이션은 만기까지 채권수익률이 동일하다는 가정 하에 총현금흐름의 현재가치(채권가격)에서 현재가치로 환산된 채권의 각 시점의 현금흐름이 차지하는 비중을 가중치로 사용하여 이를 채권의 현금흐름이 발생하는 시점에 곱하여 산출한다.

예를 들어, 채권수익률 12%, 액면이자 100원, 만기 2년, 액면가액 1,000원인 채권이 있다고 하자. 이 채권의 투자원금이 회수되는 기간은 표면상 만기인 2년이지만, 만기까지의 기간 동안 원리금을 각 기간에 나눠서 받기 때문에 실제로 투자원금이 회수되는 기간은 2년보다 짧을 것이다. 그러므로 실제로 투자원금이 회수되는 기간은 1년과 2년을 평균하여 계산하면 되는데, 이때 각 기간에 회수되는 현금의 크기가 다르므로 각 기간에 가중치를 주어 구한다.

각 기간의 가중치는 총회수되는 금액의 현가 966.2원($=100/1.12+1,100/1.12^2$)에

---

1   Frederick Macaulay, *Some Theoretical Problems Suggested by the Movements of Interest Rates, Bond Yields, and Stock Prices in the United States since 1856*, New York: National Bureau of Economic Research, 1938.

서 1년도에 회수되는 현금의 현가 89.29원(=100/1.12)이 차지하는 비중과 2년도에 회수되는 현금의 현가 876.91원(=1,100/1.122)이 차지하는 비중이다. 따라서 투자원금이 회수되는데 소요되는 평균기간은 1년×(89.29원/966.2원)+2년×(876.91원/966.2원)=1.91년이 된다.

만기, 액면이자율, 채권수익률을 동시에 고려되어 식(13-1)로 표현되는 듀레이션은 채권에 투자된 원금이 회수되는데 소요되는 평균기간인 가중평균만기(weighted average maturity) 혹은 유효만기(effective maturity)라고 할 수 있다.

$$D = \sum_{t=1}^{T} t \left[\frac{\left(\frac{C_t}{(1+r)^t} \right)}{P} \right] = \sum_{t=1}^{T} t \left[\frac{\left(\frac{C_t}{(1+r)^t} \right)}{\sum_{t=1}^{T} \frac{C_t}{(1+r)^t}} \right] \qquad (13\text{-}1)$$

식(13-1)의 듀레이션은 1년에 한번 이자를 지급하는 경우를 가정하고 계산한다. 하지만 실제로 우리나라 국채는 6개월에 한 번씩 이자를 지급하고 회사채의 경우 3개월에 한 번씩 이자를 지급하여 이자지급단위가 1년 이하인 경우가 더 일반적이다. 연간 이자지급횟수가 k회일 경우에 이자지급기간을 1기간으로 하고 1기간 동안의 이자율을 r/k로 하여 기간 듀레이션을 구한 다음, 이 기간 듀레이션을 k로 나누어 연 단위 듀레이션 D_r로 환산[2]할 수 있다.

$$D_r = \frac{D}{k} \qquad (13\text{-}2)$$

---

[2] $D_r = \dfrac{\dfrac{t}{k} \displaystyle\sum_{t=1}^{T \cdot k} \dfrac{C_t}{\left(1+\dfrac{r}{k}\right)^t}}{P} = \dfrac{t}{k} \times \dfrac{\displaystyle\sum_{t=1}^{T \cdot k} \dfrac{C_t}{\left(1+\dfrac{r}{k}\right)^t}}{P} = \dfrac{t \left[\displaystyle\sum_{t=1}^{T \cdot k} \dfrac{C_t}{\left(1+\dfrac{r}{k}\right)^t} \middle/ P \right]}{k} = \dfrac{D}{k}$

액면가액 10,000원, 액면이자율 연 10%, 이자후급, 만기 2년, 채권수익률이 연 12% 인 채권이 있다. 이자를 1년에 한번 지급할 경우의 듀레이션과 6개월 단위 듀레이션을 구하고, 6개월 단위 듀레이션을 연 단위 듀레이션으로 구하시오.

• 답 •

(1) 1년에 한 번 이자 지급할 경우:

$$P = \frac{1,000}{(1+0.12)^1} + \frac{11,000}{(1+0.12)^2} = 9,661.99$$

$$D = \frac{1 \times \dfrac{1,000}{(1+0.12)^1} + 2 \times \dfrac{11,000}{(1+0.12)^2}}{9,661.99} = 1.91$$

(2) 1년에 두 번 이자 지급할 경우:

$$P = \frac{500}{(1+0.06)^1} + \frac{500}{(1+0.06)^2} + \frac{500}{(1+0.06)^3} + \frac{10,500}{(1+0.06)^4} = 9,653.49$$

$$D = \frac{1 \times \dfrac{500}{(1+0.06)^1} + 2 \times \dfrac{500}{(1+0.06)^2} + 3 \times \dfrac{500}{(1+0.06)^3} + 4 \times \dfrac{10,500}{(1+0.06)^4}}{9,653.49}$$

$$= 3.72 \ (6개월 \ 단위 \ 듀레이션)$$

$$D_r = \frac{3.72}{2} = 1.86 \ (연 \ 단위 \ 듀레이션)$$

채권시장에서 투자자가 가장 관심을 두는 것은 채권수익률이 변동할 때 채권가격이 얼마나 변동하는가이다. 채권수익률의 변동에 따른 채권가격의 변동은 식(13-3)과 같이 측정할 수 있다.[3]

$$\frac{채권가격 \ 변동률}{채권수익률 \ 변동률} = \frac{\dfrac{dP}{P}}{\dfrac{d(1+r)}{1+r}} = \frac{dP}{d(1+r)} \times \frac{1+r}{P} \tag{13-3}$$

---

[3] 채권가격변동률/채권수익률변동률$= \dfrac{dP/P}{dr/r}$ 로 정의할 경우, $\dfrac{dP}{dr} \times \dfrac{r}{P} = -D\left(\dfrac{r}{1+r}\right)$ 로 계산된다.

식(13-3)에서 채권가격 $P = \sum_{t=0}^{n} [C_t/(1+r)^t]$이므로 채권가격을 채권수익률로 미분한 후, $(1+r)/P$를 양변에 곱하여 정리하면 듀레이션이 된다.[4] 따라서 식(13-4)는 듀레이션이 채권의 위험(채권수익률변동에 따른 채권가격변동)측정치로 사용할 수 있음을 의미한다.

$$\frac{dP}{d(1+r)} \times \frac{1+r}{P} = -D \tag{13-4}$$

식(13-4)를 정리하면 식(13-5)의 채권가격변화량(dP)으로 나타낼 수 있다. 투자자들은 식(13-5)에 의하여 채권투자전략을 수립할 수 있다. 채권수익률이 하락(음수)할 것으로 예상되면, 듀레이션(양수)을 극대화하여, 자본이득을 극대화(dP가 양수)할 수 있다. 따라서 채권수익률이 하락이 예상되면 자본이득을 극대화하기 위해 가격변동이 큰 채권인 장기, 저액면이자율, 저만기수익률 채권을 찾는 대신 듀레이션이 큰 채권을 찾아 투자하면 된다.

$$dP = -D \left[\frac{d(1+r)}{1+r} \right] P \tag{13-5}$$

실무자들은 식(13-5)를 약간 변형하여 $D/(1+r)$을 수정듀레이션(modified duration) D_M, $d(1+r) = dr$로 정의한 식(13-6)을 사용한다.

$$dP = -\left(\frac{D}{1+r} \right)(dr)(P) = -D_M(dr)(P) \tag{13-6}$$

따라서 채권가격변동률(dP/P)은 수정듀레이션(D_M)에 채권수익률의 변동률(dr)을 곱한 값이 되기 때문에 식(13-6)에서 수정듀레이션을 안다면 채권수익률 1% 변동

---

4 $\dfrac{dP}{d(1+r)} = \sum_{t=0}^{n} (-t) \dfrac{C_t}{(1+r)^{t+1}}$

$\rightarrow \dfrac{dP}{d(1+r)} \times \dfrac{1+r}{P} = \sum_{t=0}^{n} (-t) \dfrac{C_t}{(1+r)^{t+1}} \times \dfrac{1+r}{P} = -\sum_{t=0}^{n} t \left[\dfrac{C_t}{(1+r)^t} \middle/ P \right] \times \dfrac{1+r}{1+r} = -D$

에 대한 채권가격변동률을 식(13-7)처럼 쉽게 알 수 있음을 보여준다. 예를 들어, 수정듀레이션이 2.5라면 수익률이 1% 변할 때 채권가격변동률이 0.025(=2.5×0.01)가 된다. 식(13-7)은 수정듀레이션이 채권수익률 1% 변동할 때의 채권가격변동률의 추정치임을 보여주는 것이다.

$$\frac{dP}{P} = -D_M \times 1\%$$

(13-7)

예제 | 듀레이션

듀레이션이 6년인 채권포트폴리오의 가치가 850억원이며 1년 마다 이자가 지급된다. 현재 12%인 채권수익률이 1%인하될 것으로 예상될 경우 이 채권포트폴리오의 가치는 얼마가 될 것인가?

● 답 ●

$dP = -(6/1.12)(-0.01)(850) = 45.54.$ 따라서 채권수익률이 1% 인하됨에 따라 채권가격은 45.54억원 상승하므로 새로운 채권포트폴리오의 가치는 850억원+45.54억원=895.54억원이 된다.

한편, 듀레이션은 엑셀의〔DURATION(채권매입일(settlement), 만기일(maturity), 액면이자율(coupon), 시장이자율(yld), 연간이자지급횟수(frequency), 날짜 계산기준(basis))〕함수를 사용하여 간단히 구할 수 있다. 또한 수정듀레이션은 MDURATION함수로 계산하며 DURATION함수와 동일한 방식으로 구한다.

DURATION함수에서 연간이자지급횟수의 경우 1년에 한 번 지급하면 1, 반년에 한 번 지급하면 2, 분기마다 지급하면 4로 입력한다. 또한 날짜계산기준의 경우, 30/360은 0또는 생략, 실제/실제는 1, 실제/360은 2, 실제/365는 3, 유럽 30/360은 4를 입력한다.[5]

---

5 30/360과 유럽30/360은 1년을 360일, 1달을 30일로 계산한다. 단, 유럽30/360의 경우 2월말일이 만기일이면 2월은 30일로 계산하지 않는다.

액면가액 10,000원, 액면이자율 10%, 채권수익률 12%, 만기일 2023년 1월 1일인 채권을 2018년 1월 1일에 매입하였다. 이자는 연간 1회 후급한다. 이 채권의 듀레이션과 수정듀레이션을 엑셀을 이용하여 계산하시오. 단, 이자지급방법은 실제/실제로 한다.

● 답 ●

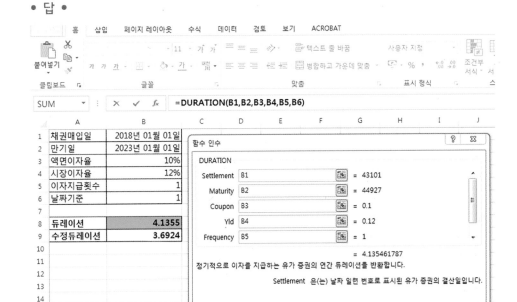

(2) 듀레이션의 속성

① 무이표채(순수할인채)의 경우 모든 현금흐름이 만기에 발생하기 때문에 만기와 듀레이션이 같다.

$$D = \sum_{t=1}^{M} t \left[\frac{\left(\dfrac{C_t}{(1+r)^t} \right)}{P} \right] = M \left[\frac{\left(\dfrac{C_M}{(1+r)^M} \right)}{P} \right] = M \left(\frac{P}{P} \right) = M \qquad (13\text{-}8)$$

② 영구채의 듀레이션은 $(1+r)/r$로 수익률에 따라 일정한 값을 갖는다.[6] 예를 들어, 10% 수익률에 매년 1,000원씩을 영구히 지급하는 영구채권의 듀레이션은 1.1/0.1 = 11년이다. 즉, 영구채권의 만기는 무한대인 반면, 듀레이션은 11년에 불과하다. 이는 영구채권의 존속기간 중 초기의 현재가치 가중 현금흐름이 압도적인 역할을 하기 때문이다.

③ 채권포트폴리오의 듀레이션은 채권포트폴리오를 구성하는 개별채권의 듀레이션을 가중평균하여 구한다. 가중치는 채권포트폴리오의 시장가치에서 개별채권의 시장가치가 차지하는 비중으로 한다.[7]

$$D_P = w_1 D_1 + w_2 D_2 + w_3 D_3 + \cdots + w_N D_N \qquad (13\text{-}9)$$

여기서, $w_i = i$채권의 시장가치/채권포트폴리오의 시장가치
$D_i = i$채권의 듀레이션
N = 채권포트폴리오를 구성하는 채권의 개수

예제 | 채권포트폴리오 듀레이션

액면이자율 연 10%, 만기 5년, 액면가액 10,000원인 A채권과 액면이자율 연 7%, 만기 10년, 액면가액 10,000원인 B채권과 액면이자율 연 15%, 만기 20년, 액면가액 10,000원인 C채권을 각각 10백만원, 11백만원, 4백만원어치 보유하고 있다. A, B, C 채권의 시장가격은 각각 10,000,000원, 12,480,000원, 4,268,000원이다. 채권수익률(만기수익률)이 연 10%일 경우 채권포트폴리오의 수정듀레이션을 구하시오.

---

[6] 영구채권가격 $P = \dfrac{C}{r} = C \times r^{-1}$이므로, $\dfrac{dP}{dr} = (-1)(C)(r^{-2}) = (-1)(C)\left(\dfrac{1}{r^2}\right) = (-1)\left(\dfrac{C}{r}\right)\left(\dfrac{1}{r}\right) = (-1)(P)\left(\dfrac{1}{r}\right)$이다. 따라서 영구채권의 가격탄력성 $\dfrac{dP}{dr}\dfrac{r}{P} = (-1)$이 된다.

일반적으로 채권의 가격탄력성 $\dfrac{dP}{dr} \times \dfrac{r}{P} = -D\left(\dfrac{r}{1+r}\right)$이므로 영구채권의 가격탄력성 -1과 동일하게 놓고 듀레이션을 풀면, $-1 = -D\left(\dfrac{r}{1+r}\right) \ \rightarrow \ D = \dfrac{1+r}{r}$

[7] Frank J. Fabozzi, *Fixed Income Mathematics*, 3rd edition, McGraw-Hill, 1997, p. 200.

$$P_A = \frac{1,000}{(1+0.1)^1} + \frac{1,000}{(1+0.1)^2} + \cdots + \frac{11,000}{(1+0.1)^5} = 10,000$$

$$D_A = \frac{1 \times \dfrac{1,000}{(1+0.1)^1} + 2 \times \dfrac{1,000}{(1+0.1)^2} + \cdots + 5 \times \dfrac{11,000}{(1+0.1)^5}}{10,000} = 4.170$$

→ 수정듀레이션: $4.170/1.1 = 3.791$

$$P_B = \frac{700}{(1+0.1)^1} + \frac{700}{(1+0.1)^2} + \cdots + \frac{10,700}{(1+0.1)^{10}} = 8,156.63$$

$$D_B = \frac{1 \times \dfrac{700}{(1+0.1)^1} + 2 \times \dfrac{700}{(1+0.1)^2} + \cdots + 10 \times \dfrac{10,700}{(1+0.1)^{10}}}{8,156.63} = 7.219$$

→ 수정듀레이션: $7.219/1.1 = 6.562$

$$P_C = \frac{1,500}{(1+0.1)^1} + \frac{1,500}{(1+0.1)^2} + \cdots + \frac{15,000}{(1+0.1)^{20}} = 14,256.78$$

$$D_C = \frac{1 \times \dfrac{1,500}{(1+0.1)^1} + 2 \times \dfrac{1,500}{(1+0.1)^2} + \cdots + 20 \times \dfrac{11,500}{(1+0.1)^{20}}}{14,256.78} = 8.811$$

→ 수정듀레이션: $8.811/1.1 = 8.010$

따라서, 채권포트폴리오의 수정듀레이션은 다음과 같다.

$$D_P = 3.791 \times \frac{10,000,000}{26,748,000} + 6.562 \times \frac{12,480,000}{26,748,000} + 8.010 \times \frac{4,268,000}{26,748,000} = 5.757$$

④ 액면이자율이 일정할 때, 채권의 듀레이션은 일반적으로 만기가 길수록 증가한다. 예를 들어, 만기가 3년인 채권과 만기가 10년인 채권의 경우 일반적으로 만기 3년 채권의 듀레이션보다 만기 10년 채권의 듀레이션이 클 것이므로 만기가 긴 채권이 만기가 짧은 채권보다 듀레이션이 크다.

⑤ 만기가 일정할 때, 액면이자율이 낮을수록 듀레이션이 증가한다. 이는 채권가격정리의 네 번째 속성과 관련된다. 일반적으로 액면이자율이 높은 이표채일수록 액면가의 최종지급보다 이자지급이 더 큰 가치비중을 가지기 때문에 유효만기가 작아지고 반대로 액면이자율이 낮은 이표채일수록 액면가의 최종지급이 이자지급보다 더 큰

가치비중을 가지기 때문에 유효만기가 커진다는 것과 관련 있다.

⑥ 다른 요인들이 일정할 경우, 채권수익률이 높을수록 듀레이션은 감소한다. 만기수익률이 상승하면 먼 미래의 현금흐름의 현재가치가 상대적으로 더 작아진다. 따라서 채권수익률이 높을수록 초기의 지급액이 채권 총가치에서 더 높은 비중을 차지하게 되어 유효만기가 낮아진다.

2. 볼록성

채권가격은 채권수익률과 역의 관계이다. 액면가액 10,000원, 액면이자율 연 10%, 이자후급, 만기 3년, 채권수익률이 12%인 채권의 가격은 9,520원이고 듀레이션은 2.73년이다. 채권수익률이 2% 내릴 경우와 2% 오를 경우 식(13-6)의 듀레이션을 이용하여 채권가격변동량(dP)을 계산해 보면 각각 464원 오르고 464원 내리는 것으로 나타난다.[8]

하지만 채권수익률이 2% 내려 10%일 경우 실제 채권가격은 10,000원이 되어 480원 오르고, 채권수익률이 2% 올라 14%일 경우 실제 채권가격은 9,071원이 되어 449원 내리는 것을 알 수 있다.[9]

채권수익률이 2% 내려가면 채권가격이 480원 올라가는데 듀레이션으로 계산하면 464원만 올라가는 것으로 나와 실제 가격상승분을 과소평가한다. 채권수익률이 2% 올라가면 채권가격이 449원 내리는데 듀레이션으로 계산하면 464원 내려가는 것으로 나와 실제 가격하락분을 과대평가한다. 이는 듀레이션이 볼록성을 무시하고 채권수익률 변화에 대한 채권가격 변화가 직선이라고 가정하고 있기 때문이다.

이처럼 채권가격과 채권수익률의 관계는 듀레이션으로 계산할 때처럼 직선이 아니라 실제로는 원점에 대해 볼록한 곡선의 형태를 보이는데, 이를 채권가격의 볼록성

---

8   $dP = -(2.73/1.12)(-0.02)(9,520) = 464$원, $dP = -(2.73/1.12)(0.02)(9,520) = -464$원

9   $P = 1,000/(1.10)^1 + 1,000/(1.10)^2 + 11,000/(1.10)^3 = 10,000$원
    $P = 1,000/(1.14)^1 + 1,000/(1.14)^2 + 11,000/(1.14)^3 = 9,071$원
    동일한 채권수익률 변동에 대해서 채권수익률이 내릴 때 채권가격이 오르는 폭이 채권수익률이 오를 때 채권가격이 내리는 폭보다 더 크게 나타난다.

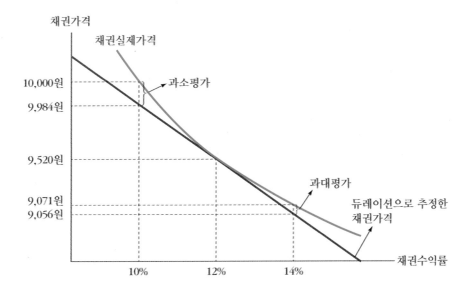

그림 13-1 채권가격과 수익률

(convexity)이라고 한다. 이러한 관계를 〈그림 13-1〉에 나타내었다.

채권수익률이 변할 때 듀레이션에 의해 추정되는 채권가격은 실제 채권가격을 과소 혹은 과대평가하는데 어떻게 하면 실제 채권가격에 근접한 채권가격을 추정할 수 있을까? 듀레이션에 의해 직선의 형태로 추정되는 채권가격에 곡선기울기의 변화율로 정의되는 볼록성을 더하면 실제 채권가격에 근접한 채권가격을 추정할 수 있다. 볼록성을 고려할 경우의 채권가격변동률(dP/P)은 다음과 같이 수정된다.[10]

---

10 테일러전개식 $f(x) = \dfrac{f(x_0)}{0!} + \dfrac{f'(x_0)}{1!}(x-x_0)^1 + \dfrac{f''(x_0)}{2!}(x-x_0)^2 + \cdots + \dfrac{f^{(n)}(x_0)}{n!}(x-x_0)^n$에서 2차도함수까지만 사용해도 채권가격을 비교적 정확하게 추정할 수 있기 때문에 2차도함수까지만 적용하여 채권가격을 추정한다. 여기서는 실무에서 많이 사용하는 $d(1+r) = dr$로 정의하여 정리한다.

$P_1 = P_0 + f'(r)(dr)^1 + \dfrac{f''(r)}{2}(dr)^2 \rightarrow P_1 - P_0 = f'(r)(dr)^1 + \dfrac{f''(r)}{2}(dr)^2 \rightarrow dP = f'(r)(dr)^1 + \dfrac{f''(r)}{2}(dr)^2$

$\rightarrow dP = \dfrac{dP}{dr}(dr)^1 + \dfrac{1}{2}\dfrac{d^2P}{dr^2}(dr)^2$에서 양변을 P로 나누면, $\dfrac{dP}{P} = \dfrac{1}{P}\dfrac{dP}{dr}(dr)^1 + \dfrac{1}{2}\dfrac{1}{P}\dfrac{d^2P}{dr^2}(dr)^2$이 된다. 여기에서 $\dfrac{1}{P}\dfrac{dP}{dr}$ 부분은 $-D_M$으로 1차도함수이므로 기울기를 의미하고, $\dfrac{1}{P}\dfrac{d^2P}{dr^2}$ 부분은 볼록성으로 2차도함수이므로 기울기의 변화를 의미한다.

$$\frac{dP}{P} = -\frac{D}{1+r}dr + \frac{1}{2}(볼록성)(dr)^2 \qquad (13\text{-}10)$$

여기서, 볼록성으로 정의되는 $\dfrac{1}{P}\dfrac{d^2P}{dr^2}$을 전개하면 다음과 같다.[11]

$$
\begin{aligned}
볼록성 &= \frac{1}{(1+r)^2 P} \times \sum_{t=1}^{n}\left[\frac{t(t+1)C_n}{(1+r)^t}\right] \\
&= \frac{1}{(1+r)^2} \times \frac{\left(\dfrac{1(2)C}{(1+r)^1} + \dfrac{2(3)C}{(1+r)^2} + \cdots + \dfrac{n(n+1)(C+F)}{(1+r)^n}\right)}{P}
\end{aligned}
\qquad (13\text{-}11)
$$

위의 예에서 볼록성을 계산하면 8.418이 된다.[12] 식(13-10)을 이용하여 채권수익률이 2% 내릴 경우와 오를 경우의 가격상승분과 가격하락분을 다시 계산하면, 다음과 같이 듀레이션 추정오차의 문제가 해결됨을 알 수 있다.

채권수익률 2% 하락 시 $dP = 464 + \dfrac{1}{2}(8.418)(-0.02)^2(9,520) = 480$원

채권수익률 2% 상승 시 $dP = -464 + \dfrac{1}{2}(8.418)(0.02)^2(9,520) = -448$원

---

11 채권가격의 1차미분 $\dfrac{dP}{dr} = \sum_{t=0}^{n}(-t)\dfrac{C_t}{(1+r)^{t+1}}$을 한 번 더 미분한 2차미분은 다음과 같다.

$$\frac{d^2P}{dr^2} = \sum_{t=1}^{n}(-t)[-(t+1)]\frac{C_t}{(1+r)^{t+2}} \rightarrow \frac{d^2P}{dr^2} = \frac{\sum_{t=1}^{n}(t)(t+1)\dfrac{C_t}{(1+r)^t}}{(1+r)^2}$$

$$\rightarrow \frac{d^2P}{dr^2} = \frac{1}{(1+r)^2}\sum_{t=1}^{n}\left[\frac{t(t+1)C_t}{(1+r)^t}\right] \quad 따라서 \quad \frac{1}{P}\frac{d^2P}{dr^2} = \frac{1}{(1+r)^2 P} \times \sum_{t=1}^{n}\left[\frac{t(t+1)C_t}{(1+r)^t}\right]$$

12 볼록성 $= \dfrac{1}{(1.12)^2}\left[\left(\dfrac{1(2)(1,000)}{(1.12)^1} + \dfrac{2(3)(1,000)}{(1.12)^2} + \dfrac{3(4)(11,000)}{(1.12)^3}\right)\Big/9,520\right] = 8.418$

액면가액 10,000원, 액면이자율 5%, 만기 3년인 채권의 채권수익률이 12%일 경우
채권가격은 8,318.72원이고 듀레이션은 2.84년이다.

(1) 채권수익률이 3% 하락하여 9%가 될 경우의 실제 채권가격변동량은 얼마인가?

(2) 듀레이션을 이용하여 채권가격을 추정하여 채권가격변동량을 비교하시오.

(3) 볼록성을 고려할 경우 채권가격은 얼마인가?

● 답 ●

(1) 채권수익률이 12%일 경우:

$$P = \frac{500}{(1+0.12)^1} + \frac{500}{(1+0.12)^2} + \frac{10,500}{(1+0.12)^3} = 8,318.72원$$

채권수익률이 9%일 경우:

$$P = \frac{500}{(1+0.09)^1} + \frac{500}{(1+0.09)^2} + \frac{10,500}{(1+0.09)^3} = 8,987.48원$$

→ 채권수익률이 3% 하락할 경우 실제 채권가격상승폭은 668.76원이다.

(2) $dP = -\left(\frac{D}{1+r}\right)(dr)(P) = -\left(\frac{2.84}{1+0.12}\right)(-0.03)(8,318.72) = 632.82$

채권수익률이 3% 인하됨에 따라 채권가격은 632.82원 상승하므로 새로운 채권의 가격은
8,951.54원(=8,318.72원+632.82원)이 된다. 따라서 듀레이션을 이용하여 채권가격을 추
정하는 경우는 실제 채권가격 8,987.48원보다 35.94원 과소추정하는 오차가 발생한다. 즉,
듀레이션을 이용하여 채권가격을 추정할 때 실제 가격상승폭보다 35.94원(=668.76원−
632.82원) 과소추정한다.

(3) $\frac{dP}{P} = -D_M(dr) + \frac{1}{2}(볼록성)(dr)^2$

→ $dP = -D_M(dr)(P) + \frac{1}{2}(볼록성)(dr)^2 P$이므로,

$dP = 632.82 + \frac{1}{2}(볼록성)(dr)^2 P$가 된다.

여기서 볼록성은 다음과 같이 계산된다.

$$볼록성 = \frac{1}{(1+0.12)^2} \times \frac{\frac{1(2)(500)}{(1+0.12)^1} + \frac{2(3)(500)}{(1+0.12)^2} + \frac{3(4)(500)}{(1+0.12)^3} + \frac{3(4)(10,000)}{(1+0.12)^3}}{8,318.72}$$

$$= 8.9093$$

따라서 $dP = 632.82 + \frac{1}{2}(8.9093)(-0.03)^2(8,318.72) = 666.17원$이 되므로, 볼록성을 고려

하여 추정된 채권가격은 8,984.89원(=8,318.72원+666.17원)이 된다. 이는 볼록성을 고려하지 않을 경우(듀레이션만 이용할 경우)의 추정된 채권가격 8,951.54원에 비해 실제 채권가격인 8,987.48원을 거의 정확하게 추정할 수 있다.

예제 | 엑셀을 이용한 채권가격 추정

채권매입일 2018년 1월 1일, 채권만기일 2021년 1월 1일, 액면가액 10,000원, 액면이자율 5%, 채권수익률 15%일 경우의 듀레이션과 볼록성을 구하시오. 또한 채권수익률이 0%에서 20%로 변할 경우 실제 채권가격의 변화와 듀레이션만 고려할 경우의 채권가격, 볼록성까지 고려할 경우의 채권가격을 구하시오.

● 답 ●

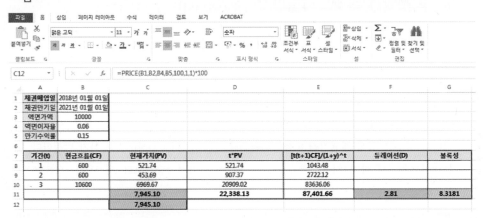

C12 = PRICE(B1,B2,B4,B5,100,1,1)*100

	A	B	C	D	E	F	G
1	채권매입일	2018년 01월 01일					
2	채권만기일	2021년 01월 01일					
3	액면가액	10000					
4	액면이자율	0.06					
5	만기수익률	0.15					
6							
7	기간(t)	현금흐름(CF)	현재가치(PV)	t*PV	[t(t+1)CF]/(1+y)^t	듀레이션(D)	볼록성
8	1	600	521.74	521.74	1043.48		
9	2	600	453.69	907.37	2722.12		
10	3	10600	6969.67	20909.02	83636.06		
11			7,945.10	22,338.13	87,401.66	2.81	8.3181
12			7,945.10				

C11(=SUM(C8:C10))에는 1년도부터 3년도까지의 채권의 원리금을 각각 현재가치화 한 것을 모두 합하여 채권의 가격(P)을 구하였다. 이렇게 구한 채권가격은 엑셀의 PRICE함수를 사용해도 동일하게 구해진다.

C12에〔PRICE(채권매입일, 채권만기일, 액면이자율, 만기수익률, 원금반환율, 연이자지급횟수)〕를 입력하여 구한 채권 가격도 동일하게 7,945.10원으로 나온다. PRICE함수에서 원금반환율은 채권액면가액 100원을 기준으로 계산하기 때문에 이 문제처럼 액면금액이 10,000원일 경우에는 'PRICE*100' 즉, PRICE함수로 구해진 값에 100을 곱해줘야 한다. 연이자지급횟수는 DURATION함수의 경우와 동일하다.

한편, F11의 듀레이션 2.81은 듀레이션의 정의에 따라 'D11/C11'로 계산하였다. G11의 볼록성도 볼록성의 정의에 따라 '$(1/(1+B5)\hat{}2)*(E11/C11)$'로 구한다.

이제, 엑셀을 이용하여 만기수익률이 0%에서 20%로 변할 경우 각각의 만기수익률에서의 채권가격과 채권수익률 변동에 따른 가격변동폭, 볼록성을 고려한 후의 채권가격 등을 계산해 보자.

	A	B	C	D	E	F
14	채권수익률	실제 채권가격	dP(실제 채권가격변동폭)	dP(D을 이용한 채권가격변동폭)	채권가격(D만 고려)	채권가격(볼록성 고려후)
15	0%	11800.00	3241.10	2393.37	10952.27	11464.87
16	1%	11470.49	2911.59	2193.92	10752.82	11183.55
17	2%	11153.55	2594.65	1994.48	10553.38	10909.35
18	3%	10848.58	2289.68	1795.03	10353.93	10642.26
19	4%	10555.02	1996.12	1595.58	10154.48	10382.30
20	5%	10272.32	1713.42	1396.13	9955.03	10129.46
21	6%	10000.00	1441.10	1196.69	9755.59	9883.74
22	7%	9737.57	1178.67	997.24	9556.14	9645.13
23	8%	9484.58	925.68	797.79	9356.69	9413.65
24	9%	9240.61	681.71	598.34	9157.24	9189.28
25	10%	9005.26	446.36	398.90	8957.80	8972.04
26	11%	8778.14	219.24	199.45	8758.35	8761.91
27	12%	8558.90	0.00	0.00	8558.90	8558.90
28	13%	8347.19	-211.71	-199.45	8359.45	8363.01
29	14%	8142.69	-416.21	-398.90	8160.01	8174.24
30	15%	7945.10	-613.80	-598.34	7960.56	7992.60
31	16%	7754.11	-804.79	-797.79	7761.11	7818.07
32	17%	7569.46	-989.44	-997.24	7561.66	7650.66
33	18%	7390.87	-1168.03	-1196.69	7362.22	7490.36
34	19%	7218.11	-1340.79	-1396.13	7162.77	7337.19
35	20%	7050.93	-1507.98	-1595.58	6963.32	7191.14

B15에서 B35까지는 PRICE함수를 이용하여 채권수익률만 변할 경우의 실제 채권가격을 나타내었다. 예를 들어, 채권수익률이 12%일 경우 'PRICE($B$1,$B$2,$B$4,A27,100,1,3)*100'으로 계산한다.

C15에서 C35까지는 실제 채권가격변동폭을 나타내었다. 예를 들어, 만기수익률이 12%에서 9%로 변동했을 때는 채권가격이 681.71(=B24-$B$27)이 된다.

D15에서 D35까지는 듀레이션을 이용한 채권가격변동폭($dP=-D[dr/(1+r)]P$)을 구한 것이다. 예를 들어, 만기수익률이 12%에서 9%로 변동했을 때는 채권가격이 598.34(=-$F$11*((A24-$A$27)/(1+$A$27))*$C$11)가 된다.

E15에서 E35까지는 듀레이션만을 고려할 경우의 채권가격이다. 예를 들어, 채권수익률이 12%에서 9%로 변했을 때 듀레이션만 고려할 경우의 새로운 채권가격은 9,157.24(=$B$27+D24)가 된다.

F15에서 F35까지는 볼록성까지 고려할 경우의 채권가격이다. 즉, 볼록성을 고려할 경우의 채

권가격변동폭 $dP = -D_M(dr)P + (1/2)(볼록성)(dr)^2P$을 채권가격에 더하여 계산한 값이다. 예를 들어, 채권수익률이 12%에서 9%로 변동했을 때는 볼록성까지 고려한 새로운 채권가격은 9,189.28(= \$B\$27 + (D24 + 0.5*\$G\$11*((A24 − \$A\$27)^2)*\$B\$27))이 된다.

이를 그림으로 나타내면 아래와 같이 듀레이션만 고려할 경우보다 볼록성까지 고려한 경우가 실제 채권가격변화를 거의 근접하게 추정하는 것을 알 수 있다.

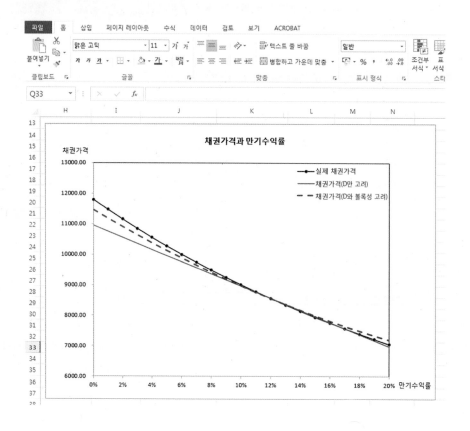

채권투자전략은 크게 소극적(passive) 채권투자전략과 적극적(active) 채권투자전략으로 구분된다. 소극적 채권투자전략은 채권시장이 효율적이어서 채권가격이 공정하게 형성되어 있다고 보고 채권투자위험을 제거하거나 극소화하려는 전략이다. 따라서 소극적 채권투자전략은 위험이 수반되는 수익성보다는 안정성, 유동성을 더 중요시한다. 소극적 투자전략으로는 채권지수의 성과를 복제하려는 인덱싱전략과 이자율 변동위험을 제거하는 면역전략 등이 있다.

반면 적극적 채권투자전략은 채권가격에 시장의 모든 정보가 충분히 반영되어 있지 않다고 보고 우월한 정보나 예측을 통해 시장의 평균수익보다 높은 초과수익을 얻으려는 전략이다. 적극적 투자전략의 핵심은 수익률을 예측하는 것과 채권시장 내에서 상대적으로 저평가된 채권을 찾는 것으로 요약될 수 있다.

1. 소극적 채권투자전략

(1) 매입보유전략

매입보유전략(buy and hold strategy)은 채권을 매입하여 만기까지 보유함으로써 투자시점에 미리 투자수익을 확정하는 전략이다. 매입보유전략은 미래에 대한 이자율 예측이 필요 없으며, 수익률이 비교적 안정적인 시장에서 평균적인 시장수익을 얻고자 할 때 선호하는 전략이다.

매입보유전략은 채권매입 후 만기까지 보유하기 때문에 만기 전에 채권의 발행회사가 부도가 나게 되면 원금과 이자를 약속대로 지급받지 못하게 되는 채무불이행위험이 있으므로 투자채권의 신용분석이 매우 중요하다.

(2) 사다리형 만기전략

사다리형 만기전략(laddered maturity strategy)은 채권의 보유물량을 각 만기별로 동일하게 분산시켜 각 만기별 채권을 균등하게 보유하는 전략을 말한다. 이 전략은 투자기간 동안의 장단기 수익률 변화에 대한 특별한 예측을 전제로 하지 않고 만기별로 채권을 균등하게 보유함으로써 시세변동에 따른 위험을 분산시키고 유동성을 확보할 수 있다. 하지만 다양한 만기의 채권을 취득하기가 쉽지 않을 뿐만 아니라 비용도 많이 수반되는 단점도 존재한다.

(3) 바벨형 만기전략

바벨형 만기전략(barbell maturity strategy)은 채권포트폴리오에서 투자특성이 모호한 중기채는 제외시키고 단기채와 장기채 두 가지만을 보유하는 전략이다. 일반적으로 수익성은 낮지만 유동성이 높고 위험이 낮은 단기채의 장점과 반대로 위험은 높지만 수익성이 높은 장기채의 장점을 살려 유동성과 수익성을 동시에 확보하는 이점이 있다. 하지만 매년 중기채화 하는 채권을 매각하여 단기채 또는 장기채에 편입해야 하므로 관리가 복잡해지고 수수료비용이 발생하는 단점도 있다.

(4) 인덱싱전략

인덱싱전략(indexing strategy)은 채권시장을 대표하는 채권지수(bond index)의 성과를 복제하도록 채권포트폴리오를 구성하는 것을 말한다. 채권지수의 성과를 복제하는 채권포트폴리오를 인덱스 펀드라고 하는데, 실무에서 주로 이용되는 인덱스 펀드의 구성방법은 층화표본추출법(stratified sampling)이다.

이 방법에서는 채권지수를 구성하는 채권을 발행자, 잔존기간, 듀레이션, 액면이자율, 신용등급 등의 여러 특성별로 구분한 후 각 부분을 대표하는 채권을 추출하여 인덱스 펀드를 구성한다. 예를 들어, 분류기준으로 만기와 발행자만 고려할 경우, 만기는 1년 이하, 1~3년, 3~5년, 5년 이상으로 구분하고 발행자를 국채, 지방채, 회사채로 구분한다면 이 인덱스펀드 구성을 위한 총 셀의 개수는 12개(=4×3)가 된다.

채권지수를 추적하는 인덱스 펀드를 구성할 때 실제로 모든 채권종목을 시장가치 비율대로 구성하기가 어려울 뿐 아니라 주식과 달리 상당수의 채권은 유동성이 현저히 떨어지므로 이들 채권을 적정한 가격으로 구입한다는 것도 어렵다. 또한, 채권의 경우 시간의 흐름에 따라 만기까지 남은 기간이 줄어들게 되므로 만기가 1년 미만으로 줄어든 채권은 계속 지수에서 제외되고 새로이 발행된 채권이 지수에 포함되는 등 주식 포트폴리오보다 더 어려운 포트폴리오 재조정(rebalancing) 문제가 발생한다.

국내 채권지수로는 현재 한국거래소에서 발표하는 KRX채권지수, 국고채프라임지수, KTB지수가 있다.[13] 또한 KIS채권평가(주), 한국채권평가(주), 나이스채권평가(주) 등 3개의 채권시가평가회사에서도 다양한 채권지수를 발표하고 있다. 금융투자협회와 블룸버그에서 발표하는 금투협−블룸버그지수와 금융투자협회, 에프앤가이드, 매일경제신문이 공동으로 발표하는 MKF국고채지수도 있다.

(5) 면역전략

〈그림 13-2〉에서 보듯이 이자율이 상승하면 채권가격은 하락하지만, 높은 이자율로 이자를 재투자할 수 있어 재투자수익은 상승한다. 반대로 이자율이 하락하면 채권가격은 상승하지만, 재투자수익률은 하락한다. 이자율변동에 따른 채권가격변동을 가격위험(price risk), 재투자수익률 변동을 재투자위험(reinvestment risk)이라 하며, 가격위험과 재투자위험을 합쳐 이자율위험이라 한다.

면역전략(immunization strategy)은 이자율변동으로 인하여 상반되게 나타나는 가격위험과 재투자위험을 상쇄시킴으로써 투자기간 동안 이자율변동에 면역되어 채권매입 당시의 채권수익률을 실현시키는 전략이다.

그림 13-2   이자율위험

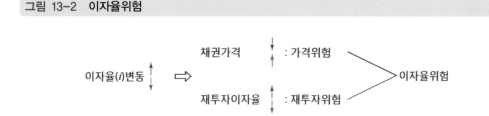

13 한국거래소, 「알기 쉬운 증권파생상품시장지표 해설」 참조.

1) 목표기간면역전략(target date immunization strategy)

보험회사, 연기금과 같은 기관투자자는 고객으로부터 맡겨진 자금을 투자운용하여 일정한 기간이 지난 후에 되돌려 줘야 하기 때문에 투자자금의 운용기간 동안 이자율 변동에 대해서 영향을 받지 않기를 원한다. 자금을 채권으로 구성되는 자산포트폴리오에 투자할 때 듀레이션을 목표투자기간(보유기간)과 일치시키면 재투자수익의 증가(감소)와 자산가격의 감소(증가)가 정확히 상쇄되어 면역이 이루어진다.

예제 | 목표기간면역전략

액면가액 10,000원, 액면이자율 연 7%, 만기 6년, 채권수익률 9%인 채권이 있다. 이 채권의 듀레이션을 계산하고, 채권수익률(만기수익률)이 9%로 그대로 유지될 경우와 8% 및 10%로 변화할 경우에 5.05년 후의 이자 재투자수익 증감분과 채권잔존가치(자산가치)의 증감분을 계산하시오. 단, 채권보유기간동안 이자의 재투자수익률은 만기수익률로 재투자된다고 가정한다.

● 답 ●

엑셀을 이용하여 채권수익률이 9%일 경우 5.05년의 듀레이션이 계산된다.

	A	B	C	D	E	F	G
							G8 `=F8/E8`
1	채권가격	액면이자율	기간(t)	현금흐름(CF)	현재가치(PV)	t*PV	듀레이션(D)
2	10000	7%	1	700	642.20	642.20	
3	10000	7%	2	700	589.18	1,178.35	
4	10000	7%	3	700	540.53	1,621.59	
5	10000	7%	4	700	495.90	1,983.59	
6	10000	7%	5	700	454.95	2,274.76	
7	10000	7%	6	10700	6,380.06	38,280.36	
8					9,102.82	45,980.85	5.05

채권수익률이 9%로 5.05년 동안 유지된다는 가정하에 5.05년까지의 이자의 재투자수익의 총합은 4,208원이다.

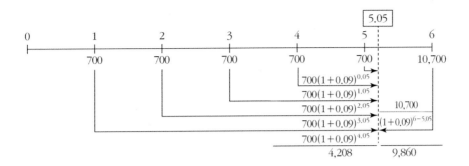

예를 들어, 아래 엑셀계산에서 C12에는 1년도 말에 받는 이자 700원을 5.05년까지 남은 기간 인 4.05년(B12셀) 동안 채권수익률 9%로 재투자 할 경우의 이자수익이 된다. 이것을 'D2*(1 +A11)^B12'로 계산한다. 마찬가지로 나머지 기간 동안 받는 이자도 모두 재투자하여 얻는 이 자수익을 모두 합하면 총4,208원이 된다.

한편, 5.05년 시점에서의 채권의 잔존가치는 채권만기 시(6년도 말)에 받는 원리금 10,700원 을 0.95년(＝6－5.05) 동안 할인한 금액이 되므로 D17(＝D7/(1＋A16)^($C$7－$G$8))에 9,860원이 계산된다.

G8		f_x	=F8/E8		
	A	B	C	D	E
9					
10	채권수익률	D까지의 잔존기간	이자 재투자수익	채권잔존가치	
11	9%				
12	9%	4.05	992		
13	9%	3.05	911		
14	9%	2.05	835		
15	9%	1.05	766		
16	9%	0.05	703		
17			4,208	9,860	14,068

이제, 채권수익률이 9%일 경우와 동일한 방식으로 채권수익률을 8%, 10%로 변화하였을 때의 이자소득과 채권의 잔존가치(자산가치)를 계산하면 다음 그림과 같이 4,123원과 4,295원이 되 고, 채권의 잔존가치(자산가치)는 각각 9,947원, 9,775원이 된다.

	A	B	C	D	E
20	채권수익률	D까지의 잔존기간	이자 재투자수익	채권잔존가치	
21	8%	4.05	956		
22	8%	3.05	885		
23	8%	2.05	820		
24	8%	1.05	759		
25	8%	0.05	703		
26			4123	9,947	14,069
27					
28	채권수익률	D까지의 잔존기간	이자 재투자수익	채권잔존가치	
29	10%	4.05	1030		
30	10%	3.05	936		
31	10%	2.05	851		
32	10%	1.05	774		
33	10%	0.05	703		
34			4295	9,775	14,069

채권수익률이 9%에서 8%(10%)로 변할 때 이자의 재투자수입은 각각 4,208원에서 4,123원(4295원)으로 85(87원)원 감소(증가)하였고 자산가치는 87원(85원)(단수차이) 증가(감소)하였음을 알 수 있다. 즉, 채권수익률이 감소(증가)하면 이자의 재투자수익은 이자율하락(증가)만큼 감소(증가)하고 자산가치는 증가(하락)하여 이 두 가지 효과가 정확히 상쇄됨으로써, 듀레이션과 투자기간을 같게 하면 이 기간 동안의 이자율위험이 면역화됨을 알 수 있다.

2) 순자산면역전략(net worth immunization strategy)

이자율위험은 보험회사나 연기금뿐만 아니라 은행 등의 저축기관에게도 공통 관심사이다. 왜냐하면 기업의 순자산가치나 미래 지급의무를 감당할 능력은 이자율에 따라 변동하기 때문이다. 특히 은행 등의 저축기관은 자산과 부채의 만기구조 불일치로 이자율이 변동함에 따라 순자산이 변동하는 구조를 갖고 있기 때문에 이러한 이자율변동위험을 통제하는 면역전략이 필요하다.

일반적으로 은행과 같은 저축기관의 자산은 기업이나 소비자 대출 또는 부동산대출 등으로 구성되는 장기자산이므로 긴 듀레이션을 갖는 반면, 부채는 단기부채이므로 짧은 듀레이션을 갖는다. 이자율이 상승할 경우 자산과 부채의 가치는 모두 하락한다. 이때 자산듀레이션이 부채듀레이션보다 길기 때문에 자산의 가치가 부채의 가치보다 더 많이 하락하므로 순자산가치는 크게 하락할 수 있다. 따라서 순자산가치의 변동이 없으려면 자산듀레이션과 부채듀레이션을 같게 하면 된다.

이자율변동에 대해 순자산(=자산-부채)가치가 면역된다는 것은 자산가치변화분과 부채가치변화분이 같아지는 것을 의미한다. 식(13-12)에서 채권가격변화분은 듀레이션과 채권가격을 곱한 값에 의해 좌우되므로, 순자산가치변화분이 0이 되려면, 자산듀레이션 $D_{자산}$과 자산시가 $MV_{자산}$을 곱한 값에서 부채듀레이션 $D_{부채}$와 부채시가 $MV_{부채}$를 곱한 값을 차감한 값이 0이 되어야 한다.

$$D_{자산} \times MV_{자산} - D_{부채} \times MV_{부채} = 0 \tag{13-12}$$

만일 자산시가와 부채시가가 같다면, 순자산면역전략은 $D_{자산}$과 $D_{부채}$를 일치시키는 전략이 된다.

예제 | 순자산면역전략

S은행은 10년 후에 21,589.25원을 지급해야 한다. 시장이자율은 8%이며 부채의 현재가치는 10,000원($= 21,589.25/(1.08)^{10}$)이다. S은행은 4년 만기 무이표채와 액면이자율 8%로 매년 이자를 지급하는 영구채권으로 자산포트폴리오를 구성하여 부채를 면역시키고자 한다. 무이표채와 영구채권에 각각 얼마나 투자해야 하는가? (단, 이자율은 8%로 변동이 없다고 가정한다.)

● 답 ●
면역화를 위해서 자산의 듀레이션과 부채의 듀레이션을 일치시켜야 한다.
(1) 자산포트폴리오의 듀레이션
　　무이표채의 듀레이션 = 4년(만기와 동일)
　　영구채권의 듀레이션 $= (1+r)/r = (1+0.08)/0.08 = 13.5$년
　　→ 자산포트폴리오의 듀레이션 $= W(D_{무이표채}) + (1-W)(D_{영구채권})$
$$= W(4) + (1-W)(13.5)$$

(2) 부채포트폴리오의 듀레이션: 10년

(3) 자산포트폴리오의 듀레이션과 부채의 듀레이션을 일치시키는 자산구성비율 W를 계산

$$W(4) + (1-W)(13.5) = 10 \rightarrow W = 0.3684$$

따라서 무이표채에 3,684원(= 10,000원 × 0.3684) 투자하고, 매년 505.28원(= 6,316 × 8%)의 이자를 지급하는 영구연금에 6,316원(= 10,000원 − 3,684원) 투자해야 한다. 이자율과 자산의 듀레이션이 변함에 따라 S은행은 부채의 듀레이션과 자산의 듀레이션을 일치시키기 위해서 계속 채권포트폴리오를 재설정(rebalancing)해야 한다.

(6) 현금흐름일치전략

면역전략은 자산과 부채의 현금흐름을 정확히 일치시키기 어렵기 때문에 이 문제를 해결하기 위하여 듀레이션을 이용하였다. 하지만 만약 미래에 예정된 현금지출과 정확히 같은 금액을 지급하는 무이표 채권을 매입한다면 자산과 부채의 현금흐름이 일치되어 면역화와 관련된 문제를 간단히 해결할 수 있다.

자산과 부채의 현금흐름을 정확히 일치시키는 현금흐름일치전략(cash flow matching strategy)을 사용하면 채권(자산)과 채무(부채)의 현금흐름이 서로 정확히 상계되기 때문에 포트폴리오는 채권수익률 변동에 대하여 자동적으로 면역화된다. 예를 들어, 3년 후에 133.1억원을 갚아야 하는 부채를 지고 있다면 현재 10% 수익률의 3년 만기 무이표채에 100억원에 투자하면 3년 후에 133.1억원의 투자수익이 발생되어 부채와 상쇄된다.

현금흐름일치전략은 면역전략에 비해 듀레이션을 계산할 필요가 없으며 포트폴리오를 재조정할 필요도 없다. 하지만 이 전략은 부채의 현금흐름을 완벽하게 일치시키는 채권을 찾는 것이 불가능하기 때문에 현실적으로 이용하기 어려운 점이 있다.

2. 적극적 채권투자전략

(1) 수익률곡선타기전략

수익률곡선타기전략은 우상향하는 수익률곡선의 형태가 투자기간 동안 계속 유지된다고 예상될 때 이용할 수 있는 전략이다. 수익률곡선이 우상향한다는 것은 단기

그림 13-3 수익률곡선상의 롤링효과와 숄더효과

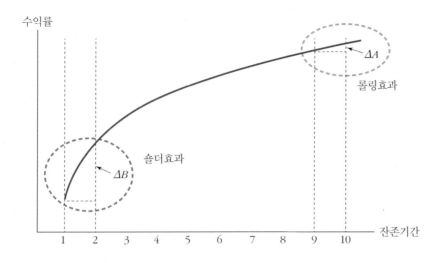

채권에 비해 장기채권이 수익률이 높다는 의미이다. 시간이 경과하면 채권의 만기가 그만큼 짧아지게 되고 이에 따라 채권수익률은 하락(채권가격 상승)하게 되므로 투자자는 자본이득을 누릴 수 있게 된다. 이러한 특성에 착안한 수익률곡선타기전략은 수익률곡선상의 롤링효과(rolling effect)와 숄더효과(shoulder effect)를 이용하여 높은 수익을 추구할 수 있다.

롤링효과란 수익률곡선이 우상향의 형태를 가질 때 보유채권의 잔존기간이 짧아지면서 수익률이 하락하여 채권가격이 상승하는 효과를 말한다. 〈그림 13-3〉에서 만기 10년 채권을 매입한 후 1년이 경과하였다면 ΔA만큼 채권수익률이 하락하게 되고 이에 따라 가격이 상승하게 되는 현상을 말한다.

따라서 롤링효과를 이용하여 만기 10년인 채권을 1년 경과 후 매도하여 1년간 이자와 자본이득을 획득한 후 다시 만기 10년인 채권에 투자하여 1년 경과 후 또다시 매도하는 수익률곡선타기전략을 반복적으로 수행할 경우 지속적으로 이자와 자본이득을 얻을 수 있어 단순히 만기 10년인 채권을 매입하여 만기까지 보유하는 것보다 더 높은 수익을 얻을 수 있다.

숄더효과란 〈그림 13-3〉에서처럼 장기채권의 잔존만기 단축에 따른 수익률하락폭(ΔA)보다 단기채권의 잔존만기에 따른 수익률하락폭(ΔB)이 훨씬 더 크게 나타나는 현상을 말한다. 예를 들어, 투자기간이 1년이라고 할 경우 만기 10년 채권에 투자하였다가 1년 경과 후에 매도하는 것보다 만기 2년 채권에 투자하였다가 1년 경과 후에 매도하는 것이 보다 높은 투자수익을 얻을 수 있다.

이러한 수익률곡선타기전략은 수익률곡선의 형태가 당초 기대대로 우상향하는 형태를 유지하고 있어야만 투자목표의 실현이 가능하다는 한계를 갖고 있다.

(2) 채권교체전략

채권교체전략(swap strategy)이란 단기적인 이익을 얻기 위하여 현재 포트폴리오에 포함되어 있는 채권을 채권수익률, 세금 및 미래의 수익률 예측 등을 고려하여 수익성이 높은 다른 채권으로 교체하는 것을 말한다.

1) 이자율예상스왑(rate anticipation swap)

미래의 시장이자율의 변동을 예측하여 수익성이 높은 채권으로 교체하는 전략을 말한다. 예를 들면, 이자율 하락이 예상되면 식(13-5)에서 설명하였듯이 자본이득을 극대화하기 위하여 듀레이션이 큰 채권으로 교체해야 한다. 듀레이션의 극대화는 장기채권이나 액면이자율이 낮은 채권을 매입함으로써 달성할 수 있다.

예를 들어, 현재 시장이자율이 10%인데 향후 2%의 하락이 예상될 경우, 액면가액 10,000원, 만기 10년, 액면이자율 5%인 A채권과 액면가액 10,000원, 만기 2년, 액면이자율이 8%인 B채권을 비교해보자. A채권은 6,927.72원에서 7,986.98원으로 가격이 상승하여 15.29%의 투자수익을 얻는데 비해 B채권은 9,652.89원에서 10,000원이 되어 투자수익이 3.6%에 불과하다.

만약 반대로 수익률이 2% 상승할 경우에는 A채권은 −12.74%의 투자손실을, B채권은 −3.41%의 투자손실을 보게 되어 A채권이 더 큰 손실을 보게 된다. 따라서 이 전략은 채권투자의 매수·매도시점을 선택하는 데 도움이 되고 기대수익률도 높지만 예상이 빗나갈 경우 그에 따른 위험도 크다.

2) 시장간스프레드스왑(intermarket or yield spread swap)

서로 다른 종목 간의 수익률 차이(yield spread)가 일시적으로 정상균형에서 벗어

그림 13-4 수익률 스프레드 변화

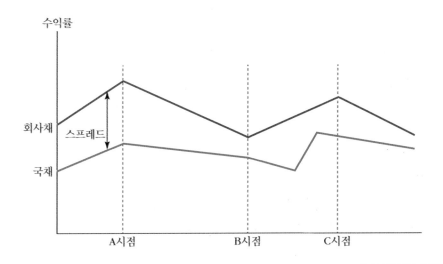

나 있다고 믿는 투자자가 추구하는 전략으로서 이종채권들 간의 수익률 차이가 확대
또는 축소되었다가 시간이 경과함에 따라 다시 원래의 스프레드 상태로 돌아오는 채
권의 특성을 이용하여 투자수익을 극대화하고자 하는 전략이다. 만약 이종채권들 사
이의 수익률 차이가 일시적으로 커서 곧 작아질 것이 예상되면 수익률이 낮은 채권을
수익률이 높은 채권으로 교체하여 자본이득을 얻을 수 있다.

　　예를 들어, 회사채와 국채의 수익률 추이가 〈그림 13-4〉와 같은 경우를 생각해보
자. 회사채와 국채의 스프레드가 너무 커서 향후 작아질 것으로 예상되는 시점(A와 C
시점)에서는 국채를 회사채로 교체해야 한다. 왜냐하면 향후 회사채의 수익률 하락폭
이 국채의 수익률 하락폭보다 클 것으로 예상되어 회사채의 가격상승폭이 국채의 가
격상승폭보다 더 클 것으로 예상되기 때문이다. 반면, 회사채와 국채의 스프레드가
향후 커질 것으로 예상되는 B시점에서는 회사채를 국채로 교체하여 투자수익을 극대
화한다.

3) 대체스왑(substitution swap)

대체스왑은 액면이자율, 만기, 신용등급 등 거의 모든 조건이 동일한 두 채권 간
에 일시적으로 가격에 괴리가 발생할 경우 채권수익률이 낮은(가격이 높은) 채권을 매

도하고 채권수익률이 높은(가격이 낮은)채권을 매입함으로써 두 채권가격의 차이만큼 이익을 얻고자 하는 전략이다.

(3) 상황별 면역전략

상황별 면역전략(contingent immunization)은 Liebowitz와 Weinberger[14]가 제안한 전략으로서 소극적 투자전략과 적극적 투자전략을 혼합한 것이다. 이 전략은 미리 설정해 놓은 투자수익을 얻기 위해서 상황이 유리할 경우에는 적극적으로 채권포트폴리오를 관리해 나가다가 상황이 유리하지 않게 되면 면역전략으로 전환하는 전략이다.

예를 들어, 현재 시장의 채권수익률이 10%이고, 10년 뒤에 236.74억원이 필요한 투자자가 현재 100억원을 투자운용하고자 한다. 이 경우 10년 후에 필요한 236.74억원을 보장받기 위해 안전자산인 10년 무이표채에 투자하는 데 현재 필요한 자금은 91.27억원($=236.74/(1.1)^{10}$)이다. 따라서 8.73억원($=100$억원-91.27억원)은 적극적 투자전략에 사용할 수 있는 투자자금이 된다. 이처럼 상황별 면역전략은 최저수익률을 확보하는 조건하에서 수익극대화를 추구하는 융통성 있는 전략이다.

---

14 Martin L. Liebowitz and Alfred Weinberger, "Contingent Immunization-Part I: Risk Control procedures," *Financial Analyst Journal* 38, November-December 1982.

핵심정리

1. 듀레이션

- 가중평균만기 혹은 유효만기

$$D = \sum_{t=1}^{T} t \left[\frac{\left(\frac{C_t}{(1+r)^t} \right)}{P} \right] = \sum_{t=1}^{T} t \left[\frac{\left(\frac{C_t}{(1+r)^t} \right)}{\sum_{t=1}^{T} \frac{C_t}{(1+r)^t}} \right] \rightarrow D_r = \frac{D}{k}$$

- $$\frac{\text{채권가격 변동률}}{\text{채권수익률 변동률}} = \frac{\frac{dP}{P}}{\frac{d(1+r)}{1+r}} = \frac{dP}{d(1+r)} \times \frac{1+r}{P} = -D$$

$$\rightarrow dP = -D \left[\frac{d(1+r)}{1+r} \right] P = -D_M (dr)(P)$$

$$\rightarrow \frac{dP}{P} = -D_M \times 1\%$$

2. 듀레이션의 속성

- 무이표채(순수할인채)의 듀레이션＝만기

- 영구채의 듀레이션: $\dfrac{1+r}{r}$

- $D_P = w_1 D_1 + w_2 D_2 + w_3 D_3 + \cdots + w_N D_N$

- 액면이자율이 일정할 때, 채권의 듀레이션은 일반적으로 만기가 길수록 증가

- 만기가 일정할 때, 액면이자율이 낮을수록 듀레이션이 증가

- 다른 요인들이 일정할 경우, 채권수익률이 높을수록 듀레이션은 감소

3. 볼록성

- $\dfrac{dP}{P} = -\dfrac{D}{1+r}(dr) + \dfrac{1}{2}(볼록성)(dr)^2$

$$볼록성 = \frac{1}{(1+r)^2} \times \frac{\left(\dfrac{1(2)C}{(1+r)^1} + \dfrac{2(3)C}{(1+r)^2} + \cdots + \dfrac{n(n+1)(C+F)}{(1+r)^n} \right)}{P}$$

4. 채권투자전략

① 소극적 채권투자전략

- 매입보유전략

- 사다리형 만기전략

- 바벨형 만기전략

- 인덱싱전략

- 면역전략
  - 목표기간면역전략: 듀레이션＝목표투자기간(보유기간)
  - 순자산면역전략: 자산듀레이션＝부채듀레이션
    $$D_{자산} \times MV_{자산} - D_{부채} \times MV_{부채} = 0$$

- 현금흐름일치전략

② 적극적 채권투자전략

- 수익률곡선타기전략
  - 롤링효과
  - 숄더효과

- 이자율예상스왑

- 시장간스프레드스왑

- 대체스왑

- 상황별 면역전략

연습문제

문1. (CFA) 연 6%의 이자를 지급하는 이표채권의 가격이 800원이다. 이 채권의 수정듀레이션은 10년이고, 채권수익률은 8%이다. 채권수익률이 9%로 변할 경우 예상되는 가격변화는 얼마인가? (　　)

① 75원 하락 　　　　　　　② 80원 하락

③ 85원 하락 　　　　　　　④ 90원 하락

문2. (CFA) 액면이자율, 만기 및 신용등급은 같지만 채권수익률이 더 높은 다른 채권으로 교체하는 스왑계약은 무엇인가? (　　)

① 대체스왑 　　　　　　　　② 이자율스왑

③ 세금스왑 　　　　　　　　④ 시장간 스프레드스왑

문3. (2003 CPA) 채권투자에 관한 설명 중 가장 옳은 것은? (　　)

① 채권수익률 하락이 예상되면 장기채와 쿠폰금리(액면이자율)가 높은 채권에 대한 투자를 증가시킨다.

② 채권수익률 기간구조이론 중 불편기대가설이 성립하는 경우 정부 발행 5년 만기 할인채에 투자하는 장기투자전략과 정부 발행 1년 만기 할인채에 5년 동안 반복투자하는 롤오버(rollover)전략의 사후적인 투자성과는 같다.

③ 만기가 동일한 채권에서 채권수익률 상승으로 인한 가격하락폭보다 같은 크기의 수익률하락으로 인한 가격상승폭이 더 크다.

④ 이표채의 듀레이션은 만기에 정비례하고, 만기가 같은 경우에는 쿠폰금리가 낮은 채권의 듀레이션이 짧다.

⑤ 수익률곡선타기전략(riding yield curve)은 수익률곡선이 우하향하는 경우에만 효과적인 전략이다.

문4. (2008 CPA) 채권가치평가와 채권포트폴리오 관리에 관련된 다음 설명 중 가장 적절하지 않은 것은? (　　)

① 다른 조건은 동일하고 만기만 다른 A채권(1년), B채권 (3년), C채권 (5년)이 있

다. 시장이자율이 상승할 때, A채권과 B채권의 가격하락폭의 차이는 B채권과 C채권의 가격하락폭의 차이보다 작다.

② 다른 조건이 일정할 경우 시장이자율이 하락하면 채권의 듀레이션은 길어진다.

③ 시장이자율이 하락할 때 채권가격이 상승하는 정도는 시장이자율이 같은 크기만큼 상승할 때 채권가격이 하락하는 정도보다 더 크다.

④ 채권포트폴리오의 이자율위험을 면역화하기 위해서는 시간이 경과함에 따라 채권포트폴리오를 지속적으로 재조정해야 한다.

⑤ 채권포트폴리오의 이자율위험을 면역화하기 위해서는 시장이자율이 변동할 때마다 채권포트폴리오를 재조정해야 한다.

문5. (2004 CPA) 채권에 대한 다음 설명 중 옳은 것은? (   )

① 이자율 기간구조상에서 만기가 긴 채권의 만기수익률은 만기가 짧은 채권의 만기수익률보다 항상 높다.

② 다른 조건이 동일하다면, 유동성위험이 큰 채권의 만기수익률은 유동성위험이 낮은 채권의 만기수익률보다 낮다.

③ 만기가 긴 채권의 듀레이션이 만기가 짧은 채권의 듀레이션보다 클 수도 있고 작을 수도 있다.

④ 다른 조건이 동일하다면, 수의상환조건이 있는 채권의 만기수익률은 수의상환조건이 없는 채권의 만기수익률보다 낮다.

⑤ 일반적으로 채권의 가격위험은 채권의 만기와 관련이 없다.

문6. (2006 CPA) 채권에 관한 다음 설명 중 가장 적절하지 않은 것은? (   )

① 수익률곡선이 우상향일 때 무이표채권의 만기수익률은 동일 조건인 이표채권의 만기수익률보다 작다.

② 수익률곡선이 우상향일 때 선도이자율은 현물이자율보다 높게 나타난다.

③ 이표율이 낮은 채권의 가격변화율은 이표율이 높은 동일 조건의 채권보다 이자율변화에 더 민감하게 반응한다.

④ 무이표채권의 듀레이션(duration)은 채권의 잔존만기와 동일하다.

⑤ 수의상환채권(callable bond)의 가격은 동일 조건인 일반채권의 가격보다 낮다.

문7. (2005 CPA) 다음 여러 가지 채권의 볼록성에 대한 설명 중 가장 옳지 않은 것은? (   )

① 일반사채(straight bond)의 경우 볼록성이 심할수록 이자율상승 시 채권가격이

적게 하락하고, 이자율하락 시 채권가격이 많이 상승한다.

② 이자율이 상승하거나 하락하거나 일반사채의 볼록성은 항상 양(+)의 값을 가진다.

③ 이자율이 상승하면 일반사채에 비해 상환청구권부사채(puttable bond)의 볼록성이 약하다.

④ 이자율이 하락하면 수의상환채권(callable bond)의 볼록성은 음(−)의 값을 가진다.

⑤ 이자율이 상승하면 수의상환채권의 볼록성은 일반사채와 같게 된다.

문8. (2009 CPA) 채권에 대한 다음 설명 중 가장 옳지 않은 것은? (단, 다른 조건은 일정하다) (   )

① 일반채권의 경우 볼록성(convexity)이 심한 채권의 가격이 볼록성이 약한 채권의 가격보다 항상 비싸다.

② 일반채권의 볼록성은 투자자에게 불리하다.

③ 이자율이 하락하면 수의상환채권(callable bond)의 발행자에게는 유리할 수 있고 투자자에게는 불리할 수 있다.

④ 이자율이 상승하면 상환청구권채권(puttable bond)의 투자자에게는 유리할 수 있고 발행자에게는 불리할 수 있다.

⑤ 우상향 수익률곡선의 기울기가 심하게(steeper) 변한다면, 단기채를 매입하고 장기채를 공매하는 투자전략이 그 반대전략보다 투자자에게 유리하다. (단, 기울기는 항상 양의 값을 가진다)

문9. (2011 CPA) 채권의 평가 및 투자전략에 관한 설명으로 가장 적절하지 않은 항목만으로 구성된 것은? (   )

a. 채권평가에서 만기수익률 상승으로 인한 가격하락폭보다 같은 크기의 만기수익률 하락으로 인한 가격상승폭이 더 크다.

b. 채권에 3년간 투자하려고 할 때, 채권수익률 기간구조이론 중 불편기대가설이 성립하는 경우 정부발행 3년 만기 할인채에 투자 및 보유하는 전략과 정부발행 1년 만기 할인채에 3년 동안 선도계약을 활용하지 않고 반복 투자하는 롤오버(rollover)전략의 사후적인 투자성과는 같다.

c. 다른 조건이 동일하다면 수의상환조건이 있는 채권의 만기수익률은 수의상환조건이 없는 채권의 만기수익률보다 낮다.

d. 수익률곡선타기는 수익률곡선이 우상향할 때 효과적인 채권투자전략이다.

e. 이표채의 듀레이션은 만기에 정비례하고 만기가 같은 경우에는 액면이자율이 높은 채권의 듀레이션이 짧다.

① a, c, e   ② a, d, e   ③ b, c, d
④ b, c, e   ⑤ c, d, e

문10. (2007 CPA) 이표이자를 1년마다 한 번씩 지급하는 채권이 있다. 이 채권의 만기수익률은 연 10%이며, 이 채권의 듀레이션을 구한 결과 4.5년으로 나타났다. 이 채권의 만기수익률이 0.1% 포인트 상승한다면, 채권가격변화율은 근사치로 얼마겠는가? (단, 채권가격의 비례적인 변화율과 만기수익률의 변화와의 관계식을 이용해야 한다) (   )

① −0.4286%   ② −0.4091%   ③ −0.2953%
④ −0.2143%   ⑤ −0.2045%

문11. (2000 CPA) K투자자는 액면가 100,000원, 표면이자율 연 20%(이자는 매년 말 1회 지급), 만기 2년인 채권의 매입을 검토하고 있다. 1년간의 현물이자율과 그 후 1년간의 선도이자율은 모두 15%로 알려져 있다. 채권가격과 이자율 사이의 볼록성 관계는 무시하기로 한다. 이 채권 투자에 따르는 이자율위험을 제거하기 위해 투자기간을 얼마로 해야 하는가? (소수점 아래 셋째 자리에서 반올림할 것) (   )

① 1.57년   ② 1.66년   ③ 1.75년
④ 1.84년   ⑤ 1.93년

문12. (2011 CPA) A채권, B채권, 채권C에 대한 정보가 다음의 표와 같다. 시장이자율의 변동이 각 채권의 만기수익률에 동일한 크기의 영향을 미친다고 가정할 때 채권 A, 채권 B, 채권 C에 대한 설명으로 가장 적절하지 않은 것은? (   )

분류	A채권	B채권	채권C
채권 유형	무이표채	이표채	이표채
액면금액	1억원	1억원	1억원
액면이자율	−	연 5%	연 10%
잔존만기	5년	5년	5년
액면이자 지급시기	−	매년 12월 31일	매년 12월 31일
만기수익률	연 8%	연 8%	연 8%

① 현재시점에서 A채권의 가격이 가장 낮다.

② 시장이자율이 변동하면 채권 A의 가격변동률이 가장 크다.

③ A채권의 듀레이션(duration)은 5년이다.

④ B채권과 C채권의 듀레이션은 5년보다 작다.

⑤ 현재시점에서 B채권의 듀레이션 및 가격은 C채권의 듀레이션 및 가격보다 작다.

문13. (2012 CPA) 만기 5년, 액면가 1,000원, 액면이자율 7%인 이표채가 있다. 만기수익률이 현재 11%에서 9%로 하락할 때, 채권가격의 변화율을 다음의 두 가지 방법으로 구하려고 한다. 첫째, 이표채로부터 발생하는 현금흐름의 현재가치를 구한 아래의 표를 이용하여 실제 채권가격변화율을 구하고 그 값을 채권가격변화율 A라고 한다. 둘째, 이표채의 매컬리(Macaulay) 듀레이션을 아래의 표를 이용하여 구하고, 계산된 듀레이션을 이용하여 채권가격변화율을 구하고 그 값을 채권가격변화율 B라고 한다. 이때 (채권가격변화율 A − 채권가격변화율 B)의 값으로 가장 가까운 것은? (   )

(만기수익률이 11%인 경우)

(1) 연도	(2) 현금흐름	(3) 현금흐름의 현재가치	(1)×(3)
1	70	63.06	63.06
2	70	56.81	113.63
3	70	51.18	153.55
4	70	46.11	184.44
5	1,070	634.99	3,174.96

(만기수익률이 9%인 경우)

(1) 연도	(2) 현금흐름	(3) 현금흐름의 현재가치	(1)×(3)
1	70	64.22	64.22
2	70	58.92	117.84
3	70	54.05	162.16
4	70	49.59	198.36
5	1,070	695.43	3,477.13

① 0.37%   ② 0.42%   ③ 0.47%

④ 0.52%   ⑤ 0.57%

문14. (2001 CPA) 자산의 시장가치가 1,000억원이고 듀레이션이 4년이며, 부채의 시장가치가 700억원이고 듀레이션이 5년인 가상은행이 있다고 하자. 이 은행은 어떤 금리위험에 노출되어 있으며, 이를 줄이기 위해 어떤 조치를 취할 수 있는가? (단, 아래 각항의 조치는 나머지 변수들에는 영향을 미치지 않는다고 가정) (   )

① 금리상승위험을 줄이기 위해 부채의 시장가치를 줄인다.
② 금리하락위험을 줄이기 위해 부채의 듀레이션을 늘린다.
③ 금리상승위험을 줄이기 위해 자산의 시장가치를 줄인다.
④ 금리하락위험을 줄이기 위해 자산의 듀레이션을 늘린다.
⑤ 금리하락위험을 줄이기 위해 자산과 부채의 듀레이션을 일치시킨다.

문15. (2002 CPA) 총자산이 100조원이고 자기자본비율이 8%인 금융기관이 있다고 하자. 자산과 부채의 듀레이션은 각각 6년과 4년이다. 이 금융기관의 경영자는 조만간 이자율이 현재 8%에서 9%로 상승한다고 예측하고 대응전략을 강구하고 있다. 만일 이 예측이 사실이라면 주주의 입장에서 얼마만큼의 손실 혹은 이익이 발생하는가? (단, 채권으로 인한 볼록성은 무시한다) (   )

① 2.148조원 손실　　　② 2.008조원 이익　　　③ 1.525조원 손실
④ 1.525조원 이익　　　⑤ 1.945조원 이익

문16. (2010 CPA) 여신전문금융회사인 (주)한강캐피탈은 9.94년의 듀레이션과 100억원의 시장가치를 갖는 자산포트폴리오를 보유하고 있다. 이 자산포트폴리오에 포함된 자산들에 대한 이자는 1년에 2회 6개월마다 수취된다. 이 자산들은 자기자본 10억원과 채권발행 90억원으로 조달된 자금으로 형성되었다. 이 채권의 액면이자는 연 7.25%, 만기는 2년이다. 액면이자는 1년에 2회 6개월마다 지급된다. 현재 이 채권의 시장가격은 액면가와 동일하다. 각 시점에서 발생하는 1원의 현재가치는 다음의 표와 같다.

현금흐름 발생시점 (단위: 연도)	현가요소	현금흐름 발생시점 (단위: 연도)	현가요소
0.5	0.9650	1.5	0.8987
1.0	0.9313	2.0	0.8672

(주)한강캐피탈의 자기자본가치의 변동을 면역(immunization)하려면 자산포트폴리오의 듀레이션은 얼마로 조정되어야 하는가? (단, 자산과 부채에 적용되는 시장이자율의 변화는 동일하며, 소수 셋째 자리에서 반올림하여 계산한다) (   )

① 1.53　　　　　　　② 1.62　　　　　　　③ 1.71
④ 1.83　　　　　　　⑤ 1.97

문17. (2019 CPA) 채권 A는 액면이자를 기말에 연 1회 지급한다. 현재 채권 A의 만기수익률(r)은 연 10%이며, 동 채권의 수정 듀레이션($=-\dfrac{dP}{dr}\times\dfrac{1}{P}$, 단, P는 현재 채권가격)과 볼록성($=\dfrac{d^2P}{dr^2}\times\dfrac{1}{P}$)은 각각 4와 50이다. 채권 A의 만기수익률이 0.1% 포인트 상승할 때, 채권가격의 변화율에 가장 가까운 것은? 단, 채권가격의 변화율은 채권가격의 만기수익률에 대한 테일러 전개식(Taylor series expansion)을 이용하여 계산하고 3차 이상의 미분 항들은 무시한다. ( )

① -0.1500% ② -0.3611% ③ -0.3975%

④ -0.4025% ⑤ -0.4375%

문18. (2020 CPA) 채권에 관한 설명으로 적절한 항목만을 모두 선택한 것은? ( )

---

a. 현재시점($t=0$)에서 수익률곡선이 우상향할 경우, t년 현물이자율 $r_{0,t}$보다 t기의 선도이자율 $r_{t-1,t}$가 더 높다.

b. 현재의 우상향 수익률곡선이 향후 변하지 않을 경우, 수익률곡선타기 채권투자전략으로 추가적인 자본이득을 얻을 수 있다.

c. 액면가액, 만기, 만기수익률(YTM)이 동일한 일반사채의 경우, 이표이자율이 작을수록 볼록성이 커진다. 따라서 무이표채의 볼록성은 이표채보다 크다.

d. 다른 조건이 동일할 경우, 일반사채의 듀레이션보다 수의상환조건이 있는 채권의 듀레이션은 크며 일반사채의 듀레이션보다 상환청구권이 있는 채권의 듀레이션은 작다.

e. 고정이자부 채권으로 구성된 자산 포트폴리오의 듀레이션은 2.5이고 시장가치는 1,400억원이다. 고정이자부 부채 포트폴리오의 시장가치가 1,000억원일 경우, 순자산의 가치를 이자율위험에 대하여 완전면역화하는 부채 포트폴리오의 듀레이션은 3.5이다.

---

① a, b   ② c, d   ③ a, c, d

④ b, d, e   ⑤ a, b, c, e

문19. (2021 CPA) 채권 듀레이션에 관한 설명으로 가장 적절하지 않은 것은? ( )

① 무이표채의 경우 만기가 길어지면 듀레이션이 증가한다.

② 목표시기와 듀레이션을 일치시키는 채권 포트폴리오를 보유하면 목표시기까지 이자율의 중간 변동에 대하여 면역이 되므로 채권 포트폴리오를 조정할 필요가

없다.

③ 목표시기면역전략 수행에 있어서 다른 조건이 동일할 때 시간이 경과함에 따라 채권 포트폴리오의 듀레이션을 감소시키는 조정이 필요하다.

④ 다른 조건이 동일할 때 연간 이자지급횟수가 증가하면 채권의 듀레이션은 감소한다.

⑤ 영구채의 듀레이션은 시장이자율과 연간 이자지급횟수에 의하여 결정된다.

연습문제 해답

문1. ②

[답]

$$\frac{dP}{P}=-D\left(\frac{dr}{1+r}\right) \rightarrow dP=-D_M \times dr \times P = (-10)(0.01)(800) =-80$$

문2. ①

문3. ③

[답]

① 채권수익률 하락이 예상되면 장기채와 쿠폰금리(액면이자율)가 낮은 채권에 대한 투자를 증가시킨다.

② 채권수익률 기간구조이론 중 불편기대가설이 성립하는 경우 정부발행 5년 만기 할인채에 투자하는 장기투자전략과 정부발행 1년 만기 할인채에 5년 동안 반복 투자하는 롤오버전략(rollover strategy)의 사전적인 투자성과는 같으나, 사후적인 투자성과는 알 수 없다.

④ 이표채의 듀레이션은 만기, 액면이자율, 채권수익률 모두 동시에 영향을 받기 때문에 만기에만 정비례하지는 않는다. 또한 만기가 일정할 때, 액면이자율이 높을수록 듀레이션이 짧다. 이는 채권가격정리의 네 번째 속성과 관련된다. 즉, 일반적으로 액면이자율이 높은 이표채일수록 액면가의 최종지급보다 이자지급에 더 큰 가치비중을 가지기 때문에 유효만기가 작아지고 반대로 액면이자율이 낮은 이표채일수록 액면가의 최종지급이 이자지급보다 더 큰 가치비중을 가지기 때문에 유효만기가 커진다는 것과 관련 있다.

⑤ 수익률곡선타기전략은 수익률곡선이 우상향하는 경우에만 효과적인 전략이다.

문4. ①

[답]

Malkiel의 채권가격정리: 만기가 길수록 일정한 채권수익률 변동에 대해 가격변동률은 커지지만 그 변동률의 증감은 체감한다. 따라서 시장이자율이 상승할 때, A채권(1년)과 B채권(3년)의 가격하락폭의 차이는 B채권(3년)과 C채권(5년)의 가격하락폭의 차이보다 크다.

문5. ③

[답]

① 이자율 기간구조는 우상향, 우하향, 일정 등의 형태를 나타낸다. 따라서 이자율 기간구조

가 하락하는 경우에는 만기가 긴 채권의 만기수익률은 만기가 짧은 채권의 만기수익률보
다 높지 않다.

② 다른 조건이 동일하다면 유동성위험이 큰 채권의 만기수익률은 유동성위험이 낮은 채권의
만기수익률보다 높다.

③ 액면이자율이 일정할 때, 채권의 듀레이션은 일반적으로 만기가 길수록 증가한다. 따라서
액면이자율이 일정하지 않다면 만기가 긴 채권의 듀레이션이 만기가 짧은 채권의 듀레이
션보다 클 수도 있고 작을 수도 있다.

④ 다른 조건이 동일하다면 수의상환조건이 있는 채권의 만기수익률이 수의상환조건이 없는
채권의 만기수익률보다 높다. 즉, 수의상환채권의 가격이 일반채권의 가격보다 낮다.

⑤ 일반적으로 채권의 가격위험은 채권의 만기에 의해서 영향을 받게 된다.

문6. ①

[답]

① 수익률곡선이 우상향일 때 무이표채권의 만기수익률은 이표채권의 만기수익률보다 크다.
예를 들어, 액면가액이 100원, 만기 1년인 A채권의 액면이자율이 6%일 경우 액면발행되고,
액면가액이 100원, 만기 2년인 B채권의 액면이자율이 6.8%일 경우 액면발행되었다고 하자.
이때, $P_A(=100) = \dfrac{106}{(1+r_{0,1})^1}$에서 $r_{0,1} = 0.06$이고, $P_B(=100) = \dfrac{6.8}{(1+0.06)^1} + \dfrac{106.8}{(1+r_{0,2})^2}$
에서 $r_{0,2} = 0.06827$이다. 즉, 2년 만기 무이표채권의 수익률은 6.827%이고, 이표채권의 수
익률은 6.8%이므로 항상 무이표채권수익률이 이표채권수익률보다 높다.

② $(1+r_{0,2})^2 = (1+r_{0,1})(1+r_{1,2})$에서 2년 현물이자율(2년 만기수익률) $r_{0,2}$는 1년 현물이자율
$r_{0,1}$과 내년의 선도이자율 $r_{1,2}$의 기하평균으로, 수익률곡선이 왜 우상향 또는 우하향 등의
모양을 나타내는지에 대한 설명을 해준다. 예를 들어, 다음 기간의 선도이자율 $r_{1,2}$(7%)이
올해의 현물이자율 $r_{0,1}$(5%)보다 높으면, 이 두 수익률의 평균수익률(2년 만기수익률)은
올해 수익률보다 높고, 따라서 $r_{0,2}$ (5.99%) $> r_{0,1}$ (5%)이 되어 수익률곡선은 우상향한다.

③ Malkiel의 채권가격정리: 액면이자율이 낮은 채권이 액면이자율이 높은 채권보다 채권수익
률 변동에 따른 채권가격변동률이 크다.

④ 듀레이션의 속성: 무이표채(순수할인채)의 경우 모든 현금흐름이 만기에 발생하기 때문에
만기와 듀레이션이 같다.

⑤ 다른 조건이 동일하다면 수의상환조건이 있는 채권의 만기수익률이 수의상환조건이 없는
채권의 만기수익률 보다 높다. 즉, 수의상환채권의 가격이 일반채권의 가격보다 낮다.

문7. ③

[답]

① 볼록성이 심할수록, 즉 곡률이 더 큰 채권의 경우 채권수익률이 떨어질 때의 가격상승폭이
채권수익률이 올라갈 때의 가격하락분보다 더 큰 비대칭적 특징이 있다.

② 채권수익률이 상승하거나 하락하는 것과 상관없이 볼록성은 항상 양(+)의 값을 갖는다.

③ 상환청구권부사채(puttable bond)는 채권수익률 상승 시, 즉 채권가격 하락 시 채권보유자가 채권발행자에게 되사도록 요구할 수 있는 풋조항이 있으므로 채권보유자에게 유리한 조항이다. 따라서 채권수익률 상승 시 일반채권에 비해서 유리한 조항이 있기 때문에 채권가격이 덜 하락한다. 즉, 일반사채에 비하여 상환청구권부사채(puttable bond)의 볼록성이 크다고 할 수 있다.

④, ⑤ 수의상환채권의 경우 채권수익률이 올라가면 일반채권의 경우와 마찬가지로 채권보유자는 손실을 본다. 하지만, 채권수익률이 하락하면 채권보유자는 더 큰 자본이익을 얻는 것이 아니라 보유한 채권을 상환해야 할지도 모른다. 이러한 비대칭성은 수의상환조건(콜조항)에 기인한다. 따라서 수의상환채권은 음(−)의 볼록성을 가진다.

문8. ②

[답]

① 볼록성을 고려한 채권의 가격변화는 $dP/P = -D_M(dr)^1 + (1/2)(볼록성)(dr)^2$으로 계산한다. 이 경우 양(+)의 볼록성을 갖는 채권에 대해 두 번째 항은 수익률이 상승하거나 하락하는 것과 상관없이 항상 양(+)의 값을 갖기 때문에 동일한 듀레이션에서 볼록성이 큰 채권의 가격이 볼록성이 작은 채권의 가격보다 수익률의 상승이나 하락에 관계없이 항상 높은 가격을 지닌다.

② 볼록성은 일반적으로 바람직한 특성으로 인식되어 투자자가 볼록성을 좋아한다. 왜냐하면, 곡률이 더 큰 채권의 경우 수익률이 떨어질 때의 가격상승분이 수익률이 올라갈 때의 가격하락분보다 더 크다. 즉, 수익률이 큰 폭으로 변할 때 곡률이 더 큰 채권의 가격상승폭이 곡률이 작은 채권의 가격상승폭 보다 더 크고 하락폭은 더 작다. 이러한 특징은 수익률의 변동성이 큰 경우에 채권에 대한 기대수익률을 높여주는 매력적인 비대칭성을 갖는 특징이다.

③ 이자율이 하락하여 채권발행자가 수의상환할 경우 채권보유자(채권투자자) 입장에서는 채권만기까지 계속 높은 이자를 받을 수 있는 기회를 박탈당하게 됨으로써 채권을 수의상환할 수 있는 조항은 투자자입장에서는 불리한 조항이다.

④ 수의상환청구채권(puttable bond)의 보유자는 만기일 이전에 채권발행자에게 해당 채권을 매도할 수 있는 권리를 가지게 되어 채권 원리금의 수의상환을 요구할 수 있게 된다. 따라서 이자율이 상승할 경우 투자자에게는 유리한 조항이 된다.

⑤ 우상향 수익률곡선의 기울기가 심하게(steeper) 변한다면, 단기채의 이자율 상승분(=가격하락분)보다 장기채의 이자율상승분(=가격하락분)이 더 적기 때문에 단기채의 가격이 장기채의 가격보다 더 적게 하락한다. 따라서 단기채를 매입하고 장기채를 매도하는 투자전략이 그 반대전략보다 투자자에게 유리하다.

문9. ④

[답]

   b. 기대가설이 성립하는 경우 장기채권에 대한 투자와 단기채권을 롤오버하는 전략의 사전적인 투자성과는 동일하지만 사후적인 투자성과는 다를 수 있다.

   c. 수의상환조항은 투자자입장에서는 불리한 조항이므로, 수의상환채권의 수익률이 일반사채의 수익률보다 높다. 따라서 수의상환채권의 가격이 일반사채보다 더 싸다.

   e. 이표채의 듀레이션은 만기에 비례하지만 정비례하지는 않는다.

문10. ②

[답]

$$dP = -D\left(\frac{dr}{1+r}\right)P \ \rightarrow \ \frac{dP}{P} = -4.5\left(\frac{0.001}{1+0.1}\right) = -0.004091 = -0.4091\%$$

문11. ④

[답]

이자율변동위험을 회피하기 위해 목표투자기간과 듀레이션을 일치시키면 된다.

$$D = \frac{t\sum_{t=1}^{M}\dfrac{C_t}{(1+r)^t}}{P} = \frac{1 \times \dfrac{20,000}{(1+0.15)^1} + 2 \times \dfrac{120,000}{(1+0.15)^2}}{\dfrac{20,000}{(1+0.15)^1} + \dfrac{120,000}{(1+0.15)^2}} = 1.84$$

문12. ⑤

[답]

   ① $P_A = \dfrac{100,000,000}{(1.08)^5} = 68,058,320$원

     $P_B = \dfrac{5,000,000}{(1.08)^1} + \cdots + \dfrac{5,000,000}{(1.08)^4} + \dfrac{105,000,000}{(1.08)^5} = 88,021,870$원

     $P_C = \dfrac{10,000,000}{(1.08)^1} + \cdots + \dfrac{10,000,000}{(1.08)^4} + \dfrac{110,000,000}{(1.08)^5} = 107,875,420$원

   ② 채권가격정리: 액면이자율이 낮은 채권이 액면이자율이 높은 채권보다 채권수익률 변동에 따른 채권가격변동률이 크다. 따라서 시장이자율(채권수익률)이 변동하면 채권 A의 가격 변동률이 가장 크다.

   ③ 듀레이션의 속성: 무이표채(순수할인채)의 경우 모든 현금흐름이 만기에 발생하기 때문에 만기와 듀레이션이 같다.

   ④ 이표채의 듀레이션은 만기보다 작다.

문13. ②

[답]

① 채권가격변화율 A(실제 채권가격변화율):

만기수익률=11%인 경우의 $P = 63.06 + 56.81 + 51.18 + 46.11 + 634.99 = 852.15$

만기수익률=9%인 경우의 $P = 64.22 + 58.92 + 54.05 + 49.59 + 695.43 = 922.21$

따라서 $\dfrac{dP}{P} = \dfrac{922.21 - 851.15}{852.15} = 0.0822$

② 채권가격변화율 B(듀레이션을 이용하여 구한 채권가격변화율):

$D = \dfrac{63.06 + 113.63 + 153.55 + 184.44 + 3,174.96}{852.15} = 4.33$년

$\dfrac{dP}{P} = -D\left(\dfrac{dr}{1+r}\right) = -4.33\left(\dfrac{0.02}{1+0.11}\right) = 0.078$

따라서, 채권가격변화율 A $-$ 채권가격변화율 B $= 0.0822 - 0.078 = 0.0042$

문14. ③

[답]

$D_A \times A (= 4 \times 1,000) > D_L \times L (= 5 \times 700)$이므로 이자율 하락 시에 자산가치가 부채가치보다 더 크게 상승하여 이득을 보게 되고, 이자율 상승 시에 자산가치가 부채가치보다 더 크게 하락하여 순자산가치가 감소할 것이다. 따라서 금리상승위험을 줄이기 위해서 ① 자산의 듀레이션을 감소시키든지 자산의 시장가치를 감소시키거나 ② 부채의 듀레이션을 증가시키든지 부채의 시장가치를 증가시키는 조치가 필요하다.

문15. ①

[답]

$dP = -D\left(\dfrac{dr}{1+r}\right)P \;\rightarrow\; dP_{(\text{자산})} = -6\left(\dfrac{0.01}{1.08}\right)(100\text{조원}) = -5.555$

$dP_{(\text{부채})} = -4\left(\dfrac{0.01}{1.08}\right)[100\text{조원}(1 - 0.08)] = -3.407$

$\therefore\; dP_{(\text{자기자본})} = dP_{(\text{자산})} - dP_{(\text{부채})} = -5.555 - (-3.407) = -2.148\text{조원}$

문16. ③

[답]

$D_L = \dfrac{0.5[(90)(7.25\%)(0.5)(0.9650)]}{90} + \dfrac{1[(90)(7.25\%)(0.5)(0.9313)]}{90}$

$+ \dfrac{1.5[(90)(7.25\%)(0.5)(0.8987)]}{90} + \dfrac{2[(90)(7.25\%)(0.5)(0.8672) + (90)(0.8672)]}{90}$

$= 1.9$년

한편, 자기자본가치의 변동을 면역하기 위해서는 $D_A \times MV_A = D_L \times MV_L$이 되어야 한다. 따라

서 $D_A \times 100$억원 $= 1.9 \times 90$억원 $\rightarrow D_A = 1.71$년

문17. ③

[답]

$$\frac{dP}{P} = -\frac{D}{1+r}dr + \frac{1}{2}(볼록성)(dr)^2$$

$$\rightarrow \frac{dP}{P} = -4 \times 0.001 + \frac{1}{2} \times 50 \times 0.001^2 = -0.003975$$

문18. ⑤

[답]

c. 채권가격정리: 액면이자율(이표이자율)이 낮은 채권이 액면이자율이 높은 채권보다 채권수익률 변동에 따른 채권가격변동률이 크다(볼록성). 따라서 액면이자율이 작을수록 볼록성이 커진다.

d. 수의상환조건이나 상환청구권이 있는 채권의 경우 만기 이전에 빨리 상환되므로 일반사채보다 듀레이션이 작다.

e. $D_{자산} \times MV_{자산} - D_{부채} \times MV_{부채} = 0 \rightarrow (2.5)(1,400억원) - (D_{부채})(1,000억원) = 0$

$$\rightarrow D_{부채} = 3.5$$

문19. ②

14 외환

학습개요

본 장에서는 외환에 대한 이해를 위해 자국통화표시법과 외국통화표시법의 환율표시방법과 다양한 환율의 종류와 환율제도가 어떻게 변천되어 왔는지에 대해서 살펴보고, 통상 2영업일 이내에 외환의 인수도와 결제가 이루어지는 현물환시장과 2영업일 경과 후 외환의 인수도와 결제가 이루어지는 선물환시장에 대해서 설명한다. 또한, 환율, 물가, 이자율 간의 관계를 이해하기 위하여 구매력평가이론, 피셔효과, 국제피셔효과, 이자율평가이론에 대해서 다루고 선물환 및 단기금융시장을 이용한 위험관리방안에 대해서 학습한다.

학습목표

- 자국통화표시법과 외국통화표시법
- 환율제도
- 구매력평가이론
- 국제피셔효과
- 선물환 및 단기금융시장을 이용한 헷지전략
- 환율의 종류
- 현물환시장과 선물환시장
- 피셔효과
- 이자율평가이론

▶ 01 환율

1. 환율의 개요

(1) 환율표시방법

우리나라 수입업자가 외국에서 석유 등의 재화를 수입할 때 외국 수출업자가 받을 수 있는 돈으로 줘야 한다. 마찬가지로 외국여행을 할 때도 그 나라 사람들이 사용할 수 있는 돈을 사용해야 한다. 이를 위해서 원화를 주고 다른 나라 돈을 사야 한다. 다른 나라의 돈(외국통화)을 살 때 지불하는 우리나라의 돈(국내통화)은 결국 외국돈의 가격이 된다. 서로 다른 나라 돈 간의 교환비율을 환율(exchange rate)이라고 하며, 환율은 두 나라 통화의 상대적 가치를 나타낸다.

예를 들어, 미국달러에 대한 원화 환율이 1달러당 1,100원이라고 하자. 이는 미국 1달러의 가치가 원화로 1,100원이라는 의미이며, \$1=₩1,100(=₩1,100/\$1: 국내통화/외국통화)으로 표시한다. 이와 같은 표시방법은 국제적으로 기축통화로서 통용되는 미국달러를 기준으로 외국통화 1단위가 자국통화 몇 단위와 교환될 수 있는지를 나타낸 것으로 자국통화표시법 혹은 직접표시법이라고 한다.

따라서 직접표시법은 외국 돈 하나를 구입할 때 우리 돈을 얼마나 줘야 하는지 알려주는 표시법이 된다. 이는 마치 과자 1봉지=₩1,100원이라는 표시와 동일하다. 우리나라를 포함해서 대부분의 나라에서는 외국돈을 물건처럼 취급하여 \$1=₩1,100, €1=₩1,200, ¥100=₩1,000 등의 자국통화표시법으로 표시하고 있다.

자국통화표시법과 반대로 1원의 가치가 1/1,100달러라는 뜻으로 ₩1=\$0.00091(=\$1/₩1,100: 외국통화/국내통화)와 같이 나타낼 수 있다. 이는 원화 1원이 미국달러 0.00091달러와 교환됨을 의미한다. 쉽게 말해서, 원화 하나 사기 위해서 달러가 얼마나 필요한가를 나타내는 표시방법이다. 이처럼 국내통화 1단위가 외국통화 몇 단위와 교환될 수 있는지를 표시하는 방법을 외국통화표시법 혹은 간접표시법이라고 한다.

유로화, 영국파운드화, 호주달러화, 뉴질랜드달러화 등은 외국통화표시법으로 나타내고 있다. 자국통화표시법과 외국통화표시법 중 어느 것이 좋다고 말할 수는 없지만, 현행 국제 금융시장에서 거의 대부분은 미국달러를 기준으로 자국통화표시법으로 표시한다.

자국통화표시법으로 나타낼 경우 달러당 원화금액이 커지면 환율이 상승하고 원화가치가 하락하였다고 말한다. 예를 들어, $1 = ₩1,100이던 것이 $1 = ₩1,200이 되면 1달러를 바꾸는데 1,100원 주던 것을 이제는 1,200원을 줘야 하기 때문에 미국달러의 가치는 올라간 것(환율상승)이고 원화의 가치는 내려간 것(평가절하)이다.

반대로 달러당 원화금액이 작아지면 환율이 하락하고 원화가치가 상승하였다고 말한다. 예를 들어, $1 = ₩1,100이던 것이 $1 = ₩1,000이 되면 1달러를 바꾸는데 1,100원 주던 것을 이제는 1,000원만 줘도 되기 때문에 미국달러의 가치는 내려간 것(환율하락)이고 원화의 가치는 올라간 것(평가절상)이다.

원·엔 환율만 왜 '100엔당' 계산? … 환율 자릿수의 비밀

이날 원·엔 환율은 100엔당 957원 97전으로 6년 만에 최저치를 기록했다. 원·엔 환율이 세 자릿수에 진입한 지 한 달째. 미국 달러 강세, 일본의 추가 완화 가능성 등을 보면 엔저는 앞으로도 이슈가 될 전망이다. 가파른 엔화 약세는 수출기업에 악재, 일본 여행객에게 호재다. 원·엔 환율은 '100엔당'이고 하는데, 왜 손쉽게 '1엔당 9원 57전'이라고 쓰지 않는 것일까. 생략되는 숫자가 아쉬우면 '엔당 9.5797원'이라고 쓰면 된다. 무엇보다 이 '100엔당'은 실수를 유발한다. '100엔당'을 빠뜨려 엔화가치를 100배로 부풀린 기사가 가끔 나온다.

전문가들도 그 유래에 대해선 고개를 갸웃거린다. 한국은행 외환시장팀장은 "원·달러 환율이 세 자리나 네 자릿수니까 비교하기 좋게 100엔당으로 했을 것"이라고 추정했다. 네이버에서 옛날 신문을 검색하면 1966년 4월에도 '일화 100圓(엔)에 대해 한화 73원'이라는 표현이 나온다. 1엔당으로는 0.73원이 돼 당시 원·달러 환율(271원)과 자릿수 격차가 커진다. 사실 100단위는 원·엔만 쓰는 게 아니다. 인도네시아는 100루피아, 베트남은 100동 단위로 원화값을 표시한다(서울외국환중개 고시 기준).

두 번째 의문. 원·달러는 1,040원 40전 식으로 10전 단위다. 그런데 원·엔은 '1전' 단위까지 쓰는 이유는 뭘까. 한국은행 국제국 부국장은 '여섯 자리(소수점 포함)' 관행을 소개했다.

숫자가 적으면 변화를 알기 어렵고, 많으면 거래가 번거롭다. 그 중간이 여섯 자리라는 설명이다. 숫자로 나타내면 달러당 1040.4원도, 100엔당 957.97원도 소수점 포함해서 여섯 자리다.

다만 원·엔 환율도 외환위기 이후 1,000원을 많이 넘겼으니(일곱 자리가 된다) 관행일 뿐인 모양이다. 조성범 서울외국환중개 상무는 "요즘 전산이 발달해서 환율을 7~8자리까지 표시하는 은행도 있다"고 말했다.

마지막으로 환율 명칭의 문제다. 100엔당 957원 97전(직접표시법)이라면, 가치의 척도인 엔 (JPY)을 앞에 쓰는 것이 국제원칙이다. 글로벌 투자은행(IB)들은 'JPY(100)/KRW'=957.97식으로 쓴다. 그런데 국내 신문들은 대부분 '원·엔'이라고 쓴다. 한국은행도 '원/엔'으로 표현한다. 국제금융센터 과장은 "/를 나누기의 뜻으로 보면 틀린 것도 아니다"고 봤다. 굳이 '원'을 앞에 두는 이유는 뭘까. 한 외환딜러는 "한국·일본팀 경기를 '일한전'으로 누가 부르냐"며 수긍이 가는 답을 했다.

흔히들 부르는 '원·달러' 환율도 국제원칙으로는 '달러·원'이 맞다. 딜러들도 달러·원으로 부르는 데는 엄격한 편이다. 달러·원은 직거래시장이 있어서 원칙이 중요하다. 반면 원·엔 환율은 직거래 시장이 없어서 원·달러, 엔·달러 시장의 가격을 참고해 계산한다. 시장이 없으니 종가도 없다.

원과 엔(100엔당)을 교환비율로 보면 10 대 1 정도다. 1970~1980년대 초까지는 4 대 1을 넘지 않았다. 기획재정부의 한 고위 공무원이 당시 사무관으로 외환 업무를 맡았을 때다. 그때 상사가 "원·엔을 1 대 1로 만드는 걸 평생의 목표로 삼아보라"고 했단다. 선진국이 돼 원화를 엔화만큼 가치 있게 만들자는 것이었다. 하지만 플라자합의 이후 엔화가치는 10 대 1로 고공행진 했고, 이는 오히려 국내 기업과 한국 경제에 큰 기회가 됐다. 다시 찾아온 엔저는 추세를 또 바꾸게 될까.

[출처: 한국경제(www.hankyung.com), 2014. 9. 19. 수정]

(2) 환율의 종류

실생활에서 환전을 할 때 여러 종류의 환율이 있다. 먼저, 외화매매의 기준이 되는 환율을 매매기준율이라고 한다. 매매기준율은 전날 외환시장에서 은행들 간에 거래된 달러와 원화의 평균환율을 의미한다. 매매기준율은 실제로 일반 개인고객이 은행에 가서 적용받는 환율이 아니다. 은행은 매매기준율을 기준으로 조금씩 스프레드를 가감하여 전신환매도율과 전신환매입률, 여행자수표매도율과 여행자수표매입률, 현찰매도율과 현찰매입률을 고시한다. 일반적으로 스프레드는 전신환환율, 여행자수표환율, 현찰환율 순으로 커진다.

매도율은 은행을 기준으로 은행이 일반고객에게 외환을 팔 때 적용하는 환율이고 매입율은 은행이 일반고객으로부터 외환을 살 때 적용하는 환율이다. 따라서 일반고객이 은행에 가서 미국달러화를 현찰로 살 경우 적용하는 환율은 〈표 14-1〉에서 보면 현찰매도환율이 1,154.35원이므로 1달러를 구매하는데 1,154.35원을 지불해야 한다는 뜻이다.

실제로 은행들이 고객의 신용도 등에 따라 적용하는 환율을 우대해 주는데 예를 들어, 고객이 현찰로 미국달러를 살 경우 80%의 환율우대를 받는다고 한다면, 이 경우에는 (현찰매도율−매매기준율)×우대환율을 적용하여 환전해 주겠다는 의미이다. 따라서 $(1,154.35 − 1,134.50)(0.8) = 15.88$원을 우대받아서 $1,138.47$원$(= 1,154.35 − 15.88)$을 주고 1달러를 환전할 수 있다.

표 14-1　H은행 고시 환율(20XX년 X월 X일)

통화 (통화명)	매매 기준율	송금(전신환)		현찰		여행자수표 매도율	외화수표 매입률
		매도율	매입률	매도율	매입률		
USD (미국달러)	1,134.50	1,145.20	1,123.80	1,154.35	1,114.65	1,148.11	1,123.80
JPY (일본100엔)	1,025.12	1,034.85	1,015.39	1,042.54	1,007.70	1,037.42	1,015.39
EUR (유럽연합유로)	1,206.31	1,218.13	1,194.49	1,230.07	1,182.55	1,220.78	1,194.49
GBP (영국 파운드)	1,411.20	1,425.31	1,397.09	1,439.28	1,383.12	1,428.13	1,397.09

2. 환율제도

(1) 환율제도의 개요

환율은 각 나라들이 저마다 어떠한 형태의 환율제도를 운영하는지에 따라 영향을 받는다. 환율제도는 고정환율제도와 변동환율제도로 나눠진다. 1970년대 초반까지 세계 각국은 고정환율제도를 유지하였다. 고정환율제도는 각국 돈의 교환비율이 일정하게 정해지는 제도이고, 변동환율제도는 외환시장의 수요와 공급에 의해서 환율이 결정되는 제도이다.

고정환율제도하에서는 환율이 안정되기 때문에 국제거래가 활성화된다는 장점이 있다. 예를 들어, $1 = ₩1,000으로 환율이 고정되어 있다면 일정 기간 동안 환율이 변하지 않기 때문에 수출입 기업이나 여행 및 유학 등으로 외국돈이 필요한 사람들은 환율로 인한 손실 등을 걱정하지 않고 경제활동을 할 수 있다.

하지만 기본적으로 환율은 외환의 수요와 공급에 의해서 결정되는데, 고정되어 있는 환율을 유지하기 위해서는 시장에서의 부족하거나 초과되는 수요나 공급을 정부가 메워야 한다. 예를 들어, 시장에서의 공급이 $100억이고 수요가 $70억일 경우에 정부는 $1 = ₩1,000인 환율을 유지하기 위해 시장에 적극 개입하여 $30억을 매수해야 한다. 반대로 시장에서의 수요가 $100억이고 공급이 $60억일 경우에는 정부가 $40억을 공급해야 한다. 그렇지 않을 경우 초과공급이 있을 때는 환율이 1,000원 밑으로 내려가고 초과수요가 있을 때는 환율이 1,000원 위로 올라갈 것이다.

이러한 정부의 시장개입은 외환보유고가 충분할 경우에는 문제가 없으나 외환보유고가 충분하지 않을 경우에는 외환위기사태가 올 수도 있다. 대표적으로 우리나라가 1997년 말 발생한 금융위기 시에 외환부족으로 인해 IMF에 구제금융을 신청함에 따라 대외신용도의 급격한 하락과 극심한 경기침체를 겪기도 했다. 고정환율제도하에서는 시장에서 환율이 외환의 수요 및 공급을 반영하지 못한다는 점과 더불어 자국의 사정에 맞는 통화정책을 제대로 시행하지 못하게 된다는 단점이 있다.

이에 비해 변동환율제도는 통화정책을 통해 환율, 물가, 고용안정 등을 추구할 수 있지만 단기적으로 환율의 변동폭이 심화되어 국제거래가 위축되고 외환시장의 효율성이 떨어질 수 있다. 그리고 환율의 급격한 변동은 기본적으로 가치가 떨어질 것으로 예상되는 화폐는 팔고 가치가 올라갈 것으로 예상하는 화폐를 사는 투기자들에 의해 발생하는 경우가 많다.

(2) 금본위제도(고정환율)

금본위제도는 19세기 말부터 20세기 초에 걸쳐 세계 대부분의 주요 국가가 유지한 환율제도로서, 각국은 금을 보유하고 각국의 통화 한 단위와 일정량의 금을 교환하여 주었다. 금본위제가 유지되었던 전 기간 동안 세계경제는 고정환율제도를 유지하였다.[1]

예를 들어, 미국이 100달러당 금 1온스를 교환할 수 있고, 영국은 100파운드당 금 1온스를 교환할 수 있다고 가정해보자. 양국은 달러와 파운드의 교환비율, 즉 환율을 고정시켜 1달러는 1파운드와 교환되어야만 한다. 그렇지 않을 경우 이익을 낼 수 있다.

만약 환율이 1달러당 2파운드라면 100달러를 200파운드로 바꿔서 영국에서 금 2온스를 구입하여 미국으로 금을 가져와서 200달러를 받고 팔면 100달러만큼의 차익거래이익을 얻을 수 있다. 이와 같이 영국의 금을 미국으로 가져와서 팔면 미국의 통화공급은 증가하고 영국의 통화공급은 감소하게 된다. 금본위제하에서의 금의 국제적 이동은 통화공급을 조절하고 환율을 안정시키는 자동기구로서 역할을 하였다.

(3) 브레튼우즈체제(고정환율)

제2차 세계대전 후 세계경제 및 환율안정을 위한 효율적인 통화제도의 필요성에 의해 1944년 미국 뉴햄프셔주 브레튼우즈(Bretton Woods)에서 개최된 통화금융회의에서 각 나라의 화폐에 대한 금의 비율을 미국달러화를 통해 고정시켰다. 즉, 각국 중앙은행은 미국 중앙은행으로부터 금 1온스에 35달러의 고정된 가격으로 달러와 금을 교환할 수 있게 함으로써 미국 달러화를 기축통화(key currency)로 하는 금환본위제도(gold exchange standard system)를 실시하였다.

또한 이 협정으로 회원국은 자국통화의 평가를 설정하고 환율을 평가의 상하 1% 이내에서 유지시켜야 하는 고정환율제가 실시되었다. 이러한 고정환율제도를 관리하고 세계의 중앙은행 역할을 수행할 수 있는 국제통화기금(IMF)과 세계은행(IBRD)을 창설하였다.

브레튼우즈 협정은 베트남전쟁 등으로 인한 미국의 국제수지 적자 및 전비조달을 위한 통화량 증발에 의한 인플레이션으로 인해 달러가치가 급락하자 일부 국가들이

---

1 「거시경제학」, N. Gregory Mankiw지음/이병락 옮김, p. 378.

금태환(달러를 금으로 교환)을 요구하였고, 결국 1971년 8월 닉슨대통령의 금태환 정지 선언으로 붕괴되었다.

트리핀 딜레마

어떤 나라의 통화가 기축통화가 되려면 근본적으로 어떤 딜레마를 안고 가야 한다. 즉, 기축통화가 되려면 그 통화를 찍어 전 세계에 뿌리거나 무역적자를 통해 거래국에 통화를 공급해야 한다. 그 나라 통화의 남발이 우려되는 대목이다. 이것은 기축통화국의 역할 면에서는 훌륭하지만, 화폐 자체의 근본 역할 면에선 문제다. 반대로 미국이 장기간 흑자를 유지하면 달러 가치는 안정되겠지만, 세계 경제는 나빠질 것이다. 미국 달러는 결국 이러지도 저러지도 못하는 딜레마에 빠졌다고 Triffin 예일대 교수가 처음으로 주장했다.

[출처: 한국경제(www.hankyung.com), 2014. 5. 23.]

(4) 킹스턴체제(변동환율)

브레튼우즈체제 붕괴 이후 1971년 말에 미국 워싱턴의 스미소니언 박물관에서 브레튼우즈체제의 모순을 보완하기 위해 미국달러의 가치를 금에 대하여 8.57%(1온스당 $38)로 평가하였으나 근본적으로 브레튼우즈체제의 문제점을 해결하지 못하였으며 결국 킹스턴체제를 도입하는 계기를 만들었다.

킹스턴체제는 1976년 자메이카의 수도 킹스턴에서 각국 간에 합의한 환율제도이다. 킹스턴체제하에서는 달러와 금의 관계가 단절되어 금달러본위를 폐지하고 금 대신 IMF가 창출한 금가치가 보장된 국제준비자산인 SDR(특별인출권) 본위제로의 이행이 이루어졌다. 또한 IMF회원국은 변동환율제도와 고정환율제도 중 환율제도를 자유롭게 선택할 수 있었다. 그리고 환율의 조작에 목적을 둔 각 국 정부의 외환시장 개입은 허용하지 않으며 환율의 변동성이 심할 때 이를 완화하기 위한 목적으로만 제한적 개입이 가능하도록 하였다.

킹스턴체제 이후 대부분의 나라들은 변동환율제도를 채택하고 있다. 우리나라는 1997년말 외환위기 이후 환율의 변동폭 제한을 폐지하여 완전 자유 변동환율제도를 실시하고 있다.

스미스소니언, 킹스턴체제?

'닉슨 쇼크' 이후 '스미스소니언체제'라는 것이 만들어졌다. 영국, 프랑스, 독일, 일본, 스위스 등 10개국이 스미스소니언 박물관에 모여 금 1온스당 가격을 38달러로 재조정했다. 브레튼 우즈체제 때보다 달러가치를 낮춘 것이다. 하지만 이 제도 역시 문제점을 낳았다. 환율이 고 정돼 있으니 무역수지적자가 커지더라도 환율이 이를 조정하지 못하는 것이다.

예를 들어, 실제로는 1달러당 2,000원이 되어야 하는데 여전히 1,000원이었던 것. 1달러당 500원이 돼야 하는데 1,000원에 머문 상황도 같다. 결국 2년 만에 이 체제는 붕괴되고 세계 는 변동환율제로 들어갔다.

1976년 변동환율제로 들어간 것을 '킹스턴체제'라고 부른다. 변동환율제는 통화의 공급과 수 요에 따라 변하는 환율체제다. 시장 자율로 환율이 결정되는 데 초점을 맞춘 킹스턴체제는 그 러나 기축통화국인 미국의 만성적인 무역적자를 해결하지 못하는 문제를 안고 있었다.

미국은 1985년 무역적자를 해결하기 위해 무역흑자국인 독일과 일본에 대해 각각 마르크화 와 엔화가치를 올리라고 압박하기도 했다. 미국플라자호텔에서 선진 10개국 재무장관들이 모 여 합의한 이 협정을 플라자협정이라고 한다. 플라자협정 이후 일본의 엔화가치는 달러당 200엔에서 100엔대로 크게 올랐다. 기축통화인 달러를 지키려는 몸부림이었다.

[출처: 한국경제(www.hankyung.com), 2014. 5. 23.]

1. 현물환시장

외환(foreign exchange)은 외국화폐인 외화(foreign currency)보다 넓은 개념으로 외화뿐만 아니라 외국의 화폐나 외국화폐를 청구할 수 있는 외화표시 예금, 수표 등 외환시장에서 거래대상이 되는 것을 말한다. 외환시장은 거래기간에 따라 현물환(spot)시장과 선물환(forward)시장으로 나뉜다.

현물환거래(spot exchange transaction)는 외환거래 계약일(거래당사자간 거래금액, 만기, 계약통화 등 거래조건이 결정되는 날)부터 2영업일 이내에 외환의 인수도와 결제(결제일)가 이루어지는 거래를 말한다. 당일물은 매매계약 당일에 인도되는 것을 말하고, 익일물은 매매계약체결 이후 첫 영업일에 인도되는 것을 말하며, 익익일물은 매매계약체결 이후 둘째 영업일에 인도되는 것을 말한다. 이처럼 2영업일 이내에 외환의 인수도와 결제가 이루어지는 것까지 현물환거래로 보는 것은 세계적으로 지역 간에 시차가 존재하여 계약이행을 위한 시간이 필요하기 때문이다.

예를 들어, 10월 2일(월)에 A은행이 B은행으로부터 1억 달러를 현물환율 $1＝₩1,100에 거래발생일로부터 2영업일 결제기준으로 매입하기로 하였다고 하자. 그러면 B은행은 2영업일 후인 10월 4일(수)에 A은행에 1억 달러 이체하고 A은행으로부터 1,100억원(＝$1억×1,100)을 받으면 현물환거래가 종결된다.

2. 선물환시장

선물환거래는 계약일로부터 통상 2영업일 경과 후 미래의 특정일에 외환의 인수도와 결제가 이루어지는 거래이다. 선물환거래는 현재시점에서 미래의 특정일에 이행할 환율을 미리 약정하고 미래시점에 결제가 이루어지므로 약정된 미래 결제일까지 결제가 이연되는 점이 현물환거래와의 차이다. 선물환거래는 만기시점에 실물의 인수도가 일어나는 일반선물환거래와 만기시점에 실물의 인수도 없이 차액만 정산하는 차액결제선물환(NDF: non-deliverable forward)거래로 나눌 수 있다.

(1) 일반선물환거래

선물환거래는 주로 수출입기업체가 환위험을 헷지하기 위하여 사용한다. 예를 들어, 3개월 후에 수출대금 100만 달러를 받을 예정인 수출회사 A는 3개월 후에 수출대금을 받아서 원화로 전환할 때 현재 환율 1,100원/$보다 환율이 하락하여 환손실을 입는 것이 우려된다고 하자. A는 환손실에 대비하여 현재시점에서 B은행과 3개월 후에 100만 달러를 1,100원/$의 환율로 매도하는 선물환계약을 체결해 놓는다.

3개월 후에 환율이 1,000원/$으로 하락하게 된다면 A는 B은행과 맺어둔 선물환계약을 이행하여 11억원(=$100만×1,100)을 받게 된다. 만약 이러한 선물환 매도계약을 해 놓지 않을 경우 3개월 후에 10억원(=$100만×1,000)만 받게 되므로 선물환 매도계약를 통해 1억원의 환손실을 피할 수 있게 되는 것이다. 하지만 선물환 매도계약을 한 후 3개월 후에 환율이 1,200원/$으로 상승할 경우에도 A는 계약한 환율인 1,100원/$으로 환전하여 11억원을 받게 되므로 이 경우에는 오히려 1억원의 환차손을 보게 된다.

따라서 선물환거래는 현재시점에서 미래 결제일에 적용할 환율을 확정함으로써 유리한 환율변동으로 얻을 수 있는 기회이익을 포기하는 대신 불리한 환율변동으로 얻게 되는 환위험을 회피하게 된다.

(2) 차액결제선물환(NDF)거래

차액결제선물환(Non-Deliverable Forward)시장은 국제화되지 않은 통화가 해외에서 유통되지 않는 가운데 각종 외환규제가 존재할 경우 외환규제를 피하면서 환위험 헷지나 투기적 목적을 이루기 위해 생겨났다. 우리나라에서는 1997년 금융위기를 계기로 원/달러 차액결제선물환시장에 대해서 관심을 갖게 되었다.

차액결제선물환거래란 만기일에 예를 들어, $1=₩1,100과 같이 당초 계약한 약정환율(선물환율)로 달러를 주고받기로 계약을 했지만 실제로는 'Non-Deliverable'이라는 말대로 만기일에 원화와 달러를 서로 배달하지 않고(주고받지 않고) 약정환율과 만기일의 현물환율인 지정환율(fixing rate)의 차액만을 지정통화로 정산하는 거래로서 역외선물환시장이라고도 한다. '역외'라는 말대로 이 시장은 우리나라가 아닌 외국에 개설된 외환시장으로 각종 세금 및 규제를 피할 수 있다. 또한 차액만 결제하기 때문에 일반선물환거래에 비해 결제위험이 작다.

차액결제선물환거래의 만기는 3영업일 이상 가능하지만 주로 1개월물에서 3년물 사이의 정형화된 기간물로 거래가 이루어지며, 건별 거래금액은 제한이 없지만 일반적으로 1백만달러 단위로 거래한다.

예를 들어, A가 B에게 3개월 후에 1달러에 1,100원/$의 약정환율로 3백만 달러를 매도하는 차액결제선물환거래를 체결하였다고 하자. 만약 3개월 후에 지정환율이 1,200원/$이 되었다면 A는 약정환율과 지정환율의 차이인 $-\$250,000(=(1,100-1,200)\times\$3,000,000\div1,200)$, 즉 250,000달러를 B에게 지급해야 한다. 반대로 3개월 후에 지정환율이 1,000원/$이 되었다면 A는 $\$300,000(=(1,100-1,000)\times\$3,000,000\div1,000)$, 즉 300,000달러를 B로부터 수취한다.

▶ 03 환율, 물가, 이자율 간의 평형관계

1. 구매력평가이론

(1) 절대적 구매력평가이론

서울에서 밀 한 포대를 사는 값이 뉴욕에서 동일한 밀 한 포대를 사는 값보다 싸다면 서울에서 밀 한 포대를 사서 뉴욕에서 팔면 돈을 번다. 이러한 차익기회를 이용하게 되면 서울의 밀 수요는 증가하여 서울의 밀 가격은 상승하게 되고 뉴욕의 밀 공급은 증가하여 뉴욕의 밀 가격은 하락하게 되어 결국 서울과 뉴욕의 밀 가격은 동일하게 된다는 것이 일물일가의 법칙이다. 다시 말하면, 일물일가의 법칙이란 동일한 물건이 동일한 시기에 다른 장소에서 팔릴 수 없다는 의미로 동일한 상품은 어떤 시장에서도 그 가격이 같아야 한다.

절대적 구매력평가이론(purchasing power parity theorem)은 일물일가의 법칙을 하나의 상품가격뿐만 아니라 전체적인 물가수준에 적용시킨 것으로 환율로 조정한 물가수준은 세계 어디서나 동일한 구매력을 갖는다는 이론이다. 예를 들어, 현재시점에서 국내물가는 100,000원, 해외물가는 100달러라고 하면 환율은 국내물가와 해외물가의 비율인 100,000원/100달러, 즉 $1 = ₩1,000으로 결정된다.

일반적으로 절대적 구매력평가이론에서 현재 국내물가 P_0, 해외물가 P_0^*, 환율 S_0(예를 들어 ₩1,000/U$)이라고 할 때 국내물가는 해외물가를 환율로 조정한 것과 동일하므로 식(14-1)이 성립한다고 본다. 절대적 구매력평가이론에서 환율은 국내물가와 해외물가의 비율로 계산된다.

$$P_0 = P_0^* \times S_0 \rightarrow S_t = \frac{P_t}{P_t^*} \tag{14-1}$$

두 나라 사이의 환율은 두 나라 사이의 물가상승률의 차이만큼 변동하기 때문에 만약 두 나라 사이의 물가상승률만큼 환율이 변동한다면 환위험손익은 실질적으로 없을 것이다. 예를 들어, 미국에서 햄버거 1개가 3달러이고 한국에서 3,000원이라면 환율은 $1 = ₩1,000이 된다. 그런데 한국의 경쟁력 약화로 10%의 환율상승(평가절하)이 발생할 경우에는 환율이 $1 = ₩1,100이 되므로 이때 햄버거 가격이 10% 올라가서 1,100원이 된다면 구매력에는 아무런 변화가 없어 환위험이 없게 된다.

디플레이션 우려와 구매력평가이론

구매력평가이론은 두 나라 사이의 환율의 변화율과 두 나라의 물가차이는 같다는 이론인데, 이론적으로 거래비용이 없다면 개방된 국제무역에서는 한 상품의 가격은 모든 나라에서 같아야 한다는 '일물일가의 법칙'을 바탕으로 한다.

◇ **구매력평가이론: 환율변화율 ≒ 국내물가 − 외국물가**
여기서 환율변화율이란 현재환율과 미래 t시점의 환율의 비율을 나타낸다. 즉, 지금 1달러에

1,000원인데 t시점에 1,100원이 된다면, 변화율은 10%가 된다. 예를 들어, 만약 '한국 빵값 =1,000원, 미국 빵값=1달러'이고 '원·달러 환율은 $1=₩1,000'이라고 하자. 그런데 한국의 물가가 10% 올라 빵이 1,100원이 되었다면 어떻게 될까?

미국에서 100달러로 빵을 100개 사서 한국에 가져가서 그 빵을 팔면 110,000원을 받을 수 있게 된다. 이렇게 번 돈 110,000원을 외환시장에서 달러로 바꾼다. 앞서 환율이 '$1= ₩1,000'이라고 했으니 110,000원을 팔면 총 110달러를 살 수 있게 된다. 결국, 이 사람은 10달러를 벌게 된다. (물론, 각종 비용이나 세금 등이 없다고 가정한다.)

그럼 이런 거래가 자꾸 일어나게 될 것이고 따라서 외환시장에선 원화를 팔고 달러를 사려는 사람이 늘어나게 된다. 그러다 보면 원화 가치는 떨어져서(환율인상) $1=₩1,100으로 균형을 이루게 된다. 균형이 이루어지고 나면 더 이상 이런 거래는 일어나지 않게 된다. 결론적으로 자국(우리나라) 물가가 10%(1,000원 → 1,100원) 올라가면 환율도 따라서 10% 변화하게 된다. 그래서 평형을 이루게 된다.

그런데 최근에는 환율이 점점 떨어지고 있다. 앞으로도 계속 떨어질 거라 예상된다면 과연 두 나라 물가에서 어떤 현상이 벌어지고 있다고 볼 수 있을까? 미국 빵값은 여전히 1달러라고 가정한다면 한국 빵값이 900원으로 떨어지고 있다고 볼 수 있다. 현재 환율이 여전히 '$1= ₩1,000'이라면, 이번엔 반대로 한국에서 90,000원으로 빵을 100개 사서 미국으로 가져가 빵을 팔 수 있다. 빵을 판 돈 100달러(미국 빵값 1달러)를 원화로 바꾸면 100,000원을 받게 되고 10,000원을 벌수가 있다.

이런 사람들이 늘어나게 되면 달러 팔자, 원화 사자가 늘어나니 원화의 가치는 올라가고 환율은 더욱 떨어지는 것이다. 즉, 환율이 앞으로도 지속적으로 떨어진다는 것은 우리나라에 디플레이션이 진행되고 있음의 방증일 수도 있다는 것이다.

[출처: 한국경제(www.hankyung.com), 2014. 10. 13. 수정]

(2) 상대적 구매력평가이론

절대적 구매력평가이론은 국내물가와 해외물가 사이의 비율로 환율이 결정된다고 보는 반면, 상대적 구매력평가이론에서 환율은 두 나라의 물가수준의 변화로 결정된다고 본다. 예를 들어, 국내물가상승률을 π라고 하고 해외물가상승률을 π^*라고 하자. 이때 미래시점(T)에서의 국내물가는 $P_T = P_0(1+\pi)$이고 해외물가는 $P_T^* = P_0^*(1+\pi^*)$이다.

이러한 물가수준의 변화를 식(14-1)의 절대적 구매력평가이론에 적용하면 식(14-2)와 같이 환율의 변화율은 양국의 물가상승률의 차이와 같게 된다. 국내 물가상승률이 해외 물가상승률보다 높으면, 환율이 올라가서 그만큼 국내통화의 가치가 떨어지게 된다.

$$S_T = \frac{P_T}{P_T^*} = \frac{P_0(1+\pi)}{P_0^*(1+\pi^*)} = \frac{P_0}{P_0^*} \times \frac{(1+\pi)}{(1+\pi^*)} = S_0 \times \frac{1+\pi}{1+\pi^*}$$

$$\rightarrow \quad \frac{S_T}{S_0} = \frac{1+\pi}{1+\pi^*}$$

$$\rightarrow \quad \frac{S_T - S_0}{S_0} = \frac{\pi - \pi^*}{1+\pi^*} \approx \pi - \pi^*$$

$$\rightarrow \quad \frac{E(S_T) - S_0}{S_0} \approx \pi - \pi^* \tag{14-2}$$

예제 | 상대적 구매력평가이론

앞으로 1년 동안 한국의 물가상승률이 8%, 미국의 물가상승률이 3%가 될 것으로 예상한다. 현재 한국의 원화와 미 달러화간의 환율이 ₩1,400/$이라고 할 때 1년 후의 환율은 어떻게 될 것으로 예상할 수 있는가?

● 답 ●

$$\frac{S_T}{S_0} = \frac{1+\pi}{1+\pi^*} \quad \rightarrow \quad \frac{S_T}{1,400} = \frac{1+0.08}{1+0.03} \quad \rightarrow \quad S_T = ₩1,468/\$$$

혹은 $\dfrac{E(S_T) - S_0}{S_0} \approx \pi - \pi^* \rightarrow 8\% - 3\% = 5\%$ 즉 예상 환율변화율이 5%이므로

$$E(S_T) = 1,400 \times (1+0.05) = ₩1,470/\$$$

2. 이자율과 환율

(1) 피셔효과

피셔효과는 명목이자율(i)이 실질이자율(r)과 향후 예상되는 물가상승률(π)의 합과 같다는 주장이다.

$$1+i = (1+r)(1+\pi) \;\rightarrow\; i \approx r+\pi \tag{14-3}$$

식(14-3)에서 국내 명목이자율 $i = r+\pi$가 되고 해외 명목이자율 $i^* = r^* + \pi^*$가 되므로 두 나라간의 명목이자율의 차이 $i - i^*$는 식(14-4)와 같이 유도할 수 있다.

$$i - i^* = (r - r^*) + (\pi - \pi^*) \;\rightarrow\; i - i^* = \pi - \pi^* \tag{14-4}$$

식(14-4)에서 장기적으로는 국내와 해외의 실질이자율이 서로 같아지는 경향이 있으므로 $r = r^*$로 놓으면 국내 명목이자율과 해외 명목이자율의 차이 $i - i^*$는 국내 물가상승률과 해외 물가상승률의 차이 $\pi - \pi^*$와 같게 된다는 결과를 얻을 수 있다.

(2) 국제피셔효과

나라 간 자본이동에 대한 통제가 없고 위험중립형의 투자자라는 가정하에, 표시통화만 다르고 위험과 만기가 동일한 두 나라의 금융상품 간의 이자율 차이는 두 나라 통화 간의 예상 환율변화율과 같다는 주장이 국제피셔효과이다. 이러한 국제피셔효과는 상대적 구매력평가이론과 피셔효과로부터 도출할 수 있다.

상대적 구매력평가이론으로부터 $[E(S_T) - S_0]/S_0 \approx \pi - \pi^*$가 성립하고 피셔효과로부터 $i - i^* = \pi - \pi^*$가 성립하므로 두 식에서 식(14-5)가 유도된다.

$$\frac{E(S_T) - S_0}{S_0} = i - i^* \tag{14-5}$$

식(14-5)로 나타나는 국제피셔효과의 의미를 살펴보자. 자본의 국제이동에 대한 통제가 없다면 위험중립형 투자자는 기대수익이 높은 곳에 자금을 운용하게 된다. 예를 들어, 환율이 ₩1,000/$이고 한국의 이자율이 9%, 미국의 이자율이 6%라고 하자. 이 경우 한국의 이자율이 미국의 이자율보다 3% 더 높기 때문에 환율이 3% 더 상승하여 ₩1,030/$이 되어야 한다. 만일 국제피셔효과가 성립하지 않는다면 한국에서의 투자이익은 ₩1,000(1+0.09)=1,090원이 되고, 미국에서 투자한 후 원화로 환전하게 될 때 $1(1+0.06)×₩1,000=1,060원을 얻게 되어 한국에 투자하는 것이 유리하게 된다.

이처럼 이자율 측면에서 볼 때 원화가 달러화에 비해 3% 높아서 유리한 경우 환율 측면에서는 원화가 달러화에 비해 같은 크기로 불리할 것이 예상되어야 시장이 균형을 이룰 수 있다는 것이 국제피셔효과이다. 환율이 3%만큼 상승(₩1,030/$)하여야 미국에 투자해도 투자이익이 $1(1+0.06)×₩1,030≈1,090원(근사식이므로 계산결과도 근사값임)이 되어서 한국에 투자하는 것과 같아진다. 국제피셔효과는 이자율효과와 환율효과가 서로 상쇄되지 않으면 시장 불균형이 일어나 자본이 이동할 것이라는 것을 의미하고 있으며, 국제피셔효과가 정확하게 성립하면 환위험은 발생하지 않는다.

예제 | 국제피셔효과

1년 만기 채권수익률이 한국과 미국에서 각각 7% 및 4%라고 할 때 미국달러와 한국 원화 사이의 현재 환율이 ₩1,100/$이라면 1년 후의 환율은 어떻게 될 것으로 예상하는가?

• 답 •

$$\frac{E(S_T) - S_0}{S_0} = i - i^* \rightarrow \frac{E(S_T) - 1,100}{1,100} = 0.07 - 0.04 \rightarrow E(S_T) = ₩1,133/\$$$

인위적 엔저, 공짜 점심은 없다: 국제피셔효과

엔저 현상이 갈수록 심화되고 있다. 엔저라 함은 엔화의 가치가 떨어지는 것이고 이는 상대적으로 우리나라의 원화가치가 올라간다는 의미이다. 또한 원·엔화 환율이 하락한다는 뜻이기도 하다. 급기야 원화와 엔화의 실질실효환율이 1982년 이후 30년 만에 최저치를 기록했다고 한다. 여기서 '실질실효환율'이란 우리나라와 일본의 상대적 물가변동을 반영한 환율을 말한다.

현재의 엔저현상은 자연스러운 현상이라기보다는 아베정부가 상당히 인위적으로 조장하고 있다고 봐야 한다. 이를 설명하는 재미있는 이론이 있다. 바로 '국제피셔효과(international fisher effect)'란 것이다. 경제에서 주요한 경제변수인 이자율, 물가, 환율은 서로 균형을 찾으려고 한다는 이론이 있다. 이들 이론을 통틀어 '평가이론(parity conditions)'이라고 한다. 그 이론 중에 하나가 '국제피셔효과'인 것이다. 이 이론에 따르면, 두 나라 사이의 명목상 이자율 차이가 환율의 변화를 좌우한다고 한다.

◇ **국제피셔효과: '환율변화율 = 명목이자율차이'**

예를 들면, 한국의 이자율이 연 2%이고 일본의 이자율이 제로(0%)라고 하자. 또한 현재 원·엔화 환율이 100엔당 950원이라고 하자. 자! 그럼 한국에 살고 있는 당신의 950만원은 1년 후, 969만원(＝950만원×(1+0.02))이 될 것이다. 하지만 일본에 살고 있는 사람의 100만엔은 1년 후에도 100만엔이 되어 있겠다. 제로 금리니까 말이다. 만약 1년 후에도 환율이 여전히 100엔당 950원으로 고정되어 있다면 어떤 일이 벌어질까? 일본 사람들은 당연히 100만엔을 950만원으로 바꾸어 한국으로 가져가 예금을 할 것이다. 그런 후 1년이 지나 969만원을 찾아서 엔화로 바꿀 것이다. 그럼 969만원은 102만엔(＝969만원×100/950)이 될 것이기 때문이다.

하지만 일본에 살고 있는 사람의 100만엔은 1년 후에도 100만엔이 되어 있겠다. 제로 금리니까 말이다. 만약 1년 후에도 환율이 여전히 100엔당 950원으로 고정되어 있다면 어떤 일이 벌어질까? 일본 사람들은 당연히 100만엔을 950만원으로 바꾸어 한국으로 가져가 예금을 할 것이다. 그런 후 1년이 지나 969만원을 찾아서 엔화로 바꿀 것이다. 그럼 969만원은 102만엔(＝969만원×100/950)이 될 것이기 때문이다.

◇ 엔저, 공짜 점심은 없다

이론적으론 이 사실을 알고 있는 모든 일본사람들이 엔화를 원화로 바꾸어 한국에 예금을 하게 될 것이다. 그리고 1년이 지나 원금과 이자로 받은 원화를 다시 엔화로 바꾸려고 할 것이다. 즉, '원화를 팔고(sell KRW), 엔화를 사는(buy JPY) 거래'가 늘어나게 될 것이다. 사자가 늘어나면 가격은 올라가므로 엔화가치는 올라가게 되어 원·엔화 환율은 올라가게 된다. 얼마까지 올라갈까? 1년 후, 원·엔화 환율은 100엔당 969원까지 올라가야 된다는 것이다. 세상에는 공짜 점심은 없다는 차익거래(arbitrage)효과가 그것이다. 이게 바로 '국제피셔효과'이다.

◇ 인위적으로 조정하려면 부작용이 따른다

일본의 이자율이 여전히 한국보다 낮은 상태라면 균형을 이루기 위해 미래의 원·엔화 환율은 상승해야 한다는 것이다. 만약 그렇지 않고 환율이 그대로 있거나 오히려 하락한다면, 그 차익을 먹기 위해 투기자금이 몰려들어 결국은 차익은 사라지고 원·엔화 환율은 상승을 할 수밖에 없는 것이다. 그럼에도 불구하고 지금 일본의 경우처럼, 인위적으로 환율을 조정하게 되면 그에 따른 부작용을 감당하기 어렵게 될 수도 있다. 올라야 되는 걸 오히려 내리기 위해 동원되는 각종 방법은 결국 화를 불러일으키기 때문이다. 최근에 아베 정부의 인위적 엔저 정책이 일본경제를 오히려 후퇴시킬 수도 있다는 우려가 생겨나고 있는 것도 이 때문인 듯 싶다.

[출처: 한국경제(www.hankyung.com), 2014. 10. 6. 수정]

3. 이자율평가이론

이자율평가이론(interest rate parity theorem)은 상품거래에서의 일물일가의 법칙을 금융거래에 적용한 것이다. 시장이 효율적인 경우 일물일가의 법칙이 성립해야 하므로 동일한 위험을 가진 금융상품에 대해서 같은 크기의 투자자금을 가지고 국내에 투자한 결과와 해외에 투자한 결과는 같아야 한다.

따라서 자국통화로 자국의 무위험자산에 투자하여 얻는 무위험수익률은 자국통화를 외국통화로 바꾼 뒤 외국의 무위험자산에 투자하여 얻는 수익을 자국통화로 전환하여 얻는 무위험수익률과 같아야 한다.

예를 들어, 다음 두 가지 투자대안을 생각해보자. 현재 환율(₩/$)이 S_0이고 한국의 투자자가 1원을 투자하고자 할 때, ① 국내금융시장에 투자할 경우 1년 후의 원화

수입은 한국 이자율이 i라면 $\text{\textwon}1(1+i)$가 된다.

한편, ② 미국시장에 투자할 경우에는 먼저 현물환 시장에서 1원을 $\text{\textwon}1(1/S_0)$만큼의 달러화로 전환한 다음, 달러화로 미국시장에 투자하고 1년 후의 수입도 달러화로 받게 된다. 1년 후의 달러화수입은 달러이자율이 i^*라면 $\text{\textwon}1(1/S_0)(1+i^*)$가 된다.

이때, 투자자는 1년 후의 달러화수입을 확실한 현금흐름으로 고정하기 위하여 현재 시점에서 선물환 계약을 체결하여 1년 후의 환율을 현재의 선물환율로 고정시킨다. 즉, 1년 후의 달러화수입을 원화로 환전할 때 적용하는 환율은 1년 후의 현물환율이 아니라 현재시점의 선물환율 $F_0(\text{\textwon}/\$)$이다. 그러므로 1년 후의 원화수입은 $F_0 \times (\text{\textwon}1)(1/S_0)(1+i^*)$가 된다.

위험이 없는 두 자산에 동일한 투자금액을 투자하여 얻은 만기 시의 수익이 같아야 하므로 이자율평가이론으로 알려진 식(14-6)이 성립한다. 식(14-6)을 다시 정리하면 식(14-7)과 같이 두 나라의 명목이자율 차이는 양국 통화 간의 선물환할증(할인)과 같다는 선물환할증율(할인율)에 대한 균형조건을 얻을 수 있다. 예를 들어, 한국의 이자율이 4%이고, 미국의 이자율이 2%여서 한국의 이자율이 미국의 이자율보다 높게 형성되어 있다면 미국달러선물환율은 현물보다 높게 나타나서 선물환할증 상태가 된다는 의미이다.

$$\text{\textwon}1(1+i) = F_0(\text{\textwon}1)\left(\frac{1}{S_0}\right)(1+i^*)$$

$$\rightarrow \frac{F_0}{S_0} = \frac{1+i}{1+i^*} \tag{14-6}$$

$$\rightarrow \frac{F_0 - S_0}{S_0} = \frac{i - i^*}{1 + i^*}$$

$$\rightarrow \frac{F_0 - S_0}{S_0} \approx i - i^* \tag{14-7}$$

지금까지 다룬 구매력평가이론, 피셔효과, 국제피셔효과, 이자율평가이론 등을 종합하여, 환율, 이자율, 물가 간의 평형관계를 정리해보면 〈그림 14-1〉과 같다.

현물환율 ₩1,200/\$이다. 한국에서의 1년간 무위험이자율이 8%이고 미국에서의 무위험이자율이 5%라면, 선물환율이 얼마가 되는가?

• 답 •

$$\frac{F_0}{S_0} = \frac{1+i}{1+i^*} \; \rightarrow \; \frac{F_0}{1,200} = \frac{1+0.08}{1+0.05} \; \rightarrow \; F_0 = ₩1,234/\$$$

그림 14-1 환율, 이자율, 물가 간의 평형관계

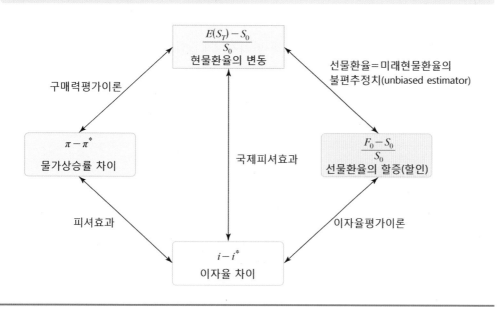

CHAPTER 14 외환

▶ 04 선물환 및 단기금융시장을 이용한 헷지전략

1. 선물환시장을 이용한 헷지

수입업자의 경우 수입대금결제 시의 환율이 수입계약시점의 환율보다 높아지면 원화지급액이 증가하게 되어 환차손이 발생하므로 미국달러 선물환계약을 매수해 두면 된다. 예를 들어, 현재시점에서 만기가 3개월인 선물환계약을 ₩1,200/$에 매수하였다고 하자. 3개월 후에 현물환율이 ₩1,300/$이라면 수입업자는 $100(₩1,300 − ₩1,200) = 10,000원의 이익이 발생한다. 하지만 3개월 후에 현물환율이 ₩1,100/$이라면 $100(₩1,100 − ₩1,200) = −10,000원이 되어 10,000원의 손실이 발생한다.

반면, 수출업자의 경우 수출대금결제 시의 환율이 수출계약시점의 환율보다 낮아지면 원화수취액이 감소하게 되어 환차손이 발생하므로 미국달러 선물환계약을 매도해 두면 된다. 예를 들어, 현재시점에서 만기가 3개월인 선물환계약을 ₩900/$에 매도하였다고 하자. 3개월 후에 현물환율이 ₩800/$이라면 수출업자는 $100(₩900 − ₩800) = 10,000원의 이익을 얻는다. 하지만 3개월 후에 현물환율이 ₩1,000/$이라면 $100(₩900 − ₩1,000) = −10,000원이 되어 10,000원의 손실이 발생하게 된다.

2. 단기금융시장을 이용한 헷지

수출업자의 경우 수출대금결제 시의 환율이 수출계약시점의 환율보다 낮아지는 위험에 대비하여 미국달러 선물환계약을 매도할 수 있다고 하였다. 이때 선물환거래를 이용하는 대신에 단기금융시장을 이용하여 헷지할 수도 있다.

단기금융시장을 이용한 헷지는 수출대금액 만큼의 외화를 미리 차입하여 현물환시장에서 매각하고 자국통화로 전환한 후 이를 국내예치나 채권투자 등으로 운용하다가 만기 시에 수취하는 수출대금으로 차입자금을 상환함으로써 환차손위험을 회피하는 전략이다.

예를 들어, 현물환율 ₩1,000/$, 달러화 이자율 연 10%, 원화 이자율 연 6%일 경우 6개월 선물환율은 이자율평가이론을 적용하여 $F/S = (1 + i)/(1 + i^*) \rightarrow F/1,000 =$

$[1+(0.06)(6/12)]/[1+(0.1)(6/12)]$ $\rightarrow$ $F=₩980.95/\$$이 된다. 6개월 후에 수출대금 $\$100$을 받을 경우 환율이 하락하면 환차손이 발생한다.

이러한 위험에 대한 헷지방법으로 선물환거래를 이용할 수 있고 단기금융시장을 이용할 수도 있다. 수출업자가 선물환거래를 이용하여 헷지할 경우에는 현재 $\$100$에 대해 선물환계약을 매도해 놓으면, 6개월 후에 받는 수출대금 $\$100$을 $\$100 \times ₩980.95/\$=98,095$원으로 고정시킬 수 있다.

한편, 단기금융시장을 이용하여 헷지하는 방법은 다음과 같다. 달러화의 6개월 이자율이 5%(=10%/2)이므로 현재시점에서 6개월 후에 받는 $\$100$의 수출대금으로 갚을 수 있도록 $\$100/1.05$을 차입해온다. 차입해온 금액은 원화로 환전($\$100/1.05 \times ₩1,000/\$$)하여 6개월 동안 국내 단기금융시장에서 3%(=6%/2)로 대여한다. 6개월 후에는 수출대금 $\$100$을 받아서 차입금의 원리금 $\$100$을 갚고, 원화로 환전하여 대여한 금액에 대해서는 원리금 98,095원이 들어오게 된다.

그림 14-2 단기금융시장을 이용한 헷지전략

CHAPTER 14 외환 **427**

핵심정리

1. 환율의 개요

- 환율: 서로 다른 나라 돈 간의 교환비율
  - 자국통화표시법(직접표시법)
  - 외국통화표시법(간접표시법)

- 환율의 종류
  - 매매기준율
  - 매도율: 전신환매도율, 여행자수표매도율, 현찰매도율
  - 매입율: 전신환매입률, 여행자수표매입률, 현찰매입률

2. 환율제도

- 금본위제도(고정환율): 각국의 통화 한 단위와 일정량의 금을 교환

- 브레튼우즈체제(고정환율): 금 1온스를 35달러로 교환

- 킹스턴체제(변동환율): SDR(특별인출권) 본위제

3. 외환시장

- 현물환시장

- 선물환시장
  - 일반선물환거래
  - 차액결제선물환(NDF)거래

4. 환율, 물가, 이자율 간의 평형관계

- 절대적 구매력평가이론: $S_t = \dfrac{P_t}{P_t^*}$

- 상대적 구매력평가이론: $\dfrac{E(S_T) - S_0}{S_0} \approx \pi - \pi^*$

- 피셔효과: $1 + i = (1 + r)(1 + \pi)$

- 국제피셔효과: $\dfrac{E(S_T) - S_0}{S_0} = i - i^*$

- 이자율평가이론: $\dfrac{F_0}{S_0} = \dfrac{1 + i}{1 + i^*}$

5. 선물환 및 단기금융시장을 이용한 헷지전략

- 선물환시장을 이용한 헷지
  - 수입업자: 미국달러 선물환계약을 매수
  - 수출업자: 미국달러 선물환계약을 매도

- 단기금융시장을 이용한 헷지

연습문제

문1. (1999 CPA) 현재 미국 달러화에 대한 원화의 환율이 1달러에 1,240원이고, 미국과 한국의 명목이자율은 각각 연 6%와 연 8%이다. 차익거래기회가 존재하지 않기 위해서는 1년 간 균형선물환율이 얼마로 정해져야 하는가? (소수점 이하는 반올림할 것) (   )

① 1,217원   ② 1,240원   ③ 1,263원
④ 1,314원   ⑤ 1,339원

문2. (2000 CPA) 환율결정이론에 관한 다음 설명 중 가장 타당하지 않은 것은? (   )

① 피셔효과가 성립하면, 양국 간 명목이자율의 차이는 기대인플레이션율의 차이와 같게 된다.
② 구매력평가이론(PPP)에 따르면, 양국 통화 간 현물환율의 기대변동률은 양국간 기대인플레이션율의 차이와 같게 된다.
③ 양국 통화간 현물환율의 기대변동률이 양국 간 명목이자율의 차이와 같게 되는 현상을 국제피셔효과라고 한다.
④ 이자율평가이론(IRP)에 따르면, 양국 간 실질이자율의 차이는 선도환율의 할증률(혹은 할인율)과 같게 된다.
⑤ 이자율평가이론과 국제피셔효과가 성립하면, 선도환율은 미래 현물환율의 불편추정치가 된다.

문3. (2001 CPA) 미국 달러와 원화 환율에 대한 90일 만기 선도환율이 현재 국내외환시장과 뉴욕외환시장에서 각각 1,250원/$과 0.00077$/원에 형성되었다고 하자. 두 시장에서 동시에 거래할 수 있는 국내은행의 외환딜러라면 어떤 차익거래(arbitrage transaction)를 해야 하는가? (   )

① 한국시장에서 달러매도, 뉴욕시장에서 원화매도 선물환 체결
② 한국시장에서 달러매수, 뉴욕시장에서 원화매도 선물환 체결
③ 한국시장에서 달러매도, 뉴욕시장에서 원화매수 선물환 체결
④ 한국시장에서 달러매수, 뉴욕시장에서 원화매수 선물환 체결
⑤ 차익거래의 기회가 없다.

문4. (2011 CPA) (주)대한은 3,300만원의 투자자금을 보유하고 있다. 현재 현물환율은 KRW1,100/US$1이다. 미국의 금리는 연 10%이고 국내의 금리는 연 5%이다. 외환시장에서 선물환율(forward exchange rate)이 이자율평가이론에 의하여 결정된다고 하자. 현시점에서 1년 만기 선물환계약과 함께 미국의 단기금융시장에 총 3,300만원을 투자할 경우 1년 만기 선물환율과 투자회수총액의 조합으로 가장 적절한 것은? (   )

	1년 만기 선물환율(KRW/US$1)	투자회수총액(만원)
①	1,025	3,275
②	1,050	3,465
③	1,075	3,585
④	1,100	3,660
⑤	1,125	3,685

문5. 현재 ₩1,000/$, 한국통화의 이자율이 8%, 미국통화의 이자율이 5%일 경우 국제피셔효과가 성립한다면 시장균형을 이루기 위해 어떤 조치가 필요하겠는가? (   )

① 환율이 ₩1,030/$으로 변동   ② 환율이 ₩970/$으로 변동
③ 한국통화의 이자율 3% 하락   ④ 미국통화의 이자율 3% 하락

연습문제 해답

문1. ③

[답]

$$\frac{F_0}{S_0} = \frac{1+i}{1+i^*} \quad \rightarrow \quad F_0 = S_0\left(\frac{1+i}{1+i^*}\right) \quad \rightarrow \quad (1,240)\left(\frac{1+0.08}{1+0.06}\right) = 1,263$$

문2. ④

문3. ④

[답]

국내시장 ₩1,250 < 뉴욕시장 ₩1,298.7/\$(=1/0.00077)이므로 국내에서 선물환 1달러를 1,250원으로 매수하고 뉴욕에서 선물환 1,298.7원으로 1달러를 매도하는 차익거래를 하면 48.7원의 차익거래이익을 얻는다.

문4. ②

[답]

$$\frac{F_0}{S_0} = \frac{1+i}{1+i^*} \quad \rightarrow \quad F_0 = S_0\left(\frac{1+i}{1+i^*}\right) \quad \rightarrow \quad (1,100)\left(\frac{1+0.05}{1+0.1}\right) = 1,050$$

$$\text{투자회수총액} = \frac{3,300만원}{1,100원}(1+0.1)(1,050원) = 3,465만원$$

문5. ①

[답]

$$\frac{E(S_T)-S_0}{S_0} = i-i^* \quad \rightarrow \quad \frac{E(S_T)-1,000}{1,000} = 0.08-0.05 \quad \rightarrow \quad E(S_T) = ₩1,030/\$$$

PART

05 파생금융상품: 선물·옵션·스왑

CHAPTER

15 선물

CHAPTER

15 선물

학습개요

본 장에서는 파생금융상품 중 선물에 대해서 배운다. 선물이 무엇인가에 대한 개념과 선물의 중요 기능인 가격예시, 헷지, 투기에 대해서 배우고, 선물의 중요 특징인 조직화된 거래소, 표준화된 계약조건, 청산소, 증거금과 일일정산, 용이한 포지션 종결, 감독규제 기관에 대해서 설명한다. 또한 선물의 이론가격을 도출하는 보유비용모형과 매도차익거래전략 및 매도차익거래전략, 그리고 헷지전략에 대해서 자세히 알아본다.

학습목표

• 선물의 개념
• 선물의 특징
• 매수차익거래전략
• 최소위험헷지
• 매수헷지

• 선물의 기능 및 종류
• 보유비용모형
• 매도차익거래전략
• 매도헷지
• 베타조정헷지: 시장타이밍전략

▶ 01 선물의 개요   ⊙⊙

파생상품은 기초자산(underlying asset)으로부터 파생된 상품을 말한다. 금융시장에서 기초자산이란 미래의 특정시점에서 거래대상이 되는 금융상품이나 자산을 말한다. 파생상품의 발달 초기에는 농축산물이나 원자재 같은 실물자산이 기초자산이었으나 금융시장이 발달함에 따라 점차 주식, 채권 혹은 외환과 같은 금융자산이 기초자산이 되고 있을 뿐 아니라 최근에는 날씨나 전력, 가상화폐 등과 같은 사실상 모든 대상이 파생상품의 기초자산이 되고 있다.

파생상품은 거래소 내에서 거래되는 장내파생상품과 거래소 밖에서 거래당사자들끼리 거래하는 장외파생상품으로 구분되는데, 선물과 옵션은 장내파생상품에 해당되고 스왑은 장외파생상품에 해당된다.

1. 선물의 개념

선물(futures)은 오늘 합의된 가격으로 미래에 물건을 사거나 팔기로 약속하는 계약이다. 즉, 미래의 거래를 지금 약속하는 것이다. 다시 말하면, 사람들이 필요한 물건이 있을 경우 지금 당장 돈을 주고 물건을 사온다면 이러한 거래를 현물거래라고 한다. 반면에 지금은 미래 물건가격을 미리 확정하여 계약만 하고 미래시점에 가서 이전에 확정한 가격을 주고 물건을 받는 것을 선물거래라 한다.

이러한 개념을 〈그림 15-1〉을 통하여 좀 더 자세히 살펴보자. 오늘 주식가격이 5만원, 즉 현재현물가격 S_0가 5만원이고, 거래 당사자인 A와 B 두 사람이 선물거래를 한다고 하자. 만약 A가 현재 5만원인 주식가격이 미래에 6만원보다 더 오를 것으로 예상한다면, 미래에 6만원만 주고 주식을 매수하겠다는 계약을 오늘 B와 체결한다. 이때 6만원을 미래시점의 거래가격이라는 의미에서 선물가격(F_0)이라고 한다. 이 경우 A는 오늘 주식선물을 6만원에 매수한 것이며, 따로 돈을 오늘 지급하지 않으므로 '공짜'로 선물을 매수하는 것이 된다.

A의 예상대로 주식의 가격이 올라서 미래 현물가격(S_T)이 9만원이 되었다면 A는 9만원짜리 주식을 선물가격인 6만원만 주고 B로부터 매수한다. 따라서 A는 3만원의

그림 15-1 선물의 개념

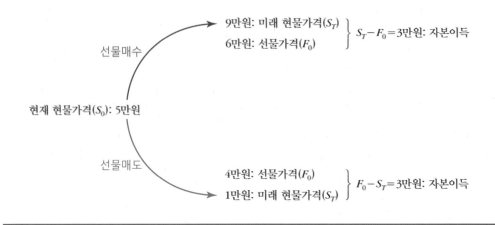

이익($=S_T-F_0=$9만원$-$6만원)을 얻고 B는 3만원의 손실을 본다. 예상이 빗나가 미래 현물가격이 예를 들어, 2만원으로 내려가도 A는 6만원에 반드시 사야 하는 '의무'가 있고 따라서 2만원짜리를 6만원에 사므로 손실이 4만원, 반면 B는 이익이 4만원이 된다. 즉 A와 B는 '제로섬 게임(zero-sum game)'을 벌이며, A가 이익이 나면 B는 손실이 나고, A가 손실이 나면 B는 이익이 나게 된다.

이제 반대로 생각해보자. 〈그림 15-1〉에서 만약 A가 현재 5만원인 주식의 가격이 미래에 4만원보다 더 내릴 것으로 예상한다면, 미래에 4만원에 주식을 매도하겠다는 계약을 오늘 B와 '공짜'로 체결한다. A의 예상대로 주식의 가격이 내려서 미래 현물가격(S_T)이 1만원이 되었다면 A는 1만원짜리 주식을 선물가격인 4만원에 B에게 매도한다. 따라서 A는 3만원의 이익($=F_0-S_T=$4만원$-$1만원)을 얻고 B는 3만원의 손실을 본다. 예상이 빗나가 주식이 예를 들어, 10만원까지 올라도 A는 4만원에 팔아야 하는 '의무'가 있고 따라서 10만원짜리를 4만원에 팔기 때문에 손실이 6만원, 반면 B는 이익이 6만원이 된다. 즉 이번에도 A와 B는 '제로섬 게임'을 벌인 것이다.

정리해보면, 가격이 오를 것으로 예상될 경우 선물을 매수하고, 가격이 내릴 것으로 예상될 경우 선물을 매도한다. 또한, 선물은 현재시점에서 '공짜'로 사고팔고, 만기 시에 손실을 보든 이익을 내든 매수했으면 반드시 사야 하고 매도했으면 반드시 팔아야만 하는 '의무'가 있으며, 매수자와 매도자는 항상 서로 '제로섬 게임'을 벌이게 된다는 특징을 가지고 있다.

2. 선물의 기능 및 종류

(1) 선물의 기능

1) 가격예시

〈그림 15-1〉에서 오늘 주식가격이 5만원인데 왜 A와 B는 선물이 만기가 되는 시점에 6만원에 주식을 서로 사고팔기로 했을까? A와 B는 선물시장 참여자로서 선물만기일에 주식가격이 얼마가 될지 고민하면서 수많은 정보에 근거하여 6만원이 가장 적정한 가격이라고 예측한 것이다. 따라서 선물가격을 쳐다보면 미래에 현물가격이 얼마가 될지 힌트를 얻을 수 있다.

즉, 선물시장은 현물시장에 현물가격의 움직임에 대한 정보를 지속적으로 제공하는 사회적 기능이 있으며 이를 선물의 가격예시(price discovery) 혹은 가격발견이라고 한다. 예를 들어, 오늘 주식가격이 5만원이고 3개월 후가 만기인 주식의 선물가격이 6만원이라고 하자. 이 경우 주식의 선물가격을 통해 주식의 현물가격이 3개월 후에는 1만원 더 오른 6만원 정도가 될 것이라고 예측할 수 있다는 것이다.

2) 헷징

선물의 가장 중요한 기능은 위험관리기능이다. 위험관리를 다른 말로 헷징(hedging)이라고도 한다. 〈그림 15-1〉에서 지금 주식을 이미 가지고 있는 C라는 사람이 향후 가격이 많이 떨어질 것이 우려된다고 하자. 가격하락이 우려될 경우 선물을 매도하면 헷징이 된다. 주식가격이 5만원에서 1만원으로 내려가면 4만원만큼 손실을 본다. 하지만 선물을 매도하여 1만원짜리를 4만원에 팔기 때문에 선물에서 3만원만큼 이익 ($=F_0-S_T=4-1$)을 얻는다. 따라서 순손실은 1만원이 된다. 이때 C처럼 현물을 보유하고 있는 투자자가 현물가격의 움직임으로 인한 손실을 줄이기 위해 선물을 거래하는 사람을 헷저(hedger)라 한다.

반대로 가격상승이 우려되면 선물을 매수하면 헷징이 된다. 예를 들어, 제빵회사의 경우 밀가루가격이 급격히 상승할 것이 우려되면 밀가루선물을 매수하여 헷징할 수 있다. 다른 예로 채권에 많은 돈을 투자한 사람이 있는데 한 달 후에 채권이 만기가 되면 목돈이 생길 것이고 이 돈을 주식에 투자할 계획이다. 하지만 앞으로 한 달 동안 주가가 급격히 상승할 것이 우려된다. 이 경우 주식선물을 매수하면 헷징할 수 있게 된다.

3) 투기

투기(speculation)는 현물포지션을 따로 취하지 않은 상태에서 선물시장에서 선물가격이 오를 것 같으면 선물을 사고, 내릴 것 같으면 선물을 파는 것이다. 그럼 투기는 무조건 나쁜 것인가? 그렇지 않다. 예를 들어, 100명의 헷저들이 선물을 매도하고 70명의 헷저들이 선물을 매수한다고 하자. 이 경우 30명의 헷저들은 선물을 매도할 수 없게 되고, 30명이 모두 선물을 매도하고자 하므로 선물가격이 상당히 많이 내려가게 된다.

이때 투기자(speculator)들은 매우 낮은 선물가격이 곧 다시 오를 것으로 보면서 30명의 헷저들로부터 아주 싼 가격으로 선물을 매수하게 된다. 즉 투기적 거래가 없다면 헷저는 원하는 시점에 헷징을 위한 거래를 원활히 할 수 없게 된다. 결국 위험회피자인 헷저로부터 위험선호적인 투기자로 위험이 이전된다고 볼 수 있다.

(2) 선물의 종류

초기의 선물거래는 곡물거래 중심이었으나 양적·질적으로 비약적인 발전을 거듭하여 현재는 〈그림 15-2〉와 같이 선물거래의 대상상품이 크게 확대되었다. 선물은 그 대상에 따라 상품선물(commodity futures)과 금융선물(financial futures)로 분류할 수 있다.

최초의 상품선물은 19세기 중반에 농산물을 대상으로 시카고상품거래소(CBOT: Chicago Board of Trade)에서 시작되었으며, 오늘날에는 농산물 외에도 축산물, 에너지, 귀금속, 비금속 등을 대상으로 거래하고 있다. 금융선물은 시카고상업거래소(CME: Chicago Mercantile Exchange)에서 1972년에 통화선물, 1982년에 S&P500을 기초자산으로 하는 주가지수선물을 도입하였으며, 1975년에는 시카고상품거래소에서 금리선물을 시작하였다.

그림 15-2 선물의 종류

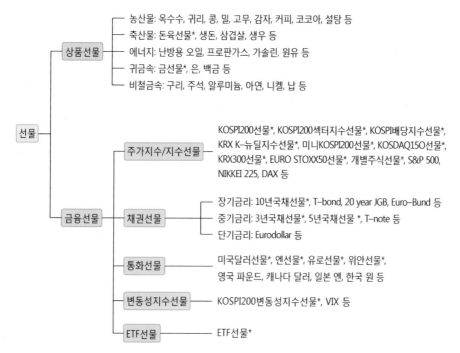

* 한국거래소에 상장되어 있는 선물임.

〈그림 15-2〉에서 한국거래소에 상장되어 있는 선물로는 돈육선물과 금선물 2개의 상품선물과 금융시장의 세 축인 주식시장, 채권시장, 외환시장의 상품을 기초자산으로 하는 다양한 금융선물이 상장되어 있다.

우리나라 최초의 상품선물은 1999년 4월에 상장된 금선물이다. 이 당시 상장된 금선물은 순도 99.99% 이상의 금지금(gold bar)을 기초자산으로 한다. 2010년 9월에는 금선물의 거래단위를 1/10로 축소하여 상장한 미니금선물도 상장하였다. 하지만 거래부진으로 2015년 11월 19일에 금선물과 미니금선물을 모두 상장 폐지하고, 기존의 미니금선물을 개선하여 2015년 11월 23일부터 한국거래소의 유일한 금선물로 새롭게 상장하였다. 새롭게 상장한 금선물은 기존 실물인수도 방식의 금선물에 비해 거래단위를 10배 낮추었으며 현금결제방식을 적용하여 현재의 거래시점에 예측한 금가격과 만기일에 실제로 형성된 금가격과의 차액을 주고 받는다.

2008년 7월에 도입된 돈육선물은 돼지가격의 변동위험을 헷지하기 위하여 1계약당 1,000kg에 해당하는 돈육대표가격을 사거나 팔 것을 약정하는 선물거래이다. 돈육선물은 돈육대표가격이 거래대상이기 때문에 실제로 돈육을 사고파는 것이 아니고, 현재의 거래시점에서 정해놓은 돈육대표가격과 만기일에 실제로 형성된 돈육가격과의 차액을 주고받는 현금결제방식을 취한다.

주식시장에서의 대표적인 선물로는 1996년 5월에 최초로 상장된 KOSPI200선물이 있다. 이후, 2001년 1월에 도입된 KOSDAQ50선물이 2005년 11월에 상장폐지되고 대신 상장된 스타지수선물도 코스닥시장에 대한 대표성이 미흡하여 2015년 11월 23일에 상장폐지 되고, 같은 날 기술주 중심의 코스닥시장 특성을 반영한 KOSDAQ150선물이 상장되었다.

2015년 7월에는 KOSPI200선물의 1계약금액을 1/5(거래승수 25만원 → 5만원)로 축소한 미니KOSPI200선물을 상장하였고, 2018년 3월에는 유가증권시장과 코스닥시장을 아우르는 우량기업으로 구성된 KRX300지수를 기초자산으로 하는 KRX300선물도 상장하였다.

2014년 11월에는 정교한 위험관리를 위해서 KOSPI200섹터지수선물을 도입하였다. 현재 KOSPI200에너지/화학, KOSPI200정보기술, KOSPI200금융, KOSPI200경기소비재, KOSPI200건설, KOSPI200중공업, KOSPI200헬스케어, KOSPI200철강/소재, KOSPI200생활소비재, KOSPI200산업재를 기초자산으로 하는 KOSPI200섹터지수선물이 거래되고 있다.

또한, KOSPI고배당50지수와 KOSPI배당성장50지수를 각각 기초자산으로 하는 KOSPI배당지수선물도 2015년 10월에 상장되었다. 2016년 6월에는 최초로 해외주가지수를 기초자산으로 하는 선물인 EURO STOXX50선물이 상장되었다. EURO STOXX50선물의 기초자산은 유로존 12개 국가의 증권시장에 상장된 주권 중 50종목에 대하여 지수산출전문기관인 STOXX가 산출하는 EURO STOXX50지수이다. 2021년 7월에는 최근 우리나라 주식시장을 선도하는 주도산업인 2차전지, 바이오, 인터넷, 게임 등 4개 산업군의 대표기업으로 구성된 KRX BBIG K-뉴딜지수를 기초자산으로 하는 KRX K-뉴딜지수선물을 상장하였다.

2008년 5월에는 개별주식을 기초자산으로 하는 개별주식선물이 도입되었다. 개별주식선물의 기초자산은 주식시장에 상장되어 있고 유통주식수가 200만주 이상, 소액주주수가 2,000명 이상, 1년간 총거래대금이 5,000억원 이상인 보통주식 중에서 시가총액과 재무상태 등을 감안하여 선정한 기업이 발행한 주식을 대상으로 한다.

이외에도 KOSPI200옵션가격을 이용하여 미래(30일) KOSPI200의 변동성을 나타낸 지수(V-KOSPI 200)를 기초자산으로 하는 KOSPI200변동성지수선물이 2014년 11월에 상장되었고, 2017년 6월 26일에는 주식시장에 상장되어 있는 ETF를 기초자산으로 하는 ETF선물도 상장되었다.

채권시장에서의 대표적인 선물은 1999년 9월에 도입된 3년국채선물이다. 3년국채선물 외에도 단기채권의 헷지를 위해 1999년 4월에 도입된 CD금리선물이 있었으나 2007년 12월에 상장폐지 되었고, 2002년 12월에 통안증권금리선물도 도입하였으나 역시 유동성 부족으로 2011년 2월에 상장폐지 되었다.

현재는 성공적으로 정착한 3년국채선물과 더불어 만기 5년 이상인 국고채권의 장기물 발행물량이 늘어나면서 2003년 8월에 상장된 5년국채선물과 2008년 2월에 상장된 10년국채선물이 금리선물의 대표적인 3인방으로 거래되고 있다.

외환시장에서의 대표적인 선물은 1999년 4월 선물거래소 개장과 더불어 도입된 미국달러선물이 있다. 이후, 수출입 및 외국인 투자 확대에 따른 엔화와 유로화의 거래 증가, 환율의 변동성 증가 등으로 이들 외화에 대한 적극적인 환위험헷지의 필요성이 대두되면서 2006년 5월에 엔선물과 유로선물이 상장되었고, 2015년 10월에는 위안선물이 추가로 상장되었다.

▶ 02 선물의 특징

두 당사자 간에 사적이고 비공식적으로 거래가 이루어지는 선도(forward)거래의 유래는 고대 그리스시대까지 거슬러 올라간다. 19세기에 이르러서야 계약이 표준화되고 조직화된 시장에서 거래되는 현대적인 선물(futures)거래가 등장하였다. 선도계약에 대비하여 선물계약은 조직화된 거래소, 표준화된 계약조건, 청산소, 증거금 및 일일정산, 용이한 포지션 종결, 감독규제기관을 가진다는 점에서 차이가 있다.

1. 조직화된 거래소

선도거래는 장소의 구분 없이 어느 곳에서나 이루어질 수 있는 반면, 선물은 항상 조직화된 거래소에서만 거래가 이루어진다. 미국에서 가장 큰 선물거래소는 시카고상업거래소(CME)가 2007년 7월에 시카고상품거래소(CBOT), 2008년 8월에 뉴욕상업거래소(NYMEX)를 흡수합병한 CME그룹이다. 미국 내의 두 번째로 큰 거래소는 2013년에 NYSE Euronext를 흡수합병한 ICE(Intercontinental Exchange)이다.

한편, 유럽지역의 가장 큰 거래소는 독일 최대 주식거래소인 독일증권거래소(Deutsche Börse Exchange)와 스위스파생상품거래소(SOFFEX: Swiss Options and Financial Futures)가 합병한 Eurex그룹이다. Eurex그룹은 Eurex거래소(Eurex Exchange), 유럽에너지거래소(European Energy Exchange), Eurex청산소(Eurex Clearing), Eurex채권시장(Eurex Bonds), Eurex리포시장(Eurex Repo)으로 구성되어 있다.

최근에는 인도의 NSE(National Stock Exchange)와 중국의 다롄거래소(DEC: Dalian Commodity Exchange), 상해선물거래소(SHFE: Shanghai Futures Exchange) 등이 급성장하여 글로벌 장내파생상품순위에서 상위를 차지하고 있다. 우리나라의 한국거래소(KRX: Korea Exchange)도 KOSPI200선물과 KOSPI200옵션의 성장에 힘입어 파생금융상품이 도입된 시점이 선진국에 비해 매우 늦지만 짧은 시간에 세계적인 거래소로 급성장하였다.

2. 표준화된 계약조건

선도거래와 선물거래의 또 다른 차이점은 표준화된 계약의 존재 여부이다. 선도거래는 당사자 간의 합의에 따라 거래가 이루어진다. 반면 선물은 계약이 표준화되어 있으므로, 어떤 상품이 어떠한 조건으로 어떻게 거래되는가를 알 수 있게 되어 선물거래의 유동성을 촉진시킨다.

선물계약의 거래조건들은 거래소마다 상품별로 표준화되어 있다. 우리나라 파생상품시장에서는 선물과 옵션의 두 가지 유형의 파생상품이 상품별로 표준화된 거래조

표 15-1 한국거래소 주요 선물 거래명세

구분	KOSPI200선물	3년국채선물	미국달러선물	금선물
기초자산	KOSPI200	표면금리 5%, 6월단위 이지지급방식의 3년만기 국고채	미국달러화(USD)	순도 99.99% 이상 1kg 벽돌모양 직육면체 금지금
거래단위	KOSPI200선물가격×25만원	액면 1억원	US $10,000	100g
결제월	3, 6, 9, 12월	3, 6, 9, 12월	분기월 중 12개, 그 밖의 월 중 8개	짝수월 6개, 그 밖의 월 중 1개
상장결제월	3년 이내의 7개 결제월(3, 9월: 각 1개, 6월: 2개, 12월: 3개)	6월 이내의 2개 결제월	총20개(1년 이내 매월, 1년 초과 매분기월 상장)	1년 이내의 짝수월(2, 4, 6, 8, 10, 12) 6개 결제월과 2개월 이내의 그 밖의 결제월 1개
가격표시방법	KOSPI200선물 수치(포인트)	액면 100원당 원화(백분율방식)	US $1당 원화	g당 원화
호가가격단위	0.05포인트	0.01포인트	0.1원	10원
최소가격변동금액	12,500원 (25만원×0.05)	10,000원 (1억원×0.01 ×1/100)	1,000원 (US $10,000×0.1원)	1,000원 (100kg×10원)
거래시간	09:00−15:45 (최종거래일: 09:00−15:20)	09:00−15:45 (최종거래일: 09:00−11:30)	09:00−15:45 (최종거래일: 09:00−11:30)	09:00−15:45 (최종거래일: 09:00−15:20)
최종거래일	각 결제월의 두 번째 목요일	결제월의 세 번째 화요일	결제월의 세 번째 월요일	결제월의 세 번째 수요일
최종결제일	최종거래일의 다음 거래일	최종거래일의 다음 거래일	최종거래일로부터 기산하여 3일째 거래일	최종거래일의 다음 거래일
최종결제방법	현금결제	현금결제	인수도결제	현금결제

자료: 한국거래소(www.krx.co.kr)

건으로 거래되고 있다. 예를 들어, KOSPI200선물의 표준화된 계약조건을 살펴보자. 선물은 1계약을 기준으로 거래되기 때문에 1계약을 거래했을 때 얼마만큼 거래대상을 인수도할 것인가를 정해야 하는데, 이러한 계약의 크기를 거래단위라고 한다. KOSPI200선물의 경우 한국거래소에 상장된 200개 주식의 평균값인 KOSPI200이라는 주가지수를 거래대상(기초자산)으로 선물거래를 한다.

따라서 KOSPI200선물은 KOSPI200에 대해 KOSPI200 1포인트당 25만원을 곱한 금액을 거래단위로 정하고 있다.[1] 예를 들어, 오늘 300포인트 하는 KOSPI200선물을 1계약 매수하였다면, KOSPI200선물 1계약의 거래단위는 75,000,000원(=300포인트× 1계약×25만원)이 된다.

또한, 선물은 미래의 특정시점에 거래대상인 기초자산을 주고받는 계약이기 때문에 그 특정시점, 즉 몇 월에 인수도할 것인가를 미리 정해야 한다. KOSPI200선물의 경우는 매 분기 마지막 월인 3월, 6월, 9월 12월을 결제월로 정하여 3년 이내 7개 결제월이 상장되어 거래된다.[2]

선물의 결제월을 정한 후에는 어느 날에 인수도할 것인가를 정해야 한다. 인수도일 전에 선물을 최종적으로 거래할 수 있는 날을 최종거래일이라고 하고 실제로 인수도하기까지 시간이 걸리며 인수도가 일어나는 날을 최종결제일이라고 한다. KOSPI200선물의 최종거래일은 3월, 6월, 9월, 12월의 두 번째 목요일이며 최종결제일은 최종거래일(T)의 다음 거래일($T+1$)로 정하여 놓고 있다.[3]

인수도가 이루어질 때 미국달러선물의 경우 실제로 미국달러를 인수도 한다. 하지만, KOSPI200선물의 거래대상인 KOSPI200은 200개 주식으로 산출된 주가지수이고 만일 최종결제시에 실제로 주식실물을 인수도 해야 한다면 200개 주식을 한꺼번에 동시에 매매하여 인도해야 하는 불편함이 있게 된다. 따라서 200개 주식의 가격을 지수화하여 1포인트당 25만원씩 주고 받기로 정하여 현금결제를 한다.

예를 들어, A가 KOSPI200선물 1계약을 300포인트에 매수하였다고 하자. 3개월 후 두 번째 목요일이 되었을 때 KOSPI200이 320포인트가 되면 $20(=S_T-F_0=320-300)$포인트 만큼 이익이 발생하게 된다. 이때 A는 KOSPI200 20포인트의 이익을 돈으로 환산하여 받게 된다. 즉, 1포인트당 25만원을 곱하여 500만원(=20포인트×1계약×25만원)의 현금을 받는다.

---

1   2017년 3월 27일 선물거래 활성화 방안의 일환으로 기존의 거래승수를 50만원에서 25만원으로 변경하였다.
2   예를 들어, 오늘이 10월 25일이라면 12월물, 내년 3월물, 6월물, 9월물, 12월물, 내후년 6월물, 12월물이 상장되어 거래된다. 따라서 항상 3월물과 9월물 각 1개, 6월물 2개, 12월물 3개가 상장된다.
3   예를 들어, 9월물은 9월의 두 번째 목요일까지 거래가 되며, 금요일에 인수도가 이루어진다.

한편, 투자자들이 선물가격을 조정하여 거래를 체결하고자 할 때 선물가격을 최소한으로 움직일 수 있는 수준을 설정해 놓아야 한다. 즉, 투자자가 주문을 제출할 때 표준화된 호가단위(tick)를 따라야 하는데, 호가단위란 제시가격의 최소가격단위[4]를 말한다.

KOSPI200선물은 예를 들어, 300.00, 300.05, 300.10처럼 0.05포인트 간격으로 호가를 한다. 이 호가단위를 금액으로 환산하면 12,500원(=0.05포인트×25만원)이다. 따라서 KOSPI200선물가격의 상승과 하락이 0.05포인트 간격으로 움직인다는 것은 12,500원만큼 KOSPI200가격이 오르거나 내린다는 의미이다.

예제 | KOSPI200선물

2월 1일 KOSPI200선물시세가 아래와 같다.

(단위: 포인트, 계약)

종 목	종 가	전일대비	시 가	고 가	저 가	거래량
KOSPI200	273.12	−5.33	274.80	275.95	273.12	116,192
3월물	274.15	−4.65	275.05	276.50	273.25	403,486
6월물	275.10	−5.20	277.50	278.05	275.00	1,710
9월물	280.60	−1.90	0.00	0.00	0.00	0
12월물	276.50	−8.10	275.25	276.50	275.25	25

(1) 위의 KOSPI200선물시세표에서 현재 현물가격은 얼마인가?

(2) KOSPI200선물 3월물 1계약을 274.15에 매수하여 선물만기일인 3월 10일(목)까지 보유할 경우 만기일의 현물가격이 278.72라면 얼마만큼의 이익 혹은 손실이 발생하는가?

(3) 위의 경우 예상이 빗나가 만기일의 현물가격이 263.65로 내려가면 얼마만큼의 이익 혹은 손실이 발생하는가?

(4) 현재 1,000억원어치의 주식을 보유하고 있는 펀드매니저가 향후 주가가 하락할 것이 우려되어 KOSPI200선물 3월물 840계약을 274.15에 매도하였다. 실제로 주가가 하락하여 주식가치가 950억원이 되었고 만기일의 현물가격이 250.45까지 하락할 경우 선물포지션으로부터의 손익은 얼마인가?

---

4 최소가격변동폭을 틱사이즈(tick size)라고도 한다. 틱은 시계에서 초침이 째깍하고 움직이는 한 칸을 나타내는데서 유래한 말로 가장 작은 변동폭을 의미한다.

• 답 •

(1) 273.12

(2) $(278.72 - 274.15) \times 25만원 \times 1계약 = 1,142,500원$

(3) $(263.65 - 274.15) \times 25만원 \times 1계약 = -2,625,000원$

(4) $(274.15 - 250.45) \times 25만원 \times 840계약 = 4,977,000,000원$ 이익

쿼드러플 위칭 데이-4개 파생상품 만기 겹치는 '네 마녀의 날'

지난달 8일은 올해 들어 세 번째 맞는 '쿼드러플 위칭 데이(quadruple witching day)'였다. 특히 이번 쿼드러플 위칭 데이는 미연준의 금리인상 이슈 등과 맞물려 있었기에 9월 초부터 증권가에서는 증시 전망이 쏟아져 나왔고 투자자들도 시장 동향에 촉각을 곤두세웠다. 이번 칼럼에서는 '네 마녀의 날'이라고도 불리는 쿼드러플 위칭 데이가 무엇인지, 쿼드러플 위칭 데이가 시장에는 어떠한 영향을 미치는지 알아보자.

쿼드러플 위칭 데이란 숫자 4를 뜻하는 'quadruple'과 마녀를 뜻하는 'witch'의 합성어로 주가지수선물·옵션, 개별주식선물·옵션 등 총 4개 파생상품의 만기가 겹치는 날을 뜻한다. 선물과 옵션은 주가지수, 개별주식과 같은 기초자산을 미래 특정시점에 미리 정한 가격으로 사거나 팔기로 약속하는 계약이며 매매를 최종적으로 이행하는 만기일이 존재한다. 그리고 우리나라에서는 3·6·9·12월의 두 번째 목요일과 매월 두 번째 목요일을 각각 선물과 옵션의 만기일로 정하고 있어 3·6·9·12월의 두 번째 목요일에는 KOSPI200지수와 개별주식을 기초자산으로 하는 선물·옵션, 4가지 상품의 만기일이 겹친다.

이날에는 현물시장과 선물·옵션시장의 일시적 가격차를 이용해 수익을 올리려는 투자 목적의 거래자들이 현물주식과 선물·옵션을 정리하려고 하기 때문에 시장에서 매매가 매우 활발하게 일어난다. 따라서 주가도 매우 큰 폭으로 움직일 가능성이 높으며, 마치 네 명의 마녀가 빗자루를 타고 동시에 정신없이 돌아다니는 것과 같이 혼란스러워 네 마녀의 날이란 별명이 붙여지게 되었다.

쿼드러플 위칭 데이는 미국 주가지수선물·옵션과 개별주식옵션의 동시 만기일을 의미하는 트리플 위칭 데이에서 비롯됐다. 미국 월스트리트에서는 주식파생상품의 만기가 겹치는 날에 주

가가 크게 출렁이는 것을 보고 셰익스피어의 맥베스에 등장하는 마녀에서 힌트를 얻어 트리플 위칭 데이라 정했다. 2002년 개별주식선물이 상장됨에 따라 세 마녀가 아닌 네 마녀가 빗자루를 타고 이리저리 돌아다니는 쿼드러플 위칭 데이가 되었다.

우리나라에서는 1996년, 1997년, 그리고 2002년 주가지수선물, 주가지수옵션, 개별주식옵션이 상장되면서 트리플 위칭 데이를 맞았으며, 2008년 개별주식선물이 추가로 상장되면서 쿼드러플 위칭 데이를 맞게 되었다. 2008년 6월 12일 첫 쿼드러플 위칭 데이에 KOSPI는 42.31포인트 하락하였으며, 지난 11일, 2014년 마지막 쿼드러플 위칭 데이에도 KOSPI가 28.97포인트 하락한 바 있다.

그러나 2007년 6월 14일에는 트리플 위칭 데이였음에도 불구하고 KOSPI가 사상 최고치를 경신하였다. 이처럼 쿼드러플 위칭 데이에는 마녀가 '심술'을 부리는 대신 '깜짝 선물'을 주는 경우도 있으며, 기업의 현재가치, 미래가치, 거시경제 등 주가결정요인과 상관없이 주가가 급격하게 변동할 수 있으므로 시장의 움직임을 잘 살펴보면서 투자할 필요가 있다.

[출처: 국제신문(www.kookje.co.kr) 2016. 10. 5.]

3. 청산소

선도와 달리 선물은 일단 거래가 합의되면 청산소(clearing house)가 개입한다. 선물의 거래당사자가 계약을 직접 보유하는 것이 아니라 청산소가 매도자에게는 매수자의 입장을 그리고 매수자에게는 매도자의 입장을 취함으로써, 청산소는 양쪽의 거래당사자에 대해 거래 파트너의 역할, 시장 내의 모든 참가자들에게 계약이행을 보장하는 역할을 수행한다. 만약 거래당사자 중 어느 한쪽이 계약조건을 이행하지 않을 경우에는 청산소가 손실을 입는다.

청산소는 선물거래의 포지션 청산을 쉽게 한다. 만약 현재 매수포지션을 보유한 투자자가 이것을 청산하기 위해 매도포지션을 주문하는 반대매매를 수행할 경우 청산소는 매수 및 매도포지션을 정산하여 순포지션을 0으로 만든다. 투자자는 순포지션이 0이 됨에 따라 만기일에 따로 계약을 이행해야 할 필요가 없다.

이처럼 선물계약 거래당사자들의 계약불이행이 최소화가 되도록 선물의 매수자 및 매도자 간에 계약이 이행될 것을 보장하는 기관인 청산소는 거래의 계약당사자로서의 역할뿐만 아니라 증거금(margin)과 일일정산(daily settlement) 등의 청산업무를

그림 15-3 청산소

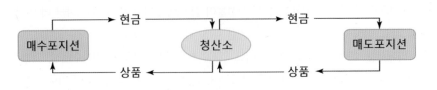

수행하고 거래에 참여한 투자자의 거래내역자료를 보유하고 있다. 외국의 경우 거래소가 별도로 청산소를 설치하여 운영하고 있지만 우리나라는 청산소를 별도로 두지 않고 한국거래소에서 청산소의 역할을 하고 있다.

4. 증거금 및 일일정산

선물거래는 거래대상을 미래에 인수도하기 때문에 계약시점에 일종의 계약금과 같이 전체 거래금액의 일부만을 납부하는 증거금제도를 갖고 있다. 즉, 계약금 성격의 증거금만 낸다면 지금 현재 상품대금이 없더라도 '공짜'로 선물거래가 가능하다.

증거금제도는 선물거래가 계약시점에서는 손익을 알 수 없고 미래에 거래대상을 인수도하는 날에 손익을 알 수 있기 때문에 투자자로부터 혹시 미래의 인수도 시점에 선물의 거래자가 손실이 발생하더라도 반드시 결제이행을 하겠다고 약속하는 일종의 계약금 성격으로 생겨났다. 선도거래에서는 미래의 시점에 손실이 발생한 어느 일방이 거래를 이행하지 않을 위험이 있으나, 선물거래에서는 계약당시에 납부하는 증거금이 향후 미래시점에 손실을 보더라도 계약을 반드시 이행한다는 계약이행보증의 역할을 하는 것이다.

증거금은 통상적으로 기초자산의 가격이 하루 동안 최대로 움직이는 수준으로 설정하고 있으며, 일반투자자가 거래소회원(증권회사 및 선물회사)에게 납부하는 위탁증거금과 거래소회원이 거래소에 납부하는 거래증거금으로 구분된다.[5] 이 중 위탁증거금은 크게 개시증거금(initial margin), 유지증거금(maintenance margin), 추가증거금 또

---

5 거래증거금률은 위탁증거금률과 상품마다 다르고 시장상황에 따라 변경되며 한국거래소(www.krx. co.kr)에 공시하고 있다.

그림 15-4 증거금

개시증거금 수준(3/3)

변동
증거금

유지증거금 수준(2/3)

부족액

유지
증거금과
비교

부족액
발생 시
추가납부

증거금계좌
잔액

증거금계좌
잔액

증거금계좌
잔액

자료: 한국거래소, 「KRX 파생상품시장의 이해」, p. 157. 참조.

는 변동증거금(variation margin)으로 구분된다.[6] 또한 연쇄적인 결제불이행을 방지하기 위하여 증거금을 매일매일 산출하여 손실액이 누적되지 않도록 일일정산을 하고 있다.

예를 들어, 투자자 A가 오늘 오전에 선물 1,000만원 어치를 투자자 B로부터 '공짜'로 샀다고 하자. A와 B 사이에서 청산소 C가 두 사람의 거래에 개입하게 된다. C는 A와 B에게 선물의 만기시점에 반드시 계약을 이행하겠다는 약속을 한다는 뜻에서 신규주문 시에 개시증거금으로 1,000만원의 5.7%에[7] 해당하는 57만원을 오늘 증거금계좌에 납부하게 한다. 그 결과 A의 계좌 잔액은 57만원이고 B의 계좌 잔액도 57만원이 된다.

오늘 선물시장이 마감하는 시점에 1,000만원 하던 선물이 990만원이 되었다고 하자. 선물가격이 내려갔으니 A는 10만원 손실이 나고 B는 10만원 이익이 난다. C는 A계좌에서 10만원을 빼서 B계좌에 넣어 준다. 이제 A계좌 잔액은 47만원이 되고, B계좌 잔액은 67만원이 된다. 하루가 더 지나서 990만원 하던 선물이 980만원이 되었다고 하자. A는 또 10만원 손실이 나고 B는 10만원 이익이 난다. C는 A계좌에서 10만원을 빼서 B계좌에 넣어 준다. 이제 A계좌 잔액은 37만원이 되고, B계좌 잔액은

---

6 한국거래소에서는 개시증거금을 위탁증거금이라 하고, 유지증거금을 유지위탁증거금이라 한다.
7 2021년 8월 현재 KOSPI200선물의 개시증거금률은 5.7%이고, 유지증거금률은 3.8%이다.

77만원이 된다. 이렇게 매일매일 손익을 결정하는 것을 일일정산이라고 한다.

청산소 C는 B의 계좌 잔액은 많이 늘어난 상태여서 달리 걱정할 필요가 없지만, A의 계좌 잔액이 계속 줄어드는 것이 걱정되기 시작한다. 이 문제를 해결하기 위해 청산소 C는 A와 B에게 선물이 만기가 되는 시점까지 증거금계좌 잔액이 개시증거금 수준의 2/3 이상을 유지하게 한다. 이렇게 A와 B가 유지해야 하는 최저수준의 증거금을 유지증거금이라 한다. 개시증거금율이 5.7%이므로, 유지증거금율은 5.7%의 2/3에 해당하는 3.8%가 된다.

이제 하루가 더 지나 980만원 하던 선물이 970만원이 되었다고 하자. A계좌 잔액은 27만원까지 내려가고, B계좌 잔액은 87만원이 된다. C는 A에게 잔액이 개시증거금 수준의 2/3인 38만원(=57만원×2/3=1,000만원×3.8%)보다 더 내려갔다는 것을 알려주고, 다음날 정오까지 추가로 증거금을 더 납부하여 증거금계좌 잔액이 개시증거금 수준까지 되도록 하여야 한다는 것을 통보한다. A는 30만원(=57만원-27만원)을 추가로 더 납부하여야 하며, 이를 추가증거금 혹은 변동증거금이라 하고, 이러한 추가증거금 납부 통보를 마진콜(margin call)이라고 한다. 실제로 유지증거금은 개시증거금을 기준으로 산출하지 않고, 선물거래에 해당되는 현물의 당일종가를 기준으로 산출한다.

5. 용이한 포지션종결

선물은 미국달러선물처럼 만기일에 실물을 인도하거나 혹은 KOSPI200선물이나 3년국채선물처럼 현금결제로 포지션을 종결할 수 있다. 또한 선도와 달리 선물은 만기 전에 반대매매를 통하여 포지션을 종결할 수도 있다. 반대매매에는 선물을 매수한 투자자가 동일한 종목을 도로 매도하는 전매와 선물을 매도한 투자자가 동일한 종목을 도로 매수하는 환매가 있다.

6. 감독규제기관

선물시장에서 과도한 투기나 가격조작이 발생할 경우 선물가격이 왜곡되어 시장의 효율성을 저해한다. 선물시장은 가격조작의 가능성과 투기성이 큰 시장으로 인식되어 있기 때문에 선물거래의 순기능을 극대화하기 위해서는 적절한 규제조치가 필요하다. 우리나라의 경우 선물의 감독규제기관으로 금융위원회, 증권선물위원회, 금융감독원이 공적인 규제기관으로서, 한국거래소와 한국금융투자협회가 자율규제기관으로서 감독 역할을 수행하고 있다.

금융위원회는 금융시장에 대한 정책수립과 전반적인 금융규제 및 감독에 대한 심의·의결을 수행하고 있고 금융위원회에 별도로 설치된 기구인 증권선물위원회는 증권 및 선물시장의 관리·감독 및 감시 등의 업무를 수행한다. 그리고 금융감독원은 실질적으로 금융기관에 대한 검사 및 감독 그리고 증권·선물시장에 대한 조사·감독·감시업무를 수행하는 집행기관이다.

▶ 03 선물의 가격결정

1. 보유비용모형의 개념

선물거래는 미래에 물건을 인수도하는 계약을 현재 하는 것이다. 따라서 미래에 물건가격이 어떻게 형성될지에 대한 예측이 선물가격에 반영된다. 미래 물건가격이 오르리라고 예상되면 선물을 많이들 사게 되어 선물가격이 오르게 되고, 반대로 미래 물건가격이 내릴 것으로 예상되면 선물을 많이들 팔게 되어 선물가격이 내리게 된다. 그렇다면 선물가격을 이론적으로 어떻게 구할 수 있을까?

현물과 선물의 가격 사이에 어떠한 관계가 성립하는지 이해를 돕기 위해 상품선물을 예를 들어 생각해보자. 예를 들어, 금 1톤이 1,000억원이라고 할 때, A가 6개월 후에 금 1톤을 1,100억원에 현물로 매도하는 것과 금 1톤을 6개월 후에 매도하기로 약속하는 선물매도를 비교해보자.

첫째, 현물매도의 경우이다. A가 1,000억원을 빌려서 현물시장에서 금 1톤을 사서 보유하고 있다가 1년 후에 판매할 경우, 보유하는 기간 동안 1,000억원 차입에 대한 이자 40억원, 금 1톤을 안전하게 창고 등에 보관하는 보관비용 30억원, 보유하는 동안 화재나 도난 등에 대비한 보험료 30억원이 든다. 1년 후에 A는 금가격 1,000억원에 이러한 부대비용(이자비용, 보관비용, 보험료 등)을 합하여 1,100억원에 매도한다고 하자.

둘째, 선물매도의 경우이다. 현재 A는 만기 1년인 금선물을 1,300억원에 선물매도계약을 하고, 선물만기 시에 A는 선물매도 계약을 이행하여 금을 내주고 1,300억원을 받는다고 하자.

현물시장을 이용하여 금을 팔 경우 1년 후에 1,100억원을 받지만, 선물시장을 이용하여 금을 팔 경우에는 1년 후에 1,300억원을 받게 된다. 1년 후 시점에서 보면 동일한 금 1톤에 대해서 현물가격이나 선물가격이 동일해야 하는데, 선물을 이용하여 매도할 경우 200억원의 차익을 얻을 수 있게 된다.

이와 같은 차익거래기회가 존재한다면 너도 나도 이익을 얻기 위해 선물을 매도하고 현물을 매수할 것이다. 선물매도가 많아져 선물공급이 증가하면 선물가격이 내려가고, 현물매수가 많아져 현물수요가 증가하면 현물가격이 올라가게 된다. 선물가격의 하락과 현물가격의 상승은 이익을 얻을 수 없을 때, 즉 이자비용, 보관비용, 보험료 등의 보유비용(cost-of-carry)[8]까지 고려한 가격이 일치하여 이익이 존재하지 않을 때까지 가격조정이 계속될 것이다. 이는 선물이론가격이 현물가격에 보유비용을 고려하여 결정됨을 의미한다.[9]

$$선물이론가격 = 현물가격 + 보유비용(이자비용, 보관비용, 보험료 등) \qquad (15\text{-}1)$$

---

[8] 보유비용이란 현재부터 인수도하는 날까지 현물을 보유하는 데 관련된 비용으로서 보관비용(storage costs), 보험료(insurance costs), 운송비용(transportation costs), 이자와 같은 금융비용(financing costs) 등을 말한다. 보관비용은 선물의 만기일까지 현물을 창고에 보관할 경우 발생하는 비용이다. 보험료는 만기일까지 현물을 보관할 경우 그동안 발생할지도 모르는 화재나 상품의 변질에 대비하여 지불하는 비용이다. 운송비용은 대상자산을 인수도 장소까지 운송할 때 드는 비용이다. 이자는 현물을 매수하여 만기일까지 보관할 경우 발생하는 현물매수자금의 기회비용을 말한다.

[9] 현물가격에 보유비용을 고려하여 선물이론가격이 된다는 것을 직관적으로 보면, 만기 시에 인도할 현물을 매수하기 위해서 필요한 자금을 조달하고 이에 대한 이자를 지급해야 하는 선물매도자는 이자비용을 선물가격에 반영하여 보상받으려 할 것이기 때문에 이자가 클수록 선물가격이 오르게 된다. 이자비용뿐만 아니라 인도할 현물을 보유하는 데 소요되는 보관비용, 창고비용, 보험료 등도 선물가격에 반영되지 않으면 아무도 선물을 매도하려고 하지 않기 때문에 이러한 비용들이 모두 선물가격에 반영되어 이들 비용이 클수록 선물가격이 커진다.

결국, 선물과 현물은 대상물(거래대상인 기초자산)의 인수도 및 대금지불 시점만 다를 뿐 실질적으로 동일한 투자대상물이므로 선물계약이행시점(선물만기일)에는 선물과 현물의 구별이 없어지고 수렴(convergence)[10]하게 되어, 이론적인 선물가격은 현물가격에 보유비용을 고려한 가격이 되고 현물과 선물에 대한 투자결과는 동일해야 한다.

2. 보유비용모형

(1) 보유비용모형: 매수측면에서의 KOSPI200선물이론가격

전략 A는 현재시점에서 KOSPI200선물을 직접 매수하는 전략이다. KOSPI200선물을 살 때 공짜로 사니까 현재시점에서의 현금흐름은 0이 된다. 만기시점에서는 KOSPI200선물계약을 이행하여 $S_T - F_0$만큼의 현금흐름이 발생한다.

전략 B는 KOSPI200 매수하고 돈을 차입하는 것이다. 현재 KOSPI200가격인 S_0에 KOSPI200을 매수하고, $(F_0 + \sum d_t)/(1 + r \times T/365)$만큼 돈을 빌린다. 따라서 전략 B의 현재시점에서의 총현금흐름은 $-S_0 + (F_0 + \sum d_t)/(1 + r \times T/365)$이 된다. 만기시점에서는 KOSPI200을 보유하여 얻게 되는 S_T와 이 기간 동안 받은 배당금을 재투자하여 쌓인 $\sum d_t$의 합인 $S_T + \sum d_t$가 발생한다. 그리고 현재시점에서 $(F_0 + \sum d_t)/(1 + r \times T/365)$만큼 빌려온 돈을 갚아야 하므로 $-F_0 - \sum d_t$[11]가 발생하게 된다. 따라서 전략 B의 만기시점에서의 총현금흐름은 $S_T - F_0$이 되어, 전략 A의 현금흐름과 일치한다.

이와 같이 전략 A와 전략 B는 만기시점에서 동일한 가치를 가져 현금흐름이 같으므로 현재시점에서 두 전략의 가치도 같아야만 차익거래이익이 발생하지 않게 된다. 전략 A의 현재시점의 현금흐름 0과 전략 B의 현재시점의 현금흐름 $-S_0 + (F_0 + \sum d_t)/$

---

10 만기일이 다가올수록 선물가격과 현물가격이 접근하여 만기일에는 선물가격과 현물가격이 같아지는데 이를 수렴이라고 한다. 이를 직관적으로 봐도 선물의 이론가격을 구성하는 요소인 이자비용, 보관비용, 보험료 등이 만기일에는 없기(0) 때문에 선물가격과 현물가격이 동일해진다.

11 $\dfrac{F_0 + \sum d_t}{1 + r \times \dfrac{T}{365}} \times \left(1 + r \times \dfrac{T}{365}\right) = F_0 + \sum d_t$

표 15-2 KOSPI200선물의 보유비용모형(매수측면)

전 략	현재시점의 현금흐름	만기시점의 현금흐름
A: KOSPI200선물 매수	0	$S_T - F_0$
B: KOSPI200 매수	$-S_0$	$S_T + \sum d_t$
차입	$\dfrac{F_0 + \sum d_t}{1 + r \times \dfrac{T}{365}}$	$-F_0 - \sum d_t$
	$-S_0 + \dfrac{F_0 + \sum d_t}{1 + r \times \dfrac{T}{365}}$	$S_T - F_0$

여기서, r: 한국금융투자협회가 산출하는 만기가 91일인 양도성예금증서의 최근일의 연수익률

$\sum d_t$: 현재시점부터 만기시점까지 KOSPI200 구성종목의 선물배당액지수의 합계

$(1 + r \times T/365)$가 동일해야 하므로 선물이론가격은 식(15-2)와 같이 도출된다.[12]

$$0 = -S_0 + \frac{F_0 + \sum d_t}{1 + r \times \dfrac{T}{365}} \rightarrow F_0 = S_0\left(1 + r \times \frac{T}{365}\right) - \sum d_t \tag{15-2}$$

보유비용모형이라고 불리는 식(15-2)는 KOSPI200선물이 금융상품이기 때문에 보유비용 중 오직 금융비용인 이자만 존재하므로 이자비용만 고려하여 선물이론가격을 나타낸다. 식(15-2)에서 선물가격은 현재 현물가격에 보유비용(이자비용)이 고려된 가격이 되므로 KOSPI200선물을 매수하는 것은 자금을 빌려서 현물인 주식을 매수하는 것과 같다. 주식매수의 경우 빌린 자금에 대한 이자가 추가비용이 되지만 배당은 수입이 되므로 이자에서 배당을 차감해야 선물매수의 경우와 같아지게 된다.

(2) 보유비용모형: 매도측면에서의 KOSPI200선물이론가격

전략 C는 현재시점에서 KOSPI200선물을 매도하는 것이다. KOSPI200선물을 팔

---

12 $F_0 = S_0\left(1 + r \times \dfrac{T}{365}\right) - \sum d_t \rightarrow F_0 = S_0 + S_0 \times r \times \dfrac{T}{365} - \sum d_t$

$\rightarrow$ 선물이론가격(F_0) = 현물가격(S_0) + 보유비용$\left(S_0 \times r \times \dfrac{T}{365} - \sum d_t\right)$

표 15-3 KOSPI200선물의 보유비용모형(매도측면)		
전 략	현재시점의 현금흐름	만기시점의 현금흐름
C: KOSPI200선물 매도	0	$F_0 - S_T$
D: KOSPI200 공매	S_0	$-S_T - \sum d_t$
대출	$-\dfrac{F_0 + \sum d_t}{1 + r \times \dfrac{T}{365}}$	$F_0 + \sum d_t$
	$S_0 - \dfrac{F_0 + \sum d_t}{1 + r \times \dfrac{T}{365}}$	$F_0 - S_T$

때 공짜로 파니까 현재현금흐름은 0이 된다. 만기시점에서는 KOSPI200선물계약을 이행하여 $F_0 - S_T$만큼의 현금흐름이 발생한다.

전략 D는 현물을 공매하고 돈을 대출하는 것이다. 오늘 주식을 빌려와서 파니까 KOSPI200의 현재가격 S_0이 들어오고, $(F_0 + \sum d_t)/(1 + r \times T/365)$를 빌려준다. 따라서 전략 D의 현재시점에서의 총현금흐름은 $S_0 - (F_0 + \sum d_t)/(1 + r \times T/365)$이 된다. 만기시점에서는 현재시점에서 공매한 현물을 사서 갚아야 하므로 현금흐름은 $-S_T$가 되며, 현재시점부터 만기시점까지의 배당금도 물어내어야 하므로 $-\sum d_t$가 되어, 공매로 인한 만기시점의 현금흐름은 $-S_T - \sum d_t$가 된다. 그리고 현재시점에서 $(F_0 + \sum d_t)/(1 + r \times T/365)$만큼 빌려준 돈의 원리금 $F_0 + \sum d_t$[13]를 받는다. 따라서 만기시점의 총현금흐름은 $F_0 - S_T$가 되어, 전략 C의 현금흐름과 일치한다.

이와 같이 전략 C와 전략 D는 만기시점에서 동일한 가치를 가져 현금흐름이 같으므로 현재시점에서 두 전략의 가치도 같아야만 차익거래이익이 발생하지 않게 된다. 즉, 전략 C의 현재시점의 현금흐름 0과 전략 D의 현재시점의 현금흐름 $S_0 - (F_0 + \sum d_t)/(1 + r \times T/365)$가 동일해야 하므로 선물이론가격은 식(15-3)과 같이 도출된다.

---

13 $\dfrac{F_0 + \sum d_t}{1 + r \times \dfrac{T}{365}} \times \left(1 + r \times \dfrac{T}{365}\right) = F_0 + \sum d_t$

$$0 = S_0 - \frac{F_0 + \sum d_t}{1 + r \times \frac{T}{365}} \rightarrow F_0 = S_0\left(1 + r \times \frac{T}{365}\right) - \sum d_t \tag{15-3}$$

차입이자율과 대출이자율이 서로 같다면 전략 A와 전략 B로부터 구해 낸 식(15-2)의 선물이론가격과 전략 C와 전략 D로부터 구해낸 식(15-3)의 선물이론가격이 서로 같게 된다. KOSPI200선물의 이론가격 계산 시 차입 및 대출이자율은 한국금융투자협회가 산출하는 만기가 91일인 양도성예금증서의 최근일의 연수익률을 사용하도록 정하고 있다. 선물이론가격은 선물가격의 적정성을 판단하는 데 중요한 지표로 사용되고 있는데, 현재 거래소 및 회원사 등은 실시간으로 각 선물의 이론가격을 계산하여 투자자들에게 제공한다.

3. KOSPI200선물 차익거래전략

(1) KOSPI200선물 매수차익거래전략

KOSPI200선물 실제가격이 과대평가되어 있을 경우에는 〈표 15-4〉에서처럼 과대평가된 KOSPI200선물을 매도하고(전략 C) 현물매수에 필요한 자금을 차입하여 과소평가된 KOSPI200현물을 매수(전략 B)함으로써 선물만기일에 차익거래이익을 얻을 수 있다.

이처럼 비싼 선물을 매도하고 차입한 자금으로 싼 현물을 매수하는 것 즉, 전략 C와 전략 B을 묶은 것을 매수차익거래전략(cash-and-carry arbitrage)이라고 한다. 이때 〈표 15-4〉를 보면 차익거래자는 현재시점에서 아무런 비용을 부담하지 않고(zero investment) 선물만기일에 주가(S_T)가 오르든 내리든 $-S_T$와 $+S_T$가 서로 상쇄되어 주가의 움직임에 상관없이(no uncertainty, risk-free) $F_0 - \left[S_0(1 + r \times \frac{T}{365}) - \sum d_t\right]$ 만큼의 차익거래이익을 얻는다.

$$매수차익거래이익 = KOSPI200선물\ 실제가격 - KOSPI200선물\ 이론가격$$

$$= F_0 - \left[S_0(1 + r \times \frac{T}{365}) - \sum d_t\right] \tag{15-4}$$

표 15-4 KOSPI200선물 매수차익거래전략 (전략 C + 전략 B)

전 략	현재시점의 현금흐름	만기시점의 현금흐름
C: KOSPI200선물 매도	0	$F_0 - S_T$
B: KOSPI200 매수	$-S_0$	$S_T + \sum d_t$
차입	S_0	$-S_0(1 + r \times \frac{T}{365})$
차익거래이익	0	$F_0 - \left[S_0(1 + r \times \frac{T}{365}) - \sum d_t \right]$

(2) KOSPI200선물 매도차익거래전략

KOSPI200선물 실제가격이 과소평가되어 있으면 〈표 15-5〉에서처럼 과소평가된 KOSPI200선물을 직접 매수(전략 A)하고 과대평가된 KOSPI200현물을 공매하고 그 자금을 대출(전략 D)함으로써 선물만기일에 차익거래이익을 얻을 수 있다.

이와 같이 싼 선물을 매수하고 비싼 현물을 공매한 자금을 대출하는 것 즉, 전략 A와 전략 D를 묶은 것을 매도차익거래전략(reverse cash-and-carry arbitrage)이라고 한다. KOSPI200선물 매수차익거래와 마찬가지로 차익거래자는 현재시점에서 아무런 비용 (zero investment)을 부담하지 않고 선물만기일에 주가움직임에 상관없이(no uncertainty, risk-free) $\left[S_0(1 + r \times \frac{T}{365}) - \sum d_t \right] - F_0$ 만큼의 차익거래이익을 얻는다.

$$
\text{매도차익거래이익} = \text{KOSPI200선물 이론가격} - \text{KOSPI200선물 실제가격}
$$

$$
= \left[S_0(1 + r \times \frac{T}{365}) - \sum d_t \right] - F_0 \tag{15-5}
$$

표 15-5 KOSPI200선물 매도차익거래전략 (전략 A + 전략 D)

전 략	현재시점의 현금흐름	만기시점의 현금흐름
A: KOSPI200선물 매수	0	$S_T - F_0$
D: KOSPI200 공매	S_0	$-S_T - \sum d_t$
대출	$-S_0$	$S_0(1 + r \times \frac{T}{365})$
차익거래이익	0	$\left[S_0(1 + r \times \frac{T}{365}) - \sum d_t \right] - F_0$

오늘 KOSPI200은 320.14, KOSPI200선물은 321.50, 선물배당액지수($\sum d_t$)는 0.6, 만기일까지의 잔존기간 일수는 48일이다. KOSPI200선물의 이론가격 계산 시 사용하는 이자율은 1.45%이다.

(1) KOSPI200선물의 이론가격을 계산하고, 어떠한 차익거래전략을 세울 것이며 차익거래이익은 얼마인지 계산하시오.

(2) 만일 KOSPI200선물의 실제가격이 311.45라면 어떠한 차익거래전략을 세울 것이며 차익거래이익은 얼마인지 계산하시오.

● 답 ●

(1) KOSPI200선물 이론가격

$$F_0 = S_0\left(1 + r \times \frac{T}{365}\right) - \sum d_t = 320.14\left(1 + 0.0145 \times \frac{48}{365}\right) - 0.6 = 320.15$$

실제가격 > 이론가격 → 선물매도, 현물매수: 매수차익거래전략

매수차익거래전략	현재시점의 현금흐름	만기시점의 현금흐름
C: KOSPI200선물 매도	0	$321.50 - S_T$
B: KOSPI200 매수	-320.14	$S_T + 0.6$
차입	320.14	$-320.14\left(1 + 0.0145 \times \frac{48}{365}\right)$
	0	$1.35(=321.50 - 320.15)$

따라서 차익거래이익은 1.35이고, 이를 금액으로 환산하면 1계약당 25만원에 해당하므로 337,500원(=1계약×1.35×250,000원)이다.

(2) 실제가격 < 이론가격 → 선물매수, 현물매도: 매도차익거래전략

매도차익거래전략	현재시점의 현금흐름	만기시점의 현금흐름
A: KOSPI200선물 매수	0	$S_T - 318.86$
D: KOSPI200 공매	320.14	$-S_T - 0.6$
대출	-320.14	$320.14\left(1 + 0.0145 \times \frac{48}{365}\right)$
	0	$1.29(=320.15 - 318.86)$

따라서 차익거래이익은 1.29이고, 이를 금액으로 환산하면 1계약당 25만원에 해당하므로 322,500원(=1계약×1.29×250,000원)이다.

지수차익거래와 프로그램매매

주가지수선물 거래의 손익은 만기일의 주가지수에 의해 확정된다. 예를 들어, 한 투자자가 KOSPI200 주가지수선물 1계약을 250에 매수하였다고 가정하자. 이후 만기일에 KOSPI200 주가지수가 251에 마감된다면 그 투자자는 25만원(=(251-250)×25만원)의 이익을 얻게 되지만, 249에 마감된다면 반대로 25만원의 손실을 보게 된다. 따라서 만기일이 가까워지면서 선물가격과 지수의 차이는 0으로 수렴한다.

그런데 때에 따라서는 만기일 이전에 선물가격과 지수의 차이가 크게 발생하기도 하는데, 이런 경우 투자자는 아무런 위험 없이 이익을 얻을 수 있는 차익거래를 하기도 한다. 지수를 매수한다는 것은 지수를 구성하는 가중치에 따라 해당하는 주식을 모두 매수하는 것을 의미한다. 즉, 지수차익거래를 위해서는 많은 종목의 주식을 동시에 거래하는 것이 필요하다. 이런 형태의 거래는 주로 컴퓨터 프로그램 때문에 수행되며, 따라서 프로그램매매라고 불리기도 한다. 현재 유가증권업무규정에서는 주식집단과 선물을 이용하여 수행된 차익거래를 '지수차익 프로그램매매'로 정의하고 있으며, 한국거래소는 해당 거래실적을 취합해 투자자에게 제공한다.

그렇다면 지수차익거래가 시장에 미치는 영향은 무엇일까? 지수차익거래는 현물과 선물을 연계함으로써 비정상적으로 벌어진 두 자산의 가격을 적정 수준 이내로 빠르게 수렴하도록 한다. 즉, 시장의 효율성을 증가시키는데, 이는 파생상품의 대표적인 순기능 중 하나다.

그러나 때에 따라서는 시장에 부정적인 영향을 미치기도 한다. 선물의 변동성이 커지면 지수와 선물가격 사이의 괴리가 증가하고 차익거래를 유발해 주식시장의 변동성을 증가시키기도 한다. 이러한 현상을 꼬리가 몸통을 흔든다는 의미에서 'Wag the dog'이라고 부르기도 한다. 또한, 매수차익거래의 잔액이 증가하면 선물 만기일에 차익거래 청산을 위해 주식 대량매도가 발생하기도 하는데, 이는 주가지수의 하락 및 지수의 변동성을 증가시키는 이른바 만기일 효과를 발생시킨다.

이처럼 파생상품과 주식시장은 차익거래 때문에 매우 긴밀한 관계를 맺으며, 따라서 투자자들은 지수차익 프로그램매매 현황과 만기일에 사전공시 되는 프로그램매매 정보를 주의 깊게 관찰해야 한다.

[출처: 국제신문(www.kookje.co.kr) 2016. 6. 15. 수정]

1. KOSPI200선물 헷지전략

    선물가격과 현물가격은 〈그림 15-5〉에서 보듯이 같은 방향으로 움직이며, 만기일에는 두 가격이 동일해진다. 왜냐하면, 선물은 미래의 특정시점에 현물을 사거나 파는 계약이며 선물만기일에서는 현물시장이나 선물시장 모두 같은 현물자산을 사거나 팔 수 있는 시장이 되어 양 시장에서 거래되는 대상의 가격이 일치해야 되기 때문이다.[14]

그림 15-5   KOSPI200과 KOSPI200선물가격 추이

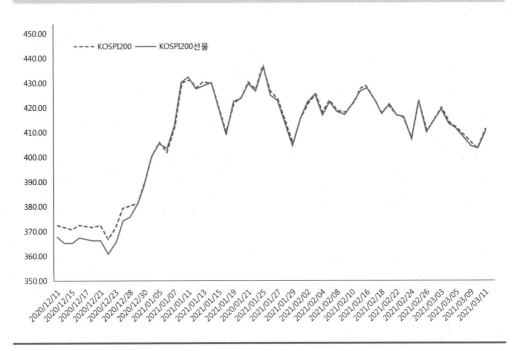

----

[14] 만기일 하루 전의 선물가격은 하루 지난 후에 거래할 수 있는 현물의 예측가격이 되고, 만기시점 10분전의 선물가격은 10분후에 거래할 수 있는 현물의 예측가격이 되고, 만기시점 1초전의 선물가격은 바로 1초 후에 거래할 수 있는 현물의 예측가격이 되며, 만기시점의 선물가격은 바로 지금 당장 거래할 수 있는 현물의 예측가격, 즉 현물가격이 된다는 개념이다.

헷지전략은 현물과 선물의 가격이 같은 방향으로 움직인다는 점을 이용하여 선물시장에서 현물시장과 반대되는 포지션을 취하여 현물보유에 따른 가격변동위험을 상쇄시키는 전략이다. 헷지전략의 성과는 선물가격과 현물가격이 얼마나 밀접하게 변동하느냐에 따라 크게 좌우된다.

(1) 최소위험헷지

현재 주식포트폴리오(S)를 보유하고 있으면 S의 가격이 오르고 내리는 가격변동위험이 존재한다. 주가지수선물(F)의 가격이 S의 가격과 비슷하게 움직이므로, F를 매도하면 S의 가격이 내려갈 때 F의 가격도 같이 내려가서 S로부터의 자본손실을 F로부터의 자본이득으로 상쇄시킬 수 있다. 반면, S의 가격이 올라가면 S의 자본이득이 F의 자본손실과 상쇄된다. 따라서 S의 가격변동위험을 헷지하려면 S에 대해 F를 매도하면 된다.

예를 들어, S가 100만큼 움직일 때 F가 50만큼만 움직인다면 S 1개에 대해 F 2개를 매도해야 S의 가격변동을 F의 가격변동으로 상쇄시킬 수 있다. 이때 현물포지션 1개에 대한 선물포지션 2개를 헷지비율(h)($=$선물포지션/현물포지션)이라고 한다. S 1개와 F h개로 헷지포트폴리오(P)를 구성할 경우 P의 수익률(R_P)은 다음과 같다.

$$R_P = R_S + hR_F \tag{15-6}$$

여기서, R_S: 주식포트폴리오(S)의 수익률
R_F: 주가지수선물(F)의 수익률

R_P의 분산을 구해보면,

$$\sigma_P^2 = \sigma_S^2 + h^2\sigma_F^2 + 2h\sigma_{SF} \tag{15-7}$$

여기서, σ_{SF}: R_S와 R_F 사이의 공분산

헷지포트폴리오 수익률(R_P)의 위험, 즉 σ_P^2을 최소화하는 최소위험헷지(risk minimization hedge)비율 h값을 구하기 위해 σ_P^2를 h에 대해 편미분하면 다음과 같다.

$$\frac{\partial \sigma_P^2}{\partial h} = 2h\,\sigma_F^2 + 2\sigma_{SF} \tag{15-8}$$

식(15-7)을 0으로 놓고 h에 대해 풀면, 최소위험헷지비율(h)이 도출된다.

$$h = -\frac{\sigma_{SF}}{\sigma_F^2} = -\frac{\rho_{SF}\sigma_S\sigma_F}{\sigma_F^2} \tag{15-9}$$

여기서, ρ_{SF}: R_S와 R_F 사이의 상관계수

최소위험헷지비율(h)은 다음의 회귀분석을 통해서도 구할 수 있다. 회귀방정식의 기울기에 해당하는 베타계수는 민감도를 나타낸다. 예를 들어, $\beta = 1.2$인 경우, R_F가 10% 변동한다면 R_S는 12% 변동한다는 의미이다.

$$R_S = \alpha + \beta_S R_F + \epsilon \tag{15-10}$$

여기서, $\beta_S = \dfrac{\sigma_{SF}}{\sigma_F^2}$

헷지전략을 수행한 후 헷지전략이 얼마나 잘 수행되었는지 측정하기 위해 헷징효율성을 계산한다. 헷징효율성(hedging effectiveness)은 헷지 안 된 포지션의 분산(위험)에 대한 헷지에 의해 감소되는 분산(위험)의 비율로서 식(15-11)로 측정되며, 식(15-10)의 회귀식의 결정계수(R^2)와 동일한 값이다.[15]

---

15 헷지효율성 $= \dfrac{\text{Var(헷지 안 된 현물포지션)} - \text{Var(헷지포트폴리오)}}{\text{Var(헷지 안 된 현물포지션)}} = \dfrac{\sigma_S^2 - \sigma_P^2}{\sigma_S^2} = 1 - \dfrac{\sigma_P^2}{\sigma_S^2}$

$= 1 - \dfrac{\sigma_S^2 + h^2\sigma_F^2 + 2h\sigma_{SF}}{\sigma_S^2}$ ($\because$ 식(15-7) $\sigma_P^2 = \sigma_S^2 + h^2\sigma_F^2 + 2h\sigma_{SF}$)

$= 1 - 1 - h^2\dfrac{\sigma_F^2}{\sigma_S^2} - 2h\dfrac{\sigma_{SF}}{\sigma_S^2} = -\left(-\dfrac{\sigma_{SF}}{\sigma_F^2}\right)^2\dfrac{\sigma_F^2}{\sigma_S^2} - 2\left(-\dfrac{\sigma_{SF}}{\sigma_F^2}\right)\dfrac{\sigma_{SF}}{\sigma_S^2}$ ($\because$ 식(15-9) $h = -\dfrac{\sigma_{SF}}{\sigma_F^2}$)

$= -\dfrac{\sigma_{SF}^2}{\sigma_F^2\sigma_S^2} + 2\dfrac{\sigma_{SF}^2}{\sigma_F^2\sigma_S^2} = \dfrac{\sigma_{SF}^2}{\sigma_F^2\sigma_S^2} = \left(\dfrac{\sigma_{SF}}{\sigma_F^2}\right)^2\dfrac{\sigma_F^2}{\sigma_S^2} = \dfrac{\beta_S^2\sigma_F^2}{\sigma_S^2} = \dfrac{\text{설명되는 변동}}{\text{총변동}} = \text{결정계수}(R^2)$

$$\text{헷징효율성}(R^2) = \frac{\text{Var(헷지 안 된 현물포지션)} - \text{Var(헷지포트폴리오)}}{\text{Var(헷지 안 된 현물포지션)}} \tag{15-11}$$

예를 들어, 헷지 안된 포지션의 분산이 100이고 헷지된 포지션의 분산이 20이라면 헷징효율성은 $0.8(=(100-20)/100)$이 되어 현물에 노출된 위험의 80%가 헷지에 의해 감소된다는 뜻이다. 따라서 헷징효율성이 높을수록 헷지가 잘 된 것을 의미한다. 극단적인 경우로 Var(헷지된 포지션)=0이 되면 헷징효율성은 1이고, 전혀 헷지가 안 되면 Var(헷지된 포지션)가 Var(헷지 안 된 포지션)와 같아지므로 헷징효율성은 0이 되므로, 헷징효율성은 최대 1에서 최소 0이 된다.

헷지비율을 산출한 다음에는 주가지수선물에서 취하여야 하는 주가지수선물의 최적계약수(N)를 결정해야 한다. 즉, 매수하거나 매도해야 할 선물을 계약단위수로 환산하는 것이다. 최소위험헷지비율을 달성하는 선물의 최적계약수를 구하기 위해 먼저 현물주식포트폴리오와 주가지수선물로 구성되는 헷지포트폴리오의 수익률을 살펴보자.

$$
\begin{aligned}
R_P &= \frac{\Delta S + D + N\Delta F}{S} \\
&= \frac{\Delta S + D}{S} + N\left(\frac{F}{S}\right)\left(\frac{\Delta F}{F}\right) \\
&= R_S + N\left(\frac{F}{S}\right)R_F
\end{aligned}
\tag{15-12}
$$

여기서, ΔS: 주식포트폴리오의 가치변동분
ΔF: 선물가격변동분
D: 배당금

식(15-12)로부터 헷지포트폴리오 위험 β_P는 현물위험 β_S와 선물위험 β_F로 표현할 수 있다.

$$\beta_P = \beta_S + N\left(\frac{F}{S}\right)\beta_F \tag{15-13}$$

식(15-13)에서 $\beta_F = 1$[16]이므로 식(15-13)은 식(15-14)로 정리된다.

$$N = (\beta_P - \beta_S) \times \frac{S}{F} \tag{15-14}$$

헷지의 목적이 β_P를 0으로 만들어 주식포트폴리오 가치변동분과 주가지수선물 가치변동분을 완벽하게 상쇄시키는 완전헷지(full hedge)라면 식(15-13)의 최적선물계약수는 다음과 같이 구해진다.

$$N = -\beta_S \times \frac{S}{F} \tag{15-15}$$

완전헷지, 즉 β_P가 0이 된다는 것은 주식포트폴리오 가치변동분과 주가지수선물 가치변동분이 완벽하게 상쇄되어 주식포트폴리오로부터의 손실이 주가지수선물로부터 완전히 보전된다는 것을 의미한다. 하지만, 이 경우 주식포트폴리오에서 이익이 발생하더라도 주가지수선물의 손실 때문에 자본이득이 0이 되는 한계점이 있다. 따라서 β_P를 0으로 만들지 말고 β_P를 적절히 줄이는 부분헷지(partial hedge)가 보다 더 현실적인 헷지전략이 될 수 있다.

예제 | 최소위험헷지

R_S는 KOSPI200수익률, R_F는 KOSPI200선물수익률일 때, 회귀식 $R_S = \alpha + \beta_S R_F + \varepsilon$ 을 회귀분석한 결과, $\hat{\alpha} = 0.7581$, $\hat{\beta} = 0.8534$, $R^2 = 0.84$로 나타났다. 선물가격은 322.45이고 현재 KOSPI200을 100억원어치 보유하고 있어 주가하락을 염려하고 있는 경우 완전헷지에 필요한 KOSPI200선물계약수를 구하시오. KOSPI200선물의 거래승수는 25만원이다.

---

16 식(15-10) $R_S = \alpha + \beta_S R_F + \epsilon$에서 현물의 베타값 $\beta_S = \sigma_{SF}/\sigma_F^2$는 선물에 대한 현물의 민감도를 나타낸다. 마찬가지로, $R_F = \alpha + \beta_F R_F + \epsilon$에서 선물의 베타값 $\beta_F = \sigma_{FF}/\sigma_F^2 = \sigma_F^2/\sigma_F^2 = 1$은 선물에 대한 선물의 민감도를 나타낸다.

• 답 •

$$N = -\beta_S \times \frac{S}{F} = -0.8534 \times \frac{10,000,000,000}{322.45 \times 250,000} = -124: \ 124계약 \ 매도한다.$$

(2) KOSPI200선물 매도헷지

매도헷지(short hedge)는 현물시장에서 매수포지션을 취하고 있는 투자자가 현물의 가격이 하락할 것이 우려되어 선물을 매도하는 전략이다. 실제로 현물가격이 하락할 경우 현물로부터의 손실이 선물로부터의 이익에 의해 줄어든다.

예제 | KOSPI200선물 매도헷지전략

오늘 베타값이 1.2인 100억원의 주식포트폴리오를 보유하고 있으나, 약세시장이 예상되는 상황이므로 KOSPI200선물로 완전헷지를 하고자 한다. KOSPI200선물이 300일 경우 거래해야 하는 선물계약수를 구하고, 한 달 후에 주식포트폴리오의 가치가 6% 하락하고 선물이 5% 하락한 상황에서 헷지를 해제할 경우 헷지전략의 손익을 분석하시오.

• 답 •

$$N = -\beta_S \times \frac{S}{F} = -1.2 \times \frac{10,000,000,000}{300 \times 250,000} = -160: \ 160계약 \ 매도한다.$$

헷지손익: $-10,000,000,000(0.06) + [300 - 300(1 - 0.05)](250,000)(160) = 0원$

(3) KOSPI200선물 매수헷지

매수헷지(long hedge)는 현물시장에서 미래에 매수포지션을 취하려는 투자자가 현물의 가격이 상승할 것이 우려되어 선물을 매수하는 전략이다. 실제로 현물가격이 상승할 경우 현물로부터의 손실이 선물로부터의 이익에 의해 줄어든다.

오늘 KOSPI200선물은 320이다. 한 달 후에 주식시장에 투자할 자금이 100억원 생길 예정인데, 그 사이에 주가가 상승할 것이 염려된다. 베타값이 1인 주식포트폴리오를 구성할 계획이며 KOSPI200선물로 완전헷지를 하고자 할 경우 거래해야 하는 선물계약수를 구하시오. 한 달 후 현물과 선물이 5% 상승한 상황에서 헷지를 해제할 경우 헷지전략의 손익을 분석하시오.

● 답 ●

가격상승이 우려되므로 선물을 매수해야 한다. 식(15-15)에서 선물을 매수하므로 음(−)의 부호를 양(+)의 부호로 바꾼 공식을 사용한다.

$$N = \beta_S \times \frac{S}{F} = 1 \times \frac{10{,}000{,}000{,}000}{320 \times 250{,}000} = 125 : 125계약 \; 매수한다.$$

헷지손익: $-10{,}000{,}000{,}000(0.05) + [320(1+0.05) - 320](250{,}000)(125) = 0원$

주가상승으로 인한 손실 5억원은 주가가 상승하기 전에 투자하지 못해서 발생한 기회비용에 해당한다.

(4) KOSPI200선물 베타조정헷지: 시장타이밍전략

완전헷지의 목적이 헷지포트폴리오의 시장위험을 완전히 제거($\beta_P = 0$)하는 데 있다. 반면, 베타조정헷지 혹은 시장타이밍(market timing)전략은 시장상황에 따라 헷지포트폴리오의 베타 β_P를 조정하는 전략이다. 강세장에서 β_P를 늘려 이익을 증가시키고 약세장에서는 β_P를 줄여 손실을 감소시킨다.

현재 10종목으로 구성된 주식포트폴리오의 시장가치는 100억원이며 베타값은 1.3이다. 앞으로 강세시장이 예상되어 보유주식포트폴리오의 가치상승에 따른 이익을 증가시키기 위해 베타값을 1.8로 높이고자 할 경우, 현재 가격이 312.45인 KOSPI200선물을 이용하여 베타조정헷지전략을 구축하시오.

● 답 ●

$$N = (\beta_P - \beta_S) \times \frac{S}{F} = (1.8 - 1.3) \times \frac{10,000,000,000}{312.45 \times 250,000} \approx 64: \ 64계약 \ 매수한다.$$

예제 | KOSPI200선물 베타조정헷지전략: 매도의 경우

현재 10종목으로 구성된 주식포트폴리오의 시장가치는 100억원이며 베타값은 1.3이다. 앞으로 약세시장이 예상되어 주가하락에 따른 보유주식포트폴리오의 가치하락위험을 감소시키기 위해 베타값을 0.7로 낮추고자 한다. 베타값이 높은 종목을 베타값이 낮은 종목으로 교체하려면 거래비용도 많이 들며 유동성이 낮을 경우 어려움이 따른다. 현재 KOSPI200선물가격이 307.65라고 가정하고, KOSPI200선물을 이용하여 베타조정헷지전략을 구축하시오.

● 답 ●

$$N = (\beta_P - \beta_S) \times \frac{S}{F} = (0.7 - 1.3) \times \frac{10,000,000,000}{307.65 \times 250,000} \approx -78: \ 78계약 \ 매도한다.$$

핵심정리

1. 선물의 개요

- 선물: 공짜거래, 의무, 제로섬 게임

- 선물의 기능
  - 가격예시
  - 헷징
  - 투기

2. 선물의 특징

- 조직화된 거래소

- 표준화된 계약조건

- 청산소

- 증거금과 일일정산
  - 개시증거금
  - 유지증거금
  - 추가증거금(혹은 변동증거금)
  - 일일정산

- 용이한 포지션종결

- 감독규제기관

3. 선물의 가격결정

- 보유비용모형
  - 선물이론가격 = 현물가격 + 보유비용(이자비용, 보관비용, 보험료 등)

→ KOSPI200선물 이론가격: $F_0 = S_0 \left(1 + r \times \dfrac{T}{365}\right) - \sum d_t$

· KOSPI200선물 매수차익거래이익 = KOSPI200선물 실제가격 − KOSPI200선물 이론가격

$$= F_0 - \left[S_0(1 + r \times \dfrac{T}{365}) - \sum d_t \right]$$

· KOSPI200선물 매도차익거래이익 = KOSPI200선물 이론가격 − KOSPI200선물 실제가격

$$= \left[S_0(1 + r \times \dfrac{T}{365}) - \sum d_t \right] - F_0$$

4. KOSPI200선물 헷지전략

· 최소위험헷지

$$h = -\frac{\sigma_{SF}}{\sigma_F^2} = -\frac{\rho_{SF}\sigma_S\sigma_F}{\sigma_F^2}$$

$$\text{헷징효율성}(R^2) = \frac{\text{Var}(\text{헷지 안 된 현물포지션}) - \text{Var}(\text{헷지포트폴리오})}{\text{Var}(\text{헷지 안 된 현물포지션})}$$

$$N = (\beta_P - \beta_S) \times \frac{S}{F} \;\rightarrow\; N = -\beta_S \times \frac{S}{F}$$

· KOSPI200선물 매도헷지

· KOSPI200선물 매수헷지

· KOSPI200선물 베타조정헷지: 시장타이밍전략

연습문제

문1. 선물에 대한 설명으로 틀린 것은? (　)

① 제로섬 게임　　　　　　　　　② 권리

③ 의무　　　　　　　　　　　　　④ 현재시점에서 공짜거래

⑤ 표준화

문2. 선도거래에 비해 선물거래가 가지는 특징이 아닌 것은? (　)

① 조직화된 거래소　　　② 청산소　　　　　　　③ 증거금

④ 감독규제기관　　　　　⑤ 비표준화

문3. 증거금에 대한 설명으로 틀린 것은 ? (　)

① 증거금은 선물거래대금의 일부이다.

② 개시증거금은 선물거래 개시일에 최초로 납부하는 증거금이다.

③ 증거금이 유지증거금 이하로 하락하게 되면 개시증거금 수준까지 추가로 납부해야 한다.

④ 추가증거금은 그 다음날 12시까지 납부해야 한다.

⑤ 일일정산은 선물거래기간 동안 매일의 손익을 증거금 잔액에 반영하는 것이다.

문4. (2002 CPA 수정) 펀드매니저 A는 10억원 규모로 KOSPI200선물과 상관계수가 1인 주식 인덱스 펀드(index fund)를 2개월간 구성하여 운영하려고 한다. 그러나 인덱스 펀드의 관리에 어려움을 경험한 펀드매니저 B는 인덱스펀드 대신 만기까지 2개월 남은 KOSPI200선물 20계약과 연수익률 6%이고 2개월 만기인 채권을 10억원 매수하였다. 두 펀드매니저의 펀드운용결과가 향후 시장의 등락에 관계없이 동일하려면 B는 얼마의 가격에 선물을 매수하여야 하는가? (수수료 및 증거금을 포함한 거래비용은 없으며 채권은 무위험으로 가정함) (　)

KOSPI200 = 100pt	금리 = 연6%
배당액지수 = 4	선물승수 = 25만원/pt

① 97pt   ② 99pt   ③ 101pt

④ 103pt   ⑤ 105pt

문5. (2008 CPA) (주)베타의 현재 주가는 10,000원이다. 이 주식을 기초자산으로 하며 만기가 6개월인 선물이 선물시장에서 11,000원에 거래되고 있다. 이 기업은 앞으로 6개월간 배당을 지급하지 않으며 현물 및 선물의 거래에 따른 거래비용은 없다고 가정한다. 무위험이자율인 연 10%로 대출과 차입이 가능할 때 차익거래에 관한 다음의 설명 중 옳은 것은? (　　)

① [주식공매＋대출＋선물매수] 전략을 이용해 차익거래이익을 얻을 수 있다.

② [주식공매＋차입＋선물매수] 전략을 이용해 차익거래이익을 얻을 수 있다.

③ [주식매수＋대출＋선물매도] 전략을 이용해 차익거래이익을 얻을 수 있다.

④ [주식매수＋차입＋선물매도] 전략을 이용해 차익거래이익을 얻을 수 있다.

⑤ 차익거래 기회가 없다.

문6. (2003 CPA 수정) 현재 KOSPI200은 75포인트이고, 만기 3개월물 KOSPI200선물은 76포인트에 거래되고 있다. KOSPI200을 구성하는 주식들의 배당액지수의 합계는 0.04이고, 이자율은 8%이다. 이러한 시장상황에서 지수차익거래가 가능한가? 가능하다면 차익거래의 결과 어떠한 변화가 예상되는가? (차익거래와 관련된 모든 거래비용은 무시한다.) (　　)

① 차익거래가 불가능하다.

② 차익거래에 의해 KOSPI200과 3개월물 KOSPI200선물가격이 상승한다.

③ 차익거래에 의해 KOSPI200이 상승하고, 3개월물 KOSPI200선물가격이 하락한다.

④ 차익거래에 의해 KOSPI200과 3개월물 KOSPI200선물가격이 하락한다.

⑤ 차익거래에 의해 KOSPI200이 하락하고, 3개월물 KOSPI200선물가격이 상승한다.

문7. (2000 CPA) 선물을 이용한 다음의 헷지거래 중 가장 잘못된 것은? (　　)

① 1개월 후에 자금을 차입하려고 하는 기업이 금리선물을 매수한다.

② 인덱스 펀드를 보유한 투자자가 주가지수선물을 매도한다.

③ 2개월 후에 상대국통화로 수출대금을 수취하게 되는 수출업자가 상대국 통화선물을 매도하였다.

④ 3개월 후에 채권을 매수하려고 하는 투자자가 금리선물을 매수하였다.

⑤ 보유현물과 동일하지 않으나 정(＋)의 상관계수가 큰 선물을 매도하였다.

문8. (2001 CPA 수정) 펀드매니저 K는 1,000억원 규모의 주식포트폴리오에 대해 1년간 관리하는 임무를 부여받았다. 현재 이 주식포트폴리오의 베타는 1.50이다. K는 향후 약세장을 예상하고 주가지수선물을 이용하여 이 주식포트폴리오의 베타를 1.0으로 줄이려고 한다. 1년 만기를 갖는 주가지수선물의 현재 지수가 80.0포인트(1포인트당 25만원)라고 할 때, 어떻게 해야 하는가? (   )

① 1,250계약 매수   ② 2,500계약 매도   ③ 2,500계약 매수
④ 3,000계약 매도   ⑤ 3,750계약 매수

문9. (2012 CPA) 현재는 9월 30일이다. 한 달 후 A항공은 항공기 연료로 사용되는 100만 배럴의 제트유가 필요하며, 12월에 만기가 도래하는 난방유 선물을 이용하여 가격변동위험을 헷지하기로 하였다. 분산으로 측정되는 헷지포지션의 위험을 최소화하기 위해 과거 24개월 동안의 역사적 자료를 이용하여 최소분산헷지비율을 구하였다. 최소분산헷지비율을 계산하기 위해 월별 현물가격의 변화를 월별 선물가격의 변화에 대해 회귀분석한 결과의 일부를 다음의 표에 제시하였다. 난방유선물 1계약 단위가 42,000 배럴일 때, A항공이 취해야 할 전략으로 가장 적절한 것은? (   )

	분산	표준편차	공분산	상관계수
선물가격변화율	0.00148	0.03841	0.00105	0.69458
현물가격변화율	0.00155	0.03936		

① 난방유선물 13계약 매수   ② 난방유선물 15계약 매도
③ 난방유선물 17계약 매수   ④ 난방유선물 19계약 매도
⑤ 난방유선물 21계약 매수

문10. (2012 CPA 수정) 투자자 갑은 다음과 같은 주식 포트폴리오를 보유하고 있다.

주식	주당 주식가격	보유주식수	베타계수
A	20,000원	2,000주	1.5
B	40,000원	1,000주	1.2
C	10,000원	2,000주	0.8

이 포트폴리오를 현재 선물가격이 200포인트인 KOSPI200 주가지수선물을 이용하여 헷지하고자 한다. 단순헷지비율(naive hedge ratio)을 이용해 100% 헷지하기 위한 선물계약수와 최소분산헷지비율(minimum variance hedge ratio)을 이용하여 헷지하기 위한 선물계약수를 계산하였다. 이때, 최소분산헷지비율에 의한 선물계약수는 단순헷지비율에 의한 선물계약수의 몇 배인가? 가장 가까운 것을 선택하라. (단, 단순헷지비율

은 현물과 선물을 1:1 비율로 헷지하는 것으로 주식포트폴리오의 시가총액을 주가지수선물 가치로 나눈 것이고, KOSPI200 주가지수선물의 거래승수는 1포인트당 25만원이다.) (　　)

① 0.6배　　　　　　② 0.9배　　　　　　③ 1.0배

④ 1.2배　　　　　　⑤ 1.5배

문11. 오늘 KOSPI200선물의 이론가격 계산 시 사용한 금리는 연 4.87%, 선물배당액지수의 합계는 0.73, 만기일까지의 잔존기간일수는 59일이었다. 또한 KOSPI200선물의 실제가격이 220.78이고, KOSPI200은 218.75이었다. 선물의 이론가격을 계산하시오. 또한 매수차익거래전략과 매도차익거래전략 중 어떤 전략을 택해야 하는지 정하고, 차익거래이익 1.04가 발생하는 것을 보여 주는 아래의 표를 완성하시오.

매수차익거래전략	현재시점의 현금흐름	만기시점의 현금흐름
KOSPI200선물 _____		
KOSPI200 _____		
_____		
		1.04

문12. 오늘 KOSPI200선물가격은 300이다. 한 달 후에 보유하고 있는 채권이 만기가 되어 150억원의 자금이 생길 예정이며, 이 자금을 주식시장에 투자할 계획을 세우고 있다. 하지만 요즈음 지속적으로 주식시장이 강세장을 이루고 있어 한 달 동안 주가가 많이 상승할 것이 우려된다. 한 달 후에 베타값이 1.2인 주식포트폴리오를 구성할 계획이며 KOSPI200선물로 완전헷지를 하고자 할 경우 선물을 매수해야 할지 매도해야 할지를 정하고, 거래계약수를 구하시오. 만약 200계약을 가지고 헷지를 할 경우 한 달 후에 현물이 7% 상승하고 선물이 6% 상승한 상황에서 헷지를 해제할 경우 헷지전략의 손익을 분석하시오. 단, KOSPI200선물의 거래승수는 25만원이다.

문13. 현재 10종목으로 구성된 주식포트폴리오는 시장가치가 200억원이며 베타값이 1.6이다. 향후 약세시장이 예상되어 주가하락에 따른 보유주식포트폴리오의 가치하락위험을 감소시키기 위해 베타값을 0.9로 낮추고자 한다. 현재 가격이 295인 KOSPI200선물을 이용하여 베타조정헷지전략을 구축하려면 선물을 매수해야 할지 매도해야 할지를 정하고, 거래계약수를 구하시오. 단, KOSPI200선물의 거래승수는 25만원이다.

연습문제 해답

문1. ②

문2. ⑤

문3. ①

문4. ①

[답]

전략 A: KOSPI200선물 매수＝전략 B: KOSPI200 매수＋차입(채권매도) → KOSPI200선물 매수＋대출(채권매수)＝KOSPI200 매수: 따라서 두 전략이 동일하기 위해서는 선물가격이 선물이론가격과 동일해야만 한다.

선물이론가격 $F_0 = S_0\left(1 + r \times \dfrac{T}{365}\right) - \sum d_t = 100\left(1 + 0.06 \times \dfrac{2}{12}\right) - 4 = 97$

문5. ④

[답]

선물이론가격: $F_0 = S_0\left(1 + r \times \dfrac{T}{365}\right) - \sum d_t$ 따라서 이론가격은 다음과 같다.

$F_0 = 10,000\left(1 + 0.1 \times \dfrac{6}{12}\right) - 0 = 10,500$원 ＜ 선물 실제가격 11,000원 → 선물과대평가 → 선물매도, 현물매수 및 차입: 매수차익거래

문6. ⑤

[답]

선물이론가격: $F_0 = S_0\left(1 + r \times \dfrac{T}{365}\right) - \sum d_t = 75\left(1 + 0.08 \times \dfrac{3}{12}\right) - 0.04 = 76.46 ＞$ 실제가격 76

→ 선물과소평가 → 선물매수, 현물매도: 매도차익거래 → 선물가격 상승, 현물가격 하락

문7. ①

[답]

① 이자율상승 우려 → 채권가격하락 우려 → 금리선물매도

③ 상대국 통화가격하락 우려 → 통화선물매도

④ 이자율하락 우려 → 채권가격상승 우려 → 금리선물매수

문8. ②

[답]

$$N = (\beta_P - \beta_S) \times \frac{S}{F} = (1 - 1.5) \times \frac{100,000,000,000}{80 \times 250,000} = -2,500 : 2,500계약 매도한다.$$

문9. ③

향후 난방유(기초자산) 가격상승이 우려되므로 매수헷지를 한다.

최소분산헷지비율 $h = -\dfrac{\sigma_{SF}}{\sigma_F^2} = -\dfrac{\rho_{SF}\sigma_S\sigma_F}{\sigma_F^2} = -\beta_S$

$$\rightarrow N = \beta_S \times \frac{S}{F} = \frac{0.00105}{0.00148} \times \frac{100만배럴}{4만2천배럴} \approx 17계약 \ 매수$$

문10. ①

[답]

단순헷지비율 $= \dfrac{20,000원 \times 2,000주 + 40,000원 \times 1,000주 + 10,000원 \times 2,000주}{200포인트 \times 25만원} = 2$

최소분산헷지비율 $h = -\dfrac{\sigma_{SF}}{\sigma_F^2} = -\beta \rightarrow$

$$\beta = 1.5 \times \frac{20,000원 \times 2,000주}{1억} + 1.2 \times \frac{40,000원 \times 1,000주}{1억}$$

$$+ 0.8 \times \frac{10,000원 \times 2,000주}{1억} = 1.24 \quad 따라서 \ 1.24/2 = 약0.6배$$

문11.

[답]

이론가격:

$$F_0 = S_0\left(1 + r \times \frac{T}{365}\right) - \sum d_t = 218.75\left(1 + 0.0487 \times \frac{59}{365}\right) - 0.73 = 219.74$$

실제가격(220.78) > 이론가격(219.74) → 선물매도, 현물매수: 매수차익거래전략

매수차익거래전략	현재시점의 현금흐름	만기시점의 현금흐름
C: KOSPI200선물 매도	0	$220.78 - S_T$
B: KOSPI200 매수	-218.75	$S_T + 0.73$
차입	218.75	$-218.75\left(1 + 0.0487 \times \dfrac{59}{365}\right)$
	0	1.04

문12.

    [답]

$$N = \beta_S \times \frac{S}{F} = 1.2 \times \frac{15,000,000,000}{300 \times 250,000} = 240: \ 240계약 \ 매수한다.$$

    헷지 손익: $-15,000,000,000 \times 0.07 + [300(1+0.06)-300] \times 250,000 \times 200$

                     $= -150,000,000원: \ 150,000,000원 \ 손실$

문13.

    [답]

$$N = (\beta_P - \beta_S) \times \frac{S}{F} = (0.9 - 1.6) \times \frac{20,000,000,000}{295 \times 250,000} \approx -190: \ 190계약 \ 매도한다.$$

16 옵션

학습개요

본 장에서는 파생금융상품 중 옵션에 대해서 배운다. 옵션이 무엇인가에 대한 개념과 KOSPI200옵션에 대해서 설명한 후, 콜옵션과 풋옵션을 이용한 단순거래전략, 스프레드 거래전략, 컴비네이션거래전략, 헷지거래전략에 대해서 다룬다. 또한 콜옵션과 풋옵션가격 간의 균형관계인 풋-콜등가정리와 옵션의 균형가격모형인 이항옵션가격결정모형과 블랙-솔즈옵션가격결정모형에 대해서 학습한다.

학습목표

- 옵션의 개념
- 단순거래전략
- 컴비네이션거래전략
- 풋-콜등가정리
- 블랙-숄즈옵션가격결정모형

- KOSPI200옵션
- 스프레드거래전략
- 헷지거래전략
- 이항옵션가격결정모형

▶ 01 옵션의 개요

1. 옵션의 개념

현대적 의미의 옵션거래는 1630년대 네덜란드에서의 튤립을 대상으로 한 옵션거래로 본다. 작황에 따라 튤립가격의 변동으로 튤립재배자와 튤립을 사는 중개업자가 안정적인 가격으로 거래할 방법으로 옵션을 이용하였다. 당시 중개업자들은 콜(call)을 매수하여 일정기간 후에 사전에 정해진 가격으로 튤립을 살 수 있게 되었고, 튤립재배자는 풋(put)을 매수하여 일정기간 후에 사전에 정해진 가격으로 팔 수 있게 되었다. 이후 1690년대 런던에서 최초로 주식을 대상으로 옵션거래를 시작하였고 19세기 말부터 뉴욕의 월가에서 장외거래 형태로 거래되면서 현대적인 옵션거래로 발전하였다.[1]

이와 같이 기초자산의 가격변동위험을 제거하여 안정적인 거래를 가능하게 하는 옵션(option)은 어떻게 정의되는가? 옵션은 계약당사자 간에 미리 정해진 특정일 또는 그 이전에 미리 정한 가격으로 기초자산을 사거나 팔 수 있는 권리이다. 여기서 특정일은 보통 최종거래일 또는 만기일(maturity date)이라 하고 미리 정한 가격은 행사가격(exercise price, strike price)이라고 한다. 살 수 있는 권리가 부여된 옵션은 콜옵션(call option)이라 하고 팔 수 있는 권리가 부여된 옵션은 풋옵션(put option)이라 한다.

이러한 옵션의 개념을 이해하기 위해 〈그림 16-1〉을 살펴보자. 예를 들어, 현재 5만원(현재 현물가격: S_0)인 주식의 가격이 오를 것으로 예상하는 A가 만기일에 6만원(행사가격: X)에 살 수 있는 권리(콜옵션)를 B로부터 1천원(옵션가격＝프리미엄)에 매수하였다고 하자.

콜옵션 거래 후 시간이 흘러 만기일에 주식가격이 실제로 9만원(미래 현물가격: S_T)이 되었다면 A는 권리를 행사하여 시가 9만원짜리 주식을 6만원에 살 수 있으며, 자본이득은 3만원($=S_T-X$)이 되고 비용 1천원을 고려하면 순이익은 2만 9천원이 된다.

만약 주식가격이 5만 3천원이 된다면 시가보다 비싼 6만원에 매수하여야 하므로

---

1 이재하·한덕희 저, 「핵심재무관리」, 박영사(2020), pp. 582-586. 참조.

권리를 포기하고 옵션가격 1천원만큼의 손실을 입게 된다. 옵션도 선물처럼 A가 권리를 행사해서 이익을 내면 B는 그만큼 손실을 입고, 또한 A가 권리를 행사하지 못해 손실을 입으면 B는 그만큼 이익을 내므로, A와 B는 '제로섬 게임'을 벌인다.

한편, A가 B로부터 현재 5만원인 주식 1주를 만기일에 4만원(행사가격: X)에 팔 수 있는 권리(풋옵션)를 2천원에 매수하였다고 하자. 만기일에 주식가격이 실제로 1만원이 되었다면 A는 권리를 행사하여 시가 1만원짜리 주식을 4만원에 매도할 수 있으므로 자본이득은 3만원($=X - S_T$)이 되고, 비용 2천원을 고려하면 2만 8천원의 순이익을 얻는다.

만약 만기일에 주식이 7만원이 된다면 시가보다 싼 4만원에 매도하여야 하므로 권리를 포기하고 옵션가격 2천원만큼의 손실을 입게 된다. A와 B는 '제로섬 게임'을 벌이며, A가 이익을 내는 만큼 B는 손실을 입게 되고, A가 손실을 입는 만큼 B는 이익을 내게 된다.

정리해보면, 가격이 오를 것으로 예상될 경우 콜옵션을 매수하고, 가격이 내릴 것으로 예상될 경우 풋옵션을 매수한다. 또한, 옵션은 현재시점에서 옵션가격(프리미엄)을 주고 사고팔고, 이익을 볼 수 있을 때에는 옵션을 행사하지만 손실을 보는 경우에는 옵션을 포기하는 '권리'이며, 매수자와 매도자는 항상 서로 '제로섬 게임'이라는 특징을 가진다.

그림 16-1 옵션의 개념

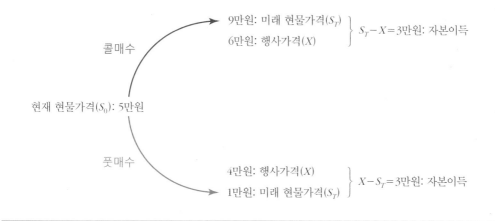

튤립 거래에서 시작된 옵션

현대적인 옵션거래는 17C경 네덜란드의 튤립 투기 붐이 일어나던 때부터 존재했습니다. 아주 먼 그리스 시대부터 시작했다는 이야기도 전해지는데 철학자 탈레스의 일화가 그것입니다.

◇ **그리스의 탈레스 이야기**

그리스에 탈레스라는 철학자가 있었습니다. 그는 매우 가난했는데 주위에서는 가난하다고 항상 조롱을 했습니다. 주위의 그런 조롱이 싫었던 탈레스는 자신의 가난은 스스로 선택한 것이라는 것을 증명해 보이고 싶었습니다. 어느 날 탈레스는 점성술로 그 해의 날씨를 예측해 올리브가 대풍작을 이루게 될 것이라고 예상을 했습니다. 그는 올리브 열매가 열리기 전에 그 지역에 있는 모든 압착기 소유주에게 선금(옵션가격)을 주고 그가 필요할 때 언제든지 압착기를 빌릴 수 있는 권리를 샀습니다.

압착기는 아마도 올리브유를 짜는데 사용됐나 봅니다. 그리고 압착기를 실제로 빌리는 데 필요한 대여금(행사가격)도 압착기 주인들과 협상을 통해 결정을 해 뒀습니다. 마침내 올리브 수확기가 되었을 때 그가 예상한 대로 올리브는 대풍작이었고, 압착기 소유주들에게 미리 협상한 대여금을 지불하고 그 지역의 모든 압착기를 빌려 뒀습니다.

올리브 생산자들은 엄청나게 수확된 올리브를 가공하기 위해 압착기가 필요했으나 압착기를 가지고 있는 사람은 오직 탈레스 한 사람 뿐이었습니다. 탈레스는 자신이 지불한 대여금보다 훨씬 높은 가격을 압착기 대여금으로 책정해 놓았지만, 올리브 생산자들은 울며 겨자 먹기로 압착기를 빌릴 수밖에 없었습니다. 그 결과 탈레스는 막대한 돈을 벌었으며, 그 이후부터는 누구도 탈레스를 가난하다고 놀리는 일이 없었다고 합니다.

◇ **네덜란드의 튤립**

현대적 의미의 옵션거래는 네덜란드의 튤립 투기 붐이 있었던 17세기 경입니다. 1630년대에는 네덜란드에서는 튤립재배가 유명했고 많은 사람들이 튤립재배로 돈을 벌고 있었는데 작황에 따라 가격변동의 폭이 커짐에 따라 재배자들과 중개업자들은 안정적인 가격으로 거래하는 방법을 찾기 시작했습니다. 이때 옵션을 이용하게 되었는데, 튤립을 매입할 중개인들은 콜(call)을 매입함으로써 일정기간에 정해진 가격으로 튤립을 매입할 수 있게 됐습니다. 튤립재

2. 옵션의 종류

옵션은 앞에서 설명한 바와 같이 권리유형에 따라 콜옵션과 풋옵션으로의 구분하는 것 외에도 다양한 기준에 따라 분류할 수 있다.

(1) 유럽형 옵션, 미국형 옵션

옵션을 언제 권리행사 할 수 있는지, 즉 권리행사일에 따라 만기일에만 권리를 행사할 수 있는 유럽형 옵션(european option)과 만기일 이전 어느 시점에서도 권리행사가 가능한 미국형 옵션(american option)으로 구분할 수 있다. 현재 한국거래소에 상장되어 있는 KOSPI200옵션, 미니KOSPI200옵션, KOSDAQ150옵션, 개별주식옵션, 미국달러옵션은 모두 유럽형 옵션에 해당된다.

(2) 내가격 옵션, 등가격 옵션, 외가격 옵션

옵션의 행사가치 유무에 따라서 내가격(ITM: in-the-money) 옵션, 외가격(OTM: out-of-the-money) 옵션, 등가격(ATM: at-the-money) 옵션으로 구분한다. 내가격 옵션은 현재 현물가격이 행사가격에 비해 콜옵션의 경우 높고 풋옵션의 경우 낮은 옵션 즉, 당장 행사한다면 이익을 낼 수 있는 상태에 있는 옵션을 말한다. 외가격 옵션은 현재 현물가격이 행사가격에 비해 콜옵션의 경우 낮고 풋옵션의 경우 높은 옵션 즉, 당장 행사한다면 이익을 낼 수 없는 상태에 있는 옵션을 말한다. 등가격 옵션은 현물가격이 행사가격과 같은 옵션을 말한다.

(3) 상품옵션, 금융옵션

기초자산의 종류에 따라서 상품옵션(commodity option)과 금융옵션(financial option)으로 나눈다. 상품옵션은 기초자산이 농산물, 광산물, 에너지 등의 실물이고, 금융옵션은 금융상품이다. 한국거래소에는 상품옵션이 상장되어 있지 않으며, 금융옵션으로 KOSPI200옵션, 미니KOSPI200옵션, KOSDAQ150옵션, 개별주식옵션, 미국달러옵션이 상장되어 있다.

표 16-1 옵션의 구분

분류기준	구 분	내 용
권리유형	콜옵션	기초자산을 살 수 있는 권리
	풋옵션	기초자산을 팔 수 있는 권리
권리행사 시기	미국형 옵션	만기일 이전 어느 시점에서도 권리행사가 가능한 옵션
	유럽형 옵션	만기일에만 권리를 행사할 수 있는 옵션
행사가치 유무	내가격 옵션	행사가격<기초자산가격(콜옵션의 경우) 행사가격>기초자산가격(풋옵션의 경우)
	등가격 옵션	행사가격=기초자산가격(콜옵션의 경우) 행사가격=기초자산가격(풋옵션의 경우)
	외가격 옵션	행사가격>기초자산가격(콜옵션의 경우) 행사가격<기초자산가격(풋옵션의 경우)
기초자산	상품옵션	농산물(치즈, 밀, 옥수수, 귀리, 대두, 대두박, 돈육, 생우, 목재 등) 광산물(금, 은, 동, 알루미늄 등) 에너지(에탄올, 난방유, 천연가스, 저유황 경질유, 휘발유, 브렌트유 등)
	금융옵션	주식/주가지수(KOSPI200옵션[*], 미니KOSPI200옵션[*], KOSDAQ150옵션[*], 개별주식옵션[*], S&P100지수옵션, S&P500지수옵션 등) 채권(T-bond옵션, T-note옵션, 유로달러옵션 등) 통화(미국달러옵션[*], 영국파운드옵션, 일본엔옵션 등) 선물(10년T-note선물옵션 등)

[*] 한국거래소에 상장되어 있는 옵션임.

옵션 프리미엄: '옵션'을 사고 파는 가격

옵션이란 특정 일자에 서로 약정한 가격으로 기초자산을 사거나 팔 수 있는 권리를 말한다. 옵션은 '선택'이라는 의미가 있다. 옵션거래에서 옵션을 매수한 사람은 권리를 행사할 것인지 아닌지를 선택할 수 있다. 이때 옵션매수자 입장에서는 대상자산을 사거나 팔 수 있는 권한을 받으므로 이에 대한 대가를 옵션매도자에게 지급하게 되는데 이를 옵션가격, 즉 '옵션 프리미엄'이라고 한다. 옵션매수자 입장에서는 대상자산을 사거나 팔 권리를 획득하기 위해서 옵션매도자에게 지급하는 대가이고, 옵션매도자 입장에서는 대상자산을 만료일에 행사가격으로 사거나 팔 권리를 옵션매수자에게 인도하는 대가로서 받는 것이 옵션 프리미엄이다.

옵션 프리미엄은 기초자산의 변동성과 만기까지의 잔존기간에 따라 움직인다. 옵션 프리미엄은 행사가치와 시간가치라는 요소로 구성돼 있다. 행사가치는 옵션의 권리를 행사하는 경우 확실하게 얻어지는 이익으로 내재가치, 본질가치라고도 불리며, 권리행사가격과 기초자산의 가격만으로 결정된다. 시간가치는 매수자에게는 만기일까지 남은 기간 동안 옵션에서 얻어지는 이익과 회피할 수 있는 위험에 대한 기대치를 의미하고, 옵션매도자에게는 얻는 것보다 잃는 것이 많을 수 있는 위험에 대한 대가를 의미한다.

예를 들면, 시장에서 10만원에 거래되는 금반지를 1년 후에 9만원에 살 수 있는 권리가 매매된다면 그 권리는 최소한 1만원 이상의 가치를 가지게 된다. 왜냐하면, 실제보다 훨씬 싸게 구매할 수 있기 때문이다.

만약 1년 후 금반지 가격이 15만원이 된다면 옵션을 매수한 사람은 15만원짜리 반지를 9만원에 사게 되므로 6만원의 이익을 얻게 되어서 최초에 지급한 옵션가격 1만원을 제하면 총 5만원의 이익이 발생한다. 이 경우 투자자는 옵션가격 1만원을 투자해 5만원의 수익을 올렸으므로 수익률은 500%가 되는 것이다. 반면 금반지 가격이 1년 후 5만원으로 하락한다면 옵션매수자는 금반지를 9만원에 구매할 수 있는 권리를 포기하게 되어 옵션매수에 사용되었던 옵션 프리미엄, 즉 1만 원의 손실을 보게 된다.

같은 경우 옵션매도자의 손익계산은 어떨까. 옵션매도자는 권리를 파는 조건으로 1만원을 받게 되지만 1년 후에 반지 가격이 15만원이 된다면, 15만원짜리 반지를 9만원에 팔아야 하므로 옵션가격으로 받았던 1만원을 고려하더라도 5만원의 손실이 발생한다. 만약 금반지 가격이 9만원 이하로 떨어진다면 옵션매수자는 권리를 행사하지 않게 됨으로써 옵션가격 1만원이

옵션매도자의 이익으로 남게 된다.

이처럼 옵션거래에서 옵션매수자의 이익은 무한대인 반면 손실은 한정할 수 있는 장점이 있어 옵션 프리미엄을 지급해야 하고, 옵션매도자는 손실이 커질 수 있는 부담을 안는 대신 옵션 프리미엄을 받게 되는 것이다.

[출처: 국제신문(www.kookje.co.kr) 2016. 6. 6.]

3. KOSPI200옵션

1997년 7월에 상장된 KOSPI200옵션은 짧은 기간에 세계적인 파생상품으로 성장하였다. KOSPI200옵션은 1계약을 기준으로 거래되며 실체가 없는 KOSPI200이 기초자산이므로 권리를 행사하면 현금으로 정산한다. KOSPI200옵션은 KOSPI200옵션가격(포인트)에 옵션 1계약당 25만원(거래단위 승수)을 곱하여 현금으로 환산한다.

KOSPI200옵션이 상장되는 결제월은 비분기월 4개 및 분기월 7개(3, 9월 각 1개, 6월 2개, 12월 3개)로 정하고 있다. 예를 들어, 오늘이 5월 1일이라면 올해 5월물, 6월물, 7월물, 8월물, 9월물, 10월물, 12월물, 내년 3월물, 6월물, 12월물, 내후년 12월물이 상장되어 거래된다.

KOSPI200옵션을 최종적으로 거래할 수 있는 날인 최종거래일은 각 결제월의 두 번째 목요일(휴일일 경우는 순차적으로 앞당김)이다. 최종결제일은 최종거래일(T)의 다음 거래일($T+1$)로 정하여 놓고 있으며, 결제방법은 현금결제로 정하고 있다.

한편, 투자자들이 옵션가격을 조정하여 거래를 체결하고자 할 때 옵션가격이 최소한으로 움직일 수 있는 수준을 정해 놓아야 한다. 다시 말하면 투자자가 주문을 제출할 때 표준화된 호가단위(tick), 즉 최소가격변동단위를 따라야 한다. KOSPI200옵션의 호가단위는 옵션가격이 10포인트 이상인 경우에는 0.05포인트 단위이고, 옵션가격이 10포인트 미만인 경우에는 0.01포인트 단위로 제시된다.

따라서 옵션가격이 10포인트 이상일 경우 옵션가격이 0.05포인트 움직일 때마다 1계약당 12,500원(=0.05×25만원)의 손익이 발생하고, 옵션가격이 10포인트 미만일 경우에는 옵션가격이 0.01포인트 움직일 때마다 1계약당 2,500원(=0.01×25만원)의 손익이 발생한다.

표 16-2 KOSPI200옵션 거래명세

기초자산	KOSPI200
거래단위	KOSPI200옵션가격×25만원(거래승수)
결제월	매월
상장결제월	비분기월 4개 및 분기월 7개(3, 9월 각 1개, 6월 2개, 12월 3개)
가격 표시	프리미엄(포인트)
호가가격단위	• 프리미엄 10포인트 미만: 0.01포인트 • 프리미엄 10포인트 이상: 0.05포인트
최소가격변동금액	• 프리미엄 10포인트 미만: 2,500원(25만원×0.01포인트) • 프리미엄 10포인트 이상: 12,500원(25만원×0.05포인트)
거래시간	09:00–15:45(최종거래일 09:00–15:20)
최종거래일	각 결제월의 두 번째 목요일(공휴일인 경우 순차적으로 앞당김)
최종결제일	최종거래일의 다음 거래일
권리행사	최종거래일에만 가능(유럽형)
결제방법	현금결제

예제 | KOSPI200옵션

향후 주가상승이 예상되어 행사가격 410인 콜옵션을 계약당 7.75포인트에 10계약 매
수하여 만기일까지 보유하는 경우 다음 물음에 답하시오.

(1) 예상이 적중하여 만기시점의 KOSPI200이 430.38일 경우의 손익은 얼마인가?

(2) 예상이 빗나가 만기시점의 KOSPI200이 399.88이 되었을 경우의 손익은 얼마
인가?

● 답 ●

(1) $[(430.38-410)-7.75]×25만원×10계약=31,575,000원$: 31,575,000원 이익

(2) $[0-7.75]×25만원×10계약=-19,375,000원$: 19,375,000원 손실

예제 | KOSPI200옵션

현재 시가총액 100억원어치의 KOSPI200 주식포트폴리오를 보유하고 있는 투자자가
주식시장의 하락을 우려하여 행사가격이 450인 풋옵션을 2.98포인트에 110계약 매수

하였다. 만일 만기시점의 KOSPI200이 예상대로 크게 하락하여 426.21이 되었을 경우 순손익을 계산하시오. 단, 오늘 KOSPI200은 452.16이다.

● 답 ●

주식포트폴리오: $100억 \times \dfrac{426.21}{452.16} - 100억 = -573,911,890원$: 573,911,890원 손실

풋옵션: $(450 - 426.21 - 2.98) \times 25만원 \times 110계약 = 572,275,000원$: 572,275,000원 이익

→ $-573,911,890 + 572,275,000원 = -1,636,890원$: 1,636,890원 순손실

▶ 02 옵션거래전략

본서의 모든 옵션거래전략은 다음과 같은 수익표로 분석된다. 〈그림 16-2〉의 수익표의 구성을 명확히 이해한 후, 단계적으로 분석해 나간다면 다소 복잡한 거래전략도 쉽게 이해할 수 있다.

① 포지션: 옵션거래전략에 사용될 포지션을 나타낸다.
② 비용: 비용개념이기 때문에 옵션 매수 시에는 옵션가격의 현금유출을 (+)로, 옵션 매도시에 옵션가격의 현금유입을 (−)로 나타낸다.

그림 16-2 콜옵션 거래전략 수익표

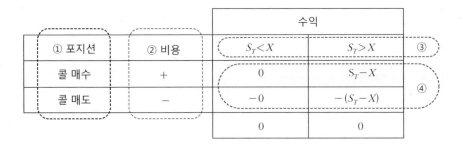

① 포지션	② 비용	수익		③
		$S_T < X$	$S_T > X$	
콜 매수	+	0	$S_T - X$	④
콜 매도	−	−0	$-(S_T - X)$	
		0	0	

③ 미래 현물가격이 행사가격보다 클 경우와 작을 경우에 따라 권리행사를 할지 말지에 대한 의사결정이 달라지기 때문에 행사가격보다 클 경우와 작을 경우의 범위로 구분하여 만기수익을 분석한다.

④ 포지션에 따른 만기수익을 나타낸다. 매도는 매수의 정반대, 즉 옵션매도자의 손익은 옵션매수자의 손익과 정확히 반대이므로 만기수익을 분석할 때 매도 포지션이든 매수포지션이든 모두 일단 매수포지션으로 생각하여 의사결정을 한 후에 매도포지션일 경우에는 마이너스(−)부호를 붙여서 매수포지션의 반대임을 나타내면 분석이 쉬워진다.

〈그림 16-3〉의 풋옵션 수익표는 만기수익이 콜옵션 수익표와 차이가 있다. 즉, 풋매수의 경우 S_T가 X보다 작을 때 만기수익 $X-S_T$가 발생하고 S_T가 X보다 클 때 만기수익이 0이 된다. 풋매도의 경우 풋매수라고 생각하고 분석한 다음 마지막에 마이너스(−)부호를 붙여 매수의 반대임을 나타내면 분석이 쉬워진다.

그림 16-3 풋옵션 거래전략 수익표

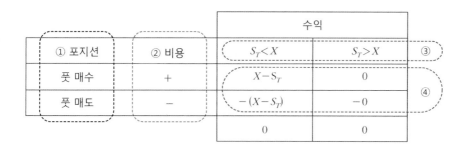

① 포지션	② 비용	수익		③
		$S_T < X$	$S_T > X$	
풋 매수	+	$X-S_T$	0	④
풋 매도	−	$-(X-S_T)$	-0	
		0	0	

1. 단순거래전략

다른 포지션과 결합되지 않은 채 콜옵션 혹은 풋옵션만을 매수 또는 매도하는 전략을 말한다. 현물가격의 추세를 예상하여 그에 따라 포지션을 취하는 일종의 투기적 거래전략이다.

(1) 콜옵션 매수

콜옵션 매수는 현물가격의 상승이 예상되는 강세시장에 유리한 전략이다. 시장상 승이 예상될 경우 현물이나 선물을 사면 시장 상승 시 이익을 볼 수 있지만 하락 시 큰 손실을 볼 수도 있다. 이 경우 콜옵션을 대신 매수하게 되면 시장 상승 시 이익이 무제한적이고 하락 시에는 손실이 프리미엄에 한정된다.

예를 들어, 행사가격(X)이 100인 콜옵션을 20을 주고 매수하였는데 만기 시에 현 물가격(S_T)이 80이 되었다고 가정하자. 이처럼 행사가격(X) 100보다 작을 경우에는 콜옵션매수자는 권리행사를 하지 않을 것이다. 왜냐하면 권리행사를 하면 가격이 80 인 현물을 100의 가격을 주고 사게 되어 손실이 나기 때문이다.

하지만 만약 만기 시에 현물가격(S_T)이 120으로 행사가격 100보다 클 경우에는 콜옵션매수자는 권리를 행사하여 수익을 얻는다. 왜냐하면 권리를 행사할 경우 가격 이 120인 현물을 100을 주고 살 수 있기 때문이다.

따라서 $S_T < X$인 경우에는 권리행사를 하지 않으므로 수익이 0이 되고, $S_T > X$인 경우에는 권리행사를 하여 $20(=120-100=S_T-X)$만큼의 수익을 얻게 된다. 이를 정 리한 것이 〈표 16-3〉의 콜옵션 매수의 수익표이다.

표 16-3 콜옵션 매수의 수익

포지션	비 용	수 익	
		$S_T < X$	$S_T > X$
콜 매수($X=100$)	$C(=20)$	0	$S_T - X$

이익 = 수익 - C

〈그림 16-4〉는 콜옵션 매수의 손익구조를 나타낸 것이다. 수익선은 만기 현물가 격(S_T)이 행사가격(X) 100보다 작을 경우에 권리행사를 하지 않기 때문에 수익이 0이 되므로 X축과 동일한 수평선으로 그려진다. 만기 현물가격(S_T)이 행사가격(X) 100 보 다 클 경우에는 권리행사를 하여 $S_T - X$만큼의 수익을 얻게 된다.

$S_T > X$인 경우에는 S_T가 클수록 수익도 점점 커진다. 예를 들어, S_T가 110일 때 수익은 10, S_T가 120일 때 수익은 20, S_T가 130일 때 수익은 30이 된다. 이렇게 구해

그림 16-4 콜옵션 매수의 손익구조

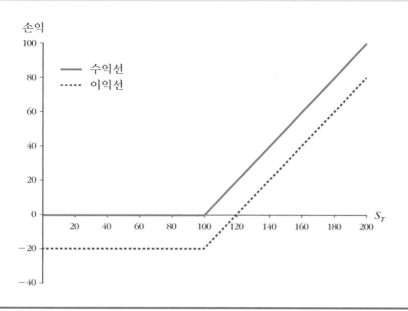

진 손익을 Y축으로, 현물가격을 X축으로 하여 콜옵션 매수의 손익구조를 그림으로 나타내면 〈그림 16-4〉와 같이 우상향하는 수익선으로 나타난다. 이익(profit)은 수익 (payoff)에서 비용(cost)을 차감한 것이므로 이익선은 수익선에서 비용인 20을 차감하여 그려준다.

결국 콜옵션 매수의 손익구조를 보면, 현물의 가격이 아무리 떨어져도 손실은 옵션가격 20으로 한정되는 반면, 이익은 현물가격이 올라가면 갈수록 무한대로 상승한다. 이때 행사가격에 옵션가격을 더한 120이 손익분기점이 된다.

(2) 콜옵션 매도

투자자가 현물을 보유하지 않은 상태에서 콜옵션을 매도하는 것을 무방비콜 (naked call, uncovered call)이라고 하며 현물가격의 하락이 예상되는 약세시장에서 프리미엄만큼의 한정된 이익을 목표로 하는 전략이다. 옵션매수자와 옵션매도자는 제로섬 게임을 벌인다고 볼 수 있으므로, 옵션매수자의 입장에서 권리행사 유무를 판단하여 수익을 계산한 후 마이너스(−)부호만 붙여주면 옵션매도자의 손익이 된다.

표 16-4 콜옵션 매도의 수익

포지션	비 용	수 익	
		$S_T < X$	$S_T > X$
콜 매도($X = 100$)	$-C(=-20)$	-0	$-(S_T - X)$

이익 = 수익 + C

예를 들어, 행사가격(X)이 100인 콜옵션을 20을 받고 매수하였다면, 콜옵션매수자는 $S_T < X$인 경우에는 권리행사를 하지 않으므로 수익이 0이 된다. 본서에서는 콜옵션매수자의 수익과 구분하기 위하여 이 경우에도 마이너스(−)부호를 붙여주어 콜옵션매도자의 수익은 −0이라고 표시하기로 한다.

한편, $S_T > X$인 경우에는 콜옵션매수자는 권리행사를 하여 $S_T - X$만큼 수익을 얻게 되므로, 콜옵션매도자의 수익은 $-(S_T - X)$가 된다. 이러한 분석을 〈표 16-4〉의 콜옵션 매도의 수익표에 나타내었다.

〈그림 16-5〉에는 콜옵션 매도의 손익구조를 나타낸 것이다. $S_T < X$일 경우 수익이 −0이므로 수익선은 X축과 동일한 수평선이고, $S_T > X$일 경우에는 $-(S_T - X)$만큼의 수익을 얻게 된다. 예를 들어, S_T가 110일 때 수익은 −10[= −(110−100)], S_T가 120일 때 수익은 −20[= −(120−100)], S_T가 130일 때 수익은 −30[= −(130−100)]이 되어 우하향하는 수익선으로 나타난다. 이익선은 수익선에서 비용인 −20을 차감하여 그려주면 된다.[2]

결국, 콜옵션 매도의 손익구조를 보면 현물의 가격이 행사가격 이하로 하락하게 되면 옵션가격 20의 고정된 이익을 얻게 되는 반면 행사가격 이상으로 현물가격이 올라가게 되면 무한대의 손실까지 볼 수 있게 된다. 이때 120이 손익분기점이 되며, 〈그림 16-5〉를 〈그림 16-4〉에 비교하면 제로섬 게임 결과 X축을 기준으로 정확히 서로 대칭이 됨을 알 수 있다.

---

[2] 옵션을 매도했으므로 비용은 옵션가격만큼의 현금유입이 비용이 된다. 따라서 이익 = 수익 − 비용 = 수익 − (−20) = 수익 + 20이 된다.

그림 16-5 콜옵션 매도의 손익구조

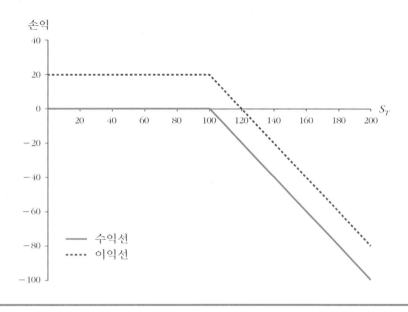

(3) 풋옵션 매수

풋옵션 매수는 현물가격의 하락이 예상되는 약세시장에 유리한 전략이다. 시장하락이 예상될 경우 현물을 공매하거나 혹은 선물을 매도하면 시장 하락 시 이익을 볼수 있지만 예상과 달리 시장이 상승하면 큰 손실을 볼 수도 있다. 이 경우 풋옵션을 매수하면 시장 하락 시 이익이 발생하며 상승 시 손실은 프리미엄에 한정된다.

예를 들어, 행사가격(X)이 100인 풋옵션을 20을 주고 매수하였는데 만기 시에 현물가격(S_T)이 80, 즉 $S_T < X$인 경우 권리행사를 하면 수익이 $X - S_T = 100 - 80 = 20$이 된다. 하지만 만기 시에 S_T가 120, 즉 $S_T > X$이면 120짜리를 100에 팔 이유가 없으므

표 16-5 풋옵션 매수의 수익

포지션	비 용	수 익	
		$S_T < X$	$S_T > X$
풋 매수($X = 100$)	$P(= 20)$	$X - S_T$	0

이익 = 수익 − P

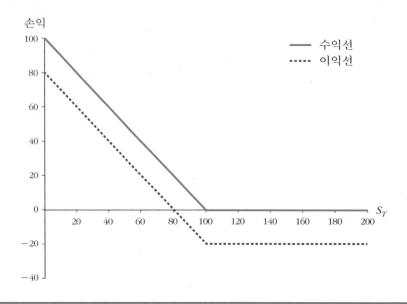

그림 16-6　풋옵션 매수의 손익구조

로 권리를 행사하지 않아 수익은 0이 된다.

〈그림 16-6〉은 풋옵션 매수의 손익구조를 나타낸 것이다. $S_T < X$인 경우 예를 들어, S_T가 90일 때 수익은 10(=100-90), S_T가 80일 때 수익은 20(=100-80), S_T가 0일 때 수익은 최대로 100(=100-0)이 된다. 반대로 $S_T > X$이면 수익은 0이 되어 X축과 동일하게 수평인 수익선이 그려진다.

이익선은 수익선에서 풋옵션을 매수한 금액 20을 차감하여 그려주면 된다. 결국, 풋옵션 매수의 손익구조를 보면, 현물의 가격이 하락할수록 이익은 커지게 되는 반면, 현물가격이 올라가면 손실은 옵션가격인 20으로 한정된다. 이때 손익분기점은 행사가격에서 옵션가격을 차감한 80이다.

(4) 풋옵션 매도

풋옵션 매도는 현물가격의 상승이 예상되는 강세시장에서 프리미엄만큼의 한정된 이익을 목표로 하는 전략이다. 풋옵션매도자는 매수자의 요청에 의해 행사가격에 현물을 매수할 의무가 있으므로 시장이 하락할 경우에 큰 손실을 보게 될 위험

표 16-6 풋옵션 매도의 수익

포지션	비 용	수 익	
		$S_T < X$	$S_T > X$
풋 매도($X = 100$)	$-P(=-20)$	$-(X - S_T)$	-0

이익 = 수익 + P

그림 16-7 풋옵션 매도의 손익구조

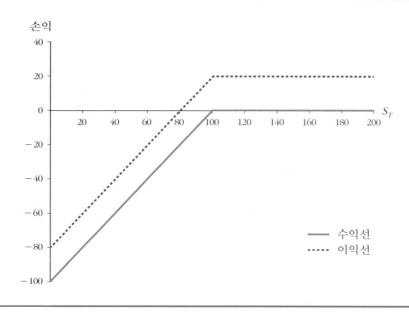

이 따른다.

　풋옵션매도자는 풋옵션매수자와 제로섬 게임을 벌이게 되므로, 풋옵션매도자의 손익은 풋옵션매수자와 정반대가 된다. 따라서 풋옵션매수자의 입장에서 권리행사 유무를 판단하여 수익을 계산한 후 마이너스($-$)부호만 붙여주면 된다. 〈표 16-6〉은 풋옵션 매도의 수익표이다.

　〈그림 16-7〉은 풋옵션 매도의 손익구조를 보여준다. $S_T < X$일 경우 수익은 $-(X - S_T)$가 되고, 예를 들어, S_T가 90일 때 $-10[=-(100-90)]$, S_T가 80일 때 $-20[=-(100-80)]$, S_T가 0일 때 수익은 $-100[=-(100-0)]$이 된다. $S_T > X$일 경우 수익은 0이 되어 X축과 동일한 수평선으로 수익선이 그려진다.

이익선은 수익선에서 비용인 -20을 차감하여 그려주면 된다. 현물가격이 행사가격 이하로 하락할수록 손실폭이 커지며 행사가격 이상으로 상승하면 옵션가격 20의 고정된 이익을 얻게 된다. 손익분기점은 행사가격에서 옵션가격을 차감한 80이 된다.

2. 스프레드거래전략

스프레드거래전략은 동일한 기초자산을 가진 옵션 중에서 행사가격 또는 만기일이 서로 다른 콜(혹은 풋)옵션을 각각 매수 또는 매도하는 전략으로서 두 개 옵션의 가격차이를 스프레드라고 한다. 이 전략은 현물가격이 예상대로 변할 때 이익을 얻고, 가격변화 예상이 빗나갈 경우 손실을 줄이려는 전략이다.

(1) 수직스프레드

특정한 행사가격을 가진 옵션을 매수하고 행사가격이 다른 옵션을 매도하는 전략이다.[3] 콜옵션이나 풋옵션을 이용하여 기초자산의 가격이 상승하는 강세시장에서 이익을 올리고자 하는 강세스프레드와 반대로 기초자산의 가격이 하락하는 약세시장에서 이익을 올리고자 하는 약세스프레드가 있다.

1) 콜강세수직스프레드

콜강세수직스프레드는 강세시장에서 이익을 올리기 위해 행사가격이 낮은(X_1) 콜옵션을 매수하고 행사가격이 높은(X_2) 콜옵션을 매도하는 전략이다. 이 전략은 행사가격이 두 개이기 때문에 수익을 분석할 때 구간을 행사가격 전후로 세 구간으로 나누어 분석한다.

〈표 16-7〉은 콜강세수직스프레드의 수익표이다. 예를 들어, 행사가격이 낮은(X_1 = 100) 콜옵션을 25를 주고 매수하고 행사가격이 높은(X_2 = 130) 콜옵션을 5를 받고

---

3 옵션시세표에서 행사가격은 수직선상에 표시되기 때문에 행사가격의 차이를 이용하는 스프레드는 수직스프레드(vertical spread), 가격스프레드(price spread) 혹은 머니스프레드(money spread)로 부른다.

표 16-7 콜강세수직스프레드의 수익

포 지 션	비 용	수 익		
		$S_T < X_1$	$X_1 < S_T < X_2$	$S_T > X_2$
콜 매수($X_1 = 100$)	$C_1 (=25)$	0	$S_T - X_1$	$S_T - X_1$
콜 매도($X_2 = 130$)	$-C_2 (=-5)$	-0	-0	$-(S_T - X_2)$
		0	$S_T - X_1$	$X_2 - X_1$

이익 = 수익 $-(C_1 - C_2)$

매도하였다고 하자.

행사가격이 낮은(X_1) 콜옵션 매수의 경우 $S_T < X_1$이면 행사가격(X_1)을 주고 현물을 취득하지 않으므로 권리행사를 하지 않게 되므로 수익은 0이 된다. $X_1 < S_T < X_2$이면 S_T가 X_1보다 크니까 행사하여 수익이 $S_T - X_1$이 된다. $S_T > X_2$이면 S_T가 여전히 X_1보다 크니까 행사하여 수익이 $S_T - X_1$이 된다.

행사가격이 높은($X_2 = 130$) 콜옵션을 매도하였을 경우는 매수의 경우로 분석하여 마이너스($-$)부호만 붙이면 된다. $S_T < X_1$이면 S_T가 X_1보다 작으니까 당연히 X_2보다 작고 따라서 콜매수의 경우 행사를 안 하여 수익이 0이 된다. $X_1 < S_T < X_2$이면 S_T가 X_2보다 작으니까 콜매수 수익은 0이 된다. $S_T > X_2$이면 콜매수 수익은 $S_T - X_2$가 된다. 콜매수가 아니라 콜매도이므로, 각 구간별로 수익이 -0, -0, $-(S_T - X_2)$가 된다.

〈그림 16-8〉에서 이익은 수익에서 비용을 차감한 것이 되는데, 여기서 순비용은 콜옵션 매수(X_1)할 때 지급한 옵션가격과 콜옵션 매도(X_2)할 때 받은 옵션가격의 합이 된다. 이익선은 수익선에서 순비용인 20을 차감하여 그리면 된다.

콜강세수직스프레드의 손익구조를 보면 손익분기점은 120,[4] 최대이익은 10, 최대손실은 -20으로 약세장에서는 손실이 한정되고 현물가격이 상승하는 상승장에서 보다 큰 이익을 내게 된다.[5]

---

[4] $S_T - X_1 - 20 = 0$인 S_T가 손익분기점이므로, $S_T - 100 - 20 = 0$에서 $S_T = 120$

[5] 약세시장에서 이익을 올리기 위해 행사가격이 낮은(X_1) 콜옵션을 매도하고 행사가격이 높은(X_2) 콜옵션을 매수하는 전략인 콜약세수직스프레드의 수익선과 이익선은 콜강세수직스프레드의 손익구조와 정확히 X축을 대칭으로 나타난다.

그림 16-8 콜강세수직스프레드의 손익구조

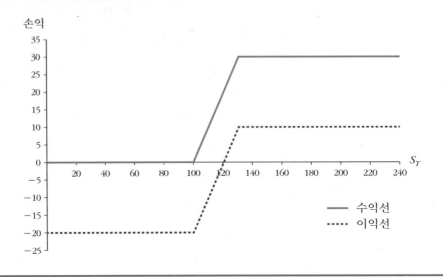

2) 풋약세수직스프레드

풋약세수직스프레드는 약세시장에서 이익을 올리기 위해 행사가격이 높은(X_2) 풋옵션을 매수하고 행사가격이 낮은(X_1) 풋옵션을 매도하는 전략이다. 행사가격인 높은($X_2 = 130$) 풋옵션을 26을 주고 매수하고 행사가격이 낮은($X_1 = 100$) 풋옵션을 6을 받고 매도하였다고 할 때, 먼저 행사가격이 높은(X_2) 풋옵션 매수의 수익을 분석해 보자.

$S_T < X_1$이면 S_T가 X_2보다도 작으니까 행사를 하여 수익이 $X_2 - S_T$가 된다. $X_1 < S_T < X_2$이면 S_T가 X_2보다 여전히 작으니까 행사를 하여 수익이 $X_2 - S_T$가 된다. $S_T > X_2$이면 S_T가 X_2보다 크니까 행사를 안 하며 수익은 0이 된다.

이제, 행사가격이 낮은($X_1 = 100$) 풋옵션을 매도하였을 경우를 분석해보자. $S_T < X_1$이면 S_T가 X_1보다 작으니까 행사를 하여 수익이 $-(X_1 - S_T)$가 된다. $X_1 < S_T < X_2$이면 S_T가 X_1보다 크니까 행사를 안 하며 수익은 -0이 된다. $S_T > X_2$이면 S_T가 여전히 X_1보다 크니까 행사를 하지 않으며 수익은 -0이 된다.

〈그림 16-9〉는 풋약세수직스프레드의 손익구조를 나타낸 것이다. $S_T < X_1$일 경우 $X_2 - X_1$이므로 $30(= 130 - 100)$이다. 현물가격이 아무리 하락하여도 수익이 30으로 고

표 16-8 풋약세수직스프레드의 수익

포 지 션	비 용	수 익		
		$S_T < X_1$	$X_1 < S_T < X_2$	$S_T > X_2$
풋 매수($X_2 = 130$)	$P_2(=26)$	$X_2 - S_T$	$X_2 - S_T$	0
풋 매도($X_1 = 100$)	$-P_1(=-6)$	$-(X_1 - S_T)$	-0	-0
		$X_2 - X_1$	$X_2 - S_T$	0

이익 = 수익 $-(P_2 - P_1)$

그림 16-9 풋약세수직스프레드의 손익구조

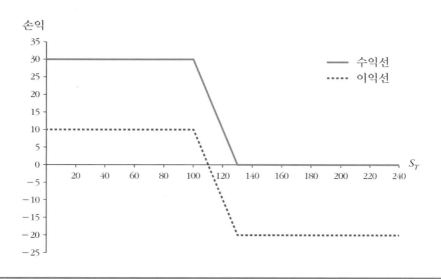

정되어 수익선은 수평선으로 그려진다. $X_1 < S_T < X_2$일 경우 총수익은 $X_2 - S_T$이다. 만약 S_T가 100이면 수익이 30(= 130 - 100)이 되고 점차 현물가격이 상승하여 S_T가 130이 되면 수익은 0(= 130 - 130)이 된다. 따라서 이 구간에서는 현물가격이 상승함에 따라 수익이 30부터 0까지 점차 하락하는 우하향선이 된다. $S_T > X_2$이면 행사를 안 하니까 수익은 0이다. 아무리 현물가격이 높아지더라도 이 구간에서는 수익이 발생하지 않는다.

이익선은 수익선에서 순비용 20을 차감하여 그린다. 풋약세수직스프레드의 손익구조의 경우 손익분기점은 110,[6] 최대이익은 10, 최대손실은 −20으로 약세장에서는 이익이 발생하고 현물가격이 상승하는 강세장에서는 손실이 한정된다.[7]

(2) 나비형스프레드

나비형스프레드(butterfly spread)는 시장의 변동성 전망에 기초한 투자전략으로서 예상이 빗나갈 경우 손실의 위험이 한정적인 특징을 갖는다.

1) 콜매수나비형스프레드

콜매수나비형스프레드(long butterfly)는 가장 낮은 행사가격(X_1)과 가장 높은 행사가격(X_3)을 가진 콜옵션을 매수하고 중간의 행사가격(X_2)을 갖는 콜옵션 2개를 매도하여 변동성이 작을 경우 이익을 얻으려는 전략이다. 3개의 행사가격을 이용하기 때문에 수익구간은 4개의 구간으로 나누어 분석한다.

예를 들어, $X_1 = 100$, $X_2 = 120$, $X_3 = 140$이라고 하자. 가장 낮은 행사가격(X_1)을 갖는 콜옵션은 15의 가격을 주고 매수하였고 가장 높은 행사가격(X_3)을 갖는 옵션은 3의 가격을 주고 매수하였으며 중간의 행사가격(X_2)은 4로 2개를 매도하여 총 8을 받았다고 하자.

〈표 16-9〉의 수익표를 보면, 가장 낮은 행사가격(X_1)의 콜옵션 매수는 4개의 구간 중 $S_T > X_1$인 구간에서는 행사되어 $S_T - X_1$이 된다. 가장 높은 행사가격(X_3)의 콜옵션 매수는 $S_T > X_3$인 구간에서만 행사되어 $S_T - X_3$가 된다. 중간 행사가격(X_2) 콜옵션 2개 매도는 콜매수자가 $S_T > X_2$인 구간에서만 행사하여 $2(S_T - X_2)$의 수익을 얻으므로 콜매도자는 그만큼 손실을 보아 $-2(S_T - X_2)$가 된다.

〈그림 16-10〉은 콜매수나비형스프레드의 손익구조를 나타낸 것이다. $S_T < X_1$이면 0이므로 수익선은 X축과 동일한 수평선으로 그려진다. $X_1 < S_T < X_2$일 경우 총수익은

---

6 $X_2 - S_T - 20 = 0$인 S_T가 손익분기점이므로, $130 - S_T - 20 = 0$에서 $S_T = 110$

7 강세시장에서 이익을 올리기 위해 행사가격이 높은(X_2) 풋옵션을 매도하고 행사가격이 낮은(X_1) 풋옵션을 매수하는 전략인 풋강세수직스프레드의 수익선과 이익선은 풋약세수직스프레드의 손익구조와 정확히 X축을 대칭으로 나타난다.

표 16-9 콜매수나비형스프레드의 수익

포 지 션	비 용	수 익			
		$S_T < X_1$	$X_1 < S_T < X_2$	$X_2 < S_T < X_3$	$S_T > X_3$
콜 매수($X_1 = 100$)	$C_1 (= 15)$	0	$S_T - X_1$	$S_T - X_1$	$S_T - X_1$
콜 매수($X_3 = 140$)	$C_3 (= 3)$	0	0	0	$S_T - X_3$
2개의 콜 매도 ($X_2 = 120$)	$-2C_2 (= -8)$	-0	-0	$-2(S_T - X_2)$	$-2(S_T - X_2)$
		0	$S_T - X_1$	$-S_T + 2X_2 - X_1$	$2X_2 - X_1 - X_3$

이익 = 수익 − $(C_1 + C_3 - 2C_2)$

그림 16-10 콜매수나비형스프레드의 손익구조

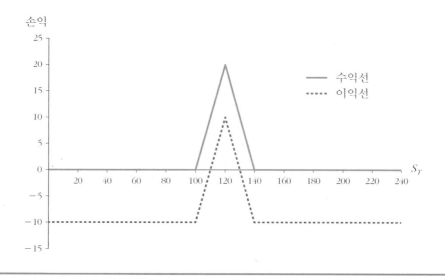

$S_T - X_1$이다. 이 구간에서 만약 S_T가 100일 경우에는 수익이 0(= 100 − 100)이 되고 점차 현물가격이 상승하여 S_T가 120이 되었을 경우 수익은 20(= 120 − 100)가 된다. 이 구간에서는 현물가격이 상승함에 따라 수익이 0부터 20까지 상승하는 우상향선이 된다.

$X_2 < S_T < X_3$일 경우 총수익은 $-S_T + 2X_2 - X_1$이다. 만약 S_T가 120일 경우에는 수익이 20(= −120 + 2×120 − 100)이 되고 점차 현물가격이 상승하여 S_T가 140이 되면 수익은 0(= −140 + 2×120 − 100)이 된다. 따라서 이 구간에서는 현물가격이 상승함에

따라 수익이 20부터 0까지 하락하는 우하향선이 된다. $S_T > X_3$일 경우에 총수익은 $2X_2 - X_1 - X_3$이 되어 현물가격의 변동과 관계없이 고정금액 $0(= 2 \times 120 - 100 - 140)$이 된다.

이익선은 수익선에서 순비용 10을 차감하여 그린다. 콜매수나비형스프레드의 손익구조의 경우 손익분기점은 110, 130,[8] 최대이익은 10, 최대손실은 −10으로 주가가 110과 130이라는 좁은 구간에서 움직일 때 즉, 변동성이 작을 때 이익을 얻고자 하는 전략이다.[9]

2) 풋매수나비형스프레드

풋옵션을 이용해서도 콜매수나비형스프레드와 동일한 나비형스프레드를 만들 수 있다. 가장 낮은 행사가격(X_1)과 가장 높은 행사가격(X_3)을 가진 풋옵션을 매수하고 중간의 행사가격을 가진 풋옵션 2개를 매도하는 풋매수나비형스프레드의 손익구조는 콜매수나비형스프레드의 손익구조와 동일하다. 이 전략 역시 변동성이 작을 경우 이익을 얻으려는 전략이다.

표 16-10 풋매수나비형스프레드의 수익

포지션	비용	수익			
		$S_T < X_1$	$X_1 < S_T < X_2$	$X_2 < S_T < X_3$	$S_T > X_3$
풋 매수($X_1 = 100$)	$P_1(= 6)$	$X_1 - S_T$	0	0	0
풋 매수($X_3 = 140$)	$P_3(= 22)$	$X_3 - S_T$	$X_3 - S_T$	$X_3 - S_T$	0
2개의 풋 매도 ($X_2 = 120$)	$-2P_2(= -18)$	$-2(X_2 - S_T)$	$-2(X_2 - S_T)$	-0	-0
		$X_1 + X_3 - 2X_2$	$X_3 - 2X_2 + S_T$	$X_3 - S$	0

이익 $=$ 수익 $- (P_1 + P_3 - 2P_2)$

---

8 콜매수나비형스프레드의 수익구조를 보면 X축과 만나는 손익분기점이 두 개가 있다. 따라서 $S_T - X_1$ $(= 100) - 10 = 0$일 때 $S_T = 110$이 손익분기점이고, 또 $-S_T + 2X_2(= 120) - X_1(= 100) - 10 = 0$일 때 $S_T = 130$이 손익분기점이다.

9 콜매도나비형스프레드의 수익선과 이익선은 콜매수나비형스프레드의 손익구조와 정확히 X축을 대칭으로 나타난다.

그림 16-11 풋매수나비형스프레드의 손익구조

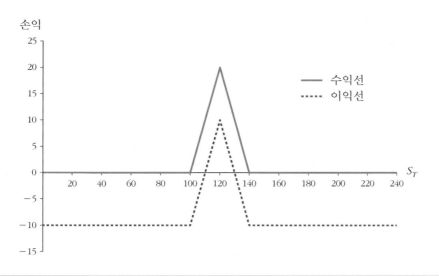

(3) 박스스프레드

박스스프레드(box spread)는 미래의 현물가격(S_T)에 상관없이 일정한 이익을 올리기 위한 전략이다. 이 전략은 합성선물매수와 합성선물매도의 혼합전략[10]으로 볼 수도 있고, 콜강세수익스프레드와 풋약세수직스프레드의 혼합전략[11]으로 볼 수도 있다.

〈표 16-11〉에서 박스스프레드의 수익은 $X_2 - X_1$로서 미래 현물가격(S_T)의 값이 얼마가 되는지 상관없이 항상 일정하다. 따라서 박스스프레드는 무위험투자전략이라고 볼 수 있으며, 박스스프레드의 이론가격은 $X_2 - X_1$을 무위험이자율로 할인한 현재가치가 된다.

---

[10] 행사가격이 같은(X_1) 콜옵션을 매수하고 풋옵션을 매도하는 합성선물매수와 행사가격이 같은(X_2) 콜옵션을 매도하고 풋옵션을 매수하는 합성선물매도를 동시에 취함으로써 미래에 일정한 이익을 얻을 수 있다.

[11] 행사가격이 낮은(X_1) 콜옵션을 매수하고 행사가격이 높은(X_2) 콜옵션을 매도하는 콜강세수직스프레드와 행사가격이 높은(X_2) 풋옵션을 매수하고 행사가격이 낮은(X_1) 풋옵션을 매도하는 풋약세수직스프레드를 혼합한 전략이다.

표 16-11 박스스프레드의 수익

포 지 션		비 용	수 익		
			$S_T < X_1$	$X_1 < S_T < X_2$	$S_T > X_2$
합성선물 매수	콜 매수($X_1 = 100$)	$C_1 (=4)$	0	$S_T - X_1$	$S_T - X_1$
	풋 매도($X_1 = 100$)	$-P_1 (=-5)$	$-(X_1 - S_T)$	-0	-0
합성선물 매도	콜 매도($X_2 = 110$)	$-C_2 (=-3)$	-0	-0	$-(S_T - X_2)$
	풋 매수($X_2 = 110$)	$P_2 (=6)$	$X_2 - S_T$	$X_2 - S_T$	0
			$X_2 - X_1$	$X_2 - X_1$	$X_2 - X_1$

이익 = 수익 $-(C_1 - P_1 - C_2 + P_2)$

그림 16-12 박스스프레드의 손익구조

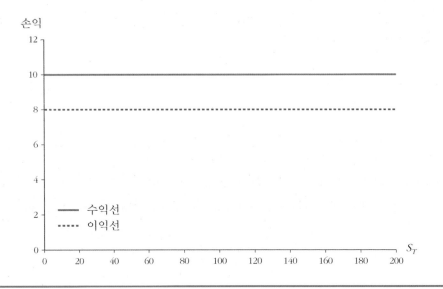

$$C_1 - C_2 + P_2 - P_1 = \frac{X_2 - X_1}{(1 + r)^T} \tag{16-1}$$

3. 컴비네이션거래전략

컴비네이션거래전략은 동일한 기초자산을 가진 콜옵션과 풋옵션을 동시에 매수하거나 매도하는 전략으로서 가격의 상승이나 하락에 관계없이 가격변동폭에 대한 전망에 기초하여 이익을 얻으려는 전략이다.

(1) 스트래들

매수스트래들(long straddle)은 동일한 행사가격과 동일한 만기일을 가지는 콜옵션과 풋옵션을 동시에 매수하는 전략으로 현물가격이 크게 변동할 것이 예상되지만 변동의 방향은 불확실한 경우 사용한다. 예를 들어, 행사가격이 100으로 동일한 콜옵션과 풋옵션을 각각 10을 주고 매수하였을 경우의 수익은 〈표 16-12〉 매수스트래들의 수익표에 나타나 있고 손익구조는 〈그림 16-13〉에 나타나 있다.[12]

표 16-12 매수스트래들의 수익			
		수 익	
포 지 션	비 용	$S_T < X$	$S_T > X$
콜 매수($X=100$)	$C(=10)$	0	$S_T - X$
풋 매수($X=100$)	$P(=10)$	$X - S_T$	0
		$X - S_T$	$S_T - X$

이익 = 수익 $- (C+P)$

매수스트래들의 손익구조는 행사가격을 중심으로 V자 모양으로 나타나기 때문에 가격이 큰 폭으로 하락하거나 큰 폭으로 상승할 경우 수익이 크게 발생하게 된다. 매수스트래들이 가격변동성이 클 경우 수익이 큰 이유는 행사가격이 동일한 콜옵션과 풋옵션을 동시에 매수하였기 때문이다. 만약 가격이 크게 오르면 풋옵션은 포기하고 콜옵션에서 큰 이익을 얻게 되고 가격이 크게 하락하면 콜옵션은 포기하고 풋옵션에서 큰 이익을 얻는다.

---

12 매도스트래들(short straddle)은 동일한 행사가격과 동일한 만기일을 가지는 콜옵션과 풋옵션을 동시에 매도하는 전략으로 매수스트래들과 X축을 대칭으로 정반대의 손익을 나타낸다. 따라서 시장 상황에 대한 예상도 정반대일 때, 즉 현물가격이 안정되어 변동이 별로 없을 경우 사용한다.

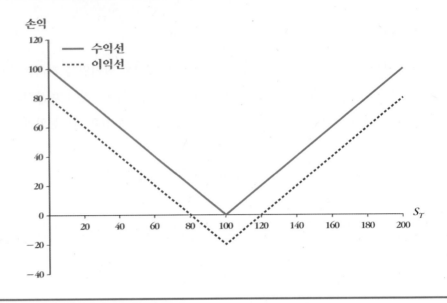

그림 16-13 매수스트래들의 손익구조

(2) 스트랩 및 스트립

콜옵션 1개와 풋옵션 1개를 매수하는 매수스트래들의 경우 큰 폭의 현물가격 상승이나 하락으로 똑같은 양의 이익이 발생하지만, 만일 현물가격이 상승할 가능성이 하락할 가능성보다 더 크면 콜옵션을 더 많이 매수하고 반대로 하락가능성이 상승가능성보다 더 크면 풋옵션을 더 많이 매수하는 것이 유리하다.

1) 매수스트랩

매수스트랩(long strap)은 현물가격이 크게 변동할 것이 예상되며 가격상승가능성이 하락가능성보다 더 클 것으로 예상될 경우 콜옵션 2개, 풋옵션 1개를 매수하는 전략이다. 예를 들어, 행사가격이 100인 콜옵션을 15를 주고 2개 매수하고 동일한 행사가격을 갖는 풋옵션을 5를 주고 1개 매수하였을 경우의 수익은 〈표 16-13〉 매수스트랩의 수익표에 나타나 있고 손익구조는 〈그림 16-14〉에 나타나 있다.

매수스트랩의 손익구조는 행사가격을 중심으로 V자 모양으로 나타나기는 하지만 행사가격의 오른쪽 수익선의 기울기가 더 급경사를 가지기 때문에 현물가격이 상승할

표 16-13　매수스트랩의 수익

포 지 션	비 용	수 익	
		$S_T < X$	$S_T > X$
2개의 콜 매수($X = 100$)	$2C(=15)$	0	$2(S_T - X)$
풋 매수($X = 100$)	$P(=5)$	$X - S_T$	0
		$X - S_T$	$2(S_T - X)$

이익 = 수익 − $(2C + P)$

그림 16-14　매수스트랩의 손익구조

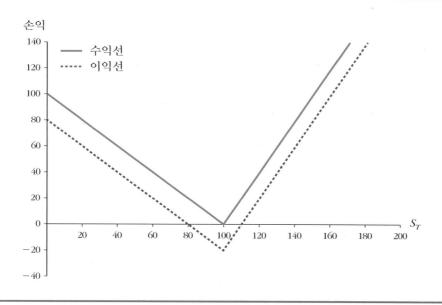

때의 수익이 현물가격이 하락할 때의 수익보다 더 크게 나타나는 구조를 갖고 있다. 따라서 현물가격의 상승가능성이 하락가능성보다 더 클 것으로 예상될 경우 매수스트 래들보다 더 큰 이익을 얻을 수 있다.

2) 매수스트립

매수스트립(long strip)은 현물가격이 크게 변동할 것이 예상되며 가격하락가능성이 상승가능성보다 더 클 것으로 예상될 경우 콜옵션 1개, 풋옵션 2개를 매수하는 전

표 16-14 매수스트립의 수익

포 지 션	비 용	수 익	
		$S_T < X$	$S_T > X$
콜 매수($X = 100$)	$C(=5)$	0	$S_T - X$
2개의 풋 매수($X = 100$)	$2P(=15)$	$2(X - S_T)$	0
		$2(X - S_T)$	$S_T - X$

이익 = 수익 − ($C + 2P$)

그림 16-15 매수스트립의 손익구조

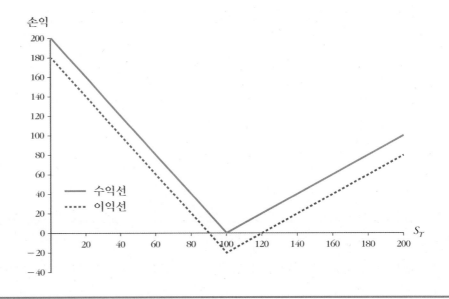

락이다. 예를 들어, 행사가격이 100인 콜옵션을 5를 주고 1개 매수하고 동일한 행사가격을 갖는 풋옵션을 15를 주고 2개 매수하였을 경우의 수익은 〈표 16-14〉 매수스트립의 수익표에 나타나 있고 손익구조는 〈그림 16-15〉에 나타나 있다.

　　매수스트립의 손익구조는 행사가격을 중심으로 V자 모양으로 나타나기는 하지만 행사가격의 왼쪽 수익선의 기울기가 더 급경사를 가지기 때문에 현물가격이 하락할 때의 수익이 현물가격이 상승할 때의 수익보다 더 크게 나타나는 구조를 갖고 있다. 따라서 현물가격의 하락가능성이 상승가능성보다 더 클 것으로 예상될 경우 매수스트래들보다 더 큰 이익을 얻을 수 있다.

(3) 스트랭글

매수스트래들은 행사가격이 같은 등가격옵션을 이용하지만 매수스트랭글(long strangle)은 행사가격이 높은 콜과 행사가격이 낮은 풋, 즉 외가격옵션을 이용하는 전략이다. 외가격 콜옵션과 외가격 풋옵션을 매수하기 때문에 매수스트래들에 비해 옵션 매수비용은 감소하지만 이익의 가능성도 감소하게 되어 스트래들보다 더 보수적인 전략이 된다.

예를 들어, 행사가격이 매우 높은$(X_2=130)$인 콜옵션을 4의 가격을 주고 1개 매수하고 행사가격이 매우 낮은$(X_1=70)$인 풋옵션을 6의 가격을 주고 1개 매수하였을 경우의 수익과 손익구조는 각각 〈표 16-15〉와 〈그림 16-16〉에 나타나 있다. 매수스트랭글의 손익분기점은 $60(70-S_T-10=0 \rightarrow S_T=60)$, $140(S_T-130-10=0 \rightarrow S_T=140)$이고 최대이익은 무한대, 최대손실은 -10이다.

표 16-15 매수스트랭글의 수익

포 지 션	비 용	수 익		
		$S_T<X_1$	$X_1<S_T<X_2$	$S_T>X_2$
콜 매수$(X_2=130)$	$C(=4)$	0	0	S_T-X_2
풋 매수$(X_1=70)$	$P(=6)$	X_1-S_T	0	0
		X_1-S_T	0	S_T-X_2

이익 = 수익 $-(C+P)$

그림 16-16 매수스트랭글의 손익구조

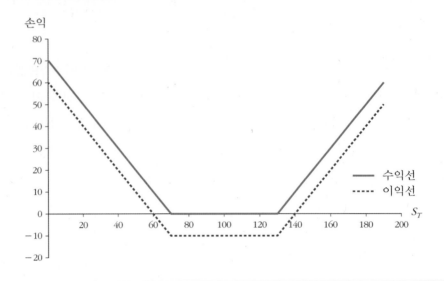

4. 헷지거래전략

(1) 커버드콜

커버드콜(covered call)은 주식(혹은 주식포트폴리오)을 보유하고 있는 투자자가 향후에 시장이 횡보국면을 유지하거나 하락할 가능성이 있는 경우에 콜옵션을 매도하여 프리미엄을 획득함으로써 자산운용수익률의 향상을 도모하는 전략이다.

이 전략은 강세시장에서 현물매수포지션의 가격상승에 따른 이익의 기회를 일정 수준으로 한정하고 대신에 가격하락에 따른 손실의 일정부분을 헷지하게 된다. 즉, 주가상승에서 얻는 무한한 이익가능성을 포기하고 그 대가로 위험을 줄이는 전략으로서 장래가격에 대한 비관적인 투자전망 시 프리미엄 수입을 추구하는 소극적인 전략이다.

실제로 많은 기관투자자들은 주식을 상당량 보유하고 있는 경우가 많은데, 이때 보유주식을 근거로 하여 콜옵션을 매도함으로써 커버드콜을 실행하고 있다. 이 전략은 기본적으로 콜옵션의 가격이 과대평가 되었을 때 이를 매도함으로써 차익을 획득할 수 있게 된다.

표 16-16 커버드콜의 수익			
		수 익	
포 지 션	비 용	$S_T < X$	$S_T > X$
주식포트폴리오 매수	$S(=100)$	S_T	S_T
콜 매도($X=110$)	$-C(=-20)$	-0	$-(S_T-X)$
		S_T	X

이익 = 수익 $-(S-C)$

예를 들어, 주식포트폴리오를 100을 주고 매수하고 행사가격(X)이 100인 콜옵션을 20을 받고 매도하였다고 하자. 권리행사 시의 주식포트폴리오의 가격은 행사가격 (X)과 관계없이 권리행사 시점인 옵션만기시점의 주식포트폴리오 가격 S_T가 된다.

콜옵션 매도의 경우 $S_T < X$인 경우에는 콜매수자가 권리행사를 안하므로 수익이 -0이다. $S_T > X$인 경우에는 콜매수자가 권리행사를 하므로 콜매도자의 수익은 $-(S_T-X)$ 가 된다.

〈그림 16-17〉에서 커버드콜의 수익선을 보면, $S_T < X$인 경우는 총수익이 S_T이므로 우상향의 45°선이 되고 $S_T > X$인 경우에는 X이므로 현물가격이 아무리 올라도 수익은 항상 행사가격인 110으로 고정되어 있다. 이익선은 주식포트폴리오를 매수할 때 지불된 100에서 콜옵션을 매수할 때 받은 20을 차감한 순비용 80을 수익에서 차감하여 도출한다.

커버드콜의 이익선과 현물인 주식포트폴리오의 이익선을 〈그림 16-17〉을 통해 비교해 보자. 주식포트폴리오의 이익선은 주식포트폴리오의 매수가격인 100보다 주가가 하락하면 손실을 보며 주식포트폴리오의 매수가격인 100이 최대손실이 된다. 만약 주가가 100보다 상승한다면 상승한 만큼의 이익이 발생하게 된다.

따라서 주식포트폴리오의 이익선은 우상향하는 선이 된다. 〈그림 16-17〉에서 보듯이 커버드콜은 주식포트폴리오만 보유할 경우 발생할 수 있는 주가상승에 따른 무한한 이익을 포기하는 대신 주가하락 시에 손실을 프리미엄만큼 보전하게 된다.

그림 16-17 커버드콜의 손익구조

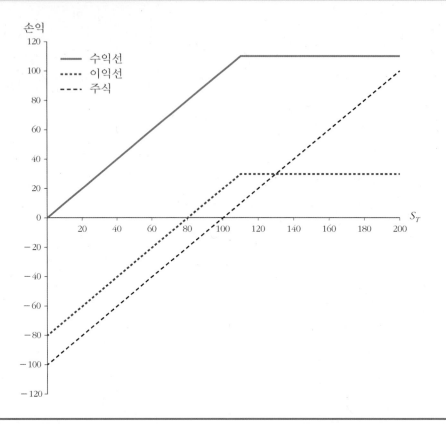

예제 | 커버드콜

11월 22일 현재 KOSPI200은 402.08이고 KOSPI200과 연동하는 인덱스 펀드를 보유하고 있는 투자자가 단기적으로 약세시장의 조정을 보일 것으로 예상되어 시장하락의 위험을 헷지하고자 12월물 콜 402.5를 30.05에 매도하는 커버드콜 전략을 사용하였다. 12월 6일에 KOSPI200이 392.50이고 콜 402.5가 21.20일 때 환매할 경우 손익을 계산하시오. 옵션거래 수수료는 약정금액의 0.8%이라고 가정한다.

● 답 ●

헷지 안 한 경우: $392.50 - 402.08 = -9.58$

커버드콜: $(392.50 - 402.08) + (30.05 - 21.20) - (30.05 + 21.20) \times 0.8\% = -4.83$

(2) 방어적 풋

방어적 풋(protective put)은 주식(혹은 주식포트폴리오)을 보유하고 있는 투자자가 향후에 시장이 대폭 하락할 위험이 있는 경우에 풋옵션을 매수함으로써 시장하락 시 발생하는 손실을 줄이려는 방어적 전략이다. 만약 주가지수가 상승한다면 주식포트폴리오로부터 자본이득을 보고 풋옵션으로부터는 프리미엄만큼의 손실을 보게 된다.

하지만 주가지수가 하락한다면 주식포트폴리오로부터 자본손실을 보고 풋옵션으로부터는 자본이득을 보게 된다. 따라서 방어적 풋은 상승장보다는 약세장에 초점을 두고 주식투자의 손실을 풋옵션에서 만회하여 손실을 줄이려는 전략이다.

예를 들어, 주식포트폴리오와 행사가격(X)이 100인 풋옵션을 각각 100과 20을 주고 매수하였다고 하자. 권리행사 시의 주식포트폴리오의 가격은 권리행사 시점인 옵션만기시점의 주식포트폴리오 가격인 S_T가 된다. 풋옵션 매수의 경우 $S_T < X$일 때에는 $X - S_T$의 수익을 얻게 되고 $S_T > X$일 때에는 권리행사를 하지 않는다.

따라서 방어적 풋의 수익선을 보면, $S_T < X$인 경우는 총수익이 X로 고정된 수익을 얻고 $S_T > X$인 경우에는 총수익이 S_T이므로 우상향의 45°선이 된다. 이익선은 수익선에서 주식포트폴리오와 풋옵션을 매수한 순비용인 120을 차감하면 된다.

〈그림 16-18〉에서 보듯이 방어적 풋은 주식포트폴리오만 보유할 경우의 주가하락에 따른 커다란 손실을 풋옵션을 매수함으로써 프리미엄의 손실로 방어할 수 있는 대신 주가상승 시에는 주식포트폴리오만 보유한 경우보다 프리미엄만큼 낮은 이익을 추구하게 된다.

표 16-17 방어적 풋의 수익

포 지 션	비 용	수 익	
		$S_T < X$	$S_T > X$
주식포트폴리오 매수	$S(=100)$	S_T	S_T
풋 매수($X = 100$)	$P(=20)$	$X - S_T$	0
		X	S_T

이익 = 수익 − $(S + P)$

그림 16-18 방어적 풋의 손익구조

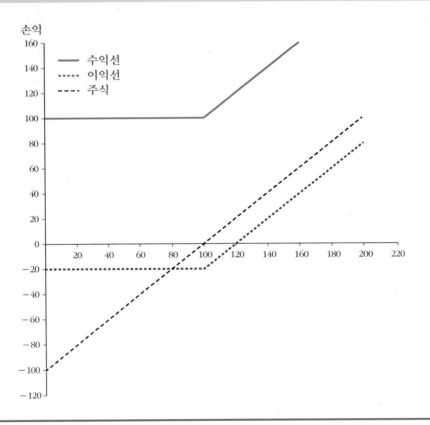

예제 │ 방어적 풋

11월 22일 현재 KOSPI200은 385.24이고 KOSPI200과 연동하는 인덱스 펀드를 보유하고 있는 투자자가 단기적으로 약세시장의 조정을 보일 것으로 예상되어 시장하락의 위험을 헷지하고자 12월물 풋 380.0을 13.75에 매수하는 방어적 풋 전략을 사용하였다. 12월 6일에 KOSPI200이 380.60이고 풋 380.0이 18.35일 때 전매할 경우의 손익을 계산하시오. 옵션거래수수료는 약정금액의 0.8%라고 가정한다.

● 답 ●

헷지 안 한 경우: $380.60 - 385.24 = -4.64$

방어적 풋: $(380.60 - 385.24) + (18.35 - 13.75) - (18.35 + 13.75) \times 0.8\% = -2.608$

5. 풋-콜등가정리

동일한 기초자산, 동일한 행사가격, 동일한 만기일을 갖는 풋옵션과 콜옵션 가격 사이에는 일정한 관계식이 성립한다. 이러한 관계식을 풋-콜등가정리(put-call parity theorem)라고 한다. 풋-콜등가정리를 도출하기 위하여 〈표 16-18〉과 같이 전략 1과 전략2를 생각해 보자. 전략 1은 풋옵션 하나를 매수함과 동시에 현물을 매수하는 것이고, 전략 2는 콜옵션 하나를 매수함과 동시에 행사가격의 현재가치만큼 대출하는 전략이다.

전략 1의 경우, 만기시점의 현물가격(S_T)이 행사가격(X)보다 작을 때는 만기시점에서의 수익은 X이고 만기시점의 현물가격(S_T)이 행사가격(X)보다 클 때는 만기시점에서의 수익은 S_T가 된다. 마찬가지로 전략 2의 경우도 만기시점에서의 수익이 전략 1과 동일하다.

두 전략 모두 동일한 수익을 발생시키므로 차익거래가 일어나지 않으려면 투입되는 비용도 동일해야 한다. 즉, 전략 1의 비용인 풋옵션 매수가격과 현물 매수가격의 합($P+S$)과 전략 2의 비용인 콜옵션 매수 가격과 대출의 합($C+X/(1+r)^T$)이 같아야만 한다. 따라서 다음의 풋옵션과 콜옵션 간의 일정한 관계식인 풋-콜등가정리가 성립한다.

표 16-18 풋-콜등가정리

전 략	비 용	수 익	
		$S_T < X$	$S_T > X$
전략 1: 풋 매수	P	$X - S_T$	0
현물 매수	S	S_T	S_T
	$P+S$	X	S_T
전략 2: 콜 매수	C	0	$S_T - X$
대출	$\dfrac{X}{(1+r)^T}$	X	X
	$C + \dfrac{X}{(1+r)^T}$	X	S_T

$$P + S = C + \frac{X}{(1+r)^T} \tag{16-2}$$

식(16-2)를 이용하여 풋옵션 1계약 매도하고 콜옵션 1계약 매수하고 $\frac{X}{(1+r)^T}$만큼 대출하여 주식포트폴리오를 합성해 낼 수 있다.

합성주식포트폴리오 $\quad S = -P + C + \frac{X}{(1+r)^T}$ (16-3)

풋옵션을 합성하기 위해서는 주식포트폴리오 1단위 공매하고 콜옵션 1계약 매수하고 $\frac{X}{(1+r)^T}$만큼 대출하면 된다.

합성풋 $\quad P = -S + C + \frac{X}{(1+r)^T}$ (16-4)

콜옵션을 합성하기 위해서는 풋옵션 1계약 매수하고 주식포트폴리오 1단위 매수하고 $\frac{X}{(1+r)^T}$만큼 차입하면 된다.

합성콜 $\quad C = P + S - \frac{X}{(1+r)^T}$ (16-5)

무위험채권을 합성하기 위해서는 풋옵션 1계약 매수하고 주식포트폴리오 1단위 매수하고 콜옵션 1계약 매도하면 된다. 이 경우 만기시점(T)에서의 주가변동과 관계없이 투자자의 부는 항상 X로 일정하다는 것을 보여주므로 투자자는 무위험헷지포트폴리오를 구성한 것이 된다.

합성무위험채권 $\quad \frac{X}{(1+r)^T} = P + S - C$ (16-6)

현물가격이 380이고 무위험이자율이 2.6%이며 1년 후에 만기가 되는 콜옵션과 풋옵션의 행사가격은 375이다. 만일 풋옵션 가격이 20이라면 콜옵션 이론가격은 얼마인가? 만일 콜옵션의 실제가격이 40이라면 어떠한 차익거래전략이 이익을 낼 수 있겠는가? 만일 콜옵션의 실제가격이 28이라면 어떠한 차익거래전략으로 이익을 낼 수 있겠는가?

● 답 ●

(1) 풋-콜등가정리를 이용하여 콜옵션의 이론가격을 다음과 같이 구할 수 있다.

$$P + S = C + \frac{X}{(1+r)^T} \;\rightarrow\; C = P + S - \frac{X}{(1+r)^T} = 20 + 380 - \frac{375}{1+0.026} \approx 34.50$$

콜옵션의 실제가격(40)이 이론가격(34.50)보다 높으므로, 콜옵션이 과대평가 → 콜옵션 매도, 합성 콜옵션 매수

전 략		현금흐름	수 익	
			$S_T < X$	$S_T > X$
콜 매도		40	-0	$-(S_T - 375)$
합성콜 매수	현물 매수	-380	S_T	S_T
	풋 매수	-20	$375 - S_T$	0
	차입	360	$-360(1+0.026)$	$-360(1+0.026)$
		0	5.64	5.64

(2) 콜옵션의 실제가격(28)이 이론가격(34.50)보다 낮으므로, 콜옵션이 과소평가 → 콜옵션 매수, 합성 콜옵션 매도

		현금흐름	수 익	
			$S_T < X$	$S_T > X$
콜매수		-28	0	$S_T - 375$
합성콜 매도	현물 매도	380	$-S_T$	$-S_T$
	풋 매도	20	$-(375 - S_T)$	-0
	대출	-372	$372(1+0.026)$	$372(1+0.026)$
		0	6.67	6.67

하루 500배의 투자대박

2001년 9월 11일에 발생한 미국의 동시다발 테러사태의 충격으로 종합주가지수가 540.57에서 475.60으로 12% 하락하여 KOPSI200옵션시장에서 하루에 504배짜리 대박이 터지는 사건이 일어났다. 이 옵션 대박사례는 개인투자자들에게 옵션시장에 대한 관심을 폭발시키는 계기가 되어 2002년의 옵션시장 거래규모가 엄청나게 증가하게 되었다.

KOPSI200옵션의 거래대상인 KOPSI200은 미국에서 테러가 일어나기 하루 전에 66.55로 마감되었는데, 9·11테러가 터지고 9월 12일에 장이 개장되자 KOPSI200은 58.59로 폭락하였다. 이러한 지수의 폭락은 행사가격이 62.5인 풋옵션의 전일종가를 0.01(1천원=0.01×10만원)에서 5.05(50만 5천원=5.05×10만원)로 상승시켜 옵션투자 대박이 나타나게 된 것이다. 실제로 한 개인투자자가 이 풋옵션을 1천만원으로 1만계약 사서 불과 하루만에 50억 5천만원(=5.05×1만계약×10만원)을 벌어 약 500배의 투자대박을 터뜨렸다.

이러한 현상이 벌어지는 이유는 옵션이 권리를 매매하는 계약이기 때문이다. KOPSI200옵션은 지수×10만원(2012년 3월 9일에 50만원으로 변경하였다가 2017년 3월 27일부터 25만원으로 다시 변경함)을 사거나 팔 권리를 매매한다. 따라서 위의 투자 대박을 터뜨린 투자자는 9월 11일 당시의 주가를 본다면 시장가격이 665.5만원(=66.55×10만원)에 해당하는 지수를 625만원(=62.5×10만원)에 팔 권리를 옵션가격 중 가장 낮은 1천원을 주고 구입한 것이다. 이 풋옵션 가격이 낮은 것은 이 옵션을 구매하게 되면 남들보다 아주 싸게 파는 권리를 가지게 되기 때문이다.

[출처: 「만화로 보는 선물·옵션이야기」, 한국거래소, pp. 134-136. 수정]

1973년에 Black과 Scholes[13]는 옵션가격결정모형(option pricing model)을 최초로 제시하는 중요한 업적을 남겼지만 복잡한 수학 및 통계학적 방법론을 이용하여 옵션 가격결정원리를 규명하였으며, 일반인이 이해하기에는 어려움이 따르게 되었다.

반면 Cox, Ross, Rubinstein[14]은 기초자산과 옵션을 이용하여 무위험포트폴리오를 만드는 단순한 과정을 통하여 옵션의 가치를 계산하는 방법에 대해 연구한 결과 1979년에 복잡한 수학적 기법을 필요로 하지 않는 이항옵션가격결정모형을 개발하여 발표하였다.

본 절에서는 옵션의 가격결정모형을 이해하기 위해 이항옵션가격결정모형을 먼저 설명하고 블랙-숄즈옵션가격결정모형에 대해서는 수학적인 도출과정은 생략하고 개념적인 내용위주로 설명하기로 한다.

1. 이항옵션가격결정모형(BOPM)

이항옵션가격결정모형(BOPM: binomial option pricing model)은 현물가격이 일정한 비율로 오르거나 내리는 이항분포를 따른다는 가정 하에서 Cox, Ross, Rubinstein에 의하여 1979년에 개발된 옵션가격결정모형이다. 이항옵션가격결정모형의 장점은 단순함과 유연성이다.

이항옵션가격결정모형은 복잡한 차분방정식(partial differential equation)을 사용하지 않을 뿐 아니라 기초자산의 미래 변동성(volatility)에 대한 정보도 요구하지 않는다. 확률분포(probability distribution)만을 사용하여 매우 단순하게 옵션가격을 도출한다.

또한 블랙-숄즈옵션가격결정모형이 배당을 지급하지 않는 유럽형 옵션에만 적용 가능함에 비해 이항옵션가격결정모형은 배당을 지급하는 유럽형 옵션과 미국형 옵션

---

13 Fischer Black and Myron Scholes, "The Pricing of Options and Corporate Liabilities," *Journal of Political Economy* 81, May-June 1973.

14 John C. Cox, Stephen A Ross, and Mark Rubinstein, "Option Pricing: A Simplified Approach," *Journal of Financial Economics* 7, 1979.

등 복잡한 경우의 옵션가치평가가 가능하다. 최근에는 기업의 투자의사결정과 관련한 실물옵션(real option)으로 적용이 가능한 유연성을 갖고 있다.

(1) 이항분포와 정규분포

〈그림 16-19〉와 같이 공을 쏘아서 바구니에 들어가는 핀볼게임을 한다고 하자. 공은 첫 번째 핀을 맞고 왼쪽이나 오른쪽으로 떨어질 것이다. 이때 왼쪽으로 떨어질 가능성(확률)이 50%이고 오른쪽으로 떨어질 가능성(확률)도 50%이다. 이러한 가능성은 공이 아래로 더 떨어지더라도 아래쪽 핀을 맞고 왼쪽과 오른쪽 중 어느 한 쪽으로 떨어질 가능성이 여전히 50%로 동일하다.

그림 16-19 핀볼게임

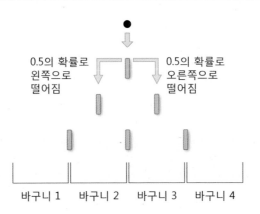

그렇다면, 공이 바구니1, 바구니 2, 바구니 3, 바구니 4로 각각 들어갈 가능성은 얼마일까? 〈그림 16-20〉에서 보듯이 바구니 1은 왼쪽으로 3번 떨어지는 한 가지 경우 밖에 없으므로 12.5%($= (1경우)(0.5)^3(0.5)^0$)이다. 마찬가지로 바구니 4는 오른쪽으로 3번 떨어지는 한 가지 경우 밖에 없으므로 12.5%($= (1경우)(0.5)^0(0.5)^3$)이다. 바구니 2는 왼쪽으로 2번, 오른쪽으로 1번 떨어지는 경우가 3가지 있으므로 37.5%($= (3경우)(0.5)^2(0.5)^1$)이다. 바구니 3은 왼쪽으로 1번, 오른쪽으로 2번 떨어지는 경우가 3가지 있으므로 37.5%($= (3경우)(0.5)^1(0.5)^2$)이다.

그림 16-20 볼이 각 바구니에 들어갈 확률

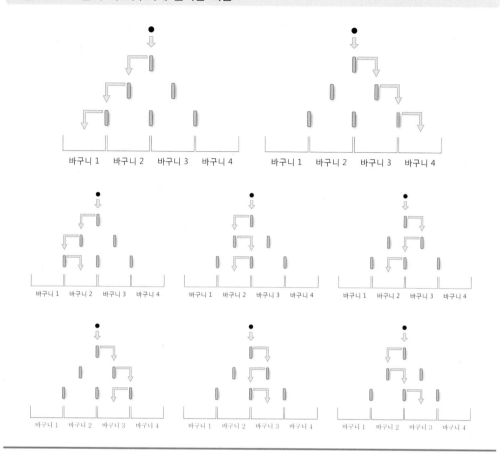

 이처럼 핀볼게임은 공이 왼쪽 혹은 오른쪽 둘 중의 하나로 떨어지는 이항과정 (binomial process)을 나타내고 있으며 각 바구니에 들어갈 가능성인 이항확률을 보여 주고 있다. 핀볼게임의 핀을 옆으로 눕혀보면 본서에서 설명하는 이항옵션모형의 이항 나무(binomial tree)와 동일하다. 따라서 핀볼의 위치 변화(왼쪽 또는 오른쪽)를 이항모 형에서는 가치(value)나 수익률(returns)의 변화(상승 또는 하락)로 보는 것과 동일하다.

 만약, 핀의 세로 열을 많이 하여 무수히 많은 공을 떨어뜨릴 경우 볼은 가운데 바구니 속으로 가장 많이 들어가고 양쪽 바구니 쪽으로 갈수록 적게 들어간다. 이러 한 현상은 이항과정(binomial process)을 무한으로 확대하면 최종적으로 정규분포를 이 룬다는 것을 의미한다.

(2) 1기간 이항옵션가격결정모형

1) 콜옵션

이항옵션가격결정모형에 대한 이해를 위해 가장 간단한 1기간 이항옵션가격결정모형을 생각해보자. 이 모형에서는 1기간 동안 이항분포에 따라 기초자산인 주가가 일정한 비율로 한 번 오르거나 내릴 수 있다고 가정한다. 1기간 동안 시간이 흐름에 따라 주가가 변동하게 되는데, 이러한 주식가치의 변동은 콜옵션을 매도함으로써 시간이 지나도 가치가 변함이 없도록 만들 수 있다.

즉, 주식매수에 대해서 콜옵션을 매도하는 커버드콜 전략을 이용하여 무위험포트폴리오를 구성할 수 있다. 콜옵션 매수는 기초자산인 주가가 상승할 경우 이익을 보게 되는 전략이므로 콜옵션 매도와 기초자산 매수포지션이 결합(커버드콜)될 경우 중립적인 포지션이 될 수 있다는 것이다.

예를 들어, 현재의 주가 S가 10,000원인데 연말에 30% 상승하거나 10% 하락한다면 연말의 주가는 13,000원이 되거나 9,000원이 될 것이다. 이때 투자자가 커버드콜을 실행할 경우 투자자는 가격이 C이고 행사가격이 11,000원인 콜옵션을 1단위 매도하는 동시에 주식을 N개 매수할 수 있다.

만약 만기에 주가가 13,000원이 될 경우 옵션을 매도한 투자자는 2,000원[$= -(13,000-11,000)$]의 손실을 보는 반면 C만큼의 프리미엄(옵션가격)을 획득하게 된다. 만기에 주가가 9,000원이 될 경우에는 옵션을 매도한 투자자는 C만큼의 프리미엄만을 획득하게 된다.

결국, 만기 시에 투자자의 포지션은 주식의 가격과 옵션행사에 따른 손익의 합이 되므로 만기 시 주가가 13,000원일 경우에는 $13,000 \times N - 2,000$이 되고 만기 시 주가가 9,000원일 경우에는 $9,000 \times N$이 된다. 그렇다면 커버드콜로 구축한 포지션의 가치를 1기간 동안의 주가의 변동에 관계없이 불변으로 만들 수 있는가? 다시 말하면 콜옵션 1단위 매도에 대해서 주식을 몇 주를 매수해야 가치가 불변인 무위험포트폴리오를 구성할 수 있는가?

이것은 주가가 올랐을 때의 가치 $13,000 \times N - 2,000$과 주가가 내렸을 때의 가치 $9,000 \times N$이 동일하도록 주식을 매수한다면 가능해진다. 즉, $N = 0.5$개의 주식을 사

그림 16-21   1기간 이항옵션가격결정모형의 무위험포트폴리오의 가치

$$V = NS - C \begin{cases} V_U = NUS - C_U \\ \\ V_D = NUS - C_D \end{cases}$$

고[15] 콜옵션 1단위를 매도하게 되면 1기간 동안 주가가 어떻게 변동하든지 관계없이 커버드콜의 포지션 가치는 불변이 된다.

이제, 이러한 개념을 일반화 해보자. 먼저 〈그림 16-21〉과 같이 가격이 C인 콜옵션 1단위 매도와 주가가 S인 주식 N주를 매수하여 무위험포트폴리오를 구성한다면 이 포트폴리오의 가치는 NS - C가 된다. 시간이 흘러 1기간 후에 주가가 상승하였을 경우에는 무위험포트폴리오의 가치는 NUS - C_U가 되고 반대로 주가가 하락하였을 경우에는 무위험포트폴리오의 가치는 NDS - C_D가 된다.

여기서 U = 1 + 가격상승률이고, D = 1 + 가격하락률이다. 따라서 주가가 오르면 새로운 주식의 가격은 NUS가 되고 주가가 하락하면 새로운 주가는 NDS가 된다. 마찬가지로 콜옵션의 가격도 시간이 흐름에 따라 변하게 되는데 주가가 상승했을 때의 콜옵션의 가치는 C_U, 주가가 하락했을 때의 콜옵션의 가치는 C_D로 표시한다.

이 포트폴리오가 시간이 지나도 가치가 변함이 없도록 만드는 즉, 주가의 상승 및 하락에 관계없이 1기간 후의 가치가 동일하도록 만드는 주식 수 N은 다음 식을 풀면 된다.

$$V_U = V_D \ \rightarrow \ NUS - C_U = NDS - C_D \ \rightarrow \ N = \frac{C_U - C_D}{(U - D)S} \tag{16-7}$$

식(16-7)에서 도출된 N을 헷지비율(hedge ratio)이라고 한다.[16] 즉, 무위험포트폴

---

15    $13{,}000 \times N - 2{,}000 = 9{,}000 \times N \ \rightarrow \ N = 0.5$

16    $N = \dfrac{C_U - C_D}{(U - D)S} = \dfrac{C_U - C_D}{US - DS} = \dfrac{\partial C}{\partial S}$ = 델타(delta). 즉, 콜옵션가격변동분을 기초자산가격변동분으로 나눈 것

리오를 만들기 위해 콜옵션 1단위를 매도할 때 매수해야 하는 주식 수를 말한다. 그렇다면 무위험포트폴리오의 구성요소인 콜옵션의 가치는 어떻게 구하는가?

주식과 콜옵션을 결합하여 무위험포트폴리오를 구성한 투자자는 아무런 위험도 부담하지 않으므로 시장균형상태에서 무위험포트폴리오의 수익률은 무위험이자율이어야 한다. 따라서 1기간 동안의 무위험이자율을 $R(=1+$무위험이자율$(r))$이라고 한다면 1기간 후의 가치인 V_U나 V_D는 현재 무위험포트폴리오의 가치 V를 무위험이자율 R로 복리계산한 가치와 동일해야 하므로 다음의 관계가 성립해야 한다.

$$VR = V_U (= V_D) \rightarrow (NS-C)R = NUS - C_U (= NDS - C_D) \tag{16-8}$$

식(16-8)에 식(16-7)을 대입한 후, C에 대해서 정리하면 콜옵션의 균형가격은 다음과 같이 구할 수 있다.[17]

$$C = \frac{\left(\dfrac{R-D}{U-D}\right)C_U + \left(\dfrac{U-R}{U-D}\right)C_D}{R} = \frac{\pi_U C_U + \pi_D C_D}{R} \tag{16-9}$$

식(16-9)에서 $\pi_U = (R-D)/(U-D)$는 가격이 상승할 확률을 의미하고 $\pi_D = (U-R)$ $/(U-D) = 1-\pi_U$로 가격이 하락할 확률을 의미한다.[18] 따라서 식(16-9)에 의하면 콜옵션의 가치는 투자자의 위험선호도와 관계없이 무위험포트폴리오에서 도출되므로 위험중립적인 세계에서 기대수익(expected payoff)을 무위험이자율로 할인한 현재가치가 된다.

으로 기초자산의 가격변화에 따른 콜가격의 변화인 콜옵션의 델타를 의미한다.

17 추적포트폴리오를 이용하여 옵션가격을 도출하는 방법은 APPENDIX 참조.

18 π_U는 위험중립확률(risk neutral probability) 혹은 헷지확률(hedge probability)이라고도 한다.

$$\pi_D = 1 - \pi_U = 1 - \frac{R-D}{U-D} = \frac{U-D-R+D}{U-D} = \frac{U-R}{U-D}$$

2) 풋옵션

콜옵션을 이용하여 무위험포트폴리오를 구성하는 것과 마찬가지로 풋옵션을 이용해서도 무위험포트폴리오를 구성할 수 있다. 〈그림 16-20〉처럼 가격이 P인 풋옵션 1단위 매수하고 주가가 S인 주식 N주를 매수하여 무위험포트폴리오 $NS+P$를 구성할 수 있다.

1기간 후에 주가가 상승하였을 경우 무위험포트폴리오의 가치는 $NUS+P_U$가 되고 반대로 주가가 하락하였을 경우 무위험포트폴리오의 가치는 $NDS+P_D$가 된다. P_U는 주가가 상승했을 때의 풋옵션의 가치이고 P_D는 주가가 하락했을 때의 풋옵션의 가치이다.

그림 16-22 1기간 이항옵션가격결정모형의 무위험포트폴리오의 가치

이 포트폴리오가 시간이 지나도 가치가 변함이 없도록 만드는 즉, 주가의 상승 및 하락에 관계없이 1기간 후의 가치가 동일하도록 만드는 주식수 N은 다음 식을 풀면 된다.

$$V_U=V_D \;\rightarrow\; NUS+P_U=NDS+P_D \;\rightarrow\; N=-\frac{P_U-P_D}{(U-D)S} \tag{16-10}$$

식(16-10)에서 도출된 N은 무위험포트폴리오를 만들기 위해 풋옵션 1단위를 매수할 때 매수해야 하는 주식 수, 즉 헷지비율이다.[19] 이처럼 무위험포트폴리오를 구성

---

19 콜옵션의 헷지비율 N은 콜옵션 1단위를 매도할 때 매수해야 하는 주식 수로 양($+$)의 값이 나오며, 풋옵션의 헷지비율 N은 풋옵션 1단위를 매수할 때 매수해야 하는 주식 수로 음($-$)의 값이 나온다.

하기 위해 풋옵션 1단위 매수에 대해서 몇 주의 주식을 매수해야 하는지를 도출하였다.

풋옵션의 가치도 콜옵션의 경우와 마찬가지로 구할 수 있다. 주식과 풋옵션을 결합한 무위험포트폴리오의 수익률은 시장균형상태에서 무위험이자율이어야 한다. 즉, 1기간 동안의 무위험이자율을 $R(=1+무위험이자율)$이라고 한다면 1기간 후의 가치인 V_U나 V_D는 현재 무위험포트폴리오의 가치 V를 무위험이자율 R로 복리계산한 가치와 동일해야 하므로 다음의 관계가 성립해야 한다.

$$VR = V_U(=V_D) \rightarrow (NS+P)R = NUS + P_U(=NDS+P_D) \tag{16-11}$$

식(16-11)에 식(16-10)을 대입한 후, P에 대해서 정리하면 풋옵션의 균형가격은 콜옵션의 균형가격과 동일하게 다음과 같이 구할 수 있다.

$$P = \frac{\left(\frac{R-D}{U-D}\right)P_U + \left(\frac{U-R}{U-D}\right)P_D}{R} = \frac{\pi_U P_U + \pi_D P_D}{R} \tag{16-12}$$

식(16-12)에서 $\pi_U = \frac{R-D}{U-D}$는 가격이 상승할 확률을 의미하고 $\pi_D = \frac{U-R}{U-D}$은 가격이 하락할 확률을 의미한다. 따라서 식(16-12)에 의하면 풋옵션의 가치는 투자자의 위험선호도와 관계없이 무위험포트폴리오에서 도출되므로 위험중립적인 세계에서 기대수익을 무위험이자율로 할인한 현재가치가 된다.

(3) 2기간 이항옵션가격결정모형

콜옵션과 풋옵션 모두 1기간 이항옵션가격결정모형을 한 기간 더 확장한 2기간 이항옵션가격결정모형도 동일한 논리가 적용된다. 콜옵션의 경우, 〈그림 16-23〉에서처럼 현재의 콜옵션의 가격 C는 1기간 후에 가격이 오르거나 내릴 수 있다. 즉, C_U 혹은 C_D가 된다.

C_U 혹은 C_D에서 다시 1기간 동안 콜옵션의 가격이 오르거나 내릴 수 있다. 따라서 현재부터 2기간 후의 콜옵션의 가격은 2기간 동안 두 번 모두 상승한 가격(C_{UU}),

그림 16-23 2기간 이항옵션가격결정모형의 콜옵션 가격

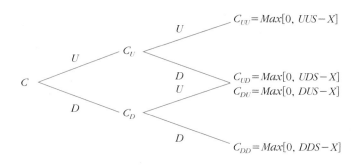

한 번 상승한 후 하락한 가격(C_{UD}), 한 번 하락한 후 상승한 가격(C_{DU}), 두 번 모두 하락한 가격(C_{DD})이 된다.

이때 콜옵션의 가치는 Max[0, 미래현물가격 − 행사가격]이다. 따라서 2기간 후의 콜옵션 가치는 2기간 후의 주가에서 행사가격을 차감한 것이므로 $C_{UU} = \text{Max}[0, UUS - X]$, $C_{UD} = \text{Max}[0, UDS - X]$, $C_{DU} = \text{Max}[0, DUS - X]$, $C_{DD} = \text{Max}[0, DDS - X]$가 된다.

투자자가 알고 싶은 것은 2기간 후의 콜옵션의 가치가 아니라 현재시점의 균형상태에서의 콜옵션 가격이다. 따라서 1기간 이항옵션가격결정모형에서 설명했듯이 옵션의 가치는 위험중립적인 세계에서 기대수익을 무위험이자율로 할인한 현재가치이므로, 2기간 후의 기대수익을 무위험이자율로 2기간 동안 할인한 현재가치가 옵션의 가치가 된다. 우선 1기간 말 시점에서의 콜옵션의 가치인 C_U의 가치와 C_D의 가치는 식(16-9)를 이용하여 다음과 같이 계산할 수 있다.

$$C_U = \frac{\pi_U C_{UU} + \pi_D C_{UD}}{R}, \quad C_D = \frac{\pi_U C_{DU} + \pi_D C_{DD}}{R} \tag{16-13}$$

1기간 말의 가치인 C_U와 C_D를 현재시점의 가치로 계산하기 위하여 식(16-9)에 식(16-13)을 대입하여 정리하면 다음과 같은 2기간 이항옵션가격결정모형이 도출된다.

$$C = \frac{\pi_U \left(\dfrac{\pi_U C_{UU} + \pi_D C_{UD}}{R} \right) + \pi_D \left(\dfrac{\pi_U C_{DU} + \pi_D C_{DD}}{R} \right)}{R}$$

$$= \frac{\pi_U \pi_U C_{UU} + \pi_U \pi_D C_{UD} + \pi_D \pi_U C_{DU} + \pi_D \pi_D C_{DD}}{R^2} \tag{16-14}$$

예제 | 이항옵션가격결정모형

주식가격이 40원, 무위험이자율이 5%, 행사가격이 35원이다. 주가는 8% 상승하거나 7.4% 하락할 수 있다. 2기간 이항옵션가격결정모형에 의한 콜옵션 가격을 구하시오.

● 답 ●

$U = 1.08$ $\qquad\qquad\qquad\qquad\qquad$ $D = 0.926$

$\pi_U = \dfrac{R - D}{U - D} = \dfrac{1.05 - 0.926}{1.08 - 0.926} = 0.8052$ $\qquad$ $\pi_D = 0.1948$

$C_{UU} = \text{Max}[0,\ UUS - X] = 11.656$

$C_{UD} = \text{Max}[0,\ UDS - X] = 5$

$C_{DU} = \text{Max}[0,\ DUS - X] = 5$

$C_{DD} = \text{Max}[0,\ DDS - X] = 0$

$C = \dfrac{(0.8052)^2(11.656) + (0.8052)(0.1948)(5) + (0.1948)(0.8052)(5) + (0.1948)^2(0)}{(1.05)^2} = 8.2772$

콜옵션과 동일한 논리로 풋옵션도 계산할 수 있다. 〈그림 16-24〉에서처럼 현재의 풋옵션의 가격 P는 1기간 후에 가격이 오르거나 내릴 수 있다. 즉, P_U 혹은 P_D가된다. P_U 혹은 P_D에서 다시 1기간 동안 풋옵션의 가격이 오르거나 내릴 수 있다. 따라서 현재부터 2기간 후의 풋옵션의 가격은 2기간 동안 두 번 모두 상승한 가격(P_{UU}), 한 번 상승한 후 하락한 가격(P_{UD}), 한 번 하락한 후 상승한 가격(P_{DU}), 두 번모두 하락한 가격(P_{DD})이 된다.

이때, 풋옵션의 가치는 Max[0, 행사가격 − 미래현물가격]이므로 2기간 후의 풋옵션의 가치는 행사가격에서 2기간 후의 주가를 차감한 것이 된다. 따라서 $P_{UU} = \text{Max}[0,$

그림 16-24 2기간 이항옵션가격결정모형의 풋옵션의 가격

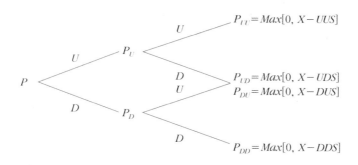

$X-UUS]$, $P_{UD}=\text{Max}[0,\ X-UDS]$, $P_{DU}=\text{Max}[0,\ X-DUS]$, $P_{DD}=\text{Max}[0,\ X-DDS]$
이다.

2기간 콜옵션의 경우와 마찬가지로 2기간 풋옵션의 가격은 2기간 후의 기대수익을 무위험이자율로 2기간 동안 할인한 현재가치이다. 우선 1기간 말 시점에서의 풋옵션의 가치인 P_U의 가치와 P_D의 가치는 식(16-12)를 이용하여 다음과 같이 계산할 수 있다.

$$P_U = \frac{\pi_U P_{UU} + \pi_D P_{UD}}{R}, \quad P_D = \frac{\pi_U P_{DU} + \pi_D P_{DD}}{R} \tag{16-15}$$

1기간 말의 가치인 P_U와 P_D를 현재시점의 가치로 계산하기 위하여 식(16-12)에 식(16-15)를 대입하여 정리하면 다음과 같은 2기간 이항옵션가격결정모형이 도출된다.

$$P = \frac{\pi_U\left(\dfrac{\pi_U P_{UU} + \pi_D P_{UD}}{R}\right) + \pi_D\left(\dfrac{\pi_U P_{DU} + \pi_D P_{DD}}{R}\right)}{R}$$

$$= \frac{\pi_U \pi_U P_{UU} + \pi_U \pi_D P_{UD} + \pi_D \pi_U P_{DU} + \pi_D \pi_D P_{DD}}{R^2} \tag{16-16}$$

(4) n기간 이항옵션가격결정모형

n기간으로 확장시켜 일반화된 이항옵션가격결정모형을 살펴보자. n기간으로 확장하더라도 위험중립적 세계에서 기대되는 현금흐름을 무위험이자율로 할인한 값으로 옵션가격을 구하는 원칙은 계속 유지된다. 그렇다면 n기간에서 주가가 k번 상승하고 $(n-k)$번 하락하는 경우는 몇 경우가 발생하는가?

예를 들어, 〈그림 16-25〉에서 보듯이 2기간에서 주가가 1번 상승하고 $1(=2-1)$번 하락하는 경우는 2경우가 있다. 3기간의 경우에서는 주가가 2번 상승하고 $1(=3-2)$번 하락하는 경우는 모두 3경우가 있다. 이를 일반화하면 n기간에서 주가가 k번 상승하고 $(n-k)$번 하락하는 모든 경우의 수는 $n!/[k!(n-k)!]$개가 된다.[20]

따라서 콜옵션과 풋옵션의 가격결정모형을 n기간으로 일반화시켜 수식으로 표현하면 다음과 같다.[21]

그림 16-25 이항옵션가격결정모형의 주가 상승 및 하락의 경우의 수

〈2기간 이항옵션가격결정모형〉

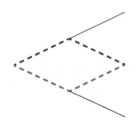

1번 상승, 1번 하락 : 2가지 경우

〈3기간 이항옵션가격결정모형〉

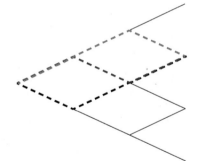

2번 상승, 1번 하락 : 3가지 경우

---

20 3기간 이항옵션가격결정모형: 3번 상승하고 0번 하락하는 경우$=\pi_U^3$, 2번 상승하고 1번 하락하는 경우$=3\pi_U^2\pi_D$, 1번 상승하고 2번 하락하는 경우$=3\pi_U\pi_D^2$, 0번 상승하고 3번 하락하는 경우$=\pi_D^3$

$$C=\frac{\pi_U^3 C_{UUU}+3\pi_U^2\pi_D C_{UUD}+3\pi_U\pi_D^2 C_{UDD}+\pi_D^3 C_{DDD}}{R^3}, \quad P=\frac{\pi_U^3 P_{UUU}+3\pi_U^2\pi_D P_{UUD}+3\pi_U\pi_D^2 P_{UDD}+\pi_D^3 P_{DDD}}{R^3}$$

21 n기간 이항옵션가격결정모형에서 Δt시간 동안 현물의 평균수익률이 r, 표준편차가 σ가 되는 로그정규분포를 따른다고 가정할 경우 이항옵션가격결정모형의 투입변수 $U=e^{\sigma\sqrt{\Delta t}}$, $D=\frac{1}{U}$, $\pi_U=\frac{e^{r\Delta t}-D}{U-D}$, $\pi_D=1-\pi_U$이다.

$$C = \frac{\sum_{k=0}^{n} \left(\frac{n!}{k!\,(n-k)!} \right) [\pi_U^k \pi_D^{n-k}] \, MAX\,[\,0,\ U^k D^{n-k} S - X\,]}{R^n} \qquad (16\text{-}17)$$

$$P = \frac{\sum_{k=0}^{n} \left(\frac{n!}{k!\,(n-k)!} \right) [\pi_U^k \pi_D^{n-k}] \, MAX\,[\,0,\ X - U^k D^{n-k} S\,]}{R^n} \qquad (16\text{-}18)$$

만약 2기간($n=2$)에서 콜옵션의 가격을 식(16-17)을 이용하여 구한다면 다음 식이 되고 이것은 2기간 이항옵션가격결정모형에서 구한 식(16-14)와 동일한 식이 된다.[22]

$$C_t = \frac{\pi_D^2 C_{DD} + 2\pi_U \pi_D C_{UD} + \pi_U^2 C_{UU}}{R^2} \qquad (16\text{-}19)$$

예제 | 이항옵션가격결정모형

현재 주가가 50원이고 행사가격은 45원이다. 주가는 11% 오르거나 10% 하락한다. 무위험이자율은 10%이고, 10%의 배당이 2기간 후에 지급된다. 3기간 이항옵션가격 결정모형을 이용하여 콜옵션가격을 구하시오.

• 답 •

$U = 1.11,\ D = 0.9,\ \pi_U = \dfrac{R - D}{U - D} = \dfrac{1.1 - 0.9}{1.11 - 0.9} = 0.95,\ \pi_D = 0.05$

---

22 파생상품시장업무규정시행세칙에 의하면 KOSPI200옵션의 이론가격은 $n = 49$로 정하여 이항옵션가 격결정모형에 의해 계산하고 있다.

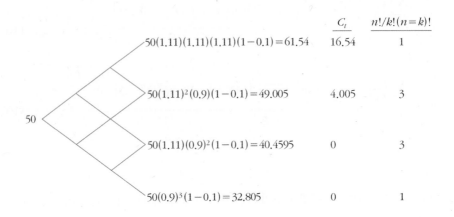

	C_t	$n!/k!(n=k)!$
$50(1.11)(1.11)(1.11)(1-0.1)=61.54$	16.54	1
$50(1.11)^2(0.9)(1-0.1)=49.005$	4.005	3
$50(1.11)(0.9)^2(1-0.1)=40.4595$	0	3
$50(0.9)^3(1-0.1)=32.805$	0	1

따라서, $C_t = \dfrac{(1)(0.95)^3(16.54)+(3)(0.95)^2(0.05)(4.005)}{(1.10)^3}=15.6384$

2. 블랙-숄즈옵션가격결정모형(BSOPM)

(1) 블랙-숄즈옵션가격결정모형에 의한 콜옵션가격

Black과 Scholes는 배당금을 지급하지 않는 주식에 대한 유럽형 콜옵션에 대한 옵션이론가격결정모형(option pricing model)을 최초로 도출하여 실제 시장에서 시장참여자들이 폭넓게 사용할 수 있도록 하였다. 그들은 현물가격이 연속적으로 변화하고[23], 현물수익률은 로그정규분포(lognormal distribution)[24]를 따르며, 이자율과 주가의 변동성은 옵션잔존기간 동안 고정되어 있다는 가정 하에 물리학 열확산식을 응용하여 식(16-20)의 블랙-숄즈옵션가격결정모형을 개발하였다.[25]

---

[23] 이항옵션가격결정모형에서는 주가의 변동이 이산적으로 일정한 비율의 상승과 하락으로 움직인다고 가정한데 비하여, 블랙-숄즈옵션가격결정모형은 주가가 연속적인 랜덤워크(random walk)에 따라 변화한다고 가정한다는 점에서 차이가 있다.
[24] 어떤 변수에 자연로그를 취한 값이 정규분포를 따르면 그 변수는 로그정규분포를 가진다.
[25] 본서에서는 수학적인 도출과정은 생략하고 개념적인 내용위주로 설명한다.

그림 16-26　표준정규분포

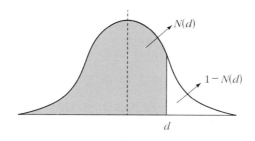

$$C = SN(d_1) - Xe^{-rT}N(d_2) \qquad (16\text{-}20)$$

$$\text{여기서, } d_1 = \frac{\ln\left(\dfrac{S}{X}\right) + (r + 0.5\sigma^2)T}{\sigma\sqrt{T}}$$

$$d_2 = d_1 - \sigma\sqrt{T}$$

식(16-20)에서 $N(d)$는 평균이 0이고 표준편차가 1인 표준정규분포를 따르는 확률변수의 누적분포함수로서 〈그림 16-26〉에서 보듯이 그림자부분의 면적, 즉 d 이하의 누적확률을 의미한다.

블랙-숄즈옵션가격결정모형에서 d_1과 d_2에 반영되는 $\ln(S/X)$는 기초자산가격과 행사가격 간의 비율로서 옵션이 현재 내가격 혹은 외가격 상태에 있는지를 나타내는 비율이 된다. 따라서 $N(d)$는 콜옵션이 내가격으로 만기가 되는 위험조정확률(risk-adjusted probability)로 볼 수 있다. 그리고 $\sigma\sqrt{T}$는 옵션의 잔존기간에 걸친 주가의 변동성으로 옵션의 내가격 혹은 외가격 정도를 조정하는 것이다.

만약 두 개의 $N(d)$가 모두 1에 가깝다고 가정하면 옵션이 행사될 확률이 매우 높고 이때 콜옵션의 가치는 $S - Xe^{-rT}$, 즉 $C = \text{Max}[0,\ S - PV(X)]$가 됨을 알 수 있다. 시장의 불안정이 없는 확실한 세계에서 콜옵션의 가치는 $S - PV(X)$가 되지만 현실적으로 시장의 불안정에 대한 위험을 고려하여 위험조정확률로 콜옵션의 가치를 조정한 것으로 설명할 수 있다.

그렇다면 $N(d)$ 중에서 $N(d_1)$은 구체적으로 무엇을 의미하는가? 식(16-20)을 S

에 대해 1차미분$(\partial C / \partial S)$하면 $N(d_1)$이 된다. 이것은 기초자산인 주가의 변화(∂S)에 대한 콜옵션 가격변화(∂C)인 델타(delta)를 의미한다. 또한 주가가 변동할 때 이에 상응하는 정도의 콜옵션의 가격이 변동하면 가치가 불변인 무위험포트폴리오가 되므로 결국 이 값은 무위험포트폴리오를 구성하기 위하여 매도한 콜옵션 1개당 매수해야 할 주식의 수$(N$주$)$인 헷지비율을 의미한다고 볼 수 있다. $N(d_2)$는 만기일의 주가가 행사가격보다 클 가능성인 내가격 상태가 될 확률을 의미하므로 옵션이 행사될 확률을 나타낸다.

따라서 블랙-숄즈옵션가격결정모형에서 콜옵션의 가격은 기초주식의 가격에 헷지비율을 곱한 값에서 행사가격의 현재가치에 옵션이 행사될 확률을 곱한 값만큼을 차감한 것으로 해석할 수 있다.

(2) 블랙-숄즈옵션가격결정모형에 의한 풋옵션가격

풋옵션의 이론가격은 콜옵션의 이론가격을 산출한 후 풋-콜등가정리에 의해 산출할 수 있다. 풋-콜등가정리를 풋옵션에 대해서 정리하면 다음과 같다.[26]

$$P = -S + C + Xe^{-rT} \tag{16-21}$$

식(16-21)에 블랙-숄즈옵션가격결정모형으로 도출된 식(16-20)을 대입하여 정리하면, 식(16-22)의 풋옵션가격이 도출된다.

$$
\begin{aligned}
P &= -S + SN(d_1) - Xe^{-rT}N(d_2) + Xe^{-rT} \\
&= -S[1 - N(d_1)] + Xe^{-rT}[1 - N(d_2)] \\
&= -SN(-d_1) + Xe^{-rT}N(-d_2)
\end{aligned} \tag{16-22}
$$

식(16-22)에서 $N(d)$가 평균 0을 중심으로 좌우가 대칭인 점을 이용하면 $[1 - N(d_1)]$

---

26 식(16-21)은 블랙-숄즈옵션가격결정모형을 적용하기 위해 연속형으로 풋-콜등가정리를 나타낸 것이고 식(16-2)는 이산형으로 풋-콜등가정리를 나타낸 것이다.

그림 16-27 표준정규분포의 누적분포함수

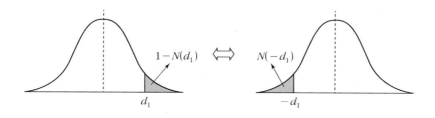

$= N(-d_1)$ 이고 $[1 - N(d_2)] = N(-d_2)$ 가 된다.

예제 | 블랙–숄즈옵션가격결정모형

현재 KOSPI200이 253.19, KOSPI200의 연수익률의 표준편차(σ)는 27.63%, 무위험이자율이 2.85%이다. 행사가격(X)이 245.50이고 만기까지 3개월 남은 콜옵션과 풋옵션가격을 블랙–숄즈옵션가격결정모형을 이용하여 구하시오.

• 답 •

$$d_1 = \frac{\ln\left(\dfrac{S}{X}\right) + (r + 0.5\sigma^2)\,T}{\sigma\sqrt{T}}$$

$$= \frac{\ln\left(\dfrac{253.19}{245.50}\right) + (0.0285 + 0.5\,(0.2763)^2)\,(0.25)}{0.2763\sqrt{0.25}}$$

$$= 0.4985$$

부표를 이용하여 보간법으로 누적확률을 구하면,

$$\frac{0.4985 - 0.49}{0.50 - 0.49} = \frac{N(0.4985) - 0.6879}{0.6915 - 0.6879} \rightarrow N(0.4985) = 0.6909$$

보간법으로 구하는 방법 외에 표준정규누적분포값을 구하는 엑셀함수인 [NORMSDIST]함수로 구해도 된다. 다음 그림과 같이 [NORMSDIST(0.4985)]를 입력하면 누적확률이 0.6909로 구해진다.

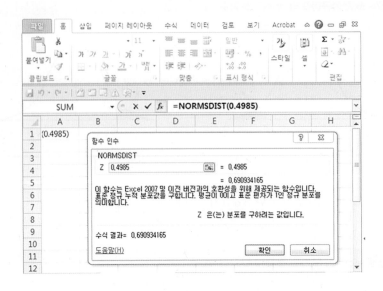

$$d_2 = d_1 - \sigma\sqrt{T} = 0.4985 - (0.2763)\sqrt{0.25} = 0.3604$$

부표를 이용하여 보간법으로 누적확률을 구하면,

$$\frac{0.3604 - 0.36}{0.37 - 0.36} = \frac{N(0.3604) - 0.6406}{0.6443 - 0.6406} \rightarrow N(0.3604) = 0.6407$$

마찬가지로 엑셀함수인 〔NORMSDIST〕함수를 이용하여 다음 그림과 같이 〔NORMSDIST (0.3604)〕를 입력하면 누적확률이 0.6407이 구해진다.

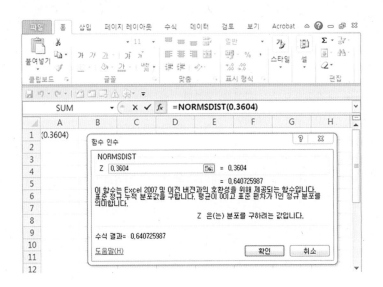

따라서, 콜옵션과 풋옵션은 다음과 같다.

$$C = SN(d_1) - Xe^{-rT}N(d_2)$$

$$= (253.19)(0.6909) - (245.50)e^{-(0.0285)(0.25)}(0.6407) = 18.75$$

$$P = -SN(-d_1) + Xe^{-rT}N(-d_2)$$

$$= (-253.19)(1-0.6909) + (245.50)e^{-(0.0285)(0.25)}(1-0.6407) = 9.32$$

〈부표〉 누적표준정규분포표

	.00	.01	.02	.03	.04	.05	.06	.07	.08	.09
0.0	.5000	.5040	.5080	.5120	.5160	.5199	.5239	.5279	.5319	.5359
0.1	.5398	.5438	.5478	.5517	.5557	.5596	.5636	.5675	.5714	.5753
0.2	.5793	.5832	.5871	.5910	.5948	.5987	.6026	.6064	.6103	.6141
0.3	.6179	.6217	.6255	.6293	.6331	.6368	.6406	.6443	.6480	.6517
0.4	.6554	.6591	.6628	.6664	.6700	.6736	.6772	.6808	.6844	.6879
0.5	.6915	.6950	.6985	.7019	.7054	.7088	.7123	.7157	.7190	.7224
0.6	.7257	.7291	.7324	.7357	.7389	.7422	.7454	.7486	.7517	.7549
0.7	.7580	.7611	.7642	.7673	.7704	.7734	.7764	.7794	.7823	.7852
0.8	.7881	.7910	.7939	.7967	.7995	.8023	.8051	.8078	.8106	.8133
0.9	.8159	.8186	.8212	.8238	.8264	.8289	.8315	.8340	.8365	.8389
1.0	.8413	.8438	.8461	.8485	.8508	.8531	.8554	.8577	.8599	.8621
1.1	.8643	.8665	.8686	.8708	.8729	.8749	.8770	.8790	.8810	.8830
1.2	.8849	.8869	.8888	.8907	.8925	.8944	.8962	.8980	.8997	.9015
1.3	.9032	.9049	.9066	.9082	.9099	.9115	.9131	.9147	.9162	.9177
1.4	.9192	.9207	.9222	.9236	.9251	.9265	.9279	.9292	.9306	.9319
1.5	.9332	.9345	.9357	.9370	.9382	.9394	.9406	.9418	.9429	.9441
1.6	.9452	.9463	.9474	.9484	.9495	.9505	.9515	.9525	.9535	.9545
1.7	.9554	.9564	.9573	.9582	.9591	.9599	.9608	.9616	.9625	.9633
1.8	.9641	.9649	.9656	.9664	.9671	.9678	.9686	.9693	.9699	.9706
1.9	.9713	.9719	.9726	.9732	.9738	.9744	.9750	.9756	.9761	.9767
2.0	.9772	.9778	.9783	.9788	.9793	.9798	.9803	.9808	.9812	.9817
2.1	.9821	.9826	.9830	.9834	.9838	.9842	.9846	.9850	.9854	.9857
2.2	.9861	.9864	.9868	.9871	.9875	.9878	.9881	.9884	.9887	.9890
2.3	.9893	.9896	.9898	.9901	.9904	.9906	.9909	.9911	.9913	.9916
2.4	.9918	.9920	.9922	.9925	.9927	.9929	.9931	.9932	.9934	.9936
2.5	.9938	.9940	.9941	.9943	.9945	.9946	.9948	.9949	.9951	.9952
2.6	.9953	.9955	.9956	.9957	.9959	.9960	.9961	.9962	.9963	.9964
2.7	.9965	.9966	.9967	.9968	.9969	.9970	.9971	.9972	.9973	.9974
2.8	.9974	.9975	.9976	.9977	.9977	.9978	.9979	.9979	.9980	.9981
2.9	.9981	.9982	.9982	.9983	.9984	.9984	.9985	.9985	.9986	.9986
3.0	.9987	.9987	.9987	.9988	.9988	.9989	.9989	.9989	.9990	.9990
3.1	.9990	.9991	.9991	.9991	.9992	.9992	.9992	.9992	.9993	.9993
3.2	.9993	.9993	.9994	.9994	.9994	.9994	.9994	.9995	.9995	.9995
3.3	.9995	.9995	.9995	.9996	.9996	.9996	.9996	.9996	.9996	.9997
3.4	.9997	.9997	.9997	.9997	.9997	.9997	.9997	.9997	.9997	.9998

▶ APPENDIX 추적포트폴리오를 이용한 BOPM 도출

1. 콜옵션

콜옵션의 가치를 이항모형으로 추적포트폴리오(tracking portfolio)[27]를 구성하여 구할 수도 있다. 콜옵션을 그대로 복제하는 추적포트폴리오는 B만큼 차입하고 주식(S)을 N주만큼 매수하여 구성한다. 그렇다면, 전략 A의 콜옵션과 동일하기 위해서는 전략 B에서 차입과 주식매수를 얼마나 해야 하는가? 다시 말하면, 콜옵션 매수와 동일하게 만드는 N과 B는 도대체 얼마인가?

그림 A16-1 콜옵션의 추적포트폴리오

두 전략의 수익을 같게 만드는 N과 B는 다음 식(A16-1)에서 식(A16-2)를 차감하여 구한다.

$$C_U = NUS - RB \tag{A16-1}$$

$$C_D = NDS - RB \tag{A16-2}$$

$$\rightarrow C_U - C_D = N(U-D)S \rightarrow N = \frac{C_U - C_D}{(U-D)S} \tag{A16-3}$$

식(A16-1)을 B에 대해서 정리한 후, 식(A16-3)의 N값을 대입하면 식(A16-4)의

---

27 헷지포트폴리오(hedge portfolio) 또는 복제포트폴리오(replicating portfolio)라고도 한다.

B가 구해진다.

$$B = \frac{1}{R}[NUS - C_U]$$

$$= \frac{1}{R}\left[\frac{DC_U - UC_D}{U - D}\right] \qquad\qquad\qquad \text{(A16-4)}$$

두 전략의 수익이 같으므로 비용도 같아야 전략 A와 전략 B가 동일하게 되므로 식(A16-5)가 된다. 여기에 식(A16-3)과 (A16-4)를 대입하면 현재시점에서의 콜옵션 가격이 도출된다.

$$C = NS - B$$

$$= \frac{\left[\left(\frac{R-D}{U-D}\right)C_U + \left(\frac{U-R}{U-D}\right)C_D\right]}{R} = \frac{\pi_U C_U + \pi_D C_D}{R} \qquad\qquad \text{(A16-5)}$$

2. 풋옵션

콜옵션과 마찬가지로 풋옵션도 추적포트폴리오(tracking portfolio)를 구성하여 구할 수도 있다. 풋옵션을 그대로 복제하는 추적포트폴리오는 주식(S)을 N주만큼 매도하고 B만큼 대출하여 구성한다. 그렇다면, 전략 C의 풋옵션과 동일하기 위해서는 전략 D에서 주식매도와 대출을 얼마나 해야 하는가? 다시 말하면, 풋옵션 매도와 동일하게 만드는 N과 B는 도대체 얼마인가?

그림 A16-2　풋옵션의 추적포트폴리오

전략 C: P ⟨ P_U / P_D　　⟺　　전략 D: $-NS+B$ ⟨ $-NUS+RB$ / $-NDS+RB$

두 전략의 수익을 같게 만드는 N과 B는 다음 식(A16-6)에서 식(A16-7)을 차감하여 구한다.

$$P_U = -NUS + RB \tag{A16-6}$$

$$P_D = -NDS + RB \tag{A16-7}$$

$$\rightarrow P_U - P_D = N(D-U)S \ \rightarrow \ N = -\frac{P_U - P_D}{(U-D)S} \tag{A16-8}$$

식(A16-6)을 B에 대해서 정리한 후, 식(A16-8)의 N값을 대입하면, 식(A16-9)의 B가 구해진다.

$$B = \frac{1}{R}[NUS + P_U]$$

$$= \frac{1}{R}\left[\frac{UP_D - DP_U}{U - D}\right] \tag{A16-9}$$

두 전략의 수익이 같으므로 비용도 같아야 전략 C와 전략 D가 동일하게 되므로 식(A16-10)이 된다. 여기에 식(A16-8)과 (A16-9)를 대입하면 현재시점에서의 콜옵션 가격이 도출된다.

$$P = -NS + B$$

$$= \frac{\left[\left(\frac{R-D}{U-D}\right)P_U + \left(\frac{U-R}{U-D}\right)P_D\right]}{R} = \frac{\pi_U P_U + \pi_D P_D}{R} \tag{A16-10}$$

예제 | (2011 CPA 2차 수정) 추적포트폴리오를 이용한 BOPM

ABC(주)의 주식은 현재 16,000원에 거래되고 있고 1년 후($t = 1$) 주가가 50,000원으로 상승하거나 2,000원으로 하락할 것으로 예상된다. 투자자 A는 이 회사의 주식을 기초자산으로 하고 동일한 만기 및 행사가격을 갖는 한 개의 콜옵션과 한 개의 풋옵션을 동시에 매수하여 구성한 포트폴리오를 보유하고 있다. 두 옵션의 행사가격은 15,000원이며 만기는 1년이고, 무위험이자율은 8%이다.

(1) 이 포트폴리오에 포함된 콜옵션의 가치를 이항모형으로 복제포트폴리오를 구성하여 구하시오.

(2) 콜옵션의 가격과 복제포트폴리오의 가격이 같은지를 검증하시오.

(3) 이 포트폴리오에 포함된 풋옵션의 가치를 (1)과 동일한 방식으로 구하시오.

(4) 풋옵션의 가격과 복제포트폴리오의 가격이 같은지를 검증하시오.

● 답 ●

(1)

$$C \begin{cases} C_U = 35,000 \\ (= Max[50,000 - 15,000, 0]) \\ \\ C_D = 0 \\ (= Max[2,000 - 15,000, 0]) \end{cases} \Leftrightarrow NS - B \begin{cases} NUS - RB = N(50,000) - (1.08)B \\ \\ NDS - RB = N(2,000) - (1.08)B \end{cases}$$

$$N = \frac{C_U - C_D}{(U - D)S} = \frac{35,000 - 0}{50,000 - 2,000} = 0.7292$$

$$B = \frac{1}{R}[NUS - C_U] = \frac{1}{1.08}[(0.7292)(50,000) - 35,000] = 1,352$$

$$\rightarrow C = NS + B = (0.7292)(16,000) - 1,352 = 10,315원$$

(2)

	현재시점의 현금흐름	만기시점의 현금흐름	
		US = 50,000	DS = 2,000
콜옵션($X = 15,000$)	?	35,000	0
추적 포트 폴리오 / 주식(S) 0.7292주 매수	$-11,667$ $(= 0.7292 \times$ $-16,000)$	36,460 $(= 0.7292 \times 50,000)$	1,458[주1] $(= 0.7292 \times 2,000)$
차입(B)	1,352	$-1,460$ $(= -1,352 \times 1.08)$	$-1,460$ $(= -1,352 \times 1.08)$
	$-10,315$	35,000	0

주1) 단수차이

→ 콜옵션의 수익과 추적포트폴리오의 수익이 동일하므로 추적포트폴리오의 비용과 콜옵션의 비용이 동일해야 한다. 따라서 콜옵션가격 = 10,315원이다.

(3)

$$P \begin{cases} P_U = 0 \\ (= Max[15{,}000 - 50{,}000,\ 0]) \\ \\ P_D = 13{,}000 \\ (= Max[15{,}000 - 2{,}000,\ 0]) \end{cases} \iff -NS + B \begin{cases} -NUS + RB = -N(50{,}000) + (1.08)B \\ \\ -NDS + RB = -N(2{,}000) + (1.08)B \end{cases}$$

$$N = -\frac{P_U - P_D}{(U - D)S} = -\frac{0 - 13{,}000}{50{,}000 - 2{,}000} = 0.2708$$

$$B = \frac{1}{R}[NUS + P_U] = \frac{1}{1.08}[(0.2708)(50{,}000) + 0] = 12{,}537$$

$$\rightarrow P = -NS + B = -(0.2708)(16{,}000) + 12{,}537 = 8{,}204원$$

(4)

		현재시점의 현금흐름	만기시점의 현금흐름	
			US = 50,000	DS = 2,000
풋옵션($X = 15{,}000$)		?	0	13,000
추적 포트 폴리오	주식(S) 0.2708주 공매	4,333 ($= 0.2708 \times 16{,}000$)	$-13{,}540$ ($= 0.2708 \times -50{,}000$)	$-542^{주1)}$ ($= 0.2708 \times -2{,}000$)
	대출(B)	$-12{,}537$	13,540 ($= 12{,}537 \times 1.08$)	13,540 ($= 12{,}534 \times 1.08$)
		$-8{,}204$	0	13,000

주1) 단수차이

→ 풋옵션의 수익과 추적포트폴리오의 수익이 동일하므로 추적포트폴리오의 비용과 풋옵션의 비용이 동일해야 한다. 따라서 풋옵션가격 = 8,204원이다.

핵심정리

1. 옵션의 개요

- 옵션: 권리, 제로섬 게임
  - 콜옵션: 살 수 있는 권리가 부여된 옵션
  - 풋옵션: 팔 수 있는 권리가 부여된 옵션
  - 유럽형 옵션: 만기일에만 권리를 행사
  - 미국형 옵션: 만기일 이전 어느 시점에서도 권리행사가 가능
  - 내가격 옵션: 콜옵션(행사가격 < 기초자산가격), 풋옵션(행사가격 > 기초자산가격)
  - 등가격 옵션: 콜옵션(행사가격 = 기초자산가격), 풋옵션(행사가격 = 기초자산가격)
  - 외가격 옵션: 콜옵션(행사가격 > 기초자산가격), 풋옵션(행사가격 < 기초자산가격)

2. 옵션거래전략

① 단순거래전략

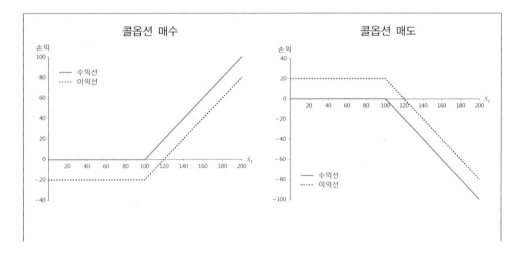

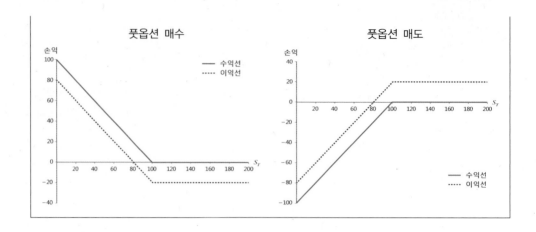

② 스프레드거래전략

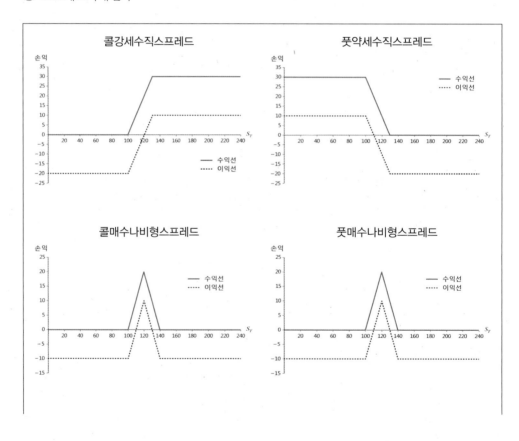

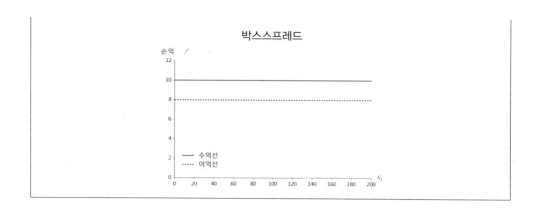

박스스프레드

③ 컴비네이션거래전략

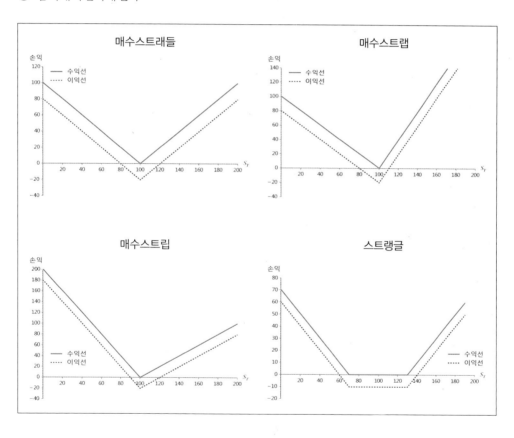

④ 헷지거래전략

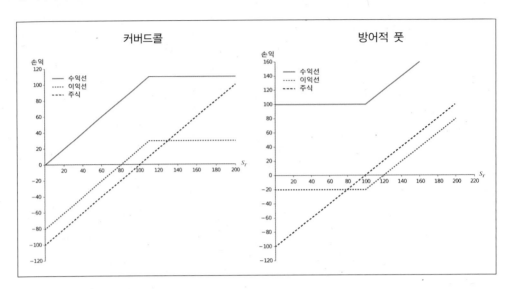

⑤ 풋-콜등가정리: $P + S = C + \dfrac{X}{(1+r)^T}$

- 합성주식포트폴리오 $S = -P + C + \dfrac{X}{(1+r)^T}$

- 합성풋 $P = -S + C + \dfrac{X}{(1+r)^T}$

- 합성콜 $C = P + S - \dfrac{X}{(1+r)^T}$

- 합성무위험채권 $\dfrac{X}{(1+r)^T} = P + S - C$

3. 옵션가격결정모형

① 이항옵션가격결정모형(BOPM)

- 콜옵션(1기간)

$N = \dfrac{C_U - C_D}{(U-D)S}$: 헷지비율 → 콜옵션 1단위를 매도할 때 매수해야 하는 주식 수

$$C = \frac{\pi_U C_U + \pi_D C_D}{R}, \quad \pi_U = \frac{R-D}{U-D}, \quad \pi_D = \frac{U-R}{U-D}$$

- 풋옵션(1기간)

$$N = -\frac{P_U - P_D}{(U-D)S} : \text{헷지비율} \rightarrow \text{풋옵션 1단위를 매수할 때 매수해야 하는 주식 수}$$

$$P = \frac{\pi_U P_U + \pi_D P_D}{R}, \quad \pi_U = \frac{R-D}{U-D}, \quad \pi_D = \frac{U-R}{U-D}$$

※ 추적포트폴리오(복제포트폴리오)

- 콜옵션복제: $C = NS - B$: $N = \frac{C_U - C_D}{(U-D)S}, \quad B = \frac{1}{R}[NUS - C_U]$

$$\rightarrow C = \frac{\pi_U C_U + \pi_D C_D}{R}$$

- 풋옵션복제: $-NS + B$: $N = -\frac{P_U - P_D}{(U-D)S}, \quad B = \frac{1}{R}[NUS + P_U]$

$$\rightarrow P = \frac{\pi_U P_U + \pi_D P_D}{R}$$

- 2기간 콜옵션과 풋옵션

$$C = \frac{\pi_U \pi_U C_{UU} + \pi_U \pi_D C_{UD} + \pi_D \pi_U C_{DU} + \pi_D \pi_D C_{DD}}{R^2}$$

$$P = \frac{\pi_U \pi_U P_{UU} + \pi_U \pi_D P_{UD} + \pi_D \pi_U P_{DU} + \pi_D \pi_D P_{DD}}{R^2}$$

- n기간 콜옵션과 풋옵션

$$C = \frac{\sum_{k=0}^{n} \left(\frac{n!}{k!(n-k)!} \right) [\pi_U^k \pi_D^{n-k}] MAX[0, U^k D^{n-k} S - X]}{R^n}$$

$$P = \frac{\sum_{k=0}^{n} \left(\frac{n!}{k!(n-k)!} \right) [\pi_U^k \pi_D^{n-k}] MAX[0, X - U^k D^{n-k} S]}{R^n}$$

② 블랙-숄즈옵션가격결정모형(BSOPM)

$$C = SN(d_1) - Xe^{-rT}N(d_2)$$

$$d_1 = \frac{\ln\left(\dfrac{S}{X}\right) + (r + 0.5\,\sigma^2)T}{\sigma\sqrt{T}}, \quad d_2 = d_1 - \sigma\sqrt{T}$$

→ $N(d_1)$: 델타(기초자산인 주가의 변화(∂S)에 대한 콜옵션 가격변화(∂C))

헷지비율(매도한 콜옵션 1개당 매수해야 할 주식의 수)

→ $N(d_2)$: 옵션이 행사될 확률

$$P = -SN(-d_1) + Xe^{-rT}N(-d_2)$$

연습문제

문1. (CFA 수정) 다음의 만기가 같고 행사가격이 다른 콜옵션과 풋옵션을 이용하여 구성한 매수스트래들의 최대손실, 최대이익 및 손익분기주가는 각각 얼마인가? (   )

	콜옵션	풋옵션
가격	5원	4원
행사가격	60원	55원
만기까지의 기간	90일	90일

	최대손실	최대이익	손익분기주가
①	5원	4원	9원
②	4원	무제한	55원, 51원
③	9원	무제한	46원, 69원
④	9원	9원	0원

문2. (CFA 수정) 행사가격이 25원인 콜옵션의 가격은 4원이다. 또한 행사가격 40원인 콜옵션의 가격은 2.5원이다. 이 옵션들을 이용하여 강세스프레드전략을 구성하고자 한다. 만약 주가가 만기에 50원까지 상승하고 옵션이 만기일에 행사된다면 만기 시의 주당 순이익은 얼마인가? (단, 거래비용은 무시한다.) (   )

① 8.5원   ② 13.5원   ③ 16.5원   ④ 23.5원

문3. (CFA 수정) 행사가격 40원인 풋옵션이 2원에 거래되고 있는 반면, 행사가격이 40원인 콜옵션은 3.5원에 거래되고 있다. 풋옵션 발행자가 부담하게 되는 주당 최대손실과 콜옵션 발행자가 가지게 되는 주당 최대이익은 각각 얼마인가? (   )

① 38원, 3.5원   ② 38원, 36.5원   ③ 40원, 3.5원   ④ 40원, 40원

문4. (2005 CPA) 어느 투자자가 행사가격이 25,000원인 콜옵션을 개당 4,000원에 2개 매수하였고, 행사가격이 40,000원인 콜옵션을 2,500원에 1개 발행하였다. 옵션만기일에 기초주식가격이 50,000원이라고 할 때, 이러한 투자전략의 만기가치와 투자자의 만기손익을 각각 구하라. (단, 옵션의 기초주식과 만기는 동일하며 거래비용은 무시하라) (   )

	투자전략의 만기가치	투자자의 만기손익
①	15,000원	13,500원
②	25,000원	23,500원
③	30,000원	27,000원
④	35,000원	30,000원
⑤	40,000원	34,500원

문5. (2010 CPA) 다음 표는 어느 특정일의 KOSPI200옵션 시세표 중 일부이다. 다음의 설명 중 가장 적절하지 않은 것은? (단, 만기 전 배당, 거래비용, 세금은 없다고 가정한다. 1포인트는 10만원이다.) (   )

(단위: 포인트, 계약)

종목	종가	전일 대비	고가	저가	거래량	미결제 약정수량
KOSPI200	213.44	3.71	213.56	212.09	–	–
콜옵션 3월물 217.5	1.99	0.78	2.17	1.43	597,323	73,427
콜옵션 3월물 215.0	3.05	1.15	3.25	2.31	265,900	63,076
콜옵션 3월물 212.5	4.55	1.70	4.55	3.40	57,825	44,939
콜옵션 3월물 210.5	5.85	1.85	6.15	4.80	34,650	30,597
풋옵션 3월물 215.0	4.55	−2.95	6.10	4.35	24,324	26,032
풋옵션 3월물 212.5	3.30	−2.55	4.85	3.20	39,636	21,824
풋옵션 3월물 210.5	2.40	−2.15	3.50	2.34	253,298	49,416
풋옵션 3월물 207.5	1.73	−1.67	2.60	1.69	329,762	33,767

① 등가격(ATM)에 가장 가까운 종목 중 행사가격이 동일한 콜과 풋옵션의 경우 콜옵션 가격이 풋옵션 가격보다 비싸다.

② 행사가격이 210.5인 풋옵션 10계약을 장 중 최저가에 매수한 후 최고가에 매도하였다면 116만원의 매매차익을 얻었을 것이다.

③ 외가격(OTM)이 심한 종목일수록 거래량이 많았다.

④ 콜옵션의 경우 내가격(ITM)이 심한 종목일수록 청산되지 않고 남아있는 수량이 적었다.

⑤ 풋-콜패리티(put-call parity)를 통한 계산결과, 행사가격이 212.5인 풋옵션은 과소평가되어 있다. 단, $(1+무위험수익률)^{잔존기간}$은 1.002이다.

문6. (2002 CPA) 투자주식회사의 옵션운용부에서 근무하는 A부터 E까지 5명의 매니저가 다음과 같은 옵션 거래전략을 구성하였다. 옵션을 발행한 기초자산의 주식가격이 향후 대폭 상승할 경우에 가장 불리한 투자결과를 낳을 것으로 예상되는 매니저는 누구인가? (옵션의 행사가격들은 현재의 주가에 근접하고 있으며 동일한 주식을 기초자산으로 하고 있다고 가정함) (   )

> A: 주식을 매수하고 매수한 주식에 대한 콜옵션을 동시에 발행
> B: 행사가격이 동일한 콜을 매수하고 동시에 풋을 발행
> C: 행사가격이 다른 콜과 풋을 동시에 매수
> D: 행사가격이 다른 두 개의 콜 중에서 높은 행사가격을 가진 콜을 매수하고 낮은 행사가격을 가진 콜을 발행
> E: 주식을 매수하고 매수한 주식에 대한 풋옵션을 동시에 매수

① A매니저   ② B매니저   ③ C매니저
④ D매니저   ⑤ E매니저

문7. (2009 CPA) 투자자 갑은 3개월 만기 콜옵션 1계약과 3개월 만기 풋옵션 1계약을 이용하여 주가지수옵션에 대한 매도스트랭글(short strangle) 투자전략을 구사하려 한다. 현재 형성된 옵션시세는 다음과 같다. 만기 주가지수가 1,120포인트일 때, 투자자의 만기손익과 최대손익을 구하시오. (   )

> a. 3개월 만기 주가지수 콜옵션(행사가격=1,100포인트, 콜옵션 프리미엄=35원)
> b. 3개월 만기 주가지수 풋옵션(행사가격=1,100포인트, 풋옵션 프리미엄=21원)
> c. 3개월 만기 주가지수 콜옵션(행사가격=1,200포인트, 콜옵션 프리미엄=32원)
> d. 3개월 만기 주가지수 풋옵션(행사가격=1,200포인트, 풋옵션 프리미엄=27원)

	만기손익	최대손익
①	53	53
②	56	56
③	59	59
④	−60	60
⑤	−62	−62

문8. (1998 CPA) A회사는 만기가 1년이고, 행사가격이 10,000원인 유럽형콜옵션과 풋옵션을 발행하였다. A회사의 현재주가는 10,000원이며, 액면이 1,000원인 1년 만기 무위험채권의 가격은 900원이다. 현재 콜옵션의 가격이 2,000원이라면 풋옵션의 가격은? ( )

① 1,000원   ② 1,500원   ③ 2,000원
④ 2,500원   ⑤ 3,000원

문9. (1999 CPA) 배당을 지급하지 않는 K회사 주식에 대해 투자자는 다음과 같은 정보를 가지고 있다. (거래비용은 없다고 가정한다.)

> 현재주가＝11,000원
> 유럽형콜옵션 가격(행사가격: 10,500원, 만기까지 남은 기간: 1년)＝1,700원
> 유럽형풋옵션 가격(행사가격: 10,500원, 만기까지 남은 기간: 1년)＝500원
> 무위험이자율＝5%

현재 상황에서 차익(arbitrage profit)을 얻기 위해 투자자기 취할 수 있는 거래전략으로 바르게 설명한 것은? ( )

① 현물주식 1주를 매수하고, 그 주식에 대한 콜옵션을 1개 매도하며, 풋옵션을 1개 매수하고, 동시에 10,000원을 차입한다.

② 현물주식 1주를 공매하고, 그 주식에 대한 콜옵션을 1개 매수하며, 풋옵션을 1개 매도하고, 동시에 10,000원을 예금한다.

③ 현물주식 1주를 매수하고, 그 주식에 대한 콜옵션을 1개 매수하며, 풋옵션을 1개 매도하고, 동시에 10,000원을 차입한다.

④ 현물주식 1주를 공매하고, 그 주식에 대한 콜옵션을 1개 매도하며, 풋옵션을 1개 매수하고, 동시에 10,000원을 예금한다.

⑤ 이 경우 차익거래기회가 존재하지 않는다.

문10. (2014 CPA) 옵션 투자전략에 관한 설명으로 가장 적절하지 않은 것은? ( )

① 순수포지션(naked position)전략은 한 가지 상품에만 투자한 경우로 헷지가 되어 있지 않은 전략이다.

② 방어적 풋(protective put)전략은 기초자산을 보유한 투자자가 향후 자산가격이 하락할 경우를 대비하여 풋옵션을 매수하는 전략이다.

③ 방비콜(covered call) 전략은 기초자산을 보유한 투자자가 향후 자산가격이 하락

하거나 상승하지 않을 경우를 대비하여 콜옵션을 매수하는 전략이다.

④ 기초자산을 1개 매수하고 풋옵션을 1개 매수하며 콜옵션을 1개 매도하는 풋-콜 패리티(put-call parity)전략을 이용하면, 만기시점의 기초자산 가격과 관계없이 항상 행사가격만큼 얻게 되어 가격변동위험을 완전히 없앨 수 있다.

⑤ 강세스프레드(bull spread)전략은 행사가격이 낮은 옵션을 매수하고 행사가격이 높은 옵션을 매도하는 전략으로 기초자산의 가격이 상승할 때 이득을 얻는 전략이다.

문11. (2015 CPA) 현재 옵션시장에서는 ㈜마바 주식을 기초자산으로 하고 만기가 동일하게 1년씩 남은 콜옵션과 풋옵션이 각각 거래되고 있다. 행사가격이 200,000원인 콜옵션의 가격은 20,000원이고 행사가격이 180,000원인 풋옵션의 가격은 10,000원이며 무위험이자율은 연 10%이다. 무위험이자율로 차입하여, 위의 콜옵션과 풋옵션을 각각 1개씩 매수한 투자자가 만기에 손실을 볼 수 있는 ㈜마바 주식가격(P)의 범위로 가장 적절한 것은? ( )

① $P < 147,000$원   ② $P < 169,000$원

③ $P > 233,000$원   ④ $11,000$원 $< P < 33,000$원

⑤ $147,000$원 $< P < 233,000$원

문12. (2016 CPA) 옵션 투자전략에 관한 설명으로 가장 적절하지 않은 것은? ( )

① 방어적 풋(protective put)전략과 커버드콜(covered call)전략은 일종의 헷지(hedge)전략이다.

② 약세스프레드(bear spread)전략은 행사가격이 낮은 옵션을 매도하고 행사가격이 높은 옵션을 매수하는 전략이다.

③ 박스스프레드(box spread)전략은 콜옵션을 이용한 강세스프레드와 풋옵션을 이용한 약세스프레드를 결합한 전략이다.

④ 스트래들(straddle)매수전략은 만기와 행사가격이 동일한 콜옵션과 풋옵션을 동시에 매수하는 전략이다.

⑤ 스트립(strip)전략은 만기와 행사가격이 동일한 콜옵션을 2개 매수하고 풋옵션을 1개 매수하는 전략이다.

문13. (2000 CPA) 기초자산의 현재가격이 100원이고, 행사가격이 110원, 잔존기간 1년인 유럽형콜옵션이 있다. 기초자산의 가격은 10원 단위로 변화한다. 만기일의 기초자산가격의 확률분포가 다음 그림과 같고 무위험이자율이 연 10%라고 할 때, 이 옵션의 현

재 이론가격은 얼마인가? (소수점 아래 셋째자리에서 반올림할 것) (   )

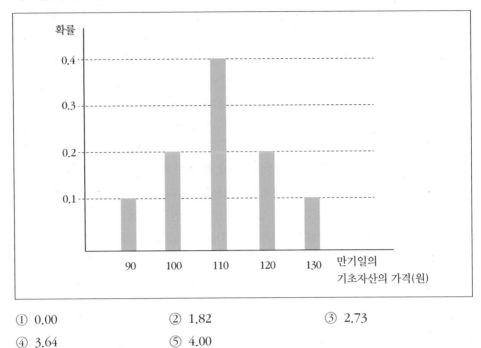

① 0.00   ② 1.82   ③ 2.73

④ 3.64   ⑤ 4.00

문14. (2009 CPA) ㈜한국의 주가가 현재 100만원인데, 1년 후 이 주식의 주가는 120만원 혹은 105만원 중 하나의 값을 갖는다고 가정한다. 이 주식의 주가를 기초자산으로 하고, 만기는 1년이며, 행사가격이 110만원인 콜옵션과 풋옵션이 있다. 기초자산과 옵션을 이용한 차익거래가 발생하지 못하는 옵션가격들을 이항모형을 이용하여 구한 후, 콜옵션과 풋옵션의 가격차이의 절대값을 계산하여라. 1년 무위험이자율은 10%이고 옵션만기까지 배당은 없다. (   )

① 0원   ② 500원   ③ 1,000원

④ 5,000원   ⑤ 10,000원

문15. (2013 CPA) 현재 주가는 10,000원이고, 무위험이자율은 연 3%이다. 1년 후 주가는 15,000원으로 상승하거나 7,000원으로 하락할 것으로 예상된다. 이 주식을 기초자산으로 하는 유럽형옵션의 만기는 1년이고 행사가격은 10,000원이며 주식은 배당을 지급하지 않는다. 1기간 이항모형을 이용하는 경우, 주식과 옵션으로 구성된 헷지포트폴리오(hedge portfolio)로 적절한 항목만을 모두 고르면? (단, 주식과 옵션은 소수 단위로 분할하여 거래가 가능하다.) (   )

(가) 주식 1주 매수, 콜옵션 $\frac{8}{5}$개 매도
(나) 주식 $\frac{5}{8}$주 매도, 콜옵션 1개 매수
(다) 주식 1주 매수, 풋옵션 $\frac{8}{3}$개 매수
(라) 주식 $\frac{3}{8}$주 매도, 풋옵션 1개 매도

① (가), (다)　　　② (나), (라)　　　③ (가), (나), (다)

④ (가), (나), (라)　　　⑤ (가), (나), (다), (라)

문16. (2014 CPA) 현재 ㈜가나 주식의 가격은 10,000원이고 주가는 1년 후 80%의 확률로 20% 상승하거나 20%의 확률로 40% 하락하는 이항모형을 따른다. ㈜가나의 주식을 기초자산으로 하는 만기 1년, 행사가격 9,000원의 유럽형콜옵션이 현재 시장에서 거래되고 있다. 무위험이자율이 연 5%일 때 모든 조건이 이 콜옵션과 동일한 풋옵션의 현재가격에 가장 가까운 것은? (　　)

① 715원　　　② 750원　　　③ 2,143원

④ 2,250원　　　⑤ 3,000원

문17. (2016 CPA) ㈜가나의 현재주가는 100,000원이다. ㈜가나의 주가는 1년 후 120,000원이 될 확률이 70%이고 80,000원이 될 확률이 30%인 이항모형을 따른다. ㈜가나의 주식을 기초자산으로 하는 만기 1년, 행사가격 90,000원의 유럽형콜옵션과 풋옵션이 현재 시장에서 거래되고 있다. 무위험이자율이 연 10%일 때 풋옵션의 델타와 콜옵션의 델타로 가장 적절한 것은? (　　)

	풋옵션델타	콜옵션델타
①	−0.25	0.25
②	−0.50	0.50
③	−0.25	0.75
④	−0.50	0.75
⑤	−0.75	0.75

문18. (2008 CPA) A회사의 주식이 10,000원에 거래되고 있다. 이 주식에 대해 행사가격이 10,000원이며 6개월 후에 만기가 도래하는 콜옵션의 가치는 블랙-숄즈옵션가격결정 모형을 이용해 구한 결과 2,000원이었다. 주가가 10% 올라서 11,000원이 된다면 콜옵션 가치의 변화에 대해 가장 잘 설명하는 것은 무엇인가? ( )

① 콜옵션 가치는 1,000원보다 적게 증가하고 콜옵션 가치의 증가율은 10%보다 높다.
② 콜옵션 가치는 1,000원보다 많이 증가하고 콜옵션 가치의 증가율은 10%보다 높다.
③ 콜옵션 가치는 1,000원보다 적게 증가하고 콜옵션 가치의 증가율은 10%보다 낮다.
④ 콜옵션 가치는 1,000원보다 많이 증가하고 콜옵션 가치의 증가율은 10%보다 낮다.
⑤ 콜옵션 가치는 1,000원 증가하고 콜옵션 가치의 증가율은 10%이다.

문19. (2019 CPA) 배당을 지급하지 않는 주식 E를 기초자산으로 하는 유럽형 옵션을 가정한다. 주식 E의 1주당 시장가격은 현재 10,000원이다. 잔존만기 1년, 행사가격 11,000원인 유럽형 콜옵션과 풋옵션의 1계약당 프리미엄은 현재 각각 1,500원과 500원으로 차익거래기회가 존재한다. 차익거래포지션의 만기일의 현금흐름을 0으로 할 때, 현재의 차익거래이익에 가장 가까운 것은? 단, 무위험수익률은 연 10%이며 무위험수익률로 차입과 예금이 가능하다. 옵션 1계약 당 거래단위(승수)는 1주이며, 차익거래포지션은 주식 E의 1주를 기준으로 구성한다. ( )

① 800원   ② 900원   ③ 1,000원
④ 1,100원   ⑤ 1,200원

문20. (2020 CPA) 1기간 이항모형을 이용하여 기업 A의 주식을 기초자산으로 하는 유럽형 콜옵션의 이론적 가격을 평가하고자 한다. 현재 이 콜옵션의 만기는 1년이고, 행사가격은 10,000원이다. 기업 A의 주식은 배당을 하지 않으며, 현재 시장에서 10,000원에 거래되고 있다. 1년 후 기업 A의 주가가 12,000원이 될 확률은 60%이고, 8,000원이 될 확률은 40%이다. 현재 무위험이자율이 연 10%라고 할 때, 이 콜옵션의 이론적 가격에 가장 가까운 것은? ( )

① 1,360원   ② 1,460원   ③ 1,560원
④ 1,660원   ⑤ 1,760원

문21. (2021 CPA) 주식 A는 배당을 하지 않으며, 현재 시장에서 4,000원에 거래되고 있다. 1년 후 이 주식은 72.22%의 확률로 5,000원이 되고, 27.78%의 확률로 3,000원이 된다. 주식 A가 기초자산이고 행사가격이 3,500원이며 만기가 1년인 유럽형 풋옵션은

현재 200원에 거래되고 있다. 주식의 공매도가 허용되고 무위험이자율로 차입과 대출이 가능하고 거래비용과 차익거래기회가 없다면, 1년 후 항상 10,000원을 지급하는 무위험자산의 현재 가격에 가장 가까운 것은? (   )

① 9,000원   ② 9,200원   ③ 9,400원
④ 9,600원   ⑤ 9,800원

연습문제 해답

문1. ③

[답]

매수스트래들의 최대손실 = 5원 + 4원 = 9원

매수스트래들의 최대이익 = 무제한

손익분기주가 = $X_1 - S_T - 9 = 0$ → $55 - S_T - 9 = 0$ → $S_T = 46$

$S_T - X_2 - 9 = 0$ → $S_T - 60 - 9 = 0$ → $S_T = 69$

문2. ②

[답] 40원 − 25원 + 2.5원 − 4원 = 13.5원

문3. ①

문4. ⑤

[답]

옵션만기일의 기초자산의 가격이 50,000원이므로 옵션은 모두 행사한다. 즉, 매수한 옵션의 만기가치는 $(50,000 - 25,000) \times 2 = 50,000$원이고, 매도한 옵션의 만기가치는 $(40,000 - 50,000) \times 1 = -10,000$원이므로 투자전략의 만기가치는 40,000원이다. 투자자는 옵션매수에 $-4,000 \times 2 = -8,000$원을 사용하였고, 옵션매도로 2,500원을 벌어 총 만기손익은 34,500원이 된다.

문5. ⑤

[답]

① KOSPI200의 종가 213.44와 비슷한 행사가격은 212.5이며, 이 경우의 콜옵션가격이 풋옵션 가격보다 더 비싸게 나타났다.

② (3.50 − 2.34)(10계약)(100,000원) = 1,160,000원(참고로 2017년 3월 27일부터 옵션거래승수 는 250,000원이다.)

③ 외가격옵션은 현재 현물가격이 행사가격에 비해 콜옵션의 경우 낮고 풋옵션의 경우 높은 옵션을 말한다. 즉, 당장 행사한다면 이익을 낼 수 없는 상태에 있는 옵션을 일컫는다. 콜 옵션의 경우 $S < X$, 풋옵션의 경우 $S > X$인 상태를 의미한다. KOSPI200의 종가 213.44를 기준으로 하여 콜옵션의 경우인 $X = 215$ 혹은 217.5인 경우, 풋옵션의 경우 $X = 210.5$ 혹은 207.5인 경우 거래량이 월등히 많은 것을 확인해 볼 수 있다.

④ 내가격 옵션은 현재 현물가격이 행사가격에 비해 콜옵션의 경우 높고 풋옵션의 경우 낮은 옵션을 말한다. 다시 말해서, 당장 행사한다면 이익을 낼 수 있는 상태에 있는 옵션을 일컫는다. 콜옵션의 경우 $S > X$, 풋옵션의 경우 $S < X$인 상태를 의미한다. 자료에서 콜옵션은 $X = 212.5$ 혹은 210.5인 경우로서 미결제약정수량이 적음을 알 수 있다.

⑤ 풋-콜등가정리: $P + S = C + \dfrac{X}{(1+r)^T}$ → $P + 213.44 = 4.55 + \dfrac{212.5}{1.002}$ → $P = 3.1858$이다. 따라서 행사가격 212.5인 풋옵션의 실제가격 3.30이 이론가격인 3.1858보다 크므로 풋옵션은 과대평가되어 있다.

문6. ④

[답]

A: 커버드콜   C: 매수스트랭글   D: 콜약세수직스프레드   E: 방어적 풋

문7. ①

[답]

매도스트랭글: 행사가격이 매우 높은 콜옵션 매도하고 행사가격이 매우 낮은 풋옵션 매도

포 지 션	비 용	수 익		
		$S_T < X_1$	$X_1 < S_T < X_2$	$S_T > X_2$
콜 매도($X_2 = 1,200$)	$-C(= -32)$	-0	-0	$-(S_T - X_2)$
풋 매도($X_1 = 1,100$)	$-P(= -21)$	$-(X_1 - S_T)$	-0	-0
	-53	$X_1 + S_T$	0	$-S_T + X_2$

만기주가지수가 1120이므로 X_1과 X_2 사이에 있다. 따라서 만기수익은 0이며, 이익은 옵션매도가격인 53원이 된다. 최대손익도 53원이다.

문8. ①

[답]

$$P = -S + C + \dfrac{X}{(1+r)^T} \quad \rightarrow \quad -10,000 + 2,000 + \dfrac{10,000}{1 + 0.111} = 1,000$$

여기서, 무위험채권의 현재가격 $900 = \dfrac{1,000}{1 + r}$ → $r = 0.111$

문9. ①

[답]

$$P + S = C + \dfrac{X}{(1+r)^T} \quad \rightarrow \quad 500 + 11,000 < 1,700 + \dfrac{10,500}{1 + 0.05}$$

→ 풋매수, 현물매수, 콜매도, 차입

문10. ③

문11. ⑤
[답]
매수스트랭글의 수익

포 지 션	비 용	수 익		
		$S_T < X_1$	$X_1 < S_T < X_2$	$S_T > X_2$
콜 매수($X_2 = 200,000$)	$C(=20,000)$	0	0	$S_T - X_2$
풋 매수($X_1 = 180,000$)	$P(=10,000)$	$X_1 - S_T$	0	0
		$X_1 - S_T$	0	$S_T - X_2$

이익 = 수익 $- (C+P)$ 이고 차입원금($=$옵션매수비용 30,000원)과 이자 3,000원이 총비용이 된다. 따라서 손익분기점: 이익 $= X_1 - S_T - 33,000 = 0$ → $180,000 - S_T - 33,0000$ → $S_T = 147,000$, 이익 $= S_T - X_2 - 33,000 = 0$ → $S_T - 200,000 - 33,000 = 0$ → $S_T = 233,000$. 그러므로, 손실범위: 147,000원 $< P <$ 233,000원

문12. ⑤

문13. ④
[답]
$$C_U = \frac{\pi_U C_{UU} + \pi_D C_{UD}}{R}$$
$$= \frac{(0)(0.1) + (0)(0.2) + (0)(0.4) + (10)(0.2) + (20)(0.1)}{1 + 0.1} = 3.64$$

문14. ①
[답]

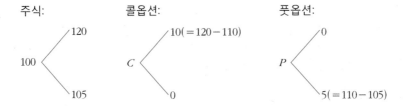

주식:　　　　　　콜옵션:　　　　　　풋옵션:

콜옵션의 경우: 콜옵션 1단위 매도와 주식 N주를 매수하여 구성한 무위험포트폴리오의 만기시에 투자자의 포지션은 주식의 가격과 옵션행사에 따른 손익의 합이므로 $120N - 10 = 105N - 0$ → $N = 0.67$

따라서, 1기간 후의 포트폴리오 가치는 현재 무위험포트폴리오의 가치를 무위험이자율로 복리 계산한 것과 동일해야 한다. 즉, $VR = V_U(V_D)$ → $(NS - C)R = NUS - C_U(= NDS - C_D)$ → $(0.67 \times 100 - C)(1 + 0.1) = (0.67)(120) - 10$ → $C = 3$

풋옵션의 경우: 풋옵션 1단위 매수와 주식 N주를 매수하여 구성한 무위험포트폴리오의 만기 시에 투자자의 포지션은 주식의 가격과 옵션행사에 따른 손익의 합이므로 $0 + N120 = 5 + 105N$ → $N = 0.33$

따라서, 1기간 후의 포트폴리오 가치는 현재 무위험포트폴리오의 가치를 무위험이자율로 복리 계산한 것과 동일해야 한다. 즉, $VR = V_U(V_D)$ → $(NS + P)R = NUS + P_U(= NDS + P_D)$ → $(0.33 \times 100 + P)(1 + 0.1) = 0.33 \times 120 + 0$ → $P = 3$

따라서, $C - P = 3 - 3 = 0$

문15. ⑤

[답]

콜옵션의 헷지비율: 콜옵션 1단위를 매도할 때 매수해야 하는 주식 수

$$N = \frac{C_U - C_D}{(U - D)S} \rightarrow N = \frac{5,000 - 0}{(1.5 - 0.7)10,000} = \frac{5}{8} 주$$

⇔ 콜옵션 $\frac{8}{5}$개 매도할 때 매수해야 하는 주식 수 1주

풋옵션의 헷지비율: 풋옵션 1단위를 매수할 때 매수해야 하는 주식 수

$$N = \frac{P_U - P_D}{(D - U)S} \rightarrow N = \frac{0 - 3,000}{(0.7 - 1.5)10,000} = \frac{3}{8} 주$$

⇔ 풋옵션 $\frac{8}{3}$개 매수할 때 매수해야 하는 주식 수 1주

⇔ 풋옵션 $\frac{8}{3}$개 매도할 때 매도해야 하는 주식 수 1주

문16. ①

[답]

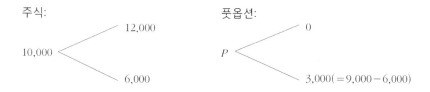

주식: 12,000
10,000 <
         6,000

풋옵션: 0
P <
         3,000(= 9,000 - 6,000)

$U = 1.2$, $D = 0.6$, $\pi_U = \frac{R - D}{U - D} = \frac{1.05 - 0.6}{1.2 - 0.6} = 0.75$

$$\rightarrow \quad P = \frac{(0)(0.75) + (3,000)(0.25)}{(1 + 0.05)} = 714$$

문17. ③

[답]

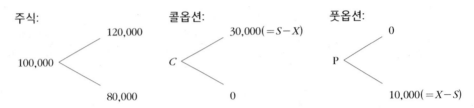

주식:

100,000 < 120,000 , 80,000

콜옵션:

C < 30,000(= S - X) , 0

풋옵션:

P < 0 , 10,000(= X - S)

$$N = \frac{C_U - C_D}{(U - D)S} = \frac{C_U - C_D}{US - DS} = \frac{\partial C}{\partial S} = \text{델타(delta)} \quad \rightarrow \quad \frac{30,000 - 0}{120,000 - 80,000} = 0.75$$

$$N = \frac{P_U - P_D}{(U - D)S} = \frac{P_U - P_D}{US - DS} = \frac{\partial P}{\partial S} = \text{델타(delta)} \quad \rightarrow \quad \frac{0 - 10,000}{120,000 - 80,000} = 0.25$$

문18. ①

[답]

블랙-숄즈옵션가격결정모형: $C = SN(d_1) - Xe^{-r(T-t)}N(d_2)$에서 델타 $\partial C / \partial S = N(d_1)$이다. 이 문제는 행사가격과 기초자산의 가격이 같은 등가격옵션이며, 등가격옵션의 델타값은 0.5수준 이다. 따라서 $\partial C / \partial S = N(d_1) = 0.5 \rightarrow$ 주식이 1,000원 상승하므로 델타는 $\partial C / 1,000$원 $= 0.5 \rightarrow$ $\partial C = 500$원. 따라서 콜옵션의 가치는 500원 변화하고, 콜옵션 가치의 증가율은 (2,500원 - 2,000원)/2,000원 $= 25\%$가 된다.

문19. ③

[답]

$$P + S = C + \frac{X}{(1 + r)^T} \quad \rightarrow \quad 500 + 10,000 < 1,500 + \frac{11,000}{(1 + 0.1)^1}$$

$\rightarrow$ 풋매수, 현물매수, 콜매도, 차입을 통하여 1,000원의 차익을 얻을 수 있다.

문20. ①

[답]

① $\pi_U = \dfrac{R - D}{U - D} = \dfrac{1.1 - 0.8}{1.2 - 0.8} = 0.75$, $\pi_D = 1 - \pi_U = 1 - 0.75 = 0.25$

$$C = \frac{\pi_U C_U + \pi_D C_D}{R} = \frac{(0.75)(2,000) + (0.25)(0)}{1.1} = 1,364 \text{원}$$

문21. ④

[답]

주식: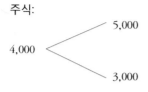

풋옵션: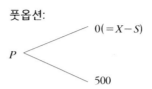

$$\pi_U = \frac{R-D}{U-D} = \frac{R-0.75}{1.25-0.75}, \quad \pi_D = \frac{U-R}{U-D} = \frac{1.25-R}{1.25-0.75}$$

$$P = \frac{\pi_U P_U + \pi_D P_D}{R} \;\rightarrow\; 200 = \frac{\left(\dfrac{R-0.75}{1.25-0.75}\right)(0) + \left(\dfrac{1.25-R}{1.25-0.75}\right)(500)}{R}$$

$$\rightarrow\; R = 1.042$$

$$\therefore\; \frac{10,000}{R} = \frac{10,000}{1.042} = 9,600\,원$$

17 스왑

학습개요

본 장에서는 대표적인 장외파생금융상품인 스왑에 대해서 배운다. 거래당사자가 일정기간 동안 한쪽은 고정이자를 지급하고 다른 한쪽은 변동이자를 지급하며 원금의 실질적인 교환이 일어나지 않는 이자율스왑의 비교우위에 의한 거래동기 및 이자율스왑가격결정모형에 대해서 학습한다. 또한 실제로 서로 다른 통화로 표시된 원금의 교환이 이루어지는 통화스왑의 비교우위에 의한 거래동기 및 통화스왑가격결정모형에 대해서 학습한다. 마지막으로 스왑을 이용한 헷지전략과 스왑딜러의 위험에 대해서도 살펴본다.

학습목표

- 이자율스왑의 거래동기
- 통화스왑의 거래동기
- 스왑을 이용한 헷지전략
- 이자율스왑의 가격결정모형
- 통화스왑의 가격결정모형
- 스왑딜러의 위험

▶ 01 이자율스왑

1. 이자율스왑의 개요

역사적으로 스왑의 출현은 1970년대 브레튼우즈 협정[1]의 붕괴 이후로 본다. 환율의 변동성 확대에 따른 환위험 헷지의 필요성으로 스왑이 등장했다. 그 당시 등장한 상호융자(parallel loan)나 직접상호융자(back-to-back loan)가 오늘날 스왑의 원형으로 평가되고 있다.

실제로 처음으로 공개된 스왑거래는 1981년 Salomon Brothers사의 주선으로 세계은행(World Bank)과 IBM간의 통화스왑이었다. 세계은행은 2억 9,000만 달러를 IBM에게 지급하고 IBM은 동일한 금액을 독일 마르크화와 스위스프랑으로 지급하였다. 이후 이 개념을 활용하여 이자율스왑도 거래되기 시작하는 등 비약적으로 발전하였다.

이자율스왑(IRS: interest rate swap)은 각 거래당사자가 상대방으로부터 일정원금을 차입하여 일정기간 동안 한쪽은 고정이자를 지급하고 다른 한쪽은 변동이자를 지급하며 만기 시 원금을 서로 상환하는 거래로서, 서로 상대방에게 대출해 주는 금액과 차입금액이 단일통화이고 그 금액이 서로 같기 때문에 원금의 실제교환은 발생하지 않는다.

이자율스왑에서 원금은 다만 이자계산을 위한 역할만 할 뿐 실제적인 교환은 없으므로 명목원금이라는 표현을 쓴다. 또한 서로 이자를 지급하는 시점이 일치하는 경우에는 그 차액만 교환된다. 예를 들어, A와 B가 기준원금 $100만에 대해서 5년 동안 A는 4%의 고정이자율을 지급하고 B는 변동이자율 LIBOR(3.8%)로 지급하는 이자율스왑계약을 맺었다고 하자. 이 경우 A의 현금흐름은 〈그림 17-1〉과 같으며, 위의 화살표는 A가 받는 변동이자를 나타내고, 아래 화살표는 A가 주는 고정이자를 나타낸다.

A는 고정이자 $40,000를 지급하는 대신 변동이자를 받게 된다. 계약체결시점의 변동이자율은 알려져 있기 때문에 변동이자를 알 수 있지만, 2차년도 이후부터의 변동이자는 매 기간 초에 이자율이 변동하기 때문에 현재시점에서는 알 수 없다. 만약

---

[1] Chapter 14 외환 참조.

그림 17-1 계약당사자 A의 현금흐름

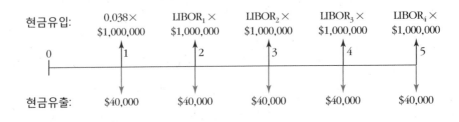

2차년도 이후의 변동이자가 4%보다 높다면 계약당사자 A는 B보다 더 큰 이익을 얻을 수 있을 것이다. B는 A와 정반대의 현금흐름이 발생한다. 즉, 고정이자 $40,000을 받는 대신 변동이자를 지급하게 된다.

고정이자율은 스왑기간 중 일관되게 적용되는 이자율로 스왑계약시점에 한번 결정되면 스왑기간 동안의 이자율변동과 관계없이 동일하게 적용된다. 스왑시장에서는 이 고정이자율을 스왑금리(=스왑가격=스왑레이트=이자율스왑레이트)라고 부른다. 이자율스왑의 고정이자율은 채권수익률처럼 하나의 장기이자율이라 생각할 수 있다. 예를 들어, 10년 원화 이자율스왑금리는 우리나라의 10년 만기 장기이자율 중 하나이다.

변동이자율은 스왑기간 동안 주기적(3개월마다 혹은 6개월마다 등)으로 결정되는 금리로서 보통 그 나라의 단기금융상품 중 제일 유동성이 좋은 상품의 금리를 변동이자율로 사용하게 된다. 일반적으로 이자율스왑의 변동이자율은 LIBOR(London interbank offered rate)를 사용하고 있으며, 원화 이자율스왑의 변동이자율은 한국금융투자협회에서 고시하는 3개월 만기 CD금리를 사용한다.

특히 LIBOR는 전 세계 단기자금시장에서 사용되는 기준금리로 주요 선물시장과 대출시장에서 사용되는 이자율이다. 영국은행협회(British Bankers Association)는 국가별, 금융기관 유형별로 모범적이고 우량한 회원은행의 이자율을 평균하여 이 이자율을 정보송신사인 Telerate, Reuters, Bloomberg에 매일 고시하고 있다.

이자율스왑의 가격고시는 이자율스왑금리 또는 스왑가격이라 불리는 고정이자율의 고시로 이루어진다. 스왑시장의 스왑딜러들은 스왑딜러가 수취하는 고정이자율과 지급하는 고정이자율을 양방향호가방식(two-way quotation)으로 고시하고 있다. 〈표 17-1〉에서 전체가격방식의 5년 만기 달러 이자율스왑금리 가격고시가 4.12−4.11로

그림 17-2 스왑거래구조

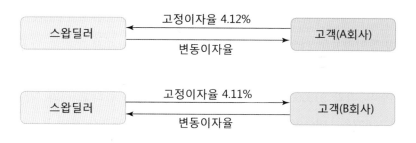

표 17-1 이자율스왑금리

기간	전체가격방식: 고정금리	스왑스프레드방식: Treasury + 스왑스프레드
2년	4.06 − 4.05	T + 26 − 25
3년	4.08 − 4.07	T + 27 − 26
4년	4.10 − 4.09	T + 28 − 27
5년	4.12 − 4.11	T + 32 − 31
7년	4.16 − 4.15	T + 35 − 34
10년	4.22 − 4.21	T + 39 − 38

주: 전체가격방식에서 단위는 %이고, 스왑스프레드방식에서 단위는 basis point임.

나타나는데, 4.12%는 스왑딜러가 거래상대방인 고객으로부터 수취하는 고정이자율을 의미하고, 4.11%는 스왑딜러가 거래상대방인 고객에게 지급하는 고정이자율을 의미한다. 즉, 〈그림 17-2〉처럼 스왑딜러가 변동이자율을 지급하는 경우에는 4.12%의 고정이자율을 수취하고, 반대로 변동이자율을 수취하는 경우에는 4.11%의 고정이자율을 지급하겠다는 뜻이다.

한편, 〈표 17-1〉에서 오른쪽의 스왑스프레드방식에 의한 스왑금리도 전체가격방식과 동일하다. 예를 들어, 스왑스프레드방식으로 표현된 5년 스왑금리 T + 32 − 31은 현재 5년 국채수익률이 3.8%라면 스왑딜러의 5년 고정수취이자율은 3.8% + 0.32% = 4.12%이고 5년 고정지급이자율은 3.8% + 0.31% = 4.11%가 된다는 의미이다.

2. 이자율스왑의 거래동기

한 회사는 고정이자율로 차입하는데 비교우위(comparative advantage)가 있고 다른 회사는 변동이자율로 차입 시에 비교우위가 있을 경우 각자 우위를 가지는 이자율로 차입한 다음 이자율스왑계약을 체결하면 서로에게 득이 될 수 있다. 예를 들어, A기업과 B기업은 각각 $1,000,000을 3년 동안 차입하고자 한다고 하자. 각 회사의 사정상 A기업은 6개월 LIBOR와 연계된 변동이자율로 차입하고자 하며 B기업은 고정이자율로 차입하기를 원한다. 현재 자금시장에서 각 기업이 차입할 수 있는 시장이자율이 〈표 17-2〉와 같다.

표 17-2 고정이자율과 변동이자율		
기업	고정이자율(%)	변동이자율(%)
A	4	LIBOR+0.1
B	5	LIBOR+0.5

〈표 17-2〉를 보면 차입 시 A기업에게 적용되는 이자율이 B기업보다 낮기 때문에 A기업이 B기업보다 전반적으로 신용도가 높음을 알 수 있다. 하지만 A기업 입장에서 만약 고정이자율로 차입을 한다면 B기업에 비해 1% 싸게 차입할 수 있고, 변동이자율로 차입을 한다면 B기업에 비해 0.4% 싸게 차입할 수 있기 때문에 고정이자율로 차입하는 것이 변동이자율로 차입하는 것보다 상대적으로 저렴하다. 따라서 A기업은 고정이자율 차입에 비교우위가 있다.

B기업 입장에서는 고정이자율로 차입을 한다면 A기업에 비해 1% 더 비싸게 차입할 수 있고, 변동이자율로 차입을 한다면 0.4% 더 비싸게 차입할 수 있기 때문에 변동이자율로 차입하는 것이 고정이자율로 차입하는 것보다 상대적으로 덜 비싸게 빌려올 수 있으므로 B기업은 변동이자율 차입에 비교우위가 있다. 따라서 신용도가 좋고 나쁨과 관계없이 각 시장에서의 비교우위가 다를 수 있기 때문에 서로 비교우위를 가지는 이자율로 차입하여 서로에게 득이 될 수 있는 이자율스왑 거래가 가능하다.

위의 예의 경우, A기업과 B기업이 시장에서 상대적으로 더 유리하게 차입할 수 있는 이자율 크기는 각각 1%와 0.4%이며, 적절한 스왑거래를 통해서 1%와 0.4%의

그림 17-3 이자율스왑

차이인 0.6%를 두 거래 당사자가 동등하게 나누어 이익을 취하면서 각자 원하는 이자율(A기업은 변동이자율, B기업은 고정이자율)로 차입할 수 있다.

A기업은 자신이 비교우위가 있는 고정이자율 시장에서 4%의 고정이자율로 차입하고, B기업도 자신이 비교우위가 있는 변동이자율 시장에서 LIBOR+0.5%의 변동이자율로 차입한 다음, A기업이 B기업에게 4.2%를 주고 B기업으로부터 LIBOR를 받는 이자율스왑계약을 한다면, A기업은 시장에서 비교열위에 있는 자신이 원하는 변동이자율 LIBOR+0.1%보다 0.3% 낮은 변동이자율로 차입한 효과를 낼 수 있고, B기업도 시장에서 비교열위에 있는 자신이 원하는 고정이자율 5%보다 0.3% 낮은 고정이자율로 차입한 효과를 낼 수 있다.

〈그림 17-3〉을 통해서 이러한 이자율스왑을 살펴보자. A기업은 B기업과의 이자율스왑계약을 통해서 4.2% 받고 LIBOR를 주는 동시에 A기업 자신이 시장에서 차입해온 4%의 고정이자가 나가게 되므로 결과적으로 LIBOR−0.2%가 나가게 된다. 따라서 스왑계약을 통하여 원래 원하던 변동이자율로 자금을 조달하면서 시장에서 직접 차입할 경우의 LIBOR+0.1%보다 0.3% 싸게 자금을 조달하여 0.3% 이익을 얻는다.

B기업도 A기업과의 이자율스왑계약을 통해서 LIBOR를 받고 4.2%를 주는 동시에 B기업이 직접 시장에서 차입해온 LIBOR+0.5%가 나가므로 결과적으로 4.7%가 나가게 되어, 스왑계약을 함으로써 자신이 원래 원하던 고정이자율로 시장에서 직접 차입할 경우(5%)보다 0.3% 싸게 자금을 조달할 수 있게 된다.

예제 | 이자율스왑

A기업과 B기업은 각각 $10,000,000을 3년 동안 차입하려고 하며, 각 기업의 신용상태에 따른 연이자율은 다음과 같다.

기업	고정이자율(%)	변동이자율(%)
A	6.9	LIBOR+0.8
B	5.2	LIBOR+0.3

기업은 고정이자율을 원하고 B기업은 변동이자율을 필요로 한다. 금융기관 C가 중개기관으로서 자신은 연 0.2%의 순수입을 얻고 A기업과 B기업에는 동등한 이익을 줄 수 있도록 이자율스왑계약을 구성하려면 어떻게 하면 되겠는가?

• 답 •

비용절감분 총액 = 1.7% − 0.5% = 1.2%

→ 금융기관 C: 0.2%, A기업: 0.5%, B기업: 0.5%

A기업: 변동이자율에서 비교우위, B기업: 고정이자율에서 비교우위

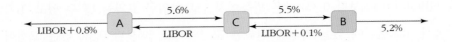

A기업: 6.4% 고정이자율로 차입한 결과: 이자절감효과 0.5%

B기업: LIBOR−0.2% 변동이자율로 차입한 결과: 이자절감효과 0.5%

3. 이자율스왑의 가격결정모형

두 개의 현금흐름을 상호 교환하는 스왑거래의 각 현금흐름의 시장가치는 기본적으로 동일해야 한다. 이자율스왑은 변동이자와 고정이자를 교환하기 때문에 스왑체결시점에서 변동이자의 현재가치와 고정이자의 현재가치가 동일해야 한다. 왜냐하면, 제로섬(zero-sum) 계약인 스왑에서 한쪽이 이익을 얻으면 거래상대방은 손해를 보게 되므로 계약체결시점에서 거래 당사자는 어느 누구도 대가없이 손해를 보려 하지 않기 때문이다. 따라서 스왑계약이 체결될 때의 스왑가치는 양 거래당사자에게 모두 영 (0)이 되어야 한다.

이자율스왑의 가격을 결정한다는 것은 이자율스왑의 가치가 영(0)이 되도록 하는 스왑의 고정이자율(SFR: swap fixed rate)을 산정한다는 것을 의미한다. 이자율스왑의

그림 17-4 변동이자 및 변동이자율(FRA)

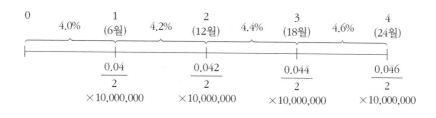

그림 17-4 변동이자 및 변동이자율(FRA)

가격결정을 위하여 예를 들어, 이자율스왑의 명목원금은 $10,000,000이고 스왑기간은 2년이며 매 6개월마다 이자가 지급되는 경우를 살펴보자.

이자율스왑에서 스왑기간 동안 미래의 변동이자는 FRA(선도금리계약: forward rate agreement)를 사용한다. FRA는 미래 특정기간에 적용될 선도이자율을 미리 고정시키는 계약으로써 $FRA_{x,y}$는 $x \times y$의 형태로 나타내는데, 예를 들어, 6×12(six by twelve)란 6개월 후의 6개월 동안의 연이자율을 나타내는 표시이다. 이 예에서 $FRA_{0,6} = 4\%$, $FRA_{6,12} = 4.2\%$, $FRA_{12,18} = 4.4\%$, $FRA_{18,24} = 4.6\%$라고 할 때, 매 기간의 변동이자는 〈그림 17-4〉와 같다.

〈그림 17-4〉에서 각 기간마다 발생하는 변동이자를 현재가치로 계산할 때 사용하는 할인율은 식(12-6)의 선도이자율과 이를 이용한 붓스트랩핑(bootstrapping)방법[2]으로 구할 수 있다.

$$(1 + r_{0,n})^n = (1 + r_{0,n-1})^{n-1}(1 + r_{n-1,n}) \tag{17-1}$$

$$\rightarrow (1 + r_{0,1})^1 = (1 + \frac{0.04}{2}) = 1.02$$

$$\rightarrow (1 + r_{0,2})^2 = (1 + r_{0,1})^1(1 + r_{1,2}) = (1.02)(1 + \frac{0.042}{2}) = 1.04142$$

---

2   붓스트래핑방법은 $(1 + r_{0,1})^1$값을 $(1 + r_{0,2})^2 = (1 + r_{0,1})^1(1 + r_{1,2})$에 대입하여 구한 $(1 + r_{0,2})^2$을 다시 $(1 + r_{0,3})^3 = (1 + r_{0,2})^2(1 + r_{2,3})$에 대입하여 $(1 + r_{0,3})^3$을 차례로 구하는 과정이 마치 구두(boot) 끈을 차례로 묶는(strapping) 방법과 유사하여 붙여진 이름이다.

$$\rightarrow (1+r_{0,3})^3 = (1+r_{0,2})^2(1+r_{2,3}) = (1.04142)(1+\frac{0.044}{2}) = 1.06433$$

$$\rightarrow (1+r_{0,4})^4 = (1+r_{0,3})^3(1+r_{3,4}) = (1.06433)(1+\frac{0.046}{2}) = 1.08881$$

이제, 변동이자의 현재가치를 구하면 다음과 같다.

$$\frac{\frac{0.04}{2}\times 10,000,000}{(1+r_{0,1})^1} + \frac{\frac{0.042}{2}\times 10,000,000}{(1+r_{0,2})^2} + \frac{\frac{0.044}{2}\times 10,000,000}{(1+r_{0,3})^3}$$
$$+ \frac{\frac{0.046}{2}\times 10,000,000}{(1+r_{0,4})^4} \quad\quad \cdots ①$$

한편, 고정이자율을 SFR이라고 하면 고정이자의 현재가치는 다음과 같다.

$$\frac{SFR}{2}\times 10,000,000\left(\frac{1}{(1+r_{0,1})^1} + \frac{1}{(1+r_{0,2})^2} + \frac{1}{(1+r_{0,3})^3} + \frac{1}{(1+r_{0,4})^4}\right) \quad\quad \cdots ②$$

스왑계약 체결시점에서 변동이자의 현재가치와 고정이자의 현재가치를 같도록 하는 고정이자율(SFR)을 구하기 위해 ①＝②를 풀면 고정이자율(SFR)＝4.2946%가 된다.

▶ 02 통화스왑

1. 통화스왑의 거래동기

통화스왑은 이자율스왑과 마찬가지로 보편화된 스왑으로 실제로 서로 다른 통화로 표시된 원금의 교환이 이루어지며 어느 한쪽이 상대방에 비해 특정 통화표시의 자

그림 17-5 통화스왑

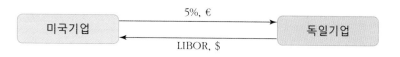

그림 17-6 미국기업의 현금흐름

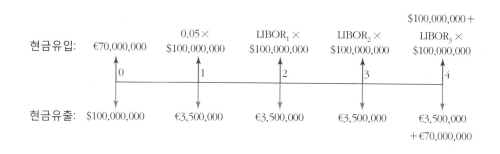

금조달에 비교우위가 있을 때 이루어진다. 일반적으로 원금은 스왑계약이 시작되는 시점에서의 환율기준으로 동등하도록 결정된다.

예를 들어, \$1=€0.7일 경우 명목원금은 \$100,000,000와 €70,000,000이고, 스왑계약기간은 4년이라고 하자. 〈그림 17-5〉와 같이 4년 동안 미국기업은 독일기업으로부터 €70,000,000을 수취하고 유로화에 대한 고정이자율 5%를 지급하고, 독일기업은 미국기업으로부터 \$100,000,000을 수취하고 달러화에 대해서 현재 3%인 1년 LIBOR를 지급하는 통화스왑계약(CRS: currency swap)을 체결하였다.

미국기업의 현금흐름은 〈그림 17-6〉과 같다. 미국기업은 독일기업에게 원금 \$100,000,000을 지불하는 대신 동등한 금액 €70,000,000을 교환한다. 이후 스왑계약 기간 동안 고정이자 €3,500,000(=€70,000,000×5%)을 지급하는 대신 변동이자(=\$100,000,000×LIBOR)를 받게 되고 스왑의 종료시점에 원금을 다시 회수하게 된다. 독일기업의 현금흐름은 미국기업의 현금흐름과 정반대로 나타나게 된다.

이자율스왑의 거래동기와 마찬가지로 통화스왑도 비교우위가 존재하기 때문에 이루어진다. 이를 설명하기 위하여 다른 예를 살펴보자. \$1=€1.6일 때 독일회사인 G

표 17-3　시장이자율		
회사	미국달러이자율	유로화이자율
G(독일회사)	6%	3%
U(미국회사)	5%	4%

그림 17-7　최초의 현금흐름

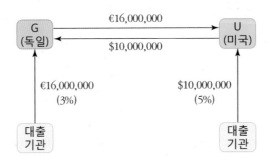

회사는 $10,000,000의 달러를 차입하기를 원하고 미국회사인 U회사는 €16,000,000의 유로화를 차입하기를 원한다고 하자. G회사와 U회사의 시장에서의 차입가능조건이 〈표 17-3〉과 같다. 이 경우 두 회사는 통화스왑을 통하여 서로가 원하는 조건을 충족하면서 시장에서 차입하는 것보다 이익을 얻을 수 있다.

〈표 17-3〉에서 G회사는 유로화차입에 비교우위(3% < 4%)가 있고, U회사는 달러화차입에 비교우위(5% < 6%)가 있다. 통화스왑에서는 원금의 교환이 일어나며, 우선 G회사와 U회사는 각자 비교우위가 있는 시장에서 원금을 차입하여 서로 동등한 금액의 원금을 교환하게 된다. 즉, 〈그림 17-7〉과 같이 G회사는 유로시장에서 원금 €16,000,000을 3%의 이자로 차입하고, U회사는 달러시장에서 원금 $10,000,000을 5%의 이자로 차입하여 서로 교환하게 된다.

미국달러시장에서 이자율 차이는 −1%인 반면 유로시장에서는 1%이기 때문에 양 당사자에게 귀속되는 총이익은 2%[=1%−(−1%)]이다. 따라서 이자율스왑과 마찬가지로 통화스왑을 통하여 두 당사자가 시장에서 차입하는 것보다 각각 1%씩 더 저렴하게 차입하여 이익을 볼 수 있도록 설계할 수 있다.

그림 17-8 원리금지급 현금흐름

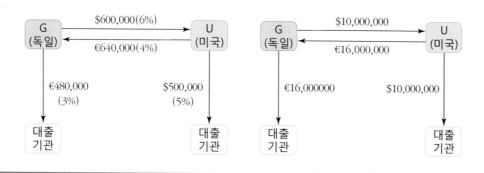

예를 들어, 스왑기간동안 G회사는 U회사에게 6%의 달러이자를 지급하기로 하고 U회사는 G회사에게 4%의 유로화이자를 지급하기로 하여 〈그림 17-8〉과 같이 이자를 교환한 후, 원금을 회수하는 통화스왑을 고려해보자. G회사는 U에게 원금 $10,000,000에 대한 이자 6%인 $600,000을 지급하고, U는 G에게 원금 €16,000,000에 대한 이자 4%인 €640,000을 지급한다. 그리고 스왑종료시점에 각자의 원금을 회수하게 된다.

이 거래를 통해서 G회사는 원금 $10,000,000 수취에 대해 이자지급액은 $500,000[＝$600,000−(€640,000−€480,000)×0.625]가 되어 실제로는 5%에 달러를 차입하게 되므로 1%(＝6%−5%)만큼 이자절감효과를 갖게 된다. 마찬가지로 U회사는 원금 €16,000,000 수취에 대해 이자지급액은 €480,000[＝€640,000−($600,000−$500,000)×1.6]가 되어 실제로 3%에 유로화를 차입하게 되므로 1%(＝4%−3%)만큼 차입비용이 절감되는 효과를 가진다.

2. 통화스왑의 가격결정모형

이자율스왑과 마찬가지로 스왑계약이 체결될 때의 스왑의 가치는 양 거래 당사자에게 모두 영(0)이 된다. 통화스왑의 미래현금흐름은 서로 다른 통화로 표시되며, 스왑가치를 영(0)으로 만드는 고정이자율(SFR)을 구하려면 먼저 미래현금흐름을 단일통화로 통일한 다음에 미래현금흐름의 순현재가치가 영(0)이 되게 놓고 고정이자율(SFR)

그림 17-9 통화스왑의 현금흐름

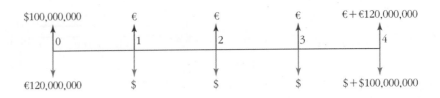

표 17-4 무이표채권의 수익률

	$ $[(1+r_{0,n})^n]$	€ $[(1+r_{0,n})^n]$
$(1+r_{0,1})^1$	1.040000	1.060000
$(1+r_{0,2})^2$	1.085764	1.132096
$(1+r_{0,3})^3$	1.137893	1.214768
$(1+r_{0,4})^4$	1.197090	1.310796

에 대해 풀면 된다.[3]

통화스왑의 가격결정을 위하여 다음 예를 살펴보자. A와 B는 매년 지급되는 4년 고정－고정 통화스왑계약을 체결하였다. 명목원금은 $100,000,000＝€120,000,000(현재 환율이 $1＝€1.2)이다. 4년 동안 A기업은 B기업으로부터 명목원금 $100,000,000을 수취하고 $로 이자를 지급하기로 하였고 B기업은 A기업으로부터 명목원금 €120,000,000을 수취하고 €로 이자를 지급하기로 하였다. 〈그림 17-9〉에 통화스왑의 현금흐름을 나타내었다. 그리고 통화스왑 기간 동안의 무이표채권의 수익률은 〈표 17-4〉와 같다.

통화스왑의 고정이자율(SFR)을 계산하기 위하여 먼저 통화스왑기간 동안의 미래의 환율을 추정해야 한다. 미래의 환율은 각 기간의 무이표채권의 현물이자율(spot rate: $r_{0,n}$)을 이용할 수 있는 이자율평가이론[4]에 의한 $F_0 = S_0 \left(\dfrac{1+i}{1+i^*} \right)$ 를 사용하여 다음과 같이 계산한다.

3 Robert W. Kolb and James A. Overdahl, *Futures, Options, and Swaps*, 5th edition, Blackwell Publishing, 2007, pp. 729-731.
4 Chapter 14 외환 참조.

1년 후 환율(€/$): $1.2 \left(\dfrac{1.06}{1.04} \right) = 1.223077$

2년 후 환율(€/$): $1.2 \left(\dfrac{1.132096}{1.085764} \right) = 1.251207$

3년 후 환율(€/$): $1.2 \left(\dfrac{1.214768}{1.137893} \right) = 1.281070$

4년 후 환율(€/$): $1.2 \left(\dfrac{1.310796}{1.197090} \right) = 1.313982$

한편, 선도이자율 $r_{n-1,n} = \dfrac{(1 + r_{0,n})^n}{(1 + r_{0,n-1})^{n-1}} - 1$ 은 다음과 같이 계산한다.

달러화 선도이자율: $r_{0,1} = 1.04 - 1 = 0.04$

$$r_{1,2} = \frac{1.085764}{1.04} - 1 = 0.044004$$

$$r_{2,3} = \frac{1.137893}{1.085764} - 1 = 0.048012$$

$$r_{3,4} = \frac{1.197090}{1.137893} - 1 = 0.052023$$

유로화 선도이자율: $r_{0,1} = 1.06 - 1 = 0.06$

$$r_{1,2} = \frac{1.132096}{1.06} - 1 = 0.068015$$

$$r_{2,3} = \frac{1.214768}{1.132096} - 1 = 0.073025$$

$$r_{3,4} = \frac{1.310796}{1.214768} - 1 = 0.079051$$

이제, 유로화의 고정이자율(SFR)의 계산은 달러화를 유로화로 전환한 후에 두 현금흐름의 현재가치를 동일하도록 만드는 유로화 고정이자율(SFR)을 다음과 같이 구한다.

$$\frac{120,000,000 SFR(€) - 100,000,000(0.04)(1.223077)}{1.06}$$

$$+ \frac{120,000,000 SFR(€) - 100,000,000(0.044004)(1.251207)}{1.132096}$$

$$+ \frac{120,000,000 SFR(€) - 100,000,000(0.048012)(1.281070)}{1.214768}$$

$$+ \frac{120,000,000 SFR(€) + 120,000,000 - [100,000,000(0.052023) + 100,000,000](1.313982)}{1.310796}$$

$$= 0$$

$$\rightarrow \quad 409,537,364 \times SFR(€) - 19,756,911 - 8,695,664 = 0$$

$$\rightarrow \quad SFR(€) = 6.9475\%$$

또한, 달러화의 고정이자율(SFR)은 유로화를 달러화로 전환한 후에 두 현금흐름의 현재가치를 동일하도록 만드는 달러화 고정이자율(SFR)을 다음과 같이 구한다.

$$\frac{120,000,000(0.06)/1.223077 - 100,000,000 SFR(\$)}{1.04}$$

$$+ \frac{120,000,000(0.068015)/1.251207 - 100,000,000 SFR(\$)}{1.085764}$$

$$+ \frac{120,000,000(0.073025)/1.281070 - 100,000,000 SFR(\$)}{1.137893}$$

$$+ \frac{[120,000,000(0.079051) + 120,000,000]/1.313982 - [100,000,000 SFR(\$) + 100,000,000]}{1.197090}$$

$$= 0$$

$$\rightarrow \quad 100,000,009 - 359,672,525 \times SFR(\$) - 83,535,908 = 0$$

$$\rightarrow \quad SFR(\$) = 4.5775\%$$

1. 고정금리자산을 변동금리자산으로 전환

스왑을 이용하여 고정금리자산을 변동금리자산으로 전환하여 이자율위험을 헷지할 수 있다. 예를 들어, 〈그림 17-10〉과 같이 예금자에게 변동이자(LIBOR − 1%)를 지급하는 부채와 고정이자를 받는 대출, 즉 고정금리자산을 가지고 있는 A은행이 있다고 하자. 앞으로 이자율상승이 우려될 경우 A은행은 B에게 7% 고정이자를 지급하고 변동이자(LIBOR)를 받는 이자율스왑을 체결할 경우, 고정금리자산이 변동금리자산으로 전환되어 이자율위험에서 벗어나 매해 1%의 안정된 수익을 누릴 수 있게 된다.

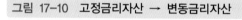

그림 17-10 고정금리자산 → 변동금리자산

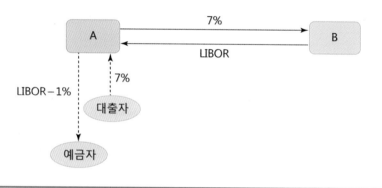

2. 변동금리부채를 고정금리부채로 전환

스왑을 이용하여 변동금리부채를 고정금리부채로 전환하여 이자율위험을 헷지할 수 있다. 예를 들어, 〈그림 17-11〉과 같이 A기업이 변동금리채로 자금을 조달했고 앞으로 이자율상승이 우려된다고 하자. 이 경우 A기업은 B기업에게 6% 고정이자 지급하고 LIBOR를 받는 이자율스왑을 체결할 경우, A기업은 B기업과의 스왑계약을 통해 변동금리채가 고정금리채로 전환되어 이자율위험에서 벗어나 매해 8%의 고정이자를 지급하면 된다.

그림 17-11 변동금리부채 → 고정금리부채

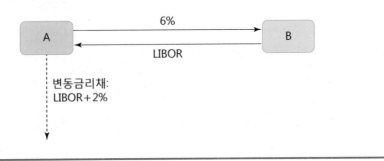

3. 상품스왑을 통한 가격변동위험 헷지

1980년대 중·후반에 생성된 상품스왑(commodity swap)은 이자율스왑을 상품분야에 적용시킨 것으로 에너지, 귀금속, 비철금속 등 모든 종류의 상품이 상품스왑의 기초자산이 될 수 있다. 이러한 상품스왑을 통해서 상품가격변동위험을 헷지할 수 있다.

예를 들어, 〈그림 17-12〉와 같이 에너지가 기초자산인 상품스왑을 생각해보자. 정유회사 A는 원유를 사서 정유하는 회사이므로 원유가격상승이 우려된다. 원유회사 B는 원유를 파는 회사이므로 원유가격하락이 우려된다. 정유회사 A는 원유시장에서 원유를 실제가격을 주고 산다. 원유회사 B는 원유시장에서 원유를 실제가격을 받고 판다.

그 다음 A가 B에게 서로 합의한 고정 원유가격을 주고, B가 A에게 실제 원유가

그림 17-12 변동 상품가격 → 고정 상품가격

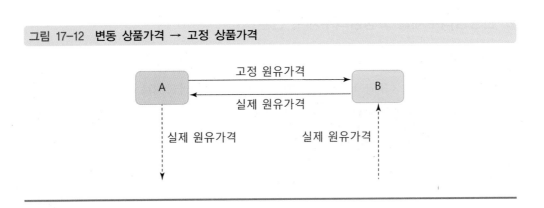

격을 주는 상품스왑을 체결한다. 결과적으로 정유회사 A는 원유를 고정가격에 사는 셈이고, 원유회사 B는 원유를 고정가격에 파는 셈이 되어, 두 회사 모두 원유가격 변동위험으로부터 벗어난다.

4. 주식스왑을 통해 주식투자를 채권투자로 전환

이자율스왑과 통화스왑이 주식시장에 적용되어 1980년대 중·후반에 생성된 주식스왑은 주식이나 채권에 직접 투자할 경우 발생할 수 있는 거래비용을 회피할 수 있을 뿐만 아니라 주식이나 채권투자 시 발생할 수 있는 위험의 헷지가 가능하다.

〈그림 17-13〉에서 주식시장에 투자한 A는 앞으로 약세시장이 예상될 경우 주식수익률(KOSPI200수익률)을 주고 고정이자율을 받는 주식스왑(equity swap)을 통해 헷지가 가능하다. 결과적으로 주식투자에서 채권투자로 전환된다.

그림 17-13 **주식투자 → 채권투자**

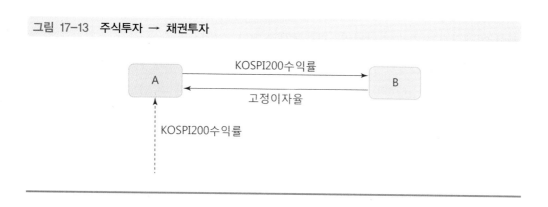

5. 주식스왑을 통해 채권투자를 주식투자로 전환

〈그림 17-14〉에서 변동금리채에 투자한 A는 앞으로 이자율이 하락하고 강세시장이 예상될 경우 변동이자율(LIBOR)을 주고 주식수익률(KOSPI200수익률)을 받는 주식스왑을 통해 채권투자에서 주식투자로 전환할 수 있다.

그림 17-14 채권투자 → 주식투자

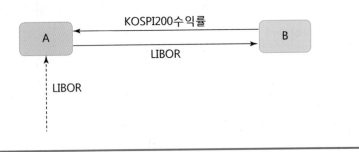

▶ 04 스왑딜러

일반적으로 스왑거래에는 은행 등의 금융기관이 스왑거래의 당사자 사이에 개입하여 거래당사자 A와 스왑딜러, 거래당사자 B와 스왑딜러 간에 각각 스왑거래를 체결한다. 즉, 투자은행이나 상업은행 등이 스왑거래에서 고객의 한쪽 상대방으로서의 스왑딜러 역할을 수행함으로써 언제든지 스왑거래가 체결될 수 있도록 유동성을 제공하고 있다. 스왑딜러는 거래당사자로 참여하면서 이에 대한 대가로 스프레드 이익을 얻는다.

예를 들어, A기업이 5%의 고정이자율을 받는 채권을 발행한 후 회사 사정이 변하여 변동이자율을 받는 채권으로 전환하기를 원할 수 있고 B기업은 변동이자율을 받는 채권을 발행한 후 회사 사정이 변하여 고정이자율을 받는 채권으로 전환하기를 원할 수 있다.

이 경우 〈그림 17-15〉와 같이 스왑딜러는 4.5%의 고정이자율을 지급하고 LIBOR

그림 17-15 스왑딜러의 스프레드

그림 17-16 스왑딜러의 위험 헷지

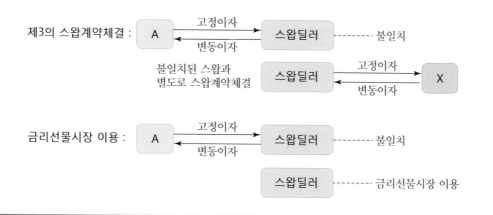

을 받는 스왑계약을 A기업과 체결하고, B기업과는 5.5%의 고정이자를 받고 LIBOR을 지급하는 스왑계약을 체결할 수 있다. 따라서 A기업의 순이자지급은 LIBOR+0.5%의 변동이자로 전환되고, B기업의 순이자지급은 5.5%의 고정이자로 전환되며, 스왑딜러는 1%의 스프레드 이익을 얻게 된다.

한편, 스왑딜러는 스왑거래의 당사자로 개입했을 때 거래에 의해서 발생할 수 있는 위험에 직면하게 된다. 두 거래 당사자 중 한쪽이 계약을 이행하지 않을 경우 계약불이행(default)위험이 있을 수 있고, 또한 거래 당사자 중 한쪽을 찾지 못하여 스왑딜러가 직접 스왑계약의 거래 당사자가 되어야 하는 불일치(mis-match)위험이 존재하게 된다. 이 경우 위험을 줄이기 위해 〈그림 17-16〉과 같이 불일치된 스왑과 별도의 제3의 스왑계약을 체결하여 위험을 벗어날 수 있다.

예를 들어, A, B와의 스왑계약에 개입하여 스왑딜러가 A와 고정이자를 받고 변동이자를 지급하는 이자율스왑계약을 보유하고 있다고 하자. 이자율 상승을 헷지하기 위하여 다른 거래상대방 B와 변동이자를 받고 고정이자를 지급하는 스왑계약을 맺어야 하나 B와의 스왑계약이 불발이 될 경우 스왑딜러는 X라는 제3자와 별도로 고정이자를 지급하고 변동이자를 받는 스왑계약을 체결함으로써 스왑딜러는 이자율위험을 헷지할 수 있다.

스왑딜러의 위험을 헷지하는 또 다른 방법으로는 금리선물시장을 이용할 수 있다. 예를 들어, A, B와의 스왑계약에 개입하여 스왑딜러가 A와 고정이자를 받고 변동이자를 지급하는 이자율스왑계약을 보유하고 있다고 하자. 이자율 상승을 헷지하기 위하여 금리선물시장에서 금리선물을 매도한다면 만약 이자율이 상승하여 스왑계약의 변동이자율로부터 손실을 보더라도 금리선물에서 이익을 보게 되므로 위험이 헷지될 수 있다.

한·중통화스왑 사실상 연장

한국과 중국이 원화와 위안화를 맞교환하는 통화스왑 연장에 합의했다. 한·중 통화스왑 연장으로 한국은 든든한 외환 안전판을 유지할 수 있게 됐다. 지난 1월 일본과의 통화스왑 재개 협상이 결렬된 뒤 한·중 통화스왑까지 사라지면 외환 관리 부담이 커질 수밖에 없어서다. 위안화 국제화를 추진하는 중국 입장에서도 홍콩(4,000억 위안)에 이어 두 번째로 규모가 큰 한·중 통화스왑을 유지하며 위안화 위상 강화에 박차를 가할 수 있게 됐다. 통화스왑은 특정한 날짜나 기간(만기)을 정해 기간 내에 미리 약속한 환율에 따라 서로 다른 통화를 교환하는 외환 거래를 뜻한다.

원래는 금융시장에서 거래되는 파생상품 중 하나였다. 하지만 외환위기와 세계금융위기를 거치며 각국 중앙은행 사이의 통화스왑 협정이 주목을 받게 됐다. 외환보유액이 바닥날 경우에 대비해 자국 통화를 상대방 중앙은행에 맡기고 그에 상응하는 외화를 빌려와 쓸 수 있기 때문이다. 외화보유액이 유사시를 대비한 '적금'이라면, 통화스왑은 일종의 외화 '마이너스 통장'인 셈이다.

한국은행에 따르면 한·중 통화스왑 규모는 3,600억 위안(약 560억 달러)이다. 다자간 체결된 치앙마이이니셔티브(CMIM)에서 빌릴 수 있는 384억 달러를 포함한 한국의 총 계약체결액(1,222억 달러)의 46%를 차지한다. 반면 한·중 통화스왑 규모는 중국의 양자 간 통화스왑 총액의 11.8%다.

중앙은행간 통화스왑이 처음 등장한 것은 2001년 9·11테러 때다. 금융시장의 일시적인 유동성 경색을 막기 위해 미연방준비제도(Fed)는 영국·캐나다·유럽의 중앙은행과 900억 달러 규모의 통화스왑 협정을 맺었다. 기간은 30일로 짧았다. 세계금융위기를 맞으며 통화스왑은 국제통화체계의 중요 수단으로 부각됐다. 금융시장의 신용경색을 막기 위해 미연방준비제도(Fed)가 통화스왑 라인을 통해 외환안전망을 구축한 것이다. 미연방준비제도(Fed)는 2007~

2008년 유럽중앙은행(ECB)·스위스·한국 등 14개국 중앙은행과 양자 간 통화스왑 협정을 맺었다. 체결액만 5,800억 달러에 달했다. 국제통화기금(IMF)의 자금공여액의 4배에 이르는 액수였다.

프랑스 최대 싱크탱크인 국제정보전망연구소(CEPII)는 "통화스왑을 통해 미연방준비제도(Fed)가 전 세계의 최종 대부자(lender of last resort)의 역할을 맡게 됐다"며 "브레튼우즈체제 붕괴 이후 발생한 통화와 금융시장의 불안정을 다루는 최신 수단으로 통화스왑이 등장했다"고 분석했다.

CEPII에 따르면 중앙은행간 통화스왑은 중앙은행의 무제한적이며 배타적인 통화 창출 능력과 국제자본흐름의 변동성이 결합해 나타난 산물이다. 예외적이며 한시적인 수단이지만 외화부족으로 유동성 위기에 놓였을 때 외환보유액처럼 꺼내 쓸 수 있는 만큼 외환 당국에는 '보험'의 성격이 강하다. 외환보유액의 감소도 막을 수 있다. 시장의 심리적 안정도 기대할 수 있다. IMF 구제금융에 따르는 정책이행수단(conditionality)이 없는 것도 각국이 통화스왑을 선호하는 이유다.

1997년 외환위기를 경험한 한국 정부에 외환안전망인 통화스왑은 꼭 필요했다. 2008년 세계 금융위기의 충격에서 한국도 예외는 아니었다. 외화 유동성 위기설에 휩쓸렸다. 국내 금융시장도 패닉에 빠졌다. 고조되던 위기감을 일거에 날린 것이 통화스왑 협정이었다. 그 해 10월 30일 미국과 300억 달러 규모의 통화스왑을 체결했다. 뒤이어 일본·중국과도 각각 300억 달러의 통화스왑 협정을 맺었다. 시장은 안정을 찾았다. 금융위기의 충격을 막는 '안전판'의 역할을 톡톡히 한 것이다.

한국이 주요국 중앙은행과 통화스왑 협정을 맺기는 만만치 않았다. 미국은 협정체결에 소극적이었다. 일본과 유럽연합(EU)·스위스 등 선진국과 협정을 맺었다. 이명박 전 대통령의 자서전에 따르면 강만수 당시 기획재정부 장관이 "한국이 보유한 미국국채를 내다팔면 통화스왑 없이도 위기관리가 가능하다"고 압박하자 미국이 통화스왑 체결에 동의했다.

당시 일본이 냉담한 태도를 보이자 중국을 먼저 공략했다. 위안화 국제화를 추진하면서 각국 정부와 공격적으로 통화스왑 협정을 맺고 있던 중국의 문을 두드린 것이다. 셰쉬런(謝旭人) 중국 재정부장에게 "한중 통화스왑이 기축통화로 가는 첫걸음이 될 수 있다"고 설득해 40억 달러 규모의 통화스왑을 300억 달러(1,800억 위안)로 늘렸다. 중국이 움직이자 일본도 입장을 바꿔 300억 달러 규모의 통화스왑을 체결했다.

한·중 통화스왑은 2011년 3,600억 위안으로 확대됐다. 2014년에 3년 연장됐다. 한·일 통화스왑은 유럽재정위기 확산 가능성이 커지자 2011년 10월 1년 한시로 700억 달러까지 늘었다. 한·일 통화스왑 규모는 2013년 7월 100억 달러로 줄어든 뒤 2015년 2월 종료됐다.

한·중 통화스왑이 연장되면서 외환안전망의 든든한 기둥 하나는 유지할 수 있게 됐다. 하지만 기축통화 스왑으로 견고한 망을 구축할 필요성은 여전히 남아 있다. 현재 한국이 맺은 양자 통화스왑 중 기축통화는 없다. CMI를 제외한 다른 통화스왑 협정은 모두 양국이 자국 화폐를 교환하기로 했다.

호주달러는 세계 5위권의 통화로 평가받지만, 국제적으로 널리 통용되는 화폐로 보기엔 무리가 있다. 말레이시아 링깃과 인도네시아 루피아는 국제 금융시장에서 존재감이 미미하다. 중국과의 통화스왑도 위안화(3,600억 위안) 기준 계약이다. 한국이 맺은 통화스왑 중 기축통화는 CMI에서 인출할 수 있는 384억 달러가 전부인 셈이다. 이마저도 실제 자금을 이용하려면 다수 회원국의 동의와 국제통화기금(IMF)과의 협의가 필요해 상대적으로 이용이 쉽지 않다.

미국은 한국과의 통화스왑 체결에 냉담하다. 일본과의 통화스왑도 정치적 문제가 걸림돌로 작용하고 있다. 지난해 8월 협상이 재개됐지만 올 1월 '소녀상' 갈등으로 일본이 협상 중단을 선언했고 한국정부도 굳이 먼저 나서 통화스왑을 '구걸'하지는 않겠다는 입장이기 때문이다. 하지만 외환보유액이 아무리 많아도 위기 발발시 외환이 썰물처럼 빠져나갈 수 있는 만큼 기축통화국과의 통화스왑 체결이 필요하다는 게 전문가들의 진단이다.

통화스왑이라는 외환안전망 구축에 나선 곳은 한국만이 아니다. 세계금융위기 등을 거치며 각국 중앙은행도 발빠르게 움직이고 있다. 미연방준비제도(Fed)와 유럽중앙은행(ECB), 영국·일본·스위스·캐나다 6개국 중앙은행은 2013년 상시 통화스왑 계약을 맺었다. 자국 내 달러 유동성이 부족하면 다른 중앙은행에서 만기 3개월짜리 단기 유동성 대출 공급을 해주는 것이다. 중국은 위안화 국제화를 위해 통화스왑을 적극 활용하고 있다. 중국 인민은행에 따르면 7월말 현재 중국은 32개국과 3조 510억 위안의 통화스왑을 체결한 상태다. 일본은행도 역내 영향력 강화 수단으로 통화스왑을 활용하는 모양새다. 싱가포르와 호주에 이어 올 들어 태국(30억 달러)과 필리핀(120억 달러) 등과 양자 간 통화스왑 협정 체결했다.

[출처: 중앙일보(joongang.joins.com), 2017. 10. 13. 수정]

핵심정리

1. 이자율스왑

- 스왑가격＝고정이자율＝스왑금리＝스왑가격＝스왑레이트＝이자율스왑레이트

- 이자율스왑의 거래동기
    - 비교우위
    - 이자율위험 관리

- 이자율스왑의 가격결정모형

$$\sum_{t=1}^{n} \frac{FRA_{x,y} \times 원금}{(1+r_{0,t})^t} = SFR \times 원금 \left(\sum_{t=1}^{n} \frac{1}{(1+r_{0,t})^t} \right) \rightarrow SFR(고정이자율) \ 계산$$

2. 통화스왑

- 통화스왑의 거래동기
    - 비교우위

- 통화스왑의 가격결정모형
    - 미래 환율: $F_0 = S_0 \left(\dfrac{1+i}{1+i^*} \right)$

    - 매기간의 선도이자율: $r_{n-1,n} = \dfrac{(1+r_{0,n})^n}{(1+r_{0,n-1})^{n-1}} - 1$

    - 단일통화로 전환한 후, 두 현금흐름의 순현재가치가 동일하도록 고정이자율(SFR)을 구함

3. 스왑을 이용한 헷지전략

- 고정금리자산을 변동금리자산으로 전환
    - 변동이자지급하고 고정이자수취 하는 고정금리자산을 가지고 있는 금융기관이 이자율상승이 우려 → 이자율스왑(고정이자지급, 변동이자수취) 체결

- 변동금리부채를 고정금리부채로 전환
  - 변동금리채로 자금을 조달 시 이자율상승이 우려 → 이자율스왑(고정이자지급, 변동이자수취) 체결

- 상품스왑을 통한 가격변동위험 헷지
  - 이자율스왑을 상품분야에 적용

- 주식스왑을 통해 주식투자를 채권투자로 전환
  - 주식스왑(주식수익률지급, 고정이자율수취) 체결

- 주식스왑을 통해 채권투자를 주식투자로 전환
  - 주식스왑(변동이자율지급, 주식수익률수취) 체결

4. 스왑딜러

- 계약불이행위험: 두 거래 당사자 중 한쪽이 계약을 이행하지 않을 경우 발생

- 불일치위험: 거래 당사자 중 한쪽을 찾지 못하여 스왑딜러가 직접 스왑계약의 거래 당사자가 되는 경우에 발생
  → 별도의 제3의 스왑계약 체결, 금리선물이용

연습문제

문1. (2003 CPA 수정) 스왑에 대한 다음 설명 중 가장 잘못된 것은? (   )

① 스왑은 두 거래 당사자 간 미래 현금흐름을 교환하는 계약으로 일련의 선도거래 또는 선물계약을 한 번에 체결하는 것과 유사한 효과를 갖는다.

② 스왑은 표준화된 상품인 선물, 옵션과 같이 거래소에서 거래되지 않고, 스왑딜러 및 브로커의 도움을 얻어 주로 장외에서 거래가 이루어진다.

③ 이자율스왑은 미래 일정기간 동안 거래당사자간 명목원금에 대한 변동금리 이자와 고정금리 이자 금액만을 교환하는 거래로서 원금 교환은 이루어지지 않는다.

④ 통화스왑은 미래 일정기간 동안 거래당사자 간 서로 다른 통화표시 원금에 대한 이자 금액만을 교환하는 거래로서 원금 교환은 이루어지지 않는다.

⑤ 스왑은 두 거래 당사자 간 필요에 따라 다양하게 설계될 수 있는 장점이 있어 금리 또는 환위험관리를 위해 적절하게 사용될 수 있다.

문2. (2006 CPA 수정) 기업 A, B는 국제금융시장에서 각각 다음과 같은 조건으로 자금을 차입할 수 있다. 은행이 기업 A와 B 사이에서 스왑을 중계하고자 한다. 은행이 기업 A에게 변동금리를 지급하고 고정금리를 수취하는 스왑계약을 체결하며, 기업 B와는 그 반대의 스왑계약을 체결한다. 본 스왑으로 인한 은행의 총마진은 0.2%이며, 스왑 이득은 두 기업에게 동일하다. 기업 A는 고정금리를 원하고 기업 B는 변동금리를 원하고 있다. 만약 은행이 기업 A에게 LIBOR+1%를 지급한다면 기업 A는 은행에게 얼마의 고정금리를 지급해야 하는가? (   )

	고정금리시장	변동금리시장
기업 A	8%	LIBOR+1%
기업 B	9%	LIBOR+3%

① 8%   ② 7.8%   ③ 7.6%

④ 7.4%   ⑤ 7.2%

문3. (2010 CPA) 오랜 거래관계를 유지해온 한국의 K기업과 중국의 C기업은 각각 상대국에서 신규사업을 위해 중국 금융시장에서 위안화로 한국 금융시장에서 원화로 1년 만기 동일규모의 자금을 차입하고자 한다. 원화/위안화 환율은 고정환율로서 변동되지 않는다고 가정한다. K기업과 C기업이 각국 금융시장에서 차입할 때의 시장이자율은 다음 표에서 요약된 바와 같다.

	한국 금융시장에서 원화 차입	중국 금융시장에서 위안화 차입
C기업	6.60%	4.20%
K기업	5.60%	3.83%

통화스왑 계약에서 거래비용은 존재하지 않으며 금융기관의 중개를 통하지 않고 K기업과 C기업의 양자계약(bilateral contract)의 형태를 갖는다고 가정한다. K기업과 C기업이 1년 만기 통화스왑을 고려할 때 다음 중 옳지 않은 항목만으로 구성된 것은? (   )

a. K기업은 C기업에 비하여 원화 및 위안화 차입에서 모두 낮은 이자율을 지급하므로 통화스왑을 맺을 경제적 유인을 갖지 않는다.
b. K기업은 원화 차입, C기업은 위안화 차입 후에 통화스왑을 통해 부채비용을 절감할 수 있다.
c. K기업과 C기업이 통화스왑을 통해 절감할 수 있는 부채비용의 최대폭은 63 베이시스 포인트(basis point)이며 통화스왑 당사자들은 이를 균등하게 분할해야 한다.
d. 통화스왑의 경우 이자율스왑과는 상이하게 차입원금이 교환되며 계약상 약정된 환율에 의하여 상환되는 것이 일반적이다.
e. 본 통화스왑에서 신용위험은 존재하지 않으며, 이자율 및 환율의 변동에 따라서 스왑이자율의 조정 및 계약의 갱신 여부 등이 결정될 수 있다.

① a, c, e   ② a, d, e   ③ b, c, d
④ b, d, e   ⑤ c, d, e

문4. A회사와 B회사는 각각 $1,000,000를 5년 동안 차입하려고 하며, 각 회사의 신용상태에 따른 연이자율은 다음과 같다.

회사	고정이자율(%)	변동이자율(%)
A	11.2	LIBOR+0.9
B	9.4	LIBOR+0.5

A회사는 고정이자율을 원하고 B회사는 변동이자율을 필요로 한다. 금융기관 C가 중개기관으로서 자신은 연 0.4%의 순수입을 얻고 A회사와 B회사에는 동등한 이익을 줄

수 있도록 이자율스왑을 구성하려면 어떻게 하면 되겠는가? 단, C는 A에게 LIBOR +0.2%를 주도록 설계한다.

문5. A회사와 B회사의 차입가능조건이 다음과 같다.

	A회사	B회사
차입비용($시장)	8.00%	7.75%
차입비용(¥시장)	6.00%	6.25%
비교우위	¥표시차입	$표시차입

A회사는 달러화 표시로 차입하기를 원하고 B회사는 엔화표시로 차입하기를 원한다. 각각 비교우위가 있는 통화로 차입한 후 차입한 원금을 서로 교환하고 동시에 계약기간 동안의 이자지급 및 만기 시의 원금상환도 계속 서로 부담할 것을 약정하는 두 회사간의 고정금리 통화스왑계약의 원리금지급흐름을 구성하시오. 단, 고정금리 통화스왑계약시 금융기관 C가 중개기관으로서 자신은 A에게 엔화에 대한 이자율 6%를 지급하여 엔화와 달러화에서 각각 0.1%씩의 순수입을 얻고, A회사와 B회사에는 동등한 이익을 줄 수 있도록 계약하고자 한다.

문6. (2019 CPA) 기업 D는 명목원금(notional principal) 1억원, 1년 만기 변동금리를 지급하고 8% 고정금리를 수취하는 5년 만기의 이자율 스왑계약을 3년 6개월 전에 체결하였다. 현재 동 스왑의 잔존만기는 1년 6개월이다. 현재가치 계산을 위해 활용되는 6개월과 1년 6개월 만기 현물이자율은 각각 연 10%와 연 11%이다. 직전 현금흐름 교환시점의 1년 만기 변동금리는 연 10.5%였다. 기업 D의 관점에서 이 이자율 스왑 계약의 현재가치와 가장 가까운 것은? 단, 현금흐름은 기말에 연 1회 교환되고 이자율기간구조의 불편기대이론이 성립한다고 가정하며, $\frac{1}{1.10^{0.5}} = 0.9535$, $\frac{1}{1.11^{1.5}} = 0.8551$이다. (   )

① −5,382,950원   ② −4,906,200원   ③ 0원
④ 4,906,200원   ⑤ 5,382,950원

연습문제 해답

문1. ④

문2. ③

[답]

기업 A는 변동금리에서 비교우위가 있고, 기업 B는 고정금리에서 비교우위가 있다.

총비용절감분=2%−1%=1% → 은행: 0.2%, A: 0.4%, B: 0.4%

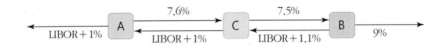

A: 7.6%의 고정금리로 차입한 결과가 되어 이자율절감효과가 0.4%가 된다.

B: LIBOR+2.6%의 변동금리로 차입한 결과가 되어 이자율절감효과가 0.4%가 된다.

C: 0.2%의 마진을 얻게 된다.

위의 스왑계약에서 C와 B간의 이자지급흐름은 여러 형태를 가질 수 있다.

문3. ①

[답]

C기업은 위안화차입(4.20%)에 비교우위가 있고 K기업은 원화차입(5.60%)에 비교우위가 있어 두 기업이 비교우위에 따라 K기업은 원화 차입, C기업은 위안화 차입 후에 통화스왑을 통해 부채비용을 절감할 수 있기 때문에 통화스왑을 맺을 경제적 유인을 갖는다. 또한, K기업과 C기업이 통화스왑을 통해 절감할 수 있는 부채비용의 최대폭은 63베이시스 포인트[=(6.60%−5.50%)−(4.20%−3.83%)]이며, 스왑은 두 당사자간의 사적인 계약으로 장외거래이기 때문에 통화스왑 당사자들이 이익절감폭을 균등하게 분할할 수도 있지만 협상력에 의해 이익분배가 달라질 수도 있다. 통화스왑을 한 후 스왑기간 동안 이자를 서로 교환해야 하는데, 이를 어길 경우 신용위험이 발생하게 된다.

문4.

[답]

A회사는 변동금리에서 비교우위가 있고, B회사는 고정금리에서 비교우위가 있다.

총비용절감분=1.8%−0.4%=1.4% → C: 0.4%, A: 0.5%, B: 0.5%

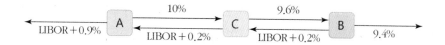

A: 10.6%의 고정금리로 차입한 결과가 되어 이자율절감효과가 0.5%가 된다.

B: LIBOR의 변동금리로 차입한 결과가 되어 이자율절감효과가 0.5%가 된다.

C: 0.4%의 마진을 얻게 된다.

문5.

[답]

A회사는 엔화시장에서 비교우위가 있으며, B회사는 달러시장에서 비교우위가 있다. 따라서 원리금 지급흐름은 다음과 같다.

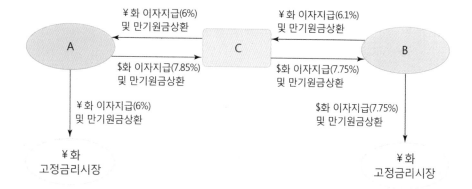

C: 달러화에 대하여 0.1%(=7.85%−7.75%), 엔화에 대하여 0.1%(=6.1%−6%)의 마진확보

A: 0.15%(=8%−7.85%) 달러화 차입비용 절감

B: 0.15%(=6.25%−6.1%) 엔화 차입비용 절감

문6. ①

[답]

$$(1+r_{0,n})^n = (1+r_{0,n-1})^{n-1}(1+r_{n-1,n})$$

$$\rightarrow (1+r_{0,1.5})^{1.5} = (1+r_{0,0.5})^{0.5}(1+r_{0.5,1.5})$$

$$\rightarrow (1+0.11)^{1.5} = (1+0.1)^{0.5}(1+r_{0.5,1.5})$$

$$\rightarrow r_{0.5,1.5} = \frac{(1+0.11)^{1.5}}{(1+0.1)^{0.5}} - 1 = 0.115$$

0.5년 말 기업 D의 현금흐름: 고정이자 8% 수취, 변동이자 10.5% 지급

$$\therefore 100,000,000(0.08-0.105) = -2,500,000원$$

1.5년 말 기업 D의 현금흐름: 고정이자 8% 수취, 변동이자 11.5% 지급

$$\therefore \ 100{,}000{,}000(0.08 - 0.115) = -3{,}500{,}000원$$

따라서, 현재가치 $= (-2{,}500{,}000) \times \dfrac{1}{1.10^{0.5}} + (-3{,}500{,}000) \times \dfrac{1}{1.11^{1.5}} = -5{,}376{,}600원$

PART

06 기타금융 및 위험관리

18 신종금융상품과 ESG 투자

학습개요

본 장에서는 최근 많은 관심을 받고 있는 다양한 투자금융상품과 글로벌 이슈로 부각되고 있는 ESG 투자에 대해서 배운다. 먼저, 다양한 투자금융상품과 관련하여 주식이나 채권 등으로의 직접투자 외의 간접투자에 대한 이해를 위해 펀드의 투자과정 및 종류에 대해서 다룬 후, 펀드이면서 주식처럼 거래되는 집합투자증권인 상장지수펀드(ETF)와 ETF와 유사한 파생결합증권인 상장지수증권(ETN), 주가 움직임에 따라 일정한 수익률을 받는 파생결합증권인 주가연계증권(ELS), 옵션과 유사한 파생결합증권인 주식워런트증권(ELW)에 대해서 학습한다. 또한 환경, 사회, 지배구조라는 비재무적 요소를 투자의사 결정시 고려해야 하는 개념인 ESG 투자에 대해서 다룬다.

학습목표

- 간접투자(펀드)
- 상장지수증권(ETN)
- 주식워런트증권(ELW)
- 상장지수펀드(ETF)
- 주가연계증권(ELS)
- ESG 투자

1. 펀드

(1) 간접투자의 개요

투자자가 투자를 하는 방법은 크게 직접투자와 간접투자 두 가지가 있다. 직접투자는 투자자 자신이 주식, 채권 혹은 파생상품 등에 직접 위험부담을 지면서 거래하는 것이고, 간접투자는 남한테 내 돈을 맡겨서 투자하는 것을 말한다. 투자자가 투자 시에 무엇을 어떻게 사야 할 것이며, 투자 후의 원금손실에 대비하여 어떻게 위험관리 할 것인가 등으로 직접투자가 쉽지 않다. 오늘날 무수히 쏟아져 나오는 다양한 금융상품들은 이러한 고민을 더욱 가중시킨다.[1]

이에 영국 및 미국 등의 선진국에서는 일찍이 경제발전과정에서 자연적으로 장기 안정적인 수익을 추구하면서 직접투자의 고민을 해결할 수 있는 간접투자가 정착되어 발전하였다. 대표적인 간접투자는 펀드(fund)라고 불리는 금융상품이다.

1868년 영국에서 설립된 투자신탁(foreign and colonial trust)이 최초의 투자펀드이다. 이 투자신탁은 '투자'와 '신탁'이 합쳐진 말로서 투자자가 투자자산을 펀드운용자인 수탁자에게 납입하고 펀드운용자는 투자자산을 운용하여 확정수익률을 약속하였다. 하지만 이러한 구조의 투자신탁은 약정수익률을 지급하지 못하여 쇠퇴하게 되었고 이후 미국으로 전파된 투자펀드는 투자자산을 회수할 수 있도록 환매를 해주는 뮤추얼 펀드(mutual fund)라는 이름으로 정착되어 발전되었다.

우리나라에서는 펀드라는 명칭을 2004년에 시행된 간접투자자산운용법에서 '간접투자기구'라는 용어로 사용하였다가 2009년 자본시장법이 시행되면서 '집합투자기구'로 변경하여 지칭하고 있다. 하지만 일반적으로 실무에서는 펀드(이하 집합투자기구를 펀드라고 함)라고 부르는 것이 보통이다.

펀드는 불특정 다수의 투자자로부터 자금을 모아 자산을 운용하는 회사가 주식 및 채권 등 다양한 투자상품에 분산투자하여 벌어들인 수익을 각 개별투자자에게 투

---

1 「새내기를 위한 금융」, 제2판, 이재하·한덕희 저, 박영사(2021), pp. 185-216. 참조.

자비율에 따라 배분하는 것을 말한다. 투자자산의 운용결과에 따라 높은 수익을 얻을 수도 있고 원금손실이 생길 수도 있다. 만약 투자자의 투자자산에 원금손실이 발생하더라도 그 책임은 전적으로 투자자 자신이 지며 어느 누구도 손실을 보전해 주지 않는다. 투자자는 펀드에 투자하기 전에 펀드의 특징이나 어느 자산에 투자하는지 등에 대해서 잘 확인해야 한다.

(2) 펀드 투자과정

현행 자본시장법에서 집합투자기구로 칭하는 펀드는 집합투자를 수행하는 기구로 정의하고 있다. 집합투자란 2인 이상의 투자자로부터 모은 금전 등을 투자자로부터 일상적인 운용지시를 받지 아니하면서 재산적 가치가 있는 투자대상을 취득·처분, 그 밖의 방법으로 운용하여 그 결과를 투자자에게 귀속시키는 것을 말한다.

펀드를 자본시장법상의 법적 형태에 따라 구분하면 크게 투자신탁과 투자회사로 구분한다. 투자신탁은 계약의 형태(계약형 펀드)로, 투자회사는 회사의 형태(회사형 펀드)로 이루어진 펀드이지만 펀드의 판매 및 운용 등 경제적으로는 차이가 없다.

구체적으로 펀드투자의 대가로 투자신탁의 수익증권을 소유하여 투자결과에 따른 수익을 받는 수익자가 되는 구조가 투자신탁이다. 마찬가지로 펀드투자의 대가로 투자회사의 주식을 소유하여 투자결과에 따른 수익을 배분받는 주주가 되는 구조가 투자회사다. 계약형 펀드인 투자신탁은 수익증권, 회사형 펀드인 투자회사는 뮤추얼펀드라고 부르기도 한다.

1) 투자신탁(계약형 펀드, 수익증권)

투자신탁(계약형 펀드, 이하 수익증권)은 투자하는 것을 누군가에게 맡긴다(신탁한다)는 의미이다. 〈그림 18-1〉을 보면, 펀드는 보통 증권사, 은행, 보험사 등[2]이 판매한다. 투자자는 판매회사를 통해 펀드설정계약서를 작성하여 펀드에 가입하고 투자자금을 입금하고 수익증권(수익권을 표창하는 증권)을 받는다. 수익증권을 소유한 투자자는 투자한 원금의 상환 및 이익의 분배 등에 관하여 수익증권의 좌수에 따라 균등한 권

2 　금융투자업 중 집합투자증권의 매매중개업 인가를 받은 투자매매업자, 투자중개업자

그림 18-1 수익증권

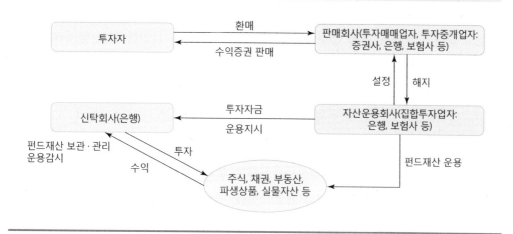

리를 갖는다.

한편, 입금된 투자자금이 신탁회사(은행 등)에게로 즉시 송금되면 제3자인 자산운용회사(집합투자업 인가를 받은 집합투자업자인 은행·보험사 등(소위 펀드매니저))가 신탁회사(은행)에 지시하여 투자대상자산에 투자하게 된다. 만약 한 회사가 매매중개업과 집합투자업 인가를 모두 받은 경우 펀드판매와 펀드운용을 함께 할 수 있다.

자산운용회사(집합투자업자)가 투자자금을 신탁회사(은행 등)에게 지시하여 실제 매매거래를 집행할 때 투자운용의 효율성과 적시성 확보를 위해 자본시장법에서는 국내외 상장주식 및 수익증권, 파생결합증권, 국내외 채권, 장내파생상품 및 투자위험회피목적에 한정되는 등의 장외파생상품의 매매 등에 대해서는 자산운용회사(집합투자업자)가 직접 자산의 취득 및 매각을 실행할 수 있도록 하고 있다.

이처럼 판매회사는 투자자로부터 자금을 모으고, 자산운용회사는 투자자의 투자자금을 주식, 채권, 파생상품, 부동산 등에 전문적으로 투자하며, 신탁회사는 투자자의 펀드재산을 안정하게 보관 및 관리하고, 자산운용회사의 펀드운용을 감시하는 역할을 하기 때문에 투자자 입장에서는 장기 안정적인 투자를 할 수 있게 된다.

2) 투자회사(회사형 펀드, 뮤추얼 펀드)

투자회사(회사형 펀드, 이하 뮤추얼 펀드)는 상법상 주식회사이다. 하지만 실제로 사람이 근무하지 않는 서류상의 회사인 무인회사이다. 우리나라에서 뮤추얼 펀드는 수익증권보다는 덜 활성화되어 있다. 왜냐하면 뮤추얼 펀드는 회사형이기 때문에 상법상의 회사와 관련된 규정 준수 등 수익증권과 비교할 때 불편한 점이 많기 때문이다.

〈그림 18-2〉에서 뮤추얼 펀드는 다수의 투자자로부터 자금을 모집하여 투자대상자산에 투자하고 그 결과를 투자자에게 돌려주기 때문에 수익증권과 경제적 실질은 동일하다. 하지만 뮤추얼 펀드에서는 투자자가 펀드의 주주가 되고 펀드는 하나의 주식회사(서류상의 무인회사)가 된다는 점에서 차이가 있다.

즉, 투자자(주주)는 회사(펀드)의 관리와 운용을 자산운용회사에게 맡겨놓은 것이 된다. 따라서 투자자는 회사(펀드) 운용수익을 배당금의 형태로 돌려받게 되고, 혹시 회사(펀드)가 운용되는 도중에 돈이 필요할 경우에는 주식시장에서 뮤추얼 펀드 주식을 팔 수 있다. 〈표 18-1〉에 수익증권과 뮤추얼 펀드의 차이점을 정리하였다.

그림 18-2 뮤추얼 펀드

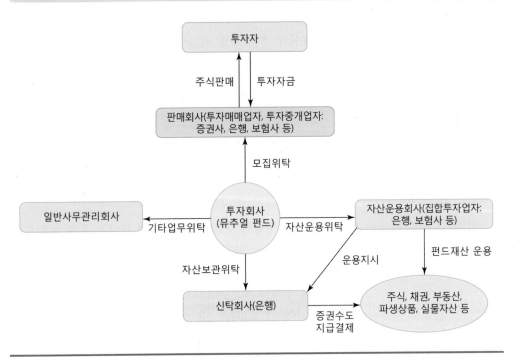

표 18-1 수익증권과 뮤추얼 펀드의 차이

	수익증권(투자신탁)	뮤추얼 펀드(투자회사)
설립형태	계약관계	회사형태
투자자 지위	수익자	주주
투자자지분의 표시	수익증권	주식
수익금 지급	분배금	배당금

(3) 펀드의 종류

펀드는 상품에 따라 그 형태와 차이점이 다양하기 때문에 투자자는 각자 자신의 위험선호도와 투자목적에 맞게 펀드를 선택해야 한다. 일반적으로 펀드는 위에서 설명한 것과 같이 조직형태에 따라 수익증권과 뮤추얼 펀드로 구분하기도 하고 아래와 같이 다양한 기준에 따라 구분하기도 한다.

1) 개방형 펀드, 폐쇄형 펀드

환매제한 여부에 따라서 개방형 펀드와 폐쇄형 펀드로 구분한다. 개방형 펀드는 언제든지 펀드가입 및 환매가 가능한 펀드이다. 여기서 환매란 투자자가 펀드에 가입한 후 투자결과를 돌려받는 것, 즉 투자자금을 되찾는 것을 의미한다.

개방형 펀드는 만기가 없다. 판매회사 창구에서 예를 들어, 1년짜리 펀드라고 말하는 것은 1년이 지나면 청산되어 만기가 1년이라는 뜻이 아니고 1년이 지나면 환매하여도 환매수수료가 부과되지 않는다는 뜻이다. 따라서 개방형 펀드는 환매수수료만 내면 언제든지 환매할 수 있고, 펀드에 가입한 이후에 추가로 납입할 수 있기 때문에 추가형 펀드라고도 한다. 일정 기간마다 일정 금액을 납입하는 적립식 펀드도 개방형 펀드에 해당한다.

폐쇄형 펀드는 펀드 모집 후 만기이전에 환매가 제한되는 펀드이다. 폐쇄형 펀드는 개방형 펀드와 달리 만기(신탁계약기간)가 정해져 있다. 예를 들어, 메리츠자산운용이 2016년에 선보인 메리츠베트남펀드의 경우 10년 폐쇄형으로 10년 동안 투자금을 묻어 둬야 한다.

또한 폐쇄형 펀드는 중도환매가 불가능하기 때문에 환금성을 제고하기 위해서 거래소에 상장하여 수익증권을 주식처럼 매매하도록 되어 있으나, 일반펀드와 달리 펀드가치를 판단할 수 있는 기준가격이 매일 공시되지는 않는다. 대부분 개방형 펀드가 많지만 부동산 펀드와 같이 일정기간 환매가 불가능한 경우(폐쇄형)도 있으므로 투자자는 환매제한 여부도 확인해야 한다.

2) 증권 펀드, 파생상품 펀드, 부동산 펀드

투자대상자산이 무엇이냐에 따라 증권 펀드, 파생상품 펀드, 부동산 펀드 등으로 구분한다. 증권 펀드는 주식 투자비중에 따라 주식형 펀드, 채권형 펀드, 혼합형 펀드로 구분한다. 주식형 펀드는 자산의 60% 이상을 주식에 투자하여 고위험 고수익을 추구한다. 채권형 펀드는 자산의 60% 이상을 채권에 투자하여 안정적인 수익을 추구한다. 혼합형 펀드는 주식과 채권에 각각 60% 미만으로 투자하여 채권투자의 안정성과 주식투자의 수익성을 동시에 추구한다. 혼합형 펀드 중에는 주식에 50% 이상 투자하는 주식혼합형과 주식에 50% 미만을 투자하는 채권혼합형으로 세분화한다.

파생상품 펀드는 선물, 옵션 등 파생상품에 투자하는 펀드로 파생상품을 통한 수익을 추구하고, 부동산 펀드는 부동산개발사업, 수익성 부동산 등에 투자하여 발생한 수익금을 분배한다. 부동산 펀드는 일반적으로 가격의 하방경직성[3]이 강한 실물자산에 투자하므로 가격의 상승이나 하락이 자유로운 주식이나 채권에 비해 상대적으로 안전한 투자대상이라고 할 수 있다.

3) 거치식 펀드, 적립식 펀드

투자방식에 따라서는 거치식 펀드와 적립식 펀드로 구분할 수 있다. 거치식 펀드는 목돈을 한꺼번에 납입하는 펀드를 말한다. 적립식 펀드는 일정 기간마다 일정 금액을 납입하는 펀드인데, 반드시 매달 투자하지 않아도 되고, 금액의 제한도 없으며, 납입기간도 투자자가 임의로 정할 수 있다.

만약 적립식으로 투자할 경우, 주가하락 시에는 싼 가격으로 많은 수의 주식을 매수하고 주가상승 시에는 비싼 가격으로 적은 수의 주식을 매수하는데 장기간에 걸

---

3   수요공급법칙에 의해 내려야 할 가격이 내리지 않은 경우를 하방경직성이라고 한다. 부동산과 같은 실물자산은 한번 오른 가격이 잘 내려가지 않는 하방경직성의 특징이 있다.

처 꾸준히 주식을 매입하기 때문에 전체적으로 매입단가가 평준화되어 투자위험을 낮추는 매입단가 평준화효과(cost averaging effect)가 있다.

따라서 주가의 상승장에서는 일반적으로 거치식 펀드의 수익률이 높게 나타나는 반면, 주가의 하락장에서는 적립식 펀드의 손실률이 더 작은 편이다. 이런 점에서 장기투자자나 소액투자자는 일시에 목돈을 투자하는 것보다 상대적으로 위험을 감소시킬 수 있고 소액의 자금을 꾸준히 적립식으로 투자하는 것이 목돈 마련이 가능한 투자방법이다.

4) 국내 펀드, 해외 펀드

투자지역에 따라 국내에서 설정되어 국내자산에 투자하는 국내 펀드와 국내에서 설정되어 해외자산에 투자하는 해외 펀드로 구분한다. 해외 펀드는 또다시 외국에서 설정되어 국내에서 판매되는 역외 펀드(국외설정 해외 펀드)와 국내에서 설정되고 국내에서 판매되는 역내 펀드(국내설정 해외 펀드)로 구분된다. 국내 펀드와 마찬가지로 해외 펀드도 해외의 주식, 채권, 부동산 등에 투자함으로써 전 세계에 걸쳐서 분산투자하는 효과를 기대할 수 있다.

해외펀드 중에는 재간접 펀드(fund of funds)가 있다. 재간접 펀드는 일반적으로 펀드자산을 다른 펀드가 발행한 간접투자증권에 50% 이상 투자하는 펀드 즉, 펀드에서 다른 펀드로 투자하는 펀드를 말한다. 다른 해외 펀드에 투자하는 해외재간접 펀드가 국내 법률에 의해 국내에서 설정되면 역내 펀드가 되고 외국 법률에 의해 외국에서 설정되면 역외 펀드가 된다.

재간접 펀드는 또 다른 펀드에 투자하는 이중구조이기 때문에 판매보수 및 운용보수를 이중으로 지급하여 비용부담이 일반펀드보다 높을 수 있고 펀드의 투자전략이나 운용내용을 명확하게 파악하기가 쉽지 않다는 점에 유의해야 한다.

(4) 펀드의 좋은 점

직접투자나 간접투자 모두 투자 결과에 대해서 투자자 본인이 직접 책임을 지는 것은 공통점이나 펀드(간접투자)가 직접투자에 비해 좋은 점은 무엇일까?

첫째, 소액으로 투자할 수 있다. 투자자 본인이 주가가 높은 주식에 직접투자할 경우 소액투자자는 목돈이 필요하여 투자하기가 사실 어렵다. 그러나 펀드는 다수의 투자자로부터 모은 자금을 고가의 주식에 투자한 후에 그 수익을 돌려주기 때문에 펀드와 같은 간접투자를 통해 적은 돈으로도 쉽게 투자할 수 있다는 장점이 있다.

둘째, 펀드는 주식 및 채권의 여러 종목에 분산투자하기 때문에 투자위험을 줄일 수 있다. 이와 같은 분산투자는 '계란을 한 바구니에 담지 마라'라는 투자의 유명한 격언과 같이 한 종목에만 투자할 경우 이 종목의 가격이 하락하면 투자원금에 대해 막대한 손실을 입을 수 있으며 이러한 위험을 줄일 수 있다.

셋째, 펀드의 운용은 주식, 채권, 파생상품, 부동산 등에 대해서 전문지식을 가진 펀드매니저와 같은 금융전문인력에 의해서 실질적으로 투자 및 운용되기 때문에 위험관리를 하면서 비교적 안정적인 수익을 올릴 수 있다.

(5) 펀드 운용수익

투자자가 어떠한 펀드에 가입할지 그리고 얼마만큼의 운용수익을 내고 있는지를 파악하기 위해서 좌수와 펀드의 가격을 알아야 한다. A라는 주식의 가격을 50,000원이라고 부르듯이 펀드의 가격을 수익증권에서는 기준가격이라고 부르고 뮤추얼 펀드에서는 순자산가치(NAV: net asset value)라고 부른다.

예를 들어, 수익증권인 주식형 펀드에 주식만 편입되어 있다고 하자. 이 펀드의 가격인 기준가격은 펀드에 편입되어 있는 모든 주식의 가치에서 펀드운용과 관련된 각종 비용[4]을 차감한 순자산가치를 그 펀드의 수량으로 나눈 것이 펀드의 가격이 되는 것이다.

수익증권에서는 수량을 나타내는 펀드의 거래단위를 '좌'라고 부르고, 서류상의 회사인 뮤추얼 펀드는 수익증권 대신 주식을 교부하므로 수량을 주식과 마찬가지로 '주'라고 부른다. 따라서 아래 수식과 같이 수익증권의 기준가격과 뮤추얼 펀드의 NAV는 모두 순자산총액÷수량으로 계산한다. 다만, 기준가격은 1좌당 1원으로 계산

---

[4] 펀드투자 시 발생하는 투자비용으로 자산을 대신 운용해주는 대가로 매년 운용자산의 일정비율 (0.5−1% 정도)을 떼는 운용보수와 펀드의 판매회사가 판매 시에 떼는 판매수수료 및 보수 (0.5−1.5% 정도) 그리고 계약에 정해진 기간 이전에 투자자금을 회수할 때 부과하는 환매수수료 등이 있다.

하여 1,000좌를 기준으로 1,000원으로 시작한다.

$$\text{수익증권: 기준가격} = \frac{\text{펀드 총자산} - \text{펀드 총부채(각종비용)}}{\text{총좌수}} \times 1,000$$

$$\text{뮤추얼 펀드: NAV} = \frac{\text{펀드 총자산} - \text{펀드 총부채(각종비용)}}{\text{펀드 총발행주식수}}$$

예를 들어, 1,000,000원짜리 펀드(수익증권)가 최초로 설정한 날에는 아직 펀드의 부채가 없으므로 수익증권의 총순자산가치는 1,000,000원이고 1좌당 1원이므로 1,000,000좌가 발행되었다. 이때 기준가격은 1,000원(= (1,000,000원/1,000,000좌) × 1,000원)이다.

이러한 기준가격은 펀드에 편입되어 있는 주식이나 채권 등의 가격이 변하고 새로운 투자자금이 펀드에 유입됨에 따라 매일 매일 변동한다.[5] 만약 1,000,000원을 펀드에 투자하는 날의 기준가격이 1,100원으로 올라가면 909,091좌(= (1,000,000원 ÷ 1,100원) × 1,000)밖에 못산다.

수익증권의 기준가격이 1,100원에서 1년 후에 1,200원이 되었다면 9.09%(= ((1,200 − 1,100) ÷ 1,100) × 100)의 수익률을 얻게 될 것이며, 인출 시 찾을 수 있는 총 원리금은 1,090,909,200원(= 1,200원 × 909,091좌)이고 여기에 세금을 제한 금액을 실제로 받는다.

2. 상장지수펀드(ETF)

(1) ETF의 개요

뮤추얼 펀드의 일종인 ETF(exchange traded fund: 상장지수펀드)는 S&P500을 추종하도록 설계되어 1993년 AMEX(American Exchange)에 상장된 Spider(SPDR: Standard & Poor's Depository Receipt)가 최초이다. 우리나라의 ETF는 2002년 10월 14일에 삼성투신(현 삼성자산운용)이 운용하는 KODEX200, LG투신(현 우리CS자산운용)의 KOSEF200

---

5 전일까지 운용결과를 반영한 펀드별 기준가격은 자산운용회사, 판매회사, 금융투자협회 홈페이지에 매일 발표된다.

등 4개 종목이 한국거래소에 상장되어 거래된 것이 시초이다. 이후 유동성공급자평가제도 개선, 변동성 확대에 따른 레버리지 ETF와 인버스 ETF 도입 및 거래 급증 등에 기인하여 연평균 30% 수준의 성장률을 보이며 글로벌 ETF 시장에서 순자산규모 10위 수준으로 도약하였다.[6]

ETF는 ELW나 ELS와 동일하게 첫 글자가 E로 시작하지만 ETF의 E는 주식(equity)이 아니라 거래소(exchange)의 첫 글자를 딴 것으로 거래소에 상장되어 일반인들이 자유롭게 거래할 수 있는 펀드를 의미한다. 따라서 ETF는 주가에 연계된 상품만을 가리키는 것은 아니다. 자본시장법상 집합투자증권으로 분류되는 ETF는 특정지수 및 특정자산의 가격움직임과 수익률이 연동되도록 설계된 일종의 인덱스 펀드로서 거래소에 상장되어 주식처럼 거래되는 펀드로 정의한다. 즉, 여러 개의 주식을 묶어서 하나의 증권으로 만든 후, 이 하나의 증권의 거래함으로써 여러 개의 주식을 거래하는 것과 동일한 효과를 얻을 수 있다. 예를 들어, KOSPI200을 추종하는 ETF인 KODEX200의 경우 ETF 1주만 사도 KOSPI200의 모든 종목을 사는 것과 동일한 분산효과를 누린다.

표 18-2 ETF와 인덱스펀드 비교

구 분	ETF(개방형)	인덱스 펀드	
		개방형	폐쇄형
발행형태	주식바스켓 납입 CU단위의 배수로만 발행	현금납입	
추가발행	가능	가능	불가능
상 장	상장의무화	상장불가	상장의무화
시장거래	주식과 동일하게 거래	시장거래불가	시장거래
최소발행/환매단위	CU단위로 발행 및 해지가능	1주도 가능	
환매방법	실물(주식바스켓)지급	현금지급	
운용비용	저렴함	비쌈	
투명성	CU단위의 자산구성내역 공시 장중 실시간 NAV 및 지수 공시	해당사항 없음	
유동성	지정참가회사(AP) 존재	해당사항 없음	

---

6 이재하, 한덕희, 「핵심투자론」, 2판, 박영사(2018), pp. 580-600 참조.

ETF시장 개설 초기에는 KOSPI200과 같은 시장대표지수를 추적하는 ETF가 주류였으나 2006년 섹터 ETF, 2007년 스타일 ETF, 해외 ETF, 삼성그룹 ETF와 같은 테마 ETF, 2009년 이후 상품 ETF, 채권 ETF, 파생상품 ETF, 통화 ETF, 레버리지 ETF, 인버스 ETF, 곱버스 ETF 등 다양한 상품이 지속적으로 출시되고 있다.

(2) ETF시장

ETF는 펀드이면서도 주식처럼 거래소에 상장되어 거래되기 때문에 주식시장처럼 ETF가 처음 만들어져서 발행되는 발행시장과 만들어진 ETF가 거래되는 유통시장이 있다.

1) 발행시장

발행시장은 ETF가 최초로 발행되는 시장으로서 대량의 단위(CU: creation unit)[7]로 ETF의 설정(매수) 또는 환매(매도)[8]가 이루어지기 때문에 법인투자자만 이 시장에 참여할 수 있다. 〈그림 18-3〉에서 ETF가 어떻게 발행되는지 살펴보자.

ETF도 일종의 펀드이기 때문에 투자자가 펀드에 가입하는 것과 본질적으로 동일하다고 보면 된다. ETF 설정을 원하는 경우 법인투자자는 지정참가회사(AP: authorized participant)[9]로 지정된 금융투자업자(증권회사)를 통하여 ETF 설정 및 ETF 신주발행에 필요한 주식바스켓을 납입[10]하고 ETF 설정을 신청해야 한다. 만약 법인투자자가 주식

---

7 주식바스켓을 납입하고 받게 되는 ETF 증권 수는 CU(creation unit)라는 최소설정단위를 적용한다. CU는 ETF 설정 및 ETF 증권발행에 필요한 최소수량으로 ETF를 실제로 운용하는 집합투자업자(운용회사)가 정한 단위이다. KODEX200의 경우 CU가 100,000주이기 때문에 주식바스켓 납입의 대가로 받는 KODEX200의 증권수가 100,000주가 된다.

8 설정은 ETF가 새로이 발행되는 것을 말하고 환매는 ETF 증권블럭(CU)을 반납하고 현물주식바스켓을 되돌려 받는 것을 의미한다.

9 지정참가회사(AP)는 자산보관회사(은행)에 주식바스켓을 납입하여 보관하고 ETF를 실제로 운용하는 운용회사(집합투자업자)에게 ETF 발행(또는 환매)을 청구한다. 참고로, 지정참가회사(AP)는 발행된 ETF 증권이 유통시장에서 원활하게 거래되도록 하는 유동성공급자(LP: liquidity provider)의 역할도 한다. 이 유동성공급자(LP)의 업무는 지정참가회사(AP) 중에서 운용회사(집합투자업자)와 유동성공급 업무를 수행하기로 '집합참가계약'을 체결한 지정참가회사(AP)만 가능하다. 한편, 운용회사(집합투자업자)는 신탁업자인 자산보관회사에 납입된 주식바스켓 납입여부를 확인한 후 ETF를 발행하고 발행된 ETF는 법인투자자의 계좌에 입고된다.

10 ETF는 다른 펀드와는 달리 발행시장에서 설정 또는 환매 시 현금이 아닌 현물로 납입/환매가 이

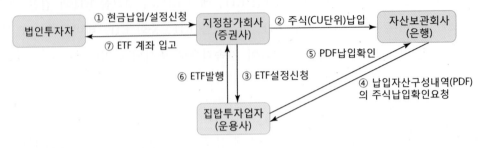

그림 18-3 ETF 발행시장

자료: 한국거래소(www.krx.co.kr)

바스켓 대신 현금으로 납입하면 지정참가회사가 납입된 현금으로 주식바스켓을 대신 완성하여 설정을 신청할 수도 있다.

그러면 ETF 설정을 할 때 어떤 주식(주식현물바스켓: 주식형 ETF인 경우)을 얼마나 납입해야 하는가? 이는 납입자산구성내용공시라는 제도를 통해 ETF 설정 및 환매를 위하여 매일 장종료 후 종가에 기초하여 그 다음날의 발행 및 환매에 필요한 종목명단과 각 종목의 주식수, 소량의 현금이 기록된 PDF(portfolio deposit file)[11]라고 불리는 엑셀파일에 집합투자업자(운용회사)가 다음날 개장 전까지 산출하여 거래소를 통해 투자자에게 공시하고 있다.

예를 들어, KOSPI200을 추종하는 ETF인 KODEX200을 운용하는 삼성자산운용이 202X년 7월 26일 현재 ETF 설정 시 납입해야 하는 주식의 종목, 수량 등을 기록한 파일인 자산구성내역(PDF)을 〈그림 18-4〉와 같이 공시하였다고 하자. 어떤 법인투자자가 202X년 7월 26일에 KOSPI200을 추종하는 ETF인 KODEX200을 설정할 경우 주식 199종목과 현금 9,495,043원을 납입[12]하면 KODEX200을 100,000주[13] 받게 되는데,

---

루어진다.

11 ETF는 자산구성내역(PDF)을 매일 공시하므로 언제 어떤 자산에 투자하는지가 매일 투명하게 공개될 뿐만 아니라 주식처럼 시장에서 실시간으로 거래하여 환금성이 높다.

12 현실적으로 PDF에 해당하는 주식바스켓을 모두 보유하고 있는 기관투자자는 거의 없으므로 설정 시 법인투자자는 지정참가회사의 위탁계좌에 현금을 납입하여 주식바스켓을 매수한 후 설정을 하게 된다. 해지 시에는 법인투자자의 위탁계좌에 PDF에 해당하는 주식바스켓과 현금이 들어오고 법인투자자는 위탁계좌에서 주식바스켓을 매도하여 현금으로 인출하게 된다.

13 1CU단위 결정 금액은 일반적인 바스켓 규모를 감안하여 10억원으로 결정한 후, 업계의 경험상

그림 18-4 KODEX200 자산구성내역(PDF)

| | 파일 | Home | 삽입 | 페이지 레이아웃 | 수식 | 데이터 | 검토 | 보기 | ACROBAT | Q 수행할 작업을 알려 주세요 |

KODEX 200 투자종목정보(PDF)

202X/07/26

번호	종목명	ISIN	종목코드	수량	비중(%)	평가금액(원)	현재가(원)	등락(원)
1	원화예금	KRD010010001	RD0100100(	9,495,043	0.00%	9,495,043	0	0
2	삼성전자	KR7005930003	005930	7,899	29.08%	626,390,700	78,500	-500
3	SK하이닉스	KR7000660009	000660	939	5.17%	111,271,500	112,500	-1,500
4	NAVER	KR7035420009	035420	212	4.45%	95,824,000	433,500	-6,000
5	카카오	KR7035720002	035720	528	3.66%	78,936,000	147,000	-1,500
6	삼성SDI	KR7006400006	006400	86	3.00%	64,586,000	741,000	-24,000
7	LG화학	KR7051910008	051910	77	2.96%	63,756,000	842,000	7,000
8	현대차	KR7005380001	005380	236	2.47%	53,218,000	218,000	-4,000
9	셀트리온	KR7068270008	068270	178	2.22%	47,793,000	253,500	-8,000
10	POSCO	KR7005490008	005490	108	1.77%	38,178,000	366,500	7,500
197	동원시스템즈	KR7014820005	014820	8	0.02%	363,600	43,150	-400
198	쿠쿠홀딩스	KR7192400000	192400	2	0.01%	253,000	128,000	-1,500
199	F&F홀딩스	KR7007700008	007700	5	0.01%	190,250	37,300	-750

자료: 삼성자산운용(www.samsungfund.com)

이 100,000주를 1CU라고 한다. 자산구성내역(PDF)에 공시되는 주식들을 모두 정배수로 납입하면 ETF 증권도 100,000주의 정배수로 받을 수 있다. 즉, PDF를 구성하는 198종목의 주식수와 현금을 2배로 납입할 경우에는 KODEX200이 200,000주가 발행된다. 즉, ETF의 발행단위는 CU의 정수배로만 설정(발행) 및 환매되며 1CU를 구성하는 ETF의 1CU의 ETF 주식수는 ETF 상품별로 다르다. 이와 같이 주식을 내놓고 ETF를 받는다는 것은 〈그림 18-5〉에서 나타낸 바와 같이 이해할 수 있으며, ETF는 주식바스켓을 세분화한 증서이기 때문에 ETF증권 1주만 매수해도 분산투자 효과가 있다.

KOSPI200을 100포인트를 기준으로 할 때 시장에서 1만원 정도의 가격이 가장 활발히 거래될 수 있는 적정가격이라고 보아 1CU당 ETF 주식 100,00주(=10억원/1만원)로 결정한다. 이렇게 산출된 10,000원은 지수의 100배이므로 예를 들어, 현재 지수가 250.00이라면 ETF 주식의 가격은 지수에 100을 곱한 25,000원이 된다. ETF의 가격은 특정지수 및 특정자산의 가격 움직임에 따라 결정되기 때문에 특정지수 및 특정자산의 가격이 상승(하락)하면 그 비율만큼 가격이 상승(하락)한다. 즉, 특정지수 및 특정자산의 가격이 해당 ETF의 가격(=지수×상품별 가격배율)이라 할 수 있다.

그림 18-5 ETF 증권화 개념도

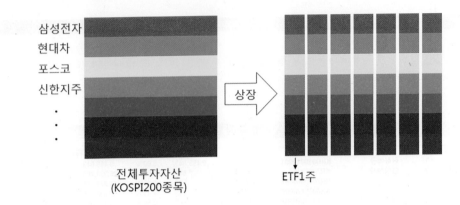

자료: 한국거래소, 「처음 만나는 ETF 이야기」, 2013, p. 26.

한편, 시장의 조성자로서 시장에 유동성을 공급하는 지정참가회사(예를 들어, 삼성증권)는 주식현물바스켓(주식형 ETF인 경우)을 구성하여 자산보관회사(은행)에 납입하고 운용회사에 ETF발행을 청구한다.[14] 운용회사는 자산보관회사(은행)에 주식현물바스켓(주식형 ETF인 경우) 납입을 확인한 후 ETF를 발행하고 발행된 ETF는 지정판매회사의 투자자계좌에 입고된다. 환매는 설정(발행)의 경우와 반대의 경로를 거쳐 ETF를 제출하고 주식현물바스켓(주식형 ETF인 경우)과 소량의 현금을 환수한다.

2) 유통시장

발행시장에서 발행된 ETF가 거래소에 상장된 후에는 법인투자자를 포함한 모든 투자자가 다 ETF를 사고팔 수 있으며, 이 시장을 유통시장이라고 한다. 또한 거래소에 상장된 ETF는 일반주식과 동일한 방법으로 거래된다. 즉, 증권회사의 주식거래계좌를 통하여 ETF를 매수·매도할 수 있으며 매매주문도 전화나 ARS, HTS, MTS를 이용하여 접수 가능하다. 이때, 시장 조성을 위해 LP(liquidity provider)[15]라고 불리는 유

---

14 설정/해지가 결정되는 시점은 T+2일이고 PDF는 매일 변경될 수 있다. 이때 T+2일에 결제되는 PDF는 설정/해지 당일(T일)의 PDF이며 T+2일의 PDF와는 아무 상관이 없다.

15 LP는 일정시간 동안 일정한 범위 내의 호가가 없을 경우 의무적으로 매수 또는 매도호가를 제시하여 유동성을 공급하며, ETF 시장가격이 NAV(net asset value: 총순자산가치)에서 과도하게 벗어나

동성공급자를 반드시 두어야 한다.

(3) 다양한 ETF

ETF시장 개설 초기에는 KOSPI200과 같은 시장대표지수를 추적하는 ETF가 주류였으나 2006년 섹터 ETF, 2007년 스타일 ETF, 해외 ETF, 테마 ETF, 2009년 이후 상품 ETF, 채권 ETF, 통화 ETF, 파생상품 ETF 등의 다양한 상품이 지속적으로 출시되고 있다.

시장대표 ETF는 KOSPI200, KRX100 등 시장을 대표할 수 있는 지수를 추종하는 ETF이다. 시장대표 ETF는 시장을 대표하기 때문에 다른 ETF에 비해 변동성이 제일 낮다.

섹터 ETF는 상장기업을 반도체, 은행, IT, 자동차, 증권, 조선, 건설 등 업종별로 구분하여 해당 업종의 주가흐름을 추종하도록 만든 ETF이다. 섹터 ETF는 특정업종에 소속된 기업에 분산투자하게 됨으로써 개별종목 투자에 따른 위험을 회피할 수 있으면서 시장평균수익 보다 높은 수익을 추구할 수 있다.

스타일 ETF는 기업특성과 성과형태가 유사한 주식집단으로 구성된 지수를 추종하는 ETF로 시가총액의 크기에 따라 대형주, 중형주, 소형주로 구분하고 이를 다시 가치주와 성장주로 구분하여 가치주 ETF, 중형가치 ETF, 중소형가치 ETF 등의 이름으로 상장되어 있다.

해외 ETF는 해외거래소 지수를 추종하는 ETF로서 중국 ETF(A주 ETF, H주 ETF), 미국 ETF(S&P500, 나스닥), 남미국가(라틴, 브라질), 일본 및 기타가 혼합된 브릭스 ETF 등이 있다.

테마 ETF는 배당주, SRI(사회적 책임투자), 변동성 등과 같이 투자자의 다양한 요구에 맞추어 시장의 특정 테마를 형성하는 상장종목들을 선정하여 기초지수를 개발하여 만든 ETF이다.

채권 ETF는 KTB인덱스나 MKF 국고채지수 등의 채권지수를 추종하는 ETF로 다

는 경우 NAV에 가까운 호가를 제시함으로써 ETF의 가격괴리가 커지는 것을 방지하는 역할을 담당한다.

른 어떤 ETF보다 ETF의 가격변동이 매우 적은 ETF이다. 일반투자자는 고액의 채권투자를 채권 ETF를 통해 소액으로도 할 수 있다.

통화 ETF는 미국달러선물지수와 같은 통화지수를 추종하는 ETF이다. 통화 ETF인 달러선물 ETF는 미국달러선물과 달리 만기가 없고 1주당 1만원 정도의 적은 비용으로 외환투자를 용이하게 할 수 있다.

상품 ETF는 금, 원유, 밀 등과 같은 상품가격 또는 상품선물을 이용한 선물지수를 추종하는 ETF이다. 일반투자자는 상품에 직접 투자하는 상품 ETF에 투자함으로써 상품에 대한 투자를 할 수 있게 된다.

파생상품 ETF는 기초지수의 변동에 일정배율 연동하는 운용성과를 목표로 하는 ETF로서 기초자산 중 선물과 같은 파생상품이 중요한 역할을 하는 ETF로 레버리지 ETF, 인버스 ETF, 곱버스 ETF가 있다.

1) 레버리지 ETF

레버리지 ETF는 KOSPI200의 일간 등락률을 2배씩 추적하는 것을 목표로 하는 ETF이다. 하루 동안 KOSPI200이 1% 오르면 레버리지 ETF의 NAV는 2% 올라가고 반대로 KOSPI200이 1% 하락하면 레버리지 ETF의 NAV는 2% 하락하여 오를 때 더 오르고 내릴 때 더 내리게 된다. 따라서 레버리지 ETF는 KOSPI200 하락 시 손실이 확대되는 고위험 상품이다. 레버리지 ETF는 투자대상(KOSPI200) 수익의 2배를 목표로 하기 때문에 선물과 같은 파생상품과 주식으로 레버리지 ETF의 구성종목을 만든다.

특히 레버리지 ETF에 투자할 경우 주의할 점은 수익률 기준이 하루라는 것이다. 즉, 레버리지 ETF는 일주일 혹은 한 달과 같은 기간이 아니라 매일 매일의 종가를 기준으로 투자대상(KOSPI200) 수익률의 2배를 추구하기 때문에 일정기간의 누적으로 볼 때 손실이 발생할 수도 있다. 이러한 현상은 시장의 변동성이 큰 경우 더욱 확대된다. 따라서 레버리지 ETF는 장기투자보다 단기투자에 적합하다.

예를 들어, 오늘 300포인트인 KOSPI200이 다음날 20% 상승하여 360포인트가 되었다가 이틀 후에 −15% 하락하여 306포인트가 되었다고 하자. 이 경우 이틀 동안의 누적수익률은 2%(=(306−300)/300)이다. 하지만 오늘 30,000원이었던 레버리지 ETF는 다음날 20%의 2배인 40%가 상승하여 42,000원이 되고, 이틀 후에 −15%의 2배인

−30% 하락하여 29,400원이 된다. 따라서 레버리지 ETF의 이틀 동안의 누적수익률은 −2%(=(29,400−30,000)/30,000)가 된다.

또한, 선물과 같은 파생상품의 경우 만기가 정해져 있기 때문에 다음 만기의 상품으로 교체할 때 교체하는 선물들의 가격차이로 추가비용, 즉 롤오버(rollover)비용 등의 발생으로 투자대상 수익률에 비해 정확히 2배가 되지 못할 수 있다.

2) 인버스 ETF

인버스 ETF는 기초자산이 현물이 아니라 선물이다. 즉, KOSPI200선물을 기초자산으로 하여 기초지수인 KOSPI200선물이 1% 내리면 인버스 ETF의 NAV는 1% 올라가고 반대로 KOSPI200선물이 1% 올라가면 인버스 ETF의 NAV는 1% 내려가는 ETF이다. 따라서 투자자산의 가격이 하락할 때 수익을 낼 수 있게 된다.

기초지수와 역방향으로 추적하기 위해 인버스 ETF의 구성종목은 선물매도와 KOSPI200을 추종하는 ETF인 KODEX200 그리고 현금으로 구성한다. 기초지수인 KOSPI200선물이 하락할 경우 인버스 ETF의 구성종목인 선물매도로 인한 이익이 발생한다. 반대로 기초지수인 KOSPI200선물이 상승할 경우 인버스 ETF의 구성종목인 선물매도로 인한 손실이 발생한다. 따라서 인버스 ETF는 기초자산과 반대방향의 손익이 발생하게 된다.

인버스 ETF도 레버리지 ETF와 마찬가지로 매일 매일의 종가를 기준으로 투자대상(KOSPI200선물) 수익률의 −1배를 추구한다. 예를 들어, 오늘 300포인트인 KOSPI200 선물이 다음날 20% 하락하여 240포인트가 되었다가 이틀 후에 15% 상승하여 276포인트가 되었다고 하자. 이 경우 이틀 동안의 누적수익률은 −8%(=(276−300)/300)이다.

하지만 오늘 30,000원이었던 인버스 ETF는 다음날 20%의 −1배인 20%가 상승하여 36,000원이 되고, 이틀 후에 15%의 −1배인 15% 하락하여 30,600원이 된다. 따라서 인버스 ETF의 이틀 동안의 누적수익률은 2%(=(30,600−30,000)/30,000)가 된다.

3) 곱버스 ETF

곱버스 ETF는 '곱하기+인버스'의 합성어다. 인버스 ETF와 마찬가지로 기초자산의 가격이 하락할 때 수익이 발생하는데 그 수익이 2배(곱하기)이다. 하지만 기초자산의 가격이 상승한다면 그 손실 또한 2배가 되어 고위험 상품에 해당한다. 대표적인 곱버스 ETF는 2016년 9월에 처음 설정된 삼성자산운용의 KODEX200선물인버스2X로서 KOSPI200선물을 2배로 추정한다. 특히, 곱버스 ETF는 기초자산의 가격을 2배로 추종하기 때문에 기초자산의 가격이 횡보할 경우 곱버스 ETF의 투자자는 손실을 보게 된다.

예를 들어, 기초자산의 가격이 6일 동안 1,000원, 1,030원, 980원, 1,000원, 1,100원, 1,000원으로 횡보할 경우 수익률은 3%($=-(1,030-1,000)/1,000$), 4.85%($=-(980-1,030)/1,030$), -2.04%, -10%, 9.09%가 된다. 곱버스 ETF는 -2배로 추정하므로 수익률이 $-6\%(=3\%\times(-2))$, $9.71\%(=4.85\%\times(-2))$, -4.08%, -20%, 18.18%이다. 따라서 곱버스 ETF 가격이 1,000원, 940원($=1,000\times(1-6\%)$), 1,031원($=940\times(1+9.71\%)$), 989원, 791원, 935원이 되어 6일 후의 수익률은 $-6.48\%(=(935-1,000)/1,000)$로 손실을 보게 된다. 이는 기초자산 가격의 6일 후 수익률이 0%인 상황에서 인버스 ETF의 수익률 -2.18%, 레버리지 ETF의 수익률 -2.20%에 비해 큰 손실을 보게 됨을 알 수 있다.

기초자산 가격	인버스 ETF의 등락률(-1배)	곱버스 ETF의 등락률(-2배)	레버리지 ETF의 등락률(2배)	인버스 ETF	곱버스 ETF	레버리지 ETF
1,000				1,000	1,000	1,000
1,030	-3.00%	-6.00%	6.00%	970	940	1,060
980	4.85%	9.71%	-9.71%	1,017	1,031	957
1,000	-2.04%	-4.08%	4.08%	996	989	996
1,100	-10.00%	-20.00%	20.00%	897	791	1,195
1,000	9.09%	18.18%	-18.18%	978	935	978
수익률				-2.18%	-6.48%	-2.20%

(4) ETF의 순자산가치(NAV)

ETF의 자산에서 ETF가 갚아야 할 부채[16]를 차감한 것을 순자산이라고 하고, 이

---

16 ETF 운용사에게 지급해야 하는 운용보수를 말한다. 보통 분기별로 3개월에 해당하는 운용보수를 현금으로 지급하는데 매일 회계처리를 할 경우에는 하루치의 보수를 계산하여 미지급보수라는 이름으로 부채로 인식한다.

순자산을 발행된 ETF의 총 증권수로 나눈 값을 순자산가치(NAV)라고 한다. 예를 들어, 총발행증권수가 40만주인 어떤 ETF의 자산이 주식 A 100만원(100주), 주식 B 200만원(100주), 현금 100만원으로 구성되어 있고 미지급보수 10만원이 부채로 잡혀 있다고 하자. 이 ETF의 NAV는 1,250원[= ((100만원×100주 + 200만원×200주) − 10만원)/40만주]이다. ETF의 NAV는 보통 하루 한번 저녁에 산출되고 이 지표는 다음날 공표한다.

상장지수펀드(ETF) 제대로 알고 투자하시나요?

매니저들의 종목 선별로 초과수익을 추구하는 액티브 펀드들이 고전하면서 특정지수를 따라 움직이는 상장지수펀드(ETF)들이 각광받고 있다. 한국거래소 집계에 따르면 지난해 ETF의 하루 평균 거래대금 규모는 8,000억원 정도로 이 중 개인 투자자 비중이 40%가 넘는다고 한다. 주식처럼 실시간 거래가 가능하고, 거래비용도 저렴한데다 소액으로 분산투자 효과까지 누릴 수 있다는 매력에 힘입어 개인 투자자들의 재테크 수단으로 자리매김했다.

금융감독원이 이 같은 개인 투자자를 위해 ETF 투자 시 살펴봐야 할 8가지 유의사항을 소개했다. 먼저 ETF는 원금손실 우려가 있는 펀드 상품이란 점을 명심해야 한다. 거래소에 상장돼 거래되는 인덱스 펀드일 뿐 은행예금처럼 투자 원금을 보장해주지는 않는다. ETF를 선택할 때는 어떤 종목들을 담고 있는지 '자산구성내역(PDF)'도 면밀히 살펴야 한다. 주식과 마찬가지로 해당 ETF의 순자산가치(NAV)가 시장가격보다 크다면 '저평가 상태'로 보면 된다.

ETF도 주식처럼 거래하는 상품이기 때문에 매수·매도 시 중개 수수료를 내고, 운용보수·판매보수 등은 펀드자산에서 차감된다. 현재 거래되고 있는 256개 ETF의 비용은 최저 0.05%에서 최대 0.99%까지 차이가 난다. 따라서 투자 전에는 매매 비용도 따져볼 필요가 있다.

비슷한 기초지수를 따라 움직이는 ETF라면 '추적오차'와 '괴리율'도 살펴보고 골라야 한다. ETF의 포트폴리오에 일부 종목을 편입하지 못하면 순자산가치(NAV)가 기초지수를 제대로 못 따라 가면서 '추적오차'가 발생하게 된다. 이와 함께 ETF의 시장가격과 순자산가치가 벌어지면서 '괴리율'도 나타난다. 거래시간 차이 등에 따라 일시적인 현상이 될 수 있지만 지속적으로 간격이 크게 벌어진다면 해당 ETF는 피하는 게 좋다.

국내 투자자들 사이에서는 하루 지수등락율의 2배 수준으로 움직이는 '레버리지 ETF'가 인기다. 레버리지 ETF와 지수와 반대로 움직이는 인버스 ETF는 장기투자 시 낭패를 볼 수 있는 상품이란 점도 명심해야 한다. 예를 들어, 1,000포인트였던 기초지수가 다음날 25포인트 하락했다가 그 다음날 25포인트 상승했다면 누적수익률은 '제로(0)'이지만 레버리지 ETF수익률은 여전히 마이너스상태가 된다. 지수변동폭이 크고, 장기투자 할 경우 손실폭이 커질 수 있다.

요즘에는 운용사들이 원자재, 특정 해외지수 등 기초지수를 구성하는 종목을 그대로 편입하기가 어려워 스왑거래를 통해 '합성 ETF'를 내놓고 있다. 이 같은 ETF는 스왑거래 상대방의 신용위험을 확인해야 한다. 원자재 및 해외지수 관련 ETF는 환율변동 위험도 고려해야 한다. 환헷지 상품이 아닌 경우 미국 S&P지수가 10% 상승해 수익을 냈더라도 원·달러 환율이 10% 하락해 수익을 모두 까먹는 경우가 발생하기 때문이다.

[출처: 한국경제(www.hankyung.com), 2017. 3. 17.]

3. 상장지수증권(ETN)

(1) ETN의 개요

2014년 11월에 한국거래소에 도입된 ETN(exchange traded note: 상장지수증권)은 기초지수[17] 변동과 수익률 변동이 연동되도록 증권회사가 발행한 파생결합증권이다. ETN은 증권회사가 자기신용으로 발행하는 일종의 회사채 또는 약속어음으로서 만기가 없는 ETF와 달리 만기(1년~20년)가 존재한다.

하지만 채권처럼 고정된 이자를 주거나 ELS처럼 발행 시 약정한 조건에 따라 확정 수익률을 지급하는 것이 아니라 ETN은 기초지수 수익을 투자자에게 지급하기로 약속하기 때문에 ETN으로부터 얻는 수익이 현재 정해진 것이 아니다. 예를 들어, ETN 투자원금이 1,000만원이고 만기까지 기초지수 수익률이 50%, 제비용이 10만원일 경우 투자자는 1,490만원(=1,000만원×1.5−10만원)을 받는다. 또한 투자자 입장에서 ETN은 주식이나 채권 등에 직접 투자하는 것이 아니라 펀드나 ETF와 같이 원금비보장형 간접투자 방식의 상품이다.

---

17 기초지수는 ETN이 투자대상으로 삼고 있는 것으로서, 우량주 바스켓 지수, 배당지수, 국고채3년지수, 금지수 등이 모두 ETN의 기초지수가 될 수 있다.

표 18-3 ETN과 ETF 비교

구 분		ETN	ETF
정의		증권회사가 자기신용으로 지수수익률을 보장하는 만기가 있는 파생결합증권	자산운용사가 자산운용을 통하여 지수수익률을 추적하는 만기가 없는 집합투자증권(펀드)
발행회사의 신용위험		있음	없음(신탁재산으로 보관)
기초지수	구성 종목수	5종목 이상 (주식형 ETN의 경우)	10종목 이상 (주식형 ETF의 경우)
	자산운 용방법	발행자 재량 운용	기초지수 추적 운용 (운용 제약)
만기		1~20년	없음

자료: 한국거래소, 「자산관리의 떠오르는 별, ETF와 ETN」, p. 17.

ETN은 반드시 거래소에 상장되어 만기 이전에는 주식이나 ETF처럼 거래소에서 거래되며, 만기가 되면 투자기간 동안의 기초지수수익률에서 제비용을 제한 금액을 발행증권사가 지급한다.[18] ETN과 ETF는 모두 인덱스 상품으로 거래소에 상장되어 거래되는 측면에서 서로 유사하다.

하지만 ETN은 기초지수 수익률을 지급해야 하는 계약상의 의무가 있는 증권이므로 추적오차 위험이 없이 기초지수 수익을 그대로 누릴 수 있는 장점이 있다. 이에 비해 ETF는 펀드라는 특성상 주식 등을 자산에 편입하여 별도의 신탁기관에 보관하고 자산의 실질적인 운용수익을 투자자에게 수익으로 돌려주는 과정에서 추적오차가 발생한다.

이외에도 분산투자기준 및 파생상품 거래 등에 있어 엄격한 자산운용 제한을 받는 ETF에 비해 ETN은 펀드가 아니기 때문에 주식형 ETN의 경우 기초지수의 최소구성종목수를 ETF의 10종목보다 낮은 5종목으로 만들 수 있어 자산운용 제한에 자유로울 뿐 아니라 투자목적에 충실한 다양한 지수를 유연하게 만들 수 있다. 〈표 18-3〉에 ETN과 ETF를 비교하여 정리하였다.

---

18 만기 이전에도 중도환매(만기 이전에 투자자가 일정 규모 이상으로 ETN을 발행한 증권회사에 환매를 신청하면 발행회사는 해당 시점까지의 기초지수 수익에 제비용을 제외하고 투자자에게 지급) 또는 거래소 시장에서 매매가 가능하다.

(2) ETN시장

ETN시장은 발행시장과 유통시장으로 나뉜다. 발생시장에서 ETN 발행자는 ETN을 발행하는 업무, 만기 또는 중도상환 시 수익률을 투자자에게 지급하고 이를 위해 자산을 운용(해지)하는 활동 등을 수행한다. ETN은 증권회사가 자기신용으로 발행하기 때문에 신용등급이나 재무안정성 등이 우수한 증권회사가 발행을 한다.

ETN을 발행하고자 하는 증권회사는 자기자본이 1조원 이상 되는 증권회사로 증권 및 장외파생상품 투자매매업인가를 3년 이상 유지하면서 신용등급이 AA-이상, 영업용순자본비율[19]은 200% 이상 충족하고 최근 3년간 적정 감사의견을 유지해야 하는 등 발행자로서의 자격요건이 엄격히 적용된다.

발행시장에서 신규 상장하는 ETN의 발행총액은 200억원 이상, 발행증권수 10만 증권이어야 한다. 또한 ETN은 1년 이상 20년 이내의 만기로 발행할 수 있다. ETN은 공모로 발행되어야 하는데 청약절차를 거치지 않고 발행사가 직접 또는 발행된 ETN을 인수한 제3의 유동성공급자가 거래소 시장을 통해 매출(매도)함으로서 거래가 시작된다. ETN의 유통시장에서는 주식과 동일하게 거래되며 유동성공급자가 실시간으로 매수 및 매도호가를 공급하여 원활한 거래를 지원한다.

그림 18-6 **ETN시장**

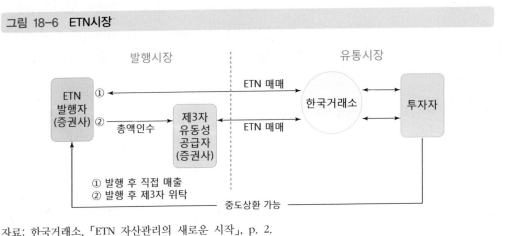

자료: 한국거래소, 「ETN 자산관리의 새로운 시작」, p. 2.

---

19 영업용순자본(=자기자본-비유동성 자산)을 총위험액(보유자산의 손실예상액)으로 나눈 값을 말한다.

(3) ETN 투자지표와 투자위험

1) ETN 투자지표

① 지표가치

한국예탁결제원에서는 ETN투자 시 ETF의 NAV와 유사한 개념인 지표가치(IV: indicative value)를 매 영업일 장종료 후 1회 제공한다. 지표가치는 ETN 발행 시점부터 일일 기초지수변화율을 누적한 누적수익률에서 일할 계산된 발행자의 운용비용 등 제비용을 차감하여 계산한다. 따라서 지표가치는 ETN 1증권당 실질적인 보유가치를 의미한다. 지표가치는 투자자가 중도상환할 경우 중도상환기준가(=당일지표가치-중도상환수수료(증권사 자율))로 활용된다.

실무적으로는 장중 투자지표로서 사용하기 위하여 실시간 지표가치를 제공한다. 실시간 지표가치는 전일 지표가치에 당일의 기초지수 변화율을 반영하여 산출하는데, 여기에는 운용보수 등의 세부적인 변동은 반영하지 않는다.

② 괴리율

ETN 시장가격 적정성 여부를 판단하는 지표로 괴리율을 계산할 수 있다. 괴리율(=(ETN종가-지표가치)/지표가치)은 시장가격이 고평가되거나 저평가되는 정도에 따라 커지거나 작아진다. ETN은 기초지수를 추적하고 그 수익률을 지급받는 상품이므로 이론적으로 괴리율이 거의 발생하지 않지만 발행회사의 신용위험이 커지거나 유동성 공급이 원활하지 않을 경우에는 괴리율이 커질 수 있다. 만약 괴리율이 상당기간 지속되거나 분기에 일정 일자를 초과한 종목에 대해서는 거래소가 유동성공급자 교체를 발행회사에 요구하고 1개월 이내에 교체하지 않으면 투자자보호를 위해 해당 종목을 상장폐지한다.

2) ETN 투자위험

ETN은 기초지수의 움직임에 연동되도록 설계된 인덱스 상품으로 지수 구성종목에 분산투자하기 때문에 개별주식에 투자할 경우에 발생하는 기업고유의 개별위험은 감소시킬 수 있으나 시장위험인 체계적 위험은 감소시킬 수 없다. 따라서 기초지수가 상승하면 이익을 보지만 기초지수가 하락하면 손실을 보게 되므로 ETN은 기초자산의 가격변동위험에 노출되어 있는 원금 비보장 상품이라는 점에 항상 주의해야 한다. 또한 ETN은 주식처럼 상장되어 거래되지만 주식과 달리 국내 주식형 ETN을 매도할 경우에는 증권거래세(0.23%)[20]가 면제되기 때문에 단기투자로 빈번히 거래할 수 있다. 이때 증권회사에 지불하는 위탁수수료 부담이 커짐에도 주의해야 한다.

한편, ETN은 무보증, 무담보의 일반사채와 동일하게 증권회사가 자기신용으로 발행하기 때문에 증권회사가 파산할 경우 발생할 수 있는 채무불이행위험(신용위험)이 있다. 이에 거래소는 발행회사의 자격요건을 엄격하게 정하고 있다. 만약 ETN 발행회사의 자격유지, 기초지수 요건, 유동성공급자 요건, 규모요건 등을 충족하지 못했거나 발행회사가 중요한 공시의무를 위반할 경우에는 만기 전이라도 ETN을 상장폐지될 수 있는 상장폐지위험이 존재한다.

ETN이 상장폐지되더라도 주식과 달리 투자금액 모두를 손실보는 것이 아니라 발행회사가 최종거래일의 지표가치에 해당하는 금액을 투자자에게 지급한다. 따라서 ETN의 경우 투자기간 동안 손실이 발생할 경우 ETN의 상장폐지와 함께 손실이 확정될 뿐이다.

4. 주가연계증권(ELS)

(1) ELS의 개요

ELS(equity linked securities: 주가연계증권)는 이름에서도 알 수 있듯이 주가 움직임에 따라 일정한 수익률을 받게 되는 파생결합증권으로 증권회사가 자기신용으로 발행하는 장외상품이다. 예를 들어, KOSPI200이 10% 상승한다면 미리 정해 놓은 12%의 수익률을 주고 15% 하락한다면 10%의 손실을 주는 식이다. 물론 수익률을 받게 되는 조건은 상품에 따라 매우 다양하다. 증권사가 판매하는 ELS와 유사한 상품으로 은행은 ELD(equity linked deposit: 주가연계예금), 자산운용사는 ELF(equity linked fund: 주가연계펀드)를 판매하고 있다.[21]

---

20 2021년 1월 터 코스피와 코스닥 모두 증권거래세 0.23%가 적용되고 있다.
21 ELD는 주가(주가지수)의 변동과 연계해 수익이 결정되는 은행판매 예금으로서, 투자원금을 정기예금 등의 안전자산에 운용하여 발생하는 이자의 일부 혹은 전부를 주가(주가지수) 변동에 연동한

표 18-4 ELS와 DLS

구분	기초자산		기초자산의 예
ELS	주식	주식	삼성전자, 현대차, 포스코 등
		주가지수	KOSPI200, HSCEI, EuroStoxx50 등
DLS	금리		CD91일물 등
	통화		원/달러환율, 달러/위안화 환율
	실물(금, 석유 등)		런던금가격지수, 런던은가격지수 등
	신용위험		중국교통은행 신용사건 등

ELS의 수익률을 지급할 때 주식이나 KOSPI200의 변동에 연계하여 줄 경우 주식이나 KOSPI200을 기초자산이라고 하는데 기초자산이 하나일 수도 있고 여러 개일 수도 있다. 또한 기초자산이 주식이나 주가지수가 아닌 금리, 통화(환율), 실물자산(금, 은, 원자재 등), 신용위험(기업신용등급의 변동, 파산 등)이 될 수도 있는데 이를 기초자산으로 하여 이들의 변동에 따라 미리 정해진 방법에 의해 수익률이 결정되는 증권을 DLS(derivatives linked securities)라고 한다. 〈표 18-4〉에 ELS와 DLS의 차이를 정리하였다.

ELS는 금융기관 간 또는 금융기관과 일반기업 간의 맞춤 거래를 기본으로 하는 비표준화된 상품으로 거래의 결제 이행을 보증하는 거래소가 따로 없다. 따라서 영업용순자본비율(net capital ratio)이 300% 이상이며, 장외파생상품 전문 인력을 확보하고 금융위원회가 정하는 위험관리 및 내부통제 등에 관한 기준을 충족하는 투자매매업자(증권사)만이 ELS를 발행할 수 있다.

(2) ELS 상품의 손익구조

ELS는 다양한 손익구조를 갖는다는 특징 때문에 현재 유통되는 파생결합증권 중

파생상품에 투자하는 구조다. ELS와 비슷하지만 정기예금이기 때문에 예금자보호법에 따라 원금이 보장된다. 중도해지가 가능하지만 해지할 때 원금 손실을 볼 수 있다. 원금이 보장되지 않는 증권사의 ELS에 비해 수익률은 다소 낮지만, 안정성이 높은 편이다. 한편, ELF는 ELS를 펀드로 만든 수익증권으로 주가(주가지수)의 변동과 연계돼 수익이 결정되며 증권회사뿐 아니라 은행도 판매할 수 있다. ELF는 투자금액의 상당액을 채권으로 운용하면서 여기에서 발생하는 이자로 증권사가 발행하는 ELW에 투자한다.

가장 높은 비중을 차지하고 있다. 하지만 ELS의 복잡하고 이해하기 어려운 다양한 손익구조는 한편으로는 ELS에 대한 이해를 가로막는 단점이 되기도 한다.

2003년 시장에 처음 등장한 ELS는 초기에는 원금이 보장되는 원금보장형 ELS가 주류를 이루었다. 원금보장형 ELS는 운용 자금의 대부분을 안정적인 채권에 투자하고 나머지 자금은 주가와 연동되는 옵션 등 파생상품에 투자함으로써 초과수익을 확보하는 수익구조를 갖고 있다. 따라서 원금보장이라는 제약으로 만기수익이 제한적일 수밖에 없다.

최근에는 원금을 보장받지 못하는 원금비보장형 ELS가 많이 출시되고 있다. 원금비보장형은 기초자산, 만기, 원금보장 정도, 기대수익률 등이 다양한 여러 상품이 가능하기 때문에 보다 다양하고 매력적인 수익구조가 가능하나 그만큼 위험도 커진다는 단점이 있다.

1) 원금보장형 ELS의 사례

원금보장형 ELS는 장애옵션(barrier option)을 적용한 낙아웃(knock out) 콜 형태가 대표적이다. 즉, 일정한 상한(혹은 하한)가격(barrier)을 미리 설정해 놓고 만기 이전에 한 번이라도 상한(혹은 하한)가격에 도달하면 옵션이 생기거나(knock in) 옵션이 소멸 (knock out)되는 장애옵션을 이용하여 원금보장형 ELS를 설계할 수 있다.

예를 들어, 우리투자증권(현 NH투자증권) ELS 제7878회의 경우 기초자산은 KOSPI200을 기준으로 하며, 〈그림 18-7〉과 같이 만기일에 원금이 보장되는 수익구조이다. 〈그림 18-7〉에서 가로축은 최초기준가격 대비 기초자산가격이다. 최초기준가격이란 투자시작시점의 기초자산가격이며 100%의 값을 갖는다.

따라서 가로축의 값이 100%보다 작으면 기초자산가격이 하락한 것을 의미하고 100%보다 크면 기초자산 가격이 올라간 것을 의미한다. 만약 120%라면 기초자산가격이 20% 상승한 것을 나타낸다. 세로축은 ELS의 수익률을 나타낸다. 〈그림 18-7〉의 손익구조에서 ①, ②, ③은 만기 시에 받게 되는 수익률을 나타내는데, 각 경우에 따라서 손익을 살펴보자.

① 투자기간 중에 기초자산가격이 최초기준가격보다 한 번이라도 20% 이상 상승할 경우다. 즉, 기초자산가격의 상한가격을 120%로 미리 정해 놓고 기초자산

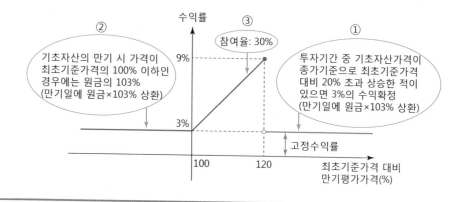

그림 18-7 원금보장형 ELS의 수익구조 예시

가격이 120% 이상 올라가는 낙아웃 조건[22]을 충족하면 수익률을 고정금액
(rebate)으로 3%를 준다는 의미이다.

② 만기 시에 기초자산가격이 최초기준가격의 100% 이하인 경우다. 이 경우에도
고정금액으로 3%를 주기 때문에 원금의 103%를 보장받는다.

③ 기초자산가격이 100%와 120% 사이에서 움직일 경우이다. 이는 기초자산가격
이 상승하였으나 낙아웃조건을 충족하지 못하였을 경우를 의미한다. 이때는
참여율 30%를 고려하여 수익률을 지급하게 된다. 참여율이란 이익에 참여할
수 있는 비율을 의미하는데 예를 들어, 참여율이 30%일 때 기초자산이 20%
상승하였다면 투자자는 6%(=20%×30%)의 투자수익을 얻는다. 따라서 기초자
산가격이 한번이라도 20% 이상 상승하지 못하였을 경우에는 최소 3%에서 최
대 9%(=3%+6%) 사이의 수익률을 얻는다.

2) 원금비보장형 ELS의 사례

최근에는 스텝다운형의 원금비보장형이 대세를 이루고 있다. 예를 들어, 기초자
산이 KOSPI200과 HSCEI지수 두 개이고 만기는 3년인 미래에셋대우의 제7130회 ELS

---

22 만기까지의 기간 동안 기초자산의 가격이 수익률수익지급의 제한선(barrier)에 한번이라도 도달하
면 기초자산가격에 연동하는 옵션이 사라져 만기지수와 관계없이 수익률이 고정된다.

수익구조 〈그림 18-8〉을 살펴보자. ①은 조기상환 시의 고정수익률을 나타내고 ②, ③, ④는 만기상환 시의 수익률을 나타낸다.

①은 90/90/90/85/85의 낙아웃 조건에 의한 고정수익률 연 6.3%를 주는 조기상환부분이다. 즉, 최초 투자이후 6개월(12개월, 18개월, 24개월, 30개월)이 되는 날 모든 기초자산의 가격이 최초기준가격의 90%(90%, 90%, 85%, 85%) 이상이 되면 3.15%(= 6.3%/2), 6.3%, 9.45%(=6.3%+3.15%), 12.6%(=9.45%+3.15%), 15.75%(=12.6%+3.15%)를 만기 전에 받고 ELS는 종결된다.

②는 만기(36개월)에 모든 기초자산가격이 최초기준가격의 85% 이상이면 18.9%(=연 6.3%×3년)의 수익률을 지급한다.

③은 ②의 경우에 해당하지 않고 만기평가일까지 모든 기초자산 중 어느 하나도 최초기준가격의 55% 미만으로 하락한 적이 없는 경우이다. 이 경우에도 18.9%(=연 6.3%×3년)의 수익률을 지급한다.

④는 만기 시까지 어느 하나의 기초자산이라도 최초기준가격의 55% 미만으로 하락한 적이 있는 경우(낙인 조건)이다. 이 경우에는 [(만기 시 가격/최초기준가격)−1]×100%만큼을 투자수익률로 지급하기 때문에 최소 15%의 손실부터 최대 100%까지

그림 18-8 원금비보장형 ELS의 수익구조 예시

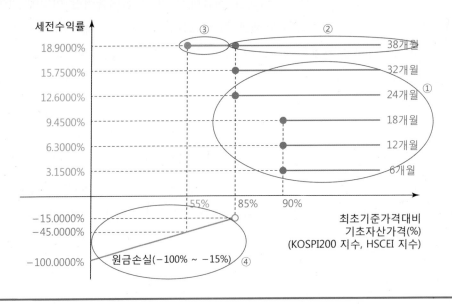

원금 손실을 보게 된다. 예를 들어, KOSPI200이 만기 시까지 50% 하락하였다가 다시 상승한 적이 있고 만기 시의 기초자산가격이 최초기준가격의 85%였다고 할 경우 낙인 조건을 만족하여 투자수익률은 $-15\%(=(85\%/100\%-1)\times100\%)$가 된다.

주가연계증권(ELS), 원금보장 안 돼 ⋯ 손익구조 꼼꼼히 살펴야

일반적으로 주가연계증권(ELS)은 예금보다 높은 수익률을 얻으면서 주식 등 투자상품보다는 상대적으로 안전한 금융자산으로 인식된다. 그렇다 보니 ELS에 대한 관심은 매년 높아지는 추세다. 하지만 ELS는 은행 예금처럼 원금을 보장받을 수 있는 안전자산은 아니라는 점을 명심해야 한다. 2014년 상환된 ELS 중 투자손실을 낸 ELS 비중이 6.5%에 달했다. 또 최근처럼 세계 증시가 크게 변동하는 시기엔 ELS 손실 가능성이 상대적으로 커진다.

ELS는 주가지수나 개별주식 가격과 연동해 투자손익이 결정된다. 투자손실을 안 보려면 금융회사에서 제시하는 수익률 외에 상품설계 및 손익구조를 꼼꼼히 살펴야 한다. ELS는 크게 삼성전자 주식처럼 특정 종목 가격에 따라 수익률이 결정되는 종목형, KOSPI200처럼 주가지수와 수익률이 연계된 지수형으로 나뉜다.

상품별 손익구조는 다양하다. 최근 판매된 ELS의 대부분을 차지하는 '스텝다운형'은 3개월 또는 6개월의 상환 주기마다 기초자산 가격이 미리 정해놓은 가격 아래로 떨어지지 않아야 예정된 수익을 제공하는 상품이다. 상환 주기에 기초자산 가격이 미리 정해놓은 기준가격보다 높으면 조기 상환되면서 약속된 이익을 얻을 수 있다. 하지만 투자 기간에 기초자산 가격이 손실 기준점(knock in barrier) 이하로 내려가면 손실을 볼 가능성이 있다. 기초자산 가격이 손실기준점 이하로 떨어져도 만기 때 일정 수준 이상으로 회복되면 약정수익을 얻는다.

최근엔 KOSPI200과 같은 국내 지수뿐 아니라 홍콩항셍중국기업지수, S&P500 등 여러 주가지수를 기초자산으로 편입한 ELS도 많이 나오고 있다. ELS에 투자할 때는 제시된 수익률뿐 아니라 복잡하더라도 수익률에 내재한 관련 위험을 꼼꼼히 파악하는 것이 무엇보다 중요하다.

[출처: 한국경제(www.hankyung.com), 2016. 4. 16.]

5. 주식워런트증권(ELW)

(1) ELW의 개요

ELW(equity linked warrant: 주식워런트증권)는 특정대상물(기초자산)을 사전에 정한 미래의 시기(만기일 또는 행사기간)에 미리 정한 가격(행사가격)으로 사거나(콜) 팔(풋) 수 있는 권리를 갖는 파생결합증권으로 정의하고 있다.

워런트는 누가 발행하는가에 따라 신주인수권(company warrant)과 주식워런트증권(covered warrant)로 구분되는데 신주인수권은 신주인수권부사채 발행 시 사채권자에게 발행회사의 주식을 인수할 수 있는 권리가 부여된 것으로 우리나라에서는 2000년 7월 신주인수권증권시장이 한국거래소에 개설되었다.

주식워런트증권은 원래 발행자가 기초자산을 전부 보유한 상태에서 발행하여 기초자산 가격의 변동에 따른 위험을 발행자가 보장(covered)할 수 있다는 점에서 커버드워런트(covered warrant)라는 용어를 사용하였으나, 최근에는 기초자산의 보유와 상관없이 현금결제 방식에 따른 파생상품 성격의 워런트가 주를 이루면서 주식의 발행자가 아닌 제3자가 발행하는 워런트를 총칭하여 커버드워런트라고 한다. 이 커버드워런트를 우리나라에서는 ELW(주식워런트증권)라는 용어로 통일하여 2005년 12월 한국거래소에 ELW시장을 개설하였다.

ELW와 옵션을 비교해 보면, 옵션은 옵션가격×25만원의 거래단위를 갖는 것에 비해 ELW는 옵션을 십원에서 몇백원(기초자산, 전환비율에 따라 상이)의 적은 금액 단위로 잘게 나누어 옵션을 증권화하여 주식처럼 거래할 수 있게 만든 소매상품이다. 이외에도, 옵션과 ELW는 다음의 몇 가지 차이를 제외하고 실질적으로 동일하다.[23]

첫째, 옵션은 불특정 다수의 투자자가 발행자가 될 수 있으나 ELW의 발행자는 장외파생금융상품 인가를 받은 증권회사만 가능하다.

둘째, 옵션은 투자자가 매수와 매도를 모두 할 수 있지만 ELW 매도(발행)는 금융기관(증권회사)으로 한정되어 있으므로 일반투자자는 매수만 가능하다.

셋째, 옵션은 유동성공급자(LP: liquidity provider)가 존재하지 않지만 ELW는 유동

---

23 한국거래소, 「주식워런트증권 길라잡이」, 2005, pp. 10-11.

표 18-5 ELW와 옵션의 비교

구 분	ELW	주가지수(주식)옵션
발행주체	금융투자업자	옵션매도자(불특정 다수)
일반투자자	콜/풋 매수만 가능	콜/풋 매수 및 매도 가능
유동성제공	유동성공급자가 유동성 공급	유동성공급자가 없으며 시장수급에 의존
표준화정도	발행주체에 따라 다양함	표준화되어 있음
계약기간	다양(3개월~3년)	단기(주로 1년 이하)

성공급자가 존재하여 유동성이 일반적으로 좋다. 특히 옵션시장과 달리 ELW시장에만 존재하는 유동성공급자는 상시 매수호가와 매도호가 제시로 투자자들의 매매에 응해줌으로써 시장의 수급불균형을 완화시키고 거래활성화에 기여하여 전체 시장의 유동성을 제고하는 역할을 수행한다. 유동성공급자는 시장조성자로서 ELW에 유동성(호가)을 공급하면서, 거래한 ELW포지션(매수/매도)만큼 다른 헷지수단으로 헷지한다. 예를 들어, 유동성공급자로 지정된 A증권사가 삼성전자콜ELW를 매도했을 경우 A증권사는 일정량의 삼성전자 주식을 매수하여 헷지한다.

넷째, 옵션은 별도의 파생상품계좌를 통해서 거래가 가능하고 증거금이 필요한 반면 ELW는 일반 증권계좌에서 거래되며 증거금이 필요 없다.

다섯째, 옵션은 거래소가 거래조건(만기, 계약단위, 결제일 등)을 미리 정한 방식에 따라 표준화되어 있지만 ELW는 발행주체에 따라 다양한 발행조건이 정해지므로 표준화가 이루어지지 않고 있다.

(2) ELW의 투자지표

1) 패리티

콜ELW의 패리티=기초자산가격/행사가격을, 풋ELW의 패리티=행사가격/기초자산가격을 의미하므로, 패리티>1이면 내가격 ELW, 패리티<1이면 외가격 ELW, 패리티=1이면 등가격 ELW를 나타낸다.

2) 전환비율

만기에 ELW 1증권을 행사하여 취득할 수 있는 기초자산의 수를 말한다. 예를 들어, 기초자산이 주식일 경우 전환비율 0.2라는 것은 ELW 5개가 되어야 주식 1주가 되어 권리행사 시 기초자산 하나를 취득할 수 있다는 의미이다. 예를 들어, 삼성전자 ELW의 전환비율이 0.05라면 1개의 ELW로 삼성전자 주식 0.05주를 살 수 있다는 의미로서 삼성전자 1주를 사려면 삼성전자 ELW 20증권이 필요하다.

또한 KOSPI200이 현재 319.12이고 행사가격이 345인 KOSPI200콜ELW의 전환비율이 50이라고 하면, 이것은 KOSPI200콜ELW를 매수하여 행사일(최종거래일) 종가로 KOSPI200이 345를 넘는 1포인트당 50원씩 환산해서 준다는 의미로서, 1포인트가 50원이라는 의미이다.

3) 프리미엄

프리미엄은 시간가치를 현재 기초자산가격 대비 백분율로 표시한 것이다. 투자자들이 잔존기간 중에 프리미엄만큼 기대하는 가치이며 ELW가 행사될 가능성을 의미한다.

$$프리미엄(\%) = \frac{ELW가격 - 내재가치}{기초자산가격} \times 100$$

$$콜ELW의\ 내재가치 = (기초자산의\ 가격 - 권리행사가격) \times 전환비율$$

$$풋ELW의\ 내재가치 = (권리행사가격 - 기초자산의\ 가격) \times 전환비율$$

4) 유효 기어링

ELW의 가장 핵심적인 특징은 레버리지[24] 효과가 크다는 것이다. 기초자산 가격의 움직임에 해당 ELW의 가격이 얼마나 더 민감하게 변화하는지를 계량화하여 적은 비용으로 얼마나 큰 투자효과를 보는지 나타내는 지표가 유효 기어링(effective gearing)이다.

---

24 기초자산 가격의 움직임에 해당 ELW의 가격이 얼마나 더 민감하게 변화하는지를 계량화하여 적은 비용으로 얼마나 큰 투자효과를 보는지 나타낸다.

$$유효\ 기어링 = \frac{ELW\,수익률}{기초자산수익률} = \frac{\dfrac{\partial ELW}{ELW}}{\dfrac{\partial S}{S}} = \frac{기초자산\ 현재가}{ELW\,현재가} \times 델타$$

유효 기어링은 기초자산이 1% 상승(하락)할 경우의 ELW 상승(하락)률을 의미한다. 예를 들어, 1만원짜리 주식에 대한 권리(ELW)를 500원에 투자할 경우 기초자산이 100원 상승(하락) 즉, 기초자산이 1% 상승(하락)할 때 ELW가 100원(20%) 상승(하락)하면 레버리지가 20배가 된다는 의미이다. 다시 말하면, 레버리지가 20인 ELW는 기초자산이 1% 변화할 경우 ELW는 20% 변화한다는 것을 뜻한다.

이처럼 ELW는 주식투자보다 현금지출이 적고 주식이 예상방향으로 움직일 때 레버리지로 인해 주식보다 높은 수익률을 얻을 수 있기 때문에 주식투자의 대안으로 고려된다. 하지만 기초자산 가격이 하락할 경우에는 ELW 가격의 하락 폭이 더 클 수 있기 때문에 레버리지 효과로 인해 훨씬 큰 손해를 볼 수도 있음에 주의해야 한다.

5) 손익분기점

투자가가 ELW에 투자한 원금을 회수하기 위해서는 잔존기간 동안 기초자산의 가격이 행사가격 이상(이하) 상승(하락)해야 한다. 기초자산이 주가지수인 경우에는 ELW가격을 전환비율로 나눠줘야 지수단위의 ELW가격으로 환산된다.

$$콜ELW의\ 손익분기점 = 행사가격 + \frac{ELW\,가격}{전환비율}$$

$$풋ELW의\ 손익분기점 = 행사가격 - \frac{ELW\,가격}{전환비율}$$

예를 들어, KOSPI200이 319.12이고 KOSPI200콜ELW(전환비율 50, 행사가격 345) 가격이 305원일 경우, 콜ELW 손익분기점 = 행사가격(345) + ELW가격(305원)/전환비율(50) = 351.1 즉, 현재 콜ELW에 투자하고 만기시점에 KOSPI200이 351.1이면 투자원금만 회수하여 투자자의 손익은 0이 되어 손실도 이익도 없게 된다.

만약 손익분기점 이상으로 주가가 상승하면 수익은 무한대로 증가하게 된다. 예를 들어, 만기에 KOSPI200이 362.98이라면, 주식 투자 시 수익률은 14%[=(362.98 − 319.12)/319.12]가 되고 ELW투자 시 수익률은 194.75%[=((362.98 − 345) × 50 − 305)/305] 가 된다. 순익분기율은 (손익분기점 − 기초자산 현재가)/기초자산현재가로서 (351.1 − 319.12)/319.12 = 10.02%로 계산된다.

6) 자본지지점

자본지지점은 주식의 수익률과 ELW의 수익률이 같아지는 시점까지 도달하기 위해 필요한 주식의 연간 기대상승률을 의미한다. 현재 기초자산가격이 S이고 만기시점까지 매년 y만큼씩 n년 간 상승한다고 가정하면 만기일에 기초자산은 $S(1+y)^n$이 되고, ELW는 $S(1+y)^n − X$(행사가격)이 된다.

따라서 주식의 투자수익률은 $[S(1+y)^n − S]/S$이고 ELW의 투자수익률은 $[(S(1+y)^n − X] − ELW가격]/ELW가격이다. 주식에 투자할 경우와 ELW에 투자할 경우의 투자수익률이 같을 경우의 주식의 연간 기대상승률(y: 자본지지점)을 구하기 위해 두 식을 동일하게 놓고 y에 대해서 정리하면 다음과 같다.

$$자본지지점 = \left[\left(\frac{X}{S - ELW가격} \right)^{\frac{1}{n}} - 1 \right] \times 100\%$$

예를 들어, 주식가치가 319.12이고 기대상승률이 10.2166%[25]이면 만기일에 주식가치는 351.7232까지 상승하게 된다. 이 경우 만기 시에 ELW가 행사되어 ELW가치 = 351.7232 − 345.00 = 6.7232가 된다. 이는 ELW의 투자수익률이 10.2164%[=(6.7232 − (305/50))/(305/50)]가 되어 주식가치 수익률과 ELW 수익률이 서로 같아짐을 알 수 있다.

---

25 반올림 오차를 줄이기 위해 소수점 넷째 자리까지 표시하였음.

ELW, 레버리지 효과만큼이나 위험도 커

ELW는 주식(equity)에 연계된(linked) 증권(warrant)으로, 특정 시점에 주식을 사고팔 수 있는 권리가 주어진 증권이다. 쉽게 말하면 마트에서 사과를 싸게 살 수 있는 쿠폰에 비유할 수 있다. 예를 들어, 3달 내로 사과 하나를 1,000원에 살 수 있는 쿠폰이 있다. 며칠 후 마트에서 판매되는 사과의 가격이 1,500원이라면 사람들은 그 쿠폰을 최대 500원을 주고 사려 할 것이다. 이렇게 쿠폰의 가격이 형성된다.

사과가 만일 인기가 높아져 가격이 2,000원으로 오른다면 쿠폰 가격 역시 덩달아 오른다. 반면 사용기한이 다가올수록 쿠폰의 가치는 떨어진다. 3일 남은 쿠폰이 2일 남은 쿠폰보다 더 가치 있는 것과 같은 원리다. ELW에서는 시간가치로 환산돼 가격에 반영된다. 쿠폰을 ELW에 적용해보자. ELW는 기초자산, 행사가, 만기로 구성된다. 쿠폰에 비유하면 기초자산은 사과, 행사가격은 쿠폰을 주고 살 수 있는 1,000원, 만기일은 쿠폰의 사용기한인 3달이다.

ELW 투자에 나서기 위해서는 우선 기초자산인 주식종목이나 주가지수의 방향성을 예측해야 한다. ELW는 크게 두 가지로 분류한다. 만기에 이르러 사는 권리(콜ELW)와 파는 권리(풋ELW)다. 만기에 이르러 1,000원(행사가)에 살 수 있는 권리인 콜ELW는 해당 기초자산이 1,000원 이상으로 오를 경우 이익을 본다. 따라서 주가의 방향성을 예측해 가격이 오를 거라 예상하면 콜ELW, 내릴 거라 예상하면 풋ELW를 매수한다.

주가의 방향성을 예측한 다음 따져봐야 할 대상은 레버리지 비율이다. 레버리지 비율은 주가가 1% 변할 때 ELW 가격이 몇 퍼센트 변화할지를 나타내는 지표로 수익확대율이라고 말한다. 떨어질 수도 있기 때문에 반대로 손실확대율이기도 하다. 그만큼 레버리지 비율은 양날의 칼이다. 레버리지 비율에 영향을 미치는 요소로는 기초자산 가격, 만기까지 남은 기간, 주가변동성 예상값(내재변동성) 등이 있다.

만기까지 남은 기간도 ELW 가격형성에 중요한 요소다. 예를 들어, 현재 주가가 1만원인 주식을 기초자산으로 하는 콜ELW(행사가 2만원, 만기 8개월)가 있다. 만기까지 주식이 2만원까지 오르지 않는다면 굳이 그 주식을 2만원에 살 필요가 없기 때문에 콜ELW는 휴지조각이 된다. 그러나 만기까지 기간이 오래 남아있을수록 사람들은 그 주식이 오를 것이라 기대하기 때문에 시간가치가 반영돼 ELW에 가격이 형성된다.

[출처: 매일경제(www.mk.co.kr), 2010. 5. 12.]

1. ESG의 개요

2003년 유엔환경계획 금융 이니셔티브(UNEP FI)가 지속가능한 발전 관점에서 기업의 투자의사결정 시 환경(Environment), 사회(Social), 지배구조(Governance)라는 비재무적 요소를 기업과 투자자들이 고려해야 한다고 제시하면서 ESG라는 용어가 본격적으로 확산되기 시작하였다. 이후, 2006년 UN 주도로 금융기관을 위한 책임투자원칙인 PRI(principles for responsible investment)가 제정되었다. 기존의 기관투자자들이 기업의 비재무적 이슈를 반영하기 위해 투자적 관점에서 접근한 결과인 유엔책임투자의 6대 원칙은 다음과 같다.

첫째, 투자분석과 의사결정 과정에 ESG를 적극 반영한다. 둘째, 투자철학 및 운용원칙에 ESG를 통합하는 적극적인 투자자가 된다. 셋째, 투자대상에게 ESG에 대한 정보공개를 요구한다. 넷째, 금융산업의 PRI 준수와 이행을 위해 노력한다. 다섯째, PRI 이행 시 그 효과의 증진을 위해 상호 협력한다. 여섯째, PRI 이행에 대한 세부활동과 진행사항을 공개한다.

또한, 2020년에 IMF는 환경이슈의 범위를 크게 기후변화, 자연자원, 환경오염·쓰레기, 기회와 정책으로 정하였고, 사회이슈의 범위는 인적자본과 생산책임으로 정하였으며, 지배구조이슈의 범위는 기업지배구조와 기업행태로 정하였다. 각 하위범위

표 18-6 ESG 주요 범위		
환경(E)	기후변화	탄소발자국, 기후변화 사건에 대한 취약성
	자연자원	에너지효율, 물효율, 토지사용, 원자재 추출
	환경오염·쓰레기	독성물 배출, 대기 질, 폐수관리, 위해물질 관리
	기회와 정책	재생에너지, 청정에너지 녹색건물, 환경·종의 다양성
사회(S)	인적자본	직장건강 및 안전, 노동자 참여, 노동관행(임금, 근로여건)
	생산책임	생산물 안전·품질, 고객 신분보호 및 데이터 보안, 상품접근성
지배구조(G)	기업지배구조	이사회 구조 및 책무, 경영진 보상, 회계 및 공시관행, 주주권리
	기업행태	부패관리, 경쟁행위, 세금·특수관계자 거래 투명성

자료: IMF(2020), 금융위원회, 「ESG 국제동향 및 국내 시사점」, 2021.

의 세부적인 내용은 〈표 18-6〉에 나타내었다.

이러한 ESG가 자본시장에 어떠한 변화를 가져오고 있는지 알아보자. 2020년 1월 세계 최대 자산운용회사인 블랙록(BlackRock)은 기후변화와 지속가능성이 자신들의 투자결정 시에 가장 중요한 요소임을 선언하고 기업들이 적극적으로 ESG 정보를 공개할 것을 강조하면서 자신들이 투자하는 기업 중에서 기후변화대응의 성과와 ESG에 대한 대응과 정보공개에 미흡한 경영진의 연임에 반대하는 적극적인 주주권을 행사하여 기업의 정책에 직접적인 영향력을 행사하였다.

이외에도 세계 3번째로 큰 자산운용사인 스테이트 스트리트 글로벌 어드바이저 즈(Statestreet Global Advisors), 미국의 투자은행인 JP 모건(JP Morgan Chase), 골드만삭스(Goldman Sachs), 그리고 신용평가사인 피치(Fitch), 스탠더드 앤드 푸어스(Standard & Poor's; S&P), 무디스(Moody's) 등 글로벌 금융회사들도 ESG를 중요한 투자판단기준으로 반영하기 시작했다.

우리나라에서 ESG 투자에 대한 사회적 관심은 2018년 7월 국민연금기금의 스튜어트십 코드 도입 발표 이후로 국민연금기금이 ESG 투자를 주도하면서 확대되기 시작했다. 국민연금은 2013년 책임투자팀을 설립하고 2015년 ESG 평가기준을 마련한 후, 2018년 7월 스튜어트십 코드 도입, 2019년 책임투자의 직접운용 확대 결정, 2020년 기금운용원칙에 '지속가능성의 원칙'이라고 명시하여 투자의사결정 시에 ESG 요소를 반영하는 책임투자를 적용하는 것을 투자원칙으로 삼고 있다.

2003년 유엔환경계획 FI서 첫 등장 ··· ESG, CSR와 개념 달라

글로벌 ESG 흐름

1987년	2003년	2005년	2006년	2016년	2018년	2019년
브룬틀란보고서	UNEP FI	UNGC	UN PRI	GRI	SASB	BRT
지속가능성 제시	ESG 용어 처음 사용	ESG 공식 용어 채택	책임투자원칙 제정	지속가능성 평가지표 발표	산업별 지속가능성 보고 표준	ESG 포함 새로운기업 목적 선언

ESG를 이해하기 위해서는 ESG의 역사를 알아야 한다. ESG라는 용어는 2003년 유엔환경계획 금융이니셔티브(UNEP FI)에서 처음 사용했다. UNEP FI는 유엔환경계획(UNEP)과 주요

금융기관들이 결성한 국제 파트너십이다. UNEP FI에서 탄생한 ESG는 2005년 유엔글로벌 콤팩트(UNGC)에서 공식 용어로 사용된다. UNGC는 코피 아난 전 유엔 사무총장 주도로 2000년 출범한 기업의 사회적 책임에 대한 국제협약이다. 임대웅 UNEP FI 한국대표는 "UNEP FI가 2003년부터 ESG를 공식 언어로 썼고, UNGC도 2005년 이를 받아들였다"며 "2006년 두 기관이 공동으로 유엔책임투자원칙(UN PRI)을 제정했다"고 설명했다.

UN PRI는 코피 아난 전 총장이 주도했으며, 서명 기관이 올해 1월 기준 3,615곳에 달한다. 한국에서는 국민연금을 포함해 11개사가 가입돼 있다. UN PRI 6대 책임투자원칙에는 △투자분석과 투자의사결정에 ESG를 반영하고 △ESG를 주주권 행사에 활용하며 △ESG 정보공개를 요구한다는 내용 등이 포함돼 있다. 2005년 국제금융공사(IFC)의 ''Who Cares Wins' 콘퍼런스 보고서 'Investing for Long-Term Value'에서도 'ESG'가 사용됐다. IFC는 개발도상국과 저개발국 민간 기업에 투자하는 유엔 산하 금융기관이다.

ESG를 포괄하는 개념인 '지속가능성'은 1987년 세계환경개발위원회에서 논의된 개념이다. 당시 그로 할렘 브룬틀란 노르웨이 환경부 장관이 주도했다고 해서 '브룬틀란 보고서'로도 불린다. 브룬틀란 보고서에 따르면 지속가능성은 미래 세대의 필요를 충족할 능력을 손상시키지 않고, 현재의 필요를 충족시키는 것을 의미한다.

1997년엔 UNEP와 미국 환경단체 세레스(CERES)가 주축이 돼 글로벌 보고 이니셔티브(GRI)를 설립한다. GRI는 기업의 지속가능 보고서에 대한 가이드라인을 제시하는 비영리기구다. 2000년 발표된 GRI 가이드라인(G1)은 최초의 지속가능성 보고 목적 글로벌 프레임워크다. 2016년엔 글로벌 지속가능성 보고 표준인 GRI스탠더드를 제시했다. 현재 전 세계에서 1만 5,402개 조직이 GRI 가이드라인에 따라 지속가능경영 보고서를 발간하고 있다.

ESG는 CSR, CSV, 임팩트 투자 등과 구분된다. CSR(Corporate Social Responsibility)는 기업의 사회적 책임을 일컫는다. 사회로부터 배척당하는 기업의 행태에 대한 반성에서 출발한 소극적 책임이다. 평판 리스크 대응 차원이다. 반면 ESG는 기업가치를 재무적 수치뿐 아니라 비재무적 요소들에서 찾는다. ESG를 소홀히 하면 투자자와 소비자 외면, 심하면 기업가치 하락으로 이어진다. 또한 ESG는 단순한 불우이웃 돕기에서 더 나아가 노동자 인권, 공급망 관리, 지배구조 등을 아우른다.

CSV(Creating Shared Value)는 공유가치 창출 경영 전략이다. 마이클 포터 하버드대 석좌교수에 따르면 CSV는 경제적 수익과 사회적 가치를 동시에 창출하는 경영 전략이다. 임팩트 투자는 기업이나 펀드에 자금을 투자해 사회적 선을 창출하고, 최소한 원금 이상을 투자자에게 돌려줄 수 있는 사회적 투자 방법이다.

[출처: 매일경제(www.mk.co.kr), 2021. 4. 21.]

2. ESG 정보공개 및 투자전략

(1) ESG 정보공개

최신 글로벌 ESG 규율체계와 관련하여 국제기구 및 범정부기구를 중심으로 ESG 규율체계가 세분화되고 있으며, 글로벌 선진기업들의 자발적인 참여로 확대되고 있다. ESG 정보공개제도를 도입하는 국가는 지속적으로 증가하여 2020년 기준으로 84개국이 ESG 정보공개제도를 도입하고 있다. 유럽국가들은 기업의 비재무정보의 공개를 의무화하도록 규정한 유럽연합 명령(EU directive)에 따라 각국이 정한 법에 근거하여 ESG 정보공시를 의무화하는 추세이고, 미국과 일본은 거래소규정 또는 특정이슈 공시를 통해 정보공개를 하고 있다.

우리나라의 ESG 관련 사항에 대한 공시는 현재 사업보고서(의무), 거래소 지배구조보고서(자율/의무), 지속가능보고서(자율) 등을 통해 추진하고 있다. 지배구조보고서 공시는 2019년부터 유가증권시장 상장법인을 대상으로 의무화하고 있으며, 2019년 자산총액 기준으로 2조원 이상의 기업이 의무대상이었으나 자산총액 기준으로 2022년부터 단계적으로 확대하여 2022년에는 1조원 이상의 기업, 2024년에는 5천억원 이상 기업, 2026년부터 5천억 미만의 기업이 지배구조보고서 공시의 의무대상 기업으로 확대될 예정이다.

또한, 지속가능보고서는 현재 자율공시 사항이다. 하지만 보고서를 발간하거나 자사 홈페이지에 공시하는 법인 중 거래소에 자발적으로 공시하는 기업수가 증가추세에 있는 상황이다. 금융위원회는 2021년 1월에 지속가능보고서 공시와 관련하여 자율공시에서 2025년까지 자산 2조원 이상의 유가증권시장 상장사는 의무공시로, 이후 2030년까지 유가증권시장의 모든 상장사가 의무적으로 공시하는 추진계획을 발표하였다.

(2) ESG 투자전략

ESG 투자전략 중 네거티브 스크리닝(negative screening) 전략과 ESG 통합(ESG integration)전략이 가장 많이 사용되고 있다. 이외에도 기업 관여 및 주주활동주의 (engagement)전략도 많이 사용되는 전략 중 하나이며, 다양한 ESG 투자전략의 개념에

표 18-7 ESG 투자전략

투자전략	개념
네거티브 스크리닝 (negative screening)	• ESG 기준에 부합하지 않는 산업 및 기업을 포트폴리오에서 제외하여 투자
포지티브 스크리닝 (positive screening)	• 업종별 ESG 평가결과가 우수한 섹터, 기업, 프로젝트를 선별하여 투자
지속가능성 테마투자 (thematic)	• 기호변화, 음식, 물, 재생에너지, 청정기술 및 농업과 같은 특정 지속가능성 문제를 다루는 테마자산에 대한 투자
임팩트 투자 (impact investing)	• 사회 및 환경적 문제를 해결하기 위한 목표를 가진 투자
ESG 통합 (ESG integration)	• 기업의 재무분석과 더불어 ESG 요소를 체계적이고 명시적으로 포함하여 분석하고 평가하여 투자
기업 관여 및 주주 활동주의 (engagement)	• 책임투자기준에 맞는 기업경영을 유도하기 위해서 주주권한을 활용하여 기업 관여 활동, 의결권행사, 주주제안 등 적극적인 영향력을 행사하는 방식
규범기반 스크리닝 (ESG reporting)	• ESG 기준의 투명성을 유지하는 투자사슬(investment chanin; 투자와 관련된 투자자 및 운용관련업자 등과 같은 모든 당사자)의 유지 여부를 판단하여 투자

자료: UNPRI(2020), 「최근 글로벌 ESG 투자 및 정책동향」, 금융투자협회(www.kofia.or.kr), 2020. 6.

대해서 〈표 18-7〉에 정리하였다.

ESG 투자와 관련해서 ESG 평가가 좋은 기업이 재무적으로도 더 좋은 성과를 내는 경향이 있다는 공감대가 형성되고 있다. 예를 들어, 2015년 독일의 자산운용사와 함부르크 대학은 기업의 ESG 활동 성과와 재무적 성과의 기존연구 약 2,200개를 분석하여 약 63%가 양(+)의 상관관계가 있다는 것을 밝힘에 따라 기업의 ESG 활동의 증가는 기업의 장기적 성장 및 수익률에 긍정적으로 작용함을 보여주고 있다.

핵심정리

1. 간접투자(펀드)

- 펀드(집합투자기구): 불특정 다수로부터 자금을 모아 운용 후 수익을 배분

- 투자신탁(계약형 펀드, 수익증권)
  - 설립형태: 계약관계
  - 투자자 지위: 수익자
  - 투자자지분의 표시: 수익증권
  - 수익금 지급: 분배금

- 투자회사(회사형 펀드, 뮤추얼 펀드)
  - 설립형태: 회사형태
  - 투자자 지위: 주주
  - 투자자지분의 표시: 주식
  - 수익금 지급: 배당금
  - 무인의 주식회사
  - 수익증권과 경제적 실질은 동일

- 펀드의 종류
  - 개방형 펀드: 언제든지 펀드가입 및 환매가 가능
  - 폐쇄형 펀드: 펀드 모집 후 만기이전에 환매가 제한
  - 증권 펀드: 주식형 펀드, 채권형 펀드, 혼합형 펀드
  - 파생상품 펀드: 선물, 옵션 등 파생상품에 투자하는 펀드
  - 부동산 펀드: 부동산 등에 투자하여 발생한 수익금을 분배
  - 거치식 펀드: 목돈을 한꺼번에 납입하는 펀드
  - 적립식 펀드: 일정 기간마다 일정 금액을 납입하는 펀드
  - 국내 펀드: 국내에서 설정되어 국내자산에 투자
  - 해외 펀드: 국내에서 설정되어 해외자산에 투자
    → 역외 펀드(국외설정 해외 펀드): 외국에서 설정되어 국내에서 판매

→ 역내 펀드(국내설정 해외 펀드): 국내에서 설정되고 국내에서 판매

→ 재간접 펀드: 다른 펀드가 발행한 간접투자증권에 50% 이상 투자

- 펀드의 좋은 점
  - 소액으로 투자가능
  - 분산투자로 투자위험감소
  - 금융전문인력에 의한 운용으로 위험관리를 하면서 비교적 안정적인 수익 획득

- 펀드 운용수익
  - 수익증권: 기준가격 $= \dfrac{\text{펀드 총자산} - \text{펀드 총부채(각종비용)}}{\text{총좌수}} \times 1{,}000$
  - 뮤추얼 펀드: NAV $= \dfrac{\text{펀드 총자산} - \text{펀드 총부채(각종비용)}}{\text{펀드 총발행주식수}}$

2. 상장지수펀드(ETF)

- ETF: 특정지수 및 특정자산의 가격움직임과 수익률이 연동되도록 설계된 펀드로서 거래소에 상장되어 주식처럼 거래되는 펀드

- 발행시장
  - ETF의 설정과 환매기능을 담당
  - ETF 설정 및 ETF 증권의 발행: 법인투자자만 가능
    → 납입해야 하는 주식바스켓의 구성내역은 운용회사(집합투자업자)가 공시하는 자산구성내역(PDF)에 있음

- 유통시장
  - 거래소에 상장 후 주식과 동일한 방법으로 매매

- 다양한 ETF
  - 시장대표 ETF: KOSPI200, KRX100 등 시장을 대표할 수 있는 지수를 추종
  - 섹터 ETF: 상장기업을 업종별로 구분하여 해당 업종의 주가흐름을 추종
  - 스타일 ETF: 기업특성과 성과형태가 유사한 주식집단으로 구성된 지수를 추종
  - 테마 ETF: 시장의 특정 테마를 형성하는 종목으로 개발한 기초지수를 추종
  - 채권 ETF: 채권지수를 추종
  - 통화 ETF: 통화지수를 추종
  - 상품 ETF: 상품가격 또는 상품선물을 이용한 선물지수를 추종

- 파생상품 ETF: 기초지수의 변동에 일정배율 연동하는 운용성과를 목표
  - → 레버리지 ETF: KOSPI200의 일간 등락률을 2배씩 추적하는 것을 목표
    인버스 ETF: KOSPI200선물을 기초자산으로 하여 기초자산과 반대의 수익을 목표

- ETF의 순자산가치(NAV): (ETF 자산－ETF부채)/ETF총증권수

3. 상장지수증권(ETN)

- ETN과 ETF 비교

구 분		ETN	ETF
정의		증권회사가 자기신용으로 지수수익률을 보장하는 만기가 있는 파생결합증권	자산운용사가 자산운용을 통하여 지수수익률을 추적하는 만기가 없는 집합투자증권(펀드)
발행회사의 신용위험		있음	없음(신탁재산으로 보관)
기초지수	구성 종목수	5종목 이상 (주식형 ETN의 경우)	10종목 이상 (주식형 ETF의 경우)
	자산운용 방법	발행자 재량 운용	기초지수 추적 운용 (운용 제약)
만기		1년~20년	없음

- ETN 투자지표와 투자위험
  - 지표가치: ETN 발행 시점부터 일일 기초지수변화율을 누적한 누적수익률에서 일할 계산된 발행자의 운용비용 등 제비용을 차감
  - 괴리율: (ETN종가－지표가치)/지표가치)

- ETN 투자위험
  - 가격변동위험
  - 채무불이행위험(신용위험)
  - 상장폐지위험

4. 주가연계증권(ELS)

- ELS: 주가 움직임에 따라 일정한 수익률을 받게 되는 파생결합증권으로서 증권회사가 자기신용으로 발행하는 장외상품

- ELS 상품의 손익구조: 다양함 → 초기에는 원금이 보장되는 원금보장형 ELS가 주류를 이루었으나 최근은 원금비보장형 ELS가 많이 출시

5. 주식워런트증권(ELW)

- ELW: 특정대상물(기초자산)을 사전에 정한 미래의 시기(만기일)에 미리 정한 가격(행사가격)으로 사거나(콜ELW) 팔(풋ELW) 수 있는 권리를 갖는 파생결합증권

- ELW의 투자지표
  - 패리티: 패리티>1(내가격), 패리티<1(외가격), 패리티=1(등가격)

- 전환비율: ELW 1증권을 행사하여 취득할 수 있는 기초자산의 수를 전환비율

- 프리미엄: 시간가치를 현재 기초자산가격 대비 백분율로 표시한 것
  - 프리미엄$(\%) = \dfrac{ELW\text{가격} - \text{내재가치}}{\text{기초자산가격}} \times 100$

- 유효 기어링
  - 유효 기어링$= \dfrac{ELW\text{수익률}}{\text{기초자산수익률}} = \dfrac{\dfrac{\partial ELW}{ELW}}{\dfrac{\partial S}{S}} = \dfrac{\text{기초자산 현재가}}{ELW\text{현재가}} \times \text{델타}$

- 손익분기점
  - 콜ELW의 손익분기점 $= \text{행사가격} + \dfrac{ELW\text{가격}}{\text{전환비율}}$
  - 풋ELW의 손익분기점 $= \text{행사가격} - \dfrac{ELW\text{가격}}{\text{전환비율}}$

- 자본지지점: 주식의 수익률과 ELW의 수익률이 같아지는 시점까지 도달하기 위해 필요한 주식의 연간 기대상승률
  - 자본지지점 $= \left[\left(\dfrac{X}{S - ELW\text{가격}} \right)^{\frac{1}{n}} - 1 \right] \times 100\%$

6. ESG 투자

- ESG: 투자의사결정 시 재무적 요소(환경, 사회, 지배구조) 고려

- ESG 투자전략
    - 네거티브 스크리닝
    - 포지티브 스크리닝
    - 지속가능성 테마투자
    - 임팩트 투자
    - ESG 통합
    - 기업 관여 및 주주 활동주의
    - 규범기반 스크리닝

연습문제

문1. 다음 투자금융상품에 대한 설명 중 틀린 것은? (　　)

　① ETF는 일종의 인덱스 펀드이다.
　② ETF와 ELS는 장내상품인 반면 ELW는 장외상품이다.
　③ ELW의 경제적 성질은 옵션상품이고 ELS는 조건부확정수익 상품이다.
　④ ELW와 ELS는 파생결합증권이다.

문2. 다음 ETF에 대한 설명으로 맞는 것은? (　　)

　① ETF는 파생결합증권이다.
　② ETF의 설정과 환매는 일반펀드와 동일하다.
　③ ETF의 발행시장에 개인투자자도 참여할 수 있다.
　④ ETF의 발행은 정수배로만 한다.

문3. 다음 중 ETF의 특징이 아닌 것은? (　　)

　① 대상지수가 상승(하락)하면 그 비율만큼 ETF의 가격이 상승(하락)한다.
　② ETF 1주만 매수해도 분산투자 효과가 있다.
　③ ETF 설정과 환매는 현금으로 이루어진다.
　④ 시장조성자가 존재한다.

문4. 다음 중 ELW에 대한 설명 중 맞는 것은? (　　)

　① ELW는 집합투자증권이다.
　② ELW는 옵션을 적은 금액단위로 나누어 증권화한 도매상품이다.
　③ ELW는 발행주체에 따라 다양한 발행조건이 정해진다.
　④ ELW 매도(발행)는 누구나 할 수 있다.

문5. 기초자산의 수익률에 대한 ELW수익률 비율을 무엇이라고 하는가? (　　)

　① 전환비율　　　　② 레버리지　　　　③ 패리티　　　　④ 손익분기율

문6. KOSPI200이 235이고 KOSPI200콜ELW(전환비율 100, 행사가격 250)가격이 210원일 경우, 콜ELW의 손익분기점은 얼마인가? (   )

① 237.1 　　　　② 242.5 　　　　③ 245.8 　　　　④ 252.1

문7. 다음 중 ELS에 대한 설명으로 맞는 것은? (   )

① ELS는 집합투자증권이다.
② ELS의 거래소 내에서 거래된다.
③ ELS는 원금을 전혀 보장 받지 못한다.
④ ELS는 다양한 손익구조를 갖는다.

문8. ETF와 ETN에 관한 설명으로 맞는 것은? (   )

① ELF는 증권회사가 발행하고 ETN은 자산운용사가 발행한다.
② ELF와 ETN 모두 신용위험이 존재한다.
③ ELF와 ETN은 주식형일 경우 5종목 이상으로 기초지수를 구성할 수 있다.
④ ELF는 만기가 없지만 ETN은 만기가 있다.

문9. 다음 ESG 투자에 관한 설명으로 틀린 것은? (   )

① ESG 투자는 환경, 사회, 지배구조의 비재무적 요소만을 고려하여 투자한다.
② 유엔책임투자원칙에서는 투자대상에게 ESG에 대한 정보공개를 요구한다.
③ ESG 기준에 부합하지 않는 산업 및 기업을 포트폴리오에서 제외하여 투자하는 것은 네거티브 스크리닝전략이다.
④ 고객 신분보호 및 데이터 보안은 ESG 중 사회이슈이다.

연습문제 해답

문1. ②

문2. ④

문3. ③

문4. ③

문5. ②

문6. ④
  [답]
  손익분기점 = 행사가격(250) + ELW가격(210원)/전환비율(100) = 252.1

문7. ④

문8. ④

문9. ①

19 부동산금융 및 디지털금융

본 장에서는 주식과 채권으로 대표되는 전통적인 금융상품 외의 대표적인 대체투자자산으로 간주되는 부동산의 부동산금융에 대해서 다룬다. 부동산 직·간접투자의 개념과 부동산 투자분석 방법, 주택담보대출과 같은 소비자금융, 프로젝트 파이낸싱의 개발금융, 리츠 및 부동산 펀드와 같은 투자금융에 대해서 살펴본다. 또한, 4차 산업혁명시대에 IT 기술을 금융에 적용한 핀테크의 개념과 디지털금융에 대해서 살펴본다.

• 부동산투자
• 부동산금융
• 디지털금융

1. 부동산투자

(1) 부동산투자의 개요

부동산은 전통적인 금융상품인 주식, 채권, 현금성자산 등과는 다른 위험특성을 가지며 기존의 전통적 자산과 상관관계가 낮은 대표적인 대체투자(alternative investment)[1] 상품으로서 새로운 투자수단으로 주목받고 있다. 특히 부동산투자는 인플레이션 헷지, 레버리지(지렛대)효과(leverage effect), 소득이익과 자본이익을 얻을 수 있는 특징을 갖고 있다.

1) 인플레이션 헷지

부동산투자는 전반적인 물가가 상승하는 인플레이션을 헷지할 수 있다. 인플레이션이 발생하면 돈의 가치가 점점 떨어져서 구매력이 하락한다. 예를 들어, 오늘 10만원으로 기름을 한 통 살 수 있으면 같은 10만원으로 1년 후에는 반통 정도 밖에 못사는 경우이다. 이처럼 인플레이션이 발생할 경우 부동산과 같은 물건을 가지고 있으면 부동산 가격도 상승하게 되어 인플레이션을 방어할 수 있다.

2) 레버리지효과

부동산투자는 레버리지효과가 있다. 레버리지효과는 다른 사람으로부터 빌린 돈을 지렛대 삼아 자기자본에 대한 수익률을 높이는 것을 말한다.

예를 들어, 1억원의 자기자본으로 2천만원의 수익을 얻으면 자기자본에 대한 수익률은 20%(=2천만원/1억원)이다. 하지만, 자기자본 4천만원과 10% 이자를 주기로

---

[1] 대체투자는 주식 및 채권 등으로 대표되는 전통적 금융상품 이외의 다양한 유형의 투자대상을 모두 포괄하기 때문에 아직까지 통일된 분류체계는 존재하지 않지만, 일반적으로 부동산 및 사회간접자본(SOC) 등 부동산 관련 자산, 헷지펀드 및 사모펀드 등이 대체투자상품으로 분류될 수 있다. 대체투자는 기존의 투자대상에 포함되지 않는 새로운 투자대상에 투자함으로써 투자수단의 다변화를 통한 포트폴리오의 효율성 제고, 전체 포트폴리오의 위험분산 및 수익률 제고, 인플레이션 헷지 효과 등의 특징이 있다; 이재하·한덕희, 「새내기를 위한 금융」, 박영사(2021), pp. 257-278 참조.

한 타인자본 6천만원으로 구성된 1억원을 투자하여 2천만원의 수익이 발생할 경우에 자기자본투자에 대한 수익률은 35%(=(2천만원－6천만원×0.1)/4천만원)로 확대된다.

따라서 타인자본, 즉 차입금에 대한 이자보다 높은 수익률을 얻을 것으로 예상되면 타인자본을 조달하여 투자하는 것이 유리하다. 다만, 부채비율이 과도하게 높아지면 금리상승으로 인한 부담이 증가하여 파산위험이 커질 수 있음에 주의해야 한다.

3) 임대소득과 자본이익

부동산은 내구재로서 장기간 동안 부동산을 운영하여 임대료와 같은 임대소득(income gain)을 얻을 수 있다. 이는 채권보유 시 발생하는 이자소득이나 주식보유 시 발생하는 배당에 해당한다고 볼 수 있다. 또한 부동산을 처분할 경우 얻게 되는 시세차익(=양도차익=매매차익)인 자본이익(capital gain)을 얻을 수 있다. 이와 같은 이익은 부동산에서만 발생하는 것이 아니고 모든 자산에서 공통적으로 나타날 수 있다.

(2) 부동산 직접투자와 간접투자

부동산투자는 부동산의 취득·운영·처분을 모두 포함하며 부동산 직접투자와 부동산 간접투자로 구분할 수 있다.

1) 부동산 직접투자

부동산에 투자하는 가장 전통적인 방법은 빌딩이나 상가 등 부동산을 직접 분양받거나 사는 것으로 금을 제외한다면 부동산은 투자 목적으로 가장 오랫동안 지속되어 온 자산에 해당한다. 부동산 직접투자는 부동산을 직접 사고파는 것뿐만 아니라 직접 부동산을 건설 및 개발하는 것까지 포함한다. 부동산에 직접투자를 할 경우에는 투자자가 직접 부동산의 취득, 운용, 관리, 처분 등을 모두 관리하고 모든 수익을 얻지만, 부동산에 대한 전문적인 지식이 부족할 경우 상대적으로 투자위험이 증가할 수 있다.

2) 부동산 간접투자

부동산 간접투자는 부동산 펀드(real estate fund) 및 부동산투자회사(REITs: real

estate investment trusts, 이하 리츠)를 통한 투자를 말한다. 간접투자는 부동산에 대한 전문지식을 가진 전문기관이 다수의 투자자를 대신하여 투자자금을 모아서 운용하기 때문에 소액으로도 대형 부동산에 대한 투자가 가능하고, 투자수익은 나누지만 위험은 낮아진다. 또 취득세 등의 감면으로 인한 세제혜택 및 투자지역별, 부동산 형태별로 포트폴리오를 구성함으로써 분산투자 효과도 누릴 수 있다.

(3) 부동산 투자분석

1) 현금수지 측정

부동산 투자분석 시 현금수지를 측정하는 것이 중요하다. 현금수지의 측정은 부동산의 내용연수 전체 기간에 대해서 분석하는 것이 아니라 투자자가 대상 부동산을 운영하는 예상 보유기간에 한하여 수행하며, 운영기간 동안 매년 영업을 통하여 발행하는 현금흐름을 〈그림 19-1〉과 같이 계산한다.

〈그림 19-1〉에서 가능총소득은 투자한 부동산의 공실이 전혀 없이 100% 임대할 경우의 최대한 가능한 임대료 수입을 말한다. 여기에 투자기간 중 발생하는 공실률 및 임대료를 납입하지 못하는 경우에 발생하는 손실분인 대손충당금을 차감하고 주차

그림 19-1 영업수지 계산

$$
\begin{array}{l}
\quad\quad\quad\text{단위당 예상임대료} \\
\quad\quad\quad\times\text{임대단위수} \\
\hline
\text{I. 가능총소득} \\
\quad -\text{공실 및 대손충당금} \\
\quad +\text{기타수입} \\
\hline
\text{II. 유효총소득} \\
\quad -\text{운영경비} \\
\hline
\text{III. 순영업소득} \\
\quad -\text{부채서비스액} \\
\hline
\text{IV. 세전현금수지} \\
\quad -\text{운영소득세} \\
\hline
\text{V. 세후현금수지}
\end{array}
$$

료수입이나 자판기수입과 같은 임대료 외의 수입인 기타수입, 즉 영업외수입을 더하여 총유효소득을 계산한다.

영업경비에 해당하는 운용경비는 대상 부동산을 운영하는데 필요한 경비로서, 유지비, 관리비, 재산세, 손해보험료, 광고비, 전화료, 전기료 등이 포함된다. 하지만 공실 및 불량부채 충당금, 부채서비스액(원금+이자), 영업소득세, 건물의 감가상각비, 자본적지출, 소유자 급여, 개인적 업무비는 영업경비에 포함하지 않는다.

2) 부동산 투자분석 기법

① 순현가법

부동산 투자결정을 할 때 투자에 소요되는 비용은 현금유출에 해당하고 투자로 벌어들이는 미래의 금액은 현금유입에 해당한다. 이때 현금유입과 현금유출의 발생시점이 다르기 때문에 직접 비교할 수 없다. 따라서 투자로 인해 발생하는 모든 현금유입과 현금유출을 적절한 할인율로 할인한 현재가치로 평가해야 한다.

즉, 식(19-1)과 같이 현금유입(+)의 현재가치와 현금유출(−)의 현재가치를 구하여 순현가(NPV)를 계산한다. 만일 현금유입의 현재가치가 현금유출의 현재가치보다 더 크다면 NPV는 양(+)의 값을 갖게 되어 가치를 창출하므로 이 투자안을 채택하는 것으로 의사결정을 한다.

$$NPV = PV(\text{현금유입}) + PV(\text{현금유출})$$

$$= \frac{C_1}{(1+r)^1} + \frac{C_2}{(1+r)^2} + \ldots + \frac{C_n}{(1+r)^n} - C_0 \tag{19-1}$$

그림 19-2 투자안의 현금흐름

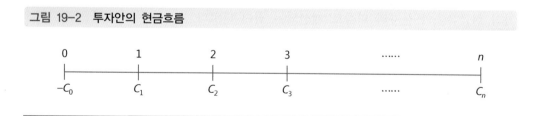

② 내부수익률법

내부수익률(IRR: internal rate of return)은 현금유입의 현재가치와 현금유출의 현재가치를 같게 만드는 할인율이다. 즉, NPV를 0으로 하는 할인율이므로 식(19-2)와 같이 계산된다.

$$NPV = 0 = \frac{C_1}{(1+IRR)^1} + \frac{C_2}{(1+IRR)^2} + \cdots + \frac{C_n}{(1+IRR)^n} - C_0 \qquad (19\text{-}2)$$

예를 들어, 투자기간이 1년인 투자안이 있다. 현재 100만원을 투자하여 1년도 말에 120만원을 얻을 수 있다. 이 투자안의 내부수익률은 다음과 같이 구할 수 있다.

$$\frac{120}{(1+IRR)} - 100 = 0 \quad \rightarrow \quad IRR = 12\%$$

한편, 위의 예에서 투자수익률을 구하면 12%(=(120만원−100만원)/100만원)로 내부수익률과 동일하다. 기본적으로 내부수익률은 투자수익률이므로 내부수익률이 요구수익률(자본비용[2])보다 클 경우에는 투자안을 채택하는 의사결정을 한다.

③ 수익성지수법

수익성지수(PI: profitability index)는 현금유입의 현가를 현금유출의 현가로 나눈 비율이다. PI는 투자된 1원에 의해 창출되는 가치를 나타내므로 상대적인 수익성의 크기를 보여주는 지표로서 NPV와 매우 유사하다. NPV는 미래현금흐름인 현금유입의 현가와 최초투자액인 현금유출의 현가의 차이로 계산되는 반면, PI는 현금유입의 현가와 현금유출의 현가의 비율로 계산되는 점이 다르다.

$$PI = \frac{PV(\text{현금유입})}{PV(\text{현금유출})} \qquad (19\text{-}3)$$

---

2 자본비용은 새로운 투자로부터 최소한 벌어들여야 하는 수익률로서 투자자가 요구하는 요구수익률 (required rate of return)이라고도 한다.

식(19-3)에서 현금유입의 현가가 현금유출의 현가와 동일하면 PI는 1의 값을 갖는다. 양(＋)의 NPV를 갖는 투자안의 PI는 1보다 크고 음(－)의 NPV를 갖는 투자안의 PI는 1보다 작다. 투자안의 PI가 1보다 크면 채택하고 1보다 작으면 기각한다. 또한 상호배타적인 투자안일 경우 일반적으로 PI가 큰 투자안을 선택하면 된다.

④ 비율분석법

ⓐ 주택담보대출비율

주택담보대출비율(LTV: loan-to-value)은 자산의 담보가치 대비 대출금액 비율, 즉 주택 등을 담보로 해서 돈을 빌릴 수 있는 한도를 말하며, 담보인정비율, 대부비율, 대출비율, 차입비율, 융자비율, 저당비율이라고도 한다. 주택담보대출비율이 높을수록 차입자의 채무불이행 위험이 커지기 때문에 주택담보대출비율은 대출기관이 직면하는 잠재적인 채무불이행위험을 나타내는 지표로 사용된다.

$$\text{주택담보대출비율} = \frac{\text{부채잔금(융자액)}}{\text{부동산의 가치}} \tag{19-4}$$

예를 들어, 집을 담보로 은행에서 돈을 빌릴 때 집의 가치 대비 얼마까지 빌려줄 것인가를 정하는 주택담보대출비율(LTV)이 60%라고 할 때, 시가 5억원짜리 아파트를 구입할 경우 최대 3억까지만 빌릴 수 있다. 하지만 실제로 빌릴 수 있는 돈은 이보다 작을 수 있다. 왜냐하면 만약 돈을 빌리는 사람이 선순위채권(은행에서 빌리는 돈보다 먼저 갚아야 할 돈)과 임차보증금(세입자에게 갚아야 할 전세금액은 은행보다 우선권이 있음)을 보유하고 있을 경우 은행은 이 금액만큼을 차감하고 대출해 주기 때문이다.

ⓑ 총부채상환비율

총부채상환비율(DTI: debt to income)은 금융회사에 갚아야 하는 원리금 상환액이 개인의 연소득에서 차지하는 비율을 말한다. 예를 들어, 총부채상환비율(DTI)이 40%일 때 연간소득이 4,000만원일 경우 총부채(＝모든 주택담보대출의 연간 원리금 상환액＋기타 부채의 연간 이자 상환액)의 연간 원리금상환액이 1,600만원을 초과하지 않도록 대출규모가 제한된다. 총부채상환비율(DTI)이 적용될 경우에는 소득이 충분하지 않으면 대출에 제한을 두기 때문에 담보가치가 높더라도 대출상환능력을 고려하여 대출한도를 정하게 된다.

$$총부채상환비율 = \frac{주택대출\ 원리금상환액 + 기타\ 대출\ 연간이자}{연간소득} \qquad (19\text{-}5)$$

ⓒ 총부채원리금상환비율

총부채원리금상환비율(DSR: debt service ratio)은 주택대출원리금뿐만 아니라 신용대출, 자동차 할부, 학자금대출, 카드론 등 모든 대출의 원금와 이자를 모두 더한 원리금 상환액이 연간 소득액에서 차지하는 비중으로 대출상환능력을 삼사하기 위하여 2016년 금융위원회가 마련한 대출심사지표이다. 이 비율은 소득 대비 주택담보대출 원리금에 신용대출 등 다른 대출의 이자를 더한 금융부채로 대출한도를 계산하는 총부채상환비율(DTI)보다 더 엄격하다. 즉, 총부채원리금상환비율(DSR)은 연간 소득은 그대로인 채로 금융부채가 커지기 때문에 대출한도가 축소된다.

$$총부채원리금상환비율 = \frac{모든\ 대출\ 원리금상환액}{연간소득} \qquad (19\text{-}6)$$

2. 부동산금융

일반적으로 부동산에 대한 투자는 다른 자산과 달리 투자규모가 크고 많은 자금이 필요하다는 특징이 있기 때문에 부동산의 매입부터 개발, 운영, 임대차, 처분 등의 전 과정의 수행 시 필요한 자금을 조달하고 운용하는 부동산금융이 매우 중요한 역할을 한다. 부동산금융은 행위주체에 따라 주택담보대출과 같은 소비자금융, 프로젝트 파이낸싱(project financing)과 같은 개발금융, 리츠 및 부동산 펀드와 같은 투자금융으로 나눌 수 있다.

(1) 소비자금융

1) 주택담보대출

소비자금융은 부동산을 구매하여 소비하고자 하는 가계 등의 소비주체가 부동산을 담보로 부동산을 구매 및 조달하기 위한 금융이라 할 수 있다. 특히 실물자산인 토지에 노동 및 자본 등의 생산요소를 결합하여 아파트, 상업용 부동산 등과 같은 건물이나 시설 등을 건설하고 분양, 임대를 통하여 경제적 부가가치를 창출하는 부동산 개발사업의 경우 소비자금융이 그동안 주를 이루어 왔다.

부동산 개발사업을 할 경우 개발사업의 주체인 개발업체(사업주 혹은 시행사)는 개발초기의 대상 토지 확보를 위해 지출하는 계약금 및 인허가 등에 드는 비용정도만 부담하고 나머지 개발에 필요한 자금, 즉 건설비용의 약 80% 정도는 소비자인 부동산 완공 후 분양 받을 사람이나 기업으로부터 계약금과 중도금으로 자금을 조달하였다.

소비자 입장에서도 분양 받을 부동산을 담보로 대출하여 개발업체에게 제공하는 주택담보대출은 수요가 공급을 초과하는 상황에서 부동산 가격의 하방경직성 및 우리나라 부동산의 과도한 가격상승으로 인하여 문제가 되지 않았다. 이에 2006년까지 부동산 가격급등과 저금리기조의 유지로 주택담보대출이 급격히 증가함에 따라 2007년부터 정부는 가계부채의 관리 및 부동산시장의 안정을 위해 주택담보대출비율(LTV) 및 총부채상환비율(DTI)을 규제하고 있다.

한편, 우리나라 주택담보대출은 CD수익률을 기준으로 한 변동금리대출이 대부분이었다. 하지만 CD수익률의 잦은 변동에 따른 대출이자율의 변동폭 심화로 CD 연동 대출을 2010년 2월에 도입된 코픽스 연동 대출로 상당부분 대체하였다. 또한, 일정기간은 변동이자율로, 나머지 일정기간은 고정이자율로 적용하는 금리혼합대출도 적용하고 있다.

2) 주택저당증권

다양한 형태의 자산 예를 들어, 주식, 채권, 부동산, 주택담보대출(mortgage) 등을 기초자산으로 발행되는 증권을 자산유동화증권(ABS: asset-backed securities)이라고 한다. 이러한 다양한 자산 중 특히 주택담보대출을 기초자산으로 발행한 증권을 주택저당증권(MBS: mortgage-backed securities)이라고 한다.

은행의 입장에서 주택담보대출은 자산이지만 대출에 필요한 자금은 예금을 받거나 채권을 발행하여 조달한 단기부채이다. 더구나 은행 입장에서 자산인 주택담보대출도 은행 마음대로 쓸 수 있는 현금과 같은 자산이 아니므로 은행 입장에서는 장기로 대출해야 하는 유인이 적다. 이에 은행은 대출을 꺼리게 되는데 이를 해결하기 위한 방법이 주택저당증권(MBS)이다.

즉, 대출하는 은행과 별도로 독립적인 회사를 만들어서 그 회사에 주택담보대출을 파는 것이다. 그렇게 되면 은행은 주택담보대출을 현금화할 수 있다. 별도의 독립적인 회사는 주택담보대출을 받은 사람들이 갚는 원리금을 담보로 새로운 증권(주택저당증권(MBS))을 발행한다. 이처럼 주택담보대출이라는 자산을 현금으로 전환하는 과정을 유동화라고 한다.

주택담보대출을 유동화하여 주택저당증권(MBS)을 발행할 경우 조기상환위험[3]이 분산된다. 예를 들어, 주택담보대출이 100개가 있고 평균대출원금이 1억원이라고 할 때, 주택저당증권(MBS)을 1,000개 발행하였다면 주택저당증권(MBS) 1개의 가격은 1천만원(=(100개×1억원)/1,000개)이 되어 주택담보대출의 조기상환위험을 1/1,000씩 분배하여 위험이 분산되고 크기가 작아진다.

그림 19-3 자산 유동화의 흐름

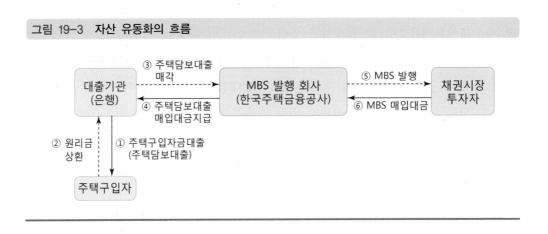

---

3 조기상환위험은 유동화자산의 현금흐름이 예상 현금흐름보다 조기에 발생함에 따라 유동화회사의 현금유출계획과 불일치(mismatch)가 발생하게 되는 위험이다.

(2) 개발금융

1) 프로젝트 파이낸싱의 개요

개발금융은 토지매입, 부동산 건설 및 분양 등의 개발단계에서 부동산의 공급자인 건설사나 부동산개발업자에게 제공되는 금융으로 프로젝트 파이낸싱이 대표적이다. 그동안 우리나라 개발금융은 건설사나 부동산개발업자의 열악한 재무구조로 자금 조달능력이 부족함에 따라 모기업(사업주)의 자산 혹은 지급보증이나 신용에 근거하여 조달하는 기업금융(corporate finance)이 주를 이루어왔다.

하지만 1997년 금융위기 이후 기업경영의 투명성 제고와 개발위험 회피 등으로 개발기능과 건설기능이 분화되기 시작했고 2000년 이후에는 은행, 보험사, 증권사 등의 금융기관들이 새로운 수익원 창출을 위해 프로젝트 파이낸싱에 적극 참여하고 있는 추세이다.

프로젝트 파이낸싱이란 특정 프로젝트로부터 발생하는 미래현금흐름을 담보로 해당 프로젝트를 수행하는 데 필요한 자금을 은행 등 금융회사로부터 조달하는 금융 기법을 말한다. 따라서 프로젝트 자체의 수익성에 근거하여 자금을 조달하기 때문에 건설업체의 재무구조와 관계없이 자금조달이 가능하다. 프로젝트 파이낸싱은 1920~ 1930년대 미국에서 유전개발업자들에게 은행들이 향후 유전개발로 생산되는 석유판 매대금을 상환재원으로 하고 매장된 석유를 담보로 유전개발에 필요한 자금을 대출하는 방식에서 시작되었다. 이후, 프로젝트 파이낸싱은 금융시장의 발전과 더불어 지속적으로 발전하여 선진국에서 자원개발 및 부동산 개발에 활용되고 있고, 1990년대 들어서는 동남아 개발도상국가들의 사회간접자본(SOC: social overhead capital)에 프로젝트 파이낸싱 기법이 적극 활용되고 있다.

우리나라는 사회간접자본에 필요한 민간자본을 유치하기 위해 1994년 '민자유치촉진법' 제정 이후 본격화되어, 1995년 이화령터널 사업이 최초로 프로젝트 파이낸싱으로 건설되었으며 현재 시행중인 민자유치사업의 대부분이 프로젝트 파이낸싱으로 자금조달하고 있다.

프로젝트 파이낸싱의 경우 사업시행자가 자신이 소유한 모기업과 법적으로 별개의 독립된 기업을 설립하여 해당 프로젝트에 소요되는 자금을 프로젝트 자체의 수익성에 근거하여 자금을 조달하기 때문에 채권자(금융기관)는 프로젝트의 자산 및 현금

표 19-1 프로젝트 파이낸싱과 기업금융의 차이점

구 분	프로젝트 파이낸싱	일반 기업금융
차입주체	프로젝트 전담회사	기업
담보	해당 프로젝트 현금수입 및 자산	차입자의 자산, 제3자의 보증
상환재원	프로젝트의 현금흐름	기업의 전체 재원
소구권 행사	모기업에 대한 소구권 제한	모기업에 대한 소구권 행사
채무수용능력	부외금융으로 채무수용능력 제고	부채비율 등 기존차입에 의한 제한
대출심사 기준	사업성 평가(현금흐름, 자산가치)	담보가치, 차주의 신용도
차입기간	장기	단기, 장기
사후관리	참여기관에 의한 엄격한 사후관리	채무불이행 시 채무회수

자료: 김범석·유한수, 「부동산금융론-이론과 실제」, 2019, p. 368.

흐름 내에서만 채권상환을 청구할 수 있다. 따라서 프로젝트 파이낸싱은 프로젝트가 도산하더라도 모기업은 채무를 부담하지 않는 비소구금융(소구권 제한)이다. 하지만 사업에 따라서는 모기업이 일정 수준의 부담을 지는 제한적 소구금융인 경우도 있다.

또한 프로젝트로 차입한 부채가 모기업의 재무상태표에 계상되지 않아 부외금융으로 자금을 조달할 수 있다. 따라서 모기업은 일반 대출에서 허용되는 차입금 한도를 초과하여 자금을 조달할 수 있어 채무수용능력이 높아진다. 〈표 9-1〉에 프로젝트 파이낸싱과 기업금융의 차이점에 대해서 정리하였다.

2) 프로젝트 파이낸싱의 종류

프로젝트 파이낸싱은 사업방식에 따라 BOT(build-operate-transfer), BTO(build-transfer-operate), BLT(build-lease-transfer) 등의 방식으로 진행된다.

BOT는 사업시행자가 프로젝트인 시설을 건설(build)하고 완공 후 직접 운영(operate)하여 얻은 수익으로 프로젝트의 투자비용을 회수한 후 계약기간 종료 시에는 국가나 공공기관에 양도(transfer)하는 방식이다.

BTO는 사업시행자가 프로젝트를 건설(build)하여 소유권을 주무관청에 양도(transfer)하고, 발주자인 정부 또는 공공기관은 사업시행자에게 일정기간 시설관리운영권을 부여(operate)하여 시설을 운영하는 방식이다.

BLT는 사업시행자가 프로젝트를 건설(build)하여 일정기간 동안 시설을 정부나 공공기관에 리스(lease)하고 리스기간 종료 후 시설의 소유권을 정부나 공공기관에 양도(transfer)하는 방식이다.

이외에도 사업시행자가 프로젝트를 건설(build)하여 사업시행자가 당해 시설의 소유권(own)을 갖고 시설을 운영(operate)하는 방식인 BOO(build-own-operate) 등이 있다.

프로젝트 파이낸싱(PF)

미국을 세계적인 산유국 대열에 들어서게 한 일등공신은 프로젝트 파이낸싱(PF·Project Financing)이었다. 1920년대 들어 미국 전역에 걸친 유전 개발 열기는 최고조에 달했다. 도처에 파묻힌 '검은 황금'에 눈독을 들인 투자은행들이 자금 부족에 허덕이는 유전개발업자들에게 접근했다. 개발비용을 융자해주면서 귀가 솔깃한 대출조건을 달았다. 장래에 생산될 석유의 판매대금으로 갚으면 된다는 것이다. 텍사스주와 루이지애나, 오클라호마, 캘리포니아 등지에서 대형 유전이 잇따라 발견된 데 힘입어 PF는 자본시장의 총아로 급부상했다.

PF는 오로지 사업성에만 주목한다. 자금을 빌리는 사람의 신용도는 개의치 않는다. 굳이 담보라고 해봤자, 희망찬 미래를 보는 게 전부다. 자금을 투자받는 사업자는 사업에서 나오는 이익으로 채무를 갚으면 된다. 돈 될 만한 사업 아이템이면, 금융회사들로부터 수십억~수천억 원의 자금을 끌어 모을 수도 있다. 이런 매력 때문에 조선·항공기 제작과 도로·항만·발전소 시설 투자 등 막대한 자금이 소요되는 사업에는 거의 빠짐없이 PF기법이 활용되고 있다. 우리나라에서는 1994년 민자유치촉진법 제정을 계기로 PF기법이 도입됐다. 현재 추진 중인 용산 국제업무지구 개발사업은 물론, 2000년 11월 개통된 인천국제공항고속도로도 18개 금융회사의 PF 결과물이다.

[출처: 문화일보(www.munhwa.com), 2011. 4. 14.]

3. 투자금융

(1) 리츠

1) 리츠의 개요

리츠(REITs: real estate investment trusts, 부동산투자회사)는 2001년 4월 부동산투자회사법이 제정되면서 부동산시장의 가격안정, 외환위기로 인한 부실기업의 구조조정, 소액 투자자들에 대한 부동산 투자기회를 목적으로 국내에 처음 도입되었다. 이에 2002년 1월 9일 교보메리츠퍼스트리츠가 국내 1호 리츠로 설립되어 1월 30일에 주식시장에 상장되었다.

리츠는 다수의 투자자로부터 자금을 모아 부동산에 투자하거나, 주택저당증권(MBS), 부동산 관련 대출(mortgage loan) 등으로 운영하여 얻은 수익을 투자자들에게 배분하는 주식회사 형태의 부동산 집합투자기구, 즉 뮤추얼 펀드이다. 다시 말하면, 리츠(부동산투자회사)는 자산을 부동산에 투자하여 운용하는 것을 주된 목적으로 설립된 회사를 말한다.

일반적인 뮤추얼 펀드는 모집한 자금을 주식이나 채권 등에 투자하는 데 비해 리츠는 부동산에 모집한 투자자금의 70% 이상을 투자해야 하는 점이 다를 뿐 기본적인 구조는 동일하다. 이처럼 리츠는 넓은 의미에서 보면 일종의 부동산 펀드로 볼 수 있으나, 우리나라에서의 설립근거, 법적 성격, 운용 등의 측면에서 부동산 펀드와 상이한 점이 있어 리츠와 부동산 펀드를 구분하고 있다.

일반 투자자를 대상으로 주식을 발행하여 자금을 조달하는 공모형 리츠는 한국거래소에 상장해야 한다. 장기 안정성 및 수익성을 추구하는 리츠의 특성 때문에 최근에는 특정 투자자를 대상으로 주식을 발행하여 자금을 조달하는 사모형 리츠가 선호되고 있다.

2) 리츠의 종류

우리나라의 리츠는 주식회사 형태의 일반리츠와 기업구조조정리츠(CR리츠: corporate restructuring REITs)로 구분하고 있고, 일반리츠는 자기관리리츠와 위탁관리리츠로 구분하고 있다.

자기관리리츠를 설립하기 위해서는 국토교통부장관의 인가를 받아야 하고, 최저자본금 70억원 이상이어야 한다. 자산운용전문인력 3인 이상의 상근 임직원을 둔 실체가 있는 회사로 자산의 투자운용을 상근 임직원이 직접 관리한다. 위탁관리리츠는 최저자본금 50억원 이상이어야 하고 실체가 존재하지 않는 서류상의 회사이기 때문에 상근 임직원이 없으며 자산의 투자 및 운용은 자산관리회사에게 위탁한다.

기업구조조정리츠도 위탁관리리츠와 마찬가지로 설립하기 위해서는 국토교통부장관의 인가를 받아야 하고 최저자본금은 50억원 이상이어야 하며, 서류상의 회사이므로 자산의 투자 및 운용은 자산관리회사가 위탁받아 수행한다. 다만, 기업구조조정리츠는 기업의 구조조정용 부동산에 투자하여 얻은 수익을 나눠 준다는 점이 다르다.

(2) 부동산 펀드

1) 부동산 펀드의 개요

부동산 펀드는 2004년 1월 간접투자자산운용법 제정 시 펀드의 투자대상에 부동산이 포함됨에 따라 도입되었다. 다수의 투자자로부터 자금을 모아 그 자금의 50% 이상을 부동산 관련 자산에 투자하여 그 수익을 나눠주는 부동산 펀드와 리츠는 비슷해 보이지만 〈표 19-2〉에 나타낸 것과 같이 운용방식에 차이가 있다.

부동산 펀드는 수익증권과 뮤추얼 펀드 형태가 모두 가능하다. 하지만 뮤추얼 펀드 형태의 경우 리츠와 구분하기 위해 부동산 펀드 자산의 50%이상 70% 이하로만 부동산에 투자할 수 있다.

부동산 펀드의 자금조달은 공모와 사모 모두 가능하다. 하지만 펀드 설정 후 만기까지 중도환매가 불가능(폐쇄형)하다. 만약 일반 펀드처럼 일정 수익이나 손실이 예상될 때 중도환매가 된다고 할 경우 해당 부동산을 중도환매를 위해 매각하는 것이 불가능하기 때문이다. 공모형태로 자금을 조달한 경우에는 펀드 설정일로부터 90일 이내에 펀드를 한국거래소에 상장해야 하지만, 투자자 입장에서는 투자금 회수에 제약이 있을 수 있다.

따라서 부동산 펀드는 소액투자를 할 수 있다는 특징이 있으나, 원금 및 수익 보장형 상품이 아니고 중도환매가 제한되어 있어 주식이나 채권보다 현금화가 어려운 단점이 있다.

표 19-2 리츠와 부동산 펀드

구분	리츠			부동산 펀드	
	일반리츠		기업구조 조정리츠	회사형 펀드	신탁형 펀드
	자기관리리츠	위탁관리리츠			
근거법	부동산투자 회사법	좌동	좌동	자본시장법	좌동
주무 부처	국토교통부	좌동	좌동	금융위원회	좌동
최저 자본금	70억원	50억원	좌동	(순자산) 10억원	–
자산 관리	직접 관리	외부 위탁 (자산관리회사)	좌동	외부 위탁 (집합투자업자)	좌동
투자 대상	부동산(총자산의 70% 이상), 부동산 관련 유가증권/현금(총자산의 80% 이상)	좌동	기업구조조정부동산(총자산의 70% 이상), 부동산 관련 유가증권/현금(총자산의 80% 이상)	부동산(총자산의 50% 이상 70% 미만), 부동산신탁수익권, 부동산프로젝트 파이낸싱 대출	부동산, 부동산 신탁 수익권, 부동산프로젝트 파이낸싱 대출
개발 사업 투자	총자산의 30% 이하(개발전문리츠의 경우 100% 가능)	좌동	좌동	제한 없음	좌동

자료: 하나금융경영연구소, 국토연구원, 「부동산 간접투자상품시장 활성화 및 경제적 파급효과 연구」, 이태리 외, 2015, p. 19. 재인용.

2) 부동산 펀드의 종류

부동산 펀드는 그 투자하는 대상에 따라 실물형 부동산 펀드, 대출형 부동산 펀드, 권리형 부동산 펀드, 증권형 부동산 펀드, 파생상품형 부동산 펀드로 구분한다. 첫째, 실물형 부동산 펀드는 부동산 펀드의 투자대상으로 가장 기본적으로 부동산 자체에 투자하여 투자한 부동산을 운용함으로써 수익을 획득한다. 매매형 부동산 펀드,[4] 임대형 부동산 펀드,[5] 개량형 부동산 펀드,[6] 경공매형 부동산 펀드,[7] 개발형 부동산 펀

---

4 펀드재산의 50% 이상 70% 미만을 부동산에 투자하여 취득한 후 매각을 통하여 수익을 획득하는 부동산 펀드이다.
5 펀드재산의 50% 이상 70% 미만을 부동산에 투자하여 취득한 후 임대한 한 후 매각하는 부동산 펀드이다.

드[8]가 여기에 해당한다.

둘째, 대출형 부동산 펀드는 프로젝트 파이낸싱형 부동산 펀드라고도 불린다. 주로 아파트, 상가, 오피스텔 등 부동산 개발에 필요한 자금을 대출해주고 대출원리금을 상환받아 투자자에게 돌려주는 펀드이다. 일반적으로 은행예금 금리보다 더 높은 수익률을 제공한다.

셋째, 권리형 부동산 펀드는 펀드재산의 50% 이상 70% 미만을 지상권, 지역권, 전세권, 임차권, 분양권 등에 투자하거나 채권금융기관이 채권자인 부동산을 담보로 한 금전채권에 투자하는 펀드이다.

넷째, 증권형 부동산 펀드는 펀드재산의 50% 이상 70% 미만을 부동산과 관련된 증권에 투자하는 펀드이다.

다섯째, 파생상품형 부동산 펀드는 펀드재산의 50% 이상 70% 미만을 부동산을 기초자산으로 하는 선물, 옵션, 스왑에 투자하는 펀드를 말한다.

부동산 펀드는 다양한 종류의 부동산에 전문가가 투자함으로써 위험을 줄이고 안정적인 수익을 기대할 수 있다. 하지만 이 경우에도 부동산 투자로 인한 위험을 완전히 제거할 수는 없음을 항상 염두에 두어야 한다.

예를 들어, 임대형 부동산 펀드의 경우 공실 위험 및 임차인의 신용도의 문제, 매각 시 시장환경 변화에 따른 부동산 가치하락 등의 위험이 존재한다. 개발형 부동산 펀드의 경우 관리 부실 및 개발사업 실패로 원금의 손실을 볼 수 있다. 대출형 부동산 펀드는 부동산개발회사의 프로젝트가 원활하게 진행되지 않거나 부동산 개발회사의 지급보증력이 약화될 경우에는 자금회수가 어렵기 때문에 투자손실의 위험이 존재한다.

---

6 펀드재산의 50% 이상 70% 미만을 부동산에 투자하여 취득한 후 부동산의 개량으로 부동산 가치를 증대시켜 매각하거나 임대 후 매각하는 부동산 펀드이다.

7 펀드재산의 50% 이상 70% 미만을 경매나 공매로 싸게 나온 부동산에 투자하여 취득한 후 매각하거나 임대 후 매각하는 부동산 펀드이다.

8 펀드재산의 50% 이상 70% 미만을 부동산에 투자하여 취득한 후 개발사업을 통한 분양이나 매각 또는 임대 후 매각하는 부동산 펀드이다.

부동산 간접투자, 해 볼만 할까

펀드와 리츠를 이해하기에 앞서 간접투자와 직접투자의 차이부터 짚어보자. 직접투자는 빌딩을 직접 매입·소유해 관리·운영하는 것이다. 간접투자는 부동산 물건을 직접 소유하지 않고 부동산 전문 자산운용사 등을 통해 거래하는 형태다. 부동산 간접투자는 초기엔 주로 오피스에만 투자했는데 점차 대형 마트를 비롯해 물류센터·호텔·인터넷데이터센터·임대주택 등으로 확대됐다. 임차인 모집, 시설물 수선 등의 행위를 직접투자는 소유주가 직접 하지만, 간접투자는 전문운용사를 통해 해결한다는 점이 다르다.

부동산 펀드는 펀드 재산의 50% 이상을 부동산이나 부동산 관련 자산에 투자하는 형태다. 과거에는 기관 투자자들 위주로 구성된 사모시장이 주를 이뤘지만 최근엔 공모 펀드가 출시되고 있다. 부동산 펀드의 수익구조는 건물 같은 실물자산에 투자해 임대수익과 자본이득을 얻는 방법이 대표적이다. 또 다른 방법은 부동산 개발사업 PF(Project Financing) 대출에 투자해 대출 이자를 수익으로 얻는 형태다. 몇 년 전부턴 부동산 자산 전문운용사가 다른 운용사의 펀드를 담아 운용하는 재간접 펀드도 출시됐고, 앞으로 펀드 형태가 더욱 다양해질 것으로 전망된다.

이런 부동산 펀드는 상품에 따라 다르지만 100만원의 소액 투자가 가능한 상품도 있으며 절세 효과도 누릴 수 있다는 장점을 갖고 있다. 배당수익률도 높은 편인데 청산 시 차익을 제외하더라도 5% 이상의 배당수익률을 자랑한다. 게다가 매각 차익까지 더하면 더 높은 수익을 기대할 수 있다.

코로나 사태가 발생하기 전인 2019년까지는 해외 부동산 펀드에 대한 관심이 상당히 높았다. 당시엔 환차익 등을 통한 수익도 높은 편이었다. 하지만 코로나19 발발로 해외 부동산을 검수하는 실사 등이 제한되자 투자 수요가 급감했다. 그러다 최근 들어 경기 회복에 대한 기대심리가 작용한 덕분인지 수요가 다시 한 번 꿈틀대는 반등의 기미가 보인다.

해외 부동산 펀드 투자는 투자자가 직접 눈으로 확인하기가 어려워 위험 요인이 국내 부동산 펀드보다 더 크게 내재돼 있을 수 있다. 반면에 환율 변동에 따라 환차익을 걷을 수 있다는 것이 해외 부동산 펀드의 매력이다. 반대로 얘기하면 환율 변동에 따라 환손실이 발생할 수 있으므로 환해지에 대한 대응 방안이 중요하다는 뜻도 된다.

부동산 펀드에 가입하려면 부동산 운용사와 업무계약이 체결된 은행·증권사 등의 금융기관을 통해 펀드에 가입해야 한다. 부동산 펀드는 대부분 만기가 5~7년이므로 긴 호흡으로 투자해야 한다. 부동산 펀드는 2020년 1월 이후 순자산 총액이 최대치를 기록했는데, 주식시장에 투입된 자금과 정부의 고강도 주택 규제 정책에 따른 풍선효과로 보인다.

지난해 정부가 내놓은 부동산 간접투자 활성화 방안은 리츠 시장의 활성화를 위해 마련된 것과 다름없다. 리츠는 총자산의 70% 이상을 부동산으로 투자해야 하며 이익의 90% 이상을 투자자에게 의무적으로 배당해야 하는 상품이다. 리츠는 부동산투자 회사의 주식을 구매하는 개념이다. 자산 가치가 상승하면 주가 또한 동반 상승하게 돼 투자자는 수익을 창출하고 정기적인 배당도 챙길 수 있다.

리츠가 가진 최대 장점은 유동성이다. 리츠가 주식에 투자하는 방식이어서 주식시장에서 언제든지 거래할 수 있으며, 이 거래를 통해 현금으로 바꿀 수 있다. 또한 다양한 자산을 기초로 해 상품을 구성하기 때문에 자산 배분에 따른 위험요소 관리가 효율적이다. 다양한 자산이라는 것은 한 개의 오피스 빌딩으로 상품을 구성하는 것이 아니라, 여러 개 여러 지역의 빌딩을 하나의 상품으로 구성한다는 얘기다.

리츠는 세금 부분에서도 장점을 갖고 있다. 배당 가능 이익의 90% 이상을 배당하는 경우 법인세가 거의 발생하지 않는다는 점이다. 리츠를 통해 투자하는 경우 재산세 토지분이 단일 세율을 적용 받아 종합부동산세 대상에서도 제외된다. 이는 투자자에게 더 많은 수익을 줄 수 있다는 의미다. 리츠는 사옥 매입, 개발 사업, 보유 자산 유동화 등으로 추진할 수 있으며 이 모든 것은 부동산 전문 자산관리회사(AMC)를 통해 실행된다.

이 같은 인기에 힘입어 리츠는 개수나 자산규모 면에서 점차 증가하고 있다. 운용 자산을 보면 절반 이상이 주택을 기초 자산으로 한다. 그 이유는 정부가 추진하는 공공임대주택과 밀집한 관계를 띄고 있기 때문이다. 이런 특성은 단점이 되기도 한다. 상업용 부동산에 대한 투자보다는 주거용에 맞춰져 있다 보니 펀드보다 성장이 더뎠다. 하지만 지난해 정부가 부동산간접투자 활성화 방안을 발표하면서 전통적인 리츠 자산인 주택 외에도 오피스·소매유통(리테일)·주유소 등을 기초 자산으로 하는 리츠 상품도 출시되고 있다.

부동산 펀드와 리츠는 저금리 저성장 시대에 적합한 투자일 수 있으나 그에 따른 위험 또한 상당수 존재한다. 경기 침체로 자산 공실률이 증가하고 이에 따라 부동산 가격이 떨어지면 그 피해는 고스란히 투자자가 떠안게 된다. 소매유통·호텔 등을 기초자산으로 하는 부동산간접투자 상품이 코로나 사태로 인해 손실이 그대로 투자자 피해로 이어지는 것과 같은 얘기다. 이처럼 부동산간접투자 상품은 장기적인 관점에서 꾸준한 배당 등을 통한 재테크 수단으로 고려해볼 수 있으나, 단기적인 투자에는 적합하지 않다. 투자 전에 자신에게 맞는 상품을 선택하는 것을 추천한다. 부동산간접투자 상품의 인기가 상승한다는 것은 경기 회복을 알리는

▶ 02 디지털금융

1. 핀테크의 개요

2016년 세계경제포럼(World Economic Forum: WEF)에서 4차 산업혁명이라는 용어를 처음 사용된 이후, 일반적으로 4차 산업혁명은 디지털 트랜스포메이션(digital transformation)[9]에 의한 전 산업의 변화뿐 아니라 일하는 방식의 변화, 사회·정치적 변화까지를 아우르는 포괄적 개념으로 정의하고 있다. 4차 산업혁명의 기반이 되는 핵심기술로 빅데이터, 인공지능, 블록체인, 사물인터넷(IoT: internet of things), 생명공학기술, 양자컴퓨팅 등이 있다.[10]

금융분야에서 금융(finance)과 기술(technology)이 합쳐진 말인 핀테크(fintech)는 IT가 금융을 돕는다는 측면에서 새로운 IT기술을 금융산업이 채택하여 금융산업의 혁신을 달성하고자 하는 것을 의미한다. 핀테크라는 용어가 사용되기 이전부터 인터넷뱅킹이나 모바일뱅킹을 통한 자금거래 혹은 HTS나 MTS를 통한 주식거래가 이루어져 왔고, 4차 산업혁명시대에 와서는 빅데이터와 인공지능, 블록체인, 무선통신기술과 사물인터넷, 바이오인증, 클라우드 컴퓨팅 등의 기술이 금융에서 디지털혁신을 주도할 수 있는 기술로 평가받고 있다.

---

9   농업, 제조업, 서비스업 등 전 산업에 정보통신기술이 결합하여 기존의 아날로그 방식이 디지털 방식으로 전환되는 것을 의미한다.

10   이재하·한덕희, 「새내기를 위한 금융」, 박영사(2021), pp. 281-303 참조.

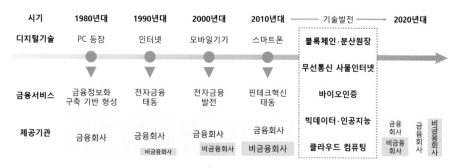

그림 19-4 디지털기술과 금융서비스의 변화

시기	1980년대	1990년대	2000년대	2010년대	기술발전 →	2020년대
디지털기술	PC 등장	인터넷	모바일기기	스마트폰	블록체인·분산원장 / 무선통신 사물인터넷 / 바이오인증 / 빅데이터·인공지능 / 클라우드 컴퓨팅	
금융서비스	금융정보화 구축 기반 형성	전자금융 태동	전자금융 발전	핀테크혁신 태동		
제공기관	금융회사	금융회사 / 비금융회사	금융회사 / 비금융회사	금융회사 / 비금융회사		금융회사 / 비금융회사 / 금융회사 / 비금융회사 / 비금융회사

자료: 한국은행, 「디지털혁신과 금융서비스의 미래: 도전과 과제」, 2017.

2. 디지털기술

(1) 빅데이터

데이터마이닝은 데이터 속에서 의미 있는 정보를 추출하는 일련의 작업을 말한다. 1990년대 말 인터넷의 보급으로 인한 데이터양의 증가와 더불어 정보통신기술(IT: information technology)이 발전됨에 따라 기존에 활용되지 못하고 버려졌던 데이터에 대한 경제적 가치가 강조되어 데이터마이닝이 주목을 받았으나, 기대와 달리 광범위하게 활용되지는 못하였다.

이후, 디지털 환경에서 생성 주기가 짧고 대규모로 생성되는 자료로 수치자료뿐만 아니라 문자나 영상자료까지를 모두 포함하는 대규모 자료를 의미하는 빅데이터(big data)가 2009년 전후로 등장하였다.[11] 〈그림 19-5〉의 구글트렌드에 나타난 빅데이터와 데이터마이닝에 관한 사람들의 관심을 보면 2004년도 시점의 데이터마이닝에 대한 높은 관심이 지속적으로 하락하고 있고, 2012년을 기점으로 빅데이터에 대한 관심이 증가하다가 최근에는 다소 하락하는 모습을 보이고 있음을 알 수 있다.

빅데이터를 분석하는 기법은 크게 기술분석(descriptive analytics), 예측분석(predictive analytics), 최적화(optimization) 등이 있다. 기술분석은 과거 자료를 가지고

---

11 Piatetsky-Shapiro, G., "Big Data Hype (and Reality)," *Harvard Business Review*, 2012.

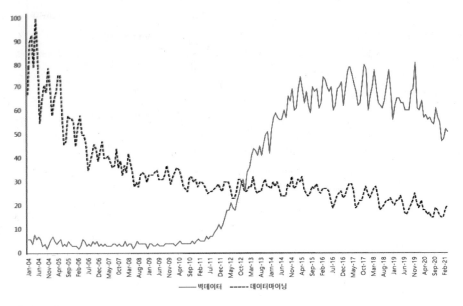

그림 19-5 빅데이터와 데이터마이닝에 대한 관심

자료: 구글 트렌드

현재 상황을 분석하고 사용자가 가장 관심을 두는 정보를 단순하게 추출하여 표현하거나 설명하는 분석기법을 말한다. 기술분석은 문제의 원인이나 해답을 찾는 가장 초기적인 분석기법으로 알려져 있으며, 이 기술분석이 빅데이터 분석방법들 중에서 약 80% 정도를 차지하는 것으로 알려져 있다.

기술분석 방법으로 임의질의(ad hoc query), 대용량자료에서 변수들간의 연관규칙을 발견하는 기법으로 군집분석에 의해 그룹화된 무리(cluster)를 대상으로 그룹에 대한 특성을 분석하는 방법인 연관분석(association analysis), 최종사용자가 대용량 데이터베이스에 직접 접근하여 대화식으로 정보를 분석하고 의사결정에 활용하는 기법인 OLAP(online analytical processing), 문장에서 긍정적이거나 부정적인 감정을 감지하는 프로세스인 감정분석(sentiment analysis), 통계분석(statistical analysis) 등이 있다.

예측분석은 과거자료와 현재자료를 이용하여 미래의 발생 가능한 사건을 예측하는 방법이다. 예측분석 방법으로 자료를 나무구조로 도표화하여 분석하는 방법으로 수집된 자료를 분석하여 자료들 사이에 존재하는 속성의 조합으로 분류하는 의사결정나무(decision tree), 자료를 수집하여 통계적 모델을 만들어서 확률론적 기법을 적용하여 미래의 가능한 결과나 행동을 예측하는 통계분석기법인 예측모델링(predictive modeling), 단말기로부터 생성된 자료 중 즉시 활용해야 할 자료는 서버(server)로 보내기 전에 게이트웨이(gateway)에서 실시간으로 분석하고 선별적으로 제공하는 임베디드분석(embedded analytics), 자료의 시각화를 활용하여 자료를 탐색하고 분석하는 시각화분석(visual analytics), 문자·도형·음성 등의 외부정보를 컴퓨터에 인식시켜 특징을 식별하는 프로그램인 패턴인식(pattern recognition), 감정분석(sentiment analysis), 대량의 자료에서 컴퓨터가 패턴을 학습하고 이를 바탕으로 결과값을 예측하거나 최적의 의사결정을 도출하는 기계학습(machine learning), 인간의 언어를 컴퓨터가 이해할 수 있는 방식으로 변환하는 프로그램인 자연어 처리(natural language procession) 등이 있다.

최적화는 목표와 제약조건을 고려하여 의사결정에 따라 다르게 발생할 수 있는 미래 이벤트를 예측하고 가치를 극대화 할 수 있는 가장 최적의 의사결정을 도출하는 분석기법이다.

이외에도 텍스트나 이미지, 동영상 등과 같은 컨텐츠를 분석하여 새로운 유행이나 패턴을 발견하는 기법인 컨텐츠 분석(contents analytics)과 의사결정하기 전까지 생성된 모든 자료를 활용하여 빠른 상황변화에 적시에 대처할 수 있도록 하는 실시간분석(real-time analytics) 등이 빅데이터 분석방법으로 이용되고 있다.

빅데이터가 새로운 경제성장 동력으로 강조되는 가운데 다음과 같은 회의적인 시각도 제시되고 있다.[12] 첫째, 데이터 품질이 좋지 않으면 잘못된 결과가 도출될 수 있고 이로 인해 경제적 피해가 발생할 수 있다. 처리 가능한 데이터의 절대적 규모가 크다고 해서 반드시 데이터의 측정 오류(measurement errors), 유효성(validity), 신뢰성(reliability), 의존성(dependency)과 같이 데이터 분석에서 근본적으로 제시되는 이슈들이 무시될 수 있는 것은 아니다.

예를 들어, 글로벌 금융서비스 기업인 Knight Capital Group은 2012년 알고리즘 트레이딩 시스템이 잘못된 데이터 입력을 걸러내지 못해 4.4억만 달러의 손실을 입은

---

[12] 이성복, 「해외 자본시장의 빅데이터 도입 현황 및 시사점」, 자본시장연구원(2016), pp. 41-44. 요약 정리.

바 있으며, 2016년 미국 대선 결과가 빅데이터에 기반한 대선 예측과 다르게 나타난 것도 트럼프를 지지하지만 이를 표현하지 않는 유권자(shy Trump)를 고려하지 못했기 때문이라는 분석도 있다.

둘째, 데이터와 분석기법에 대한 잘못된 선택이 잘못된 결과를 도출할 수 있다. 빅데이터 분석기법은 인과관계(causation)보다는 상관관계(correlation) 분석에 크게 의존한다. 이 경우 상관관계 분석 결과가 반드시 두 변수 간의 인과관계를 설명하는 것이 아니기 때문에 통계적으로 유의한 상관관계가 반드시 의미 있다고 해석될 수 없다.

예를 들어, 2006년과 2011년 기간 중 미국의 연간 살인사망자와 웹 디자이너 자살사망자는 MS의 인터넷 익스플로러 시장점유율과 높은 상관관계를 보이는 것으로 조사(OECD, 2015b; Marcus & Davis, 2014)되었으나 세 변수 간에 명확한 인과관계가 존재한다고 설명하기는 어렵다. 이러한 허구적인 상관관계(spurious correlation)는 데이터 분석에서 언제든지 나타날 수 있다. 그만큼 상관관계 분석을 중시하는 빅데이터 분석기법에 대해 회의적인 시각이 존재할 수밖에 없다.

(2) 인공지능

인공지능(AI: artificial intelligence)은 1956년 다트머스대 John McCarthy 교수가 처음 사용한 용어로 현재는 인간처럼 행동하는 시스템, 즉 알고리즘을 통해 인지·학습·추론 등 인간 고유의 지적 능력을 컴퓨터로 구현하는 기술로 정의하고 있다. 인공지능에 대한 연구는 1960년대 중반까지 큰 인기를 끌었지만 기술의 한계와 성과부족으로 쇠퇴하기 시작하여 1974~1980년의 기간 동안 인공지능의 과도한 낙관론에 대한 비판과 함께 인공지능의 한계가 수학적으로 증명되면서 인공지능에 대한 연구자금 지원이 중단되었다. 이어 1980년대 등장한 전문가 시스템(expert system)으로 인해 인공지능이 다시 활성화 되었으나 1987~1993년에 걸쳐 비효율성과 높은 유지보수 비용 문제로 다시 쇠퇴하였다.

이후 2000년대에 등장한 심화학습(deep learning)[13] 기술로 2012년 6월 구글이 개

---

13 기계학습 기술의 한 종류로서 인공신경망 이론에 기반하여 인간 두뇌의 작동 메커니즘과 유사한 방식으로 컴퓨터가 스스로 학습함으로써 최적의 결과물을 산출하도록 유도하는 기술

그림 19-6 인공지능(AI)에 대한 관심

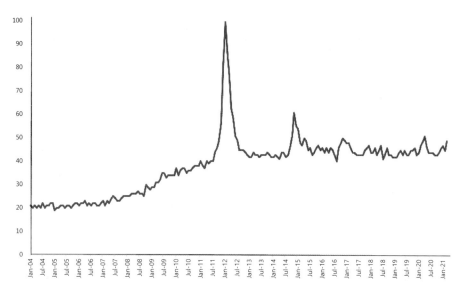

자료: 구글 트랜드

발한 인공신경망은 사람의 도움 없이 유튜브에 업로드되어 있는 1천만 개가 넘는 동영상 중에서 고양이를 스스로 성공적으로 인식하여 심화학습과 인공지능이 주목받기 시작하였고, 심화학습은 2016년 '알파고 대 이세돌'의 바둑대결 이벤트로 인공지능의 성장을 견인하고 있다. 〈그림 19-6〉에는 인공지능에 대한 사람들의 관심을 구글 트랜드를 통하여 살펴본 것으로서 2012년 본격적으로 심화학습이 주목받으면서 인공지능에 대한 관심이 지속적으로 증가함을 알 수 있다.

현재 인공지능 기술은 1959년 IBM 연구원 Arthur Samuel이 처음 사용한 용어인 기계학습 방식으로 많이 구현되고 있다. 최근에는 인간의 두뇌 작동방식을 모방한 기계학습의 진화한 형태인 심화학습 기술로 인공지능을 구현함으로써 여러 변수가 동시에 영향을 미치는 복잡한 환경에서 상대적으로 정확한 해답을 제시해 주고 있다.

(3) 블록체인

블록체인의 개념은 1991년에 문서의 최종생성 및 수정일자를 고정하기 위해

그림 19-7 블록체인과 비트코인에 대한 관심

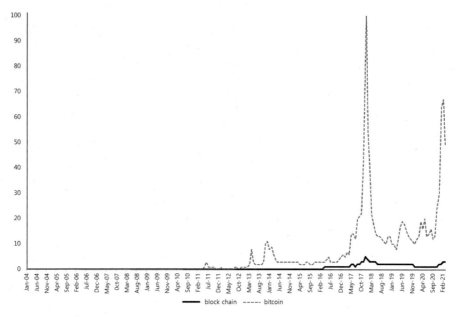

자료: 구글 트랜드

Harber and Stornetta[14]에 의해서 제안된 이래 Satoshi Nakamoto라는 미지의 인물이 2008년 가치이전의 기술로 사용하여 최초의 암호통화(cryptocurrency) 혹은 가상통화(virtual currency)인 비트코인(Bitcoin: 2009년 1월 3일 최초의 블록(genesis block)이 채굴됨)을 구동하는 메커니즘으로 사용되었다.

〈그림 19-7〉을 보면 블록체인 기술에 대한 일반인의 관심은 사실 크지 않고 이 기술을 적용한 가상화폐인 비트코인에 대한 관심이 블록체인에 비해 크다는 것을 알 수 있다. 비트코인에 대한 관심의 경우도 비트코인 출현 이후 10여 년의 시간이 경과하면서 초기 높은 관심이 진정됨과 함께 블록체인의 한계와 문제점들이 드러나면서 블록체인의 본격적인 활용이 당초 기대보다 상당히 느리게 진행되고 있는 것으로 보인다.

가상화폐인 비트코인의 기반 기술로 적용된 블록체인의 원리를 간단하게 살펴보

---

14 Stuart Haber and W. Scott Stornetta, "How To Time-Stamp a Digital Document," *Journal of Cryptology*, 3, 1991.

자. 비트코인 네크워크상의 노드(node: 블록체인 네트워크 참여자)들이 비트코인을 이용한 거래들을 모아 기록·저장하는 블록(block)을 생성한다. 블록체인은 네트워크 참가자들이 수행한 매 10분마다의 거래들(블록)을 하나로 모아서 해시함수 결과값을 암호로 하여 체인으로 연결하기 때문에 붙여진 이름이다.

블록을 생성할 때 정확하고 정직하게 기록된 거래내역을 담고 있음을 입증(작업증명(proof of work))하여야 하는데, 작업증명은 해시함수(hash function)[15]를 사용하여 증명한다. 즉, 해시함수 결과값(예: 000068a73k1⋯)의 앞부분이 0000⋯으로 시작하는 것과 같은 특정조건을 만족하는 난수(nonce)라고 부르는 정수값을 변화시키면서 찾는 과제를 자동적으로 부과한다. 현재는 해시함수 결과값의 앞부분 0의 개수가 40개까지 늘어났는데 이는 난수(nonce)값을 변화시키며 해시값 계산을 1조번 반복 시도해야 찾을 수 있는 크기의 난이도이다.

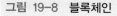 그림 19-8 블록체인

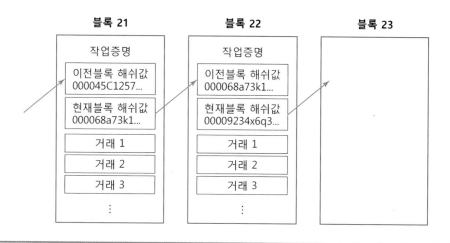

---

15 해시함수는 임의의 길이를 갖는 메시지를 입력하여 고정된 길이의 해시함수 결과값을 출력하는 함수를 말한다. 현재 사용되고 있는 SHA-1과 같은 표준 해시함수들은 160비트 내지 256비트의 해시값을 출력하는데, 비트코인이 채택한 SHA-256함수는 어떤 크기의 문서라도 함수에 통과시키면 결과값(hash value)을 0과 1로 이루어진 256자리 숫자로 변환시켜 출력한다(https://www.convertstring.com/Hash/SHA256). 이와 같은 해시함수 결과값은 입력정보가 한 글자만 바뀌어도 전혀 다른 결과값으로 나오고, 하나의 입력정보로 항상 동일한 하나의 결과값만 나오며, 결과값을 토대로 입력정보를 예측할 수 없다는 특징을 갖는다.

이처럼 새로운 원장(블록)을 갱신하기 위해서 거래검증과 함께 단순반복적인 계산을 수없이 반복수행해야 하고, 특정 조건을 만족하는 해시함수 결과값을 가장 먼저 찾은 노드가 배표한 원장(블록)을 채택한다. 업데이트된 원장은 노드들이 모두 공유한다. 즉, 모든 네트워크 참가자가 동일한 원본데이터를 보유 즉, 장부를 분산저장함으로써 거래의 투명성을 보장받는다.

실제로 작업증명을 수행하는 데에는 엄청난 컴퓨터 연산능력 및 노력과 전력 등의 비용이 소요되기 때문에 새로운 블록이 만들어질 때(작업증명이 해결될 때)마다 그 노드에게 비트코인을 신규로 시스템에서 발행하여 지급한다. 작업증명이 성공하면 새로운 비트코인이 발행되는 것이 마치 금광에서 금을 캐는 것에 비유된다고 하여 작업증명 과정을 채굴(mining)이라고 부른다.

비트코인의 총발행한도는 2천 1백만개로 설정되어 있고 10분마다 블록을 생성하도록 하여 첫 4년(2009~2012년) 동안은 블록이 만들어지는 매 10분 단위로 새로운 비트코인 50개를 지급하도록 설정되어 있기 때문에 이 기간에 비트코인은 총 10,512,000개(=50개×6×24시간×365일×4년)가 발행된다. 이후 매 4년마다 절반(1/2)으로 축소하도록 설계되어 있기 때문에 2013~2016년에는 10분 단위로 25개, 2017~2020년에는 10분 단위로 12.5개를 지급하도록 설계되어 있다. 1비트코인 가격이 65,000,000원이라면 12.5비트코인은 812,500,000원에 해당한다.

비트코인의 기반 기술로서의 블록체인이 갖는 한계와 문제점[16]으로 가장 많이 언급되는 것은 첫째, 채굴(작업증명)에 너무 많은 자원이 투입되고 낭비되는 것이다. 작업증명을 위한 수많은 노드들은 막대한 컴퓨터 연산능력과 전력을 투입하고, 작업증명에 성공하여 비트코인(혹은 다른 가상통화)을 획득하는 노드는 단 하나이며, 나머지 수많은 노드들이 투입한 컴퓨터 연산능력과 전력은 그대로 소비되어 버려진다. 예를 들어, 비트코인의 작업증명에서 소비되는 전력은 연간 22~73TWH(TeraWatt-Hour)이며 73TWH는 오스트리아 국가 전체의 전력 소비와 비슷한 수준이다. 비트코인 외에도 이더리움에서는 21TWH의 전력을 소비한다.

이외에도 작지 않은 크기의 원장 파일(2018년 9월말 현재 비트코인의 원장 파일 크기

---

16 권민경, 조성훈, 「4차 산업혁명과 자본시장-인공지능과 블록체인-」, 자본시장연구원(2018), pp. 59-61. 요약 정리.

는 약 185 기가바이트)을 수많은 노드들이 동시에 업데이트하고 보관하는 과정에서 발생하는 데이터 트래픽 등을 고려하면 하나의 블록체인 시스템을 유지하기 위하여 투입되는 자원의 합은 제3자 기관이 존재하는 기존 시스템에서 소요되는 자원의 합보다 클 가능성이 높다.

둘째, 블록체인의 확장성(scalability)에 문제가 있다. 블록체인이 갖는 기술적 한계와 관련하여 가장 많이 제기되는 것은 거래처리 용량(capacity) 혹은 속도의 문제이다. 모든 거래가 개별적으로 승인되고 블록에 기록되는 순수한 P2P 블록체인 플랫폼이 제3자 기관에 집중된 기존 시스템(플랫폼)의 거래처리 속도와 비교할 때 현저하게 느린 것으로, 신용카드 사용이나 주식거래와 같이 1초당 수만 건 이상의 거래가 이루어지는 곳에서는 블록체인을 사용하기 곤란하다.

그리고, 기존 시스템에서는 시스템 운영에 필요한 하드웨어와 소프트웨어가 제3자에 집중되어 있어 간단하게 업그레이드가 이루어지는 반면, 블록체인에서는 개별 노드의 자발적 업그레이드에 의존해야 하고, 노드별로 상당한 성능 차이도 존재한다.

또한 블록체인에서 일단 블록에 기록된 거래를 취소하려면 거래당사자 간에 반대 방향의 거래를 다시 일으키는 수밖에 없다. 실수나 착오에 의한 거래를 수정하기 위해서는 원장자체를 수정해야 하는데 다수의 거래 참여자가 관련된 수많은 거래가 이루어지는 유통시장에서의 이러한 거래정정방식은 매우 비효율적이다.

셋째, 블록체인 자체의 보안성, 즉 원장의 무결성에 대한 의문이 제기되고 있다. 전 세계적으로 채굴능력의 집중화가 급속도로 진행되면서 51% 공격(attack)이 실제로 발생할 가능성이 존재한다는 우려를 제기되고 있다. 51% 공격은 악의적 공격자가 전체 네트워크의 50%를 초과하는 강력한 해시연산능력을 보유하여 다른 정직한 노드들보다 더 빠른 속도록 새로운 블록을 생성하여 네트워크에 전파하면 다른 노드들은 위·변조된 거래내역이 포함된 블록을 채택하게 된다는 것을 말한다. 최근 국제결제은행(BIS: Bank of International Settlement)도 작업증명을 통하여 신뢰를 확보하거나 대체할 수 없다는 입장을 표명한 바 있다.

한편, 가상화폐는 돈의 기능 중 가치척도 기능을 수행할 수 없음에 주의해야 한다. 예를 들어, 비트코인은 총 발행한도 2천 1백만 개가 될 때까지 계속 발행만 하여 화폐가 증가만하고 줄일 수 없다. 일반적으로 중앙은행은 시중의 돈의 양에 따라 돈의 가치 하락이나 상승 시에 통화정책을 통하여 돈이 항상 일정한 가치를 유지하도록 하여 가치척도 기능을 수행하는 데 문제가 없도록 하고 있다. 이에 비해 비트코인은 증가만 되기 때문에 돈의 가치를 일정하게 유지시킬 수 없다.

CBDC 등장 때 비트코인 운명은... "디지털 휴지조각" vs "더 널리 쓰일 것"

CBDC(Central Bank Digital Currency·중앙은행 발행 가상화폐)의 등장과 함께 이는 가장 큰 궁금증은 CBDC가 과연 비트코인을 '디지털 휴지 조각'으로 만들 것인가 하는 것이다. 비트코인은 민간에서 만들었다는 속성 때문에 정부의 화폐 주권에 위협이 된다. 상당수 국가 정부와 중앙은행이 비트코인에 비판적인 것도 이 때문이다. 비트코인에 돈이 몰리고, 범죄 자금이 유통되면서 건전한 기업 활동에 대한 투자가 줄어들 수도 있다.

이런 와중에 CBDC를 도입하려는 움직임은 점점 빨라지고 있다. 국제결제은행(BIS)은 최근 설문조사를 통해 "전 세계 중앙은행 10곳 중 2곳이 3년 내 디지털 화폐를 발행할 것으로 보인다"고 전망했다. 경제학계 일각에서는 "CBDC가 나오면 비트코인 같은 가상화폐가 '디지털 수집품'으로 전락할 것"이라는 의견이 나오는 반면, 가상화폐 업계에선 "CBDC와 민간의 가상화폐는 특성과 용도가 다르다"면서 "두 화폐가 공존하게 될 것"이라고 맞서고 있다.

◇ 비관론 "CBDC로 비트코인은 소멸"

비트코인의 치명적인 약점은 가치가 널뛴다는 것이다. 공급이 크게 늘지 않는 상황에서 투기에 의해 수요가 급등락하기 때문이다. 불과 하루 사이에 10~20% 넘게 가치가 급등락하는 날이 수두룩하고, 때때로 그 이유도 불분명하다. 거래할 때마다 발생하는 수수료도 걸림돌이다. 현 시스템상에선 달러나 원화를 비트코인으로 바꾸는 과정에서 거래소를 거치기 때문에 거래액의 0.04~0.05%가 수수료로 나간다. 소액 결제 시 기존 화폐보다 더 많은 돈을 내야 하고, 거래량이 많아지면 수수료가 오르기도 한다.

이처럼 안정적인 가치 척도 및 지불 편의성이라는 화폐의 기초적 기능에 결함이 있어 비트코인은 기존 화폐를 대체할 수 없다는 것이 기존 경제학계의 평가다. 실제로 상당수 경제학자가 "CBDC가 등장하면 비트코인은 설 자리를 잃는다"고 본다. 누리엘 루비니 뉴욕대 교수는 "CBDC는 미래의 모든 가상화폐를 대체하게 될 것"이라며 "일부 광신도들이 CBDC의 등장을 '비트코인의 승리'라고 여기지만, 내 전망은 정반대"라고 말했다. 짐 오닐 영국 왕립경제연구소 소장도 "비트코인은 오로지 투기 목적을 위한 자산"이라며 "화폐를 대체할 가능성은 없다"고 했다.

비트코인과 CBDC의 차이점

암호화폐		CBDC
-블록체인상에서 분산되어 기록됨 -블록체인 참여자가 모두 관리자	발행·거래 내역	-블록체인, 혹은 별도의 데이터 베이스에 기록 -중앙은행이나 정부 등 정해진 기관이 관리
-총 공급량이 미리 정해져 있음(2,100만개) -일정기간마다 공급량이 줄어듦	발행량	-총 공급량이 정해져 있지 않음 -중앙은행이 공급량을 늘리거나 줄일 수 있음
블록체인 참여자의 신뢰에 기반	가치	정부가 보증

일부 국가들이 비트코인 등 민간의 가상화폐를 퇴출하는 것도 비트코인의 장래를 어둡게 한다. 중국은 지난 2017년 9월 가상화폐의 신규 발행과 거래를 전면 금지한 데 이어, 올해 초에는 중국 네이멍구(內蒙古)자치구의 가상화폐 채굴장을 4월 말까지 전면 폐쇄하겠다고 발표했다. 인도 정부는 또 가상화폐의 거래는 물론, 보유까지 불법화하는 법안을 추진 중이다. 인도엔 약 800만명이 14억 달러(약 1조 5,926억 원) 규모의 가상화폐를 보유한 것으로 추산된다. 프란치스코 블랑슈 뱅크오브아메리카 연구원은 "비트코인의 돈세탁 우려, 채굴에 따른 환경 비용 등 여러 요소를 감안할 때 규제는 지금보다 더 많아질 것"이라고 내다봤다.

◇ 낙관론 "CBDC와 비트코인 공존 가능"

그러나 CBDC의 시대가 와도 비트코인이 사라지지 않을 것이란 전망도 만만치 않다. 인류 역사에서 민간과 국가의 화폐 발행이 상당 기간 공존했다는 것이다. 미국은 1863년 이전까지 정부가 아닌 민간은행들이 화폐를 자유롭게 발행했다. 호주와 스코틀랜드 등 상당수 국가도 20세기에 들어서야 정부가 화폐 제조를 독점했다. IMF의 토비아스 에이드리언 금융자본시장국 국장은 "민간 회사들이 중앙은행 화폐보다 더 편리한 지불·결제 수단을 발명해내면서 민간의 혁신과 중앙은행의 법정화폐가 공존할 가능성이 있다"고 내다봤다.

통화정책 관료들도 가상화폐의 급격한 몰락을 바라지는 않는 분위기다. 제롬 파월 연방준비제도이사회 의장은 최근 "CBDC와 기존 현금이 공존하면서, 혁신적인 결제 시스템을 만들어내는 것이 주된 목표"라며 "(CBDC를 도입하려면) 의회와 정부, 광범위한 대중으로부터 인정을 받아야 한다"고 했다.

비트코인 업계는 CBDC의 등장이 비트코인의 '승리'라는 주장도 한다. 가상화폐 투자사인 퍼스트블록의 창업자 마크 반 데 치즈는 Mint 인터뷰에서 "CBDC의 등장은 디지털 화폐 사용을 보편화해 사람들이 비트코인에 더 익숙해지게 할 것"이라며 "이 과정에서 사람들이 CBDC와 달리 비트코인이 '디플레 화폐(시간이 흐르면 가치가 오르는 화폐)'라는 점을 깨달으면 더 많은 사람이 비트코인을 쓰게 될 것이라고 생각한다"고 말했다.

일부 비트코인 강세론자는 CBDC 도입 소식에도 가격 전망을 높여 잡고 있다. 트럼프 행정부 백악관 대변인이었던 앤서니 스카라무치 스카이브리지 캐피털 대표는 올해 전망치를 10만 달러(약 1억 1,285만원)로 제시했다. 캐시 우드 아크자산운용 CEO는 한술 더 떠 "비트코인 가격이 25만달러(약 2억 8,212만원)에 달할 것"이라고 전망했다. 이는 미국 기업이 현금의 10%를 비트코인에 투자했을 경우의 전망치다.

[출처: 「조선일보(www.chosun.com)」, 2021. 3. 26.]

3. 금융과 디지털기술

(1) 자산운용

금융시장에서 발생하는 사건(event)은 과거에 발생한 사건들과 달리 완전히 새롭게 자주 발생한다. 효율적 시장가설에 따르면 과거 정보가 이미 자산가격에 반영되어 있으므로, 미래의 가격 예측에 오래 전부터 사용되어 온 머신러닝의 결과는 그다지 좋지 않다.

자산가격의 과거분포와 미래분포가 유사하다는 보장이 전혀 없기 때문에 이미지 인식이나 자연어 처리 분야에서 과거자료를 분석하여 의미 있는 패턴을 찾아내어 미래를 예측하는 데 상당한 성공을 이룬 인공신경망을 이용하여도 자산가격에 포함된 많은 정보 예를 들어, 기업실적, 관련 뉴스, 소문, 각종 거시지표 변화, 투자심리 등을 모두 포함된 자료를 분석하여 미래를 예측하기에는 아직 한계가 있다.

(2) 금융데이터 분석 및 신용평가

일반적으로 애널리스트는 정성적 분석에 더하여 정량적 평가모형을 통하여 기업의 신용도를 평가한다. 창업초반의 소규모 회사나 개인과 같은 경우에는 금융회사를 통한 거래, 공과금납부 및 연체 내역 등의 자료를 이용하여 대출을 위한 신용등급을 평가하기 때문에 실제 상환능력과 무관하게 낮은 신용등급을 받아 대출이 안 될 수도 있다. 이러한 문제점을 해결하기 위하여 기존의 금융거래를 통한 정보를 이용하여 대출자의 신용등급을 평가하는 것 외에도 빅데이터를 추가로 활용하고 있다.

예를 들어, 영국의 신용평가 전문 스타트업 기업인 비주얼 DNA는 대출의 기초가 되는 신용평가 등급을 측정하기 위해 좋아하는 색이나 취미 등 몇 가지 질문을 하며, 이를 토대로 심리학의 성격이론과 빅데이터 분석을 결합하여 대출자의 성격 특성을 파악하고 대출금 상환의지를 측정함으로써 신용평가를 실시하여 대출기관의 부도율을 낮추고 있다.

이처럼 빅데이터를 이용한 신용평가는 자연어 처리 기술을 수반하고, 사람의 감정이나 성격 등을 추정하는 작업을 위해 인공신경망을 이용한 인공지능을 필요로 한다. 하지만 컴퓨터과학 분야에서 발전되어 오고 있는 인공지능을 빅데이터를 이용하여 신용평가에 적용할 경우 기존의 금융 및 경제학 이론에 기반한 신용평가가 아니기 때문에 비록 결과예측이 많이 향상된다 하여도 그 이유를 설명하지 못하는 단점이 존재한다.

(3) 금융서비스 제공 및 이상탐지

로보어드바이저(robo-advisor)는 로봇(robot)과 어드바이저(advisor)를 합친 말로 자산관리나 투자자문을 해주는 금융서비스를 말한다. 2016년 알파고와 이세돌의 바둑 대결을 계기로 인공지능에 대한 관심이 높아짐에 따라 금융기관에서 인공지능을 이용하여 시장상황 및 투자자 성향 등을 분석하고 이를 바탕으로 투자자에게 가장 적합한 포트폴리오를 만들어주거나 자문해주는 자산관리 서비스인 로보어드바이저가 주목받게 되었다.

금융기관은 로보어드바이저와 같은 자동화된 플랫폼을 구축하고 인공지능 기술을 적용함으로써 많은 인력투입 없이 다수의 고객에게 저렴한 비용으로 투자자문 서비스를 제공하고 있다. 이외에도 챗봇을 통한 효율적 일처리로 투자자들은 쉽고 빠르게 원하는 금융서비스를 받을 수 있다.

한편, 갈수록 교묘해지는 사이버 보안 위협에 대응하거나 각종 금융사고 탐지 및 내부 직원 모니터링에도 인공지능 기술이 효과적으로 적용될 수 있다. 특히 자본시장에서 발생하는 각종 거래자료를 효과적으로 모니터함으로써 이상탐지를 할 수 있다. 예를 들어, 2018년 5월 한국거래소는 의사결정나무모형을 이용한 기계학습 기반의 시장감시시스템을 구축하여 기존 시스템으로 발견되지 않았던 신종 불공정거래 유형을 탐색해 내었다고 발표하였다.

은행은 없다. 테크기업만 있다. AI날개 단 뱅크오브아메리카

◇ **코로나가 '금융 AI' 가속화**

230년의 역사를 가진 미국의 대표적 상업은행 뱅크 오브 아메리카(BoA)는 지난 10년간 디지털과 AI에 적극 투자해왔습니다. 핀테크 기업들의 위협이 상존하는 등 금융산업 자체의 패러다임 변화가 아날로그 기업 BoA에 끊임없는 변신을 요구했던 겁니다.

이들이 일찍 간파한 건 데이터의 중요성이었습니다. 과거 은행들은 운용자산 및 관리자산 규모가 클수록 대형 은행으로 간주했습니다. 하지만 디지털과 AI시대에는 데이터의 양과 규모가 그 은행의 비중을 드러냅니다. 데이터가 풍부해 분석거리가 많은 은행이 절대 강자입니다. BoA가 디지털과 AI 관련 특허를 확보하려고 노력한 건 바로 이런 연유에서였습니다.

그 사이 미국은 AI와 핀테크 기술이 비약적으로 발전했지만 소비자들은 디지털금융을 그다지 선호하지 않았습니다. 체크(수표)로 결제하는 것도 보편화돼 있는 데다, 카드 결제 로그인을 요구하는 등 불편했기 때문이죠. 은행 지점도 많습니다. 2019년 세계은행 자료에 따르면 미국 인구 10만 명당 은행들의 점포수는 30개입니다. 한국 15개의 두 배가량입니다. BoA도 미 전역에 4300개의 소매 금융센터를 갖고 있습니다. 이런 상황에서 신종 코로나바이러스 감염증이 덮쳤습니다. 미국 은행들은 지점을 휴업하고 다시 열었다가 휴업하는 작업을 반복했습니다. 이용자들은 금융거래를 하기 위해 디지털 서비스를 이용하지 않을 수 없게 됐습니다.

미국의 소비자 금융 판도가 확 바뀌어 버린 겁니다.

◇ 킬러앱 '에리카' 진가 발휘

한발 앞서 디지털 전환을 실행해온 BoA의 핵심 역량이 진가를 발휘하기 시작한 시점입니다. BoA가 지난해 판매한 금융 상품과 대출은 50%가 온라인을 경유했습니다. 2019년의 27%에서 거의 두 배로 늘어난 셈입니다. 무엇보다 모바일 앱인 '에리카'의 사용이 획기적으로 늘었습니다. 에리카를 쓰는 고객은 2020년 말 기준 전년 대비 67% 증가한 1,700만 명이나 됐습니다. 고객 대응도 전년 대비 두 배인 하루 40만으로 껑충 뛰었습니다.

에리카는 2018년 BoA가 애플의 모바일 음성인식 비서 시리(Siri)를 본떠 만든 업계 최초의 금융거래 앱입니다. 이 앱을 활용하면 대화형으로 손쉽게 금융 업무를 볼 수 있습니다. 계좌 조회나 송금 등의 단순 업무에서 대출 연장, 이자 상환 등 상담원이 전담하던 업무까지 모두 다룰 수 있습니다. 계좌의 상황 조회나 월별 각종 수수료 확인 및 송금, 각종 청구서 알림 설정 등도 할 수 있습니다. 투자자문까지 해줍니다. 최근에는 재난지원금 문의나 대출 이자 연기 등이 인기 분야라고 합니다.

에리카는 고객 눈높이 서비스에 주력하지만 그만큼 빅데이터를 모으는 부수입도 올립니다. 작년 한 해 동안 새로 에리카에 가입한 고객의 25%가 만 55세 이상의 베이비 붐 세대였습니다. 이들은 BoA의 핵심 고객층이면서도 디지털뱅킹을 그동안 하지 않아 은행에선 데이터를 많이 확보하지 못한 세대였습니다. 이들이 에리카를 쓰면서 그만큼 귀중한 데이터를 확보하게 됐습니다. 또한 에리카를 통해 미국의 은행공동 결제 및 P2P(개인 대 개인) 송금앱인 '젤레(Zelle)'에 접속이 쉬워졌습니다. 가령 다른 은행 계좌에 수백달러를 송금하려면 에리카를 통해 젤레에 접속해서 보내게 됩니다. 이 과정에서 BoA는 고객들의 데이터를 수집합니다. BoA가 갖고 있는 특허에서 음성인식이나 네트워크 트래픽 분석 등 모바일 가상비서(챗봇) 에리카와 관련한 특허들이 많은 이유도 여기에 있습니다.

◇ 부동산 거래·투자자문에 활용

브라이언 모이니한 CEO는 지난해 12월 9일 미국인들의 지출이 오히려 지난해보다 증가하고 있다며 놀라운 수준의 재정 회복력을 보이고 있다고 전했습니다. 이런 사실을 뒷받침하는 통계는 물론 BoA가 갖고 있는 계좌들의 현금흐름 분석을 통해서였습니다. 미국의 어떤 경제 통계 조사기관보다 정확하고 살아있는 경제 데이터를 통해 알아낸 것이죠. BoA는 그만큼 데이터 분석과 활용에 집중하고 있습니다.

BoA가 금융회사의 주요 사업이라고 할 모기지(부동산담보대출)를 쉽게 할 수 있는 시스템도 이런 데이터를 기반으로 만들어졌습니다. 지난해 BoA에서 이뤄진 부동산 대출의 68%가 디지털로 이뤄졌습니다. 2019년 36%의 두 배에 가깝습니다. 고객이 은행의 모바일 앱 또는 온라인에서 모기지를 신청하면 AI를 활용하는 시스템 덕분입니다. BoA는 대출 전문가와 소통해서 대출 조건을 맞춤형태로 만들어 잠재적으로 하루 이내에 조건부 승인을 받을 수 있도록 했습니다.

데이터를 활용해 개발한 또 다른 대표적 아이템은 IPO(기업공개)의 적정 가치를 식별하는 거래예측시스템 '프리암(PRIAM)'입니다. 기존 IPO에서 투자자들은 주로 그 기업의 성장성과 재무실적 등을 중심으로 분석을 합니다. 하지만 프리암은 그동안 IPO에 투자한 투자자들의 투자 동향 데이터 등을 분석하고 가격 및 수량 등의 수요를 예측합니다. 이를 토대로 투자자문을 하고 있습니다. BoA가 갖고 있는 방대한 데이터가 있기 때문에 가능한 일입니다. 이것뿐 아니라 금융사기를 모니터링하고 보안을 강화하는 데서도 AI를 활용하는 사례가 늘고 있습니다.

◇ 6,000만 명 자문하는 맞춤형 AI

BoA가 내세우는 건 새로운 차원의 '유저 프렌들리(user friendly)' 전략입니다. AI를 충분히 활용해 사용자의 눈높이에 맞게 편리하게 다가가는 친숙한 은행으로 거듭나자는 겁니다. 우선 음성비서 에리카의 기능을 확장해 6,000만 개의 개인 맞춤 킬러 앱을 만드는 게 목표입니다. 현재 에리카는 고객 개개인의 지불능력과 사용 출처 등을 분석해 어떻게 절약하고 저축해야 하는지, 그리고 펀드에서 어디에 투자해야 할지 등에 대해 안내합니다. BoA는 여기서 한걸음 더 나아가 인생 재무 설계를 상담하고 조언하는 라이프 플랜(life plan)을 지난해 내놓았습니다. 주택구입이나 육아 등의 목표를 정하고 이를 성취하는 과정을 계속 모니터링하는 도구입니다.

과거에 은행은 고객을 유치하고 유지하기 위한 수단으로 가격과 속도 접근성을 중시했지만 이제는 개인 맞춤화와 금융 이상의 서비스를 제공하며 각종 인생 설계 상담까지 응해주는 단계로 나아가고 있습니다. 그 핵심에는 인공지능(AI)이 있습니다.

[출처: 「한국경제(hankyung.com)」, 2021. 3. 11.]

핵심정리

1. 부동산투자

- 부동산 특징
    - 인플레이션 헷지
    - 레버리지효과
    - 소득이익과 자본이익

- 부동산 투자
    - 부동산 직접투자
    - 부동산 간접투자

- 현금수지 측정

- 부동산투자분석기법
    - 순현가법: $NPV = PV(\text{현금유입}) + PV(\text{현금유출})$

    $$= \frac{C_1}{(1+r)^1} + \frac{C_2}{(1+r)^2} + ... + \frac{C_n}{(1+r)^n} - C_0$$

    - 내부수익률법: $NPV = 0 = \frac{C_1}{(1+IRR)^1} + \frac{C_2}{(1+IRR)^2} + \cdots + \frac{C_n}{(1+IRR)^n} - C_0$

    - 수익성지수법: $PI = \frac{PV(\text{현금유입})}{PV(\text{현금유출})}$

    - 비율분석법: $\text{주택담보대출비율} = \frac{\text{부채잔금(융자액)}}{\text{부동산의 가치}}$

    $$\text{총부채상환비율} = \frac{\text{주택대출 원리금상환액} + \text{기타 대출 연간이자}}{\text{연간소득}}$$

    $$\text{총부채원리금상환비율} = \frac{\text{모든 대출 원리금상환액}}{\text{연간소득}}$$

2. 부동산금융

- 소비자금융:
    - 주택담보대출
    - 주택저당증권

- 개발금융
    - 프로젝트 파이낸싱: BOT, BTO, BLT, BOO 등

- 투자금융
    - 리츠: 자금의 70% 이상을 부동산 관련 자산에 투자 → 일반리츠(자기관리리츠, 위탁
        관리리츠로 구분), 기업구조조정리츠
    - 부동산 펀드: 자금의 50% 이상을 부동산 관련 자산에 투자 → 실물형 부동산 펀드,
        대출형 부동산 펀드, 권리형 부동산 펀드, 증권형 부동산 펀드, 파생상
        품형 부동산 펀드)

3. 디지털 금융

- 핀테크＝금융＋기술

- 디지털기술
    - 빅데이터
    - 인공지능
    - 블록체인

- 금융과 디지털기술
    - 자산운용
    - 금융데이터 분석 및 신용평가
    - 금융서비스 제공 및 이상탐지

연습문제

문1. 다음 부동산 투자와 관련한 설명으로 틀린 것은? (   )

① 부동산 직접투자는 분산투자하기 어렵다.
② 부동산 직접투자는 부동산을 직접 사거나 파는 경우만 해당된다.
③ 부동산 간접투자는 소액으로 대형 부동산에 대한 투자가 가능하다.
④ 부동산 간접투자는 부동산 직접투자보다 투자위험이 낮다.

문2. 다음 부동산 건설 후 직접 운영하여 투자비용을 회수한 후 계약기간 종료 시에 국가나 공공기관에 양도하는 방식은 무엇인가? (   )

① BOT   ② BLT   ③ BTO   ④ BOO

문3. 리츠에 관한 설명으로 틀린 것은? (   )

① 자기관리리츠를 설립하기 위해서 자본금 70억원 이상 있어야 한다.
② 공모형 리츠는 한국거래소에 상장해야 한다.
③ 위탁관리리츠는 서류상의 회사이다.
④ 리츠는 수익증권으로 분류된다.

문4. 다음 중 부동산 펀드에 대한 설명으로 틀린 것은? (   )

① 부동산 펀드는 자금조달시 공모, 사모 모두 가능하다.
② 펀드 설정 후 만기까지 중도환매가 가능하다.
③ 공모형태로 자금조달한 경우 한국거래소에 상장해야 한다.
④ 수익증권과 뮤추얼 펀드 형태가 모두 가능하다.

문5. 다음 중 리츠와 부동산 펀드에 관한 설명으로 맞는 것은? (   )

① 리츠와 부동산 펀드 모두 부동산투자회사법에 적용받는다.
② 리츠와 부동산 펀드 모두 자금의 70% 이상을 부동산 관련 자산에 투자하여야 한다.

③ 리츠와 부동산 펀드 모두 수익증권과 뮤추얼 펀드가 가능하다.

④ 리츠와 부동산 펀드 모두 부동산 취득세가 30% 감면된다.

문6. 다음 중 디지털금융과 관련한 설명으로 틀린 것은? (   )

① 핀테크는 금융과 기술이 합쳐진 말이다.

② 4차 산업혁명시대에 빅데이터, 인공지능, 블록체인은 디지털금융 혁신을 주도할 기술로 주목받고 있다.

③ 기술분석, 예측분석, 심화학습으로 빅데이터를 분석한다.

④ 가상화폐는 가치척도 기능을 수행할 수 없다.

문7. 다음 중 디지털기술이 적용 가능한 금융분야에 관한 설명으로 틀린 것은? (   )

① 자산운용에 머신러닝을 적용할 수 있다.

② 빅데이터를 이용하여 신용평가를 할 수 있다.

③ 로보어드바이저를 통하여 자산관리나 투자자문 등을 할 수 있다.

④ 금융사고 탐지 및 내부직원 모니터링에는 인공지능 기술을 효과적으로 적용하기 어렵다.

연습문제 해답

문1. ②

문2. ①

문3. ④

문4. ②

문5. ④

문6. ③

문7. ④

CHAPTER

20 위험관리

학습개요

본 장에서는 최근 위험관리지표로 많이 사용되는 VaR에 대해서 배운다. 주어진 신뢰수준 하에서 목표기간 동안 발생할 수 있는 최대손실금액으로 정의되는 VaR을 실제분포를 이용할 경우와 정규분포를 이용할 경우로 나눠서 측정해 본다. 또한 투자대상 자산을 포지션별로 구분하여 주식 VaR, 채권 VaR, 선물 VaR, 옵션 VaR을 구하는 방법에 대해서 학습한다.

학습목표

- 실제분포를 이용할 경우의 VaR 측정
- 주식 VaR
- 선물 VaR
- 정규분포를 이용할 경우의 VaR 측정
- 채권 VaR
- 옵션 VaR

▶ 01 위험측정치

1. VaR의 개요

재무금융분야에서 위험은 변동성으로 정의된다. 변동성은 평균을 중심으로 퍼져 있는 정도인 산포도를 측정한다는 측면에서 분산 혹은 표준편차를 위험측정치로 사용한다. 하지만 변동성은 자산가격이 하락하여 손실을 발생시키는 하향손실뿐만 아니라 자산가격이 올라가서 수익을 발생시키는 상향이익까지도 모두 고려한다.

이에 실무에서는 가격하락으로 인한 하향손실만을 명시적으로 측정할 수 있는 측정치인 VaR(value at risk)을 위험측정치로 사용하고 있다. 특히, 최고경영자 및 주주 등 기업의 이해관계자들에게는 VaR값으로 기업의 직면한 시장위험의 크기를 하나의 숫자로 제시해 준다는 측면에서 매우 실용적이다.

그러면 VaR이란 무엇인가? VaR은 정상적인 시장에서 주어진 신뢰수준 하에서 목표기간 동안 발생할 수 있는 최대손실금액으로 정의한다. 예를 들어, VaR은 신뢰수준 99% 하에서 1일 동안 발생할 수 있는 주식 A의 최대손실금액을 100억원이라고 표현하는 통계적인 위험측정치라고 할 수 있다.

VaR에서 목표기간은 자산을 보유한 기간으로서 VaR계산을 얼마나 자주 하는가를 정하는 것이다. 일반적으로 목표기간은 VaR을 자주 계산하는 데 따르는 비용과 위험이 얼마나 있는지를 빨리 파악하는 데서 오는 편익 간의 상충관계를 고려하여 결정한다. 국제결제은행(BIS)에서는 10일 VaR을 계산하도록 추천하고 있다.

또한 신뢰수준을 얼마로 정할지는 기업에 따라 임의적으로 선택하고 있다. 예를 들어, J.P. Morgan은 95% 신뢰수준으로 정하고 있고 국제결제은행(BIS)은 99% 신뢰수준하에서 VaR을 계산하도록 추천하고 있다.

2. VaR의 측정

(1) 실제분포를 이용한 VaR 측정

VaR을 계산하는 방법은 크게 실제분포를 이용하는 방법과 정규분포를 이용하는

그림 20-1 KOSPI일별수익률

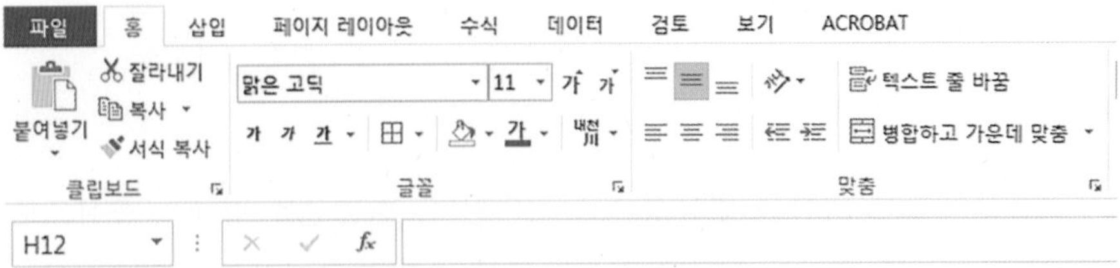

그림 20-1 KOSPI일별수익률

	A	B	C	D
1	날짜	KOSPI수익률	KOSPI수익률(크기순으로 정렬)	번호
2	20XX/01/07	-0.01773	-0.11172	1
3	20XX/01/08	-0.00268	-0.09914	2
4	20XX/01/09	0.00994	-0.07857	3
5	20XX/01/10	-0.01073	-0.07776	4
6	20XX/01/11	-0.02357	-0.06935	5
7	20XX/01/14	-0.00924	-0.06295	6
8	20XX/01/15	-0.01078	-0.06222	7
9	20XX/01/16	-0.02432	-0.05989	8
10	20XX/01/17	0.01084	-0.05279	9
11	20XX/01/18	0.00646	-0.04529	10
12	20XX/01/21	-0.02994	-0.04483	11
13	20XX/01/22	-0.04529	-0.04385	12
14	20XX/01/23	0.01198	-0.04249	13
15	20XX/01/24	0.02101	-0.04213	14
16	20XX/01/25	0.01753	-0.04194	15
17	20XX/01/28	-0.03930	-0.04142	16
18	20XX/01/29	0.00657	-0.03988	17
19	20XX/01/30	-0.03028	-3.9299%	18
20	20XX/01/31	0.02217	-0.03788	19
21	20XX/02/01	0.00604	-0.03404	20
22	20XX/02/04	0.03345	-0.03403	21

방법 두 가지가 있다. 예를 들어, 〈그림 20-1〉에 나오는 총 365개의 KOSPI일별수익률을 사용하여 실제분포를 그려보자. 총 365개의 일별수익률의 평균은 −0.0793%이고 표준편차는 2.3143%이다. 365개의 KOSPI일별수익률 중에서 가장 작은 값인 최소값은 −11.1720%이고 가장 큰 최대값은 11.2844%이다.

〈그림 20-2〉는 KOSPI수익률의 실제분포로서 〈그림 20-1〉의 KOSPI수익률을 가장 낮은 숫자부터 가장 높은 숫자까지 일정한 간격으로 몇 개의 범위로 묶고 각각의 범위에 속한 관찰치의 개수를 막대그래프로 나타낸 것이다. 예를 들어, −11.6505%~

그림 20-2 KOSPI일별수익률 분포

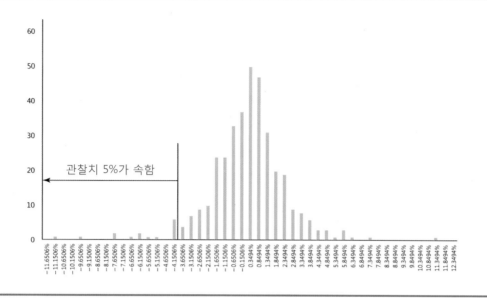

－11.1506%의 범위에 속하는 관찰치는 1개 있고, －11.1506%～－10.6506%의 범위에 속하는 관찰치는 0개 있다.[1] 이와 같은 방식으로 일별수익률의 분포를 나타낼 수 있으며, 특정범위 내에서 관찰치가 얼마나 발생되었는지 알 수 있다.

〈그림 20-2〉에서 어떤 특정수익률보다 더 낮은 수익률을 나타날 가능성을 찾아낼 수 있다. 예를 들어, 신뢰수준이 95%인 경우 특정수익률보다 더 낮은 수익률이 나타날 가능성이 5%가 되는 특정수익률을 찾아보자. 총 365개 수익률 중 하위 5%는 365×5%＝18.25개이므로 왼쪽 끝(가장 낮은 수익률)부터 대략 18번째로 낮은 수익률을 실제로 찾아보면 －3.9299%가 된다.

하위 5%에 속하는 최대손실인 －3.9299%를 이용하여 VaR을 계산할 수 있다. 예를 들어, 인덱스 포트폴리오를 구성하여 100억원 어치를 투자할 경우, 100억원× 3.9299%＝392,990,000원 이상 하락할 가능성이 5%가 된다는 것이다. 따라서 주어진 신뢰구간인 95%하에서 1일 동안 발생할 수 있는 인덱스 포트폴리오의 최대손실금액

---

1 막대그래프에서 각 막대(블록)의 면적은 해당 구간에 속하는 자료의 비율을 의미한다. 막대그래프의 전체 넓이는 100%이다.

은 392,990,000원이며 이를 1일 VaR이라고 한다.

(2) 정규분포를 이용한 VaR 측정

실제분포를 이용하여 VaR을 측정할 경우에는 분포의 종류에 상관없이 어떤 분포에도 적용할 수 있다. 그런데 만약 자료가 정규분포를 따른다면 VaR은 매우 간단히 계산될 수 있다. 정규분포란 평균과 표준편차에 의해 그 모양이 결정되며 평균을 중심으로 좌우 대칭의 분포로 〈그림 20-3〉에 나타내었다.

어떤 자산의 수익이 평균을 중심으로 왼쪽 표준편차(σ)의 1.65배의 범위 내에서 수익이 확정될 가능성(정규분포의 하얀부분의 면적에 속할 가능성)이 95%이고 그 이상이 되면, 즉 표준편차(σ)의 1.65배를 넘어서면 하위 5%에 속하게 된다. 다시 말해서 VaR에서는 하향 손실가능성 만을 명시적으로 나타내므로 정규분포의 왼쪽 5%를 넘어서 떨어질 때 발생하는 손실액을 최대손실금액으로 측정한다.

따라서 95% 신뢰구간하에서의 최대손실금액(VaR)은 수익이 표준편차의 1.65배로 떨어질 때 발생하는 손실액을 의미하므로, 평균과 표준편차가 Δt일 기준으로 목표기간을 Δt일로 정할 경우의 VaR은 식(20-1)로 계산할 수 있다.

$$VaR = W_0 \alpha \sigma \sqrt{\Delta t} \tag{20-1}$$

그림 20-3 정규분포

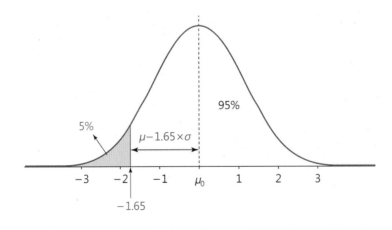

그림 20-4 실제분포와 정규분포의 비교

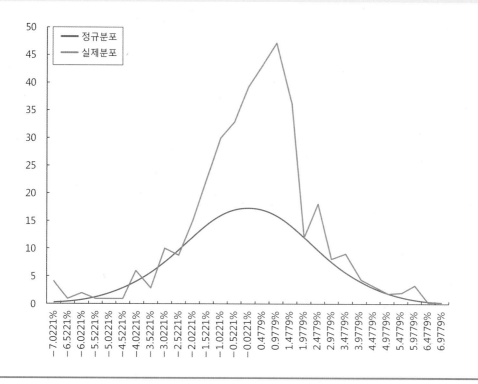

식(20-1)에서 α는 정규분포의 임계치(critical value)를 나타내며, 통계학에서 좌측 검정 시 90% 신뢰수준하에서의 임계치는 1.28, 95% 신뢰수준하에서의 임계치는 1.65, 99% 신뢰수준하에서의 임계치는 2.33이다. 위의 KOSPI200수익률을 정규분포를 가정하여 95% 신뢰수준하에서 1일 VaR을 계산하면, 100억원×1.65×2.3143%×$\sqrt{1}$ = 381,859,500원으로 계산된다.

이와 같이 정규분포를 이용하여 VaR을 측정하면 실제분포를 이용하여 VaR을 측정할 경우에 비해 11,130,500원(=392,990,000원−381,859,500원)만큼 더 작게 나온다. 이는 실제분포가 정규분포보다 두터운 꼬리(fat tail)를 갖고 있고 분포의 중앙은 정규분포보다 높고 폭은 좁은 특징을 갖고 있기 때문이다. 이러한 특성은 KOSPI수익률의 실제분포와 정규분포를 나타낸 〈그림 20-4〉에서도 확인할 수 있다.[2]

---

2 〈그림 20-4〉의 실제분포는 〈그림 20-2〉의 막대그래프를 선그래프로 다시 나타낸 것이다.

실제분포가 정규분포보다 두터운 꼬리를 갖고 중앙이 더 뾰족하고 폭이 좁다는 특성으로 인해 정규분포를 이용하여 VaR을 측정할 경우 극단적인 왼쪽 값의 크기를 과소평가하게 되므로 추정된 VaR가 진실한 VaR을 과소평가하게 됨에 항상 주의해야 한다.

한편, VaR의 목표기간과 신뢰수준은 기업마다 다르게 정하기 때문에 기업들 마다 계산한 VaR을 비교하기 위해서는 동일한 기준으로 전환시켜야 한다. 예를 들어, 신뢰수준 95% 하에서 1일 VaR을 계산하는 A은행과 신뢰수준 99% 하에서 10일 VaR을 계산하는 B은행의 VaR을 비교해보자. 설명의 편의상 두 은행의 투자금액은 1원으로 같다고 하자.

A은행의 $VaR_A = 1.65\sigma\sqrt{1}$ 이고 B은행의 $VaR_B = 2.33\sigma\sqrt{10}$ 이다. 따라서 $VaR_B = 2.33(VaR_A/1.65)\sqrt{10} \rightarrow VaR_B = 4.45VaR_A$가 된다. 이는 신뢰수준 95% 하에서 계산된 1일 VaR을 신뢰수준 99% 하에서 계산된 10일 VaR로 전환시키면 VaR가 4배 이상 커진다는 의미를 갖는다.

▶ 02 포지션별 VaR 측정

1. 주식 VaR

(1) 개별주식 VaR

투자자가 하나의 주식에 투자할 경우의 VaR을 계산해보자. 예를 들어, X주식에 20억원 투자하여 1주일 보유하였고 신뢰수준은 99%라고 하자. X주식의 일별 변동성(표준편차)은 2.14%이다. 또한 Y주식에 30억원 투자하여 1주일 보유하였고 신뢰수준은 99%라고 하자. Y주식의 일별 변동성(표준편차)은 2.56%이다. 이 경우 X주식과 Y주식의 주별 VaR은 식(20-1)을 적용하여 각각 다음과 같이 계산한다.[3]

---

3 시계열이 독립적이고 동일한 분포(independently and identically distributed)를 따른다(평균과 분산이 시간에 따라 변하지 않으며 시계열 상관계수는 0)는 가정하에서,

X주식 주별 $VaR = W_0\, \alpha\, \sigma_x \sqrt{\Delta t} = (20억원)(2.33)(2.14\%)(\sqrt{5}) = 222,989,643원$

Y주식 주별 $VaR = W_0\, \alpha\, \sigma_y \sqrt{\Delta t} = (30억원)(2.33)(2.56\%)(\sqrt{5}) = 400,130,948원$

(2) 포트폴리오 VaR

X주식과 Y주식으로 포트폴리오를 구성할 경우의 포트폴리오 VaR을 계산해보자. X주식과 Y주식의 상관계수 ρ는 0.52이다. 포트폴리오의 VaR은 개별주식의 VaR 계산 시 대입한[4] 개별주식의 표준편차 대신 포트폴리오의 표준편차를 입력하여 계산하면 된다.

$$\sigma_p = \sqrt{w_1^2 \sigma_1^2 + w_2^2 \sigma_2^2 + 2 w_1 w_2 \sigma_{12}}$$
$$= \sqrt{(0.4)^2 (0.0214)^2 + (0.6)^2 (0.0256)^2 + 2(0.4)(0.6)(0.52)(0.0214)(0.0256)}$$
$$= 2.112\%$$

$$\rightarrow \text{포트폴리오 주별 } VaR = W_0\, \alpha\, \sigma_p \sqrt{\Delta t}$$
$$= (50억원)(2.33)(2.112\%)\sqrt{5} = 550,112,004원$$

포트폴리오 VaR에는 개별자산인 X주식의 VaR과 Y주식의 VaR이 합쳐져서 형성된 것이다. 그러면 포트폴리오 VaR을 형성하는 데 X주식과 Y주식이 얼마나 공헌(기

$E(r_i) = E(r_t) + E(r_{t-1}) + \cdots + E(r_{t-n+1}) = n \times E(r)$

$\sigma_i^2 = Var(r_t) + Var(r_{t-1}) + \cdots + Var(r_{t-n+1}) = n \times Var(r)$

$\sigma_i = \sqrt{n} \times \sigma$

$\rightarrow \mu_{연} = (12)\mu_{월} = (250)\mu_{일}$, $\sigma_{연} = \sqrt{12}\sigma_{월} = \sqrt{250}\sigma_{일}$. 따라서 일별 변동성에 $\sqrt{5}$를 곱하여 주별 변동성으로 전환한다. 참고로, 일별 VaR은 아래와 같다.

X주식 일별 VaR $= W_0\, \alpha\sigma\sqrt{\Delta t} = (20억)(2.33)(2.14\%)(\sqrt{1}) = 99,724,000원$

Y주식 일별 VaR $= W_0\, \alpha\sigma\sqrt{\Delta t} = (30억)(2.33)(2.56\%)(\sqrt{1}) = 178,944,000원$

[4] VaR 계산 시 나중에 곱해준 $2.33(\alpha)$을 개별자산의 표준편차(금액기준)와 곱한 개별주식의 VaR을 처음부터 이용하여 계산할 수도 있다. 즉, $VaR_p = \sqrt{VaR_x^2 + VaR_y^2 + 2\rho_{xy} VaR_x VaR_y}$

$\rightarrow VaR_p = \sqrt{[(20억)(2.33)(0.0214)\sqrt{5}]^2 + [(30억)(2.33)(0.0256)\sqrt{5}]^2 + (2)(0.52)(222,989,643)(400,130,948)}$

$\rightarrow VaR_p = \sqrt{(222,989,643)^2 + (400,130,948)^2 + (2)(0.52)(222,989,643)(400,130,948)} = 550,112,004$

그림 20-5   포트폴리오위험의 분해

주식	1	2	
1	$w_x w_x \sigma_{xx}$ $(= w_x^2 \sigma_x^2)$	$w_x w_y \sigma_{xy}$	$\rightarrow w_x \sigma_{xp} =$ 1주식 x의 공헌
2	$w_y w_x \sigma_{yx}$	$w_y w_y \sigma_{yy}$ $(= w_y^2 \sigma_y^2)$	$\rightarrow w_y \sigma_{yp} =$ 2주식 y의 공헌

$$\sigma_p^2 = \sum_{i=1}^{2} w_i \sigma_{ip}$$

여한 부분)하고 있는가?

제7장에서 설명했듯이 각 개별주식의 위험이 기여(공헌)한 부분이 합쳐져서 포트폴리오의 위험 σ_p^2을 형성하므로, 포트폴리오의 VaR에 포트폴리오의 총위험 중에서 개별주식의 위험이 공헌하는 비율로 나눈 것을 곱하면, 개별주식의 VaR가 포트폴리오 VaR에 공헌하는 부분을 계산할 수 있다. 이처럼 포트폴리오에 포함된 개별자산의 VaR가 포트폴리오 VaR에 얼마나 공헌하느냐 하는 정도를 공헌 VaR(contribution VaR)라고 한다.

$$X주식\ 공헌\ VaR = 550,112,004 \times \frac{w_x^2 \sigma_x^2 + w_x w_y \sigma_{xy}}{\sigma_p^2}$$

$$= 550,112,004 \times \frac{(0.4)(0.0214)^2 + (0.4)(0.6)(0.52)(0.0214)(0.0256)}{(0.02112)^2}$$

$$= 174,730,619원$$

$$Y주식\ 공헌\ VaR = 550,112,004 \times \frac{w_y^2 \sigma_y^2 + w_x w_y \sigma_{xy}}{\sigma_p^2}$$

$$= 550,112,004 \times \frac{(0.6)(0.0256)^2 + (0.4)(0.6)(0.52)(0.0214)(0.0256)}{(0.02112)^2}$$

$$= 375,381,385원$$

X주식의 공헌 VaR 174,730,619원과 Y주식의 공헌 VaR 375,381,385를 합하면 당연히 포트폴리오 VaR 550,112,004가 된다. 하지만 두 주식을 각각 별개로 투자할 경우에 비해 포트폴리오로 구성하여 분산투자할 경우에는 분산효과가 존재하기 때문에 위험이 줄어든다. 따라서 분산효과로 인한 VaR의 감소액은 X주식 VaR 222,989,643원과 Y주식 VaR 400,130,948원을 합한 금액에서 포트폴리오 VaR 551,112,004원을 차감한 금액인 72,008,587원이 된다. 이러한 분산효과로 인한 위험의 감소효과인 분산효과는 상관계수가 낮을수록 더 커진다.

2. 채권 VaR

채권은 매 기간 이자가 발생하고 만기에 원금이 발생하는 현금흐름을 갖는다. 따라서 채권의 VaR을 계산할 때에 먼저 채권에서 발생하는 이자와 원금을 어느 시점에 얼마를 인식하느냐를 결정하는 현금흐름인식 후에 인식된 현금흐름이 채권의 기본적인 만기 예를 들어, 1년, 2년, 3년 등과 일치시켜야 한다. 만약 현금흐름 발생시점의 인식과 기본만기와 일치하지 않는다면 인식한 현금흐름을 기본만기에 적절하게 배분해야 한다. 마지막으로 식(20-1)을 적용하여 채권 VaR을 계산한다.

(1) 현금흐름의 인식

채권은 이자 및 원금이 발생하기 때문에 채권포트폴리오는 여러 시점에 지급되는 상이한 이자 및 원금을 갖게 되며 채권만기도 최장 50년까지로 매우 길다. 따라서 이 모든 현금흐름을 단순화하는 것이 필요하다. 따라서 채권포트폴리오에서 발생하는 현금흐름 즉, 이자와 만기를 어느 시점에서 발생하는 것으로 인식하느냐 결정하는 매핑(mapping)을 먼저 해야 한다. 매핑에는 세 가지 방법이 있다.

1) 원금 매핑

원금 매핑은 채권에서 발생하는 모든 이자를 무시하고 단순히 원금만을 채권에서 발생하는 원금으로 인식하는 방법이다. 예를 들어, 액면가액 10,000원, 액면이자율 5%, 만기 5년(듀레이션 4.53년)인 채권 A와 액면가액 10,000원, 액면이자율 3%, 만기

1년(듀레이션 1년)인 채권 B에 각각 10,000원을 투자하였고, 만기별 현물이자율은 각각 $r_{0,1} = 3\%$, $r_{0,2} = 3.512\%$, $r_{0,3} = 3.824\%$, $r_{0,4} = 4.612\%$, $r_{0,5} = 5.111\%$라고 하자.

원금 매핑은 원금만 현금흐름으로 인식하므로 개별 채권인 채권 A의 현금흐름은 이자를 무시하고 만기시점인 5년도에 원금 10,000원만 발생한다고 인식하고, 채권 B의 현금흐름도 이자는 무시하고 만기시점인 1년도 말에 원금 10,000원만 발생한다고 인식한다. 따라서 채권 A와 채권 B에 동일한 금액을 투자한 채권포트폴리오의 만기는 개별채권의 만기인 5년과 1년을 각각 동일하게 투자비중 0.5를 가중치로 하여 3년(=0.5×5년+0.5×1년)으로 간주하여 3년도 말에 20,000원을 현금흐름으로 인식한다.

2) 듀레이션 매핑

듀레이션 매핑은 원금의 만기 대신 듀레이션이 만기가 되는 무이표채로 인식하는 방법이다. 채권 A의 현금흐름은 이자를 무시하고 듀레이션인 4.53년에 원금 10,000원만 발생한다고 인식하고, 채권 B의 현금흐름도 이자는 무시하고 듀레이션인 1년에 원금 10,000원만 발생한다고 인식한다.

따라서 채권 A와 채권 B에 동일한 금액을 투자한 채권포트폴리오의 만기는 개별채권의 듀레이션인 4.53년과 1년을 각각 동일하게 투자비중 0.5를 가중치로 하여 2.77년(=0.5×4.53년+0.5×1년)으로 간주하여 2.77년에 20,000원을 현금흐름으로 인식한다.

3) 현금흐름 매핑

현금흐름 매핑은 모든 현금흐름인 이자와 원금을 각 발생시점의 현재가치로 전환하여 인식하는 방법이다. 예를 들어, 채권 A의 1년도 말에 이자 500원의 현재가치 485.44원(=500/(1+0.03)^1), 2년도 말에 이자 500원의 현재가치 466.65원(=500/(1+0.03512)^2), 3년도 말에 이자 500원의 현재가치 446.76원(=500/(1+0.03824)^3), 4년도 말에 이자 500원의 현재가치 417.49원(=500/(1+0.04612)^4), 5년도 말에 이자와 원금 10,500원의 현재가치 8,183.68원(=10,500/(1+0.05111)^5)을 매 연도에 인식한다.

채권 B는 1년도의 원리금 10,300원의 현재가치 10,000원(=10,300/(1+0.03)^1)을 인식한다. 따라서 채권포트폴리오의 현금흐름 발생시점의 모든 현재가치를 다 더하면

그림 20-6 현금흐름 인식

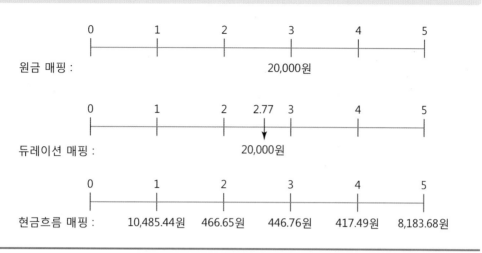

20,000원이 되어 원금 매핑과 듀레이션 매핑과 동일한 금액을 인식한다. 〈그림 20-6〉
에 원금 매핑, 듀레이션 매핑, 현금흐름 매핑에 의한 현금흐름의 인식을 나타내었다.

(2) 채권기본만기에 현금흐름 배정

채권의 현금흐름을 위의 세 가지 방법으로 인식을 한 후에 인식된 현금흐름을 채
권의 만기와 일치시켜야 한다. 예를 들어, 월별 자료를 이용하여 만기 1년인 채권의
변동성(표준편차)은 0.290%, 만기 2년인 채권의 변동성은 0.603%, 만기 3년인 채권의
변동성은 0.904%, 만기 4년인 채권의 변동성은 1.200%, 만기 5년인 채권의 변동성은
1.475%라고 하자.

원금 매핑의 경우 3년도에 20,000원이 발생한다고 인식하였기 때문에 만기 3년
인 채권의 변동성을 적용하여 채권 VaR을 계산할 수 있다. 현금흐름 매핑의 경우도
매 년도에 발생하는 현금흐름과 채권만기와 일치하는 변동성을 적용하여 채권 VaR을
계산할 수 있다. 하지만 듀레이션 매핑의 경우 2.77년에 20,000원이 발생한다고 인식
하였는데 만기가 2.77년인 채권이 존재하지 않기 때문에 이 경우에는 채권의 기본만
기와 일치시켜 변동성을 적용할 수 없다.

따라서 이 경우에는 듀레이션 2.77년이 2년과 3년 사이에 있으므로 2.77년의 변

동성을 2년의 변동성과 3년의 변동성으로 선형보간법을 이용해 다음과 같이 구해야 한다.

$$\frac{3-2.77}{3-2} = \frac{0.904\% - \sigma_p}{0.904\% - 0.603\%} \rightarrow \sigma_p = 0.835\%$$

(3) 채권 VaR 계산

신뢰구간 95%, 보유기간이 1개월일 경우 채권 VaR을 계산해 보자. 원금 매핑에 의한 VaR은 298.32원($= 20,000(1.65)(0.00904)\sqrt{1}$)으로 계산된다. 이 방법은 간단하게 계산할 수 있다는 것이 최대 장점이나 만기 전에 발생하는 이자를 무시하기 때문에 위험이 과대평가된다는 단점이 있다. 듀레이션 매핑에 의한 VaR은 275.55원($= 20,000(1.65)(0.00835)\sqrt{1}$)으로 계산되고 원금 매핑보다는 정확하다.

현금흐름 매핑에 의한 VaR은 채권포트폴리오의 매 기간 인식한 현금흐름을 채권의 기본만기의 변동성과 각각 대응시켜서 계산한다. 이때 만기가 각각 다른 채권 간의 상관관계를 무시한, 즉 분산효과를 고려하지 않은 VaR을 계산할 수 있고 상관관계를 반영하여 분산효과를 고려한 VaR을 계산할 수 있다.

분산효과를 고려하지 않은 VaR은 개별 VaR을 단순히 합산하여 다음과 같이 계산한다. 예를 들어, 만기 1년인 채권과 만기 2년인 채권의 상관계수를 고려할 경우에는 $VaR_p = \sqrt{VaR_1^2 + VaR_2^2 + 2\rho_{12}VaR_1VaR_2}$으로 계산할 수 있는데, 분산효과를 고려하지 않으므로 $\rho_{xy} = 0$으로 하여 계산하면 $VaR_p = VaR_1 + VaR_2$이 된다. 따라서 만기 1년부터 5년까지 인식한 현금흐름의 개별 VaR을 단순히 합하여 다음과 같이 계산한다.

$$\begin{aligned}
\text{VaR} &= (10,485.44)(1.65)(0.0029) + (466.65)(1.65)(0.00603) \\
&\quad + (446.76)(1.65)(0.00904) + (417.49)(1.65)(0.012) \\
&\quad + (8,183.68)(1.65)(0.01475) \\
&= 50.17 + 4.64 + 6.66 + 8.27 + 199.17 \\
&= 268.92원
\end{aligned}$$

표 20-1 무이표채권 간의 상관계수 행렬

	1년	2년	3년	4년	5년
1년	1	0.912	0.902	0.896	0.884
2년	0.912	1	0.982	0.974	0.971
3년	0.902	0.982	1	0.992	0.998
4년	0.896	0.974	0.992	1	0.989
5년	0.884	0.971	0.998	0.989	1

만기별 채권 간의 분산효과를 고려한 VaR은 상관계수를 고려해야 하는데, 이 경우의 VaR은 다음과 같이 계산한다.

$$\sigma_p^2 = \begin{bmatrix} w_1 & w_2 \end{bmatrix} \begin{bmatrix} \sigma_{11} & \sigma_{12} \\ \sigma_{21} & \sigma_{22} \end{bmatrix} \begin{bmatrix} w_1 \\ w_2 \end{bmatrix}$$

$$\rightarrow \text{VaR}^2 = W_0^2 \alpha^2 \sigma_p^2 = \begin{bmatrix} W_0 \alpha \sigma_1 w_1 & W_0 \alpha \sigma_1 w_2 \end{bmatrix} \begin{bmatrix} \rho_{11} & \rho_{12} \\ \rho_{21} & \rho_{22} \end{bmatrix} \begin{bmatrix} W_0 \alpha \sigma_1 w_1 \\ W_0 \alpha \sigma_1 w_2 \end{bmatrix}$$

$$\rightarrow \text{VaR} = \sqrt{W_0^2 \alpha^2 \sigma_p^2} = \sqrt{\begin{bmatrix} VaR_1 & VaR_2 \end{bmatrix} \begin{bmatrix} \rho_{11} & \rho_{12} \\ \rho_{21} & \rho_{22} \end{bmatrix} \begin{bmatrix} VaR_1 \\ VaR_2 \end{bmatrix}} \qquad (20\text{-}2)$$

예를 들어, 만기 1년부터 만기 5년인 무이표채권 간의 상관관계가 〈표 20-1〉과 같다고 할 경우 상관계수를 고려하여 다음과 같이 구한다.

$$\text{VaR} = \sqrt{[50.17,\ 4.64,\ 6.66,\ 8.27,\ 199.17] \begin{bmatrix} 1 & 0.912 & 0.902 & 0.896 & 0.884 \\ 0.912 & 1 & 0.982 & 0.974 & 0.971 \\ 0.902 & 0.982 & 1 & 0.992 & 0.998 \\ 0.896 & 0.974 & 0.992 & 1 & 0.989 \\ 0.884 & 0.971 & 0.998 & 0.989 & 1 \end{bmatrix} \begin{bmatrix} 50.17 \\ 4.64 \\ 6.66 \\ 8.27 \\ 199.17 \end{bmatrix}}$$

$$= 264.05원$$

따라서 무이표채권 간의 분산효과를 고려할 경우의 VaR 264.05원은 95% 신뢰수준에서 1개월 동안 발생할 수 있는 채권포트폴리오의 최대손실금액을 의미하며 이 경우가 다른 매핑 방법보다 위험의 크기를 가장 정확하게 측정한다.

3. 선물 VaR

선물은 기초자산의 가격이 상승할 경우 선물매수자는 이익을 얻고, 반대로 기초자산의 가격이 하락할 경우 선물매수자는 손실을 보는 선형파생상품이다. 따라서 수익구조가 주식과 동일하므로 주식과 동일한 방법으로 VaR을 계산할 수 있다.

예를 들어, 투자자가 10년 국채선물에 30억원 투자하여 1일 보유하였고 신뢰수준은 99%라고 하자. 10년 국채선물의 일별 변동성(표준편차)은 0.3%이다. 또한 KOSPI200선물에 20억원 투자하여 1일 보유하였고 신뢰수준은 99%라고 하자. KOSPI200선물의 일별 변동성(표준편차)은 0.8%이다. 이 경우 10년 국채선물의 일별 VaR와 KOSPI200선물의 일별 VaR은 각각 다음과 같이 계산한다.

$$\text{10년 국채선물 일별 } VaR = (30억원)(2.33)(0.3\%)(\sqrt{1}) = 209{,}700{,}000원$$

$$\text{KOSPI200선물 일별 } VaR = (20억원)(2.33)(0.8\%)(\sqrt{1}) = 372{,}800{,}000원$$

10년국채선물(KTBF)과 KOSPI200선물(K200F)의 공분산 $\sigma_{KTBF,K200F} = -0.000002$일 경우 투자자가 10년국채선물과 KOSPI200선물에 모두 투자하여 포트폴리오를 구성할 경우, 포트폴리오 VaR은 다음과 같이 계산한다.

$$\sigma_p = \sqrt{w_{10KTBF}^2 \sigma_{KTBF}^2 + w_{K200F}^2 \sigma_{K200F}^2 + 2w_{KTBF}w_{K200F}\sigma_{KTBF,K200F}}$$
$$= \sqrt{(0.6)^2(0.003)^2 + (0.4)^2(0.008)^2 + 2(0.6)(0.4)(-0.000002)}$$
$$= 0.3538\%$$

$$\rightarrow \text{포트폴리오 } VaR = W_0\,\alpha\,\sigma_p\sqrt{\Delta t}$$
$$= (50억)(2.33)(0.3538\%)\sqrt{1} = 412{,}177{,}000원$$

따라서 10년 국채선물과 KOSPI200선물에 각각 별개로 투자할 경우에 비해 포트폴리오로 구성하여 투자할 경우에 170,323,000원(= (209,700,000원 + 372,800,000원) −

412,177,000원)의 분산효과가 존재하기 때문에 위험이 줄어든다.

한편, 10년 국채선물 매수포지션의 공헌 VaR 90,863,300원과 KOSPI200선물 매수포지션의 공헌 VaR 321,313,700원을 합하면 포트폴리오 VaR 412,177,000원이 된다.

10년 국채선물 공헌 VaR

$$= 412,177,000 \times \frac{w_{KTBF}^2 \sigma_{KTBF}^2 + w_{KTBF} w_{K200F} \sigma_{KTBF,K200F}}{\sigma_p^2}$$

$$= 412,177,000 \times \frac{(0.6)^2(0.003)^2 + (0.6)(0.4)(-0.000002)}{(0.003538)^2} = 90,863,300원$$

KOSPI200선물 공헌 VaR

$$= 412,177,000 \times \frac{w_{K200F}^2 \sigma_{K200F}^2 + w_{KTBF} w_{K200F} \sigma_{KTBF,K200F}}{\sigma_p^2}$$

$$= 412,177,000 \times \frac{(0.4)^2(0.008)^2 + (0.6)(0.4)(-0.000002)}{(0.003538)^2} = 321,313,700원$$

4. 옵션 VaR

기초자산가격의 움직임은 옵션가격의 변화에 가장 중요한 영향을 미치는 요인이다. 델타(delta)는 기초자산인 현물가격이 1단위 변화할 때 옵션가격이 얼마나 변화하는지를 상대적으로 나타내는 수치이다. 따라서 기초자산의 가격이 1원 상승할 때 콜가격이 얼마나 상승하는지 알고 싶다면 델타를 구하면 된다. 예를 들어, KOSPI200옵션에서 콜옵션의 가격이 4.5이고 델타가 0.5라는 것은 KOSPI200이 2상승하면 콜옵션의 가격이 기초자산인 KOSPI200 가격의 1/2(=0.5)인 1 상승하여 콜옵션가격이 5.5가 된다는 의미이다.

일반적으로 콜옵션 매수의 경우 〈그림 20-7〉과 같이 실제옵션가격은 비선형으로 나타난다. 델타를 수학적으로 표현하면 $\partial C/\partial S$으로 콜옵션가격을 현물가격으로 1차미분한 것이다. 이는 비선형의 실제옵션가격 그래프의 한 점에서의 기울기(직선)를 나타

그림 20-7 델타-감마추정치

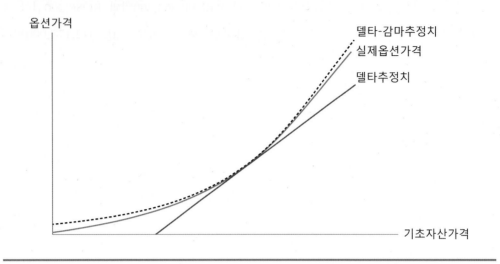

낸다. 따라서 비선형의 실제옵션가격을 보다 정확히 추정하기 위해서는 델타 외에도 감마(gamma)도 고려해야 한다.

감마는 기초자산인 현물가격이 1단위 변화할 때 델타가 얼마나 변화하는지를 상대적으로 나타내는 수치이다. 따라서 기초자산가격의 1단위 변화에 대한 옵션가격의 변화를 나타낸 델타는 단순히 현재의 방향위험만을 나타낸 것인 데 비해 감마는 기초자산가격이 변할 때 델타 자체, 즉 방향위험이 얼마나 크게 변하는지를 나타낸 것이라고 볼 수 있다. 수학적으로 보면 델타를 미분한 것으로 볼 수 있으므로 옵션가격에 대한 기초자산가격변화의 2차미분 $[\partial(\partial C/\partial S)]/\partial S = \partial^2 C/\partial S^2$이므로 기울기의 변화율을 나타낸다.

예를 들어, 감마가 0.05라면 기초자산의 가격이 1 상승(하락)하면 델타가 0.05 상승(하락)한다는 의미이다. 만약, 콜옵션의 감마가 0.05이고 델타가 0.25인 기초자산의 가격이 1 상승하였다면 상승 후 새로운 콜옵션의 델타는 0.30이 된다.

따라서 콜옵션의 가격변화를 테일러전개식의 2차도함수까지만 사용하여 다음과 같이 나타낼 수 있다.

$$f(x) = \frac{f(x_0)}{0!} + \frac{f'(x_0)}{1!}(x-x_0)^1 + \frac{f''(x_0)}{2!}(x-x_0)^2$$

$$\rightarrow \quad C_1 = C_0 + \frac{f'(C_0)}{1!}(S-S_0)^1 + \frac{f''(C_0)}{2!}(S-S_0)^2$$

$$\rightarrow \quad dC = \frac{\partial C}{\partial S}dS + \frac{1}{2}\frac{\partial^2 C}{\partial S^2}(dS)^2$$

$$\rightarrow \quad dC = \Delta dS + \frac{1}{2}\Gamma(dS)^2 \tag{20-3}$$

식(20-3)의 양변에 분산을 취해주면, 식(20-4)가 된다.

$$\sigma^2(dC) = \Delta^2\sigma^2(dS) + \left(\frac{1}{2}\Gamma\right)^2\sigma^2[(dS)^2] + 2\Delta\frac{1}{2}\Gamma Cov[dS,\ (dS)^2] \tag{20-4}$$

식(20-4)에서 dS(기초자산의 가격변화)가 표준정규분포를 따른다면, 공분산 $Cov[dS,\ (dS)^2]$는 0이 되어 식(20-5)가 된다.[5]

$$\sigma^2(dC) = \Delta^2\sigma^2(dS) + \left(\frac{1}{2}\Gamma\right)^2\sigma^2[(dS)^2] \tag{20-5}$$

$$\rightarrow \quad \sigma^2(dC) = \Delta^2\sigma^2(dS) + \frac{1}{4}\Gamma^2 2[\sigma^2(dS)]^2$$

---

5 $Cov[dS,\ (dS)^2] = E[\{dS-E(dS)\}\{(dS)^2-E((dS)^2)\}]$에서 dS가 표준정규분포를 따른다면, 기댓값 $E(dS)$ $=0$, $E((dS)^2)=0$이므로, $Cov[dS,\ (dS)^2]=E[(dS)(dS)^2]=E[(dS)^3]$이 된다. $E[(dS)^3]$는 정규분포의 왜도 $E[\{(X-\mu)/\sigma\}^3]$에 해당하고 정규분포의 왜도는 0이므로, $E[(dS)^3]=0$이 되어 $Cov[dS,\ (dS)^2]=0$이 된다. 한편, $Y=X^2$라고 하면, $\sigma^2(Y)=E(Y^2)-[E(Y)]^2=E(X^4)-[E(X^2)]^2=E(X^4)-[\sigma^2(X)]^2$ ($\because$ 표준정규분포를 가정하여 $\sigma^2(X)=E[X-E(X)]^2$에서 $E(X)=0$이므로 $\sigma^2(X)=E(X^2)$). 그리고, 정규분포의 첨도는 $E\left[\left(\frac{X-\mu}{\sigma(X)}\right)^4\right]$ $=3$이므로, $\frac{E(X-\mu)^4}{\sigma^4(X)}=3$이다. 따라서 표준정규분포에서 $\mu=0$이므로 $E(X^4)=3\sigma^4(X)$가 된다. 그러므로 $\sigma^2(Y)=3\sigma^4(X)-[\sigma^2(X)]^2=2\sigma^4(X) \rightarrow \sigma^2(Y)=\sigma^2(X^2)=2[\sigma^2(X)]^2 \therefore \sigma^2[(dS)^2] \rightarrow 2[\sigma^2(dS)]^2$

$$\rightarrow \sigma^2(dC) = \Delta^2\sigma^2(dS) + \frac{1}{2}[\Gamma\sigma^2(dS)]^2 \tag{20-6}$$

식(20-6)에서 σ는 수익률의 변동성이므로 $\mathrm{Var}(r) = \mathrm{Var}(dS/S)$로 나타낼 수 있다. 따라서 $\sigma^2 = \sigma^2(dS/S) \rightarrow \sigma^2 = (1/S)^2\sigma^2(dS) \rightarrow S^2\sigma^2 = \sigma^2(dS)$이므로 식(20-6)은 식(20-7)로 나타낼 수 있다.

$$\sigma^2(dC) = \Delta^2 S^2\sigma^2 + \frac{1}{2}[\Gamma S^2\sigma^2]^2 \tag{20-7}$$

따라서, 옵션가격변화의 VaR은 식(20-8)로 계산되며, 이를 델타-감마(delta-gamma)접근법에 의한 VaR라고 한다.

$$\mathrm{VaR} = \alpha\sqrt{\Delta^2 S^2\sigma^2 + \frac{1}{2}[\Gamma S^2\sigma^2]^2} \tag{20-8}$$

식(20-8)에서 감마(Γ)가 0이면, $\mathrm{VaR} = \alpha\sqrt{\Delta^2 S^2\sigma^2} = S\alpha\Delta\sigma$가 되어 델타-노말(delta-normal)접근법에 의한 VaR이 구해진다. 예를 들어, KOSPI200이 300이고 월간 표준편차는 8%이다. KOSPI200콜옵션을 1,000계약 매수하였고, KOSPI200콜옵션의 델타는 0.80, 감마는 0.05이다. 신뢰수준 95% 하에서 델타-노말접근법과 델타-감마접근법으로 1개월 VaR은 다음과 같이 구한다.[6]

$$\mathrm{VaR} = (1.65)\sqrt{(0.8)^2(300)^2(0.08)^2} = 31.68$$

$$\rightarrow \mathrm{VaR} = 31.68 \times (1,000계약 \times 250,000원) = 7,920,000,000원 \ (델타-노말)$$

---

[6] KOSPI200콜옵션 포지션의 크기는 250,000,000원(=1,000계약×250,000원)이므로, 델타는 200,000,000원(=250,000,000원×0.8), 감마는 12,500,000원(=250,000,000원×0.05)이다. 따라서 델타-감마접근법에 의한 VaR은 다음과 같이 구해도 동일하다.
$$\mathrm{VaR} = (1.65)\sqrt{(200,000,000)^2(300)^2(0.08)^2 + \frac{1}{2}[(12,500,000)(300)^2(0.08)^2]^2} = 11,545,284,752원$$

$$VaR = (1.65)\sqrt{(0.8)^2(300)^2(0.08)^2 + \frac{1}{2}[(0.05)(300)^2(0.08)^2]^2} = 46.1811$$

$\rightarrow$ VaR $= 46.1811 \times (1,000$계약$\times 250,000$원$) = 11,545,284,752$원 (델타–감마)

핵심정리

1. 위험측정치

- VaR: 주어진 신뢰수준 하에서 목표기간 동안 발생할 수 있는 최대손실금액

- 실제분포를 이용한 VaR 측정
  - 실제분포가 정규분포보다 두터운 꼬리를 갖고 중앙이 더 뾰족하고 폭이 좁음

- 정규분포를 이용한 VaR 측정
$$VaR = W_0 \alpha \sigma \sqrt{\Delta t}$$

2. 포지션별 VaR 측정

- 주식 VaR
  - 개별 주식 $VaR = W_0 \, \alpha \, \sigma_i \sqrt{\Delta t}$
  - 포트폴리오 $VaR = W_0 \, \alpha \, \sigma_p \sqrt{\Delta t}$
  - 공헌 VaR: 포트폴리오 $VaR \times \dfrac{w_x^2 \sigma_x^2 + w_x w_y \sigma_{xy}}{\sigma_p^2}$

- 채권 VaR
  - 1단계: 현금흐름의 인식
    - → 원금 매핑: 만기 시 원금만 인식
    - → 듀레이션 매핑: 듀레이션을 만기로 보고 이때 원금만 인식
    - → 현금흐름 매핑: 모든 이자와 원금을 각 발생시점의 현재가치로 인식
  - 2단계: 채권기본만기에 현금흐름 배정
    - → 기본만기와 일치하지 않을 때는 변동성을 선형보간법으로 계산
  - 3단계: 채권 VaR 계산

- 선물 VaR
  - 개별 선물 $VaR = W_0 \, \alpha \, \sigma_f \sqrt{\Delta t}$

- 포트폴리오 $VaR = W_0\, \alpha\, \sigma_p \sqrt{\Delta t}$

- 공헌 VaR: 포트폴리오$VaR \times \dfrac{w_x^2 \sigma_x^2 + w_x w_y \sigma_{xy}}{\sigma_p^2}$

• 옵션 VaR

- 델타-노말접근법: $VaR = \alpha \sqrt{\Delta^2 S^2 \sigma^2} = S\alpha\Delta\sigma$

- 델타-감마접근법: $VaR = \alpha \sqrt{\Delta^2 S^2 \sigma^2 + \dfrac{1}{2}[\Gamma S^2 \sigma^2]^2}$

연습문제

문1. (FRM 2005) 다음 중 월간 VaR가 신뢰수준 95%에서 1,000만원이라는 의미는 무엇인가? (   )

① 1,000만원 이상의 손실이 발생한 달은 항상 다섯 달일 것이다.

② 한 달 동안 1,000만원보다 작은 손실을 볼 확률은 95%이다.

③ 매 달 1,000만원 이하의 수익을 올릴 확률은 5%이다.

④ 한 달 동안 1,000만원보다 작은 손실을 볼 확률은 5%이다.

문2. (FRM 2009) VaR은 수익분포의 왼쪽 꼬리에 포함된 손실이 발생하는 시나리오로 정의한다. 다음 중 VaR의 설명 중 옳은 것은? (   )

① VaR은 VaR보다 불리한 시나리오 수익률의 평균이다.

② VaR은 VaR보다 불리한 시나리오 수익률의 표준편차다.

③ VaR은 VaR보다 불리한 시나리오 중에서 가장 비관적인 시나리오 수익(최대손실)이다.

④ VaR은 VaR보다 불리한 시나리오 중에서 가장 낙관적인 시나리오 수익(최소손실)이다.

문3. 100,000원을 주식 A에 투자하였고, 이 주식의 표준편차는 4%이다. 신뢰수준 99%에서 1일 VaR은 얼마인가? (   )

① 8250원 ② 9,320원 ③ 9,860원 ④10,200원

문4. (FRM 2008) 어떤 자산의 포지션이 신뢰수준 95%에서 1일 VaR가 100,000원이다. 이 포지션의 10일 VaR을 신뢰수준 99%에서 추정(근사치)하면 얼마인가? (   )

① 1,000,000원 ② 450,000원 ③ 320,000원 ④ 220,000원

문5. (FRM 2005 수정) 기초자산 가격은 3,000이고, 이 자산의 콜옵션 델타는 0.6, 기초자산의 연간 표준편차는 24%이다. 델타-노말접근법에 의하여 신뢰수준 95%의 10일

VaR은 얼마인가? 1년은 260일로 가정하시오. (   )

① 44 ② 139 ③ 2,240 ④ 278

문6. (2019 CPA) 현재의 시장가치가 1,000만원인 포트폴리오(P)는 주식 A와 B로 구성되어 있다. 현재 주식 A의 시장가치는 400만원이고 주식 B의 시장가치는 600만원이다. 주식 A와 주식 B의 수익률 표준편차는 각각 5%와 10%이고 상관계수는 -0.5이다. 주식수익률은 정규분포를 따른다고 가정한다. 99% 신뢰수준 하에서 포트폴리오(P)의 최대 가치하락을 측정하는 Value at Risk(VaR)는 아래 식에 의해 계산된다. 포트폴리오(P)의 VaR값과 가장 가까운 것은? (   )

$$VaR = 2.33 \times \sigma_p \times \text{포트폴리오}(P)\text{의 시장가치}$$

단, σ_P는 포트폴리오(P) 수익률의 표준편차이다.

① 466,110원 ② 659,840원 ③ 807,350원
④ 1,232,920원 ⑤ 2,017,840원

연습문제 해답

문1. ②

문2. ④

문3. ②

[답]

$$W_0 \, \alpha \sigma_i \sqrt{\Delta t} = (100,000)(2.33)(0.04)\sqrt{1} = 9,320$$

문4. ②

[답]

$$VaR = 2.33(100,000/1.65)\sqrt{10} = 446,552원$$

문5. ②

[답]

델타-노말접근법: $VaR = S\alpha\Delta\sigma = (3,000)(1.65)(0.6)(0.24/\sqrt{(260)}) = 44.206$

→ 10일 $VaR = 44.206 \times \sqrt{10} = 139.79$

문6. ④

[답]

$$\sigma_p = \sqrt{w_1^2 \sigma_1^2 + w_2^2 \sigma_2^2 + 2w_1 w_2 \sigma_{12}}$$
$$= \sqrt{(0.4)^2(0.05)^2 + (0.6)^2(0.1)^2 + 2(0.4)(0.6)(-0.5)(0.05)(0.1)} = 0.0529$$

→ $VaR = 2.33 \times \sigma_p \times$ 포트폴리오(P)의 시장가치 $= (2.33)(0.0529)(10,000,000원) = 1,232,920원$

찾아보기

저자 약력

이재하

서울대학교 공과대학 전자공학과 공학사
서울대학교 대학원 전자공학과 공학석사
인디애나대학교 경영대학 경영학석사
인디애나대학교 대학원 경영학박사
인디애나대학교 조교수
오클라호마대학교 석좌교수
한국파생상품학회 회장 / 한국재무관리학회 부회장
한국재무학회 상임이사 / 한국증권학회 이사
한국금융학회 이사 / 한국경영학회 이사
교보생명 사외이사 겸 리스크관리위원회 위원장
한국거래소 지수운영위원회 위원장
금융위원회 · 예금보험공사 · 자산관리공사 자산매각심의위원회 위원
공인회계사 출제위원
국민연금 연구심의위원회 위원
사학연금 자산운용 자문위원
대교문화재단 이사
교보증권 사외이사 겸 위험관리위원회 위원장
KB증권 사외이사 겸 리스크관리위원회 위원장
Journal of Financial Research Associate Editor
FMA Best Paper Award in Futures and Options on Futures
AIMR Graham and Dodd Scroll Award
한국재무관리학회 최우수 논문상
성균관대학교 SKK GSB 원장
현 성균관대학교 SKK GSB 교수

주요논문

How Markets Process Information: News Releases and Volatility
Volatility in Wheat Spot and Futures Markets, 1950-1993: Government Farm Programs, Seasonality, and Causality
Who Trades Futures and How: Evidence from the Heating Oil Futures Market
The Short-Run Dynamics of the Price Adjustment to New Information
The Creation and Resolution of Market Uncertainty: The Impact of Information Releases on Implied Volatility
The Intraday Ex Post and Ex Ante Profitability of Index Arbitrage
A Transactions Data Analysis of Arbitrage between Index Options and Index Futures
Intraday Volatility in Interest Rate and Foreign Exchange Spot and Futures Markets
Time Varying Term Premium in T-Bill Futures Rate and the Expectations Hypothesis
The Impact of Macroeconomic News on Financial Markets
Intraday Volatility in Interest Rate and Foreign Exchange Markets: ARCH, Announcement, and Seasonality Effects
KOSPI200 선물과 옵션간의 일중 사전적 차익거래 수익성 및 선종결전략
KOSPI200 선물을 이용한 헤지전략 등 Journal of Finance, Journal of Financial and Quantitative Analysis, Journal of Business, Journal of Futures Markets, 증권학회지, 선물연구, 재무관리연구 외 다수.

한덕희

성균관대학교 경상대학 회계학과 경영학사
성균관대학교 일반대학원 경영학과 경영학석사
성균관대학교 일반대학원 경영학과 경영학박사
인디애나대학교 Visiting Scholar
한국금융공학회 상임이사
한국재무관리학회 상임이사
한국기업경영학회 이사
한국전문경영인학회 이사
한국파생상품학회 이사
국민연금연구원 부연구위원
부산시 시정연구위원회 금융산업분과위원회 위원
부산시 출자·출연기관 경영평가단 평가위원
김해시 도시재생위원회 위원
한국주택금융공사 자금운용성과평가위원회 평가위원
부산문화재단 기본재산운용관리위원회 위원
한국문화정보원 기술평가위원
중소기업기술정보진흥원 중소기업기술개발 지원사업 평가위원
5급국가공무원 민간경력자 면접시험과제 출제위원
국가직 5급공채 면접시험과제 선정위원
중등교사 임용시험(제1차시험) 출제위원
2016년 / 2018년 / 2019년 Marquis Who's Who 등재
동아대학교 교육혁신원 교육성과관리센터장
동아대학교 사회과학대학 부학장
동아대학교 경영대학원 부원장
동아대학교 금융학과 학과장
현 동아대학교 금융학과 교수

주요논문

국채선물을 이용한 헤지전략
국채선물을 이용한 차익거래전략
KOSPI200 옵션시장에서의 박스스프레드 차익거래 수익성
KOSPI200 옵션과 상장지수펀드 간의 일중 차익거래 수익성
차익거래 수익성 분석을 통한 스타지수선물 및 현물시장 효율성
KOSPI200 현물 및 옵션시장에서의 수익률과 거래량 간의 선도-지연관계
국채현·선물시장에서의 장·단기 가격발견 효율성 분석
금현·선물시장과 달러현·선물시장 간의 장·단기영향 분석
통화현·선물시장간의 정보전달 분석
한·중 주식시장과 선물시장 간의 연관성 분석
금융시장과 실물경제 간의 파급효과: 주식, 채권, 유가, BDI를 대상으로
사회책임투자의 가격예시에 관한 연구
1980-2004년 동안의 증시부양정책 및 증시규제정책의 실효성
부동산정책, 부동산시장, 주식시장 간의 인과성 연구
부동산정책 발표에 대한 주식시장의 반응에 관한 연구 등 금융공학연구, 기업경영연구, 산업경제연구, 선물연구,
　　증권학회지, 재무관리연구 외 다수.

제3판
핵심투자론

초판발행	2014년 1월 15일
제2판발행	2018년 9월 10일
제3판발행	2021년 9월 10일

지은이	이재하·한덕희
펴낸이	안종만·안상준

편 집	전채린
기획/마케팅	조성호
표지디자인	이수빈
제 작	고철민·조영환

펴낸곳	(주) **박영사**
	서울특별시 금천구 가산디지털2로 53, 210호(가산동, 한라시그마밸리)
	등록 1959. 3. 11. 제300-1959-1호(倫)
전 화	02)733-6771
f a x	02)736-4818
e-mail	pys@pybook.co.kr
homepage	www.pybook.co.kr
ISBN	979-11-303-1384-9 93320

copyright©이재하·한덕희, 2021, Printed in Korea

정 가   39,000원